中宁年鉴

ZHONG NING NIAN JIAN

2017

中宁县党史县志办公室　编

黄河出版传媒集团
宁夏人民出版社

图书在版编目(CIP)数据

中宁年鉴.2017 / 中宁县党史县志办公室编. — 银川：宁夏人民出版社,2017.11

ISBN 978-7-227-06772-6

Ⅰ.①中… Ⅱ.①中… Ⅲ.①中宁县—2017—年鉴 Ⅳ.①Z524.34

中国版本图书馆 CIP 数据核字(2017)第 284953 号

中宁年鉴 2017 中宁县党史县志办公室 编

责任编辑 陈 浪
责任校对 李彦斌
封面设计 马春辉
责任印制 肖 艳

黄河出版传媒集团
宁夏人民出版社 出版发行

出 版 人 王杨宝
地 址 宁夏银川市北京东路 139 号出版大厦(750001)
网 址 http://www.nxpph.com http://www.yrpubm.com
网上书店 http://shop126547358.taobao.com http://www.hh-book.com
电子信箱 nxrmcbs@126.com renminshe@yrpubm.com
邮购电话 0951-5019391 5052104
经 销 全国新华书店
印刷装订 宁夏精捷彩色印务有限公司
印刷委托书号 (宁)0007149

开本 880 mm × 1230 mm 1/16
印张 23.5 字数 668 千字
版次 2017 年 11 月第 1 版
印次 2017 年 11 月第 1 次印刷
书号 ISBN 978-7-227-06772-6
定价 228.00 元

中宁年鉴编纂委员会

顾　　问	赵建新			
主　　任	陈　宏			
副 主 任	韩志荣	孙艳琳	何太成	张立信
	任　勤	张玉芬		
委　　员	杨宝银	谢福才	沈　军	陈立斌
	祁少波	刘晓燕	李　鸣	宋朝勇
	赵永福	董兴华	杨宝翟	王玉泉
	王金成	王　铁	刘　德	徐有志
	方华胜	武文诣	武慧琴	万永芳
主　　编	陈　宏			
执行主编	万永芳			

《中宁年鉴 2017》编务人员

编　　审	万永芳		
统　　稿	朱宁霞		
编　　辑	万永芳	张海玲	朱宁霞
校　　对	万永芳	朱宁霞	柯涛涛

编辑说明

一、《中宁年鉴 2017》是经中宁县委、政府批准公开出版发行的综合性资料文献。由中宁县人民政府主办，中宁县党史县志办公室编写，宁夏人民出版社出版。

二、本年鉴系统、翔实地记载了中宁县 2016 年度全县政治、经济、文化及社会各项事业的发展状况、重大事件和最新成绩。所载资料均由各乡镇、县直各部门和企事业单位提供，内容丰富，信息量大，可读性强，具有资政、育人、存史的价值，为社会各界了解中宁、研究中宁、建设中宁提供史料性、权威性、全方位的信息咨询服务。

三、本年鉴采用分类编辑法，以类目、分目和条目组成框架结构的主体部分。少数分目中增设子分目层次。条目为最基本的资料表述单位，全书条目标题统一用黑体字加【】表示。

四、本年鉴设特载、专载、大事记、组织机构和领导成员、中宁综览、中共中宁县委员会、中宁县人大常委会、中宁县人民政府、政协中宁县委员会、纪检监察、群众团体、法治、行政管理和社会生活、工业经济、农林水务、城建环保、交通信息产业、财政税务、商业贸易、经济管理、金融保险、医疗卫生、教育体育、文化•广播电视、科学技术、乡镇、社区、农场、人物简介、荣誉榜、重要文献选录、获奖作品选录等编目。

五、《中宁年鉴 2017》条目撰稿人姓名附于条目后，条目下未署名者为年鉴编辑办公室根据有关资料编写。先进名录所收录的先进集体和先进个人为获县级以上表彰奖励者，名单由各部门(单位)提供。

六、《中宁年鉴 2017》除专载、重要文献、获奖文学作品等内容保留原文表述方式外，其他篇目采用第三人称记述。

七、本年鉴中所称自治区为宁夏回族自治区，市为中卫市，县为中宁县。

八、本年鉴特载所列内容主要为 2016 年自治区党委常委、自治区副主席及以上领导，中卫市、中宁县党委、政府主要领导在中宁的调研活动，按调研时间先后排序。

九、本年鉴严格实行出版物汉字使用管理规定，法定计量单位、出版物数字用法规定、标点符号用法规定，力求规范化。

十、本年鉴辑录的文字和图片资料全部由各部门负责提供，并经入编单位审核，其中经济社会发展的主要数据以《中宁县 2016 年国民经济和社会发展统计公报》为准。截止时间为 2016 年 12 月 31 日，个别内容为反映其发生、发展的全过程做适当的上溯或下延。

十一、本年鉴的编纂出版，得到了宁夏回族自治区地方志办公室、中卫市地方志办公室、宁夏人民出版社、中宁县各级各部门以及社会各界人士的热情支持和大力协助，在此深表谢意。

十二、由于保密等因素，个别单位的工作业绩未能入鉴。还有一些单位未能及时上报年鉴资料，给年鉴资料的全面性和完整性造成缺憾。同时，由于本年鉴编纂时间紧、人手少、任务重，书中的错误和疏漏在所难免，恳请各级领导和广大读者予以指正并提出宝贵意见。

《中宁年鉴》编辑部

2017 年 8 月

4月14日，自治区主席刘慧（前排左一）到中宁调研第一季度工业经济运行情况（园区办提供）

9月8日，自治区主席咸辉（中）到石空工业园区观摩考察（县委办提供）

8 月 17 日，市委书记张柱（右五）带队对中央大道绿化工程进行半年经济观摩（林业局提供）

5 月 14 日，市长万新恒（前排左二）到中宁县调研工业经济运行情况（县委办提供）

8月1日，县委书记赵建新（右一）调研喊叫水乡产业脱贫工作（扶贫办提供）

12月16日，县长陈宏（前排左二）检查全县安全生产工作（安监局提供）

1月13日，召开中国人民政治协商会议中宁县第十一届委员会第四次会议（政协办提供）

2月29日，召开全县组织宣传统战工作会议（县委组织部提供）

2月29日，召开中共中宁县纪律检查委员会第十三届六次全体（扩大）会议（县纪委提供）

9月2日，召开全县“两学一做”学习教育推进暨“大干实干100天”动员会议（县委组织部提供）

9月26日，召开中国共产党中宁县第十四次代表大会第一次全体会议（县委办提供）

10月25日，召开县第十七届人民代表大会第一次会议（人大办提供）

中宁陆路口岸—中亚国际班列(中阿号)首发仪式(园区办提供)

“中国流动科技馆”中宁巡展启动仪式(县科协提供)

2016年招商引资项目签约仪式(园区办提供)

县人民政府与江苏力帛集团年产2亿米高档面料项目签约仪式(园区办提供)

第三届“最美杞乡人”颁奖典礼(县委宣传部提供)

农村淘宝运营中心开业揭牌仪式(商经局提供)

庆祝中国共产党建党95周年“万人红歌演唱”比赛(县委组织部提供)

纪念中国共产党成立95周年暨红军长征胜利80周年演讲比赛(县委组织部提供)

2016年第四期“杞乡发展论坛”(县委宣传部提供)

参加上海中国枸杞产业发展高峰论坛(枸杞局提供)

第二届全民健身运动会(县工会提供)

郑海霞在中宁县开展“进校园”“进杞园”公益活动(教育体育局提供)

郑海霞在“中宁枸杞杯”贺龙中国业余篮球公开赛现场主持开球(教育体育局提供)

G109线两侧（汽车城南坡）绿化工程（林业局提供）

富民东路绿化工程(林业局提供)

石碱立交桥西侧绿化工程(林业局提供)

鸣沙镇鸣雁社区建设（鸣沙镇提供）

石空镇公租房建设（石空镇提供）

新建成的石空镇商业街（石空镇提供）

御苹坊养生产业集团（农牧局提供）

召开工业园区企业税收培训班（地税局提供）

召开中宁民营企业家招商引资座谈会(政协办提供)

中宁枸杞文化节暨南京中宁枸杞馆开馆典礼(县委宣传部提供)

“阅动杞乡”全民读书节活动(邮政局提供)

残疾人辅助器具发放仪式(县残联提供)

县领导慰问抗美援朝退役军人(丰宁社区提供)

为老年人义诊(南苑社区提供)

春季人才招聘会(县工会提供)

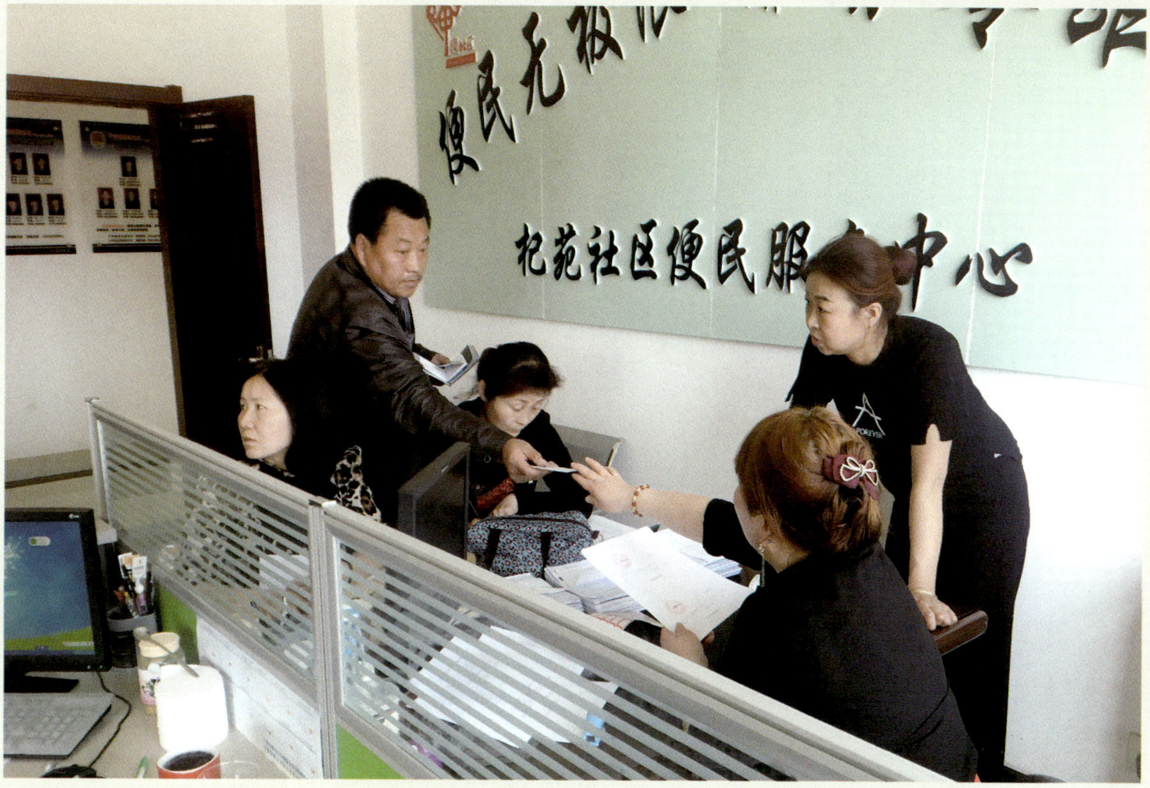

为“4050”灵活就业人员申报社会保险补贴(杞苑社区提供)

宁新社区志愿者为辖区老年人义务理发（宁新社区提供）

红苑社区爱心志愿者服务队（红苑社区提供）

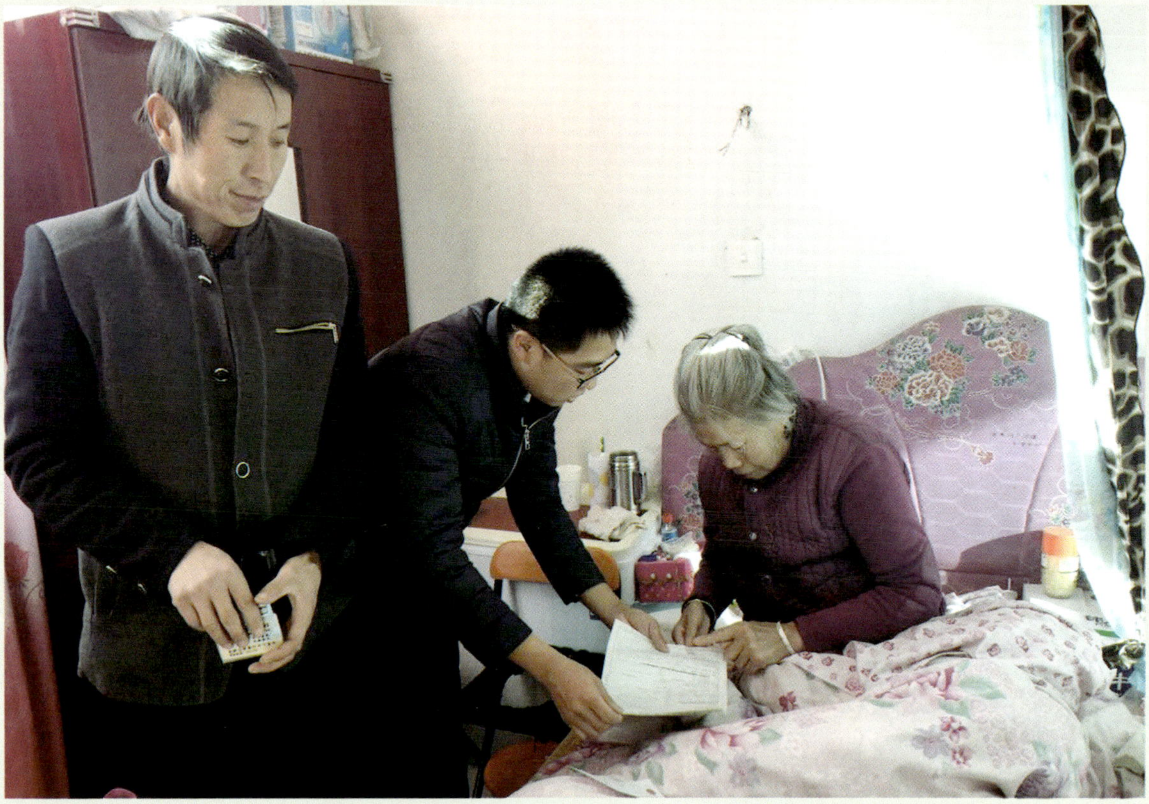

宁夏银行医保卡激活上门服务(宁夏银行提供)

信用联社开展反假币金融宣传活动(信用联社提供)

卓霖千亩优质红枣种植基地(林业局提供)

清水河幼龄苹果早果丰产林基地(林业局提供)

鸣沙镇佳成蔬菜专业合作社——秋季娃娃菜基地(农牧局提供)

石空镇金丝菊基地(石空镇提供)

余丁乡蔬菜基地(余丁乡提供)

小盐池滩枸杞观光园(农牧局提供)

鸣沙镇二道沟硒砂瓜基地(农牧局提供)

第十三届中国国际农产品交易会名优果品展暨第九届全国名优果品交易会中宁展区(枸杞局提供)

天景山林下鸡养殖基地（农牧局提供）

天利生猪养殖场保育舍（农牧局提供）

宁夏天宁牧业奶牛养殖基地（农牧局提供）

目录

特载

专载

大事记

组织机构和领导成员

中宁综览

中共中宁县委员会

中宁县人大常委会

中宁县人民政府

政协中宁县委员会

民主党派

群众团体

社会事务管理

法治建设

工业与园区建设

农业水务

城建环保

交通信息产业

财政税务

商业贸易

经济管理

金融保险

科技卫生

教育　文化

乡镇　社区　农场

人　物

先进名录

文　献

特　载

自治区党委常委、纪委书记陈绪国深入中宁县开展节前慰问

2016 年 1 月 19 日，自治区党委常委、纪委书记陈绪国一行来到中宁县，看望慰问优抚对象、劳动模范、困难群众、困难老党员等，为他们送去党和政府的关怀，并听取中宁县脱贫攻坚工作汇报，详细了解中宁县脱贫攻坚工作思路和措施。市县领导张柱、刘明生、刘学智、赵建新、陈宏、金忱陪同。

陈绪国走进中宁县第三敬老院，来到老人们中间，嘘寒问暖，和他们亲切握手，并为他们送上慰问金、羊肉、米面油等，祝福老人们健康长寿。得知 80 岁的困难老党员邱国忠曾经为基层做出许多贡献，现在丧偶独居时，陈绪国叮嘱老人要照顾好自己的身体，并嘱咐中宁县委、县政府要经常关注老人的生活，并为老人送上 2000 元慰问金。在低保户田玲家中，陈绪国详细询问田玲的生活情况，当了解到田玲是二级智力残疾，无劳动能力，其子又于 2015 年考入河南大学，生活来源全靠丈夫在外打零工和最低生活保障金维持时，陈绪国鼓励田玲要树立生活信心，积极乐观地面对生活。

当日下午，陈绪国在喊叫水乡政府听取中宁县脱贫攻坚工作汇报。陈绪国强调，各级党政组织要深入学习贯彻中央、自治区扶贫工作会议精神，增强坚决打赢扶贫攻坚战的决心；要强化单位主体责任，领导干部要率先垂范；相关部门要建立健全考核机制，认真查找脱贫攻坚中存在的问题，乡（镇）、村要全面行动起来，打好脱贫攻坚战役；要加强基层党风廉政建设，为脱贫攻坚提供坚强保证。会后，陈绪国还为喊叫水乡喊叫水村送去 1 万元慰问金，并集中慰问 3 户困难群众。

（宣传部）

自治区党委副书记崔波到中宁县调研

2016年3月23日，自治区党委副书记崔波带领相关厅局负责人到中宁县就枸杞产业发展进行调研。自治区林业厅副厅长陈建华及市县领导张柱、刘学智、赵建新、陈宏、刘宏阳参加座谈。

调研座谈会上，与会人员围绕如何推动全区枸杞产业未来发展，谈了各自的观点、看法，并提出了具体的意见、建议。市委书记张柱在座谈时建议，要继续控制和巩固宁夏在全国枸杞标准化种植、苗木繁育等方面的绝对性优势和话语权。要积极通过科研手段，研发护肝、抗疲劳等更多具有专一保健属性的枸杞新品种，开拓新的消费需求和市场空间，确保宁夏枸杞产业始终走在全国枸杞产业发展的最前沿。

县委书记赵建新在座谈时说，通过近年来全县上下的不懈努力和积极探索，中宁枸杞产业发展取得了一定的成绩。但目前，枸杞产品还依然存在农药残留、市场竞争力不足、未来发展定位不明确等急需解决的问题。赵建新建议，要尽快制定宁夏枸杞农药残留等标准，加强监管，努力提升枸杞质量。

崔波在座谈讲话时强调，做好枸杞产业这篇文章，要着重从解决枸杞产品农药残留和明确枸杞养生保健方向两个方面入手，力争通过区、市、县、乡各级党委、政府和参与枸杞生产、加工、营销企业的共同努力，将中宁枸杞产业和全区枸杞产业发展、精深加工、新产品研发推向新的高度。崔波要求，自治区林业厅要在年内组织、制定、出台宁夏枸杞农药残留标准，为下一步确定中宁枸杞农药残留标准和国家级标准提供基础性依据；中宁县要着力做好枸杞内含物标准研究，为将来确定枸杞发展方向做好前期准备；同时，相关厅局和枸杞主产区市县还要认真考虑两个标准出台后，如何具体实施推进的问题，为将来推动贺兰山东麓葡萄产业和宁夏滩羊产业升级发展积累经验、提供借鉴。

（宣传部）

自治区副主席王和山到中宁县调研

2016年3月25日，自治区副主席王和山一行到中宁县就枸杞特色文化旅游产业发展情况进行调研。自治区旅游局局长徐晓平及市县领导蔡菊、陈宏陪同调研。

王和山一行先后深入中杞集团天景山反季节枸杞基地和源乡公司小盐池滩原生态枸杞基地，通过实地调研、听取汇报等方式，对中宁县近年来枸杞特色文化旅游产业发展情况进行详细了解。来到天景山反季节枸杞基地，王和山走进枸杞大棚，边看边问，详细了解中宁县反季节枸杞种植、销售以及与特色旅游融合发展思路等方面的情况。看着一颗颗鲜红夺目的枸杞在绿色枝叶的衬托下，折射出耀眼的光芒，王和山十分高兴，他叮嘱企业负责人要积极通过多种渠道，大力宣传反季节枸杞成果，同时积极与区内外知名旅行社建立合作关系，努力将该基地打造成为全区优质特色旅游目的地之一，实现经济效益和文化旅游产业发展的双赢。

来到源乡公司小盐池滩原生态枸杞基地，在听取了中宁县和企业负责人汇报后，王和山饶有兴致地走下枸杞地，俯身查看土壤墒情和越冬后的枸杞树，当看到曾经的荒原经过合理开发成为集生态枸杞种植及采摘休闲、观光旅游、生态体验为一体的原生态枸杞综合体时，王和山对中宁县以枸杞为“媒”、以文化为“魂”，发展特色旅游产业发展的思路和做法表示称赞。王和山要求中宁县要继续积极响应宁夏全域旅游示范区创建工作号召，充分利用好中宁得天独厚的区位交通优势和枸杞、硒砂瓜等特色产业优势，进一步明确旅游产业目标，大力规划发展一批能够吸引全民旅游潮流的景点、景区，以加速旅游要素聚集和培育专属旅游品牌为抓手，努力推动中宁特色旅游产业长足、向优发展。

（宣传部）

自治区副主席刘可为到中宁县调研

2016年3月28日，自治区副主席刘可为先后深入中宁县杞泰万亩枸杞基地、中宁县电子商务孵化中心、天元锰业电解金属锰三期项目进行调研。市、县领导张柱、赵建新等陪同。

在杞泰万亩枸杞基地，刘可为详细了解了中宁县枸杞产业的整体规划、组织形态、生产方式、产品销售、品牌保护等方面的情况。刘可为希望中宁县充分发挥地域、品牌、科技、文化等方面的优势，全力助推枸杞产业转型升级。同时要进一步加大政策扶持、技术服务等方面的工作，促进枸杞产业提质增效、发展壮大。中宁县电子商务孵化中心是中宁县推进大众创业、万众创新，促进县域经济转型跨越发展而打造的全新电商平台，2015年，该中心实现线上交易、销售额达2.4亿元。刘可为对中宁县发展电子商务的思路和做法表示肯定，希望中宁县进一步丰富内容，增强吸引力，促进电子商务与传统产业深度融合，促进县域电子商务经济持续、健康、稳定发展。天元锰业电解金属锰三期以清洁生产、节能减排为重点，转方式，调结构，增效益，提高资源综合利用率，形成了以电解金属锰生产为龙头、“三废”综合利用的产业格局，有力促进了产业转型升级。刘可为希望公司继续大力发展清洁生产，完善循环产业链，进一步提高企业竞争力。

（宣传部）

县委书记赵建新到精准扶贫联系点调研

2016年3月31日，县委书记赵建新到喊叫水乡精准扶贫联系点周庄子村进行调研，与当地干部群众一道分析贫困根源，共商精准扶贫具体措施。

在周庄子村村委会，赵建新与乡、村及驻村干部深入座谈交流，详细了解村里建档立卡、贫困户数量、脱贫计划、产业发展等情况。随后赵建新又来到农户家中，与他们亲切交谈，认真了解他们的生活现状、收入来源、产业发展等实际困难和问题。同时认真倾听他们的意见，从各个方面分析致贫原因，共同探讨脱贫致富的新思路。赵建新在调研中强调，精准识别是做好精准脱贫的基础，各相关工作组必须严格按照精准识别程序及工作要求进行精准识别工作，不能人为减少工作程序、不能漏过每一个工作步骤、不能偷工减料、不能少登记一户群众，每个评议及公示阶段都要充分接受广大群众监督，不走过场，真正把贫困对象准确识别出来，把致贫原因和脱贫需求搞清楚，夯实精准扶贫、精准脱贫基础。

赵建新要求，驻村干部要按照工作要求，沉下身子，真心帮扶，为帮扶对象制定解决问题的长期规划，扎扎实实、逐步提高帮扶对象的“造血”功能，把帮扶工作引入良性循环的发展轨道，真正把扶贫工作抓起来。同时要做好精准扶贫意义的有效宣传，消除村民心中的疑虑，争取他们的信任、支持与拥护，最大限度激发贫困群众的干劲和动力，带领群众勤劳致富。

（中宁党政门户网）

县长陈宏调研重点项目建设进展情况

2016年5月16日，县长陈宏对重点项目建设进展情况进行调研。县领导马金、刘宏阳及县工业（物流）园区管委会主任叶进宝、副主任张春源陪同调研。

来到县市民服务中心建设现场，陈宏与项目负责人深入交谈，详细了解工程整体进展及内部设计情况。陈宏要求设计部门要积极借鉴区内外成功经验，大胆创新，最大限度提高空间利用率，力争打造全区县市民服务中心示范级样板工程；各相关部门及施工单位要通力协作，切实增强时间观念，进一步加快工程进度，确保如期完成建设任务。在枸杞电子交易中心，陈宏通过实地查看、座谈交流等形式，详细了解中心开业运营筹备情况。陈宏强调，电子交易中心的建成使用进一步开拓了枸杞销售渠道，相关部门及企业要充分考虑质量检测、追溯体系建设等问题，将宁夏及区内外所有产区产品都纳入鉴定范围，严把质量关，切实保护好中宁枸杞品牌，全力维护中宁枸杞的独特优势和市场地位。陈宏还深入隆基硅年产100MW单晶硅棒、兴尔泰120万吨硝基复合肥、今飞轮毂等项目现场进行调研，详细了解项目建设进展情况，要求未开工项目要尽快完善各类手续，扎实做好各项前期准备工作，为项目顺利开工建设打下坚实基础；已开工项目要倒排工期，全力加快建设进度，确保如期完工，如期投产达效。

（中宁党政门户网）

国家质检总局专项检查宁夏瀛海天祥建材实验室

2016年7月11日，国家质检总局到宁夏瀛海天祥建材实验室对水泥产品质量检验能力比对开展专项检查。

宁夏瀛海天祥建材有限公司是中宁县大型水

泥生产企业,公司产品市场覆盖宁夏及周边省区。因市场需要,该公司组建成立实验室,并于2009年取得化验室合格证,专门开展水泥产品质量检验,不断提高产品质量。实验室成立以来,该公司不断加强实验人员的培训学习,加大质量检测设备的投入,生产工艺条件和水泥熟料检测手段、检测水平、质量控制水平均得到显著提高,促进了预拌砂浆行业的健康发展。检查人员通过听取汇报、查阅台账、实地查看、现场组织相关试验等方式,以水泥产品质量检验能力比对实验为重点,对细度测定、胶砂强度测定、三氧化硫测定等实验室各项工作进行全面检查,并就存在的问题提出整改意见。

(宣传部)

上海华诚中本集团到中宁县考察

2016年8月15日,上海华诚中本集团董事长翁祖林带领考察团对中宁县项目投资环境、电力节能、节能技术应用等方面的情况进行考察。县政府党组副书记叶进宝参加座谈。考察团一行先后深入锦宁铝镁、锦宁巨科、工业园区服务中心等地,考察了解了各项目基础设施配套情况、整个园区的发展和建设定位等方面的情况。在座谈中,考察团认为,中宁县具有优惠的政策环境、优质高效的服务环境,发展态势强劲,希望今后双方能够进一步加强沟通,通过合作实现互利双赢、共同发展。叶进宝希望上海华诚中本集团能够发挥技术、资金、人才等方面的优势,与中宁县加强多领域合作,为中宁县经济社会发展注入新活力。据了解,上海华诚中本集团是一家大型国有企业集团,注册资金1.5亿元,业务涵盖军工、高新材料、节电控制、污水处理、生物技术、医药保健、金融投资、国内外贸易等领域。

(中宁党政门户网)

自治区党委常委、宣传部部长,自治区政协副主席蔡国英到中宁县调研

2016年8月18日,自治区党委常委、宣传部部长,自治区政协副主席蔡国英带领调研组到中宁县调研。市委常委、宣传部部长陶雨芳,县委常委、纪委书记冯旭等陪同调研。蔡国英一行首先来到天元锰业四期30万吨电解金属锰项目现场进行调研。目前的产量如何、市场销售怎样、现有员工是多少?……蔡国英边走边问,对天元锰业发展情况进行了详细了解,并对中宁县工业园区建设工作给予充分肯定,要求中宁县要进一步发挥园区平台优势,严格落实相关政策,帮助企业增产增效,确保工业经济持续稳定发展。枸杞产业是中宁县的主导产业。枸杞销售与群众的利益直接挂钩。近年来,中宁县在进一步规范完善枸杞交易市场的同时,积极联系对接相关企业,打通枸杞网上交

易通道，搭建枸杞线上线下交易两个平台，有力促进了中宁枸杞系列产品的销售推广。来到枸杞交易中心和电子交易所，蔡国英详细了解枸杞线上线下交易情况。蔡国英强调，要充分发挥枸杞原产地优势，不断规范市场管理，完善规章制度，优化配套服务，让各地枸杞向这里聚集，全力打造全国枸杞集散地金字招牌，助推中宁及全区枸杞产业持续健康发展。

（中宁党政门户网）

赵建新、陈宏调研部分项目规划选址和市民服务中心工作

2016 年 8 月 30 日，县委书记赵建新、县长陈宏带领住建、国土等部门和相关乡镇负责人对部分项目规划选址进行调研。县领导王金栋、邱斌及政府党组副书记叶进宝、县工业（物流）园区管委会主任刘辛彧、副主任张春源参加调研。赵建新一行先后对中宁六小迁建、老城区拆迁改造、兴宁驾校、新建中宁宾馆等项目规划选址进行实地调研。赵建新要求，各相关部门要切实负起责任，不等不靠，积极开展摸底调查和核算工作，做到灵活、科学、合理，扎实做好项目规划选址工作，为项目顺利开工建设打好基础；要在优化服务，帮助企业解决实际问题的同时，进一步加强监管，督促企业抓好落实，加快项目进展，确保每一个项目都能如期开工建设，按时完成；要结合空间规划，全面做好县城及周边的整体规划，统筹考虑，因地制宜，合理布局，不断优化城市功能，提升城市品位。赵建新一行还到县市民服务中心进行调研。他要求，要充分发挥服务中心作用，坚持为人民服务理念，不断完善服务功能，切实做到进一扇门，办一揽子事；智慧中宁建设上要把公安交通、四化一满意、电子商务等相关数据都整合起来，进一步完善云平台，努力提升智慧中宁建设水平。

（中宁党政门户网）

国家食品药品监管总局到中宁县开展“走基层”媒体采访活动

（2016-09-01）

近日，国家食品药品监督管理总局新闻宣传司组织《中国医药报》《健康报》、央广网、中经网等媒体记者深入中宁县开展“走基层”采访活动，真实记录中宁县在枸杞生产及加工方面安全监管工作的重要举措和成功经验。近年来，中宁县充分发挥国家级枸杞质量检测中心职能，加强枸杞质量检测，通过全面实施测土配方施肥、病虫害统防统治、设施制干等“六个全覆盖”技术，制定实施枸杞

质量安全条例规范，不断完善枸杞质量安全标准化体系和枸杞质量安全可追溯体系建设，促进枸杞产业健康发展。采访团一行首先来到中宁国际枸杞交易中心，听取了交易中心基本情况的介绍，深入了解了交易中心枸杞的来源、枸杞安全检查流程、枸杞质量安全检测标准及检测过程。采访团还就农药残留、硫黄熏蒸等枸杞安全生产方面的问题进行了解。在杞泰公司，采访团深入到企业生产、加工和包装车间，实地参观产品生产工艺流程，并对企业在落实安全生产责任、生产标准、质量把控等方面的工作进行采访。通过实地采访了解，采访团对中宁县在枸杞安全监管、企业责任落实及枸杞产业发展中的先进经验和做法有了充分的了解，表示回去之后将大力宣传中宁县在发展培育枸杞特色产业，打造中宁枸杞品牌方面的做法和经验，为进一步提升中华杞乡的影响力和美誉度发挥自己应有的作用。

（中宁党政门户网）

市委书记张柱对中宁县迎接全区县域经济观摩备选点准备情况进行专题督办

9月7日，市委书记张柱、副书记马世军对中宁县迎接全区县域经济观摩备选点情况进行专题督办，县委书记赵建新、县政府党组副书记叶进宝、副县长陈正刚等陪同督办。张柱一行先后来到今飞公司年产500万件汽车轮毂项目建设现场和北山工业园区三横路与中卫镇罗工业园区连接线建设工地，实地督办项目建设进展情况，现场办公、协调解决制约项目建设进度的矛盾和问题，力促中宁县迎接全区县域经济观摩点准备工作按时完成、不出纰漏。今飞公司年产500万件汽车轮毂项目是中宁县今年招商引资项目的代表之一，项目自3月份开工以来，进展迅速，目前正在进行设备安装和相关配套设施的建设，预计项目一期工程建设进度可比原计划提前一半时间。当了解到项目建设速度刷新了今飞控股有限公司工程建设史记录时，张柱对此表示满意，他希望中宁县要继续紧盯项目建设不放松，在确保质量和安全的基础上，最大限度地为企业提供一切服务和帮助，企业要在资金筹备、设备采购、配套设施建设等方面，未雨绸缪，做好准备，争取在全区县域经济观摩之前，试车生产。在工业园区三横路与中卫镇罗工业园区连接线建设工地督办时，张柱要求，要尽快协调解决好沿线明长城遗址保护、征地补偿、项目招投标等影响项目建设的制约因素，用最短的时间、最强的合力，打通连接线并做好砂石稳定层铺设，确保全区县域经济观摩之前，实现中宁和中卫工业园区道路的互联互通。

（中宁党政门户网）

自治区党委常委、统战部部长马廷礼到中宁县调研

9月22日，自治区党委常委、统战部部长马廷礼到中宁县调研工作。市县领导马世军、赵建新、陈宏、李正甫及县工业（物流）园区管委会主任刘辛彧陪同调研。马廷礼一行来到新堡清真寺，通过

座谈和实地查看，详细了解国旗进清真寺、穆斯林书屋进清真寺、党报党刊进清真寺、社会主义核心价值观进清真寺“四进”工作开展情况及和谐清真寺创建工作情况。马廷礼指出，回族是中华大地上土生土长的民族，是中华民族的重要组成部分，广大回族群众在解读《古兰经》的同时，要深刻理解社会主义核心价值观，用社会主义核心价值观引领宗教，用中华文化沁润宗教，用中国化道路推动宗教；广大宗教界人士要继续发扬爱国爱教优良传统，不断提高宗教工作水平，积极做好社会主义核心价值观和各项政策的宣传，教育引导穆斯林群众爱党爱国爱教，正言正行，全力推动宗教与社会主义发展相适应；县乡两级政府要通过以奖代补等方式，帮助清真寺解决实际困难，努力营造良好的宗教环境；广大宗教界人士要全力维护民族团结、社会稳定、宗教和顺的良好局面，积极引导信教群众投身经济发展，既要念好教义经，也要念好致富经，打好脱贫攻坚战。马廷礼还给清真寺送去慰问金，并通过宗教界人士向全体穆斯林群众表示慰问。随后，马廷礼一行深入天元锰业四期进行调研，了解项目进展情况及企业发展现状。马廷礼要求各相关部门要进一步密切配合，加强沟通交流，及时准确解决制约企业发展的突出问题，为企业持续健康发展营造良好环境；企业要组织专业团队，结合实际做好长期战略规划，节约成本，提高资源利用率，为县域经济发展做出更大贡献。

（中宁党政门户网）

国务院督查组督查中宁县重点工作任务落实情况

2016年9月23日，人力资源和社会保障部副部长、国家公务员局局长、国务院第十九督查组副组长信长星带领督查组，对中宁县在保持经济平稳发展、推进供给侧结构性改革、促进创新驱动发展等方面的经验做法进行实地督查。县领导赵建新、陈宏等陪同督查。督查组一行先后深入天元锰业集团、宁夏枸杞电子交易所，察看了天元锰业四期30万吨电解金属锰及配套项目和枸杞电子交易所项目的建设、运作及经营情况。

天元锰业四期30万吨电解金属锰及配套项目由天元锰业和景津集团合作建设。项目总投资62.4亿元，预计整个项目建成达产后，电解金属锰年产能将达80万吨，占行业总产能40%以上。督查组详细了解了项目的投资、生产流程、工艺技术以及生产能力等情况，当了解到天元锰业通过运用先进的生产装置和技术，电解金属锰生产实现自动化后，督查组对天元锰业在电解金属锰行业取得的显著成绩给予充分肯定，希望企业今后进一步发挥好产业优势，力争在该领域实现新的突破。全国首个枸杞电子交易所——宁夏枸杞电子交易所是集枸杞现货交易、金融、仓储与物流等服务为一体的枸杞产业整合服务平台。来到交易所大厅，督查组一行详细了解了交易所目前的经营管理模式、交易流程、交易状况及今后的发展前景等情况。督查组希望中宁县进一步完善交易所相关配套建设，努力形成一套集交易、金融、流通等为一体的综合服务体系，更好地带动国内乃至世界枸杞交易和流通的健康化发展。

（中宁党政门户网）

国民党中央政策会参访团到中宁县考察

2016年9月23日，国民党中央政策会副执行长吴育升带领台湾县市议会国民党团书记长到中宁县考察枸杞产业发展情况。国台办政党局局长王育文、中宁县委副书记张建兵陪同考察。参访团一行来到大地生态有限公司枸杞种植基地，详细了解该公司在枸杞栽植、产品研发、技术创新及中宁县枸杞产业发展情况，并现场采摘品尝新鲜枸杞。宁夏大地生态有限公司位于红梧山枸杞种植区，现有生态枸杞基地6000多亩，是中宁县枸杞产业“六大示范片区”之一。该公司秉承生态理念，进行一系列生态枸杞科技创新和成果转化，从枸杞育苗、标准种植、病虫害防治、信息监测、生产过程管控，到无菌仓储运输、销售与质量追溯，构成枸杞全生态产业链，现已成为国家农业科技园区优质枸杞中卫产业核心区。参访团对中宁县充分利用资源优势，大力推进枸杞产业发展的做法表示赞赏，表示将进一步加强与中宁县的沟通交流，相互学习，不断促进两地农业产业共同发展。

（中宁党政门户网）

中华全国供销总社调研中宁县供销合作社综合改革工作

2016年9月26日，中华全国供销总社办公厅副主任冯建芳带领调研组，对中宁县供销合作社综合改革工作进展情况进行调研。县委常委、副县长常丁粱陪同调研。调研组一行先后深入红梧山大地生态枸杞种植基地、新堡镇供销社、宁安枸杞产销专业合作社、健商堂枸杞专业合作社，通过实地查看、听取介绍等方式，对中宁县供销合作社综合改革进展、基层组织建设等情况进行详细了解。自2015年3月《中共中央、国务院关于深化供销合作社综合改革的决定》出台以来，中宁县紧紧围绕“三农”工作大局，认真落实综合改革的主要任务，通过筹备成立产业型农民合作社联合社，探索开展农业社会化服务渠道，构建为农服务体系，并坚持加快供销社电子商务发展，建成电商运营中心，建立县域平台，实现与中华供销总社“供销e家”全国电商平台的对接，供销合作社综合改革工作取得一定实效。

调研组对中宁县供销社综合改革进展情况表示满意，希望中宁县进一步完善综合改革方案，规范供销社内部管理制度。要进一步加大政策、项目扶持力度，壮大社有企业，促进经济合作，切实增强供销社服务“三农”的能力，确保深化供销合作社综合改革目标任务圆满完成。

（中宁党政门户网）

联合国开发计划署驻华代表处宁夏沙漠化防治和民生改善项目考察团来中宁县考察

（2016-09-29）

近日，联合国开发计划署驻华代表处宁夏沙漠化防治和民生改善项目考察团到中宁县考察大战场镇宽口井移民区生态移民产业发展及民生改善情况。宽口井生态移民项目是县委、政府贯彻落实自治区“十二五”中南部生态移民规划而实施的一项重大民生工程。近年来，为实现“搬得来，稳得住，管得好，逐步能致富”目标，中宁县规划建设了移民区枸杞示范基地，通过建设“新品种示范园、新技术示范园、病虫害统防统治防治示范区”，基地基础设施日趋完善，示范引领和辐射带动作用明显增强，已成为移民区的生活保障基地和技术培训基地，每年可提供临时用工 32 万个，培训人员 1500 余人次，基地实现了产业增效、移民增收和社会稳定的共赢目标。目前，基地内枸杞种植面积达 7250 亩，2015 年实现产值 300 万元，移民思想稳定，生产生活有序开展。考察团一行参观了刺绣产品和枸杞示范基地，详细了解产业发展情况。考察团希望，移民区能充分发挥特色产业辐射带动作用，为移民群众提供可靠的生活保障。

（中宁党政门户网）

国家统计局宁夏调查总队督查中宁县第三次全国农业普查准备工作进展情况

2016 年 11 月 1 日，国家统计局宁夏调查总队副总队长王明华带领督查组，对中宁县第三次全国农业普查准备工作进展情况进行督查。副县长范永伟陪同。为扎实做好第三次全国农业普查工作，中宁县将农业普查工作与重点工作、重点项目同安排、同部署、同检查、同落实，组织力量对全县 1145 家农业生产经营单位进行摸底核查，并采取试点先行、以点带面的工作方法，在宁安镇古城村开展第三次全国农业普查试点工作，为下一步全面入户登记打下基础。目前，全县 11 个乡镇、2 个区属农场、1 个移民管委会已全部完成普查领导小组及办公室的组建工作，全县各普查区及普查小区的划分和“两员”上报工作正在加紧进行中。督查组先后深入宁安镇、新堡镇，通过听取汇报、查阅资料、实地走访等方式，详细了解中宁县第三次全国农业普查准备工作进展情况、主要做法、存在的困难以及下一阶段工作重点。督查组认为，中宁县在成立普查机构、落实经费保障、开展普查宣传、组织业务培训等方面做了卓有成效的工作，各项前期工作均按照要求有序推进，营造浓厚的农业普查氛围，取得阶段性成效。希望中宁县再接再厉，强化领导，狠抓落实，切实履行做好农业普查工作的各项职责，继续按照国务院、自治区的有关要求部署，进一步抓实、抓细、抓好工作，为全面开展农业普查工作打好基础。

（中宁党政门户网）

市委书记张柱等市领导看望参加市第四次党代会中宁代表团代表

2016年11月27日晚，张柱、万新恒等市领导来到中宁代表团驻地，亲切看望出席中国共产党中卫市第四次代表大会的代表，向党代表们致以亲切的问候和热烈的欢迎。来到中宁代表团驻地，张柱等市领导与代表们一一握手，向大家致以亲切的问候，对各位代表长期以来为全市经济社会发展做出的积极贡献表示感谢。张柱说，党代会是全市政治生活中的一件大事，将明确今后五年的奋斗目标和任务，每位党代表都肩负着全市人民的重托和期望，责任重大，使命光荣。希望各位党代表不负重托，充分发挥代表作用，认真审议党代会报告，积极建言献策，共商发展大计，齐心协力把中卫未来五年的发展蓝图描绘好，为全市今后发展创造良好条件、提供坚强保障。

（中宁党政门户网）

市长万新恒参加中宁代表团讨论

2016年11月28日，市长万新恒参加市第四次党代会中宁代表团讨论。万新恒在中宁团讨论时强调，未来五年，是全市全面建成小康社会的攻坚期，加快转变方式的关键期，也是实现弯道超车、后发赶超的机遇期。我们要紧紧围绕党代会提出的“一个提前翻番”“两个重大突破”“三个明显缩小”“五个全面提升”的目标任务，明确措施，抓好落实，推动全市经济社会大发展、快发展。万新恒要求，中宁县要走新型工业化带动城镇化这条路，对标美国凤凰城，树立跳出中宁看中宁、跳出现有格局看未来发展的大理念，促进产业升级，不断改变城乡面貌，努力推动经济社会加快发展。要抢抓新机遇，适应新常态，坚持重点突破和全面推进相结合，积极推进电力体制改革，构筑发展新优势。要紧跟全区“一核两级”的发展步伐，充分发挥新型工业、特色产业、交通枢纽等优势，走出一条“转型追赶，弯道超车”的新路子，为加快建设开放富裕和谐美丽中卫，如期全面建成小康社会贡献力量。

（中宁党政门户网）

农业部督查组督查
中宁县农产品质量安全监管工作

2016年12月2日至3日，农业部农产品质量安全中心主任张华荣带领督查组，对中宁县农产品质量安全监管工作开展情况进行督查。自治区农牧厅副厅长杨明红及市县领导刘学智、张建兵、范永伟陪同。督查组一行先后来到宁夏杞泰农业科技有限公司、天宁牧业发展有限公司、中澳伟辉肉食品开发有限公司等企业，通过实地查看、听取介绍、观看宣传片等形式，就企业农产品质量安全监管现状、农药及化肥规范化投入使用、质量安全监管工作中存在的困难和问题等情况进行详细了解。近年来，中宁县以发展"一特三高"现代农业总体规划为指导，以"努力确保不发生重大农产品质量安全事件"为目标，以创建农产品质量安全示范县为载体，坚持强化初级农产品源头监管，深入开展农业投入品专项整治，加快推进农业标准化生产，扎实开展农产品质量追溯体系建设，通过实施最严谨的标准、最严格的监管、最严厉的处罚、最严肃的问责，全面提升农产品质量安全监管能力和水平，切实维护群众"舌尖上的安全"。座谈会上，副县长范永伟汇报了中宁县2016年农产品质量安全监管暨专项整治工作情况。督查组对中宁县农产品质量安全监管及专项整治工作给予充分肯定，认为中宁县对此项工作高度重视、程序严谨、措施得力、成效明显。希望中宁县在现有农产品质量安全监管工作的基础上，再接再厉，进一步完善农产品质量追溯体系，强化农产品源头监管力度，实现农产品从生产源头向消费终端的正向跟踪监管及反向溯源追责，构筑农产品质量安全监管长效制度，切实保障农产品消费安全。张华荣一行还到舟塔乡舟塔村，通过座谈交流的形式，对该村特色示范村建设和枸杞专业合作社建设运行情况进行了解，及时掌握中宁县农业产业发展现状，进一步加强与地方基层联系点的帮扶对接，推动农村特色产业持续发展。

（中宁党政门户网）

专　载

不忘初心　砥砺奋进
为全面建成小康社会而努力奋斗

——在中国共产党中宁县第十四次代表大会上的报告

县委书记　赵建新

（2016-09-26）

各位代表、同志们：

现在，我代表中国共产党中宁县第十三届委员会向大会做报告，请予审议。

中国共产党中宁县第十四次代表大会，是在我县“十三五”顺利开局、全面建成小康社会进入决胜阶段召开的一次重要会议。主要任务是：回顾总结县第十三次党代会以来的工作，明确今后五年的奋斗目标和总体思路，动员全县各级党组织和广大党员不忘初心、牢记使命，带领全县各族人民攻坚克难、砥砺奋进，为建设开放富裕和谐美丽中宁、全面建成小康社会而努力奋斗。

一、过去五年工作回顾

县第十三次党代会以来的五年，是中宁应对重大挑战、经受重大考验、取得重大成就的五年，也是中宁综合实力提升最快、城乡面貌变化最大、人民群众得到实惠最多的时期之一。五年来，在中央和区市党委的坚强领导下，我们深入贯彻落实党的十八大和十八届三中、四中、五中全会精神，团结带领全县广大干部群众，聚精会神谋发展，真抓实干求突破，尽心竭力办实事，全县各项工作达到了预期效果，实现了“十二五”顺利收官和“十三五”良好开局，为全面建成小康社会奠定了坚实基础。

五年来，我们迎难而上、应对挑战，经济实力显著增强。面对经济下行压力、市场风险加剧、企业经营困难、资源要素趋紧等挑战，主动适应新常态、把握新趋势，通过落实政策、招商引资、项目支撑、入企帮扶等举措，帮助天元锰业、锦宁铝镁等20余家企业摆脱困境、恢复生产，实现经济企稳回升、逐年向好。预计2016年完成地区生产总值137亿元，较2011年增长47.7%，年均增长8.1%，人均GDP由32383元增至40117元；地方一般公共预算收入达到10.2亿元，较2011年增长86%，年均增长16.8%；城镇和农村居民人均可支配收入分别达到23415元和10503元，较2011年分别增长59.4%和68.2%，年均分别增长9.8%和10.9%。累计完成全社会固定资产投资672亿元、招商引资实际到位资金493亿元、社会消费品零售总额97亿元，分别是上个五年周期的3.2倍、14.7倍和2倍。

五年来，我们质效并重、转型升级，三大产业蓬勃发展。以民营经济“中宁现象”引发热议为契机，改造传统产业，培育新兴产业，壮大企业集群，发展循环经济，支持52家企业完成节能减排技术改造，淘汰电石、铁合金、水泥等落后产能5.8万吨、2.6万吨和50万吨；实施循环经济项目20个，连续两年入选“中国循环经济优秀品牌城市”；全县新增规模以上企业16家、总数达到46家，培植产值过亿元企业21家，电解金属锰产能由20万吨增至80万吨，占据全球60%的份额、产值达到90亿元，铝镁合金产业集群产值达到56亿元；新材料产业占工业经济的比重由13%增至34%，新能源装机容量达到732.3兆瓦；规模以上工业增加值从32.3亿元增至50.7亿元，工业园区面积从66平方公里扩大到87平方公里，获评“国家级新型工业化产业示范基地”。大力发展现代农业，中宁枸杞从种苗繁育、标准生产、科技研发到质量追溯、品牌宣传、营销策略全产业链升级，荣膺“最受消费者喜爱的中国农产品区域品牌”称号，种植系统荣列“中国重要农业文化遗产”，成立中国优农协会枸杞分会、中国中药协会枸杞专业委员会，核心产区、核心品牌地位进一步巩固；全县硒砂瓜种植面积发展到35万亩，山区群众人均从中获得的现金收入达到2500元；打造“国”字号农产品基地9个，市级以上龙头企业发展到76家，农民专业合作社发展到582家，辐射带动农户2.7万余户。积极发展现代服务业，电子商务、现代物流等产业从无到有、由小渐大，建成电商孵化中心、智能化信息物流中心，实现网络销售额3.8亿元、外贸出口额4.5亿美元，第三产业对GDP的贡献率由15.2%提高到28.9%。

五年来，我们综合施策、优化环境，城乡面貌明显改观。累计投资73亿元改善交通、水利、环保等基础设施，完成黄河公路大桥、石碱公铁立交桥、国道109中宁段拓宽改造等重点交通项目，路网密度由每平方公里38.5公里提高到56.7公里；实施中小流域治理、防洪防汛、水土保持等81项重点水利工程，发展高效节水农业25.8万亩；加大土地开发利用监管力度，新增耕地14.2万亩，拆除违法建筑物3万余平方米；强化水源、土壤、大气环境质量监测，加大企业厂矿、南北河子防污治污力度，全县空气质量优良天数年均达到288天。科学编制空间规划，强化城市综合执法管理，一城三区、特色集镇、美丽乡村加快建设，绿色长廊、市政道路、地下管网的里程和景观水系、公园广场、游憩场所的面积逐年增长，县城建成区面积由2011年末的13.3平方公里扩大到17.8平方公里，城镇化率由33%提高到43.7%，全县森林覆盖率由12.7%提高到14%，城市绿地率由26%提高到30.6%，成功创建自治区卫生、园林、文明县城。

五年来，我们先行先试、锐意创新，改革开放深入推进。积极承担272项区市下达的改革任务，争取工业园区供电体制、行政审批等7个自治区级改革试点，民营经济综合改革、公租房租售并举等26项创新工作有序推进。在全区率先公布实施县级权力清单、责任清单，建成市民服务中心和“智慧中宁”大数据交互平台，行政审批事项从310项精简压缩到189项，办理时限缩减60%。创新“1+6”多方合作融资服务模式①，发放贷款3.2亿元，荣获“全区金融环境创建奖”。基本完成农村土地确权，全县土地流转面积达21.6万亩，农村产权抵押试点贷款1300万元，完成全国首笔水权交易219万立方米。建设区级及以上工程技术研究中心2家、院士工作站2家，与全国80余家高校院所建立技术合作关系，科技进步对经济增长的贡献率由48%提高到52%。对外开放进程不断加快，成功举办两届中阿博览会中国枸杞论坛暨中宁枸杞文化节，圆满承办篮球、排球、轮滑等8项国际国内大型体育赛事，正式开通“中阿号”中亚国际班列，经济活力、社会活力、环境活力和文化活力持续释放。

五年来，我们心系群众、造福民生，社会事业全面进步。大力推进公共服务均等化，千方百计筹措资金140亿元用于民计民生，累计办理“民生实事”60项，有效解决了一大批群众关心关注的热点难点问题。新建扩建中小学和幼儿园67所，义务教育均衡发展通过国家评估验收，建成宁夏大学枸杞职业教育学院，高考一次性二本上线人数连续五年突破千人大关。深化医药卫生体制改革，全面推行“先住院后付费”模式，农村就地基础医疗实现全覆盖。建成保障性住房16315套、生态移民住房3600套，完成农村危房改造8703户，5万贫困群众喜迁新居。全力实施水质软化和人饮工程，28.6万城乡群众喝上了放心水。坚持提标扩面强化社会保障，敬老院、老饭桌等养老设施加快建设，累计救助困难群众6万余人次，被征地农民养老保险惠及1.3万余名群众，城乡居民养老保险、医疗保险基本实现全覆盖。以全民创业促充分就业，城镇登记失业率稳定在4%以内。深入推进脱贫攻坚工程，5086名群众实现脱贫。扎实推进依法治县、计划生育、民族宗教、国防动员、双拥共建等工作，获评“全国‘六五’普法先进县”，平安建设综合考核连续两年位居全区前列。

五年来，我们从严从实、管党治党，党的建设不断加强。聚焦全面从严治党新要求，深入开展党的群众路线教育实践活动，严格落实中央“八项规定”，坚决纠治“四风”问题，县委常委班子专题民主生活会受到中央第五巡回督导组高度评价；扎实推进“三严三实”专题教育和“两学一做”学习教育，完成自治区党委第一巡视组巡视整改工作，党员干部的宗旨意识、党性修养显著增强。实施“示范、提升、治弱”工程，加强基层组织建设，选派91名优秀干部到村任第一书记，新建、扩建村级活动场所64个，开展党员积分制管理、在职党员志愿服务等活动，打造市级以上党建示范点60个，整顿软弱涣散党组织32个，非公有制经济组织和社会组织党组织覆盖率分别达到86%和90%。牢固树立正确用人导向，选拔任免干部969人次，提拔年轻干部81名，消化超职数配备干部79名，建立科级后备干部库，落实干部职务与职级并行制度，完成乡镇领导班子换届选举。严格落实党风廉政建设党委主体责任和纪委监督责任，建立“三述三评”②“五个不直接分管”③“工作实绩考核”等22项配套制度，举办9期“电视问政”，创新开展巡察监督、派驻监督。五年来，共查办违纪违法案件177件，给予党政纪处分165人。

尤为可贵的是，全县形成了万众一心谋发展、团结一致奔小康的浓厚氛围。我们不断加强县委常委会自身建设，建立完善重大事项决策、重要人事任免、重大项目安排及大额资金使用等集体决策制度，形成了公开透明的权力运行机制，进一步增强了县委的公信力。支持人大做好重大事项决定、法律监督、工作监督和代表工作，支持政协履行政治协商、民主监督、参政议政职能，支持“一府两院”在“五位一体”建设中积极作为，发挥工青妇等群团组织的桥梁纽带作用，民主政治建设迈上了新台阶。

各位代表、同志们，中宁的变化有目共睹，中宁的未来充满希望。这些成绩的取得，是区市党委正确领导的结果，是全县各级党组织和广大党员干部开拓奋进的结果，是全县各族人民鼎力支持的结果。在此，我代表中共中宁县第十三届委员会，向所有关心支持中宁发展的朋友们，向所有参与中宁建设的同志们，致以崇高的敬意和衷心的感谢！

回顾艰苦拼搏的发展历程，我们深刻体会到，做好中宁的工作，必须坚持党的领导，不论遇到什么困难，一定要坚定政治方向，坚决贯彻执行上级党委决策部署，确保政令畅通、步调一致，充分发挥各级党组织的战斗堡垒作用和广大党员干部的先锋模范作用，为各项事业发展提供坚强保证；必须遵循客观规律，不管外部条件如何变化，一定要从县情实际出发，摸清基本底数、掌握基本政策、把握基本规律，根据现实可能和客观需要想问题、定目标、做决策、办事情，推进工作精细化，力促各项事业一步一个脚印向前迈进；必须走好群众路线，面对利益多元复杂的新格局，一定要注重妥善协调各方面关系，从群众最现实、最关心、最直接的利益问题入手，让群众共享改革发展红利，进一步赢得广大群众对我们工作的拥护和支持；必须勇于开拓创新，在百舸争流、不进则退的发展浪潮中，一定要解放思想、转变观念，推崇探索、宽容失败，提倡竞争、倡导合作，运用新办法、新思路解决新问题、开创新业绩；必须保持良好作风，在转型发展的关键时刻，一定要教育引导党员干部勇于担当、敢于负责、主动作为，始终保持干劲、拼劲和韧劲，会干事、干成事、不出事，推动经济质效更优、社会公平正义、干部成长成才。

在总结成绩和经验的同时，我们也清醒地看到，前进道路上还存在一些矛盾和问题：一是经济发展仍处在爬坡过坎阶段，小康监测体系中，经济发展指数及人均GDP、人均公共预算收入、农民人均纯收入均处于川区末位，成为制约全面建成小康社会的短板；产业结构性矛盾突出，层次水平较低，工业倚重倚能、能耗居高不下的现状没有根本转变；第三产业发展滞后，增加值占GDP的比重近几年一直低于30%。二是城乡之间、山川之间发展不平衡，城乡之间环境质量差距较大，县城西区、南区环境面貌没有得到有效改善；喊叫水乡和徐套乡成为全县全面建成小康社会最大制约因素，山区农民人均可支配收入仅为川区农民的63.4%，实现山区三乡镇和太阳梁移民区共20659名贫困群众（其中，山区三乡镇建档立卡贫困人口为3351户12774人，自治区移交我县的太阳梁移民区贫困人口为7885人）全部脱贫任务艰巨。三是社会治理仍存在一些不容忽视的问题，影响社会和谐稳定的矛盾还比较突出，尤其是在征地拆迁、安置补偿等方面引发的群体访、重复访、越级访易发多发，化解社会矛盾纠纷的体制机制有待完善。四是一些干部的工作作风离群众期待仍有差距，推诿扯皮、庸懒散软、为官不为等作风问题依然存在，违纪违法问题还时有发生，等等。对于这些问题，我们必须要勇于面对、敢于亮剑，坚持问题导向，采取有效措施加以解决。

二、今后五年奋斗目标及主要任务

今后五年，是我县创新发展、转型追赶的关键期，也是深化改革开放的攻坚期，更是全面建成小康社会的决胜期。全县工作的指导思想是：高举中国特色社会主义伟大旗帜，认真落实党的十八大以来党中央和区市党委决策部署，坚持以习近平总书记来宁视察重要讲话精神为指引，坚持把发展作为第一要务，按照“五位一体”总体布局和“四个全面”战略布局要求，深入践行“五大发展理念”，大力发扬“不到长城非好汉”的宁夏精神，加快建设开放富裕和谐美丽中宁，努力实现经济繁荣、民族团结、环境优美、人民富裕，确保全面建成小康社会。

奋斗目标是：更加注重经济增长的质量和效益，力争经济增速高于全国全区平均水平，地区生产总值、地方一般公共预算收入年均增长8%，社会消费品零售总额年均增长9%，全社会固定资产投资年均增长12%，城镇和农村居民人均可支配收入年均分别增长9%和10%，完成“十三五”规划确定的目标任务。

总体思路是:“确保一个目标，实现两个翻番，打赢三场硬仗,完成六项改革试点任务”。“确保一个目标”，即确保到2020年全面建成小康社会。“实现两个翻番”，即全县地区生产总值比2010年翻一番、城镇和农村居民人均可支配收入比2010年翻一番。“打赢三场硬仗”,一是打赢工业转型升级硬仗,全面优化工业结构、产品技术、工艺装备、能效环保等水平,根本改变倚重倚能、能耗居高不下现状，推动工业经济由价值链低端向中高端迈进;二是打赢农业提质增效硬仗,重点推动以中宁枸杞为核心的现代农业,向文化引领、科技支撑、社会服务、电商营销、三产融合的现代产业体系转型升级,促进农业增效、农民增收、农村繁荣;三是打赢脱贫攻坚硬仗,按照自治区“三年集中攻坚，两年巩固提高,力争提前脱贫”目标要求,咬定青山不放松，力争到2018年全县建档立卡贫困人口全部脱贫。“完成六项改革试点任务”,一是完成产城融合试点任务,走出一条“以产兴城,以城促产，宜居宜业,融合发展”的特色之路;二是完成农村综合改革试点任务，探索开辟农村土地承包经营权、林权、水权等农村产权利用新通道;三是完成工业园区供电体制改革试点任务，打造高效低成本工业园区;四是完成空间规划试点任务,建立覆盖城乡、事权清晰、上下衔接的区域空间规划体系;五是完成行政许可权改革试点任务,实现行政许可过程更加透明、群众办事更加快捷、权力监督更加有力；六是完成城市综合执法体制改革试点任务,着力构建权责明晰、服务为先、管理优化、执法规范的城市管理体系。

实现上述目标,主要做好以下几个方面的工作:

(一)坚持产业富民、协调共进,打造一轴两翼产业高地

按照“因地制宜,包容协调,差异发展”的原则，以黄河为轴，划分新型工业和枸杞产业南北“两翼”主体功能区,推动两大“当家”产业在生产空间上集约高效、在生态空间上互不影响,实现工农业健康发展、转型发展、可持续发展,不断夯实富民强县的物质基础。

加快构建新型工业体系。坚定不移发展工业经济,引导生产要素向工业聚集、优惠政策向工业倾斜、人才资源向工业汇聚，推动工业经济质效双优。重点围绕电解金属锰、铝镁合金等主导产业,进一步拓展延伸产业链条、扶持发展下游产业、提高产品附加值，集中力量打造两个百亿元产业集群,巩固世界锰都地位,建设全区重要的铝镁合金及深加工生产基地。坚持以产业链布局创新链、培育价值链,推进信息技术在工业生产中广泛应用,支持优势企业开展“产学研用”联合攻关,加大农副产品加工、冶金、化工、水泥建材等传统产业技术改造升级力度,重点推动向绿色低碳、循环经济生产模式转变,建设国家级循环经济示范区。以园中园、孵化园为模式,培育壮大新能源、新材料、节能环保、装备制造等战略新兴产业,着力改善工业产品结构和产能结构,力争早日由“生力军”向“主力军”转变。编制实施卫宁工业园区相向发展产业规划,强化在基础设施、产业配套、生态环保及社会化服务体系等领域的对接,完善道路、电力、通讯、绿化、集污排污等园区配套,着力打造低成本园区和花园式、环保型工厂,不断增强承载力和吸引力。经过五年努力,力争产值超亿元企业超过30家以上,规模以上工业增加值年均增长11%,战略新兴产业占工业经济的比重突破50%，工业园区发展成为千亿元产值园区。

加快枸杞产业转型升级。立足中宁优势,坚持走特色化、品牌化、精品化之路,力争2020年综合产值突破100亿元,为宁夏再造枸杞产业发展新优势树立典范。编制《中宁枸杞种苗产业发展规划》,高标准培育发展苗木繁育、贮藏、检验、销售产业链,打造国家级枸杞良种苗木繁育中心。加快推进标准化种植基地与生态观光、休闲养生等业态相融合,力争90%以上种植面积实现集约化经营。突

出企业创新主体地位和主导作用，深化院地、校企合作，挖掘药食两用价值，着力在枸杞新品种、新产品、新技术研发和推广，以及产业化发展上取得新突破，打造全国最大的枸杞技术研发中心和产品加工中心。充分利用线上线下两个平台，深入实施中宁枸杞“千城万店”项目④，发展跨境电子商务，拓展欧美地区和阿拉伯国家市场，打造全国最大的枸杞营销中心。不断强化“中宁枸杞”的标杆引领作用，坚持包容增长，发展分享经济，利用区内区外“两个资源”，科学制定中宁枸杞地方标准，推动各地枸杞产区在科技研发、管理创新、市场营销、质量追溯、品牌保护等多领域协同共进，为全国枸杞产业健康发展做出贡献。

加快现代农业提质增效。坚持走“一特三高”发展之路，紧抓我县作为国家农村产业融合发展示范县机遇，着力推动农林牧渔结合、种养加一体、一二三产业融合发展。强化农田水利、土地整理、中低产田改造和高标准农田建设，不断提高农业生产效益。以“一乡一业、一村一品”为导向，深化农村产权制度改革，依法推进土地经营权有序流转，同步实施“互联网＋科技＋现代农业”示范行动，加快建设一批特色产业标准园、示范园、精品园，发展一批专业大户、农民专业合作社和农业产业化龙头企业，健全以乡镇集贸市场为支撑、以农村电商为补充的乡村商贸体系，着力推动硒砂瓜、苹果、红枣、牛羊、生猪等特色产业规模化、标准化、品牌化发展，力争全县优势农产品基地规模达到120万亩以上，培育新特优农产品品牌18个以上，建成20个特色鲜明的现代农业示范园，打造国家级现代农业示范园区。健全农产品质量安全全过程监管体系、现代农业科技创新推广体系、农业社会化服务体系，力争农业机械化普及率达到80%以上，农业技术信息服务、政策性保险实现全覆盖。

（二）坚持内外联动、开放引领，打造丝绸之路物流节点

以交通、信息、物流等领域重大基础设施建设为载体，以繁荣现代服务业为支点，深度融入国家“一带一路”和中阿合作通道，筑巢引凤、借船出海，切实增强对外吸引力和竞争力。

建好开放通道。加快城际铁路、乌玛高速中宁段等大通道建设，完善城乡路网，启动建设中宁黄河二桥，积极推进以电动公交、电动汽车及其配套设施为重点的绿色交通，构筑快捷、安全、高效、覆盖城乡、畅连内外的现代化综合交通运输体系。依托市民服务中心，积极推进“8+N”朵云⑤应用，重点抓好网络数据分析中心和信息指挥中心建设，着力打造智慧社区、智慧乡村、智慧商圈、智慧交通、智慧电网，真正使智慧服务像用水、用电一样进入千家万户。

繁荣现代服务业。深度融入全国全区物流链，整合交通、信息资源，依托物流园区，重点发展以工业原材料和产品、农副产品贸易为主的生产型物流，以城市配送、电子商务为主的生活型物流，以保税物流、国际物流为主的中转型物流，加快推进陆路口岸通关一体化改革，扶持发展第三方物流企业，力争成为宁夏内陆开放口岸枢纽、西北大宗商品综合物流基地。大力发展金融服务业，积极吸引全国性股份制商业银行、证券公司、保险公司设立分支机构，支持鼓励符合条件的民营企业发起设立民营银行、金融租赁公司，健全多层次担保体系，支持有条件的企业上市融资，为“双创”提供多元化金融服务。实施“旅游＋”，主动融入全域旅游，立足枸杞文化、黄河文化、丝路文化等多元文化底蕴，结合“水系连城”和“生态联城”工程，重点打造“一带、两廊、三区”⑥特色旅游景区景点，培育发展历史探秘游、枸杞生态游、黄河景观游、乡村休闲游等旅游业态；积极承接中卫旅游产业链，完善“食、住、行、游、购、娱”等配套服务业，实现培育经济增长点与提升对外影响力的“双赢”。

优化投资环境。全面梳理现有政策，健全完善产业发展、招商引资等配套政策，着力打造聚集人才、技术、项目、资金的政策洼地，打造“两优”投资

发展环境。坚持“引进来”与“走出去”双轮驱动，借力中阿博览会“金字品牌”，发挥产业优势，积极争取与丝绸之路经济带沿线国家、周边地区建立务实合作，引进一批规模大、活力足、效益好、带动力强的优质企业和项目，培育一批潜力足、成长性好的“本土”跨区域跨国企业。今后五年，全县招商引资实际到位资金力争年均突破100亿元，确保中宁发展载体更加充裕、发展动力更加充沛、发展后劲更加充足。

（三）坚持以产兴城、创新驱动，打造产城融合样板城市

围绕做好工业化和城镇化这两篇大文章，以体制机制创新加快推进产城融合，以改革创新不断聚合人、产、财、地等资源要素，推动山川互动、工农互补，以产带城、以城兴产。

注重规划引领，确保产城融合科学推进。对标宁夏空间发展战略规划，加快推进空间规划试点，探索研究制定规划体系、空间布局、基础数据、技术标准、信息平台和管理机制“六个统一”为目标的改革方案，确保2017年完成空间规划编制，实现全县一本规划、一张蓝图，不断优化未来的人口分布、产业布局、土地利用和城镇格局。按照“城市郊区村落向县城集中，城镇周边村落向集镇集中，分散村落向中心村集中”的思路，重点构建以县城及周边乡镇为中心，大战场镇、恩和镇、鸣沙镇中心镇为支撑，喊叫水乡、徐套乡为外围地区的三级城镇体系，切实加快城镇化进程。

深化重点改革，增强产城融合内生动力。加强统筹设计和整体配套，深入推进一批力度大、措施实、接地气的改革事项，在解决产城融合体制机制性问题上持续发力。以“放管服”⑦为统揽，持续深化行政审批制度改革，落实好政府部门（乡镇）权力清单和责任清单，依托市民服务中心，进一步转变职能、简政放权、优化服务，推进政务公开和城乡政务服务一体化，真正为全民提供高效、便捷、规范、廉洁的优质服务。充分发挥民营经济在推进产城融合中的重要作用，注重规则公平、机会公平和权利公平，立足大、中、小、微企业发展实际，研究实行更加积极的扶持政策，同步推进工业园区供电、投融资等重点领域改革，促进管理科学有序、资源高效配置、产业联动协作、投资多方参与，形成产业优、创业兴、就业好的产城融合良好发展格局。

加快试点步伐，强化产城融合载体支撑。以发展开放型、创新型、服务型、生态型经济为导向，依托中宁工业园区，将石空镇作为工业后勤保障基地，重点推进工业园区、石空工业城基础设施配套及公共服务体系建设，积极探索“前店后厂”模式，着力打造“产业＋就业＋居住＋商业”协调发展的新型城镇发展格局，尽快形成成熟的改革经验，向全市全区全国推广。

（四）坚持城乡统筹、绿色支撑，打造生态宜居魅力杞乡

牢固树立绿色发展理念，以对脚下这方水土负责、对家乡父老负责的鲜明态度，像保护眼睛一样保护生态环境，着力建设天蓝、地绿、水美、城净的人居环境。

建设美丽宜居城乡。以“宜居、利居、乐居”为导向，立足“一城三区”城市框架，做好城市规划、风貌设计和改旧建新，重点实施旧城提质改造和新区扩容开发，深入推进宁安、石空、新堡三大片区棚户区改造，科学推进新区城市项目引进和产业培育，统筹完善停车场、供水排水、污水处理、休闲广场、亮化绿化、公共厕所、垃圾综合利用等城市配套，未来五年县城棚户区和城中村得到彻底改造，把城市建设得更有特色、更加完备、更具人情味。着眼城镇集群发展，加快大战场镇、鸣沙镇、恩和镇等中心镇建设，打造各具特色、功能互补、协同发展的城镇体系；结合美丽乡村建设，以舟塔乡为试点稳步推进中心村建设，未来五年，力争建成美丽乡村50个，让田园美、村庄美、生活美、风尚美真正成为现实。坚持建管并重，加大城市管理

综合执法力度，提升“以克论净”水平，健全城乡环境综合整治机制，力争县城及周边乡镇环境面貌实现“三年大变样”，争创全国卫生县城。

筑牢生态安全屏障。着眼人与自然和谐共生，强化封山禁牧工作，巩固退耕还林成果，深入实施退化防护林改造、湿地保护与恢复等重点工程，加快建设工业园区生态隔离带，筑牢绿色安全屏障。加快推进绿色城市建设，深入推进“生态连城”“水系连城”工程，科学布局城市绿地，重点完成南河子、北河子县城段景观水系改造，推进市民休闲森林公园建设，打造沿黄生态连城景观轴，力争森林覆盖率突破15%。

高效集约利用资源。严格落实节能减排目标责任，实行结构调整、技术进步、管理创新“三管齐下”，严格控制高耗能和产能过剩行业，加快淘汰落后产能，加大节能减排共性技术、关键技术攻关力度，促进节能新技术、新产品、新工艺、新材料的广泛应用，最大限度提高资源能源利用效率。落实最严格的耕地保护制度和节约用地制度，探索破解土地资源硬约束的思路和办法。深化节水型社会建设，完善水资源配置体系和水权转换机制，实现节水兴工、以工哺农、以川济山、良性循环、永续发展。

加大环境治理力度。落实最严格的环境保护制度。深入实施蓝天、绿水、净土行动，切实抓好大气污染防治、水环境综合治理、土壤污染风险管控和治理修复。注重在园区锁定工业污染并实行全过程消化，加大“三废”治理力度，制定环境敏感区工业企业搬迁计划，支持有利于构建企业间生态工业链的项目入驻园区，建立与自身定位、发展水平、环境容量相适应的环境管理体系。坚持源头严防、过程严管、后果严惩，健全环境风险单位信息库，实现污染源监控和环境质量检测全覆盖，以“零容忍”态度坚决打击环境违法行为。

（五）坚持以人为本、共建共享，打造和顺和美幸福家园

按照人人参与、人人尽力、人人享有的要求，保基本、兜底线、促公平、筑和谐，继续办好“民生实事”，让生活和工作在中宁的人们共享更多的安全感、获得感和幸福感。

全力推进精准脱贫。坚持精准脱贫与区域开发紧密结合、与生态保护并重、与社会保障有效衔接，举全县之力全面推进脱贫攻坚工程。强化贫困人口信息精细化动态管理，确保脱贫攻坚工作底数清、措施准、责任明。按照“五个一批”要求，紧扣“有土”和“离土”两篇文章，编制山区三乡镇和太阳梁移民区五年经济社会发展规划，重点推进乡村道路、水利惠民、电网改造、危窑危房改造、生态环境建设五大工程，落实社会帮扶、网络覆盖、光伏扶贫、整村推进、金融富民五项行动，抓好医疗卫生服务、电商产业培育、人才科技支撑、文化旅游发展、留守人员关爱五项工作，同步健全扶贫兜底政策，力保贫困地区农民人均可支配收入年均增长12%以上，力争到2018年全县建档立卡贫困人口全部脱贫，到2020年全面解决喊叫水乡和徐套乡用水问题，真正实现贫困村“五通八有”、贫困户“三不愁四保障”⑧。

实施教育质量提升工程。巩固义务教育均衡发展成果，注重“教育云”等信息化应用，大力推进教育现代化；统筹管理、均衡配置教师资源，推进城乡教师交流轮岗，缩小城乡、区域、校际差距，争创全国基础教育质量先进县。深化教育教学改革，把增强学生社会责任感、创新精神、实践能力作为重点任务贯穿到基础教育全过程。加快发展学前教育，健全均衡发展、布局合理、办园规范、质量合格的学前教育公共服务体系。建设现代职业教育体系，重点推进校企合作、产教融合、工学结合，争取成立宁夏大学枸杞学院，打造现代职业教育高地。

建设健康中宁。深化医药卫生体制改革，实行医保、医药、医疗联动，促进医疗资源向农村流动，力争率先在全区实现基本卫生医疗制度和现代医院管理制度城乡全覆盖。加快县级公立医院改革，加强医疗领域专家及院地合作，积极发展远程医

疗，着力培养并留住一批医术优良、医德高尚的学科带头人，一批具有发展潜力的优秀青年骨干医生队伍，让群众病有所医、病有优医。完善医患纠纷调解机制，构建和谐医患关系。加快中医药事业发展，鼓励社会力量兴办医疗护理、康复保健、健身养生等健康服务业，稳步发展民营医院。健全覆盖城乡的食品药品安全监管体系，加强生产、流通全过程控制，保障群众饮食医药安全。深入推进全民健身战略，巩固国家基本公共体育服务体系示范县成果，积极承办和打造篮球、游泳等国际国内品牌赛事，进一步完善城乡体育健身路径，让群众尽享健身乐趣、健康生活。

促进就业创业。坚持就业优先战略，建立集培训提高、就业帮扶、创业带动为一体的就业服务体系，积极开发公益岗位，开展贫困家庭子女、农村转移劳动力、失地农民、复转军人等群体免费接受职业培训行动，支持发展电子商务、网店等新就业形态。全力推进大众创业，优化创业环境，深入实施小微企业成长工程，带动就业创业。建立和谐劳动关系，维护职工和企业合法权益。未来五年，城镇登记失业率控制在4%以内。

完善社会保障体系。实施社会保障提标工程，提高保障标准和统筹层次，健全以社会保险、福利和救助为基础内容的社会保障体系。以解决中低收入者住房困难为重点，推动公租房租售并举试点取得实质进展。积极引导社会力量参与养老服务业，加快建立以居家为基础、社区为依托、机构为补充的新型社会养老服务体系。坚持计划生育基本国策，提高生殖健康、妇幼保健等公共服务水平，促进人口均衡发展。大力发展慈善事业，鼓励社会各界参与公益慈善。

加强和创新社会治理。完善党委领导、政府主导、社会协同、公众参与、法治保障的社会治理体制，推进社会治理精细化，构建全民共建共享的社会治理格局。加强法治政府建设，实现政府活动全面纳入法治轨道。深化司法体制改革，扎实推进"七五"普法，不断深化"法律八进"活动，健全社会信用体系，加快构建覆盖城乡的公共法律服务、法律援助和司法救助体系。深化平安建设，健全矛盾纠纷调解体系、社会治安立体化防控体系、公共安全监管体系。增强社区服务功能，实现政府治理、社会调节、居民自治的良性互动。严格执行重大决策社会稳定风险评估机制，扎实落实安全生产责任制，坚决杜绝重特大安全事故发生，切实维护群众生命财产安全。坚持宗教中国化方向，持续开展民族团结进步创建活动，依法加强宗教事务管理，防止"清真"泛化，确保民族宗教工作沿着正确方向前进。

三、全面加强党的建设

基础不牢，地动山摇。必须把抓基层打基础作为长远之计、固本之策、战略之举，层层落实党建主体责任，推动全面从严治党在基层落地生根。

（一）强化理论武装，筑牢思想根基

坚持把思想建设放在首位，健全完善党员经常性学习教育机制，深入学习贯彻习近平总书记系列重要讲话精神，积极开展形势政策、世情国情教育，分期分批开展大规模党员轮训，着力打造"杞乡发展论坛"品牌，引导广大党员强化"四种意识"、增强"四个自信"，不断提高履职担当、服务发展的能力和水平。大力推进社会主义核心价值观教育，引导党员严于律己、修身立德，在道德实践中发挥表率作用。高度重视意识形态领域工作，抓好新媒体的建设、利用和管理，牢牢掌握主导权和话语权。

（二）树立正确导向，建好干部队伍

紧抓领导干部这个"关键少数"，大力弘扬"工匠精神"，建立干部"能上能下""容错免责"机制，形成用心谋事、干事成事的良好氛围。坚持好干部标准，突出"忠诚干净担当、不让老实人吃亏、从基层一线培养选拔干部"三个用人导向，大力选拔任用埋头苦干、勇于创新、善抓落实、实绩突出的干部，全面消化超职数超职级配备干部。突出抓好对

"一把手"的监督,推动干部实绩考核向一般干部延伸,严肃查处执行县委决策阳奉阴违、推进重点项目缓慢无力、服务群众推三阻四等"为官不为""庸懒散软"行为,推动干部作风持续改进。坚持人才强县战略,培养引进高层次创新人才、企业管理人才、产业建设人才、社会事业人才、青年人才和党外人才,努力把各方面优秀人才团结凝聚到全县各项事业上来。

(三)夯实基层基础,发挥堡垒作用

强化基层党组织的政治引领功能和服务群众作用,分类推进农村、社区、机关、非公有制经济组织和社会组织党组织建设,着力打造270个三星级及以上服务型党组织。注重基层党组织带头人培养,充实基层党务工作力量,严把党员入口关,健全完善党内激励关爱帮扶机制,稳妥处置不合格党员,着力建设政治坚定、团结有力、担当尽责、群众信任的过硬支部。进一步完善基层民主管理、民主监督等各项制度,切实保障群众的知情权、参与权、监督权。立足"四化一满意"服务群众平台⑨,加快建设"党建红云",以信息化手段推进党建工作,实现党员实绩表现、党务信息公开等工作的电子化、智能化管控。

(四)坚持挺纪在前,规范党内行为

突出纪在法前、纪严于法,严格执行"两准则四条例"⑩,进一步严明党的政治、组织、廉洁、群众、工作、生活等"六大纪律"。严肃党内政治生活,认真落实"三会一课"、党员评议基层党组织领导班子、党员党性定期分析和民主评议、领导干部参加双重组织生活会等制度,分层分类制定党员干部行为规范,探索开放式、互动式、体验式组织生活形式,推行党内政治生活痕迹管理、督查通报、追责问效等配套措施,增强党内生活的政治性、原则性、战斗性。

(五)推进反腐倡廉,弘扬清风正气

严格落实党风廉政建设"两个责任",严格实行"一岗双责""一案双查"和责任倒查,构建不敢腐不能腐不想腐的体制机制。坚持教育在先、警示在前,深化廉政文化建设,注重家庭家风家教建设,引导广大党员干部知敬畏、明底线、受警醒。坚持用制度管权管事管人,围绕"四种形态"⑪,紧盯重点领域、重点部门、重要岗位,加大巡察、派驻、媒体、审计等监督力度,切实发挥抓早抓小、标本兼治、震慑遏制作用。坚持有案必查、有腐必反,保持惩治腐败高压态势,着力营造干部清正、政府清廉、政治清明的良好环境。

(六)发展民主政治,凝聚强大合力

发挥县委总揽全局、协调各方的领导核心作用,全力支持人大依法监督、政府依法行政、政协参政议政,积极支持工青妇等群团组织按照法律法规和章程开展工作,着力加强统一战线、党管武装、军民融合、双拥共建等工作,充分动员和汇聚各方面力量,构建全县上下万众一心、团结干事的良好局面。加强县委常委会自身建设,进一步完善议事规则和决策程序,不断增强战略思维能力、统筹施策能力、抢抓机遇能力、依法执政能力、防控风险能力,着力提升领导全县经济社会发展的水平。

各位代表、同志们,伟大的时代赋予我们光荣使命,崇高的事业召唤我们开拓奋进。让我们更加紧密地团结在以习近平同志为总书记的党中央周围,在区市党委的坚强领导下,团结一心、扎实苦干,不忘初心、奋勇前进,为建设开放富裕和谐美丽中宁、全面建成小康社会而努力奋斗!

小资料

①"1+6"多方合作融资服务模式:"1"即设立中宁县金融便民服务中心,集企业准入、项目登记、项目推荐、政府扶持政策、金融机构服务、企业融资需求为一体的综合金融服务平台,形成县域企业融资数据库;"6"即指整合农村妇女创业贷款、全民小额创业贷、助保贷、保险贷、担保贷、扶贫贷六大融资服务方式,通过资源共享、优势互补,努力实现政府为企业融资服务效益效率的最大化。

②"三述三评":即述职、述责、述廉、个人自评、干部测评、委员议评。

③“五不直接分管”：党政主要负责人对本单位的财务、干部人事、行政审批、公共资源交易、工程建设工作不直接分管。

④中宁枸杞“千城万店”项目：计划用3年时间在全国建设中宁枸杞馆25家、各地级市和经济发达县市建设中宁枸杞生活馆500家、各县级城市建设中宁枸杞旗舰店1500家，打造中宁枸杞全国终端销售平台。

⑤“8+N”朵云：指政务云、政法云、社保云、卫生云、教育云、商务云、民政云、旅游云和地理空间信息系统、交通、环保、安监视频监控等。

⑥“一带、两廊、三区”：一带，指黄河景观带；两廊，指余丁文化探秘景观长廊、石空休闲接待服务长廊；三区，指双龙山石窟景区、黄河之滨民俗文化展示区、沿黄河休闲度假区。

⑦“放管服”：“放”即简政放权，降低准入门槛；“管”即公正监管，促进公平竞争；“服”即高效服务，营造便利环境。

⑧贫困村“五通八有”、贫困户“三不愁四保障”：贫困村“五通八有”指通路、通水、通信息、通广播电视、通客车；有增收支柱产业、有经济合作组织、有综合服务网点、有文化体育活动场所、有标准卫生室、有团结干事的两委班子、有集体经济收入、有驻村工作队。贫困户“三不愁四保障”指不愁吃、不愁穿、不愁取暖；住房、义务教育、基本医疗、安全饮水有保障。

⑨“四化一满意”服务群众平台：指建设以“信息化服务平台为基础、全域化服务体系为支撑、网格化服务管理为手段、常态化服务机制为保障、群众满意为目标”的“四化一满意”服务群众平台。

⑩“两准则四条例”：即《中国共产党廉洁自律准则》《中国共产党纪律处分条例》《中国共产党党内问责条例》，即将在党的十八届六中全会上颁布的《新形势下党内政治生活准则》和新修订的《中国共产党党内监督条例》《中国共产党巡视工作条例》。

⑪“四种形态”：指党内关系要正常化，批评和自我批评要经常开展，让咬耳扯袖、红脸出汗成为常态；党纪轻处分和组织处理要成为大多数；对严重违纪的重处分、做出重大职务调整应当是少数；而严重违纪涉嫌违法立案审查的只能是极极少数。

在中国共产党中宁县第十四届委员会第一次全体会议上的讲话

县委书记　赵建新

（2016-09-27）

各位委员、同志们：

今天下午，我们召开县委十四届一次全体会议，选举产生了新一届县委常委、书记、副书记，表决通过了中国共产党中宁县第十四届纪律检查委员会第一次全体会议选举结果。在此，我代表新当选的县委常委，对大家的信任和支持表示衷心的感谢!以这次全体会议为标志，中宁县县乡两级党委、纪委领导班子换届选举工作已经顺利结束，取得圆满成功。这是全县各级党组织周密部署、坚强领导的结果，也是广大党员干部顾全大局、全力支持的结果。在换届中，由于受职数、结构等条件限制，一些表现很好的同志没有进入领导班子，这些同志服从组织安排，拥护组织决定，正确对待个人得失，充分体现了党员领导干部坚定的党性原则和高尚的思想境界。同时，由于工作需要，十三届县委中的一些同志调离了我县，他们在任职期间，为中宁的发展倾注了大量心血，做出了积极贡献。我代表县委向这些同志致以崇高的敬意!

这次全会选举我担任县委书记，深感使命光荣、责任重大。自2012年9月29日到中宁工作以来，四年的时间，让我的心早已在这片热土上深深扎根，这里的人文气息影响着我的处世价值，群众安康牵动着我的喜怒哀乐，发展进步检验着我的事业理想，这里已然是我的第二故乡。今天，重任在肩，不敢有旦夕懈怠，想到与大家一起携手决战决胜小康，感到无比振奋和无限期待，特别是班子成员之间团结、和谐、尊重、理解、支持的共事氛围给我增添了更大的信心和力量。我将牢记使命、忠诚履职，与各位常委、委员一道，大力弘扬真抓实干、敢于担当、雷厉风行的工作作风，以感恩之心对待组织，以进取之心对待工作，以平常之心对待生活，勤勉尽责，克己奉公，不遗余力地做好中宁各项工作，决不辜负组织和群众的重托。

县第十四次党代会对全县未来五年的发展做出了规划和部署，特别是报告围绕“加快建设开放富裕和谐美丽中宁，全面建成小康社会，实现经济繁荣、民族团结、环境优美、人民富裕”奋斗目标，提出了“确保一个目标、实现两个翻番、打赢三场硬仗、完成六项改革试点任务”的总体思路。从现在起，我们新一届县委班子就正式接过了“接力棒”，开启了带领全县各族群众决战决胜全面建成小康社会的新征程。习近平总书记在庆祝建党95周年大会上，发表了题为《不忘初心　继续前进》的重要讲话，讲话磅礴大气、意蕴丰厚、催人奋进，尤其是重提毛主席“进京赶考”的话题，明确指出，“今天，我们所做的一切工作，就是这场考试的继续”,“必须率领中国共产党继续赶考,向人民再交优异答卷”。这些重要内容,体现了强烈的责任担当和深沉的忧患意识,是对各级领导干部语重心长的教诲、提醒和鞭策,具有很强的针对性和指导性。作为新一届县委班子,未来五年,我们在决战决胜全面建成小康社会的道路上,可能会有纷至沓来的干扰,会有接踵而至的围猎,会有接连不断的困难,要应对好、顶得住、过得硬,就必须树立强烈的赶考意识、责任意识和忧患意识,在前进的道路上攻坚克难、闯关夺隘、砥砺奋进,努力开创各项工作的新局面,用一点一滴的工作实绩,积小胜为大胜,完成组织和群众交给我们的庄严考卷。下面,我就县委班子成员履新就职提几点希望和要求,与同志们共勉。

一、以理想信念引领赶考之路,做忠诚于党的领导干部

习近平总书记指出:“对马克思主义的信仰,对社会主义和共产主义的信念,是共产党人的政治灵魂,是共产党人经受住任何考验的精神支柱。”坚定的理想信念是党员干部建功立业的精神之魂和力量之源,信之愈深,行之愈笃。党员干部树立了崇高的理想信念,就有了大志向,因而就能有大视野、宽胸襟、高境界。大家都知道华西村的吴仁宝,这位从旧社会走过来的农民党员,在新旧社会两重天的沧桑巨变中深刻认识到,只有共产党才能救中国,只有社会主义才能让人民过上幸福生活。他常说:“我信仰共产党,这是没有什么可以改变的。”正是凭着这样坚定的理想信念,他几十年如一日,忠诚于党的事业,立足农村,一心为民,生命不息,工作不止,带领群众艰苦创业,走出了一条经济繁荣、农民富裕、社会和谐的成功之路,这种朴素而执着的信仰追求,这种对事业无比忠诚的高尚情操,今天仍然值得我们认真学习。相反,信念不坚、地覆天翻,理想的动摇是最致命的动摇,信念的滑坡是最可怕的滑坡。剖析一些违纪违法干部的堕落轨迹,无一不是“总开关”首先出了问题,放松了对自己世界观、人生观、价值观的改造,把理想信念抛到了九霄云外。

因此,大家要坚持用中国特色社会主义理论武装头脑,特别是要认认真真、原原本本地学习习近平总书记治国理政的新理念、新思想、新战略,深刻领会建党95周年讲话和来宁视察讲话的精神实质和丰富内涵,不断充实我们的精神家园,自觉掌握和运用辩证唯物主义和历史唯物主义的强大思想武器,树立正确的世界观、人生观、价值观,始终保持政治上的坚定性、品德上的纯洁性、行为上的先进性,自觉把个人理想追求融入到全县经济社会发展大局中,切实增强政治意识、大局意识、核心意识、看齐意识,忠诚于党,忠诚于事业,始终在思想上同中央和区、市、县党委保持高度一致,守住初心、保持本色,牢记宗旨、执政为民,让我们的县委领导核心始终保持强大的向心力、凝聚力和战斗力,带领全县各族群众在赶考之路上勇往直前、砥砺奋进。

二、以知识积淀提升赶考之能,做勤学善思的领导干部

西方有个“知识折旧”定律,指的是:一年不学习,人所拥有的知识就会折旧80%。在知识爆炸时代,谁掌握了学习的先机和主动权,谁就抢占了发展的制高点。《人民论坛》杂志曾做过一项“万名党政干部阅读状况调查”,结果是,五成受访者表示每年的阅读量不足6本书,充分说明了党员干部的学习现状令人担忧。当前,我县经济社会发展正处于爬坡过坎阶段,在平时的工作中,我们也深刻感受到,在领导干部层面,服务经济社会发展的能力、推进产业转型升级的能力、深化改革创新的能力、维护社会和谐稳定的能力都还有待增强。特别是在金融创新、电子商务、产城融合、供电体制改革等领域,很多干部还是“门外汉”、装着“半桶水”,“知识缺失”“本领恐慌”的现象还不同程度存在。作为中宁事业“一线指挥部”的新成员,大家要把学习作为增长才干、提高素质的重要途径,切实解决“不愿学、不勤学、不真学、不深学、不善学”的问题，持续激发思学、尚学、勤学的内在动力，积极适应形势变化需要，紧密结合本职工作，本着“干什么学什么，缺什么补什么”的原则，不断完善知识结构，尤其要加强经济、法律、金融、管理等领域知识的学习，推动学习工作化、工作学习化，使自己变得更加充实、更加睿智，从而达到学以养德、学以增智、学以促干的目的，在赶考的道路上增添更多的自信。

三、以务实苦干树立赶考之功，做担当有为的领导干部

古人讲：“天地生人，有一人当有一人之业；人生在世，生一日当尽一日之勤。”说的就是“责任”二字。习近平总书记把“敢于担当”作为好干部的重要标准，为全党树立了鲜明的价值导向。如何担当，我看就是要苦干、实干加巧干。

所谓“苦干”，就是要有甘于奉献、顽强拼搏的精神。干工作不可能一帆风顺，总是要面对许多困难、挑战，甚至挫折。大家进入了县委班子，担子更重了，压力更大了。要做好吃大苦、受大累的思想准备，以甘当“拓荒牛、老黄牛、孺子牛”的精神，以困难面前不低头、重压之下不弯腰的意志，以“干不好工作就食不甘味、寝不安席”的强烈责任感，倍加珍惜有限的“岗位奉献期”，时时刻刻想着工作，扑下身子干好工作，发扬“不到长城非好汉”的精神，带领群众走好新的长征路，真正做到“当一任领导，兴一方经济，富一方百姓，保一方稳定”。

所谓“实干”，就是要坚持求真务实，说实话，办实事，出实招，求实效。新班子上任后，干部群众的眼睛都盯在大家身上，一定要有“向我看齐”的勇气和魄力，以上率下，当好示范。要在调查研究上下功夫，只有摸准分管领域基本底数、掌握基本政策、把握基本规律，对症下药，才能找准工作突破口和着力点，才能理清思路、打开局面；要在强化措施上下功夫，只有措施有力，为完成党代会目标制定具体时间表、路线图，才能确保县委决策、思路不走样、不变调；要在狠抓落实上下功夫，只有督导到位、检查到位、落实到位，把分管单位的积极性充分调动起来，保证各项工作有人抓、有人干，才能保证工作目标顺利实现。

所谓“巧干”，就是要讲究方法不傻干，讲究策略不蛮干。如何实现“巧干”，最紧要的有两点：一是分清主次，把握重点。工作有轻重之分，矛盾有主次之别。只有牢牢抓住重点工作和主要矛盾，才能事半功倍。抓重点、破难点、树亮点，是最有效最实用的工作方法之一。二是改革创新，敢为人先。没有创新就没有发展。墨守成规、因循守旧或者照搬照抄别人的经验，永远当不了先进。只有敢于创新，勇担风险，才能先人一步，高人一筹，走出自己的路子，创出自己的经验。在座的县委委员尤其是县委常委班子成员，一定要紧紧围绕党代会确定的一系列目标任务，创造性地开展工作，尤其要在打赢三场硬仗、完成六项改革试点任务中，走出不同寻常的路子，从根本上提高经济发展的质量、效益和竞争力，努力在赶考之路上立新功、创新业。

四、以遵规守纪修炼赶考之身，做清正廉洁的领导干部

国有国法，党有党规。对于党员干部来说，党纪国法是从政做人的底线，是不可逾越的红线，也是碰触不得的高压线，更是党员干部实施自我保护的生命线。通过近年来查办的案件，我们可以清楚地看到，党纪国法不是软约束，法纪面前人人平等，遵守法律没有特权，执行纪律更没有例外。

有这样一个故事：有一群猴子偷吃农民的玉米，人们想尽了各种捕捉的办法，用装有镇静剂的枪射击，用陷阱、用网具去抓，但都无济于事，因为它们的动作实在太快了。后来，人们去向生物学家请教。生物学家找到了捕捉猴子的方法：把一支窄口的透明玻璃瓶固定在树干上，放入玉米。到了晚上，猴子来到树下，伸手去抓玉米（猴子的爪子刚好能从瓶口伸进去），等它抓起一把玉米后，由于拳头紧抓玉米，爪子怎么也抽不出来。贪婪的猴子始终不愿意放下已经到手的玉米。第二天，人们抓住它时，它依然不愿放手……其实，在人生道路上，许多人往往都会与猴子犯同样的错误，面对各种利益和诱惑，常常会缺乏理智和定力，该放弃时不能放弃，结果铸成大错，甚至悔恨终生，悔之晚矣。在座各位手中都有一定的权力，一定要始终牢记一场饭局、一次交往、一项活动，都可能是一种考试，如果思想溜进了官瘾，视升迁为最大的目标，把公权当私器，把责任当儿戏，迟早会走进人生的“死胡同”。在座的各位构成了中宁县的最高领导集体，掌握着最大的行政资源，一定要保持清醒头脑，严于律己，严把尺度，恪守“壁立千仞，无欲则刚”的自我规诫，敬畏人民、敬畏组织、敬畏法纪，杜绝“公器私用”。要时刻注重内修、防微杜渐，始终把纪律规矩挺在前面，带头遵守党的“六大纪律”，稳住心神、扛住诱惑、管住手脚，做到公正用权、依法用权、为民用权、廉洁用权，自觉接受各个方面的监督，对自身存在的问题勇于开展批评和自我批评，虚心接受群众意见，做政治上的“明白人”，经济上的“清白人”，作风上的“正派人”，切实堵住生活中的“蚁穴”，确保人生“大堤”的安稳，以为民、务实、清廉的形象取信于民。

各位委员、同志们，宏伟蓝图已经绘就，前进号角已经吹响。让我们携起手来，并肩作战，团结一心，克难奋进，为建设开放富裕和谐美丽中宁、全面建成小康社会而努力奋斗，以优异的成绩向选举我们的党员代表和全县人民，交上一份用品德、智慧、辛劳和汗水书写的满意答卷！

中宁县人大常委会工作报告

——在县第十七届人民代表大会第一次会议上

县人大常委会主任 马彦军

（2016-10-26）

各位代表：

我受县十六届人民代表大会常务委员会的委托，向大会报告工作，请予审议，也请列席人员提出意见。

十六届人大常委会工作回顾

2013年以来，在县委的正确领导下，县人大常委会坚持以邓小平理论、“三个代表”重要思想、科学发展观为指导，认真贯彻党的十八大，十八届三中、四中、五中全会精神，深入学习习近平总书记系列重要讲话精神，认真履行宪法和法律赋予的职责，不断解放思想，积极开拓创新，各项工作取得了明显成效。四年来，共召开4次人民代表大会，27次常委会会议，76次主任会议，听取和审议“一府两院”78项专项工作报告，开展57次视察、调查、执法检查活动，做出决议决定47件，形成书面审议意见和评议意见50份，并及时转交“一府两院”研究处理，为建设开放富裕和谐美丽中宁做出了积极贡献。

一、突出监督实效，推动科学发展

四年来，常委会始终坚持把监督工作放在全县工作大局中定位思考，谋划推进，不断规范监督程序，完善监督方式，切实增强监督工作的针对性和实效性，有力推动了全县经济发展、民生改善和社会进步。

（一）强化经济建设监督，促进转型优化升级

始终坚持发展是第一要务，围绕经济建设中心，把新常态下实现经济稳健发展作为监督重任，听取和审议经济和社会发展计划执行情况的报告，督促政府积极应对、完善措施，加快调结构、转方式、促转型，推动全县经济平稳运行。高度关注重点项目建设，每年选择工业、农业、城乡建设、交通物流等方面的重大项目，列入监督计划，进行实地调研，听取和审议政府专项工作报告，深入分析影响和制约项目进展的因素，提出有针对性的意见和建议，促使解决资金、土地、电力等方面的问题，加快了项目建设进度。认真贯彻预算法，深化和拓展财政预算审查监督，听取审议预算执行和审计整改落实等工作报告，审查批准县本级财政决算和预算调整方案，加强对公共预算、政府性基金预算、社保基金预算及政府性债务收支的全口径监督，督促政府加强收支管理，统筹安排财力，有效发挥了公共财政的支撑和保障作用。

（二）强化社会建设监督，促进保障和改善民生

始终将保障和改善民生作为工作的出发点和落脚点，全力推进惠民工程实施，积极推动民生问

题解决，使改革发展成果惠及人民群众。盯促民生计划实施。坚持年初专题审议民生计划实施方案、半年进行全面视察、年底组织听取汇报，靠实办理责任，有力提高民生计划落实成效。四年来，社会保障体系完善、城乡环境质量提升、县城基础设施改造等45项116件民生实事得到较好落实。推进社会事业发展。选择人民群众最关心、最直接、最现实的教育、卫生、就业、社会保障等工作，开展集中视察、调查、检查，听取审议全县教育、卫生人才队伍建设、公共卫生体系建设、社会保险基金管理等专项工作报告，督促政府认真办理相关审议意见，全县教育教学、卫生医疗、就业救助等工作不断改进，基本公共服务水平和均等化程度不断提高。关注扶贫开发工作。积极主动调查，深入大战场、喊叫水、徐套等乡镇了解扶贫开发工作情况，听取和审议县人民政府专项工作报告，并提出意见建议，督促按照“六个精准”“五个一批”的要求，研究制定政策，整合扶贫力量，增强了扶贫工作实效。维护群众合法权益。加强人大信访工作，完善信访受理、批转、督办工作机制，共接待和受理群众来信来访80件次，办理区、市人大转交办事项7件。通过转交办和重点督办，促使“一府两院”和有关部门解决了群众利益诉求。

（三）强化特色产业监督，促进农民增收

本届人大常委会连续四年将枸杞产业列为监督工作的重点，先后4次组织调查和视察，全面了解我县枸杞基地建设、市场拓展、加工转化、品牌保护等方面工作情况，听取和审议政府专项工作报告，提出了大力发展规模经营、推进科研开发、加大宣传推介力度、清理整顿枸杞市场等审议意见，转交政府研究办理。积极配合自治区人大开展立法调研，提供了大量详实资料，加快了《宁夏回族自治区枸杞产业促进条例》的制定实施，为中宁枸杞产业发展、品牌保护提供了法治保障。开展《宁夏回族自治区枸杞产业促进条例》执法检查，政府及相关部门转变思路，改进措施，夯实了枸杞产业发展的基础工作。

（四）强化生态建设监督，促进人居环境改善

顺应人民群众改善生活环境质量的新期待，组织开展生态林业及城市绿化工作调查，听取政府专项工作报告，提出要牢固树立绿色发展理念，坚定不移走生产发展、生活富裕、生态良好的文明发展之路，督促政府及相关部门制定实施城市绿化中长期发展规划，加快生态乡、生态村建设步伐。配合区、市人大常委会，围绕“中华环保世纪行—宁夏行动”，开展环境保护法、水污染防治法、自治区环境保护条例执法检查，促使坚守生态底线、保护生态环境、实现排放达标。听取审议县人民政府城市管理工作情况的报告，提出具体建议和意见，督促加大投入、健全机制、强化管理，建成一批市政基础设施，进一步完善城市功能。

（五）强化监督方式创新，切实提高监督实效

在严格遵循宪法和法律法规的基础上，积极探索监督工作的新方法，不断提高监督工作水平。实行审议意见督办包抓责任制。对交由“一府两院”研究处理的审议意见，由常委会工作机构对口联系、跟踪督办。对一些重点审议意见，常委会领导协调督办，主任会议定期听取汇报，有力地推动了审议意见的落实。对工作报告进行满意度测评。在每年人代会上，对县人大常委会工作报告、“一府两院”工作报告、代表议案、建议办理情况的报告，在听取审议的基础上，进行满意度测评，并将结果向代表报告。在常委会会议上，对“一府两院”专项工作报告，进行满意度测评，并将测评结果向“一府两院”及有关部门通报，增强了落实审议意见的主动性和自觉性。强化部门工作评议。完善工作评议机制，改进评议方法，把专项工作监督与部门工作评议结合起来，把监督事与监督人结合起来，先后组织对公安局、农牧局、环保局等9个政府组成部门进行工作评议，既推动了相关问题的解决，又促进了部门工作。探索开展专题询问。县人大常委会组成人员在听取和审议“一府两院”专项工作报

告的基础上，根据视察、调查、执法检查中发现的问题，对社保基金运行管理、民政低保资金发放等工作开展专题询问，政府部门负责人当场应询，确保组成人员全面准确了解情况，提高审议工作质量。

二、突出依法治县，严格决策任免

四年来，常委会始终把维护公平正义、促进和谐稳定作为加强民主法治建设的重要内容，推动“一府两院”依法行政、公正司法，提高司法公信力。

（一）深入推进依法治县，着力优化法治环境

组织对第六个五年法制宣传教育进行检查，形成检查报告和审议意见，转交政府及有关部门研究处理，增强普法教育的针对性和实效性。注重加强对法律法规实施情况的监督，采取实地检查、查阅案卷、问卷调查、现场观摩评查等形式，先后组织对《安全生产法》《食品安全法》《禁毒法》《建设工程质量管理条例》等6部法律法规实施情况开展执法检查。积极配合区、市人大常委会对《消防法》《文物保护法》《宗教事务条例》等15部法律法规进行执法检查，促进法律法规在我县的贯彻实施。不断强化司法工作监督，先后听取和审议了县人民法院民事审判、刑事审判、行政审判和立案工作报告，听取和审议了县人民检察院监所检察、公诉工作、立案监督和侦查监督工作报告，促进司法机关严格依法办案、公正司法，为全县经济社会发展营造了良好的法治环境。

（二）加强重大事项决定，促进经济社会发展

认真行使重大事项决定权，对事关全局性、根本性、长远性问题，依法做出决议、决定，将县委决策转变为全县人民的自觉行动。认真审查《中宁枸杞产业发展规划（2015—2020年）》《中宁县国民经济和社会发展第十三个五年规划纲要》，就规划中工业园区建设、空间发展规划、特色产业布局等内容提出审议意见，分别在县十六届人大三次、四次会议上表决通过，做出决议，增强规划的权威性、严肃性，为全县经济社会发展提供法制保障。

（三）依法决定人事任免，保证国家机关运行

始终坚持党管干部和人大依法任免干部相统一的原则，严格规范任免程序，认真落实干部任前法律考试、听取组织部门情况介绍、个人供职承诺等制度，依法任免国家机关工作人员171人次。落实宪法宣誓制度，组织新任职的国家机关工作人员向宪法宣誓，彰显宪法精神，增强被任命人员的法律意识、责任意识、公仆意识。

（四）强化组织领导，提高换届选举质量

根据区、市、县党委部署要求，坚持党的领导、充分发扬民主、严格依法办事相结合，精心组织换届选举工作。审议通过《关于县、乡（镇）人民代表大会换届选举工作的安排意见》《关于设立中宁县选举委员会的决定》等文件，依法对县乡人大换届选举工作作出决议决定。组织成立县选举委员会，制定《关于县第十七届人民代表大会代表分配方案》《关于选举县第十七届人民代表大会代表选区划分方案》等文件，对换届选举时间安排、方法步骤及选区划分、选民登记、代表名额分配作出明确要求；通过组织换届选举培训、加强基层督导检查、召开选举工作联席会议，及时为乡镇、部门提供工作指导，依法选举产生196名县人大代表和637名乡镇人大代表，高质量完成了县乡人大换届选举任务。

三、突出主体地位，发挥代表作用

四年来，县人大常委会始终把代表工作作为人大工作的基础，认真贯彻落实地方组织法、选举法、代表法，推进代表工作机制、载体和服务创新，促进了代表依法履职。

（一）完善代表履职机制

制定代表培训、联系走访、调研视察等制度，采取邀请专家讲座、常委会负责人授课、组织参加区内外学习等形式，培训区、市、县、乡人大代表800多人次。指导建设11个乡镇“人大代表之家”、64个村级“代表活动室”，完善了乡村代表活动阵地。建立代表履职考评激励机制，对农民、居民、一线工人的县人大代表每月发放通信、交通补助。坚持

把开展活动和代表履职结合起来，组织开展评选先进代表小组和优秀人大代表活动，代表履职的积极性进一步增强。

（二）加强代表议案建议督办

每年召开代表议案建议办理工作会议，及时向“一府两院”及有关单位交办议案、建议。坚持“以提高办理质量为目标，以代表满意为标准”，对转交“一府两院”议案建议，采取现场督查、召开座谈会、满意度测评、办理情况“回头看”等方式，加大督办力度，增强办理实效。县十六届人大一次会议以来的4件议案、235件代表意见建议得到了办理落实，代表满意度明显提升。

（三）密切联系人大代表

定期开展一年2次联系走访人大代表活动，分组深入各代表小组，向代表通报县人大常委会和“一府两院”工作情况，积极征求意见建议，保障代表知情知政。坚持把代表在闭会期间的工作与代表在会议期间的活动结合起来，安排代表参加视察检查、工作评促、中宁问政、经济观摩、各类会议467人次，真正让代表“动起来”“活起来”。组织代表开展向选民述职活动，引导代表认真履行职责，自觉接受选民监督，有效发挥了人大代表的模范带头作用。四年来，全县各级人大代表通过走访选民共提出建议611条，为民办实事897件。

（四）加强乡镇人大工作

认真贯彻《乡镇人大工作条例》，切实加强对乡镇人大工作的指导，坚持邀请乡镇人大主席列席常委会会议，注重加强乡镇人大主席团成员法律法规等知识的培训。支持乡镇人大广泛开展视察、调查、检查和评议站所等活动，相互观摩交流，宣传推广成功经验和做法，有力促进了基层人大制度化、规范化建设。

四、突出自身建设，提升履职水平

四年来，县人大常委会始终坚持把加强自身建设作为依法履职的重要基础和有效保障，从学习培训、转变作风、提升效能等方面入手，提高履职水平和服务保障能力。

（一）加强学习，增强履职能力

坚持以提高组成人员履职能力为重点，不断强化政治理论、业务知识以及相关法律法规的学习培训。注重制度建设与监督法等法律法规的有机衔接，对各项制度进行了全面梳理，完善了审议专项工作、处理信访问题、强化委办职责等方面办法和规定，编辑形成《法律法规制度选编》，注重学习、实践、应用，进一步规范了履职程序。

（二）改进作风，提升工作效能

深入开展党的群众路线教育实践活动、“三严三实”“两学一做”等学习教育，找准找实问题，狠抓整改落实。大力倡导严谨、务实、细致的工作作风，经常深入实际，开展调查研究，形成了担当履职、创新求实的工作氛围。严格落实“八项规定”，修订完善了人大机关厉行节约、反对浪费等相关制度，进一步规范机关公务接待、公车使用、外出学习等公务活动，使人大各项工作更加顺应大势、贴近基层、服务群众。

（三）拓展渠道，扩大宣传交流

围绕坚持和完善人民代表大会制度，不断改进方式，加强人大及其常委会重要会议、重大活动的宣传策划；通过报刊、电视、网络等新闻媒体，广泛宣传人大工作，被自治区人大常委会评为全区人大宣传工作先进单位。积极发挥人大各委办职能作用，主动加强与区、市人大各工作机构联系，配合做好联系走访等活动，增强了人大工作的社会影响力和群众知晓率。

回顾四年来的工作实践，我们深切地体会到，做好人大工作，必须坚持正确的政治方向。只有把坚持党的领导、人民当家做主和依法治国的有机统一作为人大工作的根本要求，自觉维护党委权威，把党的领导贯穿于人大依法履职的全过程，才能保证人大工作的正确方向，使人大的职能得到有效发挥；必须坚持围绕中心、服务大局。只有做到人大工作与全县中心工作相适应、相协调、相促进，努力找准人大工作的切入点和突破口，主动融入中心，依法开展监督，积极推动发展，才能使人大工作既突出支持发展的主题，又贯穿服务大局的主线；必须坚持人大代表的主体地位。只有注重发挥代表联系群众的桥梁纽带作用、参与经济建设的骨干带头作用和维护社会和谐的示范带动作用，充分凝聚代表力量、吸纳代表智慧、激发代表潜能，才能使人大工作基础更加牢固、内容更加充实、领域更加宽广；必须坚持与时俱进、开拓创新。只有始终在实践中不断完善、创新、提高，把履行监督职责与支持促进发展结合起来，把遵循程序与推动创新结合起来，才能适应新形势、新任务的要求，增强人大工作的前瞻性、创造性和实效性，拓展人大工作的广度和深度。

各位代表，四年来，县十六届人大常委会认真履行宪法和法律赋予的神圣职责，依法有效行使各项职权，有力推进了经济社会发展和民主法治建设，人大工作迈上了一个新的台阶。这些成绩的取得，是县委正确领导的结果，是全体代表和常委会组成人员共同努力的结果，是“一府两院”密切配合、广大人民群众大力支持的结果。在此，我代表县十六届人大常委会，向所有关心、支持人大工作的各位代表、各界朋友表示衷心的感谢并致以崇高的敬意！

在总结成绩的同时，我们也清醒地看到，县人大常委会的工作与新形势新任务的要求相比，还存在一些不足。主要是：监督工作实效与人民群众的期盼还有一定差距，监督方式有待进一步创新；联系代表、服务代表、发挥代表作用还不够，指导乡镇人大工作有待进一步加强；人大机关的自身建设有待进一步提高。这些都需要我们在推进全县经济社会发展和民主法治建设的实践中不懈努力，认真加以改进。

对新一届人大常委会工作的建议

今后五年，是我县创新发展、转型追赶的关键期，也是深化改革开放的攻坚期，更是全面建成小康社会的决胜期。新一届人大常委会要在县委的坚强领导下，认真贯彻习近平总书记系列重要讲话精神，履行宪法和法律赋予的职责，紧紧围绕县第十四次党代会确定的目标任务，深入践行“五大发展理念”，大力发扬“不到长城非好汉”的宁夏精神，不断开拓进取，扎实工作，为实现“十三五”时期经济社会发展目标、推进我县民主法治建设、夺取全面建成小康社会决胜阶段的伟大胜利作出新贡献。

一、以增强监督实效为核心，进一步深化监督工作

坚持把监督工作摆在更加突出的位置，不断完善监督机制，加大监督力度，使监督工作的实效真正体现在推进发展、促进民生和实现跨越上。围绕县委“确保一个目标，实现两个翻番，打赢三场硬仗，完成六项改革试点任务”总体思路，着眼稳增长、调结构、促改革，以推进“十三五”规划目标的落实为重点，加大经济社会发展计划执行及全口径预算、工业转型升级、农业提质增效、全县脱贫攻坚、城乡产城融合、创新社会治理等工作的监督力度，促进提高经济发展质量和效益，推动如期全面建成小康社会。坚持以事关群众切身利益的教育教学、医疗卫生、社会保障、道路交通等事项为重点，强化民生计划执行情况的监督，促进解决热点难点问题，实现改革发展成果更多惠及广大人民群众，切实维护好人民群众的根本利益。大力推进民主法治建设，加大对执法、司法行为的监督力度，促进“一府两院”依法行政、公正司法，为全县改革发展稳定营造良好的法治环境。积极探索开展规范性文件备案审查工作，依法对县人民政府出台的规范性文件进行备案，促进政府依法行政。进一步完善决定重大事项的程序，建立健全审议机制，依法对事关全局的重大问题做出决议决定。推行公民旁听常委会会议等制度，提高公民参与率和知晓率，让人民群众更多地关注全县经济社

会发展，参与公共管理。围绕改进监督方式，组织开展专题询问，改进专项工作报告满意度测评结果的使用，努力增强监督实效。

二、以促进代表作用发挥为主线，进一步改进代表工作

坚持代表的主体地位，把支持和保障代表依法履行职责作为工作的重点，完善代表工作机制，提高服务代表质量，努力为代表依法履职创造条件。加强代表学习培训，不断创新培训方式，拓宽培训渠道，丰富培训内容，切实提高代表履职能力和水平。完善和拓宽“双联”活动，深入推进代表联系群众、常委会组成人员联系代表工作，进一步密切代表与人民群众的联系，加大“人大代表之家”建设力度，搭建代表履职平台，通过联系走访、邀请代表参加“三查(察)”活动和工作评议等形式，拓宽代表知情知政渠道，更好地发挥代表作用。完善代表履职考评机制，实行代表向选民述职等制度，增强人大代表的代表意识、责任意识，激发代表履职热情。建立代表议案建议办理工作机制，督促“一府两院”及有关部门建立健全办理工作责任制，强化跟踪督办，进一步加大代表议案建议满意度测评力度，促进代表议案建议办理质量不断提高。

三、以提高履职能力为目标，进一步加强自身建设

以提高依法履职能力为抓手，以提升机关工作效能为重点，进一步加强自身建设。加强政治理论、法律法规、人大业务知识的学习培训，不断提高组成人员的综合业务素质和履职能力。坚持民主集中制原则，坚持集体行使职权，确保科学决策、民主决策。认真贯彻执行常委会各项工作制度，完善常委会议事程序，提高议事决策水平。不断适应人大工作发展的新形势，把制度建设与《监督法》等法律法规的实施有机衔接起来，积极探索，勇于创新，推动人大监督工作更加有效，整体工作再上新台阶。

各位代表，宏伟蓝图展现美好前景，奋进征程承载崇高使命。我们坚信，有县委的坚强领导，有“一府两院”及社会各界的支持配合，有各位代表的共同努力，新一届人大常委会一定会励精图治，真抓实干，开拓创新，锐意进取，为建设开放富裕和谐美丽中宁、全面建成小康社会而努力奋斗！

政府工作报告

——在县第十七届人民代表大会第一次会议上

县长　陈　宏

（2016-10-25）

各位代表：

现在，我代表第十六届县人民政府，向大会作工做报告，请予审议，并请各位政协委员和其他列席人员提出意见。

本届政府工作回顾

2013年以来，在区、市党委、政府和县委的坚强领导下，在县人大、政协的监督支持下，我们坚持以邓小平理论、"三个代表"重要思想和科学发展观为指导，深入贯彻党的十八大，十八届三中、四中、五中全会和习近平总书记系列重要讲话精神，积极适应新常态，抢抓发展新机遇，攻坚克难，锐意进取，实现了"十二五"顺利收官和"十三五"良好开局，在全面建成小康社会的伟大征程中取得了阶段性重要成果。

面对经济下行压力持续增大的宏观环境，我们紧抓发展第一要务，制定出台一系列政策措施，引领推动经济社会发展，综合实力不断壮大。编制"十三五"规划、《县城总体规划(2013—2020年)》等16部高位规划，修订扶持中小微企业发展等普惠性政策，完善财政资金管理等规章制度，坚持定向施策，精准发力，充分发挥财政资金的引导和撬动作用，经济社会持续健康发展后劲明显增强。预计今年全县地区生产总值达137亿元，是2012年的1.33倍；完成固定资产投资149亿元，规模以上工业增加值50.7亿元，地方一般公共预算收入突破10亿元，社会消费品零售总额20.2亿元，分别是2012年的1.31倍、1.37倍、1.54倍和1.49倍；城乡居民人均可支配收入分别达23415元和10503元，是2012年的1.41倍和1.5倍。先后荣获"全国双拥模范县""全国生态文明示范县""中国十佳最具投资竞争力县(市)""2015中国循环经济优秀发展区县""中国枸杞文化之乡""国家级农村产业融合发展试点示范县"等称号，入列全国首批产城融合示范区。

面对保增长调结构矛盾扩大的发展现实，我们以转变经济发展方式、提高发展质量为重点，努力强龙头、育品牌、拓市场、增效益，一二三产协同发展。累计投入34.5亿元，着力提升工业园区配套服务功能，筑巢引凤助推工业转型升级，中宁工业园区规模、产值跻身全区三甲，荣获中国最佳产业转移示范园区、国家级循环化改造示范试点园区、国家新型工业化产业示范基地等荣誉。新上、技改、续建重点工业项目112个，60万吨电解金属锰、80万吨铝板带箔一期、今飞500万件汽车轮毂一期等70个重大项目建成投产，金属锰、铝镁合金、新能源、化工、农副产品加工产业链进一步拓展延伸。隆基硅、赛马水泥两家企业被评为环境友好型企业,恒达、红宝等8家企业获评全国守合同重信用企业,中宁发电、锦宁铝镁等5家企业进入宁夏100强,天元锰业集团成功引入港资港股进行重组上市,位列"2016中国企业500强"第349位。着力夯实农业发展基础,农田水利基本建设连续三年荣获"黄河杯"竞赛一等奖。认真落实各项强农惠农政策,累计发放农牧业补贴资金3.4亿元,粮食产量连续十三年增长,硒砂瓜成为山区群众增收致富的支柱产业,供港蔬菜基地被评为"国家级供港蔬菜质量安全示范区",中澳伟辉60万头出口生猪屠宰及深加工项目填补了区内无出口生猪屠宰加工项目的空白,天宁牧业公司成为西部单体牧场规模最大、存栏奶牛最多、现代化程度最高的大型现代奶牛养殖企业。高规格举办2013和2015中阿博览会中国枸杞论坛暨中宁枸杞文化节,成立中国优农协会枸杞产业分会、宁夏枸杞产业发展联盟、枸杞产业技术创新战略联盟、中国中药协会枸杞专业委员会,深化院地合作,加速推进科技成果转化,"中宁枸杞"品牌影响力和竞争力大幅提升,综合产值升至32亿元,"中宁枸杞起源地"在中国第二届文化起源地论坛上正式授牌,我县获评国家级农业综合(枸杞)标准化示范县,中宁枸杞种植系统入选第三批中国重要农业文化遗产,国内首个枸杞电子交易中心落户中宁,枸杞生产、加工、销售等环节关联度稳步提高,成为全国枸杞产业发展的风向标和价格晴雨表。红宝综合批发市场、为民建材市场、滚泉坡硒砂瓜市场等专业市场和恒辰世纪、恒达商贸综合体等商业网点建成投运,中宁国际枸杞交易中心成为全国最大的专业枸杞交易市场,入列第一批国家级知识产权保护规范化培育市场名录。石碱公路公铁立交桥、新黄河大桥等重点交通项目建成通车,中宁物流联盟协会挂牌成立,"中阿号"中亚国际班列正式开通,全区首家物流信息服务中心投入运营,电子商务、金融保险、休闲旅游等服务业快速发展,以二产为引领的经济结构逐步优化。

面对城乡发展差距较大的实际情况,我们大力实施基础设施改造提升和环境综合整治工程,统筹推进"一城三区"和特色小城镇建设,城乡面貌明显改观。组织实施城镇重点建设项目196个,打通、改造南二环等29条市政道路,杞乡黄河体育中心、市民服务中心等25个公共建筑项目投入运营,观园壹号、富康花园等23个大型商住小区陆续入住,完成25个老旧小区和35万平方米既有建筑节能改造,县城建成区面积由2012年的13平方公里发展到17.87平方公里,城镇常住人口增至13.97万人,城镇化率达到43.7%,城市集中供热、自来水入户、污水处理和生活垃圾处理率分别达到88%、92%、92%和93%,县城建成区绿地率达到30.6%,我县被评为自治区卫生县城、园林县城和文明县城。建成大战场等中心集镇4个、刘庙等美丽村庄13个,完成黄庄、李滩等旧庄点整治94个,改造农村危窑危房8703户,石空工业重镇全区有名,大战场牛羊、粮油集市交易辐射陕甘宁地区。实施城乡环境综合整治行动,组建城市管理综合执法队伍,城市网格化管理体系逐步完善,机械化深度洗扫和人工保洁有效融合,生产生活垃圾日产日清、密闭清运。狠抓生态文明建设,不断完善产业园区和主干道路、主要街道及乡镇庄点绿化,建成中央大道、亲水街和109国道沿线等景观绿化工程,新增造林面积10.9万亩,封山育林7.5万亩,创建国家级生态乡镇3个、自治区级生态乡镇5个、生态村7个。开展水污染治理、大气污染防治等专项行动,严厉打击环境违法行为,查处环境违法案件40余件,县城空气质量优良天数占有效监测天数的84.3%,位居全区前列。

面对刚性支出不断增加的财政现状,我们秉承以人为本、民生至上,紧盯群众关心的热点难点问题,坚持投入不减、力度不降,民生福祉大幅增进。累计投入113亿元,实施60项惠民举措。优先发展教育，深入推进“薄改计划”，新建、改扩建中小学126所，建成公办幼儿园17所，义务教育均衡发展通过国家级评估验收，宁夏大学枸杞职业技术继续教育学院挂牌成立，高考一次性二本上线人数连续五年突破千人大关。完成全民健身“四个一”工程，在全区率先实现了体育基础设施“三个全覆盖”，先后举办中国(中宁)国际轮滑公开赛暨AIC全轮滑世界杯、中阿四国男子篮球邀请赛、全国篮球俱乐部青年锦标赛等8项国际国内大型赛事，成功创建全国首批基本公共体育服务体系示范县和全国社会体育组织服务全民健身试点县。加快推进三级医疗网络建设，完成西促会医疗设备帮扶合作项目，新建、改建卫生院7个，85个村级标准化卫生室投入使用，各类医疗卫生机构达220所，城乡居民基本医疗制度实现全覆盖。计生服务逐步优化，人口均衡发展，自然增长率控制在9‰以内。新改建农村公路463公里，改造危桥46座，51辆新能源城市公交车投放营运。解决了21万人的生活用水安全问题。新建乡镇综合文化站4个、乡村文化广场30个、农家书屋89个，双龙山石窟文物陈列馆开馆运行，农村广播应急平台“村村响”建成投运，基层文化服务功能明显增强。建成保障性住房17102套，低保、五保、高龄、孤儿、残疾等保障津贴大幅提高，全县城乡居民医疗保险参保达到31.2万人，养老保险参保达到14.7万人，城乡居民医疗保险报销比例年均提高5%，养老保险待遇标准年均提高10%。加快完善养老服务体系，建成老年活动中心、第三(回民)敬老院、第四敬老院、64个城乡社区服务站、60个农村幸福院和22个农村老饭桌，引导社会力量新建县养老服务中心和红宝养老服务中心，“五保”对象集中供养率达到39.1%。坚持以创业带动就业，新增就业1.68万人，完成农村劳动力转移就业15.96万人。全力推进脱贫攻坚，提前两年完成“十二五”生态移民任务，5086名山区群众实现脱贫。“平安中宁”建设成效显著，连续两年被自治区命名为“平安县”。圆满完成“六五”普法任务，被评为全国法治教育先进县。深入排查化解矛盾纠纷，妥善化解历年信访积案260件。全面强化安全生产隐患排查整治，保障群众食药安全，获评自治区食品安全先进县、安全生产先进单位。全县民族团结、宗教和顺，社会大局和谐稳定。

面对供电、资金等制约发展的瓶颈问题，我们全面深化重点领域改革，大胆探索、锐意突破，竭力破除体制机制障碍，发展环境持续优化。大力推动民营经济综合示范区改革，非公经济进一步发展壮大，“中宁现象”受到区内外广泛热议。实施中宁工业园区供电体制改革试点，大用户直购电交易量逐年增加，智慧园区能源互联网建设加速推进。完成124个行政村农村土地确权，累计发放三权抵押贷款2300万元，土地流转面积达21.6万亩。筹建水权交易中心，完成全国首批水权交易签约，219万方农业节水转向工业领域。发起设立中宁枸杞产业创业投资基金，参股成立中卫市众和顺、宁夏银行业批发贷款担保股份有限公司和宁夏天元助贷中心，建立中小微企业“1+6”融资服务模式，撬动银行贷款3.2亿元，企业发展活力明显增强，荣获自治区金融环境创建奖。

面对日益繁重的改革发展任务，我们坚持打铁自身硬，恪守“三严三实”，全面加强作风能力建设，行政效能显著提升。加快推进政府职能转变，在全区率先公布乡镇、部门权力和责任清单，50个单位347项审批服务事项进驻新市民服务大厅，真正实现了进一扇门、办成一揽子事。建立中宁网上办事大厅、掌上政务APP、微信关注和政务大厅服务窗口“四位一体”行政审批模式，办理时限压缩60%，我县被列入自治区“政务云”建设试点县。严格效能目标管理责任制考核，深入开展党的群众路线、“守纪律讲规矩”“三严三实”等专题教育活动和“两学一做”学习教育，认真落实党风廉政“一岗双责”，严格执行中央八项规定，加强行政监察和审计监督，查处违法违纪案件169起，行政处罚

149人。举办9期“中宁问政”,问责部门、单位54个79人次,建立督办销号台账,切实解决了116个群众反映强烈的突出问题,政府系统执行力和公信力进一步增强。2013年、2014年,在全区“群众评议机关和干部作风”活动中,我县干部整体作风连续两年位列全区第一。

外事侨务、气象、国防动员、双拥共建、老龄、残疾等各项事业稳步发展。

各位代表,即将过去的2016年,我们统筹推进稳增长、促改革、调结构、惠民生等各项工作,保持了经济社会持续健康发展的良好势头。与上年相比,预计全年地区生产总值增长8%,固定资产投资增长12%,规模以上工业增加值增长10%,地方一般公共预算收入增长8%,社会消费品零售总额增长9%,城乡居民人均可支配收入分别增长9%和10%,完成了县十六届人大四次会议确定的各项目标任务。

回顾过去,我们欣喜地看到,中宁的发展思路更加清晰,步伐更加坚实,经济更加繁荣,城乡更加美丽,社会更加和谐,开创了改革开放以来又好又快发展的新局面。所有成绩的取得,是上级党委、政府和县委坚强领导的结果,是人大、政协监督指导的结果,是各位老领导、老同志关心、支持的结果;它凝聚了全县各族人民辛勤创业的智慧、心血和汗水,饱含着社会各界的深切关怀和无私奉献。在此,我代表县人民政府,向全县广大干部群众,向各位人大代表、政协委员、各民主党派、工商联、无党派人士、人民团体和离退休老同志,向驻县中央、自治区单位和人民解放军、武警消防官兵,向所有关心、支持和帮助中宁经济社会发展的各界朋友,表示崇高的敬意和衷心的感谢!

成绩来之不易,经验尤为宝贵。艰辛的发展历程和丰富的社会实践,使我们更加深刻地体会到:只有坚定发展信心,保持战略定力,不松劲、不懈怠,才能走出一条质量更高、效益更好、更适合中宁的发展新路;只有坚持问题导向,以开阔的眼界,创新的思维意识,敢于破除要素制约,敢于解决各类矛盾,才能为经济社会持续健康发展提供新的活力;只有聚合各方力量,形成上下齐心、风清气正、干事创业的工作合力,才能凝聚推动发展的强大动力;只有紧紧依靠全县人民,多办顺民意、暖民心、惠民生的实事好事,努力创造经得起实践、人民和历史检验的实绩,才能赢得群众的认同和各界的支持。

在总结成绩和经验的同时,我们也清醒地看到,我县经济社会发展还存在诸多矛盾和问题:一是发展不足仍是最大县情。经济总量小、底子薄,基础设施承载能力不足,土地、电力、资金等资源环境约束不断加大,财政收支矛盾突出;小康监测体系中经济发展指标及人均GDP、人均公共预算收入、农民人均纯收入排在川区末位。二是产业结构不尽合理。工业倚重倚能现状未得到根本改变,转型升级迫在眉睫;农业产业化水平不高,品牌竞争力和影响力有待进一步增强;第三产业增加值占GDP比重一直低于30%,现代服务业发展相对滞后。三是城乡、山川之间发展不平衡。城乡环境质量差距较大,基本公共服务供给不均等,脱贫攻坚、摘帽销号任务艰巨,三个山区乡镇成为全县全面建成小康社会最大制约因素。四是作风建设尚需持久用力。一些干部的思想作风与改革创新发展的新要求还不相适应,干事创业拼劲不足,应对处理突发事件、化解社会矛盾的能力还需进一步提高,等等。对于这些问题,我们将采取有力措施,切实加以解决。

今后五年发展思路

今后五年,是创新发展、赶超跨越的机遇期,是缩小差距、转型升级的攻坚期,也是全面建成小康社会的决胜期。政府工作的总体思路是:全面贯彻党的十八大,十八届三中、四中、五中、六中全会精神和习近平总书记系列重要讲话精神,按照“五位一体”和“四个全面”的战略布局,围绕县第十四次党代会确定的目标任务，用五大发展理念和“十三五”规划纲要指引“四个中宁”建设，全面落实县委“1236”工作计划，坚持“一轴两翼”产业发展定位，以提档转型、脱贫攻坚为主线，以提高发展质量为目标，大力发扬“不到长城非好汉”的宁夏精神，统筹推进经济和社会各项事业发展，确保全面建成小康社会。

主要预期目标是：全县地区生产总值、地方一般公共预算收入年均增长8%；固定资产投资年均增长12%；社会消费品零售总额年均增长9%；城乡居民人均可支配收入年均分别增长9%和10%；出生人口政策符合率控制在94%以上；森林覆盖率力争达到15%。

为实现上述目标，我们要在五个方面持续用力，寻求突破：

坚持创新驱动，加快推进转型升级。进一步解放思想，创新思维意识，立足县域传统产业多、新兴产业少、产业层级低的实际，整合各类资源和要素，推动传统产业提档升级，培育新兴产业不断壮大。鼓励和引导企业与科研院所深度合作，切实提高自主创新、集成创新、引进消化再创新能力，为经济转型、发展转轨提供强大动力。

坚持改革开放，深度激发内部活力。积极融入“一带一路”和“开放宁夏”建设，充分发挥“西部桥头堡”等区域优势，打好区位牌、文化牌和特色牌。着力推进行政管理体制、经济运行模式、财税金融制度、农业农村发展等重点领域改革，努力营造宽松准入、公平竞争的“两优”投资发展环境，瞄准“中”字头、“国”字号和海外等大型企业，推进政企、政银、银企交流合作，加快人才、资金、产业等资源要素聚集，不断增强发展活力。

坚持产城融合，不断筑牢发展支撑。严格落实空间发展规划，按照“规划引领，以城带乡，城乡一体，产城共进”的发展要求，依托现有产业特色和城市发展优势，聚力创建石空产城融合示范区。进一步增强城市配套服务功能，培植新兴业态，推进以产兴城、以城带产，促进区域协同发展，着力打造产城融合样板，为县域经济发展培育新的增长点。

坚持富民共享，切实增进百姓福祉。始终把保障和改善民生作为全部工作的出发点和落脚点，从解决人民群众最关心、最直接、最现实的利益问题入手，问需于民、问计于民、问效于民，解民忧、舒民困。加快完善“学有所教，劳有所得，病有所医，老有所养，住有所居”的社会保障体系，凝聚各方力量，打赢脱贫攻坚战，真正让人民群众共享经济社会发展成果。

坚持绿色发展，稳步改善生态环境。牢固树立“绿水青山就是金山银山”的发展理念，敬畏自然，尊重自然，坚守生态红线，将生态环境保护和资源节约利用贯穿于经济社会发展的全过程。不断加大立体空间水、土、气综合防治力度，着力调整优化空间结构，筑牢生态安全屏障，倡导绿色、生态、环保生产生活方式，加快建设资源节约型和环境友好型社会，促进人与自然和谐发展，打造生态宜居的魅力杞乡。

2017年主要工作

2017年是改革提速、发展提质、工作提效的关键一年，也是脱贫攻坚的决胜之年，事关中宁全面建成小康社会大局。奋斗目标是：地区生产总值增长8%；固定资产投资增长12%；规上工业增加值增长11%；地方一般公共预算收入增长8%；社会消费品零售总额增长9%；城镇居民人均可支配收入增长9%；农民人均可支配收入增长10%；城镇登记失业率控制在4.3%以内。

围绕上述目标，主要做好以下九个方面工作：

一、强化重点项目支撑，增强综合发展实力。充分发挥项目的投资拉动作用，在引进项目、落实项目、服务项目上聚焦发力，不断培育经济增长新引擎

全力推进项目建设。全年计划实施重点项目138个，其中，新建项目71个、续建项目67个。健全完善县级领导包抓、部门领办代办、社会联手驱动制度，明确项目建设路径，狠抓项目落地服务，力促天元锰业2×350MW自备电厂、100万吨高硅硅锰一期、黄河二桥、沿黄生态连城、宁夏中部干旱带特困地区西线供水工程（中宁片区）等25个项目早日动工建设，确保隆基硅1000MW单晶硅棒、棚户区改造二期、黄河沿线水系连通、第三污水处理厂等50个项目年内建成运行。

不断强化要素保障。积极破解土地、资金、供电等瓶颈制约，最大限度挖掘土地潜力，保障电力供应，紧盯国家产业政策导向、自治区产业基金投向，全面推行PPP新型投融资模式，着力拓宽投融资渠道，吸引和融合更多的社会资本撬动项目建设。扎实做好项目前期工作，切实解决好影响项目建设的关键问题，力促项目尽快开工建设、尽早发挥效益。

加大招商引资力度。围绕产业转型升级和新兴业态培育，实行以商招商、全员招商、定向招商，引进一批科技含量高、附加值高、带动能力强、发展前景好的大项目。及时捕捉招商信息，加强与锦江、广药、正大集团等知名企业的沟通联系，争取王老吉+枸杞、石墨烯、锂离子电池等项目尽快签约落地，增强经济社会发展后劲。

二、突出工业主导地位，推进产业转型升级。坚持“工业强县”不动摇，改造提升传统产业，做大做强优势产业，积极发展新兴产业，着力培育百亿元企业，打造千亿元产值园区

完善园区基础设施。高标准修编工业园区专项规划和卫宁工业园区相向发展规划，建设中卫镇罗工业园区至中宁工业园区道路以及园区环线等路网，实施园区道路两侧和公共区域生态绿化工程，大力推进治荒植绿，新增绿化面积1000亩。加快污水收集处理和水、暖、电、气、亮化、通信等基础设施建设，切实增强园区服务承载功能，打造低成本园区和花园式工厂。

促进产业集群发展。引导企业运用新技术、新工艺、新装备，改造提升电解铝、水泥建材等传统产业。谋划实施天元锰业五期30万吨电解金属锰、10万吨锰酸锂、1亿只锂电池项目，进一步壮大金属锰产业。加快佳盛远达110万吨铝镁合金、锦宁铝镁120万吨铝镁合金二期、锦宁巨科80万吨铝板带箔二期项目进程，延伸铝型材深加工产业链。开工建设光伏产业园二期、晶隆石英坩埚扩建等项目，积极推进兴尔泰120万吨硝基复合肥循环经济项目，大力发展新材料、新能源、精细化工产业。

强化节能减排约束。加强赛马、瀛海等水泥企业和新世纪、兴鑫冶金等冶炼企业原料堆场粉尘治理，切实减少工业大气污染物排放。突出抓好重点领域、重点行业和重点企业节能监测，深入推进重点用能企业合同能源管理。加快淘汰落后产能，推进秦毅铝厂、瀛润、瀛平等落后生产线改造、拆除，完成节能减排目标任务。

三、做优做精枸杞产业，扩大领跑发展优势。推动枸杞产业提质增效，增强市场品牌影响力，拉动全产业链发展，提升综合竞争力

加快示范基地建设。实施中宁枸杞航空育种项目，建成3个自治区级新品种采穗圃、2个良种苗木繁育基地。全面推行“六个全覆盖”，改造新植枸杞5000亩，新增节水灌溉5000亩，新建烘干设施50座，节水灌溉覆盖率达30%以上，设施烘干覆盖率达75%以上。实行小产区星级认证动态管理，建立2个自治区级标准化种植示范园，提升精细化管理水平。

力促产业提质增效。借力优农协会枸杞产业分会、中药协会枸杞专业委员会，深化与中科院、宁夏农科院等科研院所合作，筹建中宁枸杞院士工作站。支持宁夏红、杞泰、早康等企业加大自主研发投入，开发养生保健型产品，提高产品附加值，枸杞加工转化率达到20%以上。依托中宁枸杞产业创业投资基金，拓展融资渠道，助推枸杞企业上市，新培育自治区级龙头企业2家。推广“电商+实体店体验消费”模式，加快实施“百城千店”计划，充分发挥电子商务孵化中心、枸杞电子交易中心等平台作用，引导企业进一步拓展营销网络，争取年销售额超过40亿元，产品出口率达12%以上。

加强品质品牌保护。完善质量标准体系，修订“中宁枸杞”标准。健全质量溯源体系，建立生产、加工、销售等环节电子档案，实行产品质量全程追溯。大力开展品牌保护及市场整治专项行动，强化“中宁枸杞”证明商标、包装物使用监管，严格审批核准，确保中宁枸杞正本清源。加快申报全球重要农业文化遗产和“中宁枸杞”国外商标注册进程，推进有机枸杞认证试点，助推中宁枸杞走向国际市场。

四、加快发展特色农业，促进农民持续增收。坚持“一特三高”发展理念，以“一乡一业、一村一品”为主导，强化技术创新示范作用，繁荣农村特色经济

夯实农业发展基础。以农田水利基本建设为契机，实施农业高效节水灌溉工程，推进滨河路以南、花豹湾洪漫地低洼盐碱地改良及新堡宋营土地整理，完善输配水渠系、量水设施，打造高标准农田5万亩。开展农作物病虫专业化统防统治与绿色防控融合试点工作，减少化学农药使用量，稳步提高绿色防控覆盖率，建立高标准融合示范基地10个。

推动产业提档升级。建设硒砂瓜品质品牌保护示范区5个10万亩、老砂地提升示范片3个3万亩；创建国家级蔬菜园艺标准园1个、出口蔬菜种植基地1.5万亩；新建、改扩建伟华30万头生猪等标准化规模养殖场14个、肉牛羊标准化规模养殖场206个，建成肉羊繁育示范村10个、出口生猪基地5个。严格执行农资商品“一账通”监管制度，严把生产、流通和使用关口，实现农业投入品实时在线监管，提高农产品质量和产业发展层级，争创国家级出口农产品质量安全示范县。

强化龙头示范带动。以新水农产品加工园区、枸杞加工城为重点，积极引进枸杞、硒砂瓜、红枣、苹果、清真牛羊肉等加工企业，大力发展农产品精深加工业，加快推进英联集团70万吨饲料、禾润公司枸杞系列深加工、正大集团桃产业基地等项目，新培育家庭农场5家、农民专业合作社5家、市级龙头企业3家，农产品加工转化率达到60%以上。

五、繁荣振兴第三产业，助推经济结构调整。大力推进金融、物流、信息、中介等现代服务业发展，扩增三产经济总量，不断优化产业层次和水平

加快发展现代物流。推动生产性服务业与制造业融合发展，对接区内外优势产业资源，整合运输、仓储、信息等要素，实施金银岛大宗商品交割库二期、宇通冷链物流等项目，促进陆路口岸与天津港、银川综合保税区跨区域合作，构建快速畅通的物流体系。配合做好城际铁路中宁段、乌玛高速过境段等通道建设，推进公铁联运，打造宁夏中南部现代物流仓储服务基地。

增强商贸服务活力。健全菜篮子超市、农村市场等商贸体系，扩大石空机电市场、滚泉坡服务区、大战场畜禽活体交易规模。加快全国电子商务进农村示范县建设，拓宽电商发展渠道，促进电子商务与传统产业深度融合。组团参加国内外商品博览会、展销会、订货会，不断扩大市场销售份额，带动更多的优质产品汇集中宁、扩散周边。

促进旅游产业发展。深度融入全域旅游示范区建设，引导支持国盛生态旅游园、小盐池滩枸杞观光园等争创星级旅游景点，启动建设黄羊民俗文化村。围绕黄河沿线和枸杞主产区，发展枸杞采摘观光游，培育特色农家乐、渔家乐，加快推进星级宾馆建设，打造集“现代农业、休闲观光、乡村旅游”为一体的中卫大景区观光旅游接待服务基地和枸杞休闲养生旅游目的地。

六、统筹推进城乡发展，营造宜居宜业环境。加快中心城镇建设，强化城市运营管理，加强生态环境保护，不断完善城镇发展体系，促进城乡一体化发展

坚持高位规划引领。依据自治区空间发展规

划，突出主体功能区建设，高标准编制我县空间发展规划。进一步完善城市给排水、供暖、供电等地下管网设计，修编各乡镇总体发展规划，加强规划审查管理，严格规划执行落实，杜绝违规违章建设，全力维护规划的权威性和严肃性。

协同推进城乡建设。实施中瀛御景等17个重点城镇建设项目，推进宁安、新堡、石空三大片区棚户区改造，建设宁安西街延伸段、宁丰路等市政道路，启动实施鸣雁路、平安东街延伸段等街道改造工程，完成4.5公里老旧供热管网、8个老旧小区和10万平方米既有居住建筑节能改造。加快恩和、白马等特色小城镇建设，改造农村危房1300户，打造美丽乡村示范点15个，着力改善城乡人居环境。

提升城乡管理水平。深化城市管理执法体制改革，规范执法程序，完善管理体系，提升管理水平。推进城市管护市场化，引入北控集团强化垃圾处理、卫生保洁、美化亮化管理服务，提高城市环卫保洁质量。扎实开展“蓝天碧水、绿色城乡”专项行动，综合整治重点区域、主要地段、国省干道沿线，建立农村卫生保洁长效化管理机制，美化净化城乡环境。

加强生态文明建设。坚决落实最严格的耕地保护制度，加大生态绿化、退耕还林、退牧还草力度，完成人工造林和封山育林1万亩，力争市民休闲森林公园一期年内建成使用。强化黄河生态治理，实施北滨河路、鸣雁湖等水系连通工程和黄河城市过境段生态连城项目，打造沿黄景观廊道。切实抓好大气、土壤、水资源污染预防和治理，做好污染源普查、环境现状调查和风险评估，严厉打击惩处环境违法行为，努力营造天蓝、地绿、水净的生态环境。

七、全面深化改革开放，充分释放发展活力。坚持问题导向，突破要素制约，最大限度激发市场主体活力

推进供电体制改革。加快天元锰业自备电厂和京能火电厂建设，启动分布式太阳能光伏项目，筹建以园区动力站或自备电厂为主导，光热电、风电及企业余热发电为补充的直供电系统，探索建立工业园区微电网，构建园区电力供应新模式。积极开展园区能源配售服务，力争直供电配售额达到60亿度。

加快金融改革创新。吸引证券公司进驻我县，强化与各金融机构共赢合作，积极培育资本市场和金融市场主体。进一步拓宽融资渠道，完善“1+6”融资服务模式，扩大农村妇女创业贷款、全民小额创业贷、助保贷、保险贷、担保贷、扶贫贷和中宁枸杞产业投资基金注资规模，满足个人创业、企业发展、脱贫攻坚等方面的资金需求。

深化行政体制改革。坚持“放管服”改革方向，推进相对集中行政许可权试点改革，依托县、乡、村三级为民服务网络，全面推行“四位一体”行政审批办理模式，促进政府监管体制改革，简化行政审批流程，提高行政服务效能。集聚各类信息资源，建设智慧中宁运营中心、城市综合管理中心、便民服务呼叫中心、应急救援指挥中心和信息共享数据分析中心，逐步实现城乡管理服务科学化、智慧化。

推动农村综合改革。探索进城落户农民空置宅基地有偿使用和自愿有偿退出机制。加快集体经营性资产股份合作制改革，探索建立土地托管机制，组建土地股份制合作社30个，发展土地托管（收储）型服务合作社18个。积极引导各金融机构拓展农村土地两权质押贷款业务，新增贷款1亿元。发展规模化流转新型经营主体460户，引导土地向新型经营主体集约流转。

持续扩大对外开放。高水平筹办2017中阿博览会中国枸杞论坛暨中宁枸杞文化节，举办中国枸杞产业博览会、订货会、招商推介会等系列活动，加强经贸合作与文化交流。筹备召开民营经济发展大会，修订完善民营经济发展普惠性政策，突破政务服务、土地供应、金融创新、人才支撑等要素，引导民间资本投向经济社会发展领域，创建全区民营经济改革示范区、非公经济改革先行先试示范县。

八、聚力推进脱贫攻坚，加快全面小康进程。紧盯脱贫目标，坚持精准施策，提高脱贫攻坚的精准性和实效性，力争脱贫销号12个村，实现脱贫4246人

增强自我发展能力。围绕“有土”发展特色产业，建设硒砂瓜品质品牌保护核心示范区3万亩，示范种植黄花500亩、红葱2000亩、枸杞5000亩、马铃薯5000亩，建设标准化菌菇大棚50座，发展肉牛7000头、肉羊5万只。扶持发展种养大户、家庭农场、农民专业合作社、产业化龙头企业等经营主体，实现贫困户与各类新型经营主体合作全覆盖。立足工业园区和特色产业基地，引导贫困群众“离土”务工就业，开展精准培训，培育新型职业农民自主创业，增加收入。

均衡公共服务资源。全面落实山区水资源利用、贫困地区村容村貌提升、主干道路修筑和绿化美化规划，加快推进西线供水、马家塘灌区抗旱应急水源、40MW光伏扶贫、大战场镇铁路涵洞改造、宽口井农贸市场和移民新庄点等项目建设，增强贫困地区公共服务资源配置，搬迁安置贫困户619户2002人。扩大扶贫贷款、互助资金投放规模，引导和吸纳社会资本投向贫困地区，助推贫困人口共享改革发展红利。

健全精细管理机制。完善“四化一满意”平台建设，建成精准扶贫大数据库，建立各项管理台账，实行动态管理。严格落实精准扶贫政策，最大限度向贫困户倾斜各项惠民举措和项目资金。强化脱贫攻坚督查督办和考核评估，对未完成年度脱贫攻坚目标任务的乡镇和部门实行“一票否决”，凝聚脱贫攻坚的强大工作合力。

九、全力发展社会事业，稳步改善民计民生。坚持以人为本，持续加大民生投入，创新社会管理体制，完善社会保障体系，切实提高人民群众幸福感

竭力推进民生工程。围绕群众关心的热点难点问题，强化人力、物力和财力保障，认真办好县城双回路供电、公共区域免费Wi-Fi、南河子治理、中宁六小迁建、改善老城区饮用水水质、阳光沐浴工程、建立老年人、妇女儿童关爱中心等15件民生计划，进一步满足城乡居民教育、医疗、养老、出行等方面现实需求。

加快完善保障体系。巩固义务教育均衡发展成果，推进学校标准化和教育信息化建设，统筹配置教育资源，缩小城乡、区域和校级差距。依托职教中心，强化校企合作，提高职业教育质量。承办国际国内大型体育赛事，广泛开展全民健身活动，杞乡黄河体育中心面向社会开放。实施文化惠民工程，实现图书馆、文化馆、博物馆、文物陈列馆免费开放，维护人民群众基本文化权益。推进“三医联动”，有效衔接社会医疗保险和商业医疗保险，减轻城乡居民就医买药负担。实施11个中医馆、乡镇卫生院、社区卫生服务站改造建设项目，完善基层远程会诊系统，提升基层医疗卫生、计生服务能力。探索构建居家养老、社区托管、社会服务等新型社会养老服务格局。加强食药安全监管，保障群众饮食医药安全。推进大众创业、万众创新，转移农村劳动力2.6万人，城镇新增就业3500人。

强化社会综合治理。坚持维权和维稳相统一，完善危机干预预警和社会稳定风险评估机制，有效防范和降低社会风险。切实加强社会治安防控，加快社会信用体系建设，建立守信联合激励和失信联合惩戒制度，增强社会安全感。深入开展民族团结进步创建，着力维护宗教和顺、民族和谐。强化安全生产监管，突出人员密集场所、煤矿、非煤矿山、道路交通、危化企业等重点领域隐患排查整治，有效遏制重大事故发生。支持工商联、工青妇、科协、残联等群团组织开展工作，落实外事侨务政策，注重国防动员和驻地部队现代化建设，全力维护社会大局稳定。

各位代表，德沛邦宁，务实为要。历届党委、政府的不懈努力，为我们加快发展奠定了坚实的基础，全县干部群众的风雨同舟，为我们凝聚了推动发展的强大合力。站在新的历史起点上，我们必须倍加珍惜来之不易的大好局面，倍加珍视全县人民的真诚信赖，切实加强政府自身建设，持续转变工作作风，努力建设人民满意的政府，不负时代和人民群众的重托。

坚持依法行政，努力建设法治政府。严格执行人大及其常委会决议决定，自觉接受人大法律监督和政协民主监督，认真办理人大议案、意见建议和政协提案，主动接受舆论监督和社会监督，广泛听取各方面意见建议。健全依法科学民主决策机制，严格执行重大行政决策法定程序。扎实推进"七五"普法，提高学法、用法、守法的意识和水平，加强执法监督，确保规范、公正、文明执法。

坚持勤勉行政，努力建设效能政府。坚决落实上级党委、政府和县委的各项决策部署，推行重点工作精细化管理，发扬"钉钉子"精神，确保各项工作掷地有声、落地生根。加大政务督查、行政问责力度，执行容错纠错制度，激励广大干部职工勇于担当，积极作为，出实招、办实事、求实效。坚决纠正不作为、乱作为和懒政、怠政等行为，树立勤政、务实、高效的良好形象。

坚持清廉行政，努力建设廉洁政府。严格落实党风廉政建设"两个责任""一岗双责"制度，健全廉政风险防控机制，强化惩治和预防腐败措施，从源头上预防和治理腐败。清理规范政府权力，认真落实权力清单和责任清单，促进政府权力公开透明运行。加强对工程招投标、土地出让、公共资源交易等重点领域的行政监察和审计监督，加大政府项目资金监管力度，严肃查处各类违纪违法案件，营造干部清正、政府清廉、政治清明的良好发展环境。

各位代表，实干托起梦想，奋斗铸就辉煌。让我们在区、市党委、政府和县委的坚强领导下，在人大、政协的监督支持下，大力发扬"不到长城非好汉"的宁夏精神，凝聚全县人民的智慧和力量，以逢山开路的闯劲、滚石上山的干劲、抓铁有痕的韧劲，进一步解放思想，抢抓机遇，真抓实干，攻坚克难，为建设开放富裕和谐美丽中宁、全面建成小康社会而努力奋斗！

中国人民政治协商会议中宁县第十一届委员会常务委员会工作报告

——在县政协十二届一次会议上

县政协副主席　田伯川

（2016-10-24）

各位委员：

我受政协中宁县第十一届委员会常务委员会委托，向大会报告工作，请予审议。并请列席会议的同志提出意见。

一、十一届政协工作回顾

政协中宁县第十一届委员会任期的四年，是全县上下凝心聚力、攻坚克难、奋力拼搏、经济建设和社会发展取得辉煌成就的四年，也是我县人民政协事业蓬勃发展的四年。四年来，县政协第十一届委员会在中共中宁县委的坚强领导下，在自治区、中卫市政协的精心指导下，在县人民政府及各民主党派、社会各界的支持配合下，高举中国特色社会主义伟大旗帜，牢牢把握团结和民主两大主题，围绕中心、服务大局，认真履行政治协商、民主监督、参政议政职能，充分发挥协调关系、汇聚力量、建言献策、服务大局的作用，为加快建设开放富裕和谐美丽中宁和全面建成小康社会作出了积极贡献，谱写了新的篇章。

（一）围绕中心，服务大局，政治协商求真务实

四年来，县政协常委会坚持把促进科学发展作为履行职能的第一要务，紧紧围绕全县中心工作，自觉把县委、政府的各项决策和工作部署作为政协工作的切入点，积极谋大局、议大事、促发展。充分发挥政治协商平台作用。积极开展协商议政活动，形成了全委会议整体协商、常委会议专题协商、主席会议重点协商、专委会议对口协商的多层次协商格局。围绕全面建成小康社会、打赢脱贫攻坚战、科学制订“十三五”规划、加快产业转型升级、发展现代特色产业、加大城市基础设施建设、加快新农村建设、完善社会公共服务和基本保障制度、维护社会和谐稳定等事关全县改革发展稳定大局的问题议政献策，形成的建议案和社情民意等得到了县委、政府重视，部分协商成果已得到转化落实，产生了良好的社会实效。积极参与全县中心工作。四年来，县政协常委会坚持“在实干中支持、在参与中献策”的理念，县政协班子成员以促进发展为己任，主动投身于经济建设主战场，积极参加工业经济、城镇建设、三农发展、保障和改善民生等一系列中心工作和重大活动，深入企业、社区、乡镇开展调查研究，指导工作、化解矛盾，协调解决存在问题。积极投入脱贫攻坚工作，深入山区扶贫点，进村入户，走访群众，掌握实情，建档立卡，制定脱贫计划，落实政策措施，为群众解忧纾困。积极开展干部“下基层”、“三同”锻炼及扶贫济

困、捐资助学等活动，在服务社会的生动实践中树立了人民政协的良好形象。

（二）拓宽渠道，创新载体，民主监督扎实推进

四年来，县政协常委会始终坚持人民政协为人民，不断拓宽民主监督渠道，充分运用提案、社情民意、民主评议等形式，积极搭建服务民生的大舞台，认真及时反映人民群众关心的热点、难点问题，促使民生问题有效解决，切实提高民主监督实效。不断强化提案工作。坚持把提案工作作为政协工作中最具特色的硬件工作抓好抓实。十一届委员会期间，县政协共审查立案271件，报请县委、政府主要领导批阅重要提案43件，政协领导班子成员领衔督办提案31件，共表彰提案承办先进单位23个、提案督办先进单位3个、提案办理先进个人26人次，提案办复率达100%，委员满意率或基本满意率达96%以上。县政协常委会坚持提高质量、讲求实效，不断完善《提案办理工作的意见》《提案办理四项机制》和提案承办工作责任制等相关制度，采取党政主要领导批阅交办、县政协领导领衔督办，制订提案办理“五定”方案，采取现场协商办理、集中督查办理、“三见面”座谈办理、表彰优秀提案承办单位及承办个人等多种形式，使提案交办与政府无缝对接，切实提高了提案办理实效。发挥社情民意“直通车”作用。坚持把社情民意反映作为服务民生的有效举措，坚持“多方收集，严格把关，务求实效”的原则，从事关人民群众切身利益的问题入手，深入基层、深入实际，广泛收集民情、及时掌握民意，整理编发《社情民意专送》，内容涉及行政管理、文化、卫生、生态建设等诸多方面，其中，关于提高县城绿化水平、加大老居民小区环境整治、解决北河子沟水污染等社情民意引起了党政部门的高度关注，促使民生问题得到了有效解决落实。特别是针对解决中宁二小操场问题的社情民意，在得到县党政主要领导批示后，县政协班子成员带领政协委员、部门负责人持续跟踪问效督办，及时向县委、政府反馈办理进展情况，促使10多年遗留问题最终得到了圆满解决，在关注民计民生、反映群众呼声、促进社会和谐中发挥了积极作用。扎实开展民主评议。制定《县政协关于开展民主评议的意见》，针对有关窗口单位和部门在落实县委、政府重大部署及工作作风、服务质量、效能建设等方面的工作情况，先后对县市场监督管理局、工业和商务局等部门、单位开展了民主评议。及时形成民主评议意见，反馈评议结果，认真督促整改，促进了受评部门、单位工作作风转变和工作质量的提高。积极做好特邀民主监督工作。认真负责的推荐特邀监督员、行风评议员，积极参与对国家机关及其工作的民主评议，发挥民主监督作用。十一届政协期间，先后推荐40多名委员担任监察、工商、税务、教育、卫生等部门的特邀监督员、行风评议员，选派委员参加《中宁电视问政》直播，列席县委、政府组织的有关会议，参与国家公务员、机关事业单位人员招考面试工作，对政府组成部门进行民主监督，为转变工作作风、推进效能建设发挥了积极作用。

（三）聚焦发展，关注民生，参政议政富有成效

四年来，县政协常委会坚持“求精、求深、求实”的原则，把调研视察作为参政议政的重要途径。深入开展调研视察。紧紧围绕事关发展全局的重大事项和涉及群众切身利益的重要问题，精心选题，组织与课题相关的政协委员、专家及有关部门负责人组成调研组，深入开展了县城主城区道路通行及绿化情况、农村闲置宅基地有偿退出机制、我县小康实现程度、河南六乡镇供水安全、教育卫生专业技术人员队伍、住宅小区物业管理、城乡居民大病医疗救助、人民法院执行工作情况等专题调研，开展了年度重点提案办理情况、民生计划办理情况等专项视察。四年来，共向县委、政府提交调研视察报告53篇，提出了260条意见建议。围绕特色产业发展持续建言。坚持重点调研专题持续抓、见成效，连续四年围绕枸杞和硒砂瓜两大优势特色产业开展调研，分别形成关于加强中宁

枸杞品质品牌保护、提升硒砂瓜品质的调研报告，引起了县委、政府的高度重视，县委常委会专门听取了县政协有关调研情况的汇报，讨论分析并研究了有关问题，做出具体安排部署，促进两大产业持续健康发展。积极投入到全县重点项目建设中。坚持县委的工作部署到哪里，政协工作就跟进到哪里，积极发挥职能作用。按照县委安排，组成督查调研组，先后对2015年全县18个现代农业项目、2016年“五定”方案中的25个重点项目建设进展情况进行督查调研，通过实地查看、听取汇报、交谈问询，认真分析查找部分项目进展缓慢的原因，理清责任主体，深究问题根源，提出针对性较强的意见建议，形成督查通报。同时，积极协助区、市政协开展提升企业科技创新能力、新兴产业发展与环境保护、生态移民管理、民族宗教、农村“三留守”人员工作、精准脱贫工作等调研视察活动35次，工作受到上级部门的肯定。

（四）突出和谐，彰显优势，民主团结合力增强

四年来，县政协常委会始终高举爱国主义和社会主义旗帜，把团结和民主贯穿到政协工作的全过程，充分发挥政协独特优势，不断凝聚各方力量，多渠道、多形式地开展联谊交流活动，努力形成大团结、大联合的良好局面。巩固扩大爱国统一战线。充分发挥自身团结包容、党派合作的优势，积极组织各民主党派、工商联负责人和无党派人士代表参加政协开展的调研视察、学习考察等各项活动，诚恳邀请他们就一些关系人民群众切身利益的重大问题共同协商，支持他们以本党派、团体名义反映民意、提出提案，为有效参与全县经济社会发展搭建了平台。切实加强与各民主党派的联系沟通、思想交流，大力宣传党的重大方针、政策和县委、政府重要工作部署，增强他们拥护党的领导的自觉性和心系大局、议政建言、贡献智慧的使命感和责任感，极大地调动各族各界人士参政议政的积极性，形成凝心聚力谋发展、团结一心促和谐的合力。增进民族团结宗教和顺。充分发挥委员联系面广、渠道畅通的优势，积极充当基层矛盾纠纷的调解员，主动调解纠纷、化解矛盾、凝聚人心，进一步推进社会管理创新，在紧密联系群众中维护社会和谐稳定。切实加强与民族宗教人士的交流和沟通，倾听他们的意见建议，充分反映民族宗教界人士的愿望和呼声。积极开展班子成员联系宗教场所活动，在古尔邦节、开斋节期间，通过慰问穆斯林群众，增进了共识，加强了团结，积极维护民族和睦、宗教和顺的良好局面。加强对外学习交流。着眼履行职能的新要求，经常性地组织委员赴区内有关市县区，观摩经济社会发展亮点，考察学习先进经验。热情接待全国政协及陕西省、青海省等区内外政协的参观考察，大力宣传杞乡文化，交流了工作，增进了友谊。

（五）转变作风，夯实基础，自身建设得到加强

四年来，县政协常委会始终坚持把强化自身建设作为履职之基，为政协事业适应新形势、推动新发展提供了坚实保证。认真开展学习教育活动。坚持把建设学习型政协贯穿于工作始终，深入开展党的群众路线教育实践活动、“三严三实”专题教育、“两学一做”学习教育等活动，充分利用党组会、主席会、常委会、机关学习会和委员集中活动开展学习，认真学习中央及区市县重大会议精神和新时期统战理论、政协创新理论等。把学习培训任务纳入主席会议专题研究，有计划、分批次安排机关有关人员参加全国及自治区政协学习培训。通过采取多形式、多层次理论学习培训，提高干部理论素养，增强服务能力，夯实履职基础。切实加强班子建设。始终坚持在县委的领导下，充分发挥政协党组的政治核心作用，不断增强政协班子的凝聚力和向心力，形成团结、民主、务实、高效的浓厚氛围。班子成员认真贯彻落实中央八项规定，切实加强党风廉政建设，坚持把纪律挺在前，制定了《关于改进工作作风、密切联系群众的实施办法》，修订完善了《常委会议议事规则》、《政协调研视察工作细则》等20个方面的管理制度，推动制度化

建设，为有效履职建立制度保障。强化专委会载体作用。重视发挥专委会在履行政协职能中的基础和纽带作用，支持各专委会组织委员开展集中学习以及调研、座谈等活动。各专委会积极承担年度协商议题，认真提出具体实施方案，集中开展专题调研形成有参考价值的调研报告。针对调研报告和重点提案、社情民意反映问题，组织委员深入承办单位追踪办理落实情况，切实增强了政协专委会服务全局、建言献策的针对性和实效性。发挥委员主体作用。认真制定《县政协委员管理办法》，扎实开展联系走访委员及“述职考评”活动，及时通报委员履职情况，大力表彰优秀委员，充分调动委员履职尽责、服务发展、争当先进的主动性和积极性。努力改进工作作风。制定印发《工作目标管理考核细则》，逐级签订目标责任书，将目标责任细化落实，形成各司其职、各负其责、各尽所能的工作局面。积极拓宽宣传渠道，及时反映政协工作动态，展示委员履职风采，认真编发《中宁政协》刊物16期、《中宁政协信息》90期，在《人民政协报》、《华兴时报》、《中卫日报》等刊发信息270多篇，为社会各界了解政协、支持政协工作畅通了渠道、架起了桥梁。

四年来，县政协常委会围绕中心、服务大局，开展了一些创新性、特色性的工作：一是立足改革发展大局，积极参政建言推动重大战略实施。县政协常委会积极抢抓制定《宁夏空间发展战略规划》和推进中宁工业园区电力体制改革试点实施的机遇，主动出击，积极作为，报送的《关于将中宁全境纳入六盘山地区·清水河城镇产业发展带总体规划并给予重大项目扶持的建议》《关于将中宁工业园区确定为全区电力体制改革试点并尽快实施的建议》专报，得到了县委、政府的充分肯定，引起了区、市领导及有关部门的高度关注，促使中宁工业园区供电体制改革试点工作不断推进。二是努力打造精品提案，提案工作走在了全区前列。通过邀请自治区政协委员深入调研、反复论证，向自治区政协十届四次全会提交的4件提案全部被立为2016年年度提案，特别是“关于建设宁夏(中宁)枸杞核心产业带和枸杞现代产业转型升级示范区的建议”被确定为自治区政协14个重点提案之一，“关于支持把中宁工业园区建设为吸纳山区劳动力、精准扶贫基地的建议”被确定为重要提案并摘报自治区政府有关领导。一个县在区政协全会上一次性被审立4件提案，这在全区各县是前所未有。我县政协提案工作得到了自治区政协的充分肯定，2014年、2015年连续两年在全区政协提案工作会议上做了交流发言。三是发挥政协特点特色，积极主动服务发展。在全县建立了10个区市县三级政协委员基层联系点，积极组织三级政协委员走访联系群众、收集社情民意、解决实际问题，其中，有关渠口农场及长山头农场151名教师医疗保险、枸杞基地灌溉用水、枸杞烘干设施建设、硒砂瓜基地供水点建设、提高县级事业单位专业技术高级岗位设置比例等问题得到有效解决，区市县政协委员在服务民生的生动实践中赢得了社会的广泛赞誉。自治区政协主席齐同生专程到中宁工业园区联系点进行调研并在中宁召开了区政协非公有制经济调研座谈会。县政协常委会紧紧围绕全县经济工作，积极搭建合作平台，架设沟通桥梁，组织召开中宁籍民营企业家回乡创业招商引资大会，激发了他们二次创业的热情，增强了他们投资家乡发展的信心。

回顾四年来的工作实践，我们深切体会到：一是只有坚持党的领导，才能把握好发展方向。坚持党对政协工作的领导是政协工作的根本原则。四年来，我们始终坚持与县委思想同心、目标同向、行动同步，摆正位置、发挥优势，积极助力县委、政府确定的奋斗目标实现。实践证明，人民政协必须坚持在县委的领导下找准定位，才能使政协工作舞台更加广阔、大有可为。二是只有始终服务发展，才能履行好政协职能。服务发展是政协工作的第一要务，也是履行职能的出发点和落脚点。四年来，我们立足于党政所需、群众所盼、政协所能，紧盯县委、政府关注的一些综合性、全局性、前瞻性的问题，建有用之言、办务实之事，积极发挥了参谋助手作用。实践证明，人民政协必须在促进发展的大局中立身，其履职工作才更有深刻意义和现实价值。三是只有不断创新进取，才能持续推动政协事业发展。积极创新是政协工作常做常新的本质要求，锐意进取是人民政协事业不断发展的强大动力。四年来，我们积极搭建履职平台，激发委员活力，不断探索履行职能的新途径、新形式，积极推进协商民主建设，有力促进了政治协商更加规范有序、民主监督更加扎实有效、参政议政更加广泛深入。实践证明，只有在政协履职实践中不断创新进取，才能使政协工作得到新的发展。

各位委员、同志们，四年来，县政协各项工作的开展，得益于县委的正确领导和县人民政府的大力支持，得益于各乡镇、部门的密切配合，是广大政协委员、各民主党派、工商联、各人民团体、无党派人士积极参与、共同努力的结果。在此，我代表十一届政协常委会，向所有关心支持政协工作的各界人士表示衷心的感谢！向县政协十一届全体委员表示崇高的敬意！在肯定工作的同时，我们也清醒地认识到工作中还存在不少差距，主要是：协商民主还需深入推进，民主监督还比较薄弱，议政成果落实机制还不够完善，机关规范化建设还需不断加强，深入基层联系群众还不够紧密，加强与区、市政协的联系并反映、解决有关提案和社情民意的问题还不够经常等。对于这些问题，我们将坚持问题导向，采取有效措施，切实加以解决。

二、今后五年工作的建议

今后五年，是我县打赢脱贫攻坚战、实现全面建成小康社会目标、完成“十三五”规划的关键时期。我们要始终高举中国特色社会主义伟大旗帜，坚持以习近平总书记来宁视察重要讲话为指引，在中共中宁县委的坚强领导下，紧紧围绕县委第十四次党代会提出的“确保一个目标，实现两个翻番，打赢三场硬仗，完成六项改革试点任务”的总体工作部署，充分履行政协工作职能。

（一）围绕全县工作大局，在政治协商上有新作为

紧扣中心协商议政。要紧紧围绕中心、服务大局，主动把政协工作放到全县工作大局中去谋划和推进，努力在把握大局中谋事、在服务大局中干事、在融入大局中成事。充分利用政协全委会议、常委会议、主席会议、专委会议协商平台，构建良好协商格局，广泛开展多层次协商，为促进全县经济社会科学发展建睿智之言、献务实之策，最大限度汇聚改革发展合力，发挥政治协商平台作用。深入调研积极献策。充分发挥政协人才荟萃、智力密集的优势，通过县委出题、向政协各界别征题和政协常委会定题的方式，重点围绕“产业富民、协调共进，打造一轴两翼产业高地”，“内外联动，开放引领，打造丝绸之路物流节点”，“以产兴城，创新驱动，打造产城融合样板城市”，“城乡统筹，绿色支撑，打造生态宜居魅力杞乡”，“以人为本，共建共享，打造和顺和美幸福家园”等重大课题，科学制订调研方案，规范调研程序，扩大协商参与面，深入实际开展调查研究，以有事实、有分析、有建议的高质量建言成果，为党政科学民主决策提供有益参考。

（二）关注民生事业改善，在民主监督上有新成效

不断加强提案工作。积极引导和鼓励委员深入调查研究，撰写内容翔实、建议具体、操作性强的精品提案；严把立案审查关，发挥好立案审查的导向作用，健全重点提案遴选机制，确保提案引起党政重视，进入决策程序。不断完善党政领导阅办批办、政协领导领衔督办重点提案等制度，多措并举，各方联动，推动提案成果转化，切实增强办理实效，促使民生问题有效解决。认真做好社情民意报送工作。进一步完善社情民意征集、整理、传递、催办、反馈等运作机制，积极引导和组织委员紧紧

围绕事关群众切身利益的热难点问题，深入基层，倾听民声，调查研究，及时形成《社情民意专送》，促使民生问题引起党政关注并得以有效解决落实。扎实开展民主评议和特邀民主监督工作。按照《关于开展民主评议活动的意见》，选择窗口部门、单位，就其落实县委、政府重大部署及工作作风、服务质量、效能建设情况开展民主评议，及时形成评议意见、反馈评议结果，认真督促整改，为优化发展环境做出积极贡献。按照“灵活分散，注重实效”的原则，与纪检、监察部门联合推荐委员和党派成员担任有关部门、单位和行业的特邀监督员，参与社会监督活动，为构建和谐社会建言献策。

（三）加强协商民主建设，在参政议政上有新提升

认真制订实施年度协商工作计划。立足全县改革发展大局，关注大事要事，聚焦经济社会民生各领域，广征意见建议，精选协商议题，制订年度协商工作计划和实施方案，明确责任，限定时限，认真组织实施。不断丰富协商形式。认真贯彻中央《关于加强社会主义协商民主建设的意见》和自治区党委及市委有关加强协商民主建设的文件精神，加强政协协商与党委、政府工作的有效衔接，围绕协商议题，搞好专题协商、对口协商、界别协商、提案办理协商，形成高质量的专题报告、建议案或信息专报，做到精准建言、科学献策，发挥县委、政府参谋助手作用。力促协商成果转化见效。完善协商成果的采纳、落实和反馈机制，加强党政领导批示件落实情况的跟踪督办，切实提高协商成效。适时督查协商成果落实情况，形成协商工作计划落实情况通报，切实发挥政协作为协商民主重要渠道和专门协商机构的作用。

（四）牢牢把握两大主题，在构建和谐上有新举措

不断加强合作共事。注重发挥党派合作、包容性强的优势，进一步密切与各民主党派、工商联、人民团体和各族各界人士的联系与合作，支持他们充分利用政协平台，踊跃参政建言，努力增进政治共识，调动一切积极因素，凝聚推动发展的强大正能量，致力发展。积极营造和谐氛围。注重发挥团结面广、社会界别多的优势，发挥委员在推进社会管理创新、构建和谐社会中的作用，切实加强与民族宗教人士的交流和沟通，充分反映他们的愿望和呼声。全面贯彻落实党的民族宗教政策，促进民族团结、宗教和顺。主动加强外联工作。加强与区内外各兄弟政协的联系，积极搭建交流平台，宣传中宁，促进合作。加强与中宁籍民营企业家的联络联谊，扩大宣传、牵线搭桥、招商引资，促进我县创新创业发展。

（五）不断夯实履职之基，在自身建设上有新加强

充分发挥委员主体作用。按照“懂政协，会协商，善议政”的要求，严格执行《县政协委员管理办法》，加强委员学习培训，健全完善委员履职情况考勤考核、定期通报等制度，做好委员履职过程管理服务，扎实开展联系走访委员、委员约谈及年度述职考评等活动，不断增强委员工作的责任感和使命感，不断提升委员履职的积极性和主动性。着力加强专委会建设。充分发挥各专委会在常委会议、主席会议协商调研中的基础作用，在与党政部门对口协商中的沟通联系作用，在联系界别和委员方面的桥梁纽带作用，进一步健全专委会独立开展工作的长效机制，积极创造条件，搭建履职平台，支持各专委会独立负责地开展工作，切实增强专委会工作成效。全面加强机关建设。切实加强机关思想、组织、作风、制度和党风廉政建设，积极推进机关工作的制度化、规范化、程序化，优化机关运行机制。不断提高机关干部政治素质和业务能力，切实增强服务保障和综合协调能力，不断提升政协的整体形象，展示政协的良好风貌，为政协履行职能提供优质服务和可靠保障。

（六）积极投身扶贫帮困，在实现全面建成小康社会目标上有新贡献

重点围绕打赢脱贫攻坚战、实现全面建成小康社会目标，深入贫困地区开展调研，提出科学意见建议，助力精准扶贫工作。定期深入定点帮扶贫困村，走访精准扶贫结对帮扶户，详细了解他们的生产生活情况，解决困难问题，落实脱贫计划，促使尽早致富。组织委员开展慈善捐赠、义诊咨询、科技下乡、法律宣传、项目资金帮扶、技术技能指导等惠民便民活动，更好地体现人民政协服务发展、服务基层、服务群众的职能作用。

各位委员、同志们，建言献策促发展、真情为民谋福祉是人民政协的光荣责任和历史使命。当前，县委第十四次党代会为中宁今后的发展指明了方向，我们坚信，新一届县政协在中共中宁县委的坚强领导下，一定能够不忘初心，继往开来，同心协力，创新务实，谱写更加绚丽辉煌的新篇章，为建设开放富裕和谐美丽中宁和全面建成小康社会做出新的更大的贡献！

忠诚履行职责　强化使命担当
推动全面从严治党向纵深发展

——在中共中宁县第十四届纪律检查委员会第二次全体会议上的工作报告

县委常委　纪委书记　冯　旭

（2017-02-13）

同志们：

现在，我代表县纪委常委会向大会报告工作，请予审议。

这次会议的主要任务是：深入学习贯彻中央、区、市党委、纪委全会精神，总结2016年全县纪律检查工作，部署2017年工作任务。稍后，建新书记将做重要讲话，我们要认真学习，深刻领会，坚决贯彻落实。

2016年，全县各级纪检监察机关在区、市纪委和县委的坚强领导下，结合“两学一做”学习教育，深入贯彻落实中央、区、市纪委全会及县第十四次党代会精神，紧紧围绕全县中心工作，忠诚履行党章赋予的神圣职责，坚持党要管党、从严治党，进一步聚焦主责主业，强化监督执纪问责，深入推进全面从严治党向基层延伸，全县党风廉政建设和反腐败工作取得了新进展、新成效。一是紧牵“牛鼻子”，“两个责任”不断夯实。县委旗帜鲜明，立场坚定，以上率下，始终把全面从严治党主体责任扛在肩上、抓在手上。先后10次研究部署党风廉政建设工作，涉及议题14项。出台《关于从严治党挺纪在前 进一步加强党风廉政建设的意见》《2016年党风廉政建设和反腐败暨“清廉中宁”主要任务分工》，细化60项工作任务，涉及牵头部门22个，县委、政府责任领导11名。县纪委积极协助县委制定《关于落实党风廉政建设党委主体责任和纪委监督责任清单》，层层签订目标责任书1177份。开展“三述三评”活动，3名县处级领导，6名乡镇、部门（单位）“一把手”和2名乡镇纪委书记专题进行述评。对农牧局、民政局开展巡察，发放测评表132份，谈心谈话180人次，收到意见建议105条，发现问题37个，并紧盯整改落实，巡察问题已全部整改完成。二是坚守“高压线”，作风建设巩固深化。紧盯元旦、春节、五一、十一等节点开展监督检查，对公款吃喝、公车旅游、违规发放节礼等行为严肃整治，共开展明察暗访22次，通报单位24个。集中组织开展贯彻落实中央八项规定精神“回头看”活动，梳理制度13项，修订完善2项，保留11项，督查发现问题37个，下发《纪律检查建议书》117份，通报单位13个，清退违规资金190万元，并对19个单位主要负责人进行了工作约谈。紧盯全县重大决策部署落实，结合干部工作实绩考核，联合组织部门、“两办”督查室，对全县各乡镇、部门（单位）年度重点工作目标任务完成情况进行督查，切实保障各项工作有序推进。三是高悬“惩腐剑”，惩戒震慑持续有力。建立乡镇纪委纪律审查协作区、乡案县审、典型案例通报等工作机制，创新工作方法，增强工作实效。2016 年，共受理来信来访 112 件，初核 63 件，函询 4 件，立案 42 件，给予党政纪处分 42 人，收缴违纪资金 36.7 万元。先后对土地管理失职、环境保护工作不力的 11 名领导干部进行了责任追究。扎实开展整治和查处侵害群众利益不正之风和腐败问题、惠农政策及涉农工程和农村“三资”管理大排查“两个专项行动”，起底问题线索 137 条，办结 132 条。严肃查处喊叫水乡林业站工作人员马峰贪污退耕还林补助款 18 万元的违纪案件，并及时移送司法机关立案侦查，对 5 名责任人进行了“一案双查”。四是打好“预防针”，廉洁教育有序推进。组织全县干部观看《永远在路上》《昨夜无钟声》等廉政教育片及舞台剧，教育引导广大党员干部筑牢拒腐防变思想防线。每逢节假日向全县领导干部发送廉洁过节提醒短信，严防“节日病”。深入开展廉洁文化“六进”和“四个一”品牌[①]创建活动，新创建示范点 6 个。不断深化“廉内助”“廉花朵朵开”“清风伴医行”等活动，组织新堡镇“清廉剧社”编排廉洁文艺节目 15 个，在全县各乡镇、村(社区)巡回演出，增强廉洁文化宣传效果。五是织牢“约束网”，监督机制逐步完善。进一步健全机关事业单位工作人员考勤考核、行政事业单位差旅费、公务接待等管理办法，有效强化对权力的制约和监督。组织 145 名新提任和调整领导干部开展任前廉政考试和集体廉政谈话，550 名副科级以上干部全部建立个人廉政档案。严明换届纪律，会同组织部门开展换届纪律执行情况专项检查，加强对推荐提名、考核评价、酝酿选举等环节的监督，坚决防止拉票贿选、违规用人和干扰换届秩序等行为。严把党员领导干部党内廉政意见“回复关”，共回复党风廉政意见征求函 1720 人次。六是耕种“责任田”，干部素质全面提升。坚持向上看齐，瘦身体检，聚焦监督执纪问责，将媒体问政、机关作风评议、村监会管理等工作移交主责部门。对县纪委监察局牵头或参与的 44 个议事协调机构进行了全面清理，取消、退出 33 个，保留、继续参与 11 个，精简率达 75%。实行县纪委常委包抓乡镇纪委制度，强化工作领导及业务指导，有效提升乡镇纪委履职能力。

一年来，在市纪委和县委的坚强领导下，全县党风廉政建设和反腐败工作迈上了新台阶，这些成绩的取得，是市纪委和县委坚强领导、大力支持的结果，是全县各级党组织、纪检监察机关和广大党员干部、纪检监察干部真抓实干、同心同力的结果，是社会各界和人民群众广泛参与、积极监督的结果。在此，我谨代表县纪委常委会向同志们表示衷心的感谢！

同时，我们必须清醒地看到，目前管党治党宽松软问题尚未根本改变，党风廉政建设和反腐败斗争形势依然严峻。有些党组织对全面从严治党工作重视不足，落实责任“上紧下松”、层层传导压力不够；疏于干部管理，不注重抓早抓小，导致在征地拆迁、脱贫攻坚等一些重点环节上，干部违纪问题时有发生；有的党员干部遵规守纪意识淡薄，不担当、不作为，甚至失职渎职问题还一定程度存在；个别乡镇、涉农部门(单位)对“村廉通”工作重视不够，推进不力，效果不明显。对于这些问题，我们必须高度重视，采取有力措施，切实加以解决。

2017 年，是实施“十三五”规划的重要一年，是全面建成小康社会的决战决胜时期，做好今年纪律检查工作意义重大。总体要求是：全面贯彻落实党的十八大和十八届三中、四中、五中、六中全会精神，深入贯彻习近平总书记系列重要讲话和来宁视察指示精神，按照中央、区、市纪委和县委部署要求，严肃党内政治生活，加强党内监督，坚持把纪律挺在前面，聚焦监督执纪问责，弛而不息纠治“四风”，保持惩治腐败高压态势，着力解决群众身边的不正之风和腐败问题，以担当诠释忠诚，推动全面从严治党向纵深发展。

一、切实强化党内监督，严明政治纪律和政治规矩

牢固树立遵规守纪意识。全县各级党组织要加强党纪党规专题教育培训，年内至少举办一期专题培训班，切实增强党员干部贯彻执行的自觉性和坚定性，不断强化"四个意识"[②]。各级纪委(纪检组)要牢牢把握"四个足够自信"[③]深刻内涵，加强对贯彻落实党的十八届六中全会精神和执行党内政治生活准则、党内监督条例的监督检查，督促各级党组织严肃党内政治生活，让批评和自我批评成为党内生活的常态，增强政治警觉性和政治鉴别力，坚决纠正目无组织、欺骗组织、对抗组织的行为。

持续深化县委巡察工作。认真贯彻执行《中宁县委巡察工作办法(试行)》，紧扣"六大纪律"[④]，紧盯"三大问题"[⑤]，紧抓"三个重点"[⑥]，突出对县委、政府重大决策部署、项目建设及涉农惠农政策、资金落实等工作情况的巡察，做到"不漏对象，不漏线索，不漏问题"，力争在今年实现农业、经济等部门以及重点任务乡镇巡察"全覆盖"。同时，把巡察结果作为党风廉政建设责任制考核、班子绩效考核和干部"进退留转"的重要依据。通过完善巡察机制，推动形成"横向覆盖，纵向延伸"的巡察网络格局。

强化决策部署监督检查。紧紧围绕全县中心工作、重要任务、重点领域，开展全方位、多层次、多角度的监督检查，充分运用效能和作风投诉举报热线，受理不作为、慢作为、为官不为、吃拿卡要等问题线索，对推诿扯皮、敷衍塞责，打折扣、搞变通等问题，特别是失职渎职、违纪违规行为予以严厉问责，确保政令畅通。深入开展"工程建设领域突出问题专项整治"工作，坚决纠正党员领导干部违规插手干预工程建设领域行为，确保工程项目安全、廉洁、高效运行。

二、聚焦全面从严治党，推动"两个责任"层层落实

压紧压实主体责任。各级党委(党组)要切实把主体责任扛起来，坚决贯彻县委《关于深入推进全面从严治党的实施意见》，结合开展制度落实年活动，建立责任清单、问题清单、问责清单。党组织主要负责人要守好"主阵地"，做到党风廉政建设工作与各项重点工作同部署、同落实、同考核，形成"定责、履责、评责、追责"的良性机制。班子成员要管好"分担区"，抓好职责范围内和分管领域党风廉政建设工作，认真履行"一岗双责"。深入开展"三述三评三公开"活动，不断拧紧落实"两个责任"螺丝扣。

落细落实监督责任。各级纪委(纪检组)要切实把监督责任担起来，明确职责定位，做到"明责、守责、述责、问责"。实行"三告"制度，即：年初向县委、政府分管领导、任务牵头单位函告"责任清单"；每月向监督执纪工作中发现问题的乡镇、部门(单位)，县委、政府分管领导及行政监察对象抄告"问题清单"；每季度向同级党委报告履行监督责任情况。坚持以准则、条例为标尺，以"三告"为抓手，切实发挥"党内监督专责机关"作用，确保责任落实有力。对未设立纪委(纪检组)的部门(单位)，由所在部门(单位)党委(党组)负责监督执纪工作，履行监督执纪职能。

从严从快追责问责。坚决贯彻执行《中国共产党问责条例》，严格落实自治区《关于实施〈中国共产党问责条例〉办法(试行)》以及区市《关于党风廉政建设党委主体责任和纪委监督责任追究办法(试行)》，对党的领导弱化、全面从严治党不力、维护党纪党规失责、腐败问题严重的，坚决予以问责。认真落实《宁夏纪检机关"一案双查"实施办法(试行)》，对主体责任缺失、监督责任缺位的，既追究当事人责任，也要追究主体责任和监督责任，综合运用考核奖惩、组织处理、纪律处分等手段，通过严肃追责问责，推动失责必问、问责必严成为常态。

三、巩固纠正"四风"成果，健全作风建设长效机制

发挥廉洁教育凝聚力。继续深化"廉内助""廉花朵朵开”“清风伴医行”以及党风廉政“四个一”品牌创建等活动，督促活动责任单位当好党风廉政建设“宣传员”。突出党员领导干部思想文化建设，借助中宁县纪检监察廉政宣传平台，深入挖掘中华民族文化精髓、党的光辉历史和优良传统、廉政典故、家规家训、违纪违法典型案例以及中宁县廉洁齐家好故事，加强思想理论、党规党纪、文化传统、正反典型的宣传力度，不断筑牢党员领导干部的道德防线，营造明德、守纪、崇廉的良好氛围。

狠抓监督检查不手软。深化“四风”问题专项督查暨婚丧喜庆事宜专项整治活动，密切关注将公款吃喝转移到单位食堂、农家乐，婚丧嫁娶“化整为零”等“隐身变形”“四风”问题，推动反“四风”工作从面上纠治，向纵深发展。坚持和完善政风行风热线、媒体问政、干部作风“随手拍”等监督机制，创新运用纪检监察公众举报监督系统，实行“一键举报”，织密全方位、全天候监督举报网络，鼓励群众伸长耳朵、瞪大眼睛，共同参与到反“四风”行动中。开展车改后公车管理制度执行情况监督检查，对不收手、不知止，规避组织监督的，严肃查处、决不放过，持续释放越往后执纪越严的强烈信号。

推动作风建设常态化。进一步巩固落实中央八项规定精神“回头看”成果，对制度规定再对标再体检，对不配套、不适应、不落地的制度进行修订，推进中央八项规定精神落地生根。认真贯彻区市关于支持党员干部干事创业容错纠错办法，破除“多干生非，不干无损”的思维。在全县开展以“干净干事，创新创业”为主题的作风建设专项活动，把规范干部行为与激发干部改革创新积极性结合起来，把教育监督管理干部与信任保护激励干部结合起来，不断提高干部工作效能，营造风清气正的政治生态和干事创业的发展环境。

四、规范执纪审查工作，巩固反腐败斗争压倒性态势

加大执纪审查工作力度。坚持以“零容忍”态度惩治腐败，力度不减、节奏不变，保持遏制腐败高压态势。紧盯党的十八大后不收敛、不收手，群众反映强烈，现在重要岗位可能还要提拔使用的党员领导干部，聚焦土地征收流转、“三资”管理、惠农补贴等事关民生的热点领域，认真梳理反映党员干部违反“六大纪律”问题线索，发现一起，查处一起，通报一起。继续发挥警示震慑教育作用，努力做好执纪审查“后半篇”文章，着力构建“不想腐、不能腐、不敢腐”的有效机制。

积极创新实践“四种形态”。认真落实《中卫市关于把握运用监督执纪“四种形态”的实施意见》《中卫市运用监督执纪“四种形态”第一种形态的实施意见》，建立“五谈两会一报告”[⑦]工作制度，针对“苗头性”“倾向性”问题，及时找本人核实，谈话提醒、约谈函询，形成抓早抓小、防微杜渐长效机制。对于不如实向组织说明情况，隐瞒、编造、歪曲事实和回避问题，追查反映问题人员甚至打击报复的，根据情节轻重给予组织处理，对于构成违法犯罪的，移送有关部门依法处置。

严格执纪审查工作程序。按照谈话函询、初步核实、暂存待查、予以了结四类方式，科学处置问题线索，做到初核准、了结实、暂存短、立案快。加强与检察、审计等机关，财政、扶贫等部门的协作配合，健全完善归口联系、线索移交、跟踪督办工作机制。优化运用乡镇纪委纪律审查协作区，构建纵横相连的复式协作网络，强化规范执纪、安全执纪、高效执纪，全面提升执纪审查工作的标准化、制度化、科学化水平。

严肃惩处基层“微腐败”。在全县开展脱贫攻坚领域违纪违规问题专项查处行动（即“清风行动”），畅通“信、访、网、电”举报受理渠道，重点对涉农领域和民生领域利用资金项目管理权贪污受贿、谋取私利、虚报冒领等问题进行督查督办，对侵害群众利益的腐败问题精准“亮剑”。下移监督关口，进一步深化“村廉通”机制，充实监督内容，扩大公开范围，增强监督实效，努力把“村廉通”打造成在全区叫得响的特色亮点品牌。

五、提升干部能力素质，打造让党放心、人民信赖“铁军”

着力聚焦主责主业。持续深化“三转”，进一步落实纪检监察机关“五个不直接参与”⑧制度，集中精力种好“责任田”，教育引导广大纪检监察干部转变工作思路、方式方法和执纪重点，实现从“盯违法”转向“盯违纪”。按照《中宁县乡镇纪委书记年度考核办法（试行）》要求，以“季度考核，半年通报，年终总评”的方式，对乡镇纪委书记实行单列评价，充分调动其履职积极性和主动性。

着力提升履职能力。继续加大纪检监察干部教育培训力度，推行队伍建设“1+3”机制⑨，巩固深化县纪委常委包抓乡镇纪委制度，通过专业培训、以案代培、以老带新、“四个能手”比拼等方式，着力锤炼纪检监察干部严细深实的作风。优化整合执纪资源，加快乡镇纪委阵地建设，完善办公场所、执纪设备等硬件配置，为推动乡镇纪委高效履职创造良好的工作环境。

着力强化内部监管。严格执行《中国共产党纪律检查机关监督执纪工作规则（试行）》，贯彻落实《中宁县纪委监察局关于加强内部监督管理的意见》《中宁县纪检监察干部“十个严禁”》等制度，严格工作纪律，规范工作程序，加强对重要岗位和关键环节的监督，着力解决个别干部作风不实、纪律规矩不严，不敢担当、不负责任等问题，对执纪违纪、失职失责造成严重后果的，严肃惩处，以严格的内控管理保持队伍纯洁，坚决防止“灯下黑”。

同志们，全面从严治党永远在路上，强化监督执纪问责只有进行时。做好2017年党风廉政建设和反腐败工作意义深远，责任重大，让我们在区、市纪委和县委的坚强领导下，保持定力，精准发力，齐心协力，以实实在在的行动不断开创全县党风廉政建设和反腐败工作新局面，为加快构建“四个中宁”提供坚强的纪律保障！

小资料

①“四个一”品牌：一县（区）一示范、一乡镇一品牌、一村（社区）一特色、一室（派驻纪检组）一亮点。

②四个意识：政治意识、核心意识、大局意识、看齐意识。

③四个足够自信：习近平总书记在十八届中央纪委六次全会上提出“全党同志对党中央在反腐败斗争上的决心要有足够自信，对反腐败斗争取得的成绩要有足够自信，对反腐败斗争带来的正能量要有足够自信，对反腐败斗争的光明前景要有足够自信”。

④六大纪律：中国共产党的政治纪律、组织纪律、廉洁纪律、群众纪律、工作纪律、生活纪律。

⑤三大问题：指党的领导弱化、党的建设缺失、全面从严治党不力。

⑥三个重点：指重点人、重点事、重点问题。

⑦五谈两会一报告：“五谈”即：谈心谈话、提醒谈话、责任约谈、诫勉谈话和函询谈话；“二会”即：对被谈话人的整改情况在民主生活会或组织生活会上进行评议；“一报告”即：相关人员的谈话、整改汇报、评议等材料一并装入党员干部廉政档案。

⑧五个不直接参与：即不直接参与招商引资、招投标、政府采购、征地拆迁、主责部门业务检查。

⑨“1+3”机制：“1”指以紧扣新人培养为目的，实行“青蓝结对”计划；“3”指以加强思想、能力、作风建设为目的，实施“铸魂”“铸剑”“铸铁”工程。

中宁县2016年国民经济和社会发展统计公报

中宁县统计局　中宁县社会经济调查队

（2017-03-30）

2016年，面对严峻复杂的国内外经济形势，县委、政府全面贯彻落实党的十八大和十八届四中、五中、六中全会精神，坚持稳中求进工作总基调，着力加强结构性改革，加快推进转型升级、民生保障等各项工作，全县经济总体呈现运行平稳、结构向好、质效提升的发展态势，实现了“十三五”良好开局。

一、综合

人口：年末全县常住人口34.51万人，比上年末增加0.36万人，其中，城镇人口14.16万人，城镇化率为41.03%；回族人口9.03万人，占常住人口的比重为26.17%；汉族人口25.42万人，占73.65%；男性人口17.59万人，女性人口16.92万人，人口性别比为103∶100（以女性为100，男性对女性的比例）。全年人口出生率为13.9‰，死亡率为4.82‰，人口自然增长率为9.08‰。

经济总量：初步核算，全县地区生产总值（GDP）134.5亿元，按可比价格计算，同比增长7.1%。分产业看：第一产业增加值17.9亿元，同比增长4.7%；第二产业增加值74.2亿元，同比增长4.6%；第三产业增加值42.4亿元，同比增长13.0%。按常住人口计算，人均地区生产总值39172元，增长4.9%。三次产业结构由2015年的14.4∶56.3∶29.3调整为2016年的13.3∶55.1∶31.6，对经济增长的贡献率分别为9.6%、36.6%、53.8%（见图1、表1）。

图1　2012-2016年全县地区生产总值及增长速度

单位：亿元、%

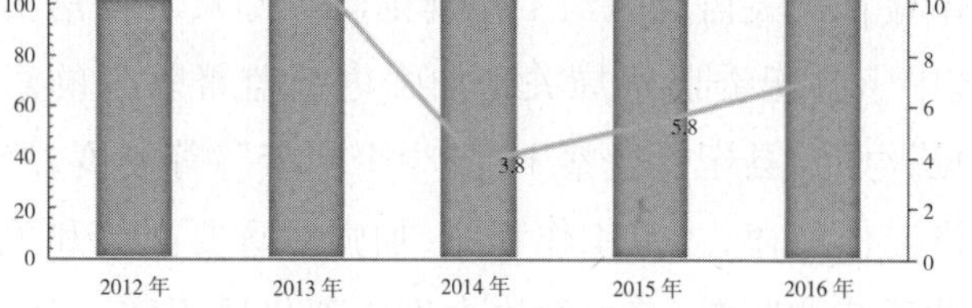

表1　2016年全县地区生产总值及增长速度

指标	绝对值（万元）	比上年增长（%）
地区生产总值	1344878	7.1
第一产业	179194	4.7
第二产业	741700	4.6
工业	484407	5.3
建筑业	257342	3.2
第三产业	423984	13.0
交通运输、仓储和邮政业	66575	0.8
批发和零售业	123758	29.2
住宿和餐饮业	16420	7.4
金融业	76496	8.8
房地产业	28056	3.0
营利性服务业	32126	31.6
非营利性服务业	73192	5.8

劳动就业：全县城镇新增就业人员3855人，城镇失业人员再就业1325人。年末城镇登记失业率3.67%。全年创业培训385人，技能培训1505人。全县培养小老板385个，创造新岗位1326个，发放小额担保贷款2512万元。全县转移农村富余劳动力31056人。

市场价格：全年居民消费价格总水平比上年上涨1.7%，其中，食品类价格上涨3.1%，烟酒类价格上涨1.8%，衣着类价格上涨1.7%，居住类价格下降0.3%，生活用品及服务类价格上涨0.6%，医疗保健类价格上涨1.5%，交通和通信类价格下降1.5%，教育文化和娱乐类价格上涨6.3%。工业生产者出厂价格下降0.9%，工业生产者购进价格下降4.4%。服务项目价格上涨2.3%，商品零售价格上涨0.7%。

二、农业

初步统计，全县农林牧渔业实现增加值18.65亿元，比上年同期增长4.7%，其中，农业增加值14.4亿元，同比增长4.3%，林业增加值0.15亿元，同比增长22.4%，牧业增加值3.1亿元，同比增长5.2%，渔业增加值0.27亿元，同比增长16.6%，农林牧渔服务业增加值0.73亿元，同比增长4.1%。农业、林业、牧业、渔业、农林牧渔服务业增加值占农林牧渔业的比重分别为77.2%、0.8%、16.6%、1.4%、4%。

初步统计，全年粮食总产量30.3万吨，增长3.3%，其中，小麦0.99万吨，增长32.1%；水稻1.7万吨，增长5.4%；玉米27.4万吨，增长2.1%。全年油料产量5391吨，下降1%；全年蔬菜产量10.1万吨，下降0.7%；硒砂瓜产量38.56万吨，下降1.4%；枸杞产量3.05万吨，与上年同期持平；水果产量14.4万吨，下降3.2%；苹果产量9.97万吨，下降5.3%；红枣产量4.06万吨，增长2.3%(见图2)。

年末全县猪、牛、羊、家禽存栏分别为11.15万头、3.86万头、30.59万只、47.9万只，分别比上年下降3.2%、增长5%、下降11.5%、增长5%。全年猪、牛、羊、家禽分别出栏19万头、2.15万头、31.6万只、66.69万只，分别比上年增长3.3%、增长9.8%、下降6.9%、增长2.8%。

图2 2012—2016年全县粮食产量

单位：万吨

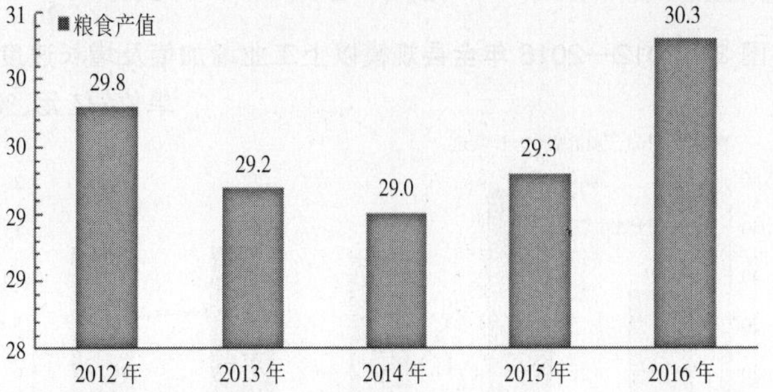

全年肉类总产量2.51万吨，增长2.9%；禽蛋产量0.47万吨，增长15.7 %；奶类产量4.8万吨，增长7.6%；水产品产量0.37万吨，下降8.6%。

三、工业和建筑业

工业：全县全部工业完成总产值271.2亿元，增长5.0%。其中，规模以上工业完成总产值263亿元，增长5.2%；实现增加值45.8亿元，增长5.3%。大中型企业完成增加值38.4亿元，增长2%；非公有工业完成增加值40.3亿元，增长6.1%；私营企业完成增加值35.1亿元，增长10.8%；国有控股企业完成增加值12.2亿元，下降2.4%。

全县规模以上工业按轻重工业分：轻工业完成增加值6.4亿元，增长16.8%；重工业完成增加值39.4亿元，增长3.5%。

全县规模以上工业按行业分：农副食品加工业增加值0.8亿元，增长2.9%；食品制造业增加值0.17亿元，下降55.9%；酒、饮料和精制茶制造业增加值5.24亿元，增长20.6%；纺织业增加值0.03亿元，下降57.7%；造纸和纸制品业增加值0.09亿元，增长14.4%；化学原料及化学制品制造业增加值3.47亿元，增长15.9%；医药制造业增加值0.08亿元，下降27.7%；非金属矿物制品业增加值3.91亿元，增长2.1%；黑色金属冶炼及压延加工业增加值2.1亿元，下降39.9%；有色金属冶炼及压延加工业增加值18.46亿元，增长8.4%；金属制品业增加值0.04亿元，增长8.3%；废弃资源综合利用业增加值 0.13 亿元，增长 4.2%；电力、热力的生产和供应业增加值 11.27 亿元，增长 5.5%（见图 3）。

图 3　2012—2016 年全县规模以上工业增加值及增长速度

单位：亿元、%

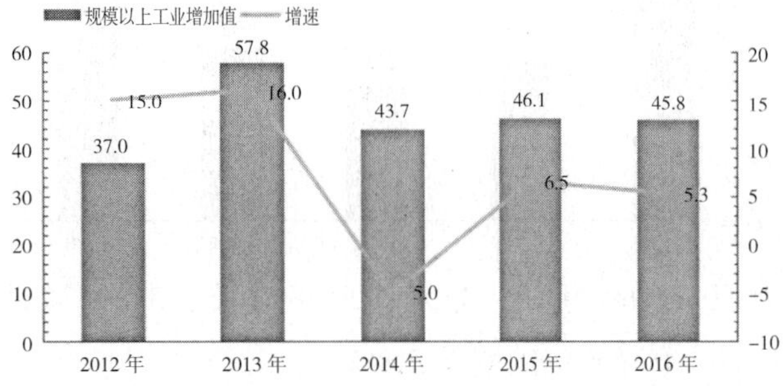

全县规模以上主要产品产量增多降少。其中，单晶硅增长 34%、乳制品增长 29.8%、水泥增长 20.9%、金属锰增长 16.3%、纸制品增长 14.1%、铝材增长 13.1%、饮料酒增长 9.1%、发电量增长 0.5%；化肥下降 63.8%、铁合金下降 15.6%、电解铝下降 15.2%、电石下降 10.8%（见表 2）。

表 2　2016 年全县主要工业产品产量及增长速度

指标	单位	产量	比上年增长（%）
水泥	万吨	485	20.9
铁合金	万吨	27.9	-15.6
电解铝	万吨	28.2	-15.2
电石	万吨	26.7	-10.8
发电量	亿千瓦时	40.9	0.5
乳制品	吨	4068	29.8
饮料酒	千升	9588	9.1
单晶硅	吨	5757	34.0
金属锰	万吨	61.9	16.3
铝材	万吨	15.1	13.1
农用氮、磷、钾化学肥料	万吨	1.04	-63.8
纸制品	万吨	1.15	14.1

全县规模以上工业企业实现销售产值 230.9 亿元，比上年增长 2.2%，工业产品销售率为 87.8%；工业企业主营业务收入 189.2 亿元，比上年增长 1.6%；主营业务成本 179.6 亿元，增长 4.2%。规模以上工业企业税金总额 2.9 亿元，增长 5.0%；利润总额 15.2 亿元，增长 207.3%。亏损企业亏损 1.8 亿元，企业亏损面 29.2%，应收账款净额 26.7 亿元，资产负债率 69.5%。

建筑业：全县具有资质等级建筑企业 15 家，完成建筑业总产值 13.9 亿元，比上年下降 12.1%，其中，国有及国有控股企业实现产值 2.6 亿元，增长 8.3%。具有资质等级的建筑企业实现利润总额 1.7 亿元，增长 21.4%；实现税金总额 4.4 亿元，下降 22.8%。房屋建筑施工面积 66.3 万平方米，下降 44.6%。按建筑业总产值计算的劳动生产率为 28.7 万元 / 人，下降 4.7%。

四、固定资产投资

全县固定资产投资施工项目个数 176 个，同比下降 10.2%；其中，本年新开工项目 92 个，同比下降 6.1%。全县累计完成固定资产投资 135.9 亿元，增长 2%，其中，县属固定资产投资完成 100.3 亿元，下降 17.3%。在县属投资中，基本建设投资 97.7 亿元，下降 17.2%；更新改造投资 2.6 亿元，下降 20%。分投资主体看，国有及国有经济控股完成投资 54.5 亿元，增长 46.7%；民间投资 81.4 亿元，下降 15.3%。分三大产业看，第一产业完成投资 5.08 亿元，增长 31%；第二产业完成投资 65.25 亿元，下降 20%，其中，工业完成投资 65.2 亿元，下降 20%；第三产业完成投资 65.53 亿元，增长 37.3%（见图 4）。

图 4　2012—2016 年全县全社会固定资产投资及增长速度

单位：亿元、%

全年全县房地产开发完成投资 10.6 亿元，同比下降 44.5%，其中，住宅完成投资 3.7 亿元，同比下降 64.1%；商品房屋销售面积 25.1 万平方米，同

比下降 16.6%,其中,住宅销售面积 21.2 万平方米,同比下降 23.2%;商品房待售面积 36.5 万平方米,同比下降 14.1%,其中,住宅待售面积 23.4 万平方米,同比下降 19.3%;商品房销售额 8.5 亿元,同比下降 18%,其中,住宅销售额 6.8 亿元,同比下降 26%。

五、国内贸易

全县实现社会消费品零售总额 20.2 亿元,同比增长 8.9%。分城乡看,城镇实现零售额 16.7 亿元,增长 8.8%;乡村实现零售额 3.5 亿元,增长 9.1%。城镇零售额占全社会消费品零售总额 82.7%,仍占市场主力。分行业看,批发零售业实现社会消费品零售额 18.24 亿元,同比增长 9.5%;住宿餐饮业实现社会消费品零售额 1.92 亿元,同比增长 3%,批发零售业增速快于住宿餐饮业 6.5 个百分点。分规模看,限额以上完成社会消费品零售额 7.8 亿元,同比增长 34.5%,占社会消费品零售总额的 38.6%;限额以下完成社会消费品零售额 12.4 亿元,同比下降 3.2%,占社会消费品零售总额的 61.4%,限下占据主导地位。分经济类型看,国有经济实现社会消费品零售额 0.2 亿元,与上年同期持平;集体经济实现社会消费品零售额 0.03 亿元,增长 4.4%;私营经济实现社会消费品零售额 4.2 亿元,增长 20.4%;个体经济实现社会消费品零售额 9.5 亿元,增长 4.4%;股份制经济实现社会消费品零售额 5.4 亿元,增长 10.3%;其他经济实现社会消费品零售额 0.9 亿元,增长 4.4%(见图 5)。

图 5 2012—2016 年全县社会消费品零售总额及增长速度

单位:亿元、%

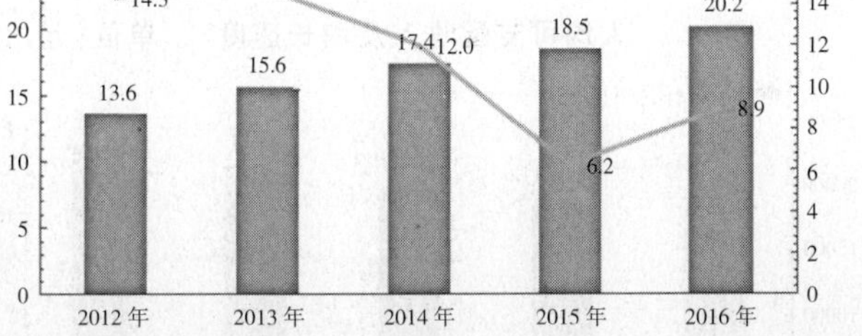

在限额以上商品销售中,粮油、食品类增长 39.3%;饮料类增长 461.1%;烟酒类增长 6.9%;服装、鞋帽、针纺织品类增长 8.4%;化妆品类下降 13.3%;金银珠宝类增长 1.4%;日用品类增长 93.1%;五金、电料类增长 18.2%;体育、娱乐用品类增长 3.5%;书报杂志类增长 5.5%;家用电器和音响器材类增长 43.1%;中西药品类增长 22.4%;文化办公用品类下降 6.8%;石油及制品类增长 13.3%。

六、交通运输和邮电

交通运输:年末全县公路通车里程 2383 公里,其中,高速公路通车里程 160 公里。全县民用汽车拥有量 3.5 万辆;轿车保有量 3.3 万辆。

邮电:全年完成邮电业务总量 6.96 亿元,比上年增长 118.2%。其中,邮政业务总量 0.13 亿元,增长 43.4%;电信业务总量 6.83 亿元,增长 113.9%。年末固定电话用户达到 3.14 万户,下降 10.5%;移动电话用户发展到 30.72 万户,增长 6.4%;本地局用交换机容量 7.3 万门,增长 5.2%;互联网用户数 3.71 万户,增长 27.7%。

七、财政、金融和保险

财政:全县地方财政收入 15.1 亿元,增长 1.3%,其中,一般公共财政预算收入 10.2 亿元,增长 8.1%。在一般公共预算收入中,完成各项税收收入 7.4 亿元,增长 11.3%。其中,增值税增长 80.8%;营业税下降 50.3%;企业所得税增长 54.6%(见图 6)。

图 6 2012—2016 年全县地方公共财政预算收入及增长速度

单位:亿元、%

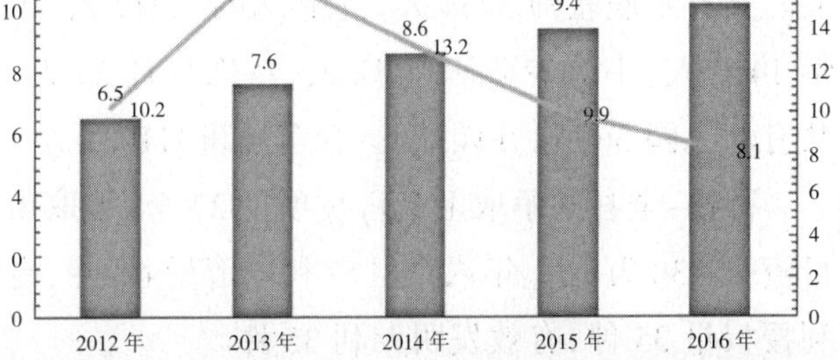

全县地方财政支出 42.3 亿元,同比增长 10.5%,其中,一般公共预算支出 37.8 亿元,同比增长 18.2%。财政八项支出合计增长 15.9%,其中,一般公共服务支出增长 3.8%、公共安全支出增长

12.7%、教育支出增长4.8%、科学技术支出下降2.7%、社会保障和就业支出增长1.8%、医疗卫生与计划生育支出增长31.8%、节能环保支出增长35.7%、城乡社区事务支出下降36.4%。

金融：年末全县金融机构人民币各项存款余额为152.8亿元，增长9.8%，其中，住户存款83.2亿元，增长4.8%；非金融企业存款45.3亿元，增长4.5%。金融机构人民币各项贷款余额为179.9亿元，增长8.9%，其中，住户贷款75.9亿元，增长13.5%；非金融企业及机关团体贷款104亿元，增长5.8%。

保险：全年实现保费收入25177万元，同比增长19.5%，其中，人寿险13212万元，增长33.7%；财产险11965万元，增长7.0%。全年支付各项赔款和给付9982万元，增长31.6%，其中，人寿险3467万元，增长34.2%；财产险6515万元，增长30.3%。

八、教育和科技

教育：全县共有各级各类学校101所（不含幼儿园），其中，小学81所（不含教学点），九年制学校8所，普通中学8所，高级中学2所，中等职业学校1所，特殊教育学校1所。共有在校学生54264人，其中，小学30582人，初中14464人，高中7051人，中等专业职业1929人，特殊教育238人。共招生12886人，其中，小学4890人，初中5026人，高中2156人，中等专业职业795人，特殊教育19人。共有毕业生12349人，其中，小学5290人，初中4323人，高中2421人，中等专业职业315人。共有专职教师3734人，其中，小学2217人，中学1410人，中等专业职业82人，特殊教育25人。共有幼儿园36所，在园幼儿（含学前班）11032人。

科技：全县共争取上级科技项目27个，争取项目资金430万元。年内全县专利申请量66件，专利授权量35件，有效发明专利35件。

九、文化和卫生

文化：全县共有文化馆1个，文物管理所1个，博物馆1个，剧场、影剧院5座，公共图书馆1个，公共图书藏书总量11.7万册。全县已建成村级文化室88个，社区文化室11个，农家书屋120个。全县图书借阅50298人次、74123册次。全年举行广场文艺演出78场次，放映电影2083场。全县共有广播电台1座，电视台1座，年末广播综合人口覆盖率为96.2%，电视综合人口覆盖率为98.13%。

卫生：全县拥有卫生机构219所，其中，医院7所、卫生院13所、卫生监督所1所、疾病预防控制中心1所、妇幼保健和计划生育指导中心1所、社区卫生站2所、村卫生医务室131所、诊所63所。各类卫生机构拥有床位1078张，其中，乡村医院（所、室）拥有床位244张；卫生技术人员1461人，其中，执业医师及执业助理医师516人。

十、人民生活和社会保障

城镇居民生活：全县城镇居民人均可支配收入23141.3元，比上年增长7.7%。其中，人均工资性收入16767.8元，占72.4%，增长6.5%；人均经营净收入2723.7元，占11.8%，增长12.7%；人均财产净收入1454.4元，占6.3%，增长12.3%；人均转移净收入2195.5元，占9.5%，增长8.8%。城镇居民人均消费性支出19556.9元，增长8.1%。其中，食品烟酒类4624.9元，占24.1%；衣着类1890.7元，占9.7%；居住类3760.5元，占19.2%；生活用品及服务类1309.4元，占6.7%；交通通信类2175.5元，占11.1%；教育文化娱乐类3605.4元，占18.4%；医疗保健类1651.4元，占8.4%；其他用品和服务类539.1元，占2.4%。城镇居民恩格尔系数26.5%，比上年增加1.5个百分点。城镇居民人均住房建筑面积33.2平方米，比上年下降0.6平方米（见图7）。

图7　2012—2016年全县城镇居民人均可支配收入及增长速度　单位：元、%

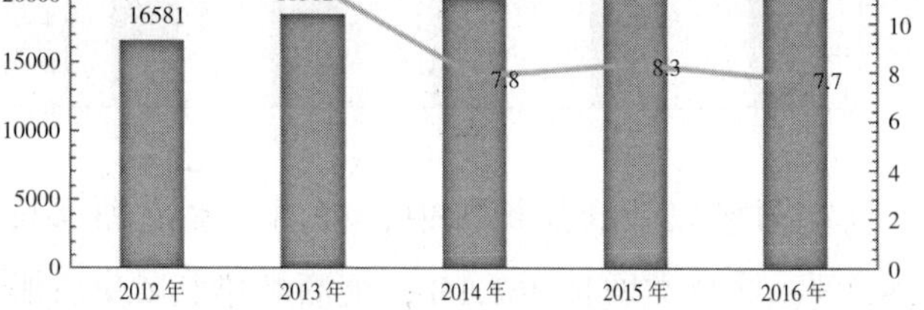

中，人均工资性收入 3828.2 元，占可支配收入的 36.9%，增长 11.2%；人均第一产业净收入 3933.1 元，占 37.9%，增长 2.9%；人均第二、三产业净收入 1181.1 元，占 11.4%，增长 11.3%；人均转移净收入 995.1 元，占 9.6%，增长 7.8%。农村居民人均生活消费总支出 9327.6 元，增长 9.9%，其中，食品支出 2614.9 元。农村居民恩格尔系数为 29.8%，比上年上升 5.5 个百分点。农村居民人均居住面积 40.6 平方米，比上年减少 1.5 平方米（见图 8）。

图 8　2012—2016 年全县农村居民人均可支配收入及增长速度　单位：元、%

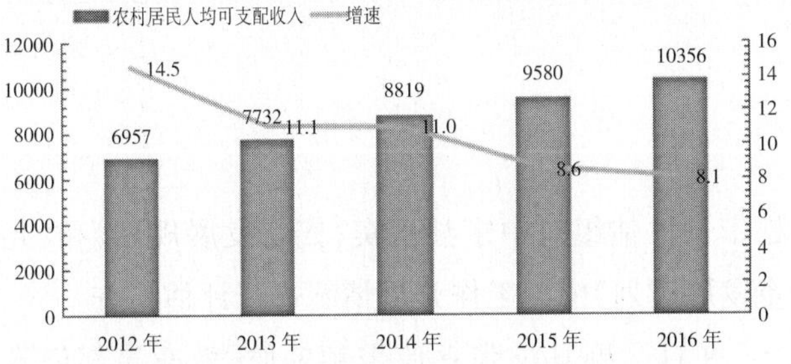

社会保障：全县城镇企业职工基本养老保险参保人数为 4.94 万人，比上年增长 13%，其中，职工 3.43 万人，离退休人员 1.51 万人。企业离退休人员养老金社会化发放率保持 100%。年末全县参加城乡居民基本养老保险 10.12 万人，其中，城镇居民 0.54 万人，农村居民 9.58 万人。全县参加基本医疗保险人数为 31.16 万人，增长 1%，其中，参加城镇职工医疗保险 2.86 万人，增长 3.7%；参加城乡居民统筹医疗保险 28.3 万人，增长 0.7%。参加生育保险 2.13 万人，比上年增长 5.6%；参加工伤保险人数 3.31 万人，比上年增长 5.9%。

社会福利：全县各种社会福利收养性单位 4 家，共有床位 380 张，收养人员 225 人。全县城镇居民最低生活保障人数为 5222 人，比上年减少 1611 人，较上年下降 23.6%；农村居民最低生活保障人数为 17633 人，比上年增加 542 人，增长 3.2%。发放城镇居民最低生活保障金 2581.8 万元，比上年增加 10.1 万元，增长 0.4%；发放农村最低生活保障金 4783.3 万元，比上年增加 924.4 万元，增长 24%。

扶贫：全年贫困人口减少 4912 人。全县 2 个重点贫困村实现脱贫销号。

十一、资源、环境和安全生产

资源：初步核算，全县能源消费量 502.7 万吨标准煤（等价值），比上年增长 1.1%，万元 GDP 能耗 3.70 吨标准煤 / 万元 ，比上年同期下降 5.5%。其中，规模以上工业能源消费总量 464.91 万吨标准煤，增长 1.1%，占全社会能源消费量的 92.5%；万元工业增加值能耗 11.6 吨标准煤 / 万元，下降 4.1%。其中，工业生产电力消费 120.2 亿度，同比增长 1.3%。万元地区生产总值用水量 456 立方米，万元工业增加值用水量 38 立方米。

全县完成营造林面积 2.53 万亩，比上年增加 0.48 万亩，增长 23.2%。其中，人工造林 2.03 万亩。年末实有封山（沙）育林面积 15.01 万亩。

环境：全县空气质量好于和达到二级的天数为 285 天，影响城市空气质量的首要污染物为可吸入颗粒物和细颗粒物。实测大气可吸入颗粒物年均值为 104.17 微克 / 米 ^{3}，实测大气细颗粒物年均值为 36.3 微克 / 米 ^{3}。年末城市污水处理率 92%，城市生活垃圾无害化处理率达到 92.5%。城市建成区绿地面积 630.3 公顷，增长 2.8%。人均公园绿地面积 9.69 平方米，比上年增加 0.33 平方米。

安全生产：全县共发生各类安全生产事故 15 起，同比下降 83.5%；死亡 5 人，同比下降 50%；受伤 10 人，同比下降 88.2%；直接经济损失 182.55 万元，同比下降 45.7%。其中，道路交通事故 11 起，死亡 2 人，受伤 9 人；工矿商贸建筑施工事故 3 起，死亡 3 人。全年亿元地区生产总值生产安全事故死亡率为 0.037；道路交通万车死亡率为 2.589。

注：

1. 本公报中各项统计数据为初步统计数，正式数据以《中宁统计年鉴》为准。

2. 公报中地区生产总值、各产业增加值绝对数按现价计算，增长速度按可比价计算。

大 事 记

1 月

5 日　市委、市政府就“银川 301 公交车火灾事故”召开全市安全生产电视电话会议。市领导万新恒、陈加先、王伟出席会议。县领导赵建新、张建兵、工业物流园区管委会主任叶进宝和县法院、检察院主要负责人及安委会成员单位负责人在中宁分会场参加了会议。电视电话会议结束后，县长赵建新主持召开会议，就中宁县下一步安全生产工作做出了具体部署。

△　县委副书记、副县长、政法委书记张建兵带领公安、安监、消防等部门负责人，到公交公司、汽车站、加油站等人员密集场所和公众聚集场所对公共安全工作进行检查。

6 日　全国安全生产电视电话会议召开。县长赵建新，县委副书记、副县长张建兵及安委会成员单位、规模以上企业主要负责人在中宁分会场参加会议。会后，县长赵建新对全县安全生产稳控工作进行专题调研。

7 日　自治区妇儿工委委员、区妇联副主席高鹏带领评估组对中宁县落实《妇女发展规划》和《儿童发展规划》中期工作开展情况进行评估检查。

8 日　副县长张立信带领安监、发改等部门及有关乡镇负责人，对全县部分煤矿安全工作进行突击检查。

9 日　中宁县召开领导干部大会，宣布自治区党委有关中宁县干部职务任免的决定。陈建华任自治区林业厅副厅长、党组成员，不再担任中卫市委常委、委员、中宁县委书记职务。赵建新任中宁县委书记，不再担任中宁县县长职务。陈宏提名为中宁县县长候选人。

△　县委书记赵建新主持召开会议，安排部署近期工作。要求各部门、单位、乡镇要保持“大干实干 100 天”的劲头，扎实认真做好项目前期工作，确保各项工作开好头、起好步，实现第一季度“开门红”的目标。

11 日　甘肃省环县副县长魏凯选带领考察组一行先后到中宁(国际)枸杞交易中心、杞鑫枸杞苗木专业合作社、杞泰恩和万亩标准化枸杞基地、宁夏早康枸杞股份有限公司等地，对中宁县枸杞产业发展情况进行考察。

12 日　中宁县召开病媒生物防制工作会议。

△ 自治区经信委技改处和电力处负责人到中宁县召开座谈会，对2016年目标任务制定、重点工作、重点项目、园区智能电网进展及企业需要解决的困难和问题等方面的情况进行调研。天元锰业、锦宁铝镁、锦宁巨科和隆基硅等企业参加座谈会。

14日 中宁县2016年文化科技卫生“三下乡”活动在恩和镇启动。

14—15日 县人民医院举行中层干部竞聘会，88名一线职工先后登台演讲，竞聘全院行政职能部门、临床、医技、后勤等科室的73个中层岗位。

15日 由共青团宁夏回族自治区委员会和宁夏京剧院主办，团县委承办的“乡约你我·乡聚青春”2016年宁夏共青团联系服务农村青年月暨宁夏乡村青年文化节在中宁县举行。来自全县机关单位、学校、社区、农村等各个阶层的青少年参加了活动。活动中，自治区团委工农青年部为中宁县65名贫困青年捐赠棉衣、米面油等价值3.5万元的慰问物资。

18日 县委书记赵建新、代县长陈宏带领相关部门、单位负责人对全县第一季度开工项目进行督导调研。县领导金忱、杨照明、马金及工业(物流)园区管委会副主任张春源陪同调研。

△ 县委书记赵建新主持召开2016年度县委第一次常委会。会议传达学习自治区“两会”精神，研究县委全委会有关事宜，听取中宁县第十六届人民代表大会第四次会议筹备情况的汇报，听取政协中宁县十一届委员会第四次会议筹备情况的汇报，研究《2016年春节“送温暖”慰问活动》等相关事宜。

19日 自治区党委常委、纪委书记陈绪国一行到中宁县喊叫水乡，看望慰问优抚对象、劳动模范、困难群众、困难老党员等。

20日 由宁夏义工联合会联合宁夏广播电视台开展的2016“快乐雷锋工程——雷锋饺子计划”新春走访慰问活动在中宁县启动，活动将为中宁县310户困难群众送去价值62000元的慰问品。

20—21日 中共中宁县委十三届九次全体(扩大)会议召开。会议由县委常委会主持。县委书记赵建新代表县委常委会做了题为《适应新常态 实现新跨越 为全面建成小康社会努力奋斗》的报告，回顾总结2015年及“十二五”时期工作，部署“十三五”及2016年全县经济社会发展奋斗目标、工作思路和重点任务。

21—22日 浙江今飞凯达轮毂股份有限公司考察团一行先后到锦宁铝镁新材料有限公司、锦宁巨科新材料有限公司、星火物流公司等地参观考察。

22日 县委书记赵建新、代县长陈宏带领发改、财政、交通、水务、农牧、扶贫等相关部门、单位负责人，到徐套乡调研易地移民搬迁工作。

23日 中宁县民营企业家“二次创业”大讨论座谈会在银川召开。县委副书记、代县长陈宏通报2015年中宁经济社会发展情况和“十三五”发展规划，以及2016年重点工作。

25日 宁夏中宁工业园区能源管理服务有限公司在中宁县正式揭牌成立。

△ 中卫市副市长霍健明到喊叫水乡看望慰问困难群众、离休老干部、离职村支部书记及困难党员。

26日 中卫市纪委会同市委政策研究室、市农牧局，就中宁县村级财务管理“村廉通”机制运行情况进行专题调研。

27日 县委书记赵建新在中卫红宝宾馆主持召开2016年度县委第3次常委会议。会议研究《县政府工作报告》《中宁县国民经济和社会发展第十三个五年规划纲要》《县人大常委会工作报告》《县政协常委会工作报告》《关于成立县第十六届人民代表大会第四次会议临时党委、党支部的请示》《全县脱贫攻坚誓师大会方案》和《中宁县社会保险“五险合一”经办体制改革方案》；听取中宁县 2015 年国民经济和社会发展情况的汇报，并研究《中宁县 2016 年国民经济和社会发展计划》；听取中宁县 2015 年财政预算执行情况的汇报，并研究《中宁县 2016 年财政预算》；听取中宁县 2015 年民生计划执行情况的汇报，研究《中宁县 2016 年民生计划》。

△　中宁县为被征地农民发放养老保险金，首批 460 人领到被征地农民养老保险存折，享受退休待遇。

28 日　市政协副主席田桦、施润云、秦发成分别到白马乡、舟塔乡、恩和镇等地，走访慰问老党员、退职村干部、困难党员、残疾人等。

29 日　县委书记赵建新、县人大常委会主任马彦军、代县长陈宏、政协主席李毅等走访慰问部队官兵。

△　中宁县召开选调生、大学生村官工作座谈会，就新形势下如何加强选调生和大学生村官工作进行探讨。

31 日　中宁县召开脱贫攻坚誓师大会。会议提出，“十三五”时期，中宁县脱贫攻坚的总体目标是：前三年集中攻坚，后两年巩固提高，2018 年全县 31 个贫困村 3071 户 12396 名建档立卡贫困人口全部脱贫，贫困地区农民人均可支配收入达到 9760 元，2020 年达到 12250 元，贫困村贫困发生率下降到 5%。

1 月 31 日—2 月 2 日　中国人民政治协商会议中宁县第十一届委员会第四次会议在恒达酒店召开。会议应出席委员 114 人，实到委员 105 人。会议审议通过了提案工作委员会关于县政协十一届四次会议提案审查情况的报告；县政协 2016 年协商工作计划；县政协十一届四次会议政治决议及其他各项决议。会议还对 2015 年度优秀政协委员、先进基层委员联系点及十一届一次会议以来提案承办督办先进单位和提案办理先进个人进行表彰奖励。

2 月

1 日　自治区副主席马力带领相关部门负责人在市县领导王伟、赵建新、陈宏、张建兵的陪同下，先后到中宁对外贸易公司、百隆商厦等地，对中宁县安全生产措施落实情况进行检查。

1—3 日　中宁县十六届人民代表大会第四次会议在中宁宾馆召开。应到代表 193 人，实到 177 人。代理县长陈宏向大会做政府工作报告。张建兵作了关于议案建议办理情况的报告。大会表决通过了《关于政府工作报告的决议（草案）》《关于县十六届人大三次会议以来代表议案、建议办理情况报告的决议（草案）》《关于中宁县 2015 年国民经济和社会发展计划执行情况与 2016 年国民经济和社会发展计划的决议（草案）》《关于中宁县 2015 年财政预算执行情况和 2016 年财政预算的决议（草案）》《关于 2015 年民生计划执行情况和 2016 年民生计划的决议（草案）》《关于中宁县人大常委会工作报告的决议（草案）》《关于中宁县人民法院工作报告的决议（草案）》《关于中宁县人民检察院工作报告的决议（草案）》。会议依法补选陈宏为中宁县人民政府县长。

2 日　市委副书记、副市长马世军到中宁县石空镇、余丁乡走访慰问困难党员和困难群众。

△　中宁县安监局、市场监督管理局、城建监察大队、供销社联合对全县烟花爆竹安全经营情况进行检查。同时，对县城内百货商店无证经营假冒伪劣产品行为进行打击。

3 日　市政协主席罗成虎一行，看望慰问中宁县部分困难群众、县第一中心敬老院孤寡老人和驻地官兵。

4 日　县委书记赵建新主持召开 2016 年度县委第 4 次常委会议。会议传达学习自治区纪委十一届七次全会、中卫市纪委三届六次全会暨全区纪律审查工作会议精神，全区政法工作会议和全区政法委书记会议精神，全区组织部、统战部、宣传部部长会议和中卫市宣传工作会议精神；听取《关于做好2016年春节期间安全生产和社会维稳工作汇报》。

△ 副县长张立信带领安监、市场监管、农牧等部门负责人对春节前餐饮、危货运输、特种设备等重点行业领域安全生产工作进行检查。

△ 中宁县纪委督查组一行先后到县教育体育局、农牧局等机关单位和部分超市、餐饮店等地，就全县干部职工春节期间廉洁自律行为进行预防性督查。

△ 自治区纪委副书记陶进一行到扶贫联系点舟塔乡田滩村部分困难群众家中进行慰问。

5日 县委副书记、副县长张建兵带领安委会成员单位负责人一行先后到水投公司、聚元供热站、县人民医院、鑫华超市新南街店、烟花爆竹集中销售点等地，对事关全县人民春节期间用水、就医等重点行业和领域安全工作进行全面细致的排查。

15日 副县长刘宏阳带领水务、交通、林业、供电等部门单位负责人对全县新建枸杞基地项目进行专题调研，并就基地建设中存在的问题进行协商探讨，切实帮助企业解决实际困难。

△ 自治区农牧厅副厅长赖伟利带领检查组一行先后到县种子公司、夏能农业开发有限公司、源丰农技作业服务公司等地，对中宁县春耕备耕工作进行督导检查。

16日 中宁县召开依法行政及行政征收培训会。市法制办主任李斌结合个别典型案例及各地行政征收工作特点和实际，向全体学员全面系统地讲解了房屋征收及补偿等方面的行政法律法规知识。

17日 中宁县纪委、县委组织部组织全县28名新拟任提拔的领导干部参加任前廉政法规考试。

△ 中宁县召开2016年度教育体育工作会议。会议回顾总结了“十二五”及2015年全县教育体育工作，对2016年及“十三五”时期教育体育工作进行安排部署，并对2015年度全县教育工作先进集体和优秀班主任、体育工作先进集体和先进基层党组织、优秀共产党员及优秀党务思政工作者进行表彰奖励；层层签订2016年度工作目标责任书；中宁九小、大战场完小、特殊教育学校等分别做交流发言。

18日 由县人力资源和社会保障局、县总工会联合主办的中宁县2016春季人力资源招聘会，在县人才交流服务中心举行，140余家企业进场招聘，提供岗位1300多个。本次招聘会进场应聘人数5000余人，签订意向性就业协议2486份。

△ 副县长张立信在大佛殿现场办公，召集统战部、政法委、公安局、交通局、住建局、司法局、市场监管局、卫计局、安监局、宗教局、宁安镇、交警大队、消防大队等12个部门和单位安排部署宁安大佛殿传统庙会安保工作。

19日 县委书记赵建新主持召开2016年度县委第5次常委会议。会议研究《中共中宁县纪委十三届六次全体(扩大)会议筹备意见》；通报自治区党委第一巡视组回访中宁反馈问题整改情况，研究《关于落实自治区党委第一巡视组回访中宁反馈意见整改“五定”方案》；听取全县议事协调机构和临时机构调整清理情况的汇报；研究《全县政法综治信访暨平安建设工作会议筹备意见》《2016年全县组织宣传统战工作会议筹备意见》《关于加强新形势下统战工作的实施意见》《第二届“最美杞乡人”表彰奖励方案》《宁夏中宁工业园电力体制改革方案》等事项。

△ 县长陈宏主持召开县十六届人民政府第76次常务会议。会议研究《关于成立中宁县金融工作领导小组的请示》《中宁县2016年农业特色产业扶持政策》等事宜。

20日 县长陈宏带领相关部门、单位负责人对全县第一季度部分开工项目建设情况进行督导调研。

23日 中宁县召开会议，专题研究公务用车制度改革工作。县级机关、乡镇党政机关及参公管理事业单位公车改革将于3月底全部结束。

24日 县委书记赵建新到喊叫水乡，通过实地查看、召开座谈会，对该乡农村基层党建工作、党风廉政建设工作、乡村领导班子建设情况、“一乡一业、一村一品”产业发展情况进行调研。

△ 中宁县召开民兵应急骨干整组集训动员部署会议。县人武部相关负责人传达上级军区关于2016年民兵预备役整组工作实施方案精神，县人武部政委夏彦文就2015年整组工作进行讲评。

△ 中宁县首例造血干细胞捐献者丁伟载誉归来，区、市红十字会工作人员和丁伟家属到机场迎接。

25日 县委书记赵建新主持召开2016年度县委第6次常委会议。会议研究《2016年全县农村工作会议筹备意见》《中宁县关于做好2016年农业农村工作的意见》《中宁县2016年农业特色产业扶持政策》《中宁县干部工作实绩考核办法(试行)》。审议《中宁县纪委十三届六次全体会议上的工作报告》等事项。

△ 自治区党校常务副校长郑震带领调研组对中宁县党校工作进行调研。

△ 由县委、政府主办，县委宣传部、文明办、文广局、广播电视台承办的感动中宁2015“最美杞乡人”颁奖晚会在县影剧院举行。

26日 县委书记赵建新主持召开县处级领导干部会议，宣布有关干部任免事项。经市委研究决定，提名刘辛彧为中宁县副县长人选，免去张建兵中宁县副县长职务。根据自治区党委组织部通知，马金挂职期延长1年。

△ 中宁县召开政法维稳综治信访禁毒暨平安建设会议。会议总结2015年政法及平安建设工作，安排部署2016年政法维稳综治信访禁毒暨平安建设工作；宣读中卫市政法委、综治委《关于表彰2015年度政法综治工作先进集体和先进个人的决定》和中宁县委、政府《关于表彰奖励2015年度政法维稳综治信访禁毒暨平安建设工作先进集体和先进个人的决定》；石空镇、公安局、法院、司法局负责人分别就2016年各自工作思路和做法做了大会发言。

△ 县委书记赵建新、县长陈宏带领园区管委会、工信、发改、财政、交通等15个部门单位主要负责人，到天元锰业集团现场办公，协调帮助企业解决发展中遇到的难题。

29日 自治区住房和城乡建设厅总规划师杨洪涛带领调研组一行先后到体育公园、殷庄棚户区改造项目、北河子治理改造项目、市民服务中心项目等地，对中宁县城市规划管理运营工作情况进行调研。

△ 中宁县召开组织、宣传、统战工作会议，会议总结2015年全县组织、宣传、统战工作；安排部署2016年全县组织、宣传、统战工作。表彰2015年度全县优秀村党支部书记和2015年度全县思想文化工作先进集体及先进个人。

△ 中宁县召开全县领导干部“三述三评”会议。3名县级领导、3名乡镇党委书记、3名部门负责人和2名乡镇纪委书记进行述职述责述廉；县委委员、纪委委员分别对“三述”对象进行现场质询和民主测评。

△ 中宁县纪委十三届六次全体(扩大)会议召开。会议学习贯彻中央纪委六次全会、自治区纪委十一届七次全会和中卫市纪委三届六次全会精神，总结部署全县党风廉政建设和反腐败工作。

是月 县安监局、国土局、公安局、发改局及有关乡镇联合对辖区内煤矿、非煤矿山开展复工验收工作。

3月

1日 中宁县召开农业农村工作会议，贯彻落实中央1号文件和中央、自治区农村工作会议精神，表彰2015年度农业农村工作先进集体和个人，总结经验，分析形势，安排部署2016年及“十三五”期间农业农村工作。

△ 自治区安监局副巡视员王廷文带领检查组一行先后到宝塔石化石空东加油加气站、天元锰业公司硫酸厂、兴尔泰公司等地，对全国“两会”期间中宁县安全生产工作进行检查。

2日 中宁县召开2016年全国“两会”期间安全生产专题会议。会议传达自治区党委办公厅、人民政府办公厅《关于进一步做好近期安全生产工作的通知》和区、市相关会议精神，安排部署全国“两会”期间全县安全生产工作。

△ 中宁县召开卫生和计划生育工作会议。会议总结全县“十二五”时期和2015年卫生和计生工作，安排部署“十三五”时期和2016年工作；宣读《关于兑现2015年卫生和计划生育工作目标管理责任书的决定》和《关于表彰奖励2015年度计划生育工作先进集体和先进个人的决定》；县长陈宏与宁安镇、喊叫水乡、卫生和计划生育局等单位分别签订年度目标管理责任书。

△ 中宁县与阿里巴巴举行“村淘”项目对接会。阿里巴巴集团“村淘”项目西北大区总经理徐争，县长陈宏，县委常委、宣传部部长马文君出席会议。

△ 县长陈宏一行先后到第四敬老院和老年活动中心、兴尔泰化工园区、G109线（中宁段）绿化暨盐碱低洼地改造工程、中宁县市民休闲森林公园等开工项目现场对第一季度开工项目建设情况进行督办。

△ 自治区安全生产应急救援指挥中心一行对中宁县工业园区安全生产智能监测预警与应急救援技术集成科技惠民计划项目实施进展情况进行检查。

3日 自治区扶贫办党组书记梁积裕带领调研组一行先后到徐套乡田滩村、喊叫水乡贺口子村，对中宁县脱贫攻坚工作进行调研。

4日 为期两年的全县水资源使用权确权登记工作正式启动。

△ 中宁县召开工会工作暨女职工工作会议。会议对2015年全县工会工作进行总结，全面安排部署2016年工会工作，通报2015年全县各级工会组织受表彰奖励情况，宣读《2015年度全县工会工作先进集体和先进个人表彰奖励决定》，启动2016年“女职工关爱行动”。

△ 中宁县召开政法维稳综治信访禁毒暨平安建设工作会议。

△ 县委常委、副县长杨照明带领督查组一行到余丁乡督查全国“两会”期间信访维稳工作。

7日 自治区政府参事梅廷彦带领督查组对中宁县推进职能转变工作进展情况进行督查。

7—9日 县总工会、县教育体育局联合主办全县“人保财险杯”职工篮球赛。来自全县机关、乡镇和企事业单位的10支代表队参加了比赛，红寺堡扬水管理处代表队摘得此次篮球赛桂冠，大战场镇代表队、宁夏天元锰业代表队分获比赛第二名、第三名。

8日 中宁县举行2016年重点建设项目集中推进行动暨天元锰业2×350兆瓦自备热电厂开工仪式。集中推进项目39个，年度计划投资约45.3亿元，涉及工业、农业、城乡建设、民生及社会事业四大板块。

9日 自治区公安厅厅长许尔锋对中宁县公安工作进行调研。

△ 县政协主席李毅，副主席田伯川、徐辉带领调研组一行先后到汽车站、新南街、宁安西街、县城十字街口等地，对中宁县美丽宜居县城建设情况进行专题调研。

△ “体验科学——中国流动科技馆”巡展活动走进中宁县并举行活动启动仪式。

△ 中宁县召开2016年度民兵整组推进会。会议组织学习了《中宁县2016年度民兵整组工作

实施方案》，安排部署 2016 年度民兵整组工作，听取各编兵单位关于民兵整组工作的打算和思考。

△ 自治区供销社监事会主任徐辉带领调研组，就中宁县供销合作社综合改革工作情况进行座谈调研。

△ 中宁县举办村级财务管理及农村经济运行态势培训班，全县各村主管或财务审批负责人、会计 120 多人参加培训。

11 日 中宁县第十六届人大常委会举行第二十二次会议。会议任命刘辛彧为副县长。会议审议通过中宁县人大常委会 2016 年工作要点；听取和审议县人民政府关于县十六届人大四次会议议案实施方案的报告和关于 2016 年民生计划实施方案的报告；审查确认县人大常委会主任会议研究同意的有关许可事项；新任命国家工作人员向宪法进行庄严宣誓。

14 日 县委书记赵建新主持召开县委中心组 2016 年第 5 次集中学习会。会议传达学习《自治区党委、人民政府关于力争提前两年实现“两个确保”脱贫目标的意见》、十八届中央纪律检查委员会第六次全体会议精神和自治区党委书记李建华就做好新闻舆论工作做出的批示。书面传达学习自治区党委书记李建华、自治区主席刘慧在自治区脱贫攻坚誓师大会上的讲话。

△ 自治区卫计委党组成员、副主任黄涌带领调研组到县人民医院就中宁县公立医院“卫生云”平台建设情况进行督导、调研。

14—15 日 河北宽城满族自治县文化体育旅游广播电影电视局考察团一行先后到新堡镇文化站、宣传文化中心、枸杞博物馆等地对中宁县枸杞产业及枸杞文化进行考察。

15 日 县委书记赵建新、县长陈宏到余丁乡沙蒿梁和北滨河大道永兴段，就中宁县豪森农牧开发有限公司计划在余丁境内实施农业生态观光旅游园区项目的选址、设计规划等前期准备工作进行专题调研。

△ 自治区民政厅厅长杜正彬带领调研组一行先后到红宝养老院、宁安镇古城村老饭桌、红苑社区、第四敬老院建设现场、太阳城养老服务中心等地对中宁县养老、社区管理等方面工作进行调研。

△ 自治区林业厅副厅长陈建华一行先后到中宁枸杞红柳沟产区、县气象局、宁夏弘耘行生物科技有限公司、中宁枸杞职业技术学院、宁夏中杞枸杞贸易集团有限公司等地对中宁县枸杞产业发展情况进行调研。

△ 中宁县召开 2016 年共青团工作会议，总结交流 2015 年工作经验，安排部署共青团 2016 年工作。

△ 副县长周红一行到喊叫水乡、徐套乡对中宁县卫生计生系统落实精准扶贫、对口帮扶工作情况进行现场督导。

16 日 自治区体育局局长张柏森一行先后到体育公园、体育总会、黄河体育中心等地对中宁县体育工作进行调研。

△ 中宁县 8 个户外工作者“爱心驿站”正式启用，户外劳动者可随时在驿站中免费享受饮水、就餐、取暖和休息等服务。

△ 县委常委、副县长杨照明带领安监、交通、运管等相关部门负责人，对部分危化企业、油气灌装运输行业、客运公司等重点领域安全生产工作运行情况进行督查。

△ 自治区农牧厅巡视员马明带领调研组到中宁县调研商议休闲农业推进年相关事宜。

17 日 中宁县召开县十六届人大四次会议代表建议和县政协十一届四次会议提案交办会。会议宣读了县人民政府办公室《关于认真做好县十六届人大四次会议代表建议和县政协十一届四次会议委员提案办理工作的通知》；教育体育局、住房和城乡建设局、水务局、交通运输局负责人分别就今年的办理工作作了表态发言。县人大常委会副主任李存银、县政协副主席张玉芬分别对 2016

年的代表建议和提案办理工作提出了具体要求。

△ 县委书记赵建新主持召开2016年度县委第7次常委会议。会议研究《中宁县科级后备干部选拔培养管理使用办法(试行)》《中宁县科级后备干部推荐考核工作方案》《中宁县公务用车制度改革实施方案》。研究了《关于引导规范农村土地承包经营权流转指导基准价格的意见》。

17—18日 自治区党委统战部副部长魏莉带领调研组一行先后到早康公司、天元锰业集团、宁夏源林生物发电有限公司等5家非公企业对中宁县非公有制企业发展情况进行调研。

18日 由县残联组织的全县第一期残疾人淘宝“云客服”培训班在县委党校开班,30名符合条件的残疾人参加了培训。此次培训采取集中授课与在家自学相结合的方式进行,为期1个月。

△ 中宁县召开2016年民兵整组点验暨应急演练现场会,对全县5支民兵应急队伍362名基干民兵进行集中整组点验。

△ 中宁县邀请自治区残联康复中心的专家对全县166名0—14周岁的贫困残疾儿童进行集中筛查。

21日 中宁县举行2016年招商引资项目集中签约仪式。赵建新、陈宏、李毅等县领导及浙江今飞控股集团、宁夏广电传媒集团、华电国际电力股份有限公司、阿里巴巴(中国)软件有限公司等企业负责人出席签约仪式。签约仪式上,县领导陈宏、杨照明、刘宏阳、周红分别与浙江今飞控股集团、宁夏天元发电有限公司、西安隆基硅材料有限公司等10家企业签订项目协议。

△ 浙江今飞控股集团有限公司董事长兼总裁葛炳灶一行先后到今飞铝合金轮毂项目选址、工业园区服务中心、锦宁巨科新材料有限公司、石空公租房项目等地对中宁县工业经济发展、招商引资环境及企业项目选址等情况进行考察。

22日 新华社副社长周树春带领调研组一行到电子商务孵化中心对中宁县枸杞产业、枸杞文化、电商发展等情况进行调研。

△ 县长陈宏主持召开县十六届人民政府第79次常务会议,会议听取关于《中宁县乡村教师支持计划(2015年—2020年)实施意见》的汇报。

△ 中宁县组织收看全区推进整治和查处侵害群众利益的不正之风和腐败问题电视电话会议。自治区党委常委、纪委书记陈绪国出席会议并讲话。县委书记赵建新,县委常委、纪委书记金忱以及各相关部门单位负责人、乡镇党委书记、纪委书记在中宁分会场参加会议。

23日 自治区党委副书记崔波带领相关厅局负责人到中宁县就枸杞产业发展进行调研。

△ 中宁县召开领导干部会议,宣布市委关于中宁县领导干部职务任免决定。市委组织部部务委员李伟善宣布市委关于干部职务任免的决定:孙艳琳任中宁县委委员、常委;张立信提名为中宁县人大常委会副主任候选人,免去中宁县副县长职务;陈正刚提名为中宁县副县长人选;免去杨照明中宁县委常委、委员、副县长职务;免去周红中宁县副县长职务。

△ 市人大常委会副主任蔡波带领调研组一行先后到宁新社区戒毒康复中心、新堡镇戒毒康复中心、县职业教育培训中心对中宁县贯彻落实《中华人民共和国禁毒法》情况进行调研。

△ 全区职业院校技能大赛中职组比赛在中宁县开赛,来自宁夏农业学校、青铜峡市职业教育中心等四所中职院校的20余名选手参加了比赛。

25日 自治区副主席王和山一行先后到中杞集团天景山反季节枸杞基地和源乡公司小盐池滩原生态枸杞基地对中宁县枸杞特色文化旅游产业发展情况进行调研。

△ 中宁县政协召开十一届十六次常委(扩大)会议。会议书面传达学习全国政协十二届四次会议精神,听取《关于中宁县硒砂瓜品质品牌保护情况的调研报告》,审议通过《关于县城主城区道路通行及绿化情况的协商建议》《县政协常委会

2016年工作要点》《关于做好2016年区市县三级政协委员基层联系点工作的实施方案》。

△ 宁夏红宝农林牧产品开发有限公司在上海股权托管交易中心Q板挂牌上市。

28日 县委书记赵建新主持召开县委2016年度第9次常委会议。会议听取并研究通过县政府党组关于《中宁县困难残疾人生活补贴和重度残疾人护理补贴办法》《中宁县骨干教师津贴补贴办法》《中宁县福利机构工作人员招聘实施方案》；研究通过县委组织部关于《中宁县脱贫攻坚社会帮扶行动计划》等议题。

△ 县委中心组召开2016年第6次集中学习会。会议传达学习习近平总书记3月4日下午参加全国政协十二届四次会议民建、工商界委员联组会时的讲话、中共中央纪委《关于七起落实“两个责任”不力受到责任追究典型问题的通报》、全区推进整治和查处侵害群众利益的不正之风和腐败问题电视电话会议精神。

△ 自治区副主席刘可为一行先后到中宁县杞泰万亩枸杞基地、中宁县电子商务孵化中心、天元锰业电解金属锰三期项目进行调研。

△ 副县长刘宏阳对宽口井有机枸杞基地良种苗木修剪、起苗、销售等情况进行督查。

29日 自治区环保厅副厅长孔令彬、自治区纪委党风室副主任马玉岩带领督办组一行先后到北河子县城段、北河子黄河入口和兴尔泰化工集团等地实地察看，对中宁县环境问题整改情况进行现场督办。

△ 中宁县第二届“关爱明天，普法先行”青少年普法教育活动在中宁六中启动。

30日 由县委、政府主办，县纪委、县委宣传部、县文化旅游广电局、县广播电视台承办的第八期《中宁问政》开幕。

△ 自治区民政厅副厅长高万金带领督查调研组一行先后到红宝养老院、宁安镇古城村、县老年活动中心建设项目等地，对中宁县民政重点工作和项目开展情况进行督查调研。

△ 自治区经信委、区政府研究室、环保厅等相关处室负责人一行，在市工信局、发改委、环保局和中卫工业园区负责人陪同下到中宁县开展加快美丽宁夏建设专题调研。

△ 自治区统计局党组成员、总经济师崔祝平带领投资处、科研所相关人员先后到宁夏兴尔泰化工集团有限公司、宁夏天元锰业有限公司，对自治区级重点投资项目进展情况进行调研。

4月

1日 自治区住建厅厅长杨玉经带领相关处室负责人到中宁县就城市管理执法改革工作进行调研，县领导陈宏、刘辛彧陪同调研。

4日 全县小学综合实践活动教学观摩研讨会在中宁二小举行，来自全县各小学的近300名教师参加研讨会。

5日 区科技厅调研组一行5人先后到徐套乡李士村、喊叫水乡喊叫水村就贫困地区“三区”人才科技人员专项计划实施进展情况进行专题调研。

13日 县第十六届人大常委会举行第23次会议。会议听取并审议通过有关人事任免议案。会议决定免去杨照明、张立信、周红县人民政府副县长职务；会议决定任命陈正刚、任勤、强斌为中宁县人民政府副县长；新任命领导干部向宪法进行庄严宣誓。

△ 自治区安监局总工程师黄建军一行先后到宁夏中宁赛马水泥有限公司草帽子墩石灰岩矿、宁夏瀛海建材集团有限公司瀛龙山石灰岩矿、中宁县安泰爆破有限公司等地，对中宁县非煤矿山安全生产执法进行检查，市、县安监局有关负责人一起参与检查。

△ 市政协副主席付成林带领部分市政协委

员到喊叫水乡调研精准扶贫工作。县领导常丁梁、徐辉陪同调研。

14—15 日　县人大常委会副主任王月琴带领调查组，就县人民法院 2014 年以来行政审判工作情况开展专题调查。

15 日　中宁县召开环境保护工作暨北河子综合整治动员会。县委常委、副县长、统战部部长刘辛彧与相关部门、企业签订了环境保护暨污染减排目标责任书；县委常委、宁安镇党委书记、镇长邱斌宣读《中宁县北河子综合整治方案》；环保局负责人宣读《中宁县 2016 年大气污染防治行动实施方案》《中宁县 2016 年水污染防治实施方案》。住建局、宁安镇、兴尔泰公司等部门、乡镇、企业代表做了表态发言。

19 日　中宁县召开 2016 年安全生产暨食品安全工作会议，贯彻落实区市安全生产和食品安全工作会议精神，安排部署 2016 年安全生产工作。

20 日　县教育体育局、科协、团委等部门联合举办“爱上科技·放飞梦想”——2016 年青少年科普知识竞赛，16 所中小学组队参加。经过角逐，中宁九小和中宁六中分别荣获小学组和中学组一等奖。

△　商务部市场秩序司副司长赵传义带领调研组一行先后到中杞集团、中宁（国际）枸杞交易中心等地，对中宁县枸杞流通追溯体系建设工作进行调研。

21 日　中宁县在人保财险公司举行蔬菜价格政策性保险会议，这标志着蔬菜价格政策性保险在中宁县正式启动。

21—22 日　宁夏科协科普工作队、宁夏科技馆、中宁县科协“三级联动”在中宁三中、渠口农场太阳梁二小举办“科普大篷车进校园”活动。

22 日　河北涞水县副县长张贺春带领考察团一行先后到中宁县电子商务孵化中心、宁夏红中宁公司、中宁枸杞（国际）交易中心、宁夏乐杞生物科技发展有限公司对电子商务工作进行参观考察。

23 日　全县首届“阅”动杞乡·全民读书节国学经典诵读比赛在县人民广场举行，来自全县的 16 组选手同台竞技。同日，在人民广场举办首届全民读书节国学知识竞赛，来自中宁二中、中宁四中、大战场中学等 6 所中学代表队的 48 名学生参加了比赛。经过角逐，中宁二中代表队获得一等奖，中宁四中和中宁六中代表队获得二等奖。

24 日　县委副书记张建兵，县委常委、宁安镇党委书记邱斌，副县长刘宏阳一行先后对 2016 年全县重点项目——国道 109 线中宁高速公路出口至长山头出口两侧绿化及供水工程、中澳伟辉生猪养殖基地建设项目、小盐池滩万亩枸杞基地建设、鸣沙镇盐碱地改造等项目进展情况进行调研。

25 日　中卫市发改委牵头，会同市住建局、市公共资源交易中心组成检查组，对中宁县一季度政府投资项目招标的 43 个标段项目招投标工作进行专项检查。

26 日　自治区卫生计生委副主任黄涌带领调研组先后到县人民医院、宁安镇卫生院、石空镇卫生院，对中宁县卫生计生工作进行调研督导。

△　县人民政府召开第四次廉政工作会议。会议书面印发 2015 年全县政府系统廉政建设和反腐败工作总结及 2016 年重点工作；财政、住建、石空等部门和乡镇负责人做了表态发言。

△　县长陈宏主持召开县十六届人民政府第 82 次常务会议。会议研究关于《2016 年中宁县脱贫攻坚工作方案》《中宁县“十三五”脱贫攻坚实施方案》《中宁县 2016 年农机购置补贴项目实施方案》等事项。

27 日　市纪委对中宁县 2016 年党风廉政建设重点工作进展情况进行督查。

28 日　自治区老干部局副局长奚光华带领督查组一行先后到县老年活动中心、恩和镇老干部党支部等地，对中宁县离退休老干部工作进行督查。

△　副县长强斌带领安监、工信、市场监管等部门负责人先后到天元锰业运输公司、华夏特钢镍铁厂、兴尔泰化工有限公司等企业，就五一节前安全生产工作进行专项检查。

29日　由县委宣传部、县文化旅游广电局、县商务和经济技术合作局主办，县广播电视台承办的2016年房·车生活文化节在县人民广场正式启幕，活动为期3天。

△　中宁县召开县乡领导班子换届工作会议，贯彻落实中央、区、市换届工作会议精神，安排部署本县换届工作。

是月　新堡镇夕阳红文化大院代表中宁县赴香港参加2016“一带一路”慈善万里行大型慈善活动。

5月

4日　宁夏正丰集团为徐套乡田滩村捐赠的45盏太阳能路灯正式交付使用，价值人民币16万元。

△　中宁县召开全县2016年防汛抗旱工作会议。通报全县2016年汛前检查情况，强调防汛抗旱各项责任，全面部署各项工作任务。

5日　县政协副主席田伯川带领调研组，对2015年以来县人民法院已审结案件执行情况进行调研。

△　县总工会投资近万元为天元锰业、县医院、中医院3家新建的“爱心妈咪小屋”配备微波炉、冰箱、饮水机等生活用具，标志着中宁县首批“爱心妈咪小屋”正式成立，将免费对外开放，为哺乳期妈妈提供便利。

5—9日　中宁县在中宁中学举行第十九届中小学生田径运动会。经过激烈角逐，共有41人次打破20项全县田径运动会纪录。

9日　中宁县“十三五”脱贫攻坚领导小组召开第二次全体会议。会议通报了全县脱贫攻坚工作进展情况，各相关部门分别汇报了各自工作开展情况。

10日　县委书记赵建新主持召开2016年县委第14次常委会议。会议传达学习习近平总书记重要批示、李建华书记批示和毛泽东同志《党委会的工作方法》《中国共产党地方委员会工作条例》《中国共产党党组工作条例(试行)》，研究《中宁县乡镇机关事业单位工作人员实行乡镇工作补贴方案》等事宜。

11日　甘肃省临夏州组织70余名退休老干部到中宁县观摩枸杞产业发展情况。

△　中宁县与石嘴山银行、邮政储蓄银行等4家金融机构共同签订《中宁县助保贷款业务合作协议》。

12日　中宁县召开国家专项建设基金项目编报工作推进会。发改局、农发行负责人就中宁县专项建设基金项目申报中存在的问题进行解答，对有关政策进行讲解和培训。

△　县双龙山石窟文物陈列馆在余丁乡石空大佛寺正式开馆。

13日　中宁县召开公务用车制度改革工作会议。会议安排部署近期全县公务用车服务平台建立、车辆核减封存准备、司勤人员安置等工作。

△　中宁县召开2016年第五次武装工作会议，表彰中卫市军分区2015年武装工作先进集体及2015年武装工作先进集体和先进个人，安排部署近期工作。

△　中宁县召开全县铁路护路联防工作会议。会议传达自治区护路办有关会议精神，印发《2016年中宁县铁路护路联防工作要点》《2016年中宁县铁路护路联防工作推进计划》。总结2015年全县铁路护路联防工作，安排部署2016年全县铁路护路联防工作。

13—14日　中国儿童少年基金会协同北京光彩明天儿童眼科医院专家在中宁县第五小学，对全县130余名弱视儿童进行免费筛查、义诊。通过筛查，有23名符合救助条件的贫困儿童到北京光彩明天儿童眼科医院接受免费治疗。

△ 市委常委、副市长、市防汛抗旱指挥部总指挥黄河带领中卫市相关部门单位负责人对中宁县防汛抗旱前期准备及节水型社会建设创建工作进行全面检查。

16日　北京泛华集团、北大纵横管理咨询集团、北京汇智鑫融资本管理有限公司等5家企业组成的考察团到中宁县，就工业及枸杞产业发展、城市建设、文化旅游开发等方面的情况进行考察洽谈，谋求合作发展。

△ 县国土、公安等部门组成联合执法检查组，依法对白马乡一处砂厂进行取缔，严厉打击非法倒卖建筑用砂行为。

△ 《中宁枸杞种苗产业发展规划》项目论证会在宁夏农林科学院召开。

18日　自治区政府督查室、自治区发改委对天元锰业2×350MW自备热电厂项目进展情况进行督查。

△ 中宁县委常委、纪委书记金忱带领督查组到余丁乡、石空镇，对基层党风廉政建设和“清廉中宁”建设情况进行督查。

△ 中宁县与人保财险、信用社、青银村镇银行、邮政储蓄银行共同签订《中宁县中小微企业贷款保证保险业务合作协议》。

19日　国家体育总局办公厅综合处副处长冯宝忠带领调研组一行先后到县城中央大道健身步道、体育公园、新堡镇安定社区健身站点、体育总会和杞乡黄河体育中心等地对中宁县公共体育事业发展情况进行调研。

△ 中宁县召开2016年食品安全先进县创建工作推进会。会议通报全县食品安全先进（示范）创建工作督查情况，宣读中卫市食品安全委员会办公室《关于开展食品安全先进（示范）创建验收工作的通知》，并对食品安全先进县创建任务进行细化分工。

23日　中宁县农村土地承包经营权确权登记颁证工作通过自治区评估验收。

△ 县长陈宏带领发改、工信、林业等相关部门负责人先后到兴尔泰年产120万吨硝基复合肥项目、天元锰业四期项目及园区道路、能源调度中心等基础设施建设项目现场对部分重点项目建设进行督查。

△ 县长陈宏主持召开县委中心组2016年第11次集中学习会。会议传达学习自治区领导李建华、刘慧、张超超在全区第一季度经济形势分析会上的讲话、李建华在全区职业教育和扶贫工作座谈会上的讲话精神及海原县7件基层不正之风和腐败问题典型案例的通报，学习了《中国共产党章程》。

24日　自治区社科联先后到新堡镇夕阳红文化大院、中国枸杞博物馆对中宁县科技活动周开展情况与社科普及教育基地建设情况进行督查。

△ 自治区文化馆一行先后到县文化馆、太阳梁二小等地对中宁县非物质文化遗产保护工作进行调研。

△ 中宁县组织召开关于建立国土、城管、公安联合执法长效机制工作动员会。会议宣读《关于建立国土城管公安联动执法工作机制的方案》，决定成立国土城管公安联动执法工作领导小组，明确各成员单位的工作职责，安排部署今后联动执法工作任务。

25日　县委常委、纪委书记金忱带领督查组到法院、新堡镇，对基层党风廉政建设和“清廉中宁”建设工作进行督查。

△ 中宁县对30名新拟任提拔的领导干部进行任前廉政法规考试。

26日　中卫市政协副主席施润云带领视察组一行先后到东街金森生活超市、隆翔宾馆、杞乡私房菜、红枫叶面点房等地对中宁县贯彻执行《中华人民共和国食品安全法》情况进行视察。

△ 县长陈宏带领交通、水务、农牧、扶贫办等

相关部门单位负责人到徐套、喊叫水等乡镇调研精准脱贫工作。

26—27日　县人大常委会副主任张海涛带领调查组一行先后到团结路、金星公交公司、新市街、育才路、金岸家园A区等地对全县城市管理工作进行专项调查。

27日　县委宣传部、政法委、公安局等多部门在富康广场联合开展“依法维护权益 合法表达诉求”集中宣传活动。

△　县离退休干部党工委、县老干部局组织全县近50名离退休老干部到青铜峡市大禹文化园、中华黄河楼参观考察。

30日　中宁县首届以“加强爱国主义教育，传承革命薪火”为主题的红色收藏展在县文化馆顺利开展。

31日　内蒙古土默特右旗政协副主席杨特茂带领考察团一行先后到国际枸杞交易中心、宁夏红集团中宁枸杞制品公司、宁夏杞泰中宁枸杞产业园等地对中宁县枸杞产业发展情况进行考察

△　县委常委冯旭带领县纪委、县委组织部、县委督查室、政府督查室、人社局、扶贫办负责人，对有关乡镇、部门、单位脱贫攻坚工作落实情况进行督查。

△　县长陈宏主持召开县长办公会议，对部分重点工作、重点项目进展情况进行督办。

5月31日—6月1日　自治区安监局督察组一行到宁夏兴尔泰化工集团有限公司、宁夏天元锰业集团、新堡镇、住建局等部门、单位和乡镇对中宁县开展深化安全生产责任落实年活动情况进行督查。

6月

1日　新消息报社联合安利公益天天正能量“首届寻找自强好少年”公益活动在中宁县喊叫水乡新庄子小学启动。

2日　中宁县对24名新拟任提拔的领导干部进行任前廉政法规考试。

△　西藏自治区体育局党组书记孙永平带领考察团一行先后到县城中央大道健身步道、体育公园、体育总会和杞乡黄河体育中心对中宁县体育工作考察学习。

△　自治区政法委副书记于霆带领调研组对中宁县政法重点工作落实及政法队伍建设情况进行调研督查。

2—3日　副县长强斌、县政协副主席张玉芬带领县纪委、县委组织部、政府督查室、政研室、扶贫办负责人，对徐套乡、喊叫水乡、民政局等乡镇、部门脱贫攻坚工作落实情况进行督查。

3日　副县长陈正刚带领县委督查室、政府督查室、发改委等相关部门负责人先后到工信局、商经局、交通局、教体局，对部分重点项目建设进行督查。

△　市人大常委会副主任刘林森带领中卫市部分旅游景区负责人先后到长山头天湖生态旅游区、双龙山石窟文物陈列馆等地，对中宁县旅游产业发展情况进行调研。

△　青铜峡市委老干部局观摩团到园区公共服务中心、宁夏天元锰业集团、宁夏锦宁巨科新材料有限公司对中宁县工业及枸杞产业发展、城市建设、生态环境治理等方面情况进行观摩。

7日　中宁县与建设银行中宁支行、农业银行中宁支行、中宁县农村信用合作联社3家银行，分别签署农村产权抵押贷款协议。

△　副县长陈正刚带领发改、安监、统计等部门负责人，到宁隆煤矿、石空煤矿、元赫煤矿、中国石油长庆输油气分公司石空输油站等企业对端午节前全县煤炭及油气管道行业安全生产工作进行全面检查。

12日　县环境保护局联合市场监督管理局、公安局组成联合执法检查组，依法对中宁县1家违规彩印厂进行强制断电关停。

△　副县长任勤、强斌带领住建、安监、消防、

公安、文化旅游等多部门负责人，深入枸杞博物馆周边，实地查看夜市摊点经营秩序，现场督办解决安全隐患问题。

△ 县长陈宏主持召开县十六届人民政府第86次常务会议。会议研究关于提高全县五保供养标准的请示，安排部署近期安全生产相关工作。会议还研究了其他事项。

△ 县委副书记、县长陈宏受县委书记赵建新委托主持召开2016年县委第18次常委会议。会议研究通过《中宁县2016年“四项赛事”承办工作方案》《关于开展纪念中国共产党成立95周年活动的安排意见》《中宁县庆祝中国共产党成立95周年大会筹备方案》《全县“七一”慰问党员活动方案》等事项。

△ 中宁县组织宁夏红、源乡、早康、宁安堡等12家枸杞企业赴上海参加FMA CHINA-2016中国枸杞产业展览会，中宁枸杞系列产品首次大规模亮相上海国际大都市。

12—14日 县政协副主席田伯川、张玉芬、徐辉带领调研组一行先后到亲水街市政道路建设工程、县第四敬老院项目、宁夏医科大学附属总院中宁分院项目、双龙山石窟文物展陈及山体抢险加固项目等地，对中宁县2016年部分重点项目建设进展情况进行调研。

13日 县委督查室、政府督查室联合先后到南河子公园、黄河大桥附近、石空镇等地，对全县涉水领域安全防范工作开展情况进行专项督查。

14日 自治区团委相关处室负责人带领调研组到中宁县调研，就深化全区团委改革相关工作思路向与会各界代表征求意见建议。

△ 河北冀州市副市长周长俭带领考察团一行到109国道两侧绿化景观带对中宁县造林绿化、设施蔬菜、新农村建设和农村电商工作进行考察。

15日 自治区人力资源和社会保障厅副巡视员海国新带领督查组一行先后到秦毅实业集团公司、宁夏第二建筑有限公司承建的棚户区改造二期工程等地，对中宁县解决企业拖欠工资问题工作情况进行督查调研。

16日 石嘴山市惠农区考察团一行27人到余丁乡石空、永兴村委会考察学习中宁县农村党风廉政建设等工作的先进做法和成功经验。

16—19日 中宁县在体育中心举行2016年“中宁枸杞杯”贺龙中国业余篮球公开赛男子俱乐部联赛。中国篮坛名宿、“女巨人”郑海霞现身现场，并参加相关公益活动。经过四天激烈角逐，江苏华宏、福建闽中真田、浙江司太立代表队分别获得冠、亚、季军。

17日 中宁县举行政法综治系统干部培训班，各乡镇、县直各部门、单位及区属驻中宁各单位分管领导、综治专干，政法部门全体干警200余人参加了会议。

20日 自治区政府督查组一行先后到殷庄棚户区改造项目、县老年活动中心和第四敬老院项目、古城村老饭桌项目等地，对中宁县土地出让收支和耕地保护审计发现问题整改工作、棚户区改造工作、被征地农民参加养老保险工作以及基本养老服务体系建设项目的进展情况进行督查。

21日 县长陈宏主持召开县十六届人民政府第87次常务会议。会议研究了《全县政府部门(乡镇)权力清单和责任清单》等事项。

22日 湖北省来凤县政协副主席刘静生带领考察团一行先后到国际枸杞交易中心、宁夏红中宁枸杞制品有限公司、红梧山现代枸杞高新技术试验示范区对中宁县枸杞种植、生产加工及销售等情况进行考察。

△ 农工党宁夏区委会与陕西省委会联合到中宁国际枸杞交易中心、永寿堂医药有限公司、早康枸杞股份有限公司、大地生态红梧山枸杞种植基地，对中宁县中药材产业发展情况进行调研。

△ 民进中卫市委调研组先后到宽口井幼儿园、新堡幼儿园、兴宁幼儿园等公办和民办幼儿园等地对中宁县学前教育工作进行调研。

23日　中国建设银行“成长计划”奖学金公益项目捐赠仪式在中宁中学举行。该项目为中宁中学和中宁一中两所学校的100名贫困学生提供每人每学年3000元的资助,共计30万元。

23—24日　中卫市食品安全考核组一行先后到鸣沙镇、余丁乡及大战场中学、宁都酒店等地对中宁县2016年食品安全先进创建工作进行考核验收。

24日　中宁县召开残疾人基本服务状况和需求信息数据动态更新工作动员培训会。会议传达全区残疾人基本服务状况和需求信息数据动态更新工作会议精神;安排部署全县动态更新工作;并就开展动态更新工作相关内容进行培训。

△　国家质检总局出口食品农产品质量安全示范区专家考核组一行先后到供港蔬菜示范基地和杞泰公司等地，对中宁县供港蔬菜和枸杞质量安全示范区建设情况进行复审。

△　国家气象局党组成员、副局长矫梅燕带领调研组对中宁县公共气象服务工作进行调研。

24日　中国共产党中宁县第十三届委员会召开第十次全体会议，研究召开中国共产党中宁县第十四次代表大会有关事宜。会议宣读了《关于召开中国共产党中宁县第十四次代表大会的决议(草案)》,并做了说明;表决通过了《关于召开中国共产党中宁县第十四次代表大会的决议(草案)》。

24—26日　由中国中药材基地共建共享联盟植保专业合作委员会主办的全国中药材绿色植保技术培训暨中宁枸杞产品交易交流会在中宁县举办,来自全国各地的51家中药材生产企业和绿色植保生产企业的90多名代表参加会议。

25日　浙江赴宁夏挂职锻炼干部一行先后到宁夏红集团中宁枸杞制品公司、宁夏杞泰中宁枸杞产业园、中宁枸杞博物馆等地对中宁县枸杞产业进行考察。

27日　中卫市人大常委会副主任李铁路带领市委第一督导组先后到佳盛远达铝镁新材料有限公司年产62万吨铝合金板带箔及新材料加工项目、电力体制改革项目、宁夏天元锰业有限公司60万吨金属锰二期项目、枸杞文化产业园项目等地,对中宁县2016年度《市委工作要点》确定的重点项目及市委有关改革推进工作情况进行督导。

28日　市人大常委会副主任蔡波带领调研组就2015年5月1日新修订的《行政诉讼法》实施以来县人民法院的行政审判工作情况进行调研。

28—30日　县发改局、安监局对辖区内2条输油管线、2条输气管线进行联合执法检查。

29日　海原县副县长任进文带领考察组一行先后到星火国际物流园、锦宁巨科新材料有限公司、天元锰业等地对中宁县汽车物流运输工作进行考察。

△　中宁县召开农民工工资清欠领导小组联席会议。会议传达学习区市县有关全面治理拖欠农民工工资问题的文件精神；听取住建局贯彻落实县委21号文件工作开展情况和下一步工作思路；园区办企业劳动用工情况及存在的问题、建议、意见,进一步明确下半年工作的任务和措施。

△　县长陈宏一行先后到园区能源调度中心、今飞公司年产500万件汽车轮毂项目、金银岛交割库、兴尔泰120万吨硝基复合肥循环经济产业链项目等建设现场，对部分重点项目建设进展情况进行督办。

△　县长陈宏主持召开县十六届人民政府第88次常务会议。会议听取2016年人大议案、人大代表意见建议、政协委员提案及民生实事办理情况。

6月29日—7月4日　水利部稽查组特派员陈泽健、特派员助理王京宇及相关前期、计划、建管、财务、质量专家一行对中宁县2015年实施的小型农田水利重点县项目建设情况进行现场稽查督导。

30日　县纪委、县委督查室、政府督查室联合对全县各单位汛期防洪防汛值班情况进行督查。

△　市政协副主席付成林带领视察组一行先后到双龙山石窟文物陈列馆、枸杞博物馆、车门

沟国盛生态旅游园等地，对中宁县旅游工作进行视察。

是月　中宁县“2016年农村阳光沐浴工程”正式启动实施，项目为10020户农户，每户安装一台家用紧凑型太阳能热水器。计划整乡推进白马乡和余丁乡，共计11个行政村的3620户农户，自治区财政补助每户1000元，农户自筹112元。

7月

3日　全区休闲农业推进年系列活动“健康中国养生宁夏”首届中宁枸杞采摘节启动。同日在舟塔乡举行全县首届枸杞采摘节万亩枸杞园6公里环形健步比赛，全县200多名机关干部参加比赛。

△　中宁县召开枸杞产业整合发展座谈会。会上，县枸杞产业协会负责人就《关于对中宁枸杞产业全产业链进行整合的实施方案》作了说明；与会人员围绕中宁枸杞种植、加工储存、品牌营销等方面各抒己见，提出意见建议。

△　县政协召开十一届十七次常委（扩大）会议。会议审议通过《关于县人民法院执行工作情况的调研报告》《县政协常委会2016年上半年工作总结暨下半年工作安排》；听取县政协提案委员会《关于自治区政协十届四次会议上中宁基层委员联系点的自治区政协委员提案立案情况的通报》、关于中宁民营企业家回乡创业招商引资活动开展情况的通报；传达学习县委有关政协领导班子换届工作的文件精神。

△　阿里健康、天猫医药馆负责人一行20余人到中宁县百瑞源枸杞基地和宁安堡土特产公司参观考察枸杞生产及加工情况。

5日　宁夏枸杞协会与宁夏枸杞保护协会到中宁枸杞产业集团宽口井枸杞种植基地对中宁县枸杞产业发展情况进行调研考察。

△　市长万新恒，市委常委、纪委书记刘明生，市人大常委会副主任李铁路一行看望慰问中宁县宗教界人士和穆斯林群众。

7日　台湾中医药学会理事长林文泉一行先后到大地生态有限公司、早康枸杞开发有限公司和中宁国际枸杞交易中心，参观考察中宁县中药材枸杞发展情况。

11日　国家质检总局到宁夏瀛海天祥建材实验室对水泥产品质量检验能力比对开展专项检查。

12日　县长陈宏主持召开县十六届人民政府第89次常务会议。会议集中学习《大气污染防治法》《土壤污染防治行动计划》等文件法规。还研究了其他事项。

13日　全国农技中心书记、副主任杭大鹏率领全国农技中心西甜瓜标准化生产技术培训班一行100余人，到中宁县鸣沙镇二道沟硒砂瓜品质品牌保护示范基地进行现场观摩教学。

△　第二届“最美杞乡人”启程赴海南考察疗养。

13—15日　宁夏食品药品监督管理局副巡视员黑智虎带领考核验收组，对中宁县创建自治区级食品安全示范县工作进行考核验收。

14日　中宁县召开贯彻落实中央八项规定精神“回头看”推进会议，组织学习县委办公室《关于在全县开展贯彻落实中央八项规定精神“回头看”的通知》，并对全县开展“回头看”工作进行安排部署。

15日　宁夏银贷担保中宁分公司正式开业。

△　中卫市政协副主席秦发成带领调研组一行先后到星火国际物流园、战略装车点、天元锰业电解金属锰车间、工业园区服务中心等地，对中宁县物流业发展情况进行专题调研。

△　副县长强斌带领安监、运管、枸杞、交警等部门、单位负责人，先后到恩和镇、大战场镇、舟塔乡等执勤检查点对中宁县枸杞采摘期间农用车辆违法载客整治情况进行督查。

18日　自治区安监局巡视员钮钢带领检查组

一行先后到锦宁巨科、中石油南环加油站等地对中宁县近期安全生产工作进行检查指导。

△ 自治区政府研究室副主任杨万仁带领调研组一行先后到车门沟国盛生态旅游园、功夫驴农家乐和石空大佛寺旅游景区对中宁县全域旅游创建工作进行调研。

19日 贵州省麻江县人大常委会副主任张豫黔带领考察团一行先后到国际枸杞交易中心、枸杞博物馆、宁夏红集团中宁枸杞制品公司、宁夏大地生态有限公司、车门沟国盛生态旅游园、宁夏杞泰农业科技有限公司等地考察中宁县枸杞产业和乡村旅游业发展情况。

△ 县委书记赵建新、县长陈宏对县市民服务中心项目、北河子人工湿地项目进行督导调研。

20日 市人大常委会副主任李树茂带领视察组一行先后到来选苹果合作社苹果种植基地和北山工业园区道路两侧绿化项目区，对中宁县林业工作进行视察。

21日 市政协副主席张武带领调研组一行先后到天宁牧业、兴旺肉牛养殖场、黄河乳制品有限公司等地，对中宁县草畜产业发展情况进行调研。

25日 全县精准扶贫现场会在徐套乡召开，通过交流经验，查找不足，动员各相关部门、乡镇和贫困村扎实开展脱贫攻坚工作，全力发展脱贫产业，千方百计促进群众增收，确保如期完成脱贫任务。

27日 全国知名蔬菜销售商80余人先后到东华供港蔬菜生产基地和宁夏杞泰枸杞标准化种植基地，对中宁县蔬菜、枸杞产业发展情况进行参观考察。

△ 由县委宣传部、徐套乡主办的以“和谐中宁·扶贫助学”为主题的公益助学爱心拍卖会在县人民广场举行。此次拍卖会拍品全部由梦金园中宁专卖店无偿提供，共拍得2.9万元善款，用于帮助徐套乡贫困学子实现求学梦。

28日 中国劳动关系学院工会学院院长杨冬梅带领调研组一行先后到天元锰业、锦宁铝镁对中宁县工会工作进行调研。

△ 市人力资源和社会保障局副局长耿永杰带领督查组，对中宁县上半年效能目标任务完成情况、重点工作推进情况、创新及亮点工作三个方面进行专项督查。

△ 县委书记赵建新主持召开县委议军会议，传达学习习近平总书记关于深化国防和军队改革有关讲话精神，就制约驻地部队和国防建设发展等问题进行专题研究。

△ “中国精彩无限”优胜者访华团到小盐池滩万亩原生态枸杞示范基地等地参观考察中宁枸杞和硒砂瓜产业。

28—29日 副县长强斌带领扶贫、政研、财政、发改、人社等部门单位主要负责人到海原县、永宁县考察学习精准脱贫工作。

29日 中宁县举行2016年第四期杞乡发展论坛，邀请解放军边防学院边防安全与文化研究中心主任李业平教授和北方民族大学马克思主义学院院长潘忠宇教授专题讲授“新形势下国防军队建设”和“民族宗教理论知识”。

8月

1日 县委书记赵建新带领工信、环保、安监、国土等部门负责人到工业园区污水处理厂、锦宁巨科新材料公司、兴尔泰120万吨硝基复合肥项目区和天元锰业集团金属锰三期项目东区，就工业企业发展情况及企业落实环保和安全生产主体责任情况进行调研。

2日 自治区文明办专职副主任高建博带领督查组对中宁县推进实施全区2016年贫困地区农村综合文化服务中心示范工程情况进行督查。

4日 中宁县特岗教师面试工作在中宁九小

举行，171名通过笔试与复审的考生参加面试，共同竞争120个特岗职位。

△　自治区政府政务公开办公室主任陆生宏带领督察组对中宁县2016年政务公开工作落实情况进行督查。

△　市纪委对中宁县贯彻落实中央八项规定精神“回头看”工作开展情况进行督查。

4—5日　县人大常委会主任马彦军、副主任张银强带领检查组一行先后到电商孵化中心、杞鑫苗木专业合作社、枸杞交易中心、电子交易所、宁夏红御萃坊及中杞、百瑞源、大地、杞泰等枸杞种植基地，对《宁夏回族自治区枸杞产业促进条例》贯彻实施情况进行检查。

5日　县农技推广中心在石空镇太平村水稻种植点组织召开全县水稻稻瘟病及稻水象甲防治现场会。

6日　广东省广药集团考察团一行先后到早康枸杞股份有限公司、杞泰公司、枸杞交易中心、宁夏红等地对中宁县枸杞产业发展情况进行参观考察。

△　县委书记赵建新主持召开全县上半年工作汇报会暨下半年工作推进会。会上，赵建新、马彦军、陈宏、李毅分别代表县委、县人大常委会党组、政府党组、县政协党组，通报上半年工作情况、存在问题及下半年工作计划；与会的县处级领导分别汇报各自分管工作、包抓工作情况、存在问题和下半年工作思路；县委副书记张建兵汇报上半年重点工作、重点项目督查情况；县人大常委会主任马彦军及县政协主席李毅分别就各领导的通报和汇报做了点评；县长陈宏就下半年全县工作进行安排部署，县委书记赵建新做了重要讲话。

7日　河南省郑州市体育局航海体育场场长（原中宁县体委主任）任天慈对中宁县体育事业发展情况进行观摩考察。

9日　县委书记赵建新带领副县长范永伟、县委办公室主任杨宝银、商务和经济技术合作局局长张勇等到广州广药集团考察洽谈招商引资项目。

10日　市人大常委会副主任蔡波带领调研组对中宁县城乡居民饮用水安全管理立法工作进行前期调研，广泛听取各阶层意见建议。

△　中宁县召开2016年征兵工作部署协调会，安排部署征兵审核相关工作，落实各成员单位工作任务和工作职责，确保征兵各项工作顺利开展。会议通报并讲评了前期报名和初检审核情况，签订了征兵目标责任书。

△　国家统计局宁夏调查总队党组副书记、副总队长赵川带领调研组一行先后到白马、鸣沙、恩和、天元锰业等乡镇、企业，对中宁县上半年城乡居民增收工作情况进行调研。

11日　中宁县召开领导干部大会，市委组织部副部长冯忠铁宣布市委关于中宁县领导干部职务任免决定：王金栋任中宁县委委员、常委，提名为中宁县副县长人选；免去叶进宝中宁县工业（物流）园区管委会主任职务。

15日　上海华诚中本集团董事长翁祖林带领考察团一行先后到锦宁铝镁、锦宁巨科、工业园区服务中心等地对中宁县项目投资环境、电力节能、节能技术应用等方面的情况进行考察。

16日　2016（第二届）中国社群领袖徒步挑战赛的选手们经过4天徒步，到达终点站——中宁县小盐池滩枸杞基地，挑战赛至此圆满落下帷幕。此次中国社群领袖徒步挑战赛走进宁夏，起点为盐池二道坑，途径红寺堡，终点至中宁县小盐池滩枸杞基地，全长100多公里，来自全国各地的120多名企业家参与此次活动。

18日　以“全民健身促健康，同心共筑中国梦”为主题的全县广场健身操（舞）比赛在县人民广场隆重举行，来自全县部分乡镇、部门、企业的16支代表队参加比赛。经过激烈比拼，大战场镇代表队、县卫生和计划生育局代表队、宁夏锦绣集团有限公司代表队分别获得乡镇社区组、单位部门组、企业组比赛第一名。

△ 自治区党委常委、宣传部部长、自治区政协副主席蔡国英带领调研组一行先后到天元锰业四期30万吨电解金属锰项目现场、枸杞交易中心和电子交易所对中宁县工业园区建设和枸杞产业进行调研。

△ 中宁县2016年秋季人力资源招聘会在人力资源和社会保障局举行,参加求职者3000多名,提供岗位3817个,有1097名求职者与企业达成意向性协议。

△ 全市乡村铁路护路联防工作中心（站）建设观摩推进会在余丁乡召开，会议就下一步推进全市乡村铁路护路联防工作中心(站)建设工作进行全面安排部署。

△ 54名来自全国21家省级法制报社社长、总编辑及优秀记者组成的2016年全国法制报总编辑“平安宁夏行”采访团到中宁县政法单位就全县政法工作情况进行采访。

22日 中宁县召开2016年征兵政治考核培训会。培训会上，县人武部政委夏彦文组织学习《关于加强和改进廉洁征兵工作的通知》《征兵政治考核工作规定》，并就征兵政治考核工作原则、考核内容、征集公民服现役的政治条件等作了讲解。

22—23日 中宁县召开特色产业发展现场观摩评促会。观摩团先后到余丁乡兴旺有机肥有限公司、石空镇枣一村特色农业示范区、鸣沙镇黄营村土地股份合作社、白马乡“千头驴”养殖基地、恩和镇车门沟旅游区、沙坡头区苹果矮化密植科技示范园、沙坡头区东园镇3000亩水稻高标准示范园区等24个观摩点进行观摩、学习。

23日 中宁县举行农村淘宝合伙人招募大会,选拔优秀“村淘合伙人”共同创业,加快农村电子商务发展。来自各乡镇的近千名有志创业者参加招募大会。

△ 县长陈宏主持召开县十六届人民政府第92次常务会议。会议传达学习咸辉代主席在自治区政府第67次常务会议上,对今后政府工作提出的要求。

24日 自治区人大常委会教科文卫工作委员会主任赵小平带领调研组，对中宁县明长城保护工作情况进行实地调研。

25日 市政协视察组一行先后到宁安镇黄滨村社区、宁新社区和石空镇丰安社区对中宁县和谐社区建设情况进行视察。

△ 市政协副主席付成林带领调研组,就金融服务中宁经济发展情况进行调研座谈。

△ 2016年CBA西部行公益活动宁夏中宁站在杞乡黄河体育中心启幕,这是2016年CBA西部行继云南文山、陕西黄陵的第三站。

26日 中宁县2016年高考优秀学生奖励和家庭经济困难学生助学金发放仪式在县人民广场举行。有10名高考优秀学生获得县教育慈善发展基金会奖励，525名家庭经济困难大学生受到中国教育基金会大学新生入学项目、宁夏燕宝慈善基金会、国酒茅台基金等资助工程的资助,资助总金额430多万元。

△ 县长陈宏对市民服务中心和小盐池滩枸杞基地建设情况进行督查。

28—30日 副县长范永伟带领考察团赴青海省海西州都兰县，实地考察学习枸杞产业发展的成功经验和先进做法。

29日 中宁县市民服务大厅开始试运营。有人社、住建、公安、市场监管等多个部门和企业进驻,可集中为群众办理医保、社保、户籍、教育、中小微企业纳税、项目立项、土地预审、规划许可等业务以及水电气通讯等公共服务。真正实现老百姓“进一家门,办所有事”的愿望。

30日 全市公安机关“一村一警”暨社区警务工作现场会在中宁县召开，市委常委、政法委书记、公安局局长陈加先,副市长祝增坤及自治区公安厅治安总队政委杨万斌出席会议，县领导李满洲、王金栋参加会议。与会人员先后到鸣沙派出所“村警之家”、宁安镇黄滨村和舟塔乡舟塔村“村警工作站”观摩学习。

△ 自治区经信委副主任朱向军(核工业集团博士,在宁夏挂职),带领宁夏西沙双创体验科技有限公司总经理一行到中宁考察枸杞辐照灭杀项目事宜。

31 日 自治区政府办公厅督查组重点就中宁县保持经济平稳发展、推进供给侧结构性改革、促进创新驱动发展、保障和改善民生、建立和完善工作制度等方面工作进行督查。

是月 宁夏瀛海天祥建材有限公司清洁生产审核工作通过中卫市环境保护局现场验收，这是中宁县首家完成清洁生产审核验收的企业。

△ 国家食品药品监督管理总局新闻宣传司组织中国医药报、健康报、央广网、中经网等媒体记者到中宁县开展“走基层”采访活动,真实记录中宁县在枸杞生产及加工方面安全监管工作的重要举措和成功经验。

9 月

2 日 公安局禁毒大队成功破获一起特大贩卖毒品案件,抓获贩毒嫌疑人 1 名,缴获毒品海洛因 140 克,扣押涉案车辆一辆。

3—4 日 中宁县举行 2016 中国(中宁)国际轮滑公开赛。此次赛事由国家体育总局社会体育指导中心、中国轮滑协会、宁夏回族自治区体育局、中宁县人民政府主办,中宁县教育体育局、圣巴(上海)文化传播有限公司承办。来自中国、德国、波兰、韩国、日本、马来西亚等 33 个国家和地区的 1400 余名选手参赛。

6 日 自治区安监局带领各地级市安监局负责人，到中宁县开展风险控制和隐患治理信息系统包点帮扶观摩活动，检验该系统上线运行近 2 个月以来的工作成效。

8 日 自治区党委宣传部巡视员王康年带领督查组,对中宁县贯彻落实党委(党组)意识形态工作责任制情况进行督查。

10 日 正大集团正大果业董事长左力刚到中宁县考察洽谈投资项目。

19 日 中宁县召开第三次全国农业普查领导小组第一次全体会议。会议传达学习全区第三次全国农业普查领导小组办公室主任会议精神,总结前一阶段全县农业普查工作，安排部署下一阶段农业普查工作任务。

20 日 县政协副主席田伯川、张玉芬、严玉华带领视察组对中宁县政协十一届四次会议确定的 9 件重点提案和县人民政府 2016 年 15 项民生实事办理情况进行专题视察。县人民政府 2016 年民生实事共 32 件,内容涉及经济发展、环境改善、道路交通、社会保障、城市建设、科教文卫等领域。截至 9 月份，县政协十一届四次会议确定的 9 件重点提案已办结 8 件,正在办理的 1 件。15 项 32 件民生实事已完成 3 项 11 件,占任务的 34.4%;正在办理的 12 项 21 件,占任务的 65.6%。

21 日 中国共产党中宁县第十三届委员会召开第十二次全体会议。会议应到县委委员 30 名，实到 24 名,符合有关规定人数。县委书记赵建新主持会议。会议审议通过了《中共中宁县第十三届委员会工作报告》《中共中宁县纪律检查委员会工作报告》;中共中宁县第十四届委员会委员、候补委员和县纪委委员候选人预备人选建议名单和中宁县出席中卫市第四次党代会代表候选人预备人选建议名单;圈选确定了中宁县出席中卫市第四次党代会代表候选人预备人选。万新恒、王伟、尹效恩、刘明生、蔡波、潘景林等 95 名同志当选为中宁县出席中卫市第四次党代会代表候选人预备人选。

△ 市政协副主席秦发成带领部分政协委员，到中宁县大地生态有限公司枸杞种植基地对中宁县国家农业科技园区建设情况进行视察。

△ 中宁县秋冬季农田水利基本建设暨农村

环境综合整治动员会议召开。副县长范永伟对秋冬季农田水利基本建设及农村环境综合整治工作进行安排部署;水务、农牧、环保及鸣沙、石空等部门和乡镇负责人做了表态发言。

22日　出席中国中药协会枸杞专业委员会成立大会的与会人员到宁夏杞泰农业科技有限公司、中宁县电子商务孵化中心、宁夏永寿堂医药有限公司进行观摩,了解中宁县枸杞产业发展情况。

△　枸杞药用价值与产业发展论坛在中宁县举行。来自全国各地的枸杞专家、教授学者、企业家汇聚论坛,围绕枸杞的药用价值和产业发展展开对话,共商枸杞产业发展大计。

△　市人大常委会副主任刘锦平带领调研组一行先后到喊叫水乡黄花菜示范种植基地、喊叫水中心幼儿园、县脱贫攻坚现场指挥部、徐套乡下流水村等地,对中宁县脱贫攻坚工作情况进行调研。

23日　中宁县召开民族团结进步创建活动推进会议,总结前三季度民族团结进步创建工作成效,安排部署第四季度工作。

△　国民党中央政策会副执行长吴育升带领台湾县市议会国民党团书记长一行到大地生态有限公司枸杞种植基地,考察中宁县枸杞产业发展情况。

△　人力资源和社会保障部副部长、国家公务员局局长、国务院第十九督查组副组长信长星带领督查组一行先后到天元锰业集团、宁夏枸杞电子交易所等地,对中宁县在保持经济平稳发展、推进供给侧结构性改革、促进创新驱动发展等方面的经验做法进行实地督查。

26日　中华全国供销总社办公厅副主任冯建芳带领调研组一行先后到红梧山大地生态枸杞种植基地、新堡镇供销社、宁安枸杞产销专业合作社、健商堂枸杞专业合作社等地,对中宁县供销合作社综合改革工作进展情况进行调研。

27日　中宁县召开全县计划生育工作评促会议。会议通报2016年全县计划生育工作情况,并对2016年考核工作和2017年重点工作进行安排部署;各乡镇计划生育分管负责人就亮点工作、工作中存在的问题及具体整改方案进行总结汇报。

△　宁夏枸杞产业国家级专家服务基地授牌仪式在中宁县早康枸杞股份有限公司举行,自治区人社厅党组成员、副厅长马力为早康公司授牌。

28日　中宁县第三次全国农业普查试点入户摸底工作在宁安镇古城村正式启动。

△　县委副书记张建兵、副县长范永伟带领水务、农牧、林业、财政等部门负责人先后到石空、余丁、舟塔等乡镇,对中宁县秋冬季农田水利基本建设工作开展情况进行现场观摩。

△　市人大常委会副主任刘林森带领调研组一行先后到车门沟旅游区、功夫驴休闲生态农庄等地,对中宁县全域旅游发展情况进行调研。

29日　县委副书记张建兵、副县长强斌带领扶贫办、农牧、国土等部门单位负责人一行先后到喊叫水乡周马庄子村、徐套乡下流水村和全县脱贫攻坚指挥部等地,对全县脱贫攻坚工作进展情况和存在问题进行现场调研督办。

30日　中宁县在南河子公园举行烈士公祭仪式。马彦军、陈宏等县四套班子领导及县直机关干部、部队官兵代表和中小学生代表参加公祭仪式。

△　由宁夏大地生态有限公司、中宁枸杞产业协会、中宁枸杞文化研究学会主办的2016中华杞祖节·中宁杞祭大典在红梧山大地生态枸杞种植基地举行。

△　中宁县不动产统一登记首证颁发仪式在县市民服务中心二楼举行。副县长陈正刚及区市国土部门相关负责人出席仪式。

△　广州市食安办专职副主任、广州市食品药品监管局副局长庞庆宁带领考察团一行先后到中宁枸杞国际交易中心、枸杞博物馆、早康公司、杞泰公司枸杞种植基地和加工车间对中宁县枸杞生产、加工、监管等工作进行考察。

△　联合国开发计划署驻华代表处宁夏沙漠

化防治和民生改善项目考察团到中宁县考察大战场镇宽口井移民区生态移民产业发展及民生改善情况。

10月

5日　副县长强斌一行先后到今飞轮毂、天元锰业、兴尔泰化工集团、中石油昆仑燃气等地，对节假日安全生产工作进行检查。

9日　中华见义勇为基金会常务副理事长李顺桃带领考察组考察中宁县见义勇为人员权益保护工作。市委常委、政法委书记、公安局局长陈加先陪同。

10日　中宁县召开第二次全国地名普查工作推进会，总结前一阶段地名普查进展情况，安排部署下一步工作任务，进一步明确普查任务目标和推进措施。

△　中宁县召开2016年农民工工资清欠领导小组联席会议第3次会议。会议通报了自治区人民政府办公厅关于开展治理拖欠农民工工资突出问题专项督查反馈情况；听取了住建局、教育体育局、园区办、水务局关于农民工工资清欠工作开展情况的汇报。会议还就下一步如何做好农民工工资清欠工作进行安排部署。

11日　农工党中央"杏林春雨"行动全国小儿脑瘫义诊公益活动到中宁县为脑瘫患儿进行免费公益义诊。

13日　为纪念中国共产党建党95周年、红军长征胜利80周年，中宁县隆重举行"重走长征路·重温红色情"主题队日活动。原中国人民解放军海军副政治委员、雷锋生前战友冷宽中将，新四军"沙家浜"研究会会长、原20军政委刘石安少将，曾参加过抗美援朝第二次、第五次战役以及金城反击战的原20军徐佩璜少将应邀出席活动。

14日　自治区社科联到新堡镇对社科教育普及基地建设及运转情况进行专题调研。

16日　宁夏广电传媒集团公司观摩团到中宁县观摩无线城市及"六盘云智慧家庭中宁分平台"建设情况。

17日　在全国第三个"扶贫日"，中国扶贫开发30年、东西扶贫协作20周年纪念日，中宁县在人民广场开展"扶贫日"系列活动。县领导张建兵、王月琴、强斌、张玉芬出席启动仪式，并为"扶贫日"纪念邮票揭幕。

△　县卫计局、计生协会、团县委、县关工委为喊叫水、徐套、下流水三所九年制学校和五丰台教学点捐赠400套课桌椅、1100余册图书及文具、书包等物资。

18日　县政协召开十一届十九次常委会议。县政协主席李毅，副主席田伯川、张玉芬、严玉华出席会议。会议审议通过政协中宁县第十二届委员会委员建议名单，审议通过《政协中宁县第十二届委员会第一次会议选举办法（草案）》。

20日　中宁县举行2016年第五期杞乡发展论坛，邀请解放军边防学院边防安全与文化研究中心主任李业平将军专题讲授"长征精神"，激励全县各级干部群众坚定信心、不忘初心、继续前进，走好新的长征路。

21日　县委召开2016年第29次常委会议，审议《县人大常委会工作报告》《县政府工作报告》《县政协常委会工作报告》，研究《关于中宁县2016年民生计划执行情况和2017年民生计划（草案）的报告》等事宜。

23—26日　中国人民政治协商会议中宁县第十二届委员会第一次会议在中宁恒达酒店召开。应出席会议委员114人，实到111人。县政协副主席田伯川、张玉芬受常委会委托分别作常务委员会工作报告和提案工作报告。会议期间，委员听取并审议政协中宁县第十一届委员会常务委员会工作报告和提案工作报告，列席县十七届人大一次会议，听取并讨论《政府工作报告》和其他报告。会议期间，收到提案（草案）189件，经审查立案61件。会议选举产生政协中宁县第十二届委员会主席、副主席、常务委员。新当选的政协主席叶进宝在会议闭幕时讲话。

25日　市委常委、副市长黄河带领观摩评促组先后到石空、舟塔、恩和等地对中宁县秋冬季农田水利基本建设工作进行观摩评促。

25—26日　自治区纪委副书记殷学儒带领调研组一行先后到石空镇、丰安社区等地，对中宁县纪律审查和整治查处侵害群众利益腐败问题工作进行调研。

25—27日　中宁县第十七届人民代表大会第一次会议在中宁宾馆召开，出席会议代表196人。会议听取和审查县人民政府工作报告、关于县十六届人大四次会议以来议案、代表建议办理情况的报告。听取和审查县人大常委会工作报告、县人民法院工作报告、县人民检察院工作报告等并做出各项决议。依法选举马彦军为中宁县第十七届人民代表大会常务委员会主任；王月琴、张立信、张海涛、李书东为中宁县第十七届人民代表大会常务委员会副主任；刁荣辉、于占孝、马汉文、马永明、马秀琴、马治礼、马学武、王天岐、王晓文、白居银、师清泉、刘晓燕、孙靖、李华锋、杨志荣、何伟成、沈韶华、宋德印、张维华、武治军、范学银、周佳奇、周素泰、周新旻、黄永业、康文宏、康玲、谢福才为中宁县第十七届人民代表大会常务委员会委员。依法选举陈宏为中宁县人民政府县长，王金栋、陈正刚、任勤、强斌、范永伟为中宁县人民政府副县长。选举高永生为中宁县人民法院院长；孙凤玲为中宁县人民检察院检察长。审查确定本次大会会议议案1件，代表建议意见61件。

26日　自治区爱卫办组织专家组对中宁县区级卫生县城巩固情况进行复审验收。

△　市委常委、政法委书记、公安局局长陈加先，市人大常委会副主任蔡波带领全市公安机关执法规范化暨服务型窗口单位建设现场推进会与会人员到公安局案管中心、市民服务中心等地观摩。

31日　县人社局召开2016年事业单位新录用工作人员岗前培训会，对114名新录用事业单位工作人员进行岗前培训。

△　宁夏枸杞产业科技项目中期评估会议在中宁县召开。中科院院士苏国辉、自治区农发办副主任刘伟、副县长范永伟出席会议。

△　县长陈宏主持召开县十七届政府党组第一次会议，传达学习十八届六中全会精神。政府党组成员王金栋、刘辛彧、常丁梁、马金、陈正刚、任勤、沈军参加会议。

△　县长陈宏主持召开县十七届人民政府第一次常务会议，副县长王金栋、常丁梁、马金、陈正刚、任勤，县工业（物流）园区管委会主任刘辛彧出席会议，县人武部政委夏彦文应邀参加会议。会议集中学习了《中国共产党问责条例》。并研究了其他事项。

是月　自治区发改委正式批复中宁县为国家级农村产业融合发展试点示范县，试点示范类型为产业链延伸性。

11月

1日　自治区国土资源厅厅长王政带队对中宁县闲置土地处置情况进行督查。市县领导何晓勇、陈宏、王金栋陪同。

△　国家统计局宁夏调查总队副总队长王明华带领督查组先后到宁安镇、新堡镇等地，对中宁县第三次全国农业普查准备工作进展情况进行督查。

1—2日　副县长任勤带领县农民工工资清欠领导小组成员单位负责人一行先后到悦泽电子商务大厦建设工地、天仁名邸商住楼项目部、县城棚户区改造项目（B区）二期项目部、宁夏医科大学附属医院中宁分院等14个劳务用工企业，对建筑施工企业劳动用工情况进行专项检查。

1—10日　区市两级考评小组，分别对中宁县申报的四星级司法所和五星级司法所进行验收考核。2016年中宁县新申报白马、鸣沙、大战场3个司法所为四星司法所；宁安、恩和、喊叫水3个司法所为五星级司法所。

2日　自治区团委书记赵涛带领区团委各部室、区直单位团委负责人以及全区各市县(区)团委主要负责人到中宁县观摩指导共青团工作。

3日　中宁县召开今冬明春火灾防控工作会议。会上，公安局负责人通报了全县2016年火灾情况，并就今冬明春火灾防控工作进行部署安排。

△　湖南省攸县政协副主席张建良带领考察团一行先后到宁夏红集团中宁枸杞制品公司、恒兴果汁厂、枸杞电子交易中心等地，对中宁县农产品深加工情况进行考察。

△　中卫市副市长蔡菊带领考核组，对中宁县2016年度卫生和计划生育综合目标责任制落实情况进行考核。

△　中宁县召开效能考核协调会。会上，各相关部门结合各自工作职责，分别汇报本部门工作完成情况，认真分析存在问题的原因，提出下一步工作思路和整改措施。

5日　第十四届中国国际农产品交易会在云南昆明举行。中宁县在此次交易会上举办了“小枸杞·大健康”为主题的中宁枸杞专场推介会。推介会上，中宁县人民政府与北京正大果业有限公司签订总投资15亿的三产融合现代农业开发示范区项目，与尚江南枸杞制品有限公司签订总投资50亿元的1万吨有机冻干枸杞加工项目，与保和堂（焦作）公司签订总投资12亿元的1万吨无硫枸杞饮片项目，与广州医药集团有限公司签订合作框架协议，其中，3个投资项目签约协议总投资77亿元。

8日　自治区环保厅组织专家组对中宁县环境空气质量自动监测站进行验收。专家组通过评议，一致认为空气站建设规范，运行正常，通过验收。

9日　由固原市农调队工作人员组成的自治区精准扶贫工作成效第三方评估组到喊叫水乡周马庄子村和徐套乡下流水村，对中宁县精准扶贫工作进行评估。

12日　2016“星耀中宁·枸杞之夜”群星演唱会在黄河体育中心激情上演，王二妮、云飞、冷漠、陆海涛等明星歌手为杞乡人民带来了一场高水准的音乐盛宴。

14—16日　全域旅游投资联盟成员单位企业家一行先后到枸杞基地、加工销售企业、旅游景点、工业园区、运动场馆等地，对中宁县全域旅游项目进行调研。

11月15日—12月15日　中宁县农牧局、枸杞局、市场监督管理局三部门联合制定并下发《中宁县2016年枸杞质量安全阶段性专项整治工作方案》，从2016年11月15日至12月15日，利用1个月时间，扎实开展农业投入品专项整治、枸杞产品质量安全专项整治、农药残留检测工作，同时，加强枸杞标准化生产管理，确保源头用药安全。

16日　中卫市人大常委会副主任蔡波带领考核组一行先后到新堡镇安定社区、春天商贸有限公司、中宁二中、余丁乡石空村等地，对中宁县2016年普法依法治理工作进行考核。

17日　自治区文明办农村处处长马清林带领考核验收组一行先后到红寺堡扬水管理处、古城村、白马村、检察院、丰安社区、余丁乡等地，对中宁县自治区级精神文明单位及文明村镇创建工作进行考核验收。

18日　县长陈宏带领住建、教育、宗教等部门对三小迁建项目和镇远寺翻建项目进行督办。

22日　中卫市验收组一行先后到石空、舟塔、恩和、鸣沙等乡镇对中宁县2016年秋冬季农田水利基本建设工作进行考核验收。

△　自治区人口和计划生育工作领导小组对

中宁县2016年度卫生计生工作综合目标管理责任制落实情况进行考核评估。

△ 自治区食品药品监督管理局副局长王生礼率五市分管餐饮监管工作的相关负责人一行先后到中宁宾馆、新堡镇幼儿园、眉山川菜馆、中宁一中等餐饮单位,对中宁县餐饮服务单位“明厨亮灶”改造工程进行观摩。

22—23日 石嘴山市副市长武裕国带领考察团一行先后到小盐池滩原生态枸杞种植基地、杞泰恩和万亩标准化枸杞基地、百瑞源花豹湾枸杞基地、中宁(国际)枸杞交易中心等地,对中宁县枸杞产业发展情况进行考察。

24日 中卫市纪委检查组一行先后到交通运输局、财政局、石空镇、宁安镇等地,对中宁县2016年度党风廉政建设工作进行检查。

△ 中卫市第二考核检查组对中宁县2016年度脱贫攻坚工作进行考核检查。全县脱贫人口由12774人减少到7862人,减少4912人,下降38%;贫困村由31个减少到29个,脱贫销号2个行政村,下降6.45%;预计贫困地区农民人均可支配收入由2015年的6950元增长到7800元,增加850元,增长12%;贫困发生率由2015年的12.3%下降到7.6%。

△ 县长陈宏主持召开县十七届人民政府第三次常务会议。会议研究制定《中宁县全民健身实施计划(2016—2020年)》。会议安排部署近期安全生产、环境保护、信访维稳等相关工作。

25日 中宁团县委在行政中心三会议室召开全县青年电商创业就业培训班暨“共青团与人大代表、政协委员面对面”活动座谈会。

△ 县委召开2016年第31次常委会议,传达学习贯彻自治区领导干部专题学习班精神和中央第八环保督察组关于宁夏回族自治区环境保护督察反馈意见及李建华、咸辉同志在中央第八环保督察组督察宁夏回族自治区情况反馈会上的讲话精神,研究《关于进一步加强全县农村基层党建工作的实施意见》《县级领导联系“两代表一委员”工作办法》。

27日 张柱、万新恒等市领导到中宁代表团驻地,亲切看望出席中国共产党中卫市第四次代表大会的代表,向党代表们致以亲切的问候和热烈的欢迎。

△ 在中国人口福利基金会和自治区计生协会的大力支持下,县卫计局联合教育体育局再次到喊叫水、徐套、下流水三所学校捐赠爱心书包。

28—29日 参加市第四次党代会的中宁代表团对三届市委工作报告、市纪委工作报告等三个报告进行了热烈讨论。

29日 自治区考核组一行先后到石空镇、鸣沙镇农田水利基本建设现场,对中宁县今年秋冬季农田水利基本建设工作进行考核验收。

△ 枸杞商品规格标准研讨会在中宁县召开。由宁夏药检所、宁夏医科大学药学院、中国中药协会枸杞专业委员会组成的课题组专家与县相关部门、枸杞企业负责人齐聚一堂,共同为枸杞商品规格标准的修改完善出谋划策。

30日 民革中宁县委会开展“送冬衣送温暖”活动,为古城完小的学生们送去价值3000余元的棉衣。

△ 县市场监督管理局和安利(中国)日用品有限公司宁夏分公司到喊叫水乡喊叫水村,开展定点扶贫捐赠公益活动,为该村老年饭桌的老人们送去了1万元慰问金和2000多元营养品。

12月

1日 副县长强斌到宁隆煤矿、元赫煤矿、石空煤矿等地,对全县煤矿行业安全生产责任落实情况进行检查。

2日 宁夏兴尔泰集团与华西能源公司签订1×300MW热电联产项目战略合作协议。

△ 自治区扶贫开发领导小组一行先后到喊叫水乡周马庄子村、徐套乡下流水村对中宁县脱贫攻坚工作进行考核验收。

△ 市委常委、副市长袁诗鸣带领检查组一行先后到新堡幼儿园、余丁乡等地，检查考核市场监管、食品安全目标责任履行情况及法治政府建设工作。

2—3日 国家农业部农产品质量安全中心主任张华荣带领督查组一行先后到宁夏杞泰农业科技有限公司、天宁牧业发展有限公司、中澳伟辉肉食品开发有限公司等企业，对中宁县农产品质量安全监管工作开展情况进行督查。

6日 由宁夏医科大学公共卫生与管理学院的老师和研究生组成的健康宁夏行动第三方中期评估组到石空镇倪丁村、黄庄村等地开展群众问卷调查，对中宁县2013—2015年健康宁夏行动工作进行中期评估。

△ 中宁县召开森林草原防火工作会议，贯彻落实区市森林草原防火工作会议精神，安排部署全县今冬明春森林草原防火工作。

7日 政府党组副书记、工业（物流）园区管委会主任刘辛彧代表县人民政府与江苏省力帛纺织有限公司总经理纽春明签订年产2亿米高档面料项目协议。

△ 团县委联合县人民法院在徐套完小举行“青春暖冬”爱心棉衣发放仪式，为孩子们送上价值4.29万元的棉衣。

8日 县人武部精准扶贫项目流水信息教育室电商孵化园在徐套乡长流水小学正式揭牌运行。

△ 自治区农业普查办公室副主任门建军带领督查组一行先后到舟塔乡、大战场镇等地，对中宁县第三次全国农业普查宣传和摸底调查情况进行督查。

13日 中宁县召开城乡社区治理暨和谐社区创建工作会议，总结中宁县社区建设成效、经验，查找不足、补齐短板，安排部署下一阶段重点工作。

△ 中卫市委常委、宣传部部长叶宪静带领调研组一行先后到余丁乡永兴村、双龙山石窟文物陈列馆、市民服务中心等地，对中宁县宣传思想文化工作开展情况进行调研。

14日 中卫市委常委、政法委书记、公安局长陈加先，市人大常委会副主任蔡波带领考核组一行先后到余丁乡金沙村、余丁乡综治维稳中心和矛盾纠纷调处中心、县人社局、宁安镇古城村等地，对中宁县2016年平安建设工作进行考核。

15日 县长陈宏对财政和机构编制工作进行调研，了解掌握2016年工作开展情况，对2017年工作提出具体指导意见。

△ 由县委、政府主办，县纪委、县委宣传部、县文化旅游广电局、县广播电视台承办的第10期大型电视问政节目《中宁问政》开问。本期问政重点关注相关部门（单位）因不作为、慢作为、乱作为导致的监管缺失、监管不力、监管错位等影响党群、干群关系的问题。集中解决在服务和保障民生过程中存在的监管不到位问题。

18日 县安监局检查组一行先后到宁隆、元赫和石空镇煤矿，对煤矿安全生产工作进行突击检查。

20日 自治区纪委派驻商务厅纪检组组长张勇、自治区商务厅副厅长郭勇带领考核组一行先后到兴尔泰集团、今飞轮毂、天元锰业等企业，对中宁县2016年招商引资工作进行考核。

21日 中宁县召开今冬明春卫生和计划生育工作会议。会议通报2016年度各乡镇、各成员单位卫生计生工作完成情况，安排部署2017年的卫生计生工作。

22日 副市长刘学智带领督查组一行先后到统计局、舟塔乡等地对中宁县第三次全国农业普查工作进行督查。

24日 县公安局组织城关中心派出所、治安大队、消防大队、巡警大队对辖区内的金岸家园、卓然怡居、杞乡经典、逸和民居等娱乐场所密集区域进行排查整治。

26日　县委召开2016年第35次常委会议，传达学习自治区党委十一届九次全体会议、自治区经济工作会议精神，通报自治区党委副书记崔波同志在中宁县调研情况，听取全县2016年度党风廉政建设和反腐败工作及县委巡察工作汇报，研究《县委十四届二次全体(扩大)会议筹备意见》《县委常委会领导班子2016年度民主生活会筹备方案》等。

29日　自治区安委办第三督查组深入宁夏华夏环保资源综合利用有限公司和宁夏华夏特钢有限公司，对节前中宁县安全生产大检查工作进行督查。

△　副县长陈正刚一行先后深入汽车站、石油公司北街配送中心、三农乐购超市、城际铁路施工现场、西气东输三线施工现场等地，对节前全县安全生产工作进行检查。

30日　中宁县农村淘宝运营中心举行开业仪式。

△　2017年宁夏枸杞测土配方施肥及病虫害防治学术研讨会在中宁县杞泰农业科技有限公司召开。全区大型枸杞栽培企业负责人，中卫市枸杞栽培企业、合作社、家庭农场负责人，中宁籍在外省市从事枸杞栽培的企业负责人共计200多人参会。

是月　在北京举行的中国农产品地理标志申报会上，中宁县组织申报的中国农产品地理标志——“中宁枸杞”顺利获准通过，成为中国农产品地理标志。这也是继“中宁枸杞”获得证明商标之后，“中宁枸杞”获得的又一项重要标志。

△　中宁县2016年大中型水库移民后期扶持项目全部完工，完成投资1175.76万元。

△　在全区首届“好司机好交警好运政”评选活动中，县汽车运输公司驾驶员张金锁荣获“宁夏好司机”称号，成为中宁县唯一一名获此殊荣的汽车驾驶员。

是年　县农牧局招商引进大型菌菇企业，在徐套乡撒不拉滩移民区，建成香菇种植棚50座，冷库正在建设中，已具备投产的硬件基础。

组织机构和领导成员

中共中宁县委员会

书　记　陈建华（1月19日离任）
　　　　赵建新（1月19日任职）
副书记　赵建新（1月19日离任）
　　　　陈　宏（1月19日任职）
　　　　张建兵
常　委　金　忱（8月18日离任）
　　　　刘辛彧（8月18日离任）
　　　　马文君（7月29日离任）
　　　　何太成
　　　　李满洲
　　　　夏运城
　　　　常丁梁
　　　　杨照明（4月5日离任）
　　　　冯　旭（回，4月5日任职）
　　　　孙艳琳（女，4月5日任职）
　　　　邱　斌（4月5日任职）
　　　　李正甫（回，8月18日任职）
　　　　王金栋（8月18日任职）

中宁县人大常委会

主　任　马彦军
副主任　张银强（11月25日离任）
　　　　王月琴
　　　　张海涛
　　　　李存银（7月29日离任）
　　　　张立信（4月5日任职）
　　　　李书东（8月12日任职）

中宁县人民政府

县　长　赵建新（1月19日离任）
　　　　陈　宏（1月19日任职）
副县长　张建兵（3月2日离任）
　　　　杨照明（4月5日离任）
　　　　张立信（4月5日离任）
　　　　周　红（女，回，4月5日离任）
　　　　陈正刚（4月5日任职）
　　　　任　勤（女，4月5日任职）
　　　　强　斌（回，4月5日任职）

刘辛彧(3月2日离任)
常丁梁
刘宏阳(7月29日离任)
范永伟(7月29日任职)
王金栋(8月18日任职)

政协中宁县委员会

主　席　李　毅(11月25日离任)
叶进宝(11月25日任职)
副主席　田伯川
张玉芬
徐　辉
严玉华(8月12日任职)

中宁县人民武装部

部　长　夏运城
政　委　夏彦文

中宁县人民法院

院长、党组书记　雍振海(7月29日离任)
高永生(7月29日任职)
副院长　李明琮(7月29日离任)
唐秀玲
高建宁
刘　伟(12月26日任职)
纪检组长　韩存义

中宁县人民检察院

检察长　孙凤玲
副检察长　马　骅
朱晓鹏
何少龙(8月31日任职)

中共中宁县委工作机构

县委办公室
主　任　杨宝银
副主任、督查室主任
张建忠(11月25日离任)
王吉军(11月25日任职)
副主任　张建华(5月21日离任)
郭吉鹏(11月25日任职)
徐　洁(12月14日离任)
机要局
局　长　冯正先(12月14日离任)
徐　洁(12月14日任职)
副局长　王伏银

县人大常委会工作机构

人大办公室
主　任　谢福才
副主任　周素泰
财政经济委员会
主　任　宋德印
人事代表选举工作委员会
主　任　马学武
法制工作委员会
主　任　周新旻
教科文卫工作委员会
主　任　范学银
副主任　徐文忠

政府工作机构

政府办公室
主　任　沈　军

副主任、法制办主任、机关事务管理中心主任
王　斌
副主任、信访督办局长
孙桂玲(12月26日离任)
张　琦(12月26日任职)
副主任、督查室主任　万宝生
副主任、外事侨务办主任
王天岐(5月21日离任)
副主任　朱　垚(11月25日任职)

信访督办局

局　长　孙桂玲(12月26日离任)
张　琦(12月26日任职)
副局长　胡学梅

政协工作机构

政协办公室

主　任　陈立斌

法制与民族宗教祖国统一联谊委员会

主　任　陆佳宁

教卫文体及青妇(文史)委员会

主　任　史生宝

提案工作委员会委

主　任　赵　清(11月25日任职)
副主任　赵　清(11月25日离任)

经济科技委员会

主　任　张贵安(5月10日离任)

县委工作部门及下属事业单位

县纪律检查委员会(监察局)

书　记　金　忱(8月18日离任)
冯　旭(回,8月18日任职)
副书记、监察局局长　祁少波
副书记　李华峰
纪委常委、监察局副局长
吴松海
纪委常委、党风政风监督室主任
郭俊娥
纪委常委、案件监督管理室(信访室)主任
王　峰
纪委常委、案件审理室主任
陈凤菊
纪委常委、纪检监察一室主任
苏军平
纪检监察二室主任　白建存(11月25日任职)
纪委常委、纪检监察室主任
李吉忠(11月25日离任)
监察局副局长　崔海菊
纪委办公室主任　王吉明(5月21日离任)

县委组织部

部　长　何太成
副部长、县直机关工委书记、人才办主任
刘晓燕
副部长、非公党工委书记
张学海(5月21日离任)
周向军
万富春(11月25日任职)
人才办副主任　郭吉鹏(11月25日离任)

老干部局

局　长　何瑞霞
副局长　李海英

党史县志办公室

主　任　万永芳

县委宣传部

部　长　马文君(7月29日离任)
孙艳琳(7月29日任职)
副部长、文明办主任　李　鸣
副部长　吴菊萍(5月10日离任)
王智丽
杜跃华(11月25日任职)

县委政法委

书　记　张建兵

副书记、综治办主任、秘书长

宋朝勇(12月14日离任)

副书记、副秘书长　李　齐(11月25日离职)

丁　涛(11月25日任职)

副书记　刘凤娟

综治办副主任　丁　涛(11月25日离任)

县委统战部

部　长　刘辛彧(8月31日离任)

李正甫(回,8月31日任职)

副部长、宗教局局长　杨志龙

副部长　薛　国(11月25日任职)

孙建国(11月25日任职)

县委政研室

主　任　张晓辉

副主任　李秀芳

杜　敏

县机构编制委员会办公室

主　任　崔金儒

副主任　曹立鸿

刘　明(11月25日任职)

县委直属事业单位

党　校

校　长　张建兵

常务副校长　武文诣

副校长　李　涛(5月21日离任)

张谨轩(11月25日任职)

祁熙涛(11月25日任职)

档案局

局　长　赵永福

副局长　黄建军

刘　通(11月25日任职)

政府工作部门及下属事业单位

发展和改革局

书记、局长、粮食局局长

董兴华

副局长　李建华

副局长、生态移民办主任

王建军(12月14日离任)

副局长、统计局局长　武慧琴

副局长、经动办副主任

黄　河

工会主席　王一工(5月10日退休)

价格监督检查所

所　长　焦　磊

统计局

局　长　武慧琴

扶贫办

主　任　朱向平(2月29日任职)

副主任　来彦峰

叶廷文

工业和信息化局

书记、局长　杨宝翟

副局长　刘　玉

李木多

王月芳

教育体育局

书记、局长　王玉泉

副局长　刘宁远

李天军

田福兴

尹建成

中宁中学

校　长　王晓文

书　记　尹学刚

中宁一中

校　长　　詹玉瑞

书　记　　康咸梅

中宁二中

校　长　　党　静

中宁三中

校　长　　雍长青

中宁四中

校　长　　刘元吉

中宁五中

校　长　　康永安

中宁六中

校　长　　高文成

鸣沙中学

校　长　　邢彦华

舟塔九年制学校

校　长　　冯　超

大战场中学

校　长　　张　谦

长山头中学

校　长　　金祝荣

东华九年制学校

校　长　　靳万宁

职教中心

主　任　　宋万斌

中宁一小

校　长　　张学东

中宁三小

校　长　　陈建华

中宁九小

校　长　　刘明星

中宁十小

校　长　　刘学成

县幼儿园

园　长　　马宁芳

书　记　　范淑琴

特殊教育学校

校　长　　邵俊宁

科学技术局

书记、局长、地震局局长

　　吴洪国

副局长　　雍建华

副局长、地震局副局长

　　刘　文

商务和经济技术合作局

书记、局长　　张　勇

副局长　　田知立（11月25日离任）

　　刘　强（11月25日任职）

　　光永霁

　　田　文

民族宗教事务局

书记、局长、统战部副部长

　　杨志龙

副局长　　张月宝

公安局

局　长　　李满洲

政委、纪委书记　　田小平（3月7日离任）

副局长　　王金成

　　刘福林

　　黄　毅

纪委副书记　　薛　军

治安大队

大队长　　姚吉绪

国保大队

大队长　　周　旭

消防大队

大队长　　高　源

交警大队

大队长　　刘　勇

刑警大队

大队长　　姚福祥

武警中队

中队长　　姚志远

经侦大队

大队长　　孟　炜

缉毒大队

大队长　　杨　烨

监管大队

大队长　　田兴光

治安拘留所

所　长　　张建斌

督察大队

大队长　　黄建新(8月31日任职)

　　　　　严　东(8月31日任职)

石空工业园区巡防队

队　长　　刘　斌

城关中心派出所

所　长　　闫维斌

石空派出所

所　长　　康洪波(2月19日离任)

　　　　　杨贵军(2月19日任职)

余丁派出所

所　长　　田福成

鸣沙派出所

所　长　　马家忠(2月19日离任)

　　　　　黑兴兵(2月19日任职)

恩和派出所

所　长　　肖建东

新堡派出所

所　长　　罗旭东

舟塔派出所

所　长　　李英豪(2月19日任职)

大战场派出所

所　长　　黑兴兵(2月19日离任)

　　　　　马家忠(2月19日任职)

喊叫水派出所

所　长　　殷玉鑫

徐套派出所

所　长　　王　德(2月4日离任)

　　　　　曹爱国(2月19日任职)

渠口派出所

所　长　　万少波

长山头农场派出所

所　长　　杨贵军(2月19日离任)

　　　　　康洪波(2月19日任职)

草原派出所

所　长　　孙继红

森林派出所

所　长　　常吉武

民政局

书记、局长　　董志荣

副局长　　何　彤

　　　　　胡金科

　　　　　麻云兴

副局长、社会组织党工委副书记

　　　　　王征坤

双拥办副主任　　仝智甫(5月10日离任)

司法局

书记、局长　　马英瀚(2月19日退休)

　　　　　锁占龙(5月21日任职)

副局长　　白雁玲(11月25日任职)

副局长、依法治县办主任

　　　　　黄彩霞

公证处

主　任　　方兆奎(2月4日退休)

财政局

书记、局长　王　铁

副局长　　张　凯(挂职,5月4日任职)

副局长、预算股股长　方　强

副局长　　冯学忠

采购办主任　　范全兴

会计核算中心副主任

　　　　　胡春涛

农业综合开发办公室主任　田兆军

人力资源和社会保障局

书记、局长　刘　德

副局长　刘晓燕

庞　娜

王　卿(12 月 14 日离任)

李　鹏(12 月 26 日任职)

就业创业和人才服务局

局　长　徐　宁

副局长　李建荣

劳动人事争议仲裁院院长　刘学斌

社保局

局　长　马学文

副局长　冯赞刚

朱凤莲

医保中心

主　任　何伟成(5 月 21 日离任)

副主任　张　继(5 月 10 日离任)

黎　萍

王德文

国土资源局

局长、书记　田维荣

副局长　宋学君

李　鹏(12 月 26 日离任)

纪检组长　雍淑芳

环境保护局

书记、局长　王自荣

副局长　田建华

周　凤

环境监测站

站　长　朱宁芳(12 月 26 日任职)

住房和城乡建设局

书记、局长　强　斌(5 月 10 日离任)

严旭祥(7 月 29 日任职)

副书记　李安军(12 月 14 日离任)

副局长　孟跃军

李铁林

严旭祥(7 月 29 日离任)

吴族清(挂职,5 月 4 日任职)

人民防空办

副主任　马占江(12 月 14 日离任)

招标办

副主任　刘天军

规划站

站　长　史学军

质检站

站　长　陈学军

房屋产权产籍管理所

所　长　龚建平

市政管理中心

主　任　梁　杰

污水处理厂

厂　长　康建军

水暖公司

经　理　吴占仓

液化气公司

经　理　李群雄

城管大队

队　长　杨天成(12 月 14 日离任)

设计研究所

所　长　张世龙

交通运输局

书记、局长、交战办主任　薛军勇

副局长　郭宝华

林德相(5 月 10 日离任)

李建存(11 月 25 日任职)

沈忠立

海事局局长　王照中

交战办副主任　张建荣(11月25日离职)

公路段

段　长　李建存(11月25日离职)

副段长　武海宁

　　张君汉

运管所

所　长　董建国

副所长　万　晖

　　严维波

水务局

书记、局长　申志宏

副局长、防汛办主任　田安国

副局长　张建平(11月25日任职)

　　何宝贵

　　吴建斌

工会主席　沈天德

农牧局

书记、局长　徐有志

副书记、工会主席　张俊涛

副局长　朱向平(2月29日离任)

　　李继光(12月14日任职)

　　张庆国

　　张　锐

　　张俊涛

　　李靖宁

农业技术推广服务中心

主　任　张学科

副主任　马新生

农业机械化技术推广服务中心

主　任　黎占明

水产技术服务中心

主　任　张永科

农广校

副校长　刘永红

种业集团

经　理　赵国恒

副经理　张勇捷

文化旅游广电局

书记、局长　方华胜

副局长　景学杰

　　刘月芳

　　赵　闯(11月25日离任)

　　贾　刚(11月25日任职)

广播电视台

台　长　刘雪峰

文化馆

馆　长　赵　闯

图书馆

馆　长　宋振兴

文物管理所

所　长　景学杰

电影院

电影院负责人、枸杞博物馆负责人

　　徐文辉

影剧院负责人　王卫军

电影公司负责人　韩　冰

卫生和计划生育局

书记、局长　赵殿龙

副书记、副院长　吴　昊

副局长　郭永琪

　　马东升

　　张建平

　　张建华

　　王艳萍

审计局

书记、局长　范永伟(7月29日离任)

　　宋朝勇(12月14日任职)

副局长　蒋　峰

　　宋海燕

　　白江涛(11月25日任职)

林业局

书记、局长　刘自祥

副局长 李治中
柯占英
魏向东

县林场

场　长 俞建中

轿子山林场

场　长 沈庆宁

清水河林场

场　长 王廷华

市场监督管理局

书记、局长 文铭旌
副局长 袁桂平
吴柏海
毕光华
杨晓冬(5月29日离任)
光胥桦(12月26日任职)
食品药品稽查专员 王仲祥
经济检查队队长 光胥桦(12月26日离任)
城镇市场监督管理所所长
张　浩
城郊市场监督管理所所长
王永凯
石空市场监督管理所所长
殷延伟(12月26日任职)
喊叫水市场监督管理所所长
蒋永东(12月26日任职)

安全生产监督管理局

书记、局长 李宗林
副局长 巫永升
王茹灵
郭宁江

政府直属事业单位

枸杞产业发展服务局

书记、局长 孙学军

副局长 刘　娟
严立宁(11月25日任职)

政务服务中心

主任、书记 马林成
副主任 马奋玲
李冬梅

网络安全和信息化办公室

主　任 李　齐(11月25日任职)
副主任 郭　利(11月25日任职)
张惠萍(11月25日任职)

工业(物流)园区办

工业(物流)园区管委会主任
叶进宝(8月18日离任)
刘辛彧(8月18日任职)
工业(物流)园区管委会副主任
张春源
工业(物流)园区管委会副主任、党工委书记
张海燕
工业(物流)园区管委会副主任
李发明(12月14日离任)
办公室主任 严吉华
办公室副主任 尹自顺
规划项目部部长 王　军
规划部副部长 党建胜
公共服务部部长 宋国祯
公共服务部副部长 贺伟华(5月21日任职)
安全环保监督部部长
杨科学
安全环保监督部副部长
邹良云
冯　伟(5月21日任职)
物流园区管理部部长
陆　岩
物流园区管理部副部长
王会文(5月21日任职)

群众团体

总工会

主　席　　李从银（7月29日离任）
常务副主席　　王少庸
副主席　　史玮进
副主席、经费审查委员主任
王艳红

团县委

书　记　　龚　涛(5月21日离任)
刘文霞（11月25日任职）
副书记　　刘文霞（11月25日离任）
徐　晓（11月25日任职）
童宁慧（11月25日任职）

妇　联

主　席　　康　玲
副主席　　张桂珍
妇儿工委办主任　　胡朝霞

工商联

主席、统战部副部长　　薛　国
副主席　　尤丽娟
马吉海（5月21日任职）

科学技术协会

主　席　　罗永平
副主席　　张文忠
施　锐（5月21日任职）

文　联

主　席　　王海荣
副主席　　王晓燕

残　联

理事长　　张光旭
副理事长　　张永春
陆秦玉（5月21日任职）

事业单位企业管理

供销社

主　任　　马宗国

乡　镇

宁安镇

书　记　　邱　斌
镇　长　　邱　斌（5月21日离任）
崔　涛（5月21日任职）
人大主席　　崔　涛（5月21日离任）
王天岐（9月20日任职）
副书记　　白居银（5月21日离任）
王吉明（5月21日任职）
纪委书记　　施　锐（5月21日离任）
万文军（5月29日任职）
副镇长　　金晓萍（5月10日离任）
张　琦（12月26日离任）
吴建新（5月29日任职）
高　欣（5月29日任职）
万文军（5月29日离任）
人武部长　　白胜军

石空镇

书　记　　蒋文韬
镇　长　　蒋文韬（5月21日离任）
雍天信（5月21日任职）
人大主席　　雍天信（5月21日离任）
武治军（5月21日任职）
副书记　　武治军（5月21日离任）
王学文（5月21日任职）
纪委书记　　刘学萍
副镇长　　李　斌（2月4日离任）
温　佳
何进喜

	李建平(5月29日任职)
人武部长	徐　斌(5月21日离任)
	王学胜(5月29日任职)

新堡镇

书　记	师清泉
镇　长	师清泉(5月21日离任)
	刘永华(5月21日任职)
人大主席	刘永华(5月21日离任)
	张建华(5月21日任职)
副书记	胡　玥
纪委书记	王学文(5月21日离任)
	赵全保(5月21日任职)
副镇长	张建平(5月29日离任)
	吴鸣涛
	张建文
	康凤玲(5月29日任职)
人武部长	高　欣(5月29日离任)
	蒋永祥(5月29日任职)

恩和镇

书　记	谭政华
镇　长	谭政华(5月21日离任)
	严向华(5月21日任职)
人大主席	高　伟(5月21日离任)
	田顺云(5月21日任职)
副书记	田顺云(5月21日离任)
	杨有孝(5月21日任职)
纪委书记	王敏霞
副镇长	韩少军
	叶金星
	杨海荣
人武部长	吴金柱(5月21日离任)
	闫　伟(6月24日任职)

鸣沙镇

书　记	李宏然(5月10日离任)
	张泽军(5月21日任职)
镇　长	李宏然(5月10日离任)
	杨晓冬(5月21日任职)
人大主席	张泽军(5月21日离任)
	贾志荣(5月21日任职)
副书记	陆秦玉(5月21日离任)
	张学海(5月21日任职)
纪委书记	马文华(5月21日离任)
	吴金柱(5月21日任职)
副镇长	贾志荣(5月21日离任)
	王宾华
	于振凯
	厚　荔(5月29日任职)
人武部长	田永宁(5月29日任职)

大战场镇

书　记	张俊海
镇　长	张　明(5月21日离任)
	马文华(5月21日任职)
人大主席	张俊海(5月21日离任)
	孙　靖(5月21日任职)
副书记	孙　靖(5月21日离任)
	王　河(5月29日任职)
纪委书记	赵全保(5月21日离任)
	李　涛(5月21日任职)
副镇长	杨　岩
	王　河（5月21日离任）
	马　宁(5月21日离任)
	尹向奎(5月29日任职)
	苏建军(5月29日任职)
人武部长	杨彦军

白马乡

书　记	胡　斌
乡　长	胡　斌(5月21日离任)
	龚　涛(5月21日任职)
人大主席	张维华
副书记	马吉海(5月21日离任)
	王爱玲(5月21日任职)
纪委书记	张建忠

副乡长　杨有孝(5月21日离任)
　王爱玲(5月21日离任)
　李俊东(5月29日任职)
　尹　磊(5月29日任职)
人武部长　尹　磊(5月29日离任)
　岳全福(5月29日任职)

余丁乡

书　记　令　薇
乡　长　令　薇(5月21日离任)
　李建杰(5月21日任职)
人大主席　孔　刚(5月21日离任)
　何伟成(5月21日任职)
副书记　王新录
纪委书记　李　军
副乡长　万　煜
　张红香(5月29日任职)
人武部长　张　龙(5月29日任职)

舟塔乡

书　记　马建辉
乡　长　马建辉(5月21日离任)
　孔　刚(5月21日任职)
人大主席　刘建明(5月21日离任)
　杨志荣(5月21日任职)
副书记　杨志荣(5月21日离任)
　张　斌(5月21日任职)
纪委书记　李铁林(5月21日离任)
　杨伯仁(5月21日任职)
副乡长　赵文泉
　马玉燕(5月21日离任)
　杨伯仁(5月21日离任)
　赵建国(5月29日任职)
　严金海(5月29日任职)
人武部长　张　斌(5月21日离任)
　肖　颖(6月24日任职)

喊叫水乡

书　记　周立祖
乡　长　梁启军(5月21日任职)
人大主席　周立祖(5月21日离任)
　白居银(5月21日任职)
副书记　梁启军(5月21日离任)
　马尚亮(5月21日任职)
纪委书记　袁进霖(5月21日离任)
　马玉燕(5月21日任职)
副乡长　马潇华(2月4日离任)
　马尚亮(5月21日离任)
　严学武(5月29日任职)
　马　宁(5月29日任职)
　薛志鑫(5月29日任职)
人武部部长　严学武(5月29日离任)
　马海成(5月29日任职)

徐套乡

书　记　锁占龙(5月21日离任)
　康文宏(5月21日任职)
乡　长　康文宏(5月21日离任)
　袁进霖(5月21日任职)
人大主席　锁占龙(5月21日离任)
　胡志仁(5月21日任职)
副书记　胡志仁(5月21日离任)
　王君玮(5月21日任职)
纪委书记　金学忠
副乡长　王君玮(5月21日离任)
　龚韶华(5月29日离任)
　孔富霞
　秦　斌(5月29日任职)
人武部部长　马千笑(5月29日离任)
　马珊丹(5月29日任职)

社　区

振兴社区书记　沈韶华
利民社区书记　纪淑梅
红苑社区副书记　刘冬梅(7月26日任职)
南苑社区书记　吴江萍
杞苑社区书记　吴建新(5月29日离任)

副书记　郭丽琴（7月26日任职）
宁新社区书记　陈晓红
丰宁社区书记　胡学海
朱营社区书记　李　钧（12月27日离任）
王　超（12月27日任职）
丰安社区主任　张红香
安定社区书记　康凤玲（5月29日离任）
鸣雁社区书记　白胜军

中央、区属驻中宁单位

国税局
党组书记、局长　蔡正勇
副局长　姚　鑫
郑志祥
张艳萍
李　波

地税局
党组书记、局长　肖明亮
党组副书记　尹玉宏
副局长　刘治华
尚志亮
冯晓春

邮政局
局　长　杨　琪
副局长　李海峰

供电局
局　长　李　磊
副局长、工会主席　董自涛

宁夏出入境检验检疫局中卫办事处
副主任　王俊礼

宁夏盐业管理局中宁县分局
经　理　王　拓
副经理　陈宁安

烟草公司
局　长　李守华

气象局
局　长　雷　蕾（11月23日离任）
王学兵（11月23日任职）
副局长　王学兵（11月23日离任）
周明山
吴　科（11月23日离任）

社会经济调查队
队　长　陈建军
副队长　李小平

七星渠管理处
处　长　张　锋

固海管理处
处　长　王效军

红寺堡管理处
处　长　陈旭东

中央储备粮中宁直属库
主　任　赵　川
副主任　赵彦琴

渠口农场
场　长　刘文军
书　记　朱学山
总经理　孙文举

长山头农场
场长、总经理　哈矿武
副总经理　马　荣

中卫市住房公积金中宁分中心
主　任　王明强

邮政储蓄银行
行　长　罗宗霞
副行长　魏邦栋

农行中宁支行
行　长　崔　兴
副行长　万海荣
白　桦
胡维聪

农发行中宁支行

行　长　　王　婧

副行长　　时海祥

工行中宁支行

行　长　　于光宇

副行长　　沈静勇

　　冯胜平

建行中宁支行

行　长　　张江宁

副行长　　王　东

　　何全通

　　朱东升

　　张兆奇

信用联社

党委书记、理事长　　刘占明

监事长　　杜冬娜

副主任　　郭建平

　　朱万科

　　谭　策

宁夏银行中宁支行

行　长　　周长军(2月26日离任)

　　李永刚(4月13日任职)

青银村镇银行

党委书记、董事长　　李得平

党委副书记、行长　　向世宏

副行长　　王　锋

　　宋金福

石嘴山银行中宁支行

行　长　　邹德晓

新华书店

经　理　　袁　军(11月23日任职)

副经理　　马立涛(11月23日任职)

人保寿险公司

经　理　　祁自强

副经理　　马　强

人保财险公司

经　理　　刘　蕊

平安寿险公司中宁分公司

经　理　　周跃坤

中油宁夏中宁销售分公司

经　理　　平保忠

副经理、安全总监　　马立新

一七七处

处　长　　郭　鹏

五三六处

党委书记、处长　　白彦军

党委副书记　　齐晖萍

纪委书记、副处长　　白万春

党委成员　　葛跃军

中宁发电公司

党委书记、董事长　　周　辉

副董事长、总经理　　马自斌

副总经理　　万邦林

　　秦怀民(12月19日离任)

　　张广斌(12月19日任职)

移动公司

经　理　　高玉成(5月18日任职)

副经理　　王福斌

电信公司

经　理　　王东宁

副经理　　王　兵

联通公司

经　理　　邵　鑫

宁夏广电网络公司中宁分公司

经　理　　季耀斌

宁夏水投中宁水务有限公司

董事长　　张志军

总经理　　尹新安

副总经理　　陈天鸿

　　沈全周

中宁综览

中宁概貌

【地理环境】 中宁县位于宁夏回族自治区中部、宁夏平原南端，东部和东北部分别与吴忠市、青铜峡市接壤，南部与同心县相连，西临中卫市，北靠内蒙古阿拉善左旗。隶属地级中卫市管辖。县域地处内蒙古高原和黄土高原的过渡带，县境内四面环山，中部低平，介于东经105° 26′ ~106° 7′、北纬37° 9′ ~37° 50′之间。黄河自西向东横贯县境中部，平均海拔1140 ~1600米。

【气候特点】 2016年年度气候特点：气温偏高，降水偏多，日照偏多。年平均气温11.5℃，比历年同期偏高1.6℃。其中，年极端最高气温37.9℃，出现在7月28日；年极端最低气温-20.9℃，出现在1月24日。年总降水量205.4毫米，比历年同期偏多13.1毫米。年总日照时数3066.7小时，比历年同期偏多67.7小时。全年总蒸发量为1408.7毫米。2015年11月27日至2016年3月11日，共计102天，连续冻土时间为95天。10厘米深度土壤温度日平均最大值32.4℃，出现在8月8日；日平均最小值-7.2℃，出现在1月24日。初雪日期：2015年10月30日；终雪日期：2016年3月9日；最长积雪持续时间：2016年1月11日至14日，共计4天；最大积雪厚度：5厘米。本年度初霜日期：10月28日。全年无霜日：215天；初终间日数：152天。

【建置沿革】 西汉元狩三年（前120年）设眴卷县（今新堡镇新堡村）。东汉永初五年（111年）发生羌族起义，安定郡南迁，眴卷县废。北魏时期设鸣沙县，属灵州普乐郡。北周保定二年（562年）设会州，州治在鸣沙县，这是中宁境内第一次设置州级行政建制。建德六年（577年）废会州，置鸣沙镇。隋开皇十年（590年）设丰安县，隶于灵武郡。县城在今关帝村。隋开皇十九年（599年）在鸣沙设环州，辖鸣沙等县。唐武德二年（619年）置会州，辖鸣沙等县。贞观六年（632）改置环州。贞观九年（635年）环州废，鸣沙县改属灵州。唐贞观二十一年（647年）设皋兰州安置铁勒浑部于鸣沙，设都督府。唐武德四年（621年）析置丰安县，贞观十三年（639年），以其地并入回乐县。唐咸亨三年（672年）鸣沙县界内设安乐州，治今同心县下马关镇北红城水，安置由青海迁来的吐谷浑部落。万岁通天元年（696年）在丰安县置丰安军，城址在今石空镇。唐开元初，在鸣沙境内的东皋兰州，安置铁勒浑部，属灵州管辖。唐大中三年（849年）改安乐州为威州，鸣沙县属之。唐乾符三年（876年）此前置雄州于丰安县城。本年地震中地陷城废，无力重筑。中和元年（881年）徙治承天堡。北宋咸平五年（1002年）党项族李继迁攻占灵州。此后，中宁地区由党项族统治。元代设鸣沙州，属宁夏府路。在鸣沙州城设水陆两驿。明建文元年（1399年）设宁夏中卫。中宁河北地区的张义堡以西属中卫，以东属广武域。明成化二十二年（1486年），筑宁安堡城，中宁黄河以南恩和以西划中卫管辖。清雍正二年（1724年）废除卫所制度，宁夏中卫改为中卫县，中宁地区属中卫县。乾隆二十四年（1759年）于宁安堡设渠宁巡检司，代表中卫县衙管理渠口、宁安一带事务，其辖区略大于今之中宁县。民国二十二年（1933年），宁夏省政府报国民政府批准，从中卫县划出胜金关、山河桥以东地区设置中宁县。民国二十三年（1934年）1月1日，中宁县政府成立，县城设宁安堡。

1949年9月14日，中宁解放，正式成立中共中宁县委和中宁县人民政府，中宁县属宁夏省直管。1954年，宁夏省撤销并入甘肃省，置甘肃省银川专区，中宁县属银川专区。1958年10月25日，宁夏回族自治区成立，中宁县直属自治区。1972年2月23日，设立银南地区，中宁县划归银南地区管辖。1998年5月11日，撤银南地区，设立吴忠市，中宁县归吴忠市管辖。2004年8月，设立中卫市，中宁县划归中卫市管辖。

【行政区划】 1999年，全县共辖城关、鸣沙、石空三镇，宁安、康滩、舟塔、古城子、新堡、东华、恩和、长滩、白马、枣园、余丁、长山头12个乡，长鸣1个乡级地区，大战场、马家梁2个乡级吊庄，渠口和长山头2个国营农场。2000年元月，大战场、马家梁两乡移交中宁县管辖。中宁县下辖三镇十四乡1个乡级地区管委会和2个国营农场。2002年9月，长鸣地区并入长滩乡。2003年7月行政区划调整，中宁县辖五镇四乡2个国营农场1个地区管委会和1个社区管理委员会。即宁安镇、新堡镇、鸣沙镇、石空镇、恩和镇、大战场乡、舟塔乡、白马乡、余丁乡，长山头农场、渠口农场、长山头地区管委会、城镇社区管委会。2004年2月，同心县喊叫水乡整建制划归中宁县管辖。是年，撤销长山头地区管理委员会和城镇社区管委会，分别并入大战场乡、宁安镇。2006年，中宁县辖五镇五乡2个国营农场。即：宁安镇、石空镇、鸣沙镇、新堡镇、恩和镇、舟塔乡、白马乡、余丁乡、大战场乡、喊叫水乡、渠口农场、长山头农场。2008年2月，徐套乡归划中宁县辖区。中宁县辖五镇六乡2个国营农场。2012年04月18日，大战场撤乡改镇。2015年底，撤销红梧地区管委会。2016年，政区总面积4165.89平方公里。辖六镇五乡，120个行政村，12个城镇社区，8个农林牧渔场。

【人口变化】 2016年末，全县常住人口34.51万人，出生4514人，死亡1865人，出生率13.9‰，自然增长率9.08‰；计划内出生4302人，出生人口政策符合率94.57%；出生人口性别比为104.72；迁入3047人，迁出3943人。

【自然资源】 中宁县自然资源丰富，农业资源得天独厚，矿产资源优势明显。据不完全统计，中宁县有种子植物41科415种。其中，天然植物30科223种，栽培植物28科192种。禾本科、豆科、菊科、藜科站全县植物种的一半以上。在415种植物中，除极少数为毒害植物外，大部分植物在农林牧业生产中发挥着重要作用。中宁境内有野生脊椎动物5纲23目59科179种以上。主要经济动物约有80种，其中，有鸟类34种，兽类27种，两栖类3种，爬行类8种，鱼类8种。中宁县石灰岩矿十分丰富，黄河南北均有分布。黄河南岸以天景山矿区储量最大，该矿区储量4亿吨，是全自治区最大的矿产地。其次，草帽子墩1180万吨，马鞍山2亿吨，黄羊湾5000吨，牛首山、狐子疙瘩、清水河等共有储量500多万吨。2006年，经宁夏矿产地质调查所对县域内矿产资源进行勘查：境内已有石灰岩矿床7处(其中,大型1处、中型2处、小型4处)。设置采矿权区10个,主要有天景山电石用灰岩,草帽子墩水泥用灰岩,年产量20余万吨。此外,还有煤炭、黏土、石膏、芒硝、硫铁矿、重金石等非金属矿产。金属矿产主要有铁矿、铜矿、锰矿、金矿等,大多主要分布在中宁北山。

【旅游资源】 中宁境内有明长城、石空石窟、泉眼山古今水利工程、红岗子拱北、万亩枸杞观光园、长山头天湖、黄河金岸等10多处人文景观,构成以特色产业、生态观光、历史文化古迹、天然湖泊湿地、古今水利设施、人文传说为基础的旅游资源体系。星渠柳翠、余丁早春、石空灯火、牛首佛光、黄河古渡、芦沟烟雨,历史上就十分有名。石空大佛寺创建于唐朝,随山形而凿石窟,以九间没梁洞而闻名于世,是古丝绸之路——灵州道上的珍贵文物,也是宁夏佛教的知名寺院,不时吸引着国内外专家、学者前来观光考察,成为自治区黄金旅游线的游览胜地之一。

【名优特产】 中宁县1961年被国务院确定为全国唯一的枸杞生产基地县,1995年被国家命名为"中国枸杞之乡"。得黄河穿境而过之利,盛产枸杞、红枣、粮油、瓜果、畜禽等产品,素有"塞上江南,鱼米之乡"的美称,是全国枸杞、商品粮、瘦肉型猪生产基地和经济林建设先进县,"中宁圆枣"荣获中国原产地证明商标,"中宁硒砂瓜"荣列中国原产地地理标志。2013年荣膺"中国最具海外影响力市县"。2014年获国家级出口食品农产品质量安全示范区荣誉称号。2015年,宁夏中宁枸杞种植系统被国家农业部确定为中国重要农业文化遗产。

社会事业

【发展概况】 2016年,全县实现地区生产总值134.5亿元,增长7.1%;完成地方财政收入15.1亿元,其中,完成地方一般公共预算收入10.2亿元,增长8.1%;完成固定资产投资135.9亿元,同比增长2%;社会消费品零售总额达20.2亿元,增长8.9%;金融机构各项人民币存款余额152.8亿元,贷款余额179.9亿元。城镇居民和农民人均可支配收入达23141.3元、10356.4元,分别增长7.7%和8.1%。2016年,中宁县荣获"全国双拥模范县""全国生态文明示范县""中国十佳最具有投资竞争力县(市)""国家级农村产业融合发展试点示范县"等荣誉称号,入列全国首批产城融合示范区。

【工业经济】 2016年,全县47家规上企业完成工业总产值211.9亿元,同比增长4.1%;实现工业增加值37.1亿元,同比增长5.1%;实现利润(盈亏相抵)6.48亿元,同比增长66.2%;上缴税金3.08亿元,同比增长1.27%;完成销售产值186亿元,同比增长0.1%;实现销售收入158.8亿元,同比下降13.7%。年内新上、技改、续建重点工业项目112个(投资2000万元以上25个),完成工业项目投资43.8亿元。其中,30万吨电解金属锰四期5条生产线、今飞500万套汽车轮毂一期8台设备、天元公司年产30万吨重熔金属锰一期(10万吨)、早康公司5000吨GMP枸杞干果精加工等12个项目建成试生产;天元公司利用金属锰废渣年产2×50万吨硫酸锰联产脱硫锰渣项目、兴尔泰公司120万吨/年硝基复合肥循环经济产业链供热中心项目等4个项目正在安装设备;天元锰业2×350MW自备热电厂、隆基硅1000MW单晶硅棒等项目正在建设中。隆基硅、赛马水泥两家企业被评为环境友好型企业,恒达、红宝等8家企业获评全国守合同重信用企业,中宁发电、锦宁铝镁等5家企业进入宁夏100强,天元锰业集团成功引入港资港股进行重组上市,位列"2016中国企业500强"第349位。累计投入34.5亿元,提升工业园区配套服务功能,助推工业转型升级,中宁工业园区规模、产值跻身全区三甲,荣获中国最佳产业转移示范园区、国家级循环化改造示范试点园区、国家新型工业化产业示范基地等荣誉。

【现代农业】 2016年，全县落实粮食播种面积72.8万亩，总产达2.9亿公斤，比去年增加0.6%；硒砂瓜成为山区群众增收致富的支柱产业，供港蔬菜基地被评为“国家级供港蔬菜质量安全示范区”。新建宁夏伟华、温新国2家标准化生猪规模养殖场，更新改建天利、盛源等10家生猪养殖场，调运原种母猪320头；改建5个奶牛养殖场；新建源海肉羊、宜旺源肉驴等2000平方米以上肉牛羊标准化规模养殖场8个，建设150平方米肉羊标准化规模养殖场1500余座，组织实施兴旺肉牛、李有春肉羊等节本增效科技示范场34个。生猪、肉牛、奶牛、肉羊、家禽饲养量分别达到73.5万头、11.5万头、2.3万头、69万只和172万只，比去年同期分别增长1.95%、15%、2.2%、5.6%和1.2%。落实各项强农惠农政策，累计发放农牧业补贴资金3.4亿元。完成柳青渠、南北渠节水改造、滨河路以南低洼盐碱地改造等大中型灌区续建配套项目建设，春秋两季共计完成各级渠道清淤8804条6916千米；渠道砌护838条316千米；完成各级沟道清淤1810条1211千米；新建和维修建筑物9527座；整修机耕路和生产路3223条1511千米；新增节水灌溉面积6.4585万亩，其中，高效节水灌溉面积2.045万亩、渠道防渗面积4.4135万亩；改善灌溉面积45万亩，测土施肥45万亩；完成畦田建设12万亩，机翻25.6万亩，秋施肥8万亩，秸秆还田8万亩。农田水利基本建设连续三年荣获“黄河杯”竞赛一等奖。

【枸杞产业】 2016年，建成自治区级枸杞良种采穗圃2个，自治区级良种苗木繁育基地2个（中杞、杞鑫），全县枸杞育苗1.28万亩。推进小产区精细化管理，鼓励扶持21家企业、合作社等新型农业经营主体在6个小产区新植枸杞1.1万亩，成活率达86%以上。推广宁杞5号、7号等枸杞新品种1万亩。全县建成各类枸杞烘干设施652座(其中，清洁能源19台/套)，日烘干鲜果能力达2058吨，枸杞鲜果机械制干率达69%。启动国内有机枸杞认证试点工作，在首批符合条件的8家企业进行试点。“中宁玺赞枸杞”获准中国生态原产地产品保护，“杞之龍”枸杞基地被认定为国家级“优质果园”。开启中宁枸杞直营直销新模式，鼓励企业在大中城市建立直销体验店。全国首个枸杞电子交易所——宁夏枸杞电子交易所落户中宁。推进枸杞文化宣传“九个一”工程，实施《枸杞密码》动漫游项目。举办首届中宁枸杞采摘节，为舟塔、源乡、杞泰、早康、大地、中杞、百瑞源7家枸杞基地颁发“中国重要农业文化遗产——中宁枸杞种植系统示范区”匾牌，启动申报全球重要农业文化遗产。启动“中宁枸杞”国外商标注册，首批拟在马来西亚、巴西、澳门、台湾等5个国家地区进行。组织企业参加国内外推介活动10余次，召开中宁枸杞推介会5次，召开枸杞鲜果长季节栽培成果发布会。利用中国枸杞网、微信公众平台等新媒体，加大中宁枸杞对外宣传力度。

【商贸流通】 2016年，全县实施招商引资项目26个，项目计划外方总投资485.66亿元，当年计划投资170亿元，实际到位资金区外69.23亿元、区内13.25亿元(区内实施项目32个)，共82.48亿元。全县实现社会消费品总额20.16亿元，同比增长8.9%。支持外贸企业申报2016年中小企业国际市场开拓资金项目，帮助企业通过商务部外经贸发展专项资金网络国力系统进行网络申报项目。兑现企业国际市场开拓资金、外贸区域协调发展资金、进口补贴资金。全县外贸进出口总额达18.87亿元，同比增长26.94%，其中，进口总额9.51亿元，同比增长13.06%；出口总额9.36亿元，同比增长45.03%。落实商贸流通“十三五”发展规划、电子商务、农产品质量追溯体系、物流、菜篮子连锁超市、标准化菜市场等6类8个项目规划；成功申报国家级电商示范县；宁夏枸杞电子交易中心建成运营；引进阿里巴巴村淘项目落户中宁，建成80个电子商务村级服务站；电商孵化园被中卫市授予创业孵化园区。举办房车节、啤酒节、网上博览会等各类活动。建设瀛海新天地、鑫华商贸中心、为民城市商业广场等城市综合体项目，建立连锁店、专卖店、购物中心、商品展销、商业广场等新型零售批发网点，爱家、春天、震道、荣盛等连锁超市发展到40余家。

【城乡建设】 2016年，组织实施城镇重点建设项目196个，打通、改造南二环等29条市政道路，杞乡黄河体育中心、市民服务中心等25个公共建筑项目投入运营，观园壹号、富康花园等23个大型商住小区陆续入住。完成25个老旧小区和35万平方米既有建筑节能改造，城镇化率达43.7%。城市集中供热、自来水入户、污水处理和生活垃圾处理率分别达88%、92%、92%和93%，县城建成区绿地率达30.6%，中宁县被评为自治区卫生县城、园林县城和文明县城。建成大战场等中心集镇4个、刘庙等美丽村庄13个，完成黄庄、李滩等旧庄点整治94个，改造农村危窑危房8703户。实施城乡环境综合整治行动，组建城市管理综合执法队伍，城市网格化管理体系逐步完善，机械化深度洗扫和人工保洁有效融合，生产生活垃圾日产日清、密闭清运。不断完善产业园区和主干道路、主要街道及乡镇庄点绿化，建成中央大道、亲水街和109国道沿线等景观绿化工程，创建国家级生态乡镇3个、自治区级生态乡镇5个、生态村7个。

【环境保护】 2016年，县城地区有效监测天数365天，优良天数285天，优良率78.1%。城市功能区、文教居民区、商住混合区、交通噪声基本符合各功能区标准。全县化学需氧量、氨氮、二氧化硫、氮氧化物静态削减量分别为2264.38吨、664.22吨、624.53吨、1268.95吨，完成年度减排目标任务的100.8%、109.1%、123.9%、120.6%。依法严查企业环境违法行为。全年完成污染源现场检查260余次，立案查处违规企事业单位17家，办结行政处罚案件14起，收缴罚款592275元。开展贺兰山东麓葡萄种植基地周边环境大检查，督促区域内6家企业完成环境突出问题整改。开展北河子专项执法行动、建设项目环评审批专项整治行动、木炭窑集中整治行动、金岸家园油烟污染整治行动等，依法断电关停木炭窑、塑料加工厂4家。加强大气污染综合防治。重点实施瀛海、赛马和天元建材等4个脱硝项目技术改造，实施黄河乳品厂、天元发电厂和水暖公司等16个脱硫除尘项目建设。督促水暖公司下属的亲水、聚元、育财、石空、新堡等5个供热站20吨以上锅炉完成双碱法脱硫设施及除尘设施改造建设。强化农村环境卫生保洁考核，保洁人员由上年的151名增加到2016年的365名。开展水污染治理、大气污染防治等专项行动，严厉打击环境违法行为，查处环境违法案件40余件，县城空气质量优良天数占有效监测天数的84.3%，位居全区前列。

【财政税务】 2016年，全县地方财政收入完成150634万元，完成预算的114.4%，同比增长1.3%，其中，地方一般公共预算收入完成101718万元，完成年度预算的100%，同比增长8.1%。其中，税收收入完成74315万元，完成预算数的94.1%，同比增长11.3%；非税收入完成27403万元，完成预算数的120.7%，同比增长0.2%。税收收入中国税收入29469万元，同比增长83.6%；地税收入44846万元，同比下降11.6%。政府性基金收入完成48916万元，完成年度预算的163.1%，同比下降10.4%；国有资本经营没有形成有效收入。财政总支出完成495988万元，同比增长31.97%，其中，一般公共预算支出完成378495万元，同比增长18.42%；政府性基金支出45501万元，同比下降19.05%。

【社会民生】 2016年，建成保障性住房17102套，提高低保、五保、高龄、孤儿、残疾等保障津贴，城市低保由原来的平均275元/月提高至平均310元/月，农村低保由原来的平均145元/月提至平均185元/月；五保集中供养每人每月生活费由400元提高到640元，分散供养每人每月生活费由245元提高到480元。全年发放城市低保金2565

万元，农村低保金 3828 万元，发放五保金 284 万元，发放孤儿津贴 178 万元，下拨救灾救助资金 2590 万元。加快完善养老服务体系，建成老年活动中心、第三（回民）、第四敬老院、64 个城乡社区服务站、60 个农村幸福院和 22 个农村老饭桌，引导社会力量新建县级养老服务中心和红宝养老服务中心，“五保”对象集中供养率 39.1%。全县城乡居民医疗保险参保 31.2 万人，养老保险参保 14.7 万人，城乡居民医疗保险报销比例年均提高 5%，养老保险待遇标准年均提高 10%。坚持以创业带动就业，新增就业 1.68 万人，完成农村劳动力转移就业 15.96 万人。全力推进脱贫攻坚，全县 5086 名山区群众实现脱贫。

【教育卫计】 优先发展教育，加快薄弱学校建设，实现办学条件标准化。2016 年，新建、改扩建中小学 126 所，建成公办幼儿园 17 所，义务教育均衡发展通过国家级评估验收，宁夏大学枸杞职业技术继续教育学院挂牌成立。高考一次性二本上线人数连续五年超过千人，全县高考二本以上上线人数 1273 人，比 2015 年净增 41 人，上线率 41.03%，高于全区平均上线率 10.03 个百分点。中考高考成绩连续五年快速提升。完成全民健身“四个一”工程，在全区率先实现体育基础设施“三个全覆盖”，先后举办中国（中宁）国际轮滑公开赛暨 AIC 全轮滑世界杯、中阿四国男子篮球邀请赛、全国篮球俱乐部青年锦标赛等 8 项国际国内大型赛事，成功创建全国首批基本公共体育服务体系示范县和全国社会体育组织服务全民健身试点县。加快推进三级医疗网络建设，完成西促会医疗设备帮扶合作项目，新建、改建卫生院 7 个，85 个村级标准化卫生室投入使用，各类医疗卫生机构达 220 所。计生服务逐步优化，人口均衡发展，落实“少生快富”项目 42 户，免费孕前优生健康检查夫妇 2702 对。实现全国计划生育优质服务先进单位创建目标，石空镇、白马乡创建为自治区“五星级”计划生育乡镇。

【科技文化】 2016 年，申报专利 55 件，授权 32 件，培养企业专利专员 11 人。申报自治区级科技项目 56 项，获批 22 项。御萃坊、杞泰、昌大机械等 3 家公司获批自治区科技型中小企业。全县有高新技术企业 2 家，自治区科技型中小企业 9 家，工程技术研究中心 2 家，技术创新中心 5 家。推进科技扶贫工作，争取自治区科技扶贫指导员“百人团”项目资金 46 万元，在喊叫水乡实施优质肉羊新品种繁育与示范推广，压砂西瓜种植技术集成示范推广，草畜、马铃薯、红葱综合产业项目，压砂地硒甜瓜产业提升技术示范推广项目，旱作黑果枸杞节水高效栽培技术集成示范项目等科技扶贫项目 5 个。围绕枸杞、硒砂瓜种植、畜牧养殖引进推广适用农业新技术 13 个、引进新品种 11 个、举办科技培训班 20 场次、培训农民 790 人次。新建乡镇综合文化站 4 个、乡村文化广场 30 个、农家书屋 89 个，双龙山石窟文物陈列馆开馆运行，农村广播应急平台“村村响”建成投运，基层文化服务功能明显增强。

【社会治理】 组织开展“六大战役”专项行动，“平安中宁”建设成效显著，中宁县连续两年被自治区命名为“平安县”。公安机关全年各类刑事立案 1774 起，抓获犯罪嫌疑人 290 人，逮捕 111 人，移送起诉 245 人，抓获各类逃犯 51 名。为群众挽回经济损失 504 万元。受理治安案件 1968 起，查处 1204 起，处理违法人员 1403 人，其中，治安拘留 350 人。检察机关全年受理贪污贿赂犯罪案件线索 18 件，初查 21 件，立案侦查 13 件 15 人，收到生效判决 11 件 11 人。受理渎职侵权犯罪线索 2 件，摸排线索 4 件。受理提请批准逮捕案件 85 件 100 人，批准逮捕 55 件 64 人；受理移送审查起诉案件 156 件 176 人，提起公诉 151 件 182 人；检察长列席审委会 3 件 9 人、出庭支持公诉 4 件；办理轻微刑事案件 27 件（均在十日内提起公诉）。法院全年受理刑事案件 205 件 251 人，审结 197 件 241 人，结案率 96.09%；受理民商事案件 3024 件，审结

2852件，结案率94.31%；受理行政案件28件，审结26件；受理各类执行案件1619件，执结1304件，执行到位标的2699.17万元。司法机关圆满完成“六五”普法任务。全县各级人民调解组织受理纠纷1525件，调解成功1519件，成功率99.6%，化解疑难复杂、重、特大矛盾纠纷349件，排查纠纷635次，预防纠纷437件，涉及当事人4527人，协议涉及金额3918.26万元，完成自治区下达的全年260件民生实事任务的134%，防止群体性上访46件，837人次。中宁县被评为2016年度全国法治教育先进县。

【改革开放】 2016年，9项重点领域改革创新年度目标按期实现。工业园区供电体制改革稳步推进，完成智能微电网规划方案编制，能源调度中心投入运营，能源管理服务公司挂牌成立，与19家企业签订购售电意向性协议，兴尔泰供热中心投入生产，天元锰业自备热电厂快速推进。行政审批和政务服务改革步伐不断加快，建立中宁网上办事大厅、掌上政务APP、微信关注和政务大厅服务窗口“四位一体”办理模式，新市民服务中心投入运营，中宁县被列为全区政务服务试点县。金融改革创新成效显著，建立“1+6”融资服务模式，初步形成银行、保险、基金、担保、民间助贷中心、金融助贷中心、小额贷款等多元化金融发展格局，帮助企业融资3亿余元，荣获自治区金融环境创建奖。深化农村综合改革，农村土地承包经营权确权登记颁证工作通过自治区评估验收，农村土地综合服务信息平台投入使用，土地流转面积增至21.6万亩；水权确权登记工作顺利开展，完成首批水权交易签约，交易水权219万立方米。国有林场、供销社、县级公立医院改革等其他领域改革工作有序推进。

中共中宁县委员会

综　述

【项目建设】 2016年克服投资动能不足、重点项目紧缺等困难，以项目建设保增长、补短板、增后劲、促发展，严格落实“五定”包抓责任制，创新实施干部实绩考核调动积极性，开展“大干实干100天”活动，78个重点项目顺利开工，景津集团金属锰四期30万吨电解金属锰、年产500万件汽车轮毂项目(一期)、北河子沟湿地治理项目、G109线中宁高速出口至长山头出口两侧绿化工程、年烘干加工枸杞一万吨生产线建设项目、市民服务中心项目、第四敬老院项目等38个投资规模大、产业带动力强的项目实现当年竣工，项目开工率、建成率、投资完成率创近年来新高，今飞集团年产500万件汽车轮毂仅用半年便实现从签约落地到试生产，造就“延长铝产业，激情干事业”的“今飞速度”；天元锰业四期30万吨电解金属锰全面建成投产，金属锰产能预期可达80万吨，占全球金属锰总产能的60%以上。坚持招商引资“一号工程”，紧盯400亿签约任务，开展以商招商、节会招商和产业链招商，全年新建续建招商引资项目23个，促成天元锰业与香港百灵达、香港泰达等企业实现战略重组，全盘收购澳大利亚联合矿业CML公司。

【产业层级】 针对市场低迷、外需不振、环境约束等问题，坚持调优存量、做大增量、提升质量，全年新上、技改、续建重点工业项目25个，规模以上企业新增7家达到47家，产值过亿元企业达到20家，金属锰、铝镁合金产业集群产值分别达到101亿元和55亿元；11个新能源项目并网发电，装机容量升至732.3兆瓦；建立企业技术研发中心2个，电解金属锰在全球首次实现生产高度自动化；关停淘汰2家企业落后产能，全年实现规模以上工业增加值45.81亿元，同比增长5.3%。加快枸杞产业升级步伐，制订《中宁枸杞种苗产业发展规划》，建成2个自治区级良种苗木繁育基地，全县枸杞苗木产值达2.5亿元，较去年实现翻番；推行枸杞小产区精细化管理，规模化种植面积达54%；利用长季节栽培技术实现中宁枸杞鲜果四季供应，冷冻制干枸杞试生产成功，成立中国中药协会枸杞专业委员会，宁夏枸杞产业国家级专家服务基地落户中宁；建成宁夏枸杞电子交易所，“中宁枸杞馆”落户银川、南京、海口,“中宁枸杞生活馆”进驻大连、成都等12个大中城市;“中宁枸杞”以“小枸杞,大健康”理念在第十四届中国国际农产品交易会上大放异彩,央视7套、中国经济网等57家主流媒体、网站竞相报道,中宁枸杞中国农产品地理标志申报成功。中宁枸杞全年实现电商交易额2.6亿元,同比增长8.3%;中宁枸杞出口量达4846吨,占全国出口量的40%。改善农业生产条件,全县新增耕地3420.3亩,改造低洼盐碱地2.13万亩,发展高效节水农业2.35万亩,改善灌溉面积45万亩。

【改革创新】 深化行政审批和政务服务制度改革,市民服务中心正式投入使用,在全区率先公布实施县级权力清单和责任清单,依托“政务云”系统在全区率先实现县乡村网上审批全覆盖,行政审批事项压减率98%、时限缩短70%,民营企业新增1372户,被列为全区政务服务信息化、标准化及相对集中行政许可权试点县。打造低成本工业园区,推进工业园区供电体制改革,建成能源管理服务中心,智慧园区建设加快推进,能源管理服务公司成为全区唯一一家获批作为市场主体开展售电业务的售电公司,完成直供电交易2662万度。深化农村综合改革,建立农村土地综合服务信息平台,探索开展农村土地流转经营权颁证工作,全县土地流转面积24.8万亩,新型农业经营组织辐射带动农户3.6万余户,完成国有林场改革和全国首笔水权交易。打通开放通道,京藏高速、城际铁路中宁段加快建设,中宁黄河二桥前期工作有序推进,“中阿号”中亚国际班列正式开通;以“互联网+”为导向,启动阿里巴巴“村淘”项目,建成村级电商服务站80个,宁夏中药材(枸杞)流通追溯体系建成试运营,成功申报国家级电商示范县。融入全域旅游,中宁枸杞传统栽培种植技术展示区、小盐池滩枸杞产业观光带陆续启动建设,成功举办宁夏首届枸杞采摘节。

【城乡环境】 抢抓中宁作为全区空间规划和产城融合试点机遇,按照“总体规划,连片整治”的思路,制订2016至2018年宁安、石空、新堡三大片区6500套棚户区改造计划,实施18个城镇重点建设项目,新开工面积19万平方米,建成殷庄大社区,完成13个老旧小区改造和10万平方米既有建筑节能改造,新建、续建市政道路17条,宁丰路建成通车。建成鸣沙镇五道渠村、白马乡白路村、白马乡三道湖村等6个美丽村庄,恩和、白马、鸣沙美丽小城镇建设加快。强化城乡环境综合整治,组建成立城市管理综合执法局,全面推行“以克论净”,县乡村三级保洁机制不断完善。强化环境保护与治理,稳步推进“生态联城”“水系连城”工程,南北河子综合治理工程初见成效,实施市民休闲森林公园、109国道沿线绿化等工程,新增绿地面积69.36万平方米,完成营造林面积20310亩,全县森林覆盖率14%,城市绿地率30.6%。建立环境保护网格化管理机制,严控减排,重拳治污,全年立案查处环境违法违规企业17家,14件中央环境保护督察组转办交办案件全部办结销号,县城全年空气质量优良率78.1%。

【民生事业】 2016年,15件民生实事全部办结。薄弱学校改造、校安工程、营养改善计划成效显著,全县高考一次性二本上线人数连续五年超过千人,上线率高于全区平均水平10.03个百分点。深化公立医院改革,推行“先住院后付费”模式,中国西部研究与发展促进会医疗帮扶项目落地实施,农村就地基础医疗实现全覆盖。全力实施水质软化和人饮工程,率先在全区实现农村人饮城市化。坚持提标扩面强化社会保障,老年活动中心、第四敬老院、城镇社区日间照料中心等养老设施基本建成,被征地农民养老保险惠及1.3万余名群众,城乡居民养老保险和医疗保险基本实现全覆盖。抓全民创业促充分就业,城镇登记失业率稳定在4%以内。智慧中宁综合服务平台完成开发,“四化一满意”服务群众平台加快建设,县城公共场所免费Wi-Fi基本实现全覆盖,宽带乡村及城市基础网络完善工程加快推进,信息服务进入千家万户。成功举办中国国际轮滑公开赛、CBA西部行等国际国内赛事及第二届全民运动会,再掀全民健身热潮。强化平安建设,深入开展信访积案“大排查,大接访,大化解”活动,4项约束性指标稳控在红线以内,社会大局和谐稳定。举全县之力推进精准脱贫,深入落实“六个精准”“五个一批”要求,着力做好“有土”“离土”两篇文章,创新实施金融扶贫,4895名1199户建档立卡群众脱贫,2个行政村脱贫销号。

【党的建设】 深入开展“两学一做”学习教育,设置“四查四树一对标”五个专题、建立“六个一”学习制度以学促知,组织开展软弱涣散党组织、干部纪律作风、信访问题集中排查化解等五项专项整治,党员干部在思想、作风、纪律等方面存在的问题得到有力整改。严肃换届纪律,完成县乡领导班子换届,召开县第十四次党代会,为未来五年全县经济社会发展指明方向、绘就蓝图。健全能上能下、政绩考核评价和奖惩机制,调整任免科级干部268名,75名干部纳入科级后备干部库。加强基层组织建设,创建三星级及以上基层服务型党组织145个,打造党建示范点24个,整顿软弱涣散党组织27个,完成123个村党组织换届选举,配齐124个村党组织带头人。严格落实中央“八项规定”并深入开展回头看,坚持以“电视问政”曝光作风不实问题,推动作风建设持续好转。全面落实从严治党主体责任,制定“两个责任”清单,理清党委(党组)58项、纪委(纪检组)55项职责,11名领导干部在“三述三评”中接受质询;抢抓中宁县作为全区派驻纪检机构试点县机遇,成立县委巡察工作领导小组“剑指”基层腐败,深入开展侵害群众利益不正之风专项整治,建立“村廉通”机制预防村官贪腐;坚持“一案双查”、责任倒查,以“零容忍”态度惩治腐败,给予党政纪处分42人,对5名领导干部进行了“一案双查”,政治生态持续好转。

重要会议

【中宁县第十四次党代会】 9月26日,召开中国共产党中宁县第十四次代表大会。本次大会应到代表259名,实到代表257名。赵建新代表中共中宁县第十三届委员会,向大会做了题为《不忘初心 砥砺奋进 为全面建成小康社会而努力奋斗》的工作报告,回顾总结过去五年的工作,规划经济社会发展奋斗目标,部署工作思路和重点任务工作。今后五年全县工作的指导思想是:高举中国特色社会主义伟大旗帜,认真落实党的十八大以来党中央和区市党委决策部署,坚持以习近平总书记来宁视察重要讲话精神为指引,坚持把发展作为第一要务,按照“五位一体”总体布局和“四个全面”战略布局要求,深入践行“五大发展理念”,大力发扬“不到长城非好汉”的宁夏精神,加快建设开放富裕和谐美丽中宁,努力实现经济繁荣、民族团结、环境优美、人民富裕,确保全面建成小康社会。今后五年的奋斗目标是:更加注重经济增长的质量和效益,力争经济增速高于全国全区平均水平,地区生产总值、地方一般公共预算收入年均增长8%,社会消费品零售总额年均增长9%,全社会固定资产投资年均增长12%,城镇和农村居民人均可支配收入年均分别增长9%和10%,完成“十三五”规划确定的目标任务。总体思路是:“确保一个目标,实现两个翻番,打赢三场硬仗,完成六项改革试点任务”。“确保一个目标”,即确保到2020年全面建成小康社会。“实现两个翻番”,即全县地区生产总值比2010年翻一番、城镇和农村居民人均可支配收入比2010年翻一番。“打赢三场硬仗”,即打赢工业转型升级硬仗、打赢农业提质增效硬仗、打赢脱贫攻坚硬仗。“完成六项改革试点任务”,即完成产城融合试点任务、农村综合改革试点任务、工业园区供电体制改革试点任务、空间规划试点任务、行政许可权改革试点任务、城市综合执法体制改革试点任务。

【县委第1次常委(扩大)会议】 1月18日下午，县委书记赵建新主持召开县委2016年第1次常委会议。会议传达学习自治区"两会"精神，研究审议《2016年春节"送温暖"慰问活动安排意见》《中共中宁县委十三届九次全体(扩大)会议方案》《中宁县2016年国民经济和社会发展主要指标计划》《县委常委会工作报告》和《关于制定中宁县国民经济和社会发展第十三个五年规划的建议》；听取政协中宁县十一届委员会第四次会议筹备情况的汇报。陈宏、张建兵、金忱、刘辛彧、马文君、李满洲、何太成、夏运城、常丁梁、马金出席会议，马彦军、李毅、叶进宝及县直有关部门负责人列席会议。

【县委第3次常委(扩大)会议】 1月27日，县委书记赵建新主持召开县委2016年第3次常委会议。会议研究并原则同意《县政府工作报告》《中宁县国民经济和社会发展第十三个五年规划纲要》《县人大常委会工作报告》《县政协常委会工作报告》；会议听取中宁县2015年国民经济和社会发展情况、中宁县2015年财政预算执行情况等重大事项的汇报；审定2015年度效能目标管理考核结果。陈宏、张建兵、金忱、刘辛彧、马文君、李满洲、何太成、夏运城、常丁梁、马金出席会议，马彦军、李毅、叶进宝、张立信、田伯川及县直有关部门负责人列席会议。

【县委第4次常委(扩大)会议】 2月4日，县委书记赵建新主持召开县委2016年第4次常委会议。会议传达学习自治区纪委十一届七次全会、中卫市纪委三届六次全会暨全区纪律审查工作会议、全区政法工作会议、全区组织部长会议、全区宣传部长会议、中卫市宣传工作会议和全区政法委书记会议、全区统战部长会议精神；听取春节期间安全生产和社会稳定工作汇报，安排部署中宁县配合部队处置渠口太阳梁移民村"哑弹"的有关事宜。陈宏、张建兵、金忱、刘辛彧、马文君、李满洲、何太成、夏运城、杨照明、马金出席会议，马彦军、李毅、叶进宝、雍振海、孙凤玲及各乡镇、县直有关部门负责人列席会议。

【县委第5次常委(扩大)会议】 2月19日，县委书记赵建新主持召开县委2016年第5次常委会议。会议研究并原则同意《中共中宁县纪委十三届六次全体(扩大)会议筹备意见》《全县政法综治信访暨平安建设工作会议筹备意见》《2016年全县组织宣传统战工作会议筹备意见》；通报自治区党委第一巡视组回访中宁反馈问题整改情况，并研究《关于落实自治区党委第一巡视组回访中宁反馈意见整改"五定"方案》；听取全县议事协调机构和临时机构调整清理情况的汇报。陈宏、张建兵、金忱、刘辛彧、马文君、李满洲、何太成、夏运城、杨照明、常丁梁、马金出席会议，马彦军、李毅、叶进宝、雍振海及县直有关部门负责人列席会议。

【县委第6次常委(扩大)会议】 2月25日下午，县委书记赵建新主持召开县委2016年第6次常委会议。会议研究并原则同意《关于提请研究2016年全县农村工作会议筹备意见的请示》《中宁县关于做好2016年农业农村工作的意见》《中宁县2016年农业特色产业扶持政策》和《中宁县干部工作实绩考核办法(试行)》；审定并原则同意县纪委《中宁县纪委十三届六次全体会议工作报告》。陈宏、张建兵、金忱、刘辛彧、马文君、李满洲、何太成、夏运城、杨照明、常丁梁出席会议，马彦军、李毅、叶进宝、张立信、刘宏阳及有关乡镇、县直有关部门负责人列席会议。

【县委第7次常委(扩大)会议】 3月17日，县委书记赵建新主持召开县委2016年第7次常委会议。会议研究并原则同意《关于县委书记、副书记和常委工作分工的意见》《中宁县科级后备干部选拔培养管理使用办法(试行)》《中宁县科级后备干部推荐考察工作方案》《关于引导规范农村土地承包经营权流转指导基准价格的意见》和《中宁县公务用车制度改革实施方案》；研究并原则同意《中宁县公务用车制度改革实施方案》,报中卫市车改领导小组审定后组织实施;研究干部事宜。陈宏、刘辛彧、马文君、李满洲、何太成、夏运城、杨照明、常丁梁、马金出席会议,马彦军、李毅、叶进宝、刘宏阳、周红、雍振海及各乡镇、县直有关部门负责人列席会议。

【县委第9次常委(扩大)会议】 3月28日下午,县委书记赵建新主持召开县委2016年第9次常委会议。会议研究并原则同意《关于划拨三十五宗国有建设用地使用权的请示》《关于挂牌出让一宗国有建设用地使用权的请示》《中宁县困难残疾人生活补贴和重度残疾人护理补贴办法》《关于兑现中宁县宁华工贸等3家企业项目建设财政扶持资金的请示》《中宁县骨干教师津贴补贴办法》;研究《中宁县脱贫攻坚社会帮扶行动计划》,指出县级领导原则上每月到包抓贫困村开展帮扶工作不少于1次,各乡镇、部门、单位主要负责人每2周不少于1次,其他干部每月不少于1次,以县委办文件印发实施。陈宏、金忱、刘辛彧、李满洲、何太成、常丁梁、马金、孙艳琳出席会议,马彦军、李毅、叶进宝及有关乡镇、县直有关部门负责人列席会议。

【县委第10次常委(扩大)会议】 4月8日,县委书记赵建新主持召开县委2016年第10次常委会议。会议研究并原则同意《关于宁夏红宝农特产品有限公司三宗国有建设用地使用权处置意见的请示》《中宁县政府投资项目招投标管理办法实施细则》《中宁县加强财政资金管理办法》《关于隆基硅公司年产1000MW单晶硅棒项目有关事宜的请示》《关于隆基硅公司年产1000MW单晶硅棒项目区中宁县圣源绒毛有限公司所有工业用途房产及附属设施有关事宜的请示》《关于宁夏今飞凯达轮毂股份有限公司年产500万只汽车铝合金轮毂项目有关事宜的请示》等。陈宏、金忱、冯旭、刘辛彧、李满洲、常丁梁、马金、邱斌出席会议,马彦军、李毅、叶进宝、刘宏阳及有关乡镇、县直有关部门负责人列席会议。

【县委第11次常委(扩大)会议】 4月14日,县委书记赵建新主持召开县委2016年第11次常委会议。通报有关领导视察调研时发生的两起安保不力事件,并就彻底整改等事宜进行安排部署。陈宏、冯旭、刘辛彧、李满洲、何太成、常丁梁、马金、邱斌出席会议,马彦军、李毅、叶进宝及县直有关部门负责人列席会议。

【县委第12次常委(扩大)会议】 4月27日,县委书记赵建新主持召开县委2016年第12次常委会议。研究并原则同意《中共中宁县委员会"三重一大"事项集体决策实施细则(试行)》,按照会议讨论意见修改完善后,以县委文件印发实施;研究全县"两学一做"学习教育、县乡领导班子换届工作有关事宜;研究《关于成立县委巡察工作领导小组的请示》;研究干部事宜。陈宏、金忱、冯旭、李满洲、何太成、夏运城、常丁梁、邱斌出席会议,马彦军、李毅、叶进宝、强斌及县直有关部门负责人列席会议。

【县委第13次常委(扩大)会议】 5月4日,县委书记赵建新主持召开县委2016年第13次常委会议。会议听取一季度全县经济运行情况、全县信访维稳工作及全县安全生产、环境保护、土地执法工作汇报;通报一季度全县干部实绩考核结果;研究并原则同意《中宁县"十三五"脱贫攻坚实施方案》《中宁县2016年脱贫攻坚工作方案》《中宁枸杞产业发展大会筹备方案》。陈宏、金忱、冯旭、刘辛彧、李满洲、何太成、夏运城、常丁梁、马金、邱斌出席会议,马彦军、叶进宝、刘宏阳、田伯川及各乡镇、县直有关部门负责人列席会议。

【县委第14次常委(扩大)会议】 5月10日,县委书记赵建新主持召开县委2016年第14次常委会议。会议传达学习习近平总书记重要批示、李建华书记批示和毛泽东《党委会的工作方法》《中国共产党地方委员会工作条例》《中国共产党党组工作条例(试行)》;研究并原则同意县政府党组提出的《关于参股设立宁夏天元金融助贷中心的请示》,

由中宁县国有资本运营有限公司代表中宁县人民政府出资，联合宁夏天元金融投资管理有限公司共同设立宁夏天元金融助贷中心；研究干部事宜。陈宏、金忱、冯旭、刘辛彧、何太成、夏运城、常丁梁、马金、邱斌出席会议，马彦军、李毅、叶进宝、刘宏阳、陈正刚、任勤及县直有关部门负责人列席会议。

【县委第15次常委（扩大）会议】 5月21日，县委书记赵建新主持召开县委2016年第15次常委会议。会议研究并原则同意《中宁县乡镇党委换届工作实施方案》《关于成立乡镇领导班子换届工作指导组的请示》《关于推荐区、市表彰先进基层党组织、优秀共产党员和优秀党务工作者的请示》；研究并原则同意《关于中宁县科级后备干部推荐考察情况的报告》，建立中宁县科级后备干部库。由组织部负责按照“备用结合，动态管理”原则，制定科级后备干部管理办法，提交县委常委会研究；研究干部事宜。陈宏、张建兵、金忱、冯旭、刘辛彧、李满洲、何太成、常丁梁、马金、邱斌出席会议，马彦军、叶进宝、王月琴及各乡镇、县直有关部门负责人列席会议。

【县委第16次常委（扩大）会议】 5月29日，县委书记赵建新主持召开县委2016年第16次常委会议。研究并原则同意《关于各乡镇党委召开党员代表大会的请示》。各乡镇要迅速启动谋划换届工作，认真制订乡镇党委换届方案，紧扣时间节点，按照规定程序操作，稳步推进换届工作；研究干部事宜。陈宏、张建兵、金忱、冯旭、刘辛彧、李满洲、何太成、夏运城、常丁梁、马金、邱斌出席会议，马彦军、叶进宝、田伯川及各乡镇、县直有关部门负责人列席会议。

【县委第17次常委（扩大）会议】 6月1日，受县委书记赵建新委托，县委副书记、县长陈宏主持召开县委第17次常委会议。研究并原则同意《中宁县精准扶贫“扶贫贷”实施方案》《中宁县发展教育脱贫工作实施方案》《中宁县脱贫攻坚劳务培训及就业创业工作方案》《中宁县扶贫保险实施方案》《中宁县特色产业脱贫攻坚实施方案》。金忱、冯旭、刘辛彧、李满洲、何太成、夏运城、常丁梁、马金、邱斌出席会议，马彦军、叶进宝、任勤、强斌、张玉芬及有关乡镇、县直有关部门负责人列席会议。

【县委第18次常委（扩大）会议】 6月12日，受县委书记赵建新委托，县委副书记、县长陈宏主持召开县委2016年第18次常委会议。会议研究并原则同意《关于开展纪念中国共产党成立95周年活动的安排意见》《中宁县庆祝中国共产党成立95周年大会筹备方案》《全县“七一”慰问党员活动方案》《中宁县2016年“四项赛事”承办工作方案》等事宜。金忱、李满洲、夏运城、常丁梁、马金、邱斌出席会议，马彦军、李毅、任勤及有关乡镇、县直有关部门负责人列席会议。

【县委第19次常委（扩大）会议】 6月24日，县委书记赵建新主持召开2016年县委第19次常委会议。研究并原则同意宁安镇、石空镇等11个乡镇分别提出的乡镇领导班子换届人事安排的请示，以县委文件批复；研究《关于中宁县县乡（镇）人民代表大会换届选举有关工作的请示》《关于中宁县选举委员会组成人员建议名单》《关于中宁县各乡（镇）选举委员会成员建议名单》；研究干部事宜。陈宏、金忱、冯旭、刘辛彧、李满洲、何太成、常丁梁、马金、邱斌出席会议，马彦军、李毅、叶进宝、张立信及各乡镇、县直有关部门负责人列席会议。

【县委第20次常委（扩大）会议】 7月18日下午，县委书记赵建新主持召开县委2016年第20次常委会议。会议研究并原则同意《关于中国共产党中宁县第十四次代表大会代表选举工作的请示》《关于各乡镇出席中国共产党中宁县第十四次代表大会代表候选人预备人选的请示》；安排部署环境保护、安全生产、信访维稳等工作。陈宏、张建兵、金忱、冯旭、李满洲、何太成、夏运城、常丁梁、马金、邱斌出席会议，马彦军、李毅、叶进宝、强斌、雍振海、孙凤玲及各乡镇、县直有关部门负责人列席会议。

【县委第21次常委(扩大)会议】 7月29日,县委书记赵建新主持召开县委2016年第21次常委会议。会议传达学习区党委办公厅《关于学习贯彻习近平总书记来宁视察重要讲话精神的通知》和自治区党委十一届八次全体会议精神;会议研究并原则同意《中宁县推进领导干部能上能下实施办法(试行)》,研究干部事宜。陈宏、张建兵、刘辛彧、何太成、夏运城、常丁梁、李正甫、邱斌出席会议,李毅、张立信、范永伟、孙凤玲及各乡镇、县直有关部门负责人列席会议。

【县委第22次常委(扩大)会议】 8月12日,县委书记赵建新主持召开县委2016年第22次常委会议。会议听取县考核领导小组关于2016年度上半年干部工作实绩考核情况的汇报;会议研究并原则同意《关于县第十七届人民代表大会代表名额分配方案的报告》《关于下派县第十七届人代会代表候选人分配名额及提名人选的请示》;研究《关于全县各乡镇党委换届选举结果的报告》《关于取消原派党建指导员经济指导员科技特派员资格的请示》《关于选派党建工作"三员"的请示》《关于组织开展红军长征胜利80周年纪念活动的请示》《2016年度"最美杞乡人"推荐评选活动实施方案》。陈宏、张建兵、冯旭、李满洲、何太成、夏运城、常丁梁、马金、李正甫、王金栋、邱斌出席会议,马彦军、李毅、叶进宝及各乡镇、县直有关部门负责人列席会议。

【县委第23次常委(扩大)会议】 8月23日,县委书记赵建新主持召开县委2016年第23次常委会议。会议研究并原则同意《关于调整和明确县委提名党代表人选的请示》《关于各部门(单位)出席中国共产党中宁县第十四次代表大会代表候选人预备人选的请示》《关于民革、民盟、民进中宁县委会换届的请示》;审定并原则同意县纪委提出的《关于中卫市开展贯彻落实中央八项规定精神"回头看"督查反馈问题的整改方案》。陈宏、张建兵、冯旭、李满洲、何太成、夏运城、常丁梁、马金、李正甫、王金栋、邱斌出席会议,马彦军、叶进宝、刘辛彧、张玉芬及各乡镇、县直有关部门负责人列席会议。

【县委第25次常委(扩大)会议】 8月31日,县委书记赵建新主持召开县委2016年第25次常委会议。会议研究并原则同意《关于批准县第十七届人民代表大会代表正式候选人建议人选的请示》《关于批准出席中国共产党中宁县第十四次代表大会代表的请示》《关于成立太阳梁移民安置区管理办公室的请示》;研究干部事宜。陈宏、张建兵、冯旭、李满洲、何太成、夏运城、常丁梁、马金、李正甫、王金栋、邱斌出席会议,马彦军、李毅、叶进宝、刘辛彧、张立信、陈正刚、田伯川及各乡镇、县直有关部门负责人列席会议。

【县委第26次常委(扩大)会议】 9月9日,县委书记赵建新主持召开县委2016年第26次常委会议。会议研究并原则同意中国共产党中宁县第十四次代表大会有关事宜;审定并原则同意县教育体育局提出《全县庆祝第三十二个教师节暨表彰奖励大会的方案》。冯旭、李满洲、何太成、夏运城、常丁梁、马金、李正甫、邱斌出席会议,马彦军、李毅、叶进宝、刘辛彧及县直有关部门负责人列席会议。

【县委第27次常委(扩大)会议】 9月20日,县委书记赵建新主持召开县委2016年第27次常委会议。会议听取《中国共产党中宁县第十三届委员会工作报告》《中国共产党中宁县纪律检查委员会工作报告》。会议研究并原则同意《中共中宁县委员会十三届十二次全体会议筹备意见》《关于各乡镇人大、政府领导班子换届选举结果的报告》《关于中宁县工商联(民间商会)换届的请示》。陈宏、张建兵、冯旭、李满洲、何太成、马金、李正甫、王金栋、邱斌出席会议,马彦军、李毅、叶进宝、刘辛彧、任勤、范永伟及各乡镇、县直有关部门负责人列席会议。

【中宁县委十四届一次全体会议】 9月27日，召开中宁县委十四届一次全体会议。会议选举中国共产党中宁县第十四届委员会常务委员会委员、书记、副书记；通过中国共产党中宁县第十四届纪律检查委员会第一次全体会议选举结果的报告。赵建新、马彦军、陈宏、张建兵、冯旭、李满洲、何太成、夏运城、孙艳琳、李正甫、王金栋、邱斌及县委委员、候补委员，县纪委委员出席会议。

【县委第28次常委(扩大)会议】 10月17日，县委书记赵建新主持召开县委2016年第28次常委会议。会议研究并原则同意《关于中宁县第十七届人民代表大会常务委员会组成人员候选人建议人选的请示》《关于中宁县出席中卫市第四届人民代表大会代表候选人建议人选的请示》《关于召开中宁县十七届人民代表大会第一次会议的请示》《中宁县空间规划(多规合一)改革试点工作实施方案》《中宁县公务用车服务中心机构编制方案》等；研究干部事宜。陈宏、张建兵、冯旭、何太成、夏运城、常丁梁、马金、李正甫、王金栋、邱斌出席会议，马彦军、李毅、叶进宝、刘辛彧、张海涛、陈正刚、任勤、范永伟、田伯川及各乡镇、县直有关部门负责人列席会议。

【县委第29次常委(扩大)会议】 10月21日，县委书记赵建新主持召开县委2016年第29次常委会议。会议研究并原则同意《关于提名推荐政协中卫市第四届委员会委员建议人选的请示》；听取《县人大常委会工作报告》《县政府工作报告》《县政协常委会工作报告》《关于中宁县2016年民生计划执行情况和2017年民生计划（草案）的报告》《关于2016年国民经济和社会发展计划执行情况与2017年国民经济和社会发展计划（草案）的报告》《中宁县2016年财政预算执行情况及2017年财政预算(草案)报告》。张建兵、李满洲、何太成、夏运城、常丁梁、马金、李正甫、王金栋、邱斌出席会议，马彦军、李毅、叶进宝、刘辛彧、张海涛、陈正刚、任勤、范永伟、田伯川及各乡镇、县直有关部门负责人列席会议。

【县委第30次常委(扩大)会议】 11月2日，县委书记赵建新主持召开县委2016年第30次常委会议。会议研究并原则同意《中宁县城乡规划管理委员会组成人员及主要职责、运行规则》《中宁枸杞推介会实施方案》《中宁县石空工业园区污水处理规划》《关于建设中宁工业园区能源管理服务中心声光电展示馆的请示》《关于宁夏中宁工业园区能源管理服务有限公司租用园区闲置荒山地组织相关企业建设分布式光伏发电项目有关事项的请示》。陈宏、张建兵、李满洲、何太成、夏运城、常丁梁、马金、王金栋、邱斌出席会议，马彦军、叶进宝、刘辛彧、陈正刚、范永伟及各乡镇、县直有关部门负责人列席会议。

【县委第31次常委(扩大)会议】 11月25日，县委书记赵建新主持召开县委2016年第31次常委会议。会议传达学习自治区领导干部专题学习班、中央第八环保督察组关于宁夏回族自治区环境保护督察反馈意见和李建华、咸辉在中央第八环保督察组督察宁夏回族自治区情况反馈会上的讲话精神；研究并原则同意《关于进一步加强全县农村基层党建工作的实施意见》《2017年元旦春节期间广泛开展群众性文化活动的实施方案》《县级领导联系县“两代表一委员”工作办法》；研究干部事宜。陈宏、张建兵、冯旭、李满洲、何太成、夏运城、常丁梁、马金、李正甫、王金栋、邱斌出席会议，马彦军、叶进宝、刘辛彧、张海涛、强斌、范永伟、田伯川及各乡镇、县直有关部门负责人列席会议。

【县委第32次常委(扩大)会议】 11月28日，县委书记赵建新主持召开县委2016年第32次常委会议。会议安排部署近期有关工作，各乡镇、部门、单位一定要站在讲政治、讲大局的高度，围绕制定的目标任务，突出重点，突破难点，争分夺秒，奋力冲刺，扎实做好当前各项工作，确保今年工作收好尾，明年工作起好步；研究干部事宜。陈宏、张建兵、冯旭、李满洲、何太成、夏运城、常丁梁、马金、孙艳琳、李正甫、王金栋、邱斌出席会议，马彦军、叶进宝、刘辛彧及县直有关部门负责人列席会议。

【县委第33次常委(扩大)会议】 12月7日，县委书记赵建新主持召开县委2016年第33次常委会议。会议审定并原则同意《关于贯彻落实绿色发展理念加快美丽中宁建设的实施方案》。研究并原则同意《中宁县精准脱贫工作考核办法》《关于中宁县"六五"普法总结表彰暨"七五"普法动员大会有关事宜的请示》《中宁县法治政府建设工作方案》《关于置换债券资金使用计划的请示》《关于做好全县村党组织和第十届村民委员会换届选举工作的意见》等。张建兵、李满洲、何太成、夏运城、常丁梁、马金、李正甫、王金栋、邱斌出席会议，马彦军、叶进宝、刘辛彧、王月琴、陈正刚、任勤、强斌、高永生及各乡镇、县直有关部门负责人列席会议。

【县委第34次常委(扩大)会议】 12月14日，县委书记赵建新主持召开县委2016年第34次常委会议。会议听取全县信访维稳、安全生产、中央环保督察组转办事项整改落实情况、2017年重点项目前期推进情况的汇报，并安排部署有关工作；会议研究并原则同意《关于推选中宁县出席党的十九大代表候选人初步人选的请示》，研究干部事宜。陈宏、张建兵、冯旭、李满洲、何太成、常丁梁、李正甫、王金栋、邱斌出席会议，马彦军、叶进宝、陈正刚、强斌、范永伟、高永生、孙凤玲、张海燕及各乡镇、有关部门负责人列席会议。

【县委第35次常委(扩大)会议】 12月26日，县委书记赵建新主持召开县委2016年第35次常委会议。会议传达学习自治区党委十一届九次全体会议、自治区经济工作会议、全区宗教工作会议精神；通报自治区党委副书记崔波在中宁县视察情况，安排部署有关整改事宜；听取全县2016年度党风廉政建设和反腐败工作及县委巡察工作汇报；研究并原则同意《关于出席党的十九大省级党员领导干部和厅级以下(含厅级)党员领导干部代表候选人初步人选推荐情况的报告》，决定按程序提请县委十四届二次全体(扩大)会议审议；研究干部事宜。陈宏、张建兵、冯旭、李满洲、何太成、常丁梁、马金、李正甫、王金栋、邱斌出席会议，马彦军、刘辛彧、陈正刚、任勤、强斌、范永伟、高永生、孙凤玲及各乡镇、县直有关部门负责人列席会议。

重大活动

【"两学一做"专题教育】 2016年2月，中共中央办公厅印发《关于在全体党员中开展"学党章党规、学系列讲话，做合格党员"学习教育方案》，并发出通知，要求各地区各部门认真贯彻执行。这次"两学一做"学习教育，基础在学，关键在做，活动从5月份开始，在县行政中心第一会议室召开全县"两学一做"学习教育工作会议。以县委书记讲话开局，每月开展1次学习讨论，年底召开专题民主生活会和组织生活会。以"两学一做"为主题进行，着眼明确基本标准、树立行为规范，逐条逐句通读党章，全面理解党的纲领，牢记入党誓词，牢记党的宗旨，牢记党员义务和权利，引导党员尊崇党章、遵守党章、维护党章，坚定理想信念，对党绝对忠诚。认真学习《中国共产党廉洁自律准则》《中国共产党纪律处分条例》等党内法规，学习党的历史，学习革命先辈和先进典型，从违纪违法案件中汲取教训，肃清恶劣影响，发挥正面典型的激励作用和反面典型的警示作用，引导党员牢记党规党纪，牢记党的优良传统和作风，树立崇高道德追求，养成纪律自觉，守住为人、做事的基准和底线。

【中宁问政】 紧盯群众反映的热点难点、工作效能、干部作风等问题，坚持现场承诺"祛病灶"，限期整改"灭顽疾"。2016年共开展中宁问政三期，第八期"中宁问政"于2016年3月30日录制，本期问政以"行'三严三实'，向'四风'亮剑"为主题，对徐套乡、水务局、水投公司、环保局、农发办、舟塔乡、公安局、安监局、鸣沙镇及鸣沙镇长鸣村10个单位开展现场问政。该期问政主要反映职能部门责任意识不强、担当精神不够，党员干部谋划不实、创业不实、做人不实等问题，旨在督促党员干部要向“四风”亮剑，大力弘扬求实、务实、扎实、落实的作风，坚持一切从实际出发，对县委、政府议定确定的事，高标准推进、高质量落实，确保不出废品、少出次品、多出精品。第九期“中宁问政”于7月28日录制，以“看问题 找差距 转作风”为主题。对大战场镇、县国土资源局、环境保护局、住房和城乡建设局、宁安镇、公路段6个单位开展现场问政，本期电视问政牢牢抓住党的群众路线这个“牛鼻子”，聚焦民生问题，拷问干部作风，督促各级党员干部要始终把人民群众放在心中最高位置，心系群众，深入群众，千方百计为民办事、为民解难、推动发展，争做求实、务实、踏实的实干家。第十期“中宁问政”于12月15日录制，以“监管何时能到位”为主题，对大战场镇、县国土资源局、环境保护局、住房和城乡建设局、宁安镇、公路段六个部门、单位展开现场问政，重点关注相关部门（单位）因不作为、慢作为、乱作为导致的监管缺失、监管不力、监管错位等影响党群、干群关系的问题，集中解决在服务和保障民生过程中存在的监管不到位问题。

【2016年国际轮滑公开赛暨AIC全轮滑世界杯赛】 9月5日，“中宁枸杞杯”2016年国际轮滑公开赛暨AIC全轮滑世界杯比赛在杞乡黄河体育中心举行。本次赛事由国家体育总局社会体育指导中心、中国轮滑协会、宁夏回族自治区体育局、中宁县人民政府主办，教育体育局、圣巴（上海）文化传播有限公司承办。此次赛事吸引来自中国、德国、波兰、韩国、日本、马来西亚等30多个国家及地区运动员参加。比赛设自由式轮滑、轮滑马拉松两大项目。其中，自由式轮滑比赛进行速度过桩、花式绕桩、花式刹停、Battle花式对抗四大项目；轮滑马拉松比赛进行42公里全程马拉松、21公里半程马拉松以及8公里迷你市民马拉松的角逐。

【“中宁枸杞杯”中国业余篮球公开赛】 2016年6月16日下午，“中宁枸杞杯”2016年贺龙中国业余篮球公开赛男子俱乐部联赛第一阶段决赛在杞乡黄河体育中心体育馆激情开赛，中国篮坛著名“女巨人”、国家女篮优秀中锋郑海霞为首场比赛开球。此次篮球公开赛是经国家体育总局篮球运动管理中心批准、中国篮球协会主办、全国各省市体育局、篮球协会承办，由中国4亿篮球爱好者参与的公益性体育赛事，是我国目前规模最大的业余体育赛事。来自江苏华宏、酒泉农商行、甘肃酒泉农商行、浙江司太立、宁波大学、闽中真田、长春地铁、江苏华宏、江西高速、中国矿大等篮球队参加了比赛。

县委办公室工作

【文稿起草】 全年撰写县委全委会、脱贫攻坚、纪委全会、庆祝建党95周年、县第十四次党代会报告等有关会议领导讲话、交流发言和工作汇报材料等80余篇，撰写县委常委会会议纪要30篇，专题会议纪要8篇。严格执行公文处理规定，严把文稿政治关、政策关、法律关，确保公文文种准确、用词恰当、逻辑严密；严格公文发送、传阅范围，认真做好文档立卷整理工作，全年草拟县委和县委办文件248件，收发、转办上级各类公文1400余份。

【信息调研】 印发《关于调整信息调研考核有关事宜的通知》，修订《信息调研工作考核奖惩办法》，严把信息报送数量与质量关，围绕热点、难点问题收集信息，紧贴重大决策、重大活动报送信息。全年向区、市报送信息500余条，被自治区党委信息处采用64条，上报《中宁县枸杞产业“走出去”战略实施情况专报》等10余篇信息被专刊采用，并受到有关领导关注批示，信息质量系数始终居于全区前列。

【督查督办】 紧贴县委重大决策部署、重要工作安排，把落实县委常委会议事项、领导批示件和重大改革任务、重点项目、民生工程、干部作风整顿作为督查重点，敢于动真碰硬，坚持深入一线，定期督办工作进展情况，协调工作责任落实，帮助解决工作推进中的困难和问题。年内，配合市委督导组，联合县政府督查室开展全县重点项目、脱贫攻坚工作等领域督查30余次，印发《督查通报》16期、督查专报12期，助力重点项目、重点工作有序推进。年内督办转办各级领导批示490余件，件件有着落，事事有回音。以年度集中考核为主，平时考核和重点项目建设、重点工作相结合，每季度对全县领导干部进行实绩考核，逐步形成以考核促进工作落实，以工作落实的成效体现考核成果的互动机制。

【协调服务】 传达、落实县委各项决策部署，统筹调度各乡镇、部门、单位按照县委、政府决策部署抓好各项工作。保持与上级党委办公厅（室）和县人大办、政府办、政协办的沟通协调。清理规范全县性节会表彰和考核评比活动，大力精简会议、控制规模，规范县委常委会议、中心组学习会等会务工作，压缩会期和人员规模，提高会务质量，承办全委会、纪委全会、庆祝建党95周年大会和县十四次党代会等重大会议。开展保密教育培训，增配保密设备，加强涉密文件和涉密计算机管理，未发生失窃密事件。严控“三公”经费的支出，严格管理办公经费和设备采购费用，严格执行公务用车管理有关办法，降低运行成本。

（李继伟）

纪检 监察

【概况】 中宁县纪委（监察局）内设办公室（宣教政研室）、党风政风监督室、案件监督管理室（信访室）、案件审理室、纪检监察一室、纪检监察二室等6个职能机构。设编制24名，其中，行政编制22名、事业编制2名。

【“两个责任”落实】 出台《关于从严治党 挺纪在前 进一步加强党风廉政建设的意见》《2016年党风廉政建设和反腐败暨“清廉中宁”主要任务分工》，细化明确60项工作任务，涉及牵头部门22个，县委、政府责任领导11名。结合实际，研究制定《关于落实党风廉政建设党委主体责任和纪委监督责任清单》《党风廉政建设工作考核细则》，明确党委（党组）58项和纪委（纪检组）55项责任。签订县级目标责任书77份，各乡镇、部门（单位）目标责任书1100余份。组织对全县各乡镇、部门（单位）落实“两个责任”及干部纪律作风情况开展督查，针对发现问题，通报13个单位，督促各级党委（党组）、纪委（纪检组）严格落实“两个责任”。开展“三述三评”活动，对3名县处级领导、6名乡镇、部门（单位）“一把手”和2名乡镇纪委书记进行述评，整理反馈问题，下发整改通知书，明确整改时限，及时跟进监督。对农牧局、民政局开展工作巡察，发放民主测评表132份，个别谈话180人次，收到意见建议105条，发现问题37个。开展“回头看”，督促问题全部完成整改落实。

【监督检查】 2016年，开展全县党员干部婚丧喜庆事宜专项治理，重申“八个不准”，严格执行“双报告”制度，对拒不报告、欺骗组织、借机敛财等问题从严处理。紧盯元旦、春节、五一、十一等重要时间节点开展监督检查，对公款吃喝、收送礼品、公车旅游等“节日病”进行“点穴式”整治。2016年，开展监督检查22次，下发通报5期，通报单位24个，诫勉谈话2人。会同财政、审计等部门，先后组织开展4轮督查，对各乡镇、部门（单位）“三公经费”、财务管理、制度执行等方面隐形问题深挖细查，梳理制度13项，修订完善2项，保留11项。针对督查发现的5类37个问题，下发通报2期、《纪律检查建议书》117份，通报单位13个，清退违规资金190万元，对19个单位主要负责人进行工作约谈。会同组织部、“两办”督查室，对全县37个乡镇、部门

(单位)贯彻落实县委、政府决策部署和重点工作任务开展督查,督查发现5类8个问题,通报15个单位,针对问题责令相关单位落实整改。

【作风建设】 制定《关于中宁县加强换届风气监督工作的实施方案》,明确"九个严禁""九个一律"纪律要求和24项工作措施,对换届风气开展监督检查。发挥"12388"综合举报受理平台作用,换届期间实行24小时值班制度,拓宽受理举报渠道。紧紧围绕群众反映强烈的难点热点、机关效能、干部作风等突出问题,先后举办3期"中宁问政",问政单位22个,曝光问题26个,完成整改20个,工作约谈8人,责令书面检查5人。制定下发《2016年群众评议机关活动实施方案》,召开群众评议机关动员会,在中国中宁网开设"群众评议机关作风热线"栏目,有83个单位参与公开承诺。

【纪律审查】 建立健全信访动态分析、乡镇纪委纪律审查协作区、"乡案县审"、典型案例通报、乡镇纪委自办案件奖惩办法等工作机制,突出"六大纪律"的审查,创新实践监督执纪"四种形态"。严格按照法定权限和程序,依纪依规开展执纪审查,防止违反程序审查的行为发生。2016年,受理来信来访112件,初核63件,函询4人,立案42件,给予党政纪处分42人,其中,科级干部13人,收缴违纪资金36.7万元;先后对土地管理失职、环境保护工作不力的11名干部给予党政纪处分。

【专项治理】 制定下发《关于坚决整治和查处侵害群众利益不正之风和腐败问题的通知》《关于开展惠农政策及涉农工程和农村"三资"管理大排查活动工作方案》等文件,建立县委、政府班子成员包抓机制,着力开展"两个专项"行动,起底问题线索137条,办结126条,办结率91%。严肃查处喊叫水乡林业站工作人员马×贪污退耕还林补助款18万元违纪案件,及时移送司法机关立案侦查,按照"一案双查"规定,对5名责任人进行责任追究。下发《关于实施精准监督 为打赢脱贫攻坚战提供纪律保障的意见》,配合"两办"督查室对全县脱贫攻坚工作开展督查,深入大战场镇、喊叫水乡等脱贫攻坚主战场,对干部扶贫工作情况开展监督检查6次。

【制度建设】 制定《关于进一步加强干部监督管理工作的实施意见》《中宁县加强和规范机关事业单位工作人员考勤考核管理规定》等文件,落实党员领导干部报告个人重大事项、述职述廉、民主评议、诫勉谈话、任前廉政谈话等制度,严格执行"三重一大"、一把手"五个不直接分管"、公务接待管理等规定,组织145名新提任和调整领导干部开展任前廉政考试和集体廉政谈话,并向县委、县纪委做出书面廉政承诺,全县550名副科级以上干部全部建立个人廉政档案。在政府投资项目招投标活动中继续推行"两书一查"工作制度和重要环节信息公开制度,实行合理造价区间随机抽取中标人的评标办法。2016年,有174个项目的建设单位和投标企业分别提供廉洁招标承诺书和廉洁投标告知书。健全完善"村廉通"机制,充实监督内容,扩大公开范围。年内"村廉通"监管平台在全县9个乡镇92个村推广实施,覆盖率74.19%,杜绝不合理开支33笔11.6万元。

【廉政建设】 组织全县党员干部观看《永远在路上》大型专题廉政警示纪录片、《昨夜无钟声》廉政舞台剧;组织全县各乡镇、部门(单位)党政"一把手"及财务人员旁听审理原水务局局长受贿案,发放《违纪违法案例警示录》,节假日向全县领导干部发送廉洁过节提醒短信,教育引导广大党员干部筑牢拒腐防变思想防线,大力营造崇廉拒腐的政治氛围。深入开展廉洁文化"六进"和"四个一"品牌创建活动,创建示范点6个。不断深化"廉内助""廉花朵朵开""清风伴医行"等活动,组织新堡镇"清廉剧社"编排廉洁文艺节目15个,在全县各乡(镇)、村(社区)进行巡回演出;开展"廉洁齐家好故事"征集活动,以良好的家风民风推动形成优良的党风政风。

【第十三届纪律检查委员会第六次全体会议】 2016年2月29日，中宁县第十三届纪律检查委员会第六次全体会议在行政中心第一会议室召开。会议书面传达区、市纪委全会精神；县委常委、纪委书记金忱代表县纪委常委会作工作报告；县人大党组、政府党组、政协党组，大战场镇在会上签订2017年度党风廉政建设目标责任书。县委书记赵建新做重要讲话。

【“三述三评三公开”活动】 2016年2月29日，召开全县领导干部“三述三评”大会，11名县级领导、乡镇党委书记、部门负责人、乡镇纪委书记进行述职、述责、述廉。县四套班子领导，县委委员，县纪委委员，各乡镇、部门（单位）党政主要负责人、纪委书记（纪检组长），部分党代表、人大代表等300余人参会。市纪委、市委组织部相关领导到会指导。

【第十四届纪律检查委员会第一次全体会议】 2016年9月27日，召开中宁县第十四届纪律检查委员会第一次全体会议。会议选举冯旭、祁少波、李华锋、郭俊娥、王峰、陈风菊、苏军平为县纪委常委，选举冯旭为县纪委书记，祁少波、李华锋为县纪委副书记。

（杨　涛）

组织工作

【组织建设】 召开全县组织工作会议、党组织书记抓党建工作述职评议考核大会，制定印发《县委组织部2016年组织工作要点》《2016年全县党建考核目标任务及评分标准》和《2016年组织工作重点任务“五定”方案》等，实行“每月抽查，季度督查，半年通报，年终考核”的考核管理机制。分领域制定星级服务型党组织创建标准，合理设置“16+X”服务项目①，推行党员联系服务群众“五项制度”②等，推促184个基层组织创建三星级及以上星级基层服务型党组织。推行“四化一满意”③服务群众工作机制，采集26个县直部门、9万多户、30多万人口的基础信息，开发上线社会管理、精准扶贫、智慧党建等模块，基本实现网上办事、精准扶贫信息化展示、个人信息网上查询等25项便民服务事项。实施村级集体经济扩量增效工程，年内启动实施15个村集体经济项目。实施“示范、提升、治弱”三大工程，创建“党建示范点”24个，集中整顿软弱涣散党组织27个。完成全县246个机关党组织换届工作。开展“双强六好”④非公企业党组织创建活动，建立宁夏天元锰业有限公司、宁夏中杞枸杞贸易集团有限公司、宁夏杞泰农业科技有限公司三个党群服务中心，非公企业和社会组织党组织覆盖率分别达到87.1%和89.2%。开展“双培养一加强”活动⑤，培养村级后备干部200余名，向建档立卡贫困村选派大学生村官6名。实施村干部关爱帮扶机制，对5名优秀村党组织书记每人给予5000元奖励。整合“三会一课”“四议两公开”、民主议政日、村民代表大会等多项制度，严格执行“三重一大”⑥事项集体决策制度和“一把手”表态末位发言制度，推行党务、政务公开。

【党员管理】 坚持标准和程序发展党员186名，处置不合格党员38名。流动党员、失联党员、“口袋”党员查找率均达到100%，为400余名党员发放“流动党员活动证”。完成涉嫌违纪违法党员代表排查清理工作，排查出违法违纪党员代表和政协委员37名、普通党员26名，其中，4名未及时处理的党员代表按规定给予相应党纪处分和组织处理。以支部为单位，开展党费收缴专项检查，182名党员补缴党费3.29万元。

【干部管理】 先后完成乡镇非领导职务干部配备、公安局派出所机构级别调整、科级后备干部选拔、县直部门（单位）空缺职位调整补充等干部选任工作，提拔调整任免科级干部222人次，其中，调整68人次，提拔124人，免职30人，消化超职数、超职级配备干部8名，选拔科级后备干部75名。11个乡镇领导班子中，新进入班子成员32名，

35岁以下干部12名，女干部17名，回族干部12名，党外干部2名，“三类人员”[7]11名。完成县乡党委、人大、政府、纪委领导班子及县政协领导班子换届工作，无违反换届纪律问题发生。制定《2016年全县干部教育培训工作计划》，举办全县领导干部学习贯彻五大发展理念专题教育培训班等主体班次6期，培训各级各类干部900余人次。组织全县450余名副科级以上领导干部参加2016年全区干部网络教育培训，42名科级以上干部到区外参加各类专题培训班。制定干部工作实绩考核办法，采取月度推促、季度考核、半年小结、年终总评的方法，对全县各级干部完成年度重点工作、实施重大项目、落实临时性交办工作情况等进行定性与量化考核，考核结果与干部选拔任用、评先评优相结合。制定《进一步加强干部监督管理工作的实施意见和领导干部能上能下实施办法》，落实任职谈话、提醒、函询、诫勉等制度。配合纪检、巡查、审计等部门开展监督工作，做到干部档案“凡提必审”、个人报告事项“凡提必核”、信访举报“凡提必查”、纪检监察机关意见“凡提必听”，对干部廉洁自律方面出现的苗头性、倾向性问题早提醒、早纠正，防止干部“带病提拔”“带病上岗”。完成7名领导干部经济责任审计工作。落实干部报告个人有关事项工作制度，组织660余名科级干部填报个人有关事项。实施干部人事档案数字化试点工作，审核档案978卷，清查出279人五大类144项问题，收集补充各类材料3500余份，完成980卷档案原始图像处理工作，干部人事档案专项审核工作顺利通过自治区党委组织部验收。

【人才队伍管理】 制定《2016年人才工作要点》，将重点工作纳入县委重点工作、创新性工作和全县党建工作督查考核内容。落实人才工作调查研究制度，完成全县人才资源调查摸底和人才支撑民营经济发展、柔性引才工作调查研究工作。制定领导干部人才工作联系点及联系人才工作制度，促进与各领域优秀人才的联系沟通。推进枸杞产业院士工作站建设，初步确定引进院士人选。在宁夏天元锰业有限公司、宁夏中杞枸杞贸易集团有限公司、早康枸杞开发有限公司、宁夏杞泰农业科技有限公司4家企业建立自治区人才创新创业实践基地。获批枸杞产业国家级专家服务基地1家，自治区科技型中小企业2家。成立中国中药协会枸杞专业委员会，举办枸杞药用价值与产业发展论坛。宁夏现代枸杞保鲜与加工职业技能公共实训中心建成投入使用。枸杞产业人才引进培育项目通过自治区人才工作领导小组验收，成功申报非公企业技能人才培育行动计划、枸杞产业创新创业平台建设项目等3个。实施“杞乡英才”工程，完成首届“杞乡英才”考核工作，取消1人“杞乡英才”称号和工作生活津贴。组织开展领军人才和青年拔尖人才培育工程，完成区、市“基层之光”10名研修人员推荐考核工作，向区、市推荐“享受国务院特殊津贴” 人选、“塞上英才”“青年拔尖人才”“中卫英才”等共计32名，营造识才、重才、敬才的良好社会氛围。

【建党95周年活动】 集中开展纪念建党95周年、走访慰问、理论宣讲、重温入党誓词、理论征文、知识竞赛、红色文化展演等九项活动，举办“永远跟党走·共筑杞乡梦”主题广场文艺晚会。推荐区、市、县党委表彰先进基层党组织33个、优秀党务工作者20名，优秀共产党员46名，筹资112.25万元，集中慰问老党员、生活困难党员等1810人次，开展纪念建党95周年暨红军长征胜利80周年知识竞赛、理论征文活动，获得全市二等奖和优秀组织奖。

【“两学一做”专题教育】 筹备召开“两学一做”学习教育工作会议和推进会，针对基层组织建设和党员队伍建设中存在的突出问题，制订“1+6”学习教育实施方案[8]，分领域明确学习教育重点内容，设置不同学习载体，提出“做”的具体要求。设置“四查四树一对标”[9]5个专题，集中组织开展“六查六看”活动[10]，采取宣讲辅导学、正反典型对比学、针对问题研讨学、掌上阅读随时学等形式，组织广大党员学党章党规、学系列讲话。筹资8万余元，为全县各级党组织和党员领导干部征订《党章》《习近平总书记系列重要讲话读本》《中国共产党的九十年》等学习资料10多种6000余册，组织各级党组织开展集中学习4200余场次、专题研讨2600余场次，组织县党校教师、党政机关业务骨干、“两优一先”[11]代表开展巡回宣讲60多场次。建立常委班子成员“六个一”学习制度[12]，组织各级党员领导干部主动以普通党员身份参加所在支部的学习，带头讲党课650余场次，为全体党员做出表率。坚持问题导向，扎实开展“五个专项整治行动”[13]，各级党组织查找梳理党员在思想、作风、纪律等方面存在的问题313条，整改落实246条，梳理领导班子及党员干部存在的问题92条，整改落实74条，利用“电视问政”现场曝光问题20个，整改落实16个。

（周　泉）

小资料

①“16+X”服务项目：16项服务项目，在服务发展方面有5项，即：注重培育特色产业、加快基础设施建设、用好用活互助资金、促进先富带后富、强化农村三资管理。在服务群众方面有八项，即：做好以“三化一满意”为重点的政务服务；建立政策超市；开展文化体育活动；做好以“老饭桌”为重点的为老服务；做好医疗卫生工作；抓好民风建设；建立卫生保洁制度，改善村容村貌；化解社会矛盾，维护社会稳定。在服务党员方面有3项，即：建立“三建四关心”党内关怀帮扶机制、开展“双培养一加强”活动、发挥好农村“双带”资金的作用。在此基础上，结合本地实际，开展至少5个以上服务项目。

②“五项制度”：即村级组织议事决策会议、乡镇干部包村服务、村组干部走访值班、村民诉求“月月清”和农村党员活动日五项制度。

③“四化一满意”：以信息化服务平台为基础、全域化服务体系为支撑、网格化服务管理为手段、常态化服务机制为保障，群众满意为目标。

④“双强六好”：即非公企业党建强、发展强，生产经营好、企业文化好、劳动关系好、党组织班子好、党员队伍好、社会评价好

⑤“双培养一加强”活动：即把优秀青年培养成党员，把优秀党员培养成村干部、致富能手、产业带头人，加强后备村干部队伍建设。

⑥“三重一大”：即重大问题决策、重要干部任免、重大项目投资决策、大额资金使用。

⑦“三类人员”：即优秀选调生和大学生村官、在编在岗的乡镇事业编制中优秀人员、优秀村干部。

⑧“1+6”学习教育实施方案：即“1”是指全县总体方案：《关于在全体党员中开展“学党章党规、学系列讲话，做合格党员”学习教育实施方案》。“6”是指在农村、社区、机关事业单位、非公有制经济组织和社会组织、学校、医院等领域制定的方案。

⑨“四查四树一对标”：即查理想信念真不真，树坚定正确政治方向；查纪律规矩严不严，树崇严尚实言行准则；查履职尽责好不好，树担当奉献先锋形象；查道德品行优不优，树文明和谐良好风尚；对照标准找差距，争做合格党员。

⑩“六查六看”活动：即查理想信念，看理想信念树立的牢不牢；查组织观念，看政治意识强不强；查工作作风，看“八项规定”是否落实到位；查政治纪律，看是否严守政治纪律和政治规矩；查担当作为，看是否按照科学发展观的要求，履职尽责；查道德修养，看自己是否注重加强党性锻炼和道德修养。

⑪“两优一先”：即优秀党务工作者、优秀共产党员、先进基层党组织

⑫“六个一”学习制度：即每月参加一次集中学习、每月参加一次所在党支部活动、每月开展一次专题讨论、每月深入联系点指导一次学习教育、“七一”前带头讲一次党课、年底前参加一次专题民主生活会和组织生活会。

⑬“五个专项整治行动”：即开展软弱涣散党组织专项整治、开展干部纪律作风专项整治、开展侵害群众利益的不正之风和腐败问题专项整治、开展信访问题集中排查化解专项整治、开展党建制度落实专项整治。

宣传工作

【概况】 2016年，县委宣传部有编制11名，设部长1名，副部长3名(其中1名兼文明办主任)，主任科员1名，干事4名，工勤人员1名，编外聘用人员1名。内设综合办公室、理论教育、新闻宣传、

精神文明建设4个科室。下设中宁县互联网新闻信息中心，属县委宣传部管理的不定级别事业单位，核定事业编制6名，实配2名，政府购买服务岗位聘用人员4名。

【意识形态领域工作】 2016年，贯彻落实中央、区、市党委和县委关于意识形态的决策部署，制定出台《党委（党组）意识形态工作责任制实施细则（试行）》，明确乡镇党委和相关部门、单位党组织工作职责。建立意识形态领域舆情分析研判制度，对重大事件、重要情况、重要社情民意等突发性、苗头性、倾向性问题及时分析研判，成功处置网上舆情53起，接转办理“书记信箱”“县长信箱”等网络平台群众诉求信件140件，全县意识形态领域工作整体平稳向好。

【理论教育】 2016年，围绕学习宣传、贯彻落实党的十八大和十八届三中、四中、五中、六中全会及习近平总书记系列重要讲话精神等内容，采取分散学习、集中宣讲、领导讲党课、干部谈思路等方式，推进理论教育工作。组织县委中心组集中学习25次，开展学习交流5次，举办杞乡发展论坛6期10讲、领导干部学习班2期，编印《全县领导干部学习班学习心得体会》1000册。围绕“两学一做”学习教育、纪念建党95周年、红军长征胜利80周年、国防教育、党的十八届六中全会、市第四次党代会精神等内容，开展理论下基层宣讲活动190余场次；组织全县各乡镇、部门、单位主要负责人参加电视访谈46人。以建党95周年、红军长征胜利80周年纪念活动为契机，组织开展理论征文活动，征集理论文章70余篇，荣获中卫市奖项26篇。

【国防教育】 2016年，邀请解放军边防学院边防安全与文化研究中心主任开展国防形势教育专题讲座1场次。组织全县各级领导干部参加“军事日”活动，实地学习“射击”“投弹”等军事知识。八一建军节期间，县四套班子主要领导到驻地部队参加联谊活动，并对军烈属进行亲切慰问。加强青少年国防知识集中教育，在全县2所高级中学开设国防教育课堂，开展新生军事训练、观看爱国影片、祭扫烈士陵墓等系列活动。

【新闻宣传】 2016年，围绕“不到长城非好汉”的精神、精准扶贫等内容，加大社会宣传，更新大型公益宣传牌画面30余块，组织编印《中宁县对外宣传基础资料》手册1000册。围绕“小枸杞 大健康”枸杞推介会、中亚国际班列首发、首个枸杞电子交易所建成及四项体育赛事等活动，拓展新闻宣传渠道，提高新闻报道深度和层次。召开新闻发布会6次，组织开展“全国三农媒体宁夏行”走进中宁、“秋天来了”——中宁枸杞秋收场景大型景观专题摄制等新闻采访活动68场次。在中央电视台、《新华每日电讯》《经济日报》等中央媒体上刊播稿件40余篇（条）；在《宁夏日报》、宁夏电视台等区级媒体上刊播新闻稿件700余篇（条）；在市级媒体刊播1400余条，其中《中卫日报》刊发新闻稿件1203篇（条）。

【精神文明建设】 2016年，以大力弘扬社会主义核心价值观为主要内容，依托杞乡发展论坛、道德讲堂、领导干部培训班等平台，大力开展公民思想“四德”（社会公德、职业道德、家庭美德、个人品德）教育。在县电视台播出公益广告200多条，在中国·中宁网《视频播报》专栏不定时滚动播放“梦娃”系列动画视频，宣扬文明、以文化人。组织开展各类先进人物评选活动，向中国文明网推荐“身边好人”10人，其中见义勇为好人李文丰入选“中国好人榜”，评选第三届“最美杞乡人”及“最美杞乡人提名奖”20名，在全县建成“善行义举榜”53个。争取中央专项彩票公益金支持乡村少年宫项目资金112万元，自筹资金30余万元，建成鸣沙中学、中宁三中、渠口九年制学校等6所乡村学校少年宫。邀请国家三级以上心理咨询师5名，开展青少年心理健康宣讲30余场次。清明节，组织干部群众、武警官兵、中小学生3000余人到南河子公园革命烈士纪念碑前，敬献花篮，缅怀革命先烈；中秋节，组织全县爱心人士和企业家到县敬老院、鸣沙敬老院为老人过生日、体检；重阳节，县四套班子领导及相关部门负责人对部分老党员进行慰问。开展“三下乡”活动56次，集中活动4次，服务群众3万余人。开展各类志愿服务活动，全年各志愿服务队组织开展各项志愿活动达百余次。高标准打造美丽乡村示范点，在全县62个各级各类文明村镇中开展城乡结对共建文明活动，打造余丁乡孝德治村示范点1个。

【中宁网站建设】 2016年，互联网新闻信息中心对中国中宁网站部分频道栏目设置进行改版升级，新开设政务公开类栏目16个，开办新闻类、党政类、民生类专题专栏8个，全年公布新闻信息3.5万多条。新闻中心依托中国中宁网站开办微信公众号“县委宣传部”，开发建设掌上中宁手机客户端，扩大中国中宁网站的辐射力和影响力。

（沈　玲）

统战工作

【统一战线】 2016年，召开统一战线各界人士理论学习会8次、专题培训班6次，在全县范围内开展党的民族宗教政策理论宣讲活动5场次。分2批组织全县宗教人士、各乡镇分管领导、民族宗教干部，教育系统共计70人到“双创”活动模范县红寺堡、吴忠利通区观摩学习。按照属地管理原则，县人民政府与11个乡镇签订2016年宗教事务目标管理责任书。班子成员带头结对帮扶服务对象，协调解决资金3.41万元，慰问民主党派、民族宗教、非公经济、台胞台属和黄埔同学会等统一战线60余名代表人士及困难群众。机关党员开展“精准扶贫”活动，深入各自包抓户，征询实际困难，分析致贫原因，帮助脱平致富。县伊协、佛协深入宗教场所，摸排不稳定因素，做好规范管理和化解纠纷工作。争取少数民族发展资金240万元，落实少数民族发展项目6个。在元旦、春节、开斋节、古尔邦节、国庆节等重大节日期间，组织人力对全县范围内清真食品行业进行专项检查。

【民主党派】 2016年，民主党派换届期间，召开协商会，就班子成员候选人等问题讨论协商。对民革、民盟、民进县委会分别提出的9名班子成员候选人进行协商考察，适时召开各民主党派成员代表大会，选举产生民主党派新一届县委会。成立党外知识分子联谊会，全县机关，事业单位、新的社会阶层等各领域33名党外知识分子会员代表参加成立大会，表决通过《中宁县党外知识分子联谊会章程》《会费收缴及管理办法》，选举产生知联会第一届理事会、常务理事会、会长和副会长。在县政协十一届四次会议上，民革、民盟、民进联合提案26件，民主党派成员个人提案14件，在县政协确定的9件重点提案中，5件涉及到各民主党派。同时，民革、民盟、民进县委会在县政协十一届四次会议上分别作大会交流发言。年内，民进县委会组织会员深入长山头中学，为学生送去1万余元的学习用品和体育用品；鼓励企业界会员筹资10万余元重修大战场中学校园操场，改善校园环境；市政协委员、民进副主委王明林免费为7名困难群众及8名民进会员体检。民盟县委会指导中宁健民医院挂牌成立中宁县健民慈善定点医院。健民慈善定点医院9名医疗人员深入中宁县第一、二养老院开展“关爱老人　爱心义诊”活动，免费为92名孤寡老人进行体检，并建立健康档案。民革县委会组织教育界民革党员到长山头九年制学校开展送课下乡、讲评交流等活动。

【宗教工作】 2016年，申报翻建宗教活动场所3处；化解渠口农场铁路新村因清真寺建设及搬请阿訇造成的信教群众之间长达三年的矛盾纠纷，严控民族宗教领域矛盾纠纷扩散；调处宁安基督教堂、宁安镇镇源寺建寺上访事件。开展4次宗教活动审查，先后以县委、政府组织召开现场协调会4次，年内宁安大佛殿、红岗子拱北、余丁大佛寺等重点场所大型宗教活动期间无安全事故发生。对全县 277 处宗教活动场所安全隐患深入排查，排查安全隐患 769 条，全部整改，整改率 100%。组织伊斯兰教教职人员资格认定考试，上报参考教职人员 62 名，考试合格 3 人。完成教职人员生活补助审核发放，全年发放 86.5 万元。完成 102 名朝觐人员报名、体检、统送、统接工作。

【非公经济管理与指导】 组织“全县民营经济发展状况调研”，建立 15 个中小微企业监测点，梳理非公经济发展存在的问题和难点，为县委、政府决策当好参谋。按程序成立中宁县女商商会和包装贸易商会；督促各基层商会及时开展向会员述职、公布账目、法律培训、座谈讨论等活动。组建“会员互助基金会”，做好商会融资服务，为会员与金融信贷部门的沟通和合作搭建平台。先后与中卫市工商联、银川市工商联对接交流，建立友好商会。引导白马商会、南街、西街及维修商会与青海、甘肃省合作枸杞特色产业开发项目，签订 3 万亩枸杞栽植经营合同。开展“回报社会·感恩行动”活动，组织非公经济人士走访慰问 20 余位“三老”（老党员、老会员、老模范）人员、贫困学生及困难群众；组织各基层商会捐资 1 万元，走访慰问敬老院孤寡老人。食品商会、光彩事业互助会等 12 家商会向鸣沙中学捐赠 8 万余元资金，帮助学校改善教学设施。南街商会利用资源优势，面向社会免费进行网络知识培训，培训会员及社会人士 300 余人。

（孙建国）

机构编制

【政府部门权力清单审核】 2016 年，将建立权力清单作为促进政府部门依法行政的重要抓手，对各部门行使的权力、应该承担的责任、行政审批事项进行全面梳理，反复确认，对汇总编制的权力清单初稿，与自治区、中卫市权力清单进行反复比对，逐项核实其法律法规依据，对“三定”规定不够明确、履职边界交叉重叠、责任分工存在异议的事项，与牵头部门共同查找法律依据，多次会同县法制办、司法局专业人员召开会议进行合法性论证，涉及 29 个部门的 47 项职责边界事项全部理清主办、协办关系和权力事项行使过程中的边界划分。经清理，确定县工业（物流）园区管委会、政务服务中心 2 个单位对外职权事项为零项，其他 27 个县直部门保留 3199 项行政职权事项，11 个乡镇每个乡镇保留行政职权事项 74 项，媒体公布清理后的权力和责任清单目录，接受社会监督。

【行政审批制度改革】 开展行政审批制度改革“回头看”自查工作。承接国务院、自治区和中卫市取消下放行政审批事项 42 项，合并 11 项，新增 5 项，转为服务事项 10 项，暂停实施 4 项，保留 17 项。各部门、乡（镇）按照相关法律、法规、条例要求，规范审批行为，简化审批手续，改进审批方式，提高审批效率，方便办事企业和群众。

【机构编制管理】 严格控制机构编制和财政供养人员总量，收回空编单位或因职责相近、设置重复、规模过小而撤并整合的事业单位编制。收回农牧、林业、水务等所属部分事业单位编制 138 名；首批收回 16 个机关单位 21 名后勤服务事业编制，根据现有工勤人员自然减员等情况，逐步收回超额工勤人员编制。

【机构编制监督检查】 坚持日常检查和专项督查相结合，制定机构编制管理专项督查方案，对各部门（单位）机构编制管理、控编减编、机构编制审计等工作进行专项检查。对教育体育局、住房和城乡建设局、农牧局、林业局、水务局等部门的职责履行情况进行评估检查。

【事业单位登记管理】 根据《事业单位登记管理暂行条例》及其实施细则规定，对事业单位进行登记管理及年度报告公示和事业单位法人登记网上运行管理，及时进行事业单位设立、变更、撤销登记和事业单位法人证书的换发工作。年内，办理各类事业单位登记事项300件，其中对140家法人事业单位进行年度报告公示，办理事业单位设立登记1件、备案登记155件、变更登记3件、注销登记1件，确保登记率和年报公示率达到95%以上。开展中文域名注册工作，完成党政群机关事业单位网上名称管理，实现中文域名注册和网站挂标两个“全覆盖”。

【招录计划】 2016年，招考公务员31名，其中乡镇机关7名，政法机关11名，政府工作部门10名，参公事业单位3名；招考事业单位专业技术人员122名，其中乡镇站所16名，部门管理事业单位人员106名。

【行政事业单位分类改革】 重点推进行政类事业单位职能调整、机构整合。制订事业单位机构编制方案134个，对各部门（单位）所属的89个公益一类事业单位和45个公益二类事业单位的机构名称、主要职责、人员编制、领导职数和经费形式等进行科学确定和规范调整。根据自治区和中卫市部署，配合相关部门开展空间规划（多规合一）行政审批改革、相对集中行政许可权改革、城市执法体制改革试点工作。配合跟进全县教育体制改革，按照教职工编制配备标准和中小学在校学生人数、服务范围及职责配置，重新核定全县中小学教职工编制。配合做好公车改革工作，根据机构编制实名制数据库，协助人社、发改和财政等部门做好涉改单位和人员信息的审核工作。

（马晓娟）

政研工作

【政策宣传】 2016年，组织开展全县干部下乡宣传中央一号文件精神和强农惠农富农政策活动，撰写《中宁县学习贯彻中央、自治区农业农村工作会议和中央1号文件精神宣传提纲》，印发各类强农惠农富农政策宣传资料5万余份，编写印发《强农惠农富农政策读本》《基层干部强农惠农富农政策问答》《机关干部“下基层 解民忧 帮发展 促和谐”活动政策指南》《“三农”政策宣传手册》等5万余本（册）。发挥政研室、县农办职能和县、乡镇及农口部门干部的教育宣传骨干作用，结合全县机关干部“下基层 解民忧 帮发展 促和谐”活动，利用乡镇民生服务中心，开展“三农”政策宣传和农民教育培训。协调乡镇和农口部门举办“三农”政策培训200余场次，深入全县各乡镇、农口部门宣讲“三农”政策及农业农村形势120余场次。开展督查指导工作，解决干部下乡宣传活动中出现的问题和困难，及时了解工作开展情况，总结好经验、好做法，编发简报、信息，连续五年完成中央、区、市、县农业农村工作会议和中央1号文件精神的宣传任务。

【政策研究】 2016年，研究制定符合中宁县实际的政策性文件60余个。研究起草《中共中宁县委 中宁县人民政府关于做好2016年农业农村工作的意见》《中宁县2016年农牧业生产安排意见》《中宁县2016年动物防疫工作安排意见》《中宁县2016年政策性农业保险安排意见》《中宁县2016年林业生产安排意见》《中宁县2016年枸杞产业转型升级安排意见》《中宁县2016年水利工作安排意见》等政策性文件。研究起草《中宁县2016年改革创新工作任务》《中宁县2016年区市县改革创新任务五定方案》，指导全县深化改革各项工作；起草《2016年度全县乡镇效能目标管理考核办法》《农业农村考核办法》《中宁县改革创新工作考核督查办法》《中宁县脱贫攻坚考核办法》等，细化工作任务，创新考核方式，实现公平合理；起草《中宁县农村一二三产业融合发展实施方案》《中宁县贯彻落实习近平总书记来宁视察重要讲话精神工作方案》《中宁县贯彻落实习近平总书记在农村改革座谈会上讲话精神实施方案》《关于贯彻落实绿色发展理念加快美丽中宁建设的实施方案》等大型文件。

【课题调研】 2016年，联合自治区党委政研室对电力体制改革、金融创新、自主移民等方面开展调研20余次;联合中卫市委政研室对中宁县枸杞产业发展、空间规划、县域经济发展等开展调研8项;及时调查总结中宁县经济社会发展中存在的问题,总结宣传好的经验做法,借鉴外地经验谋划中宁县发展思路,形成调研文章,分别被《宁夏工作研究》《共产党人》《调查研究》等杂志刊登,其中调研形成的《中宁县创新金融服务模式破解产业发展融资瓶颈》一文得到自治区党委领导批示。有多篇调研报告和理论文章呈送县领导参阅,为领导科学决策提供参考依据。

【履行职能】 筹备自治区对中宁县农业农村工作的考核,细化各单位责任分工,定期督查各单位考核情况;改革全县农业农村工作考核办法,完善考核体系,依照不同乡镇不同发展特色分配不同任务指标,制定全新农业农村工作考核办法和评分标准,实行月考核、季通报;筹备召开全县农业农村工作会议,负责印发农业农村工作政策性文件3000余份;组织召开全县农村改革专项领导小组工作会议,讨论全县农村改革相关工作,突出与金融服务三农相结合,为改革研究制定方向;做好农民增收工作,按季度定期召开农民增收工作评促汇报会,采取集中汇报找差距提措施、现场观摩看亮点查不足等办法,让各乡镇互相学习经验、查找不足,及时总结每季度评促会中的好经验或存在的各类问题,及时通报,通过各种方式,提高农民增收水平。

【职能发挥】 学习贯彻落实党的十八届五中、六中全会精神,谋划全县深化改革相关事宜。制定中宁县2016年改革创新工作任务;全面落实全县深化改革领导小组工作部署,梳理明确自治区、市、县确定的改革重点任务223项,将任务分解下达各相关部门、单位,组织开展对全县深化改革重大问题的政策研究,统筹、协调各相关部门及时制定各项重点改革任务工作方案;对各项改革重点工作进度进行督促检查,全面了解掌握各重点任务、工作方案的落实情况,及时收集汇总全县改革进展情况,定期向领导小组报告。协调组织召开全县深化改革领导小组会议,研究改革任务推进过程中出现的问题,安排部署推进计划与措施,推动决策部署落实;与区、市有关部门协调沟通,及时上报各类改革信息、报表,高质量完成全县深化改革领导小组各项事务工作。

(黄学亮)

党校工作

【概况】 党校实行校委制,校长由县委副书记兼任,设常务副校长1名(正科级),副科级副校长2名。有核编10个,在职干部教职工10人,教师4人,其中,讲师2人,大学本科学历9人,大专学历1人。党校内设办公室、干部培训室、党建信息室、图书室、档案资料室、财务室等6个职能科室。2016年,荣获宁夏党校、行政学院开展的"以五大发展理念统领四个宁夏"主题征文活动优秀组织奖、全市党校系统党的理论教育和党性教育优质课评比优秀组织奖、全市党校系统"我心中的党性与合格党员"理论征文活动优秀组织奖。

【理论教育】 2016年,围绕党的十八大、十八届五中、六中全会、"三严三实"和"两学一做"学习教育,以《党章》、党史知识、《准则》《条例》、"四个全面"战略布局、"一带一路"、民族宗教、统战、国防教育等主题内容,配合县委组织部、宣传部,举办全县科级领导干部培训班6期4000余人次,杞乡发展论坛4期4800人次。配合或联合县委组织部、宣传部、纪检委、工会、团委、妇联、财政、民政、统战部、安监局、工信局等部门举办各类培训班16期,其中专题培训班10期,占任务数167%。

【政策宣讲】 利用七一、冬季党员轮训、"三严三实"和"两学一做"学习教育时机,组织党校教师开展党的十八届五中、六中全会、"两学一做"、全国

“两会”、中央经济工作会、区、市、县党代会、“两会”和农业农村工作会议、纪念中国共产党成立95周年和红军长征胜利80周年等专题的宣讲工作，“下乡”“入企”“进部门”宣讲辅导。年内备写各类讲稿、课件20余份，开展专题辅导讲座70场次，培训党员干部职工8000人次。

【教学科研】 按照自治区党委《关于进一步加强和改进市县党校工作的实施意见》精神和区、市党校要求，率先建立全区县级党校干部教育培训师资库、专题库，搭建专兼职教师、客座教授、精品专题交流互动平台，充实师资力量，缓解师资薄弱的压力，确保全县党员干部教育培训顺利开展，实现教学资源共享。建成以区、市党校系统骨干为专职教师、以地方党政企领导为兼职教师、以区内外专家学者为客座教授的“师资库”，建立涵盖时政、党建、经济、社会等学科的“专题库”。

【调研咨政服务】 配合自治区党建调研组，完成加强和改进新形势下党校工作的专题调研，形成《关于切实加强和改进新形势下党校工作的调研报告》，以《调研咨询》期刊形式报送区、市党校和县委、政府有关领导审阅。结合学习党的五中、六中全会精神、“两学一做”学习教育、市、县第十四次党代会精神、纪念建党95周年和纪念红军长征胜利80周年，组织干部教师参加自治区党校组织的“践行五大发展理念，建设和谐宁夏”理论征文、中卫市党校纪念建党95周年和红军长征胜利80周年理论征文、县委组织部、宣传部组织的纪念红军长征胜利80周年理论征文等。完成理论征文26篇，其中获全区征文三等奖1篇、优秀奖1篇；获全市党校系统一等奖1篇、二等奖1篇、优秀奖3篇；获全县征文二等奖1篇、三等奖1篇。完成调研文章3篇，其中在《共产党人》杂志刊登1篇。报送各类信息95篇，其中自治区党校学报上稿6篇、《中卫日报》上稿12篇、中卫党校信息上稿5篇、中国中宁网上稿68篇。组织3名教师参加全市党校系统精品课和优质课评比活动，分别获二等奖和优秀奖。

【基层党建服务】 2016年，对《理论与学习》刊物改版扩面，以反映全县学习宣传贯彻落实五中、六中全会、习近平总书记系列重要讲话和“两学一做”学习教育重要指示精神及全国、区、市、县“两学一做”学习教育工作会议精神为重点内容，分八个板块，编印《理论与学习》4期，刊物免费印发县四套班子领导、县直部门、单位、乡镇负责人参阅学习。

【办学体制改革】 根据《中共中央关于加强和改进新形势下党校工作的意见》，自治区党委《关于加强和改进新形势下全区党校工作的实施意见》，中卫市委《关于加强和改进全市党校工作的实施意见》精神，县委常委会研究党校工作，解决党校在推进办学体制改革和干部教育培训工作中遇到的困难和问题，制定印发《关于加强和改进新形势下党校工作的实施意见》和《关于贯彻落实〈关于加强和改进新形势下党校工作的实施意见〉责任分工方案》，对县委党校的定位、编制、岗位设置、办学模式等进行研究。明确责任分工，调动各方力量，形成工作合力，推进党校工作。

（胡桂兰）

老干部工作

【党组织建设】 2016年，组织协调各相关单位及时将离退休干部党支部建设纳入党建工作重要议事日程，制订“三定”方案。在县老干部活动中心设立县离退休干部党支部、老年大学合唱班离退休干部党支部、书法班离退休干部党支部。至年底，全县累计组建离退休干部党支部42个，其中2016年新组建31个。

【落实待遇】 坚持每季度集中组织离休干部、副处级退休干部、离退休干部党支部书记、老年大学各班负责人、延安精神研究会会员、关工委“五老”

（指老干部、老战士、老专家、老教师、老模范。）骨干参加政治理论学习，举办全县离退休干部学习贯彻党的十八届六中全会精神专题讲座，年内组织老干部学习8次。为离休干部、退休、退二线处级干部、离退休干部党支部、老干部活动中心、老年大学、延安精神研究会订阅《宁夏日报》《共产党人》《新消息报》《老年教育》等10余种报刊杂志。组织老干部代表参加县委全委会、人代会、政协会、民主生活会、评议评促会、电视问政会、有关部门专题会等重要会议。组织老干部到青铜峡观摩考察城市建设、在县内观摩考察宁夏现代枸杞保鲜加工职业技能公共实训中心、小盐池滩原生态枸杞种植基地、县城清水街景观绿化带、弘耘行枸杞加工项目、天元锰业四期项目建设工程、今飞公司500万件汽车轮毂项目配套工程、兴尔泰120万吨硝基复合肥生产项目等。利用元旦、春节、重阳节、中秋节等重大节日广泛开展走访慰问老干部活动。在纪念建党95周年及红军长征胜利80周年之际，筹措资金3万多元，走访看望离退休干部党员。组织全县退休、退二线处级干部到宁夏工人疗养院进行健康体检。及时走访看望生病住院老干部，对去世的离休干部和处级干部及家属第一时间前去慰问或吊唁。与离休干部原单位对接，核实无职工医保离休干部遗孀信息，协调县医保中心为离休干部遗孀缴纳城乡居民医疗保险。办理老干部来信来访6件，协调人社、财政为全县首例企业离休干部郭振华遗孀及时兑现遗属生活补贴。

【老干部活动】 组织全县离退休干部参加自治区党委组织部、区党委老干部局开展纪念建党95周年、“两学一做”网络知识竞赛活动，参与人数363人次，获得县级第一名的好成绩。组织全县30名老干部代表参加“纪念红军长征胜利80周年”全区离退休干部第三届健身运动会及老年大学太极拳队、门球队，参加全县第二届全民健身运动会；组织老干部腰鼓队参加全县“春日杞乡”社火展演；组织8名老干部深入26所学校做“三爱教育”报告和“关爱明天、普法先行”青少年法制知识宣讲报告；组织全国先进基层党组织——恩和镇离退休干部党支部书记王克明参加全区“五好”离退休干部党支部先进事迹报告会中宁分会场的宣讲；邀请离休干部叶光彩在5所中小学开展《抗战故事》和红军长征胜利80周年宣讲报告5场次，2600余名师生聆听报告；组织全县离退休干部党员开展“女排精神与宁夏发展”征文活动，向区离退休干部党工委、老干部局上报征文13篇。组织老年大学学员参加“学习宣传十八届六中全会精神”文艺汇演。老年大学合唱班、表演班、器乐班100多名学员自编自演节目20多个。

【关工委工作】 结合“五五”“六五”普法宣传活动，在全县青少年中开展“小手拉大手，普法一起走”，“法律进校园”，“法治安全”书画竞赛等活动，开展各类法治安全知识讲座20余场次，法治课30余场次。全县各中小学校聘请法制副校长100名，受教育师生达6500余人次。结合纪念红军长征胜利80周年，组织“五老”宣讲团深入县内多所学校作“两史”“三爱”主题教育报告。为纪念中国共产党建党95周年、红军长征胜利80周年，县关工委联合县团委、教体局在全县各中小学开展“重走长征路·重温红色情”主题系列教育活动。协调县教育体育局关工委通过“教育基金会”捐赠助学资金约1387.22万元，帮扶贫困青少年学生2630人次。为石空镇张台完小、大战场镇唐圈村李文军爱心小院、石空镇张艳琴红花小院，赠送价值约1.8万元的学习用品。

（傅月珍　王　蕾）

密码和电子政务内网建设

【密码通信服务】 2016年，严格操作流程，遵守24小时值班工作纪律，规范电报管理，高效完成电报译传办理，确保密码通信安全畅通，确保各级党委、政府指示政令在任何时间、任何情况下绝对安全通畅。对密码设备、密码电报、涉密文件和资料加强管理。修订完善《密码干部岗位目标责任制》《应急工作预案》等21项制度和规定，制定奖惩措施，实行责任追究，形成按制度办事、依制度管理工作机制。

【电子政务内网应用】 2016年，对全县接入电子政务内网的62家用户单位加强电子政务内网普通密码的平时监管和使用指导，定期对涉密应用系统终端安全防范、普通密码设备资料保管等开展全面安全检查，确保普通密码安全使用，管理万无一失，全年零发生因网络维护不及时而导致的电子政务内网应用中断情况。通过政府招标，安排专项资金20余万元，对行政中心视频会议系统进行升级改造和系统备份，全年为县委、政府及有关部门提供视频会议技术保障和服务48次。

【公文传输系统应用】 2016年，对全县81个节点单位安全公文传输系统数字证书进行更新，对系统应用进行检查维护，对使用中出现的问题及时帮助解决。加快公文流转速度，节省各乡镇、部门、单位行政成本，提高公文传输效率。

（李丽萍）

档案管理

【档案馆搬迁】 2016年，完成档案移库搬迁任务并投入使用。综合档案馆库房、服务用房、业务和技术用房、办公用房、附属用房等相互配套，阅览、培训及办公设施齐全。新购密集架70例、书架25组、期刊柜10组、目录柜6个、防磁柜2个，安装大厅电子屏、库房监控设备，建立档案廉政文化长廊。对档案库房和服务大厅进行修缮加固，库容满足20年长远发展需要。

【档案业务指导】 与县农牧局联合成立土地确权登记建档工作指导小组，组织县、乡、村建档人员深入村队，对全县涉及农村土地确权登记建档工作的11个乡镇124个行政村7.5万农户，逐户填表登记、核对签字，及时完善资料和收集归档，整理农村土地确权登记档案9741盒，并通过自治区有关厅局组织的验收。指导做好党政机关、事业单位、民营企业、乡镇文件资料的收集、整理、归档工作。加强对社会保障、婚姻登记、房屋、水资源确权等民生档案的业务指导和监管利用，完成政府办、农牧局、水务局、交通局、司法局、发改局、审计局、新堡镇、石空镇等32个部门和单位文书档案立卷归档工作，整理文书档案1312盒。

【档案利用服务】 2016年，接待全县经济建设、编史修志、落实政策、工作查考、婚姻纠纷调解、企业职工参保、司法案件调查等来人来电咨询服务418人次，接待档案查阅利用1086人次，查阅档案1268卷，复印资料2860页，出具证明材料156份。收集卫生、医疗、社保、教育等40个具有社会管理公共事务职能的行政机关、事业单位中不涉及国家机密、能够向社会开放的政策性、公益性、技术性现行文件，本着“方便保管，便于利用”的原则，简化查阅手续，向社会公众提供查阅服务。

【档案宣传与培训】 以“6·9”国际档案日为契机，在人流较为集中的富康广场、大佛殿广场举办以“档案与民生”为主题的大型宣传活动。通过设立宣传点、摆放宣传展板、悬挂横幅、张贴宣传挂图、发放宣传单、LED电子屏幕、接受群众咨询等方式，开展档案查阅利用咨询服务。借档案馆搬迁之机，广泛宣传档案馆新迁地置、查阅利用服务项目及民生档案利用情况。邀请中宁县民间收藏协会共同参与，展出反映中宁历史、文化、民俗的档案展品，向社区居民宣传档案工作的作用，普及档案知识。在宣传活动期间制作流动展板4块，悬挂标语8条，发放挂图50套、自制宣传册500本、宣传彩页1500份，设立咨询点2个，接受群众咨询196人次。年内，对县直有关部门、机关、事业单位、乡

(镇)村195名专兼职档案管理人员进行档案资源建设、保管保护和利用服务等业务知识培训。

【档案安全管护】 按照"十防"(防火、防水、防光、防潮、防尘、防鼠、防盗、防虫、防高温、防污染)的要求,对档案工作人员开展经常性安全教育,修订档案管理制度,定期检查安全记录,定期入库进行安全检查,定期对管库安全报警系统、气体灭火系统进行检测维护,对涉及国家秘密和个人隐私的案卷进行划控,杜绝失泄密事故的发生。

(般学贤)

中宁县人大常委会

综 述

【视察调查】 组织开展生态林业及城市绿化工作调查,听取政府专项工作报告,督促政府及相关部门制订实施城市绿化中长期发展规划,加快生态乡、生态村建设步伐。听取审议县人民政府城市管理工作情况的报告,提出具体建议和意见,督促加大投入、强化管理,建成一批市政基础设施。以保障宪法和法律实施为重点,紧密结合中宁县实际,采取实地检查、现场观摩、查阅案卷评查等形式,对县人民法院行政审判工作开展进行专项调查,在常委会上听取和审议县人民法院关于行政审判工作情况的报告,督促县人民法院不断畅通诉讼渠道,完善行政纠纷解决机制,提高行政审判队伍素质,切实解决群众“立案难”“执行难”等问题。听取和审议县人民检察院关于立案监督和侦查监督工作情况的报告,督促县人民检察院规范立案监督和侦查工作,提高监督质量和实效。围绕全县经济社会发展目标,听取和审议经济和社会发展计划执行情况的报告,督促政府积极应对,完善措施,加快调结构、转方式、促转型,推动经济平稳运行。把财政预决算审查作为监督重点,深化和拓展财政资金审查监督,促使政府严格预算管理、优化支出结构,有效发挥公共财政支撑和保障作用。跟踪监督2016年度审计查出问题的整改落实,督促政府强化审计监督,健全完善内控制度,维护预算编制的科学性和执行的严肃性。

【执法检查】 采取实地检查、查阅案卷、问卷调查、现场观摩评查等形式,对《宁夏回族自治区枸杞产业促进条例》实施情况开展执法检查,督促县人民政府及有关部门从强化宣传教育、抓好规划落实、加大品牌保护力度等方面,抓好贯彻落实,促使中宁县枸杞在整体规划、品种选育、基础配套、产地保护、品牌保护等工作上有新突破和创新。配合区、市人大常委会开展对《中华人民共和国水法》《中华人民共和国食品安全法》《宁夏回族自治区食品生产加工小作坊和食品摊贩管理办法》等法律法规进行执法检查,促进法律法规的有效实施。

【依法监督】 县人大常委会年初专题审议民生计划实施方案,加强平时督办,半年进行全面视察,督促政府及时解决办理工作中存在的问题;年底组织对进展缓慢项目进行集中视察，推进办理工作，县城基础设施改造、城乡环境质量提升、社会保障体系完善等15件民生实事得到较好落实。围绕县委工作部署，制订详细具体调查方案，组织部分常委会组成人员、人大代表、乡镇人大主席对公共卫生体系建设等方面工作进行专项调查，听取和审议县人民政府相关工作报告，提出加强和改进相关工作的意见和要求。督促和支持县人民政府及相关部门，就公共卫生、生态林业、城市建设等与群众生活息息相关的民生工程，集中人力、财力，推进落实，增进民生福祉。把解决群众合理诉求、维护群众合法权益作为促进社会和谐稳定的重要举措，健全完善信访受理、批转、督办工作机制，推行统一受理、限期办结等制度，加大对信访案件的交办和督办力度，接待和受理群众来信来访21件（次），及时转交“一府两院”，盯住督办落实。对重要信访案件，常委会领导亲自协调督办，促使群众反映的问题得到解决。

【工作评议】 2016年，组织对县民政局和县交通运输局进行工作评议，分别形成书面工作评议意见进行反馈。县民政局和县交通运输局根据评议意见分别制定整改方案，报县人大常委会。县人大常委会采取检查、听取报告、实地查看等形式，督促整改方案有效落实，推动相关问题的解决，促进部门工作。

【议案建议办理】 推行代表议案建议督办包抓责任制，对转交“一府两院”的议案建议，常委会采取分类交办、重点督办、办理情况“回头看”等方式，采取让承办单位负责人面对面答复代表的方式，召开现场督办会，组织代表进行实地查看、满意度测评、现场通报测评结果，让代表参与意见建议办理，全面了解办理进展情况，加强办理工作监督，促使县十六届人大四次会议以来的1件议案、57件代表意见建议得到较好办理。在确定57件重点代表意见建议的基础上，梳理出代表在分团讨论时提出的意见建议，一并送“一府两院”研究处理，积极回应代表关切。

【代表工作】 通过集中培训、以会代训等方式，组织17名区、市、县人大代表外出学习培训。邀请县、乡人大代表参加县委、人大、政府组织的各类会议和活动，先后邀请18名县人大代表列席县人大常委会会议，组织79名县人大代表列席政府常务会和“中宁问政”等活动，安排32名县人大代表参与常委会组织的集中视察、调研和执法检查等活动。完善各乡镇“人大代表之家”阵地基础设施，指导各代表小组，开展“五贴近一述职”①活动，安排代表参加视察检查、工作评促，对农民、居民、一线工人身份的县人大代表每月发放通信、交通补助。建立县人大常委会组成人员联系基层县人大代表、县人大代表联系群众工作制度，常委会主任、副主任、部分委员经常深入基层、深入群众，听取意见，畅通表达渠道，掌握社情民意，督促解决群众生产生活中的实际问题。

【指导乡镇人大工作】 邀请乡镇人大主席列席常委会会议，参加“三查（察）”（视察、调查、检查）活动。组织对乡镇“人大代表之家”和村级“人大代表工作室”进行督促指导，指导定期开展代表活动，为代表履职搭建平台。组织各代表小组广泛开展主题实践活动，支持各乡镇人大相互观摩交流，宣传推广成功经验和做法。

【县、乡（镇）人大换届选举】 根据区、市、县党委换届选举部署要求，依法对县乡人大换届选举工作做出决议决定，明确换届选举时间安排、方法步骤及选区划分、选民登记、代表名额分配方案；通过组织换届选举培训、加强基层督导检查、召开选举工作联席会议，为乡镇、部门组织换届选举工作提供工作指导，依法选举产生197名县人大代表和637名乡镇人大代表，完成县乡人大换届选举任务。

【人事任免】 坚持党管干部和人大依法任免干部相统一的原则，发扬民主，依法办事，坚持干部任前法律考试、听取组织部门情况介绍、个人供职承诺等制度，依法任免国家机关工作人员39人次。落实宪法宣誓制度，组织新任命人员向宪法宣誓，增强国家机关工作人员依法履职的责任感和使命感。

小资料

①“五贴近一述职”：即贴近选民，做百姓的知心人；贴近实际，做选民诉求的代言人；贴近问题，做矛盾的化解人；贴近群众，做帮扶解困的带头人；贴近基层，做政策法律的宣传人；接受监督，向选民述职。

人民代表大会

【县第十六届人民代表大会第四次会议】 于2016年2月1—3日召开，出席会议代表193人。会议听取和审查县人民政府工作报告，关于县十六届人大三次会议以来议案、代表建议办理情况的报告。审查和批准中宁县国民经济和社会发展第十三个五年规划纲要，中宁县2015年以来经济和社会发展计划执行情况与2016年经济和社会发展计划草案的报告，批准中宁县2016年经济和社会发展计划。审查和批准中宁县2015年财政预算执行情况与2016年财政预算草案的报告，批准中宁县2016年财政预算。审查和批准中宁县2015年民生计划执行情况和2016年民生计划草案的报告，批准中宁县2016年民生计划。听取和审查县人大常委会工作报告、县人民法院工作报告、县人民检察院工作报告；做出关于政府工作报告的决议，关于县第十六届人大三次会议以来代表议案、建议和意见办理情况报告的决议，关于中宁县国民经济和社会发展第十三个五年规划纲要的决议，关于中宁县2015年国民经济和社会发展计划执行情况与2016年计划的决议，关于中宁县2015年财政预算执行情况与2016年财政预算的决议，关于中宁县2015年民生计划执行情况和2016年民生计划的决议，关于县人大常委会工作报告的决议，关于县人民法院工作的决议，关于县人民检察院工作的决议。依法补选陈宏为中宁县人民政府县长。审查确定本次大会会议议案1件，代表建议意见57件。

【县第十七届人民代表大会第一次会议】 2016年10月25日到27日，召开中宁县第十七届人民代表大会第一次会议，出席会议代表196人。会议听取和审查县人民政府工作报告、关于县十六届人大四次会议以来议案、代表建议办理情况的报告。审查中宁县2016年以来国民经济和社会发展计划执行情况与2017年经济和社会发展计划草案的报告，批准中宁县2017年经济和社会发展计划。审查中宁县2016年财政预算执行情况与2017年财政预算草案的报告，批准中宁县2017年财政预算。审查中宁县2016年民生计划执行情况和2017年民生计划草案的报告，批准中宁县2017年民生计划。听取和审查县人大常委会工作报告、县人民法院工作报告、县人民检察院工作报告；做出关于政府工作报告的决议、关于县十六届人大四次会议以来代表议案、建议和意见办理情况报告的决议、关于中宁县2016年国民经济和社会发展计划执行情况与2017年计划的决议、关于中宁县2016年财政预算执行情况与2017年财政预算的决议、关于中宁县2016年民生计划执行情况和2017年民生计划的决议、关于县人大常委会工作报告的决议、关于县人民法院工作报告的决议、关于县人民检察院工作报告的决议。依法选举马彦军为中宁县第十七届人民代表大会常务委员会主任；王月琴、张立信、张海涛、李书东为中宁县第十七届人民代表大会常务委员会副主任；刁荣辉、于占孝、马汉文、马永明、马秀琴、马治礼、马学武、王天岐、王晓文、白居银、师清泉、刘晓燕、孙靖、李华锋、杨志荣、何伟成、沈韶华、宋德印、张维华、武治军、范学银、周佳奇、周素泰、周新旻、黄永业、康文宏、康玲、谢福才为中宁县第十七届人民代表大会常务委员会委员。依法选举陈宏为中宁县人民政府县长，王金栋、陈正刚、任勤、强斌、范永伟为中宁县人民政府副县长。高永生为中宁县人民法院院长；孙凤玲为中宁县人民检察院检察长。审查确定本次大会会议议案1件，代表建议意见61件。

人大常委会会议

【概况】 2016年，中宁县第十六届人大常委会全年召开8次常委会会议，14次主任会议，听取和审议"一府两院"8项专项工作报告，开展6次视察、调研、调查、执法检查和2次工作评议活动，做出决议、决定9件，形成书面《审议意见》和《评议意见》10份，完成县十六届人大四次会议确定的目标任务。

【县第十六届人大常委会第二十一次会议】 于2016年1月19日召开。会议初步审查2016年财政预算草案，审议通过关于召开中宁县第十六届人民代表大会第四次会议的决定(草案)，审议县第十六届人民代表大会第四次会议有关文件和报告，审议通过县人大常委会代表资格审查委员会关于县第十六届人民代表大会第三次会议以来个别代表变动情况及补选代表的代表资格审查报告。分别审议县人大常委会主任会议和县人民政府提请的有关人事任免议案，会议补选刘成孝、汪贵新、李斌、李宝庆为中卫市第三届人民代表大会代表，表彰2015年度先进代表小组和优秀县人大代表。县人大常委会主任马彦军，副主任王月琴、张海涛、李存银、张银强及委员共27人出席会议。

【县第十六届人大常委会第二十二次会议】 2016年3月11日召开。会议审议通过县人大常委会2016年工作要点。会议听取和审议县人民政府关于"改造我县部分盐碱低洼地"议案实施方案的报告、关于2016年民生计划实施方案的报告。会议审查确认县人大常委会主任会议研究同意的有关许可事项，表决确认对县十六届人大代表张贵安依法采取强制措施的许可决定。会议分别审议县人民政府提请的有关人事任免议案。县人大常委会主任马彦军，副主任王月琴、张海涛、李存银、张银强及委员共22人出席会议。

【县第十六届人大常委会第二十三次会议】 2016年4月23日召开。会议审议县人民政府提请的有关人事任免议案。县人大常委会主任马彦军，副主任王月琴、张海涛、张银强及委员共21人出席会议。

【县第十六届人大常委会第二十四次会议】 2016年5月12日召开。会议听取和审议县人民政府关于公共卫生体系建设工作情况的报告，县人民法院关于行政审判工作情况的报告。会议对县人民政府关于公共卫生体系建设工作情况报告、县人民法院关于行政审判工作情况报告进行满意度测评，通过以上2个工作报告。会议听取和审议县民政局工作报告及县人大常委会工作评议调查组的调查报告，对县民政局2013年以来的工作情况进行评议和满意度测评。县人大常委会主任马彦军，副主任王月琴、张海涛、张银强及委员共20人出席会议。

【县第十六届人大常委会第二十五次会议】 2016年7月4日召开。会议听取和审议县人民政府关于2016年以来国民经济和社会发展计划执行情况的报告、关于2015年度财政决算(草案)及2016年以来财政预算执行情况的报告、关于2015年度县本级财政预算执行和其他财政收支情况的审计工作报告，批准2015年财政决算。会议听取和审议县人民政府关于县十六届人大四次会议议案办理落实进展情况的报告、关于2016年民生计划进展情况的报告、关于生态林业及城市管理工作情况的报告、关于城市管理工作情况的报告，书面提交县人大常委会调查组的调查报告。会议对县人民政府关于县十六届人大四次会议议案办理落实进展情况报告、关于生态林业及城市管理工作情况报告、关于城市管理工作情况报告进行满意度测评，并通过以上3个工作报告。会议审议通过《关于县乡(镇)人民代表大会换届选举时间的决定》《关于设立中宁县选举委员会的决定》《关于设立各乡镇选举委员会的决定》《县、乡(镇)人民代表大会换届选举工作的安排意见》。会议审议县人大常委会主任会议、县人民政府提请的有关人事任免议案。县人大常委会主任马彦军，副主任王月琴、张海涛、张银强及委员共 19 人出席会议。

【县第十六届人大常委会第二十六次会议】 2016 年 8 月 25 召开。会议听取和审议县人民检察院关于立案监督和侦查监督工作情况的报告，书面提交县人大常委会调查组的调查报告。听取和审议县人大常委会执法检查组关于《宁夏回族自治区枸杞产业促进条例》贯彻实施情况的执法检查报告，书面提交县人民政府关于《宁夏回族自治区枸杞产业促进条例》贯彻实施情况的报告。会议对县人民法院立案监督和侦查监督工作情况报告进行满意度测评。会议听取和审议县交通运输局工作报告及县人大常委会工作评议调查组的调查报告，对县交通运输局 2013 年以来的工作情况进行评议和满意度测评。会议审查通过《关于县第十七届人民代表大会代表名额分配方案》。审查确认县人大常委会主任会议研究同意的有关许可事项，表决确认对县十六届人大代表刘××依法采取强制措施的许可决定，暂停刘××县十六届人民代表大会代表职务和常务委员会委员职务。会议审议县人民政府、县人民法院和县人民检察院提请的有关人事任免议案。县人大常委会主任马彦军，副主任王月琴、张海涛、张银强及委员共 19 人出席会议。

【县第十六届人大常委会第二十七次会议】 2016 年 10 月 19 日召开。会议听取和审议县人民政府关于县十六届人大四次会议议案办理落实情况的报告、关于 2016 年民生计划执行情况的报告，书面提交县人大常委会视察组的视察报告。会议听取和审议县人民政府关于 2015 年度县本级预算执行和其他财政收支审计结果落实情况的报告。审议县人民政府提请的 2016 年县本级预算调整方案（草案）的议案，对 2015 年县本级预算调整方案（草案）进行审查，会议决定批准 2015 年县本级预算调整方案(草案)。会议审议、批准县人民政府关于批准 2015 年地方政府债务限额的议案。审议通过中宁县第十六届人民代表大会常务委员会代表资格审查委员会关于县第十七届人民代表大会代表资格的审查报告、关于召开中宁县第十七届人民代表大会第一次会议的决定，审查县第十七届人民代表大会第一次会议有关文件和县人大常委会工作报告。会议表彰 2016 年度先进代表小组和优秀县人大代表。审议县人民政府、县人民法院和县人民检察院提请的有关人事任职议案。县人大常委会主任马彦军，副主任王月琴、张海涛、张银强及委员共 20 人出席会议。

【县第十七届人大常委会第一次会议】 于 2016 年 12 月 15 日召开。会议审议中宁县宪法宣誓办法，审议通过中宁县人大常委会 2017 年工作要点，审查通过中宁县人民政府关于在全县范围内深入开展第七个五年法治宣传教育的议案，审议县人民政府提请的有关人事任免议案。县人大常委会主任马彦军，副主任王月琴、张立信、张海涛、李书东及委员共 33 人出席会议。

工作委员会工作

【财政经济工作委员会】 2016 年，组织对县交通运输局工作进行评议；组织对县人民政府生态林业及城市绿化、城市管理工作进行调查，对《宁夏回族自治区枸杞产业促进条例》进行执法检查；审查关于中宁县 2015 年度财政决算(草案)及 2016 年以来财政预算执行情况的报告，批准 2015 年财政决算；审查县人民政府关于 2015 年度县本级财政预算执行和其他财政收支情况的审计工作报告、关于 2016 年以来全县经济和社会发展计划执行情况的报告。对2015年度县本级财政预算执行和其他财政收支审计结果落实情况进行跟踪监督审议，批准县人民政府关于2015年地方政府债务限额的议案。

【法制工作委员会】 2016年，组织对县人民法院行政审批、县人民检察院立案监督和侦查监督工作进行调查。接待和受理群众来信来访21件次。

【教科文卫工作委员会】 2016年，组织对公共卫生体系建设情况进行调查；对2016年民生实事办理情况加强平时督办工作，半年进行全面视察，年底组织对进展缓慢的项目进行集中视察，推进2016年民生实事的办理。

【人事代表选举工作委员会】 2016年，组织对县十六届人大四次会议议案办理情况进行视察；对县十六届人大四次会议以来57件建议意见办理情况进行检查；对区、市、县人大代表进行《代表法》《监督法》等法律法规的学习培训。组织180余名代表参加视察检查、工作评议、列席常委会会议等活动。组织开展先进代表小组和优秀人大代表评选活动。根据区、市、县党委换届选举部署要求，制定换届选举时间安排、方法步骤及选区划分、选民登记、代表名额分配方案，组织换届选举培训、加强基层督导检查、召开选举工作联席等，依法选举产生197名县人大代表和637名乡镇人大代表，完成县乡人大换届选举各项工作任务。

（何　文）

中宁县人民政府

综 述

【经济建设】 2016 年，坚持项目带动，明确建设路径图和时间表，全力推进 88 个重点项目建设。其中 60 万吨电解金属锰技改等 48 个项目按期建成，兴尔泰 120 万吨硝基复合肥循环经济等 31 个跨年度项目进展顺利。落实自治区工业“新十条”①，促进直购电交易、通行费减征等优惠政策落地，13 家停产半停产企业恢复生产，规上企业新增 2 家达到 46 家。加快完善道路、绿化、供电线路走廊、给排水、供暖管网等基础设施。以农民增收为出发点和落脚点，坚持“一特三高”②发展定位，建成硒砂瓜品质品牌保护区 10 万亩、核心展示区 5 万亩，全面推广“六个全覆盖”③，高标准新植枸杞 1.1 万亩，枸杞苗木产值达 2.5 亿元，较去年翻番，农作物良种实现全覆盖，农业现代化发展稳步推进。致力补齐“三产”短板，建成村级电商服务站 25 个，阿里巴巴“村淘”项目落地，“中阿号”国际班列正式开通，中宁黄河二桥等 13 个采取 PPP 模式建设项目快速推进，中宁枸杞传统栽培种植技术展示区、天景山枸杞产业观光带陆续启动，车门沟景区成为中宁旅游新亮点，全域旅游发展平稳起步。

【城乡发展】 2016 年，实施城市建设项目 5 个，推进新堡大社区等五大片区棚户区改造，完成 11 个老旧小区和 10 万平米既有建筑节能改造，6 条新续建市政道路建成通车，新增造林面积 9216 亩，改造农村危窑危房 648 户。组建城市管理综合执法局，完善城市网格管理体系，全面推行“以克论净”，机械清扫率 75%，垃圾日产日清、密闭清运率 100%，县城及城中村、城乡结合部清扫保洁实现全天候、全覆盖。探索环卫市场化运作新模式，成功引入社会资本进入环卫领域。完善环保“8+2”长效机制④，加大南北河子沿线范围内违法排污行为执法力度，强化源头治理，立案查处违法违规企业 7 家，责令整改 18 家，淘汰燃煤小锅炉、茶浴炉 6 台，21 个污染减排项目顺利推进，提前完成四项主要污染物⑤减排年度目标。

【民计民生】 2016 年，如期完成 15 件民生实事。宁夏现代枸杞鲜果保鲜与加工现代职业技能公共实训中心建成运营，全县高考一次性二本上线率高于全区平均水平 10.03 个百分点。深化医药卫生体制改革，在设有住院部的县乡医疗机构全面推行“先住院后付费”工作模式。推进就业创业，转移农村劳动力29718人，城镇新增就业3855人，城镇登记失业率控制在3.82%。严格落实各项社会保险政策，城乡居民基础养老金实现七连增，配套8897.6万元开展被征地农民养老保险，第四敬老院、老年活动中心等建设加快，在喊叫水村成立全县首个山区居民社区。强化平安建设，深入开展信访积案“大排查，大接访，大化解”活动，强化社会治安综合治理和安全生产监管，四项约束性指标⑥稳控在红线以内，社会大局和谐稳定。

【脱贫攻坚】 2016年，筹备建立精准扶贫大数据库和数据中心，精准识别贫困人口3351户12774人。围绕“有土”，建成硒砂瓜品质品牌保护核心展示区2万亩、优新品种实验示范区3个500亩，发展膜下滴灌种植玉米7800亩、旱地黑枸杞200余亩、滴灌红枸杞1330亩、黄花菜228.1余亩、红葱2860亩，购置基础母牛和肉牛7100余头。围绕“离土”，培训贫困群众4600余人，完成转移就业2181人，其中建档立卡户1149人，累计收入1298.74万元。围绕促进贫困地区公共服务均等化，编制完成三年扶贫交通道路建设规划、34个贫困村美丽乡村建设规划和4个生态移民区改造提升规划以及移民房屋扩建方案，完成G109线桃山至兴仁段改造、兴仁综合供水农村人饮入户改造等道路和水利工程，喊叫水乡、徐套乡卫生院远程医疗会诊系统投入使用，建成高压输电线路13公里，实现3G、4G网络全覆盖，宽带连通12个村。

【行政效能】 2016年，贯彻落实民主集中制，召开23次政府常务会议，研究议题279项，议定事项422项，其中135项“三重一大”事项报请县委研究审定。严格落实重要事项公示、听证制度和“两代表一委员”联系制度，办理人大代表意见建议和议案58件，办结51件，政协委员提案56件，办结49件。修订完善效能目标管理责任制，建立健全激励机制，强化责任追究。举办3期“中宁问政”，问政单位26个，切实解决23个群众反映强烈的突出问题，群众满意度提升。深入开展“两学一做”学习教育，落实党风廉政“一岗双责”，严格执行中央八项规定，加强行政监察和审计监督，开展慵懒散软奢整治行动，查处案件36起，问责处理36人。

小资料

①工业“新十条”：具体包括：设立2亿元的新型工业化专项担保基金，设立1亿元工业运行专项调控资金，对重点骨干企业新增项目贷款给予基准利率30%左右的贴息；对企业用先进设备进行抵质押的，将抵质押率由30%左右提高到70%左右；针对企业反映运费偏高的问题，将宁东铁路公司运价由0.23元/吨公里下调至0.19元/吨公里，起码运距由50公里降为40公里，并实行量价挂钩阶梯式运价优惠；落实结构性减税和亏损企业城镇土地使用税减免政策；安排6000万元专项资金，在宁东基地和五市重点园区开展低成本化试点，对园区基础设施和公共服务平台进行改造升级；鼓励关联度高的煤、电、铝、化工等行业建立产品销售联动、价格会商机制。

②“一特三高”：指中宁枸杞产业发展坚持“特色、高质、高端、高效”的“一特三高”现代化农业发展定位。

③“六个全覆盖”：指中宁县对宽口井西山坡、大战场镇清水河流域、恩和镇红梧山、舟塔乡和鸣沙镇小盐池滩、易捷庄园五道渠“六大片区”枸杞种植实施升级行动，实施适度规模经营、病虫害统防统治、设施烘干、高效节水灌溉、测土配方施肥、标准化栽培“六个全覆盖”。

④环保“8+2”长效机制：指8个体系、2项机制。“8个体系”指：政府领导责任体系、产业规划引导体系、企业主体责任体系、部门依法监管体系、人大依法监督和政协民主监督体系、第三方环保技术支撑体系、工业园区环保协同体系、媒体和社会舆论监督体系；“2项机制”指：对企业违法违规行为严厉查处、严厉惩治的依法责任追究机制；对各部门、单位和国家公职人员不依法履职、不作为，甚至失职渎职行为严肃责任追究机制。

⑤四项主要污染物：即二氧化硫、氮氧化物、化学需氧量、氨氮四项污染物。

⑥四项约束性指标：指命案发生数、每万人进京非正常上访人次、较大及以上群体性事件发生数、重大安全事故发生数。

重要会议

【第74次政府常务会议】 2016年1月25日，代县长陈宏主持召开县十六届人民政府第74次常务会议，听取研究县人民政府办公室《2016年政府工作报告（送审稿）》《关于中宁县2015年民生计划执行情况和2016年民生计划（草案）的报告》《关于县十六届人大三次会议以来代表议案建议办理情况的报告》，县发改局《关于2015年国民经济和社会发展计划执行情况及2016年计划（草案）的报告》《中宁县国民经济和社会发展第十三个五年规划纲要》，县财政局《中宁县2015年财政预算执行情况及2016年财政预算（草案）报告》《关于出资组建中卫市众和顺担保有限公司的意见》《关于拨付石空镇G109通威路南横路等公共道路建设项目征地及地上附着物补偿资金的意见》《关于解决中宁县锦宁铝镁新材料有限公司有关问题的意见》《关于拨付宁安镇下差征地及附着物补偿费的意见》，县人力资源和社会保障局《中宁县社会保险"五险合一"经办体制改革方案》以及县国土资源局有关事宜。县领导张建兵、杨照明、常丁梁、马金、张立信、周红出席会议。

【第75次政府常务会议】 2016年2月18日，县长陈宏主持召开县十六届人民政府第75次常务会议，听取研究县发展和改革局《关于落实"国务院关于煤矿行业化解过剩产能实现脱困发展的意见"的方案》，县人民政府办公室《县人民政府2016年第一次全体（扩大）会议暨廉政工作会议筹备意见》，县卫生和计划生育局《全县2016年计生工作会议筹备意见》，县住房和城乡建设局《中宁县2016—2018年农村大环境整治行动计划》《中宁县农村环境卫生保洁长效机制建设实施方案》，县国土资源局有关事宜，县农牧局《关于引导规范农村土地承包经营权流转指导基准价格的意见》《中宁县食用菌生产基地建设项目实施方案》，县财政局《关于争取专项建设基金工作情况的汇报》。县领导张建兵、叶进宝、杨照明、常丁梁、马金、张立信、刘宏阳、周红出席会议。

【第76次政府常务会议】 2016年2月19日，县长陈宏主持召开县十六届人民政府第76次常务会议，听取研究县人民政府办公室《关于成立中宁县金融工作领导小组的意见》，县发展和改革局《中宁县2016年重点建设项目"五定方案"》，县工业（物流）园区管委会办公室《关于县工业园区2016年道路建设的意见》以及兴尔泰集团硝基复合肥循环经济项目建设有关事宜，县商务和经济技术合作局《2016年中宁县招商组外出招商方案》《关于兑现中宁县宁华工贸有限公司综合回收利用冶炼废渣实施循环经济项目财政扶持资金的意见》《关于兑现佰鑫公司及宁夏御萃坊新建项目财政扶持资金的意见》，县农办《中宁县2016年农业特色产业扶持政策》《关于做好2016年农业农村工作的意见》《中宁县2016年政策性农业保险安排意见》。县领导张建兵、叶进宝、杨照明、常丁梁、马金、刘宏阳、周红出席会议。

【第77次政府常务会议】 2016年3月4日，县长陈宏主持召开县十六届人民政府第77次常务会议，听取研究县发展和改革局《中宁县政府投资项目管理和责任追究办法》《中宁县政府投资项目设计变更实施细则办法》，县住房和城乡建设局《中宁县政府投资项目招标投标管理办法实施细则》，县财政局《中宁县加强财政资金管理办法》《中宁县政府采购管理办法》，县人民政府办公室《中宁县2016年民生计划实施方案》《县十六届人民代表大会第四次会议代表议案实施方案》，县教育体育局《中宁县骨干教师津贴补助办法》，县残联《中宁县困难残疾人生活补贴和重度残疾人护理补贴办法》，县国土资源局《关于挂牌出让三宗国有建设用地使用权的请示》，县卫生和计划生育局《关于兑现2015年度全县卫生和计划生育工作目标管理责任书和表彰奖励2015年度计划生育工作先进集体和先进个人的意见》，县发展和改革局《中宁县公务用车制度改革实施方案》及相关配套文件。县领导刘辛彧、叶进宝、常丁梁、马金、张立信、刘宏阳、周红出席会议。

【第78次政府常务会议】 2016年3月9日，县长陈宏主持召开县十六届人民政府第78次常务会议，听取研究县枸杞产业发展服务局《宽口井枸杞种植基地管护方案》，县安全生产监督管理局《关于表彰奖励2015年安全生产工作先进集体和先进个人的决定》，县财政局《关于建立中宁县支持中小微企业发展融资担保引导基金的方案》，县发展和改革局《关于中宁县光伏风力发电项目土地租赁费基础设施费收费等有关事宜的请示》，县文化旅游广电局《中宁县老放映员发放工龄补助方案》，县教育体育局《关于中宁县教育信息化"三通两平台"建设有关事宜的请示》，县水务局《关于提请研究喊叫水马塘地区和大战场元丰村膜下滴灌玉米种植有关事宜的请示》，县国土资源局有关事宜，县卫生和计划生育局《关于兰州生物制品研究所有限责任公司在中宁设置单采血站有关事宜的请示》，县住房和城乡建设局《关于解决红苑社区等五个社区服务用房问题的意见》。县领导刘辛彧、杨照明、常丁梁、马金、张立信、刘宏阳、周红出席会议。

【第79次政府常务会议】 2016年3月22日，县长陈宏主持召开县十六届人民政府第79次常务会议，听取研究县人民政府办公室《关于2016年第一季度39个集中开工项目进展情况的汇报》，县人力资源和社会保障局《关于全县乡镇机关事业单位人员实行乡镇工作补贴的意见》，县教育体育局《中宁县乡村教师支持计划(2015—2020年)实施意见的方案》，县发展和改革局《关于中宁县美橙电力有限公司45MW及海润光伏科技股份有限公司20MW扶贫配套光伏电站项目建设有关事宜的请示》，县交通运输局《县工业(物流)园区道路工程采取"PPP"模式建设方案》，县工业(物流)园区管委会办公室《关于园区能源管理服务有限公司能源管理服务中心建设有关事宜的请示》《关于浙江今飞集团500万只汽车轮毂项目建设有关事宜的请示》，县商务和经济技术合作局《关于隆基硅公司年产1000MW单晶硅棒生产项目建设有关事宜的请示》，县财政局《关于宁安苑安置房回购有关事宜的请示》。县国土资源局有关事宜。县领导刘辛彧、叶进宝、常丁梁、马金、张立信、刘宏阳、周红出席会议。

【第80次政府常务会议】 2016年3月31日，县长陈宏主持召开县十六届人民政府第80次常务会议，听取研究县发展和改革局《关于中宁县产业转型升级发展战略规划编制情况的汇报》《关于2015—2016年专项基金申报及落实情况的汇报》《2016年全县1000万元以上政府投资建设项目资金筹措方案》，县财政局参股宁夏银行业批发贷款担保股份有限公司在中宁县设立分公司相关事宜，县工业和信息化局中宁县城市展示中心建设相关事宜，县水务局《中宁县抗旱机井维修实施方案》《中宁县喊叫水乡徐套乡人饮工程改造实施方案》，县商务和经济技术合作局《年产1000MW单晶硅棒生产项目用地范围内中宁县圣源绒毛有限公司所有工业用途房产及附属设施征收方案》，县枸杞产业发展服务局《鸣沙镇小盐池滩原生态枸杞基地供电道路及绿化等基础设施改造提升方案》，县国土资源局《关于挂牌出让二宗国有建设用地使用权的请示》《关于划拨七宗国有建设用地使用权的请示》《关于宁夏红宝农特产品有限公司三宗国有建设用地使用权处置的意见》。安排部署2016年清明节期间相关工作。县领导刘辛彧、叶进宝、马金、刘宏阳、陈正刚出席会议。

【第81次政府常务会议】 2016年4月17日，县长陈宏主持召开县十六届人民政府第81次常务会议，督办中宁县2016年二季度开工项目进展情况及天元锰业有限公司13个问题县长批示件办理情况；听取研究县公安局《关于提升全县消防应急能力实施方案》，县扶贫开发办公室《关于中宁县域内农场移民移交属地管理有关事宜的意见》，县财政局《中宁县征用农村集体土地补偿标准》，县国土资源局《关于恒达房地产公司因改变容积率补缴土地出让金的意见》《关于收回灵武建丰源一宗国有建设用地部分土地使用权的意见》，县工业和信息化局《关于拨付中宁县“四化一满意”综合信息服务平台项目建设资金的意见》，县财政局《中宁县产业转型发展专项基金管理办法(试行)》，县市场监督管理局《2016年全县食品安全工作会议筹备意见》，县工业(物流)园区管委会办公室关于浙江今飞凯达股份公司500万件汽车轮毂项目土地强夯有关事宜，县气象局《关于中宁县人工影响天气工作人员工资和养老保险列入财政预算有关事宜的意见》，县住房和城乡建设局《关于污水处理厂及污水资源利用合作经营有关事宜的意见》《中宁县新区棚户区改造建设项目征收与补偿安置方案》《中宁县棚户区二期(B区)建设项目征收与补偿安置方案》《中宁县宋营小学建设项目征收与补偿安置方案》。县领导刘辛彧、常丁梁、马金、陈正刚、任勤、强斌出席会议。

【第82次政府常务会议】 2016年4月26日，县长陈宏主持召开县十六届人民政府第82次常务会议，听取研究县统计局关于《全县固定资产投资统计情况汇报》，县住房和城乡建设局《关于调整中宁县村庄布局规划(2014—2030)的意见》，县枸杞产业发展服务局关于湖南尔康制药公司枸杞冷冻制干项目建设有关事宜，县林业局关于小盐池滩枸杞示范基地主干道路绿化有关事宜，县农牧局关于《中宁县2016年农机购置补贴项目实施方案》，县水务局关于《中宁县喊叫水乡马塘灌区主干渠泵站改造维修工程实施方案》，县文化旅游广电局关于《石空镇综合文化站及文化广场建设方案》，县卫生和计划生育局《中宁县加快推进医疗卫生与养老服务相结合的实施方案》，县国土资源局《关于办理长山头粮库用地手续的意见》《百瑞源公司申请承包经营花豹湾土地的意见》，县扶贫开发办公室关于《中宁县2016年脱贫攻坚工作方案》及《中宁县“十三五”脱贫攻坚实施方案》。县领导刘辛彧、叶进宝、常丁梁、刘宏阳、陈正刚、任勤、强斌出席会议。

【第83次政府常务会议】 2016年5月5日，县长陈宏主持召开县十六届人民政府第83次常务会议，听取研究县住房和城乡建设局关于中宁县城乡环境综合整治有关事宜，县安全生产监督管理局《关于进一步明确县安委会成员单位工作职责分工的意见》《关于完善安全生产长效管理机制推动安全生产形势稳定好转的意见》，县财政局宁夏鑫阳农林牧开发有限公司使用基金有关事宜和县人民政府参股设立宁夏天元金融助贷中心有关事宜，县监察局《关于给予仝智普、林德相行政撤职处分的意见》，工业(物流)园区管委会办公室《石空至中卫工业园区高压输气管线规划方案》，安排部署其他相关工作。县领导刘辛彧、叶进宝、常丁梁、马金、陈正刚、强斌出席会议。

【第84次政府常务会议】 2016年5月6日，县长陈宏主持召开县十六届人民政府第84次常务会议，督办人大议案代表意见建议政协委员提案及民生实事办理情况，听取研究县人民政府办公室《关于维修更换行政中心部分老旧基础设施有关事宜》《关于设立县人民政府公职律师办公室的意见》，县人力资源和社会保障局《关于推荐上报享受国务院特殊津贴人员、自治区“塞上英才”、自治区青年拔尖人才享受中卫市政府特殊津贴人员和“中卫英才”人员的意见》，县工业(物流)园区管委会办公室关于宁夏众力冷链物流有限公司新建冷链配送及仓储中心项目有关事宜《关于支持兴尔泰集团硝基复合肥循环经济项目建设有关事宜的意见》《关于归还锦宁铝镁新材料公司垫付42万吨铝镁合金项目费用的意见》，县水务局关于《中宁县大战场镇抗旱应急水源及农村饮水改造工程实施方案》,县林业局《关于宁夏天元锰业有限公司等三宗林权证办理有关事宜的请示》,县枸杞产业发展服务局关于《"中宁枸杞"甄品溯源服务项目检测认证合作协议和食品安全责任保险合作协议》,县住房和城乡建设局关于《县城西区集中供热中心建设方案》《中宁县残疾人康复中心3000万吨物流货场(天元锰业)项目选址及石空商贸服务中心规划设计方案》《丰安北街和大庆西路街道改造方案》《解放桥南星渠桥拓宽改造方案》《中宁县杞乡名邸10#住宅楼工程处理方案》,县财政局《关于国土资源局奶牛场资产处置有关事宜的请示》,县交通运输局关于《县工业(物流)园区道路二期工程项目采取PPP模式建设方案》。县领导叶进宝、常丁梁、马金、刘宏阳出席会议。

【第85次政府常务会议】 2016年5月25日,县长陈宏主持召开县十六届人民政府第85次常务会议,传达学习李克强总理关于做好当前经济工作的讲话精神,通报2016年1—4月份自治区固定资产投资及重点建设项目投资情况,听取研究县农牧局关于《中宁县特色产业脱贫攻坚实施方案》,县人力资源和社会保障局关于《中宁县脱贫攻坚就业创业工作方案》,县教育体育局关于《中宁县发展教育脱贫工作实施方案》,县财政局关于《中宁县精准扶贫"扶贫贷"实施方案》,县工业(物流)园区管委会办公室《关于中宁县工业(物流)园区物业管理服务公司购置卫生保洁设备的请示》,县住房和城乡建设局关于《中宁县城市管理综合执法局组建方案》《关于调整公共租赁住房准入条件及租金标准的意见》,县交通运输局《关于县域内农垦系统生态移民安置区移交工作进展情况的汇报》。县领导常丁梁、马金、刘宏阳、任勤、强斌出席会议。

【第86次政府常务会议】 2016年6月12日,县长陈宏主持召开县十六届人民政府第86次常务会议,听取研究县发展和改革局关于《宁夏天元锰业中宁光伏电站配套项目投资协议》,县财政局《关于众磊鑫科技实业有限公司10KV供电线路建设费用补偿》有关事宜,《关于拨付中宁县北街延伸段道路绿化等五个建设项目征地及地上附着物补偿费用的请示》,县司法局《关于推荐上报中卫市"依法治理示范单位""民主法治示范村(社区)""守法好公民"名单的意见》,县人力资源和社会保障局《关于进一步做好劳动模范先进工作者困难帮扶和社会保障工作方案》《中宁县乡镇工作补贴考核发放细则》《中宁县政府专职消防队员和消防文员招聘方案》,县国土资源局《关于划拨九宗国有建设用地使用权的请示》《关于挂牌出让十一宗国有建设用地使用权的请示》,《关于百瑞源公司申请承包经营花豹湾土地的意见》,县民政局《关于提高全县五保供养标准的请示》《中宁县农村老饭桌运营管理办法(暂行)》,县公安局《关于增加公安机关协勤人员经费的请示》《中宁县治安防控体系重点项目建设实施方案》,县教育体育局《关于中宁县2016年"四项赛事"承办工作方案》,县林业局《关于中宁县国有林场改革实施细则》,县农牧局关于《中宁县"六月红"头茬枸杞采摘节筹备方案》,安排部署近期安全生产相关工作。县领导叶进宝、常丁梁、马金、刘宏阳、陈正刚、任勤、强斌出席会议。

【第87次政府常务会议】 2016年6月20日,县长陈宏主持召开县十六届人民政府第87次常务会议,传达学习自治区政府督查室《对转作风促有为的几点思考》,安排部署暴雨强对流等灾害性天气预防工作,听取研究县商务和经济技术合作局《关于中宁县"农村电子商务筑梦计划"实施方案》,县编办法制办《关于全县政府部门(乡镇)权力清单和责任清单》,县水务局《关于中宁县加快发展高效节水灌溉农业的指导意见》,以及中宁县张裕沟新寺沟等防洪防汛治理工程有关事宜,县卫生和计划生育局《关于调整中宁县县级公立医院管理委员会及印发公立医院改革配套相关文件的请示》,县林业局《关于拨付北河子人工湿地建设项目等四个建设项目征地及地上附着物补偿费用的请示》，县财政局《关于拨付石空镇综合文化站及文化广场建设项目征收土地及地上附着物补偿费用的请示》，县住房和城乡建设局《关于中宁县环卫作业服务市场化项目投资合作方案》《中宁县2016年城市房屋及附属物征收补偿指导价和相关补助补偿标准》，石空镇关于《2016年城乡环境综合整治项目房屋征收与补偿安置方案》，县环境保护局《关于南北河子水环境治理情况的汇报》。县领导叶进宝、常丁梁、马金、刘宏阳、任勤、强斌出席会议。

【第88次政府常务会议】 2016年6月29日，县长陈宏主持召开县十六届人民政府第88次常务会议，听取研究县环境保护局《关于2016年上半年环境保护工作情况的汇报》，县人民政府办公室《关于2016年民生计划人大议案代表意见建议政协委员提案办理情况的汇报》，县发展和改革局《关于2016年以来全县国民经济和社会发展计划执行情况的报告》，县林业局《关于生态林业及城市绿化工作情况的报告》，县住房和城乡建设局《关于城市管理工作情况的报告》，县扶贫办关于《中宁县县域内农垦系统移民安置区移交总协议》，县水务局关于《中宁县深化改革保障水安全实施方案》，县工业（物流）园区管委会办公室关于今飞公司年产500万只汽车轮毂项目配套设施建设有关事宜，县商务和经济技术合作局关于宁夏伟华30万头生态生猪养殖基地及恒泰元50万套肉种鸡养殖场项目建设有关事宜，县国土资源局《关于挂牌出让十宗国有建设用地使用权的请示》《关于成立西气东输三线（中宁段）项目指挥部的意见》，县财政局《关于公开2015年地方政府债务限额的报告》，县市场监督管理局《关于购买计量用检衡车的请示》，县民政局《关于在太阳梁生态移民区设立乡镇建制的意见》，大战场镇关于《宽口井农贸市场规划方案及宽口井移民新村项目建设方案》，县农牧局《关于认真做好硒砂瓜市场营销工作的安排意见》，县发展和改革局《关于2016年第三批国家专项建设基金企业投资项目申报及落实情况的报告》《关于2017年建设项目谋划情况的报告》。县领导刘辛彧、叶进宝、常丁梁、马金、刘宏阳、陈正刚、任勤、强斌出席会议。

【第89次政府常务会议】 2016年7月12日，县长陈宏主持召开县十六届人民政府第89次常务会议，集中学习《中华人民共和国大气污染防治法》《土壤污染防治行动计划》，听取研究县发展和改革局《关于2017年建设项目谋划情况的报告》《关于协调解决西气东输三线中卫—靖边联络线中宁县段相关问题的请示》，县财政局《关于调整中宁县精准扶贫“扶贫贷”实施方案中风险补偿比例的请示》，县住房和城乡建设局关于《中宁县政府购买棚户区改造服务管理办法》《关于调整石空商贸服务中心规划设计方案的请示》。县领导刘辛彧、叶进宝、常丁梁、马金、陈正刚出席会议。

【第90次政府常务会议】 2016年7月20日，县长陈宏主持召开县十六届人民政府第90次常务会议，集中学习自治区党委办公厅 政府办公厅关于印发《党委政府及有关部门环境保护责任》的通知，听取研究县环境保护局关于《中宁县各级党委政府及有关部门环境保护责任》《中宁县网格化环境监管体系建设实施方案》，县工业（物流）园区管委会办公室《关于批准实施宁夏回族自治区中宁县工业（物流）园区〈安全发展规划〉和〈整体性风险评价报告〉的请示》，县工业和信息化局关于在县城实施免费无线Wi-Fi覆盖项目有关事宜，县卫生和计划生育局《关于召开中国中药协会枸杞专业委员会成立大会暨枸杞论坛的请示》，县发展和改革局关于宁夏鑫力源煤业有限公司职工遗属生活费有关事宜，县财政局《关于宽口井枸杞基地资产处置的意见》，县发展和改革局关于《中宁鑫业20MWp光伏扶贫发电项目和华润中宁县20MWp光伏扶贫发电项目投资协议》。县领导刘辛彧、叶进宝、常丁梁、马金、任勤、强斌、范永伟出席会议。

【第 91 次政府常务会议】 2016 年 8 月 3 日，县长陈宏主持召开县十六届人民政府第 91 次常务会议，集中学习中卫市委办、政府办《关于贯彻落实习近平总书记在安徽小岗村农村改革座谈会上重要讲话精神的意见》，听取研究县监察局《关于给予李鹏行政记大过处分、田建华行政记过处分的请示》，县政务服务中心关于《中宁县市民服务中心统一管理方案》，县财政局《关于给予宁夏云百汇农业科技有限公司宁夏枸杞全产业科技园项目外贷资金担保的请示》，县环境保护局关于《中宁县工业园区环境保护规划》《石空工业园区污水处理规划》，县公安局关于《中宁县进一步推进户籍制度改革的实施意见》，县工业（物流）园区管委会办公室关于《今飞公司 500 万件汽车轮毂项目配套工程建设方案》，县住房和城乡建设局关于《中宁县空间规划（多规合一）改革试点工作实施方案》，县扶贫办《关于成立中宁县太阳梁移民安置区管理办公室的请示》，县工业和信息化局《关于促进工业平稳增长的意见》《中宁县关于贯彻落实〈自治区人民政府关于促进经济平稳增长的意见〉的实施方案》，县国土资源局《关于划拨自治区供销社两宗建设用地使用权的请示》《关于申请拨付中宁县滨河路以南盐碱地洼地改造等两个建设项目土地征收及地上附着物补偿费用的请示》《关于收回宁夏医科大学总医院中宁分院国有建设用地使用权的请示》。县领导刘辛彧、叶进宝、常丁梁、马金、陈正刚、任勤、强斌、范永伟出席会议。

【第 92 次政府常务会议】 2016 年 8 月 23 日，县长陈宏主持召开县十六届人民政府第 92 次常务会议，集中学习《咸辉代主席在自治区政府第 67 次常务会议上的讲话》，通报县长重点批示件办理情况，督办《贯彻落实张柱书记调研中宁指示精神“五定”方案》进展情况，听取研究县政府办公室关于《政府工作报告（提纲）》《中宁县公务用车服务中心组建方案》，县工业（物流）园区管委会办公室《关于建设中宁工业园区能源管理服务中心声光电展示馆的请示》，县卫生和计划生育局关于《中宁县公立医院综合改革实施方案（试行）》和《中宁县综合医改试点工作实施方案》，县供销社关于《中宁县关于深化供销合作社综合改革的实施方案》，县国土资源局关于中宁县百瑞源枸杞产业发展有限公司承包经营花豹湾村土地有关事宜，县财政局《关于支持金银岛供应链管理有限公司大宗商品交割库项目产业发展引导资金的请示》，安排规范政府议事程序有关事宜。县领导王金栋、刘辛彧、常丁梁、马金、陈正刚、任勤、强斌、范永伟出席会议。

【第 93 次政府常务会议】 2016 年 10 月 18 日，县长陈宏主持召开县十六届人民政府第 93 次常务会议，传达学习《关于落实国务院自治区市领导通知宁夏石嘴山林利煤炭有限公司“9·27”重大瓦斯爆炸事故批示指示精神的通知》，并安排部署煤矿安全生产大检查工作，督办全县“大干实干 100 天”重点项目建设情况，听取研究县人民政府办公室关于《2017 年政府工作报告（送审稿）》《关于中宁县 2016 年民生计划执行情况和 2017 年民生计划（草案）的报告》《关于县十六届人大四次会议以来代表议案建议办理情况的报告》，县发展和改革局《关于 2016 年国民经济和社会发展计划执行情况及 2017 年计划（草案）的报告》，县财政局关于《中宁县 2016 年财政预算执行情况及 2017 年财政预算（草案）报告》《中宁县 2016 年财政预算调整方案》，县监察局《关于给予何慧敏开除公职处分、刘德行政记过处分、杨科学行政记过处分的请示》。县领导王金栋、常丁梁、马金、陈正刚、任勤、范永伟出席会议。

【第 1 次政府常务会议】 2016 年 10 月 31 日，县长陈宏主持召开县十七届人民政府第 1 次常务会议，集中学习十八届六中全会精神《中国共产党问责条例》，听取研究县扶贫办关于《中宁县落实〈中卫市贫困群众“离土”脱贫扶持政策（试行）〉责任分工》，县农牧局关于《中宁县在第十四届中国国际农产品交易会期间举办中宁枸杞推介会的实施方案》,县环境保护局关于《中宁县2017年国家重点生态功能区县域生态环境质量考核工作实施方案》,县国土资源局《关于挂牌出让八宗国有建设用地使用权的请示》《关于划拨十三宗国有建设用地使用权的请示》《关于收回国投中宁恩和50MW风电项目部分国有建设用地使用权的请示》《关于收回石空镇人民政府一宗国有建设用地部分土地使用权的请示》《关于收回宁夏中瀛泰富置业有限公司一宗国有建设用地部分土地使用权的意见》《关于置换宁夏天元锰业有限公司两宗国有建设用地使用权的意见》和宁夏兴宁奶业服务有限公司改变土地用途补缴土地出让金有关事宜以及退回宁夏红宝房地产开发有限公司所缴出让金有关事宜,县工业(物流)园区管委会办公室关于宁夏中宁工业园区管理服务有限公司租用园区闲置荒山地建设分布式光伏发电项目有关事宜。县政府领导王金栋、刘辛彧、常丁梁、马金、陈正刚、任勤出席会议。

【第2次政府常务会议】 2016年11月16日,县长陈宏主持召开县十七届人民政府第2次常务会议,集中学习《中卫市委巡察工作办法(试行)》,听取研究县法制办关于《中宁县法治政府建设工作方案(2016—2020年)》,县扶贫办《关于调整使用结余扶贫资金的意见》《中宁县2016年财政扶贫项目及整合资金使用意见》,县商务和经济技术合作局关于《稀土铜材料加工及特种线材生产项目投资协议》《环保型包装桶制作及仓储物流项目投资协议》《再生资源回收利用循环经济产业园项目投资协议》,县人民政府办公室关于县公车应急服务中心有关事宜,县财政局关于《中宁县行政事业单位公务接待管理办法》《中宁县行政事业单位工作人员赴常驻地以外挂职学习期间伙食补助费 交通费管理办法》《中宁县异地交流任职干部往返补贴暂行规定》《中宁县行政事业单位差旅费管理办法(暂行)》《2016年置换债券资金使用计划》《关于中宁黄河二桥及引道工程等三个项目采取PPP融资方式建设的请示》,县水务局关于《宁夏中部干旱带贫困片区西部供水中宁县喊叫水扬水工程采用PPP模式建设方案》,国土资源局《关于拨付宁夏中部干旱带贫困片区扬水工程建设项目征地及地上附着物补偿费的意见》《关于拨付喊叫水乡幼儿园建设项目征收土地及地上附着物补偿款的意见》《关于拨付喊叫水乡移民村高效节水灌溉建设项目征收土地及地上附着物补偿款的意见》《关于拨付中宁县滨河路以南盐碱低洼地改造(宁安镇朱营村片区鸣沙镇长滩村片区)建设项目征地及地上附着物补偿费的请示》《关于收回宁夏万隆新材料有限公司年产100万吨稀土彩钢板项目部分土地使用权的意见》《关于收回宁夏天元锰业有限公司废渣处理项目国有建设用地土地使用权的意见》。县政府领导王金栋、常丁梁、马金、任勤、强斌、范永伟出席会议。

(范磊磊)

政府办公室工作

【应急管理】 建立健全应急体系,加大各单位应急预案演练力度,提高应对突发事件管控能力。严格执行24小时值班制度,加强各单位应急值班管理,做好信息报送、研判、跟进工作。2016年,接收、整理、判别、报告、落实、反馈交通事故、火灾、暴雨、安全事故等各类突发事件32起,向区、市、县领导报送应急信息25篇。

【政务信息】 围绕县人民政府中心工作及领导关注的脱贫攻坚、工业转型升级、枸杞提质增效、现代农业发展、民生保障、重点领域改革等重大问题,深入乡镇、部门、企业、农村、学校和重点项目现场进行调研,收集整理国家、区、市的重要决策部署和外地经济社会发展中好的经验做法,及时向县领导建言献策,切实发挥参谋助手作用,为政府领导决策提供科学依据。2016年,向自治区政府办公厅报送政务信息780余条,被自治区政府办公厅采用20条,被自治区政府门户网站采用29条。

【文件办理】 规范政府机关公文行文及下级机关来文处理,对不符合要求的报送件退回重办。2016年,处理上级来文2296件、来电96个,乡镇、部门、群众来文1719件、来信82件,组织起草、草拟领导讲话稿250余篇。

【督查工作】 紧盯年初确定的重点项目、民生实事和县人民政府常务会、县长办公会、专题会等议定事项,狠抓落实,对落实不力的,采取书面督办、电话督办、实地督办、推促通报等多种方式,强化督促检查。2016年,印发督查通报12期、督办通知105期,办结民生实事9项24件、人大代表建议56件、政协委员提案49件;转办领导批示和交办事项1800余件。

【法制工作】 举办全县依法行政及行政征收培训会,解决行政越位、错位、缺位等问题。建立健全法律顾问制度,确保依法决策、科学决策、民主决策。进一步简政放权、减少审批、压缩时限、降低收费。加快推进行政审批制度改革,减免行政事业性收费,行政效率大幅提升。2016年,收到行政复议案件16件,审查规范性文件16个,备案规范性文件4个。

【机关服务】 严格会议报批制度,精简会议频次,控制会议规模和时间,做好会务统筹协调。2016年,承办专项会议、政府常务会、政府党组会、县长办公会及其他协调会议210余次,牵头接待中央及区、市领导调研视察工作160余次。

【信访工作】 开展"信访规范化建设年"活动,以解决问题为核心,以案结事了、息诉罢访为最终目的,增强法治思维,完善体制机制,细化工作职能,畅通信访渠道,压实工作责任,加强源头治理,推进"阳光信访""法治信访""责任信访"建设。2016年,接待受理群众到县信访489批5651人次,其中集体访273批5231人次,个体访215批418人次,剔除重复访后,录入304批2148人次,其中集体访126批1815人次,个体访178批333人次。办理群众来信178件次、网上直转信访件70件次,办理市长信箱416件次,受理网上投诉15件次。

【政务中心建设】 依据"两个清单",对全县22个部门的政务服务事项进行三轮梳理,确定集中进驻市民服务大厅事项307项,精简服务环节360个,减少审报材料142项,办理时限由6581个工作日压缩到2633个工作日,压缩率62%。在全区率先完成县级部门政务云信息录入,实现网上办事,将与群众生产生活密切相关的28项行政审批事项和公共服务事项全部下放乡镇民生服务中心受理,为各部门、乡镇、行政村安装高拍仪328台,组织开展人员培训1200人次。2016年,办理各类政务服务事项8万多件,办结率100%,群众满意率100%。中宁县先后被自治区政务服务中心评定为"全区政务云试点县""全区政务服务信息化试点县""全区政务服务标准化试点县"。

【公车管理】 2016年8月,成立中宁县公务用车服务中心,隶属县政府办公室内设不定级别的事业单位,主要负责县级领导调研、督查、下乡、重要招商引资、公务接待活动等公务用车保障工作,承担县直各参改部门(单位)抢险救灾、事故处理、应急处置以及县委、县人民政府安排及县级领导交办的其他公务用车服务保障工作。至2016年底,服务中心派出车辆2100车次。

(范磊磊)

政协中宁县委员会

综 述

【政治协商】 2016年，通过开展协商议政活动，形成全委会议整体协商、常委会议专题协商、主席会议重点协商、专委会议对口协商的多层次协商格局。围绕全面建成小康社会、打赢脱贫攻坚战、科学制定“十三五”规划、加快产业转型升级、发展现代特色产业、加大城市基础设施建设、加快新农村建设、完善社会公共服务和基本保障制度、维护社会和谐稳定等事关全县改革发展稳定大局的问题议政献策，形成的建议案和调研的社情民意等得到县委、政府重视，部分协商成果已得到转化落实。

【视察调研】 坚持“求精求深求实”的原则，把调研视察作为参政议政的重要途径。2016年，紧紧围绕事关发展全局的重大事项和涉及群众切身利益的重要问题，精心选题，组织与课题相关的政协委员、专家及有关部门负责人组成调研组，对县城主城区道路通行及绿化情况、农村闲置宅基地有偿退出机制、加强枸杞市场监管、精准扶贫工作、工业园区电力体制改革、人民法院执行工作情况等进行专题调研，对年度重点提案办理情况、民生计划办理情况等专项视察，向县委、政府提交调研视察报告53篇，提出260条意见建议。围绕枸杞和硒砂瓜两大优势特色产业开展调研，分别形成关于加强中宁枸杞品质品牌保护、提升硒砂瓜品质的调研报告，得到县委、政府的高度重视，县委常委会专门听取县政协有关调研情况的汇报，讨论分析并研究有关问题，做出具体安排部署，促进两大产业持续健康发展。

【提案工作】 十一届委员会期间，审查立案271件，报请县委、政府主要领导批阅重要提案43件，政协领导班子成员领衔督办提案31件，表彰提案承办先进单位23个、提案督办先进单位3个、提案办理先进个人26人次，提案办复率100%，委员满意率或基本满意率96%以上。县政协常委会采取党政主要领导批阅交办、县政协领导领衔督办，制定提案办理“五定”方案，采取现场协商办理、集中督查办理、“三见面”座谈办理、表彰优秀提案承办单位及承办个人等多种形式，使提案交办与政府无缝对接，切实提高提案办理实效。

【社情民意】 2016年，坚持把社情民意反映作为服务民生的有效举措，从事关人民群众切身利益的问题入手，整理编发《社情民意专送》，内容涉及行政管理、文化、卫生、生态建设等诸多方面，其中，关于提高县城绿化水平、加大老居民小区环境整治、解决北河子沟水污染等社情民意引起党政部门的高度关注，促使民生问题得到有效解决落实。特别是针对解决中宁二小操场问题的社情民意，在得到县党政主要领导批示后，县政协班子成员带领政协委员、部门负责人持续跟踪问效督办，及时向县委、政府反馈办理进展情况，促使10多年遗留问题最终得到圆满解决。

【统一战线】 把团结和民主贯穿到政协工作的全过程，发挥政协独特优势，凝聚各方力量，多渠道、多形式地开展联谊交流活动，形成大团结、大联合的良好局面。发挥自身团结包容、党派合作的优势，组织各民主党派、工商联负责人和无党派人士代表参加政协开展的调研视察、学习考察等各项活动，诚恳邀请他们就一些关系人民群众切身利益的重大问题共同协商，支持他们以本党派、团体名义反映民意、提出提案。与各民主党派和民族宗教人士联系沟通、交流思想。发挥委员联系面广、渠道畅通的优势，充当基层矛盾纠纷的调解员，主动调解纠纷、化解矛盾。在古尔邦节、开斋节期间，慰问穆斯林群众。

【对外宣传】 2016年，编发《中宁政协》刊物16期、《中宁政协信息》90期，在《人民政协报》《华兴时报》《中卫日报》等刊发信息270多篇，经常性的组织委员赴区内有关市县区，观摩经济社会发展亮点，考察学习先进经验。

【参与中心工作】 参加工业经济、城镇建设、“三农”发展、保障和改善民生等一系列中心工作和重大活动，深入企业、社区、乡镇开展调查研究，指导工作、化解矛盾，协调解决存在问题。深入山区扶贫点，进村入户，走访群众，掌握实情，建档立卡，制定脱贫计划，落实政策措施，为群众解忧解困。组成督查调研组，先后对2015年全县18个现代农业项目、2016年“五定”方案中的25个重点项目建设进展情况进行督查调研，通过实地查看、听取汇报、交谈问询，分析查找部分项目进展缓慢原因，理清责任主体，深究问题根源，提出针对性较强的意见建议，形成督查通报。协助区、市政协开展提升企业科技创新能力、新兴产业发展与环境保护、生态移民管理、民族宗教、农村“三留守”人员工作、精准脱贫工作等调研视察活动35次。

重要会议

【县政协第十一届四次全委会议】 1月30日—2月2日，中国人民政治协商会议中宁县第十一届委员会第四次会议在中宁恒达酒店召开。应出席会议委员114人，实到106人。大会由第十一届委员会主席李毅主持，县委、人大、政府和人武部、法检两院领导到会祝贺，县政协主席李毅、副主席张玉芬受常委会委托分别做常务委员会工作报告和提案工作报告。会议期间，委员听取并审议政协中宁县第十一届委员会常务委员会工作报告和提案工作报告，列席县十六届人大四次会议，听取并讨论《政府工作报告》和其他报告。召开常委会议1次，收到提案（草案）158件，经审查立案54件。会议表彰十一届一次会议以来提案承办督办先进单位及提案办理先进个人、2015年度优秀政协委员和先进基层委员联系点。中共中宁县委书记赵建新在会议开幕时作重要讲话，县政协主席李毅在会议闭幕时讲话。

【县政协第十二届一次全委会议】 10月23—26日，中国人民政治协商会议中宁县第十二届委员会第一次会议在中宁恒达酒店召开。应出席会议委员114人，实到111人。大会由第十一届委员会主席李毅主持，县委、人大、政府和人武部、法检两院领导到会祝贺，县政协副主席田伯川、张玉芬受常委会委托分别作常务委员会工作报告和提案工作报告。会议期间，委员听取并审议政协中宁县第十一届委员会常务委员会工作报告和提案工作报告，列席县十七届人大一次会议，听取并讨论《政府工作报告》和其他报告。收到提案（草案）189件，经审查立案61件。会议选举产生政协中宁县第十二届委员会主席、副主席、常务委员。新当选的政协主席叶进宝在会议闭幕时讲话。

【县政协第十一届十四次常委会议】 1月23日，县政协召开第十一届十四次常委（扩大）会议。会议审议通过《关于召开中国人民政治协商会议中宁县第十一届委员会第四次会议的决定》《县政协十一届常委会工作报告》《县政协十一届常委会关于提案工作情况的报告》《县政协2015年协商工作计划执行情况的报告》《县政协2016年协商工作计划（草案）》；审议提交县政协十一届四次全委会议的有关会务文件；审议通过拟表彰的十一届一次会议以来提案承办督办先进单位及提案办理先进个人、2015年度优秀政协委员和先进基层委员联系点建议名单；并协商有关人事事项。

【县政协第十一届十五次常委会议】 2月1日，县政协召开第十一届十五次常委会议，会议听取各讨论组对县委书记讲话、各项报告讨论情况的汇报；审议通过《县政协2016年协商工作计划（草案）》；审查通过提案工作委员会关于政协十一届四次会议提案审查情况的报告（草案）、政协中宁县十一届四次会议政治决议（草案）和其他各项决议（草案）。

【县政协第十一届十六次常委会议】 3月25日，县政协召开第十一届十六次常委会议，会议书面传达学习全国政协会议精神；听取《关于我县硒砂瓜品质品牌保护情况的调研报告》；审议通过《关于县城主城区道路通行及绿化情况的协商建议》《县政协常委会2016年工作要点》《关于做好2016年区、市、县三级政协委员基层联系点工作的实施方案》。

【县政协第十一届十七次常委会议】 7月3日，县政协召开第十一届十七次常委会议，会议审议通过《关于县人民法院执行工作情况的调研报告》《县政协常委会2016年上半年工作总结暨下半年工作安排》；听取提案委《关于在自治区政协十届四次会议上中宁基层委员联系点的自治区政协委员提案及立案情况的通报》《关于中宁民营企业家回乡创业招商引资活动开展情况的通报》；传达学习县委关于政协领导班子换届工作的文件精神；协商通过有关人事事项。

【县政协第十一届十八次常委会议】 10月14日，县政协召开第十一届十八次常委会议，会议审议通过《关于中宁工业园区电力体制改革试点情况的调研报告》《关于枸杞市场监管情况的调研报告》《关于留住教育人才情况的调研报告》《关于全县脱贫攻坚工作进展情况的调研报告》《关于县政协十一届四次会议重点提案办理情况的视察报告》《县政协十一届常委会工作报告（讨论稿）》《县政协十一届常委会关于提案工作情况的报告（讨论稿）》县政协十二届一次全委会议会务文件、关于召开县政协第十二届一次全委会议的建议。

专门委员会工作

【提案委员会】 以提案形式提出意见建议187件，审查立案56件，其中因提案内容相近并（合）案56件，转社情民意15件，不符合立案条件不予立案的60件，立案率67.9%。2016年，对农村闲置宅基地进行集中调研，探讨以现有宅基地、住房宅基地与石空工业城公租房置换，实现原宅基地复耕，农民集中居住的大社区试点建设。针对枸杞产业提质增效，着重对提升枸杞品质品牌，加强枸杞市场监管情况开展调研，召开对口协商会议。

【经济科技委员会】 组织部分委员围绕实现全面建成小康社会目标，就深入实施脱贫攻坚工程，打造全区精准扶贫示范区情况开展调研；对全县2016年民生实事办理情况进行视察。

【教卫文体及青妇（文史）委员会】 2016年，针对做精做优硒砂瓜产业，围绕专题调研成果转化落实情况开展调研，召开对口协商会议；围绕落实“创新卫生、教育等领域留才、育才机制，实施有关激励政策，切实稳定人才队伍”情况开展调研，召开对口协商会议。

【法制与民族宗教祖国统一联谊委员会】 2016年，围绕深化工业园区电力体制改革试点工作开展调研，召开对口协商会议；针对人民法院执行情况，着重就法院已审结案件执行情况开展调研，召开对口协商会议。

（强　凤）

民主党派

中国国民党革命委员会中宁县委会

【基层组织建设】 2016年，完成民革中宁县委会换届工作，孙丽琴当选为第五届县委会主委，征祝梅、郭菊珍、雍跃文当选为副主委，任命毛学锋为秘书长。发展党员2名。按照县委会定期联系基层工作制度，帮助基层支部协调解决实际问题，与各支部签订目标责任书，从重点工作、创新工作、常规工作等23项工作内容对支部进行责任考核。

【参政议政】 2016年，向县政协推荐司法、农业、科技、经济界别政协委员11名，加强与卫生局、民政局、计生局、发改局等政府对口部门的联系，确保参政议政信息渠道畅通。在政协第十一届四次全委会上，民革界别党员踊跃提交提案、建议、社情民意78件，其中《关于支持加快小城镇及中心集镇建设步伐的提案》《关于建设食品仓储中心的提案》《关于稳定我县教师队伍的提案》《关于增加养老场所，实现老有所养的提案》等提案被确定为重点提案。

【服务社会】 组织卫生支部党员，到县城敬老院开展“关爱老人义诊”活动，为老人送去大米、面粉、食用油、牛奶、常用药等物品，并免费为敬老院30余名老人进行B超、心电图、测血压等身体检查。在六一儿童节到来之际，为喊叫水乡、徐套乡及红梧山等八所山区移民小学生捐送43万余元的鞋子；组织卫生支部医疗专家深入到大战场乡宽口井移民村开展“送医送药，健康咨询”卫生下乡服务活动，受益群众500余名。携手宁夏全通枸杞供应链管理股份有限公司为古城子完小11名学生捐赠价值5000余元棉服。

【外事宣传】 2016年，开展对“三胞”亲属的宣传联谊工作。鼓励有“三胞”亲属的党员加强与亲友联系，通过电话、书信、电子邮件、网络等方式向他们介绍祖国和家乡发展情况，加深海外同胞对祖国和家乡的影响，增进两岸人民共识，共求发展、合作、共赢，共同为祖国和平统一贡献力量。

（毛学锋）

中国民主同盟中宁县委员会

【概况】 2016年，民盟中宁县委员会有盟员82

名，设有县城、中宁中学、中宁一中、城东(原东华支部)、城北(原河北支部)、老年支部6个，民盟县委会有委员9名，其中主委1名，副主委3名，秘书长1名，委员4名。有市政协常委1名、市政协委员3名，县政协常委3名、县人大代表1名、县政协委员8名。

【基层组织建设】 按照《民盟宁夏区委会基层组织考核目标》要求，建立年初安排、季度小结、半年检查、年终总结的工作机制，促进基层组织工作制度化、规范化，活动经常化。坚持慰问老盟员、病重盟员。参照民盟区委会“活力支部建设”要求，制定基层组织考核细则，从组织建设、宣传工作、参政议政和社会服务活动四个方面对支部工作进行年度考核，依据考核成绩确定先进支部和优秀个人。2016年，民盟中宁县委会被民盟中央授予“坚持和发展中国特色社会主义学习实践活动先进集体”。年内发展新盟员2名。

【盟内活动】 2016年春节前，走访慰问老盟员和退居二线的盟组织负责人8名。组织召开民盟中宁县委员会第五次代表大会，会议听取并审议民盟中宁县第四届委员会工作报告，选举产生民盟中宁县第五届委员会，王学霞当选为主委，王新慧、王雁冰、段永军当选为副主委，黄占东任秘书长，王鑫珠、田永兴、孙全虎、王辉为委员。

【参政议政】 2016年，承担民盟宁夏区委会关于《做大做强休闲观光农业，打造中卫“全域旅游”发展新格局》调研课题，调研报告被区委会评为2016年优秀调研报告。在县政协第十一届四次全委会上，向大会提交集体提案30件，占提交提案总数的15.87%；大会提案审查委员会审查立案61件，其中民盟中宁县委会作为第一提案人，参与的提案立案采纳18件，占立案总数的29.5%。在中卫市政协四届一次全委会议上，民盟中宁县委会以民盟中卫市委会名义提交集体提案18件，提交大会发言两篇。

【社会服务】 结合盟员的工作特点，发挥卫生、法律界别盟员业务优势，组织8名医护人员为县第一养老院及92名社会孤寡老人进行献爱心义诊活动，免费做血糖、血压、心电图、B超等检查，为他们建立健康档案；为全县新招聘特岗教师进行法律知识培训，关爱家庭贫困少年，组织献爱心、送温暖帮扶资助活动。

(黄占东)

中国民主促进会中宁县委员会

【概况】 2016年，中国民主促进会中宁县委会设县委会主委1名，副主委3名，秘书长1名，委员4名，辖城镇第一支部、城镇第二支部、中宁中学、五中、东华、鸣沙、中宁一中7个支部。有会员90人，其中，男性会员53人，女性会员37人。市政协委员3人(常委1人)，市人大代表1人，县政协委员10人(常委1人)，县人大代表2人，副处级1人，正科级1人，副科级2人，中小学校长的4人，中学教导主任(副校长)3人，地区医院副院长、县医院妇科主任、高级中学年级级长各1人，学校教研组长5人。2016年，民进中宁一中支部被民进中央评为民进全国先进基层组织；民进五中支部被民进中卫市委会评为先进支部。

【思想建设】 按照《民进宁夏区委会2016年学习实践活动有关工作安排的通知》精神和《民进中卫市委会关于开展坚持和发展中国特色社会主义学习实践活动方案》要求，组织会员开展学习十八届五中、六中全会精神、习近平总书记系列讲话和社会主义核心价值体系学习教育活动。县委会班子成员积极参加统战部理论学习会、专题培训、全县统战工作会议及县委、县政协组织的各种“通报会”“报告会”和“学习座谈会”。组织2名会员参加区外学习。

【组织建设】 组织召开民进中宁县委员会第四次会员代表大会，选举孙明洋为民进四届县委会主委，黄吉庆、崔海菊、李新月为副主委，谭辉、陆岩、朱彦华、郝正强、周瑾为委员，任命谭辉为秘书长。县委会及时召开主委办公会议，圆满完成7个支部换届工作，选拔责任心强、能力过硬的会员走上领导岗位。完善支部档案，健立各类帐、卡、表、册，对会员档案和各种文件资料进行分类管理。严格按照“坚持条件，保证质量，改善结构、稳定发展”的原则，按计划有步骤地开展组织发展工作，年内吸收新会员4名。

【参政议政】 围绕保障和改善民生等重大问题，建言献策，在县政协第十一届四次会议上，收到提案100余件，提交提案委60件，立案39件，其中集体提案立案19件，委员个人提案20件，社情民意3件。5件重点提案得到政协领导领衔督办。会议期间，县委会做了题为《充分发挥职业教育在扶贫攻坚中作用的几点思考》的大会发言。在县政协第十二届一次会议上，提交政协提案委提案66件，立案38件，其中集体提案18件，委员个人20件。

【社会服务】 春节期间，看望慰问退休会员、骨干会员、新会员，组织书画界会员为人大代表、政协委员及群众现场写春联300多幅。三八妇女节之际，民进中宁一中支部组织会员及家属做健康体检。在长山头中学开展爱心助学活动，为学生送去价值1万元的学习用品和体育用品。企业界会员张广顺、赵宸乾筹资10万余元重修校园操场，会员赵宸乾为学校捐赠价值1万余元的学习用品和体育用品。组织会员到长山头九年制学校开展送教下乡活动。6名会员教师义务为学生上示范课，他们结合课改自主、合作、探究的教学理念，充分利用多媒体做全面剖析，通过现场观察、现场描述、现场评议的方式为学生进行交流授课。

【岗位奉献】 教育界会员指导学生在“三考”（高考、中考、会考）、“一赛”（全国各类竞赛）中获得良好成绩。医卫界会员龚玉琴（中宁县医院妇产科主任）被中宁县委、政府授予“杞乡英才”荣誉称号。企业界会员朱彦华、刁荣辉、张广生、赵宸乾把诚实守信作为成事立业的准则，在自己创业致富的同时，热心回报社会。文化艺术界会员陶毅、刘钧、杜宁旭等书法作品多次获奖。广电系统会员编辑制作的相关栏目，内容新颖、积极向上。

（谭　辉）

群众团体

中宁县总工会

【概况】 2016年，县总工会内设经费审查委员会、职工文化活动中心、办公室、业务部，有工会干部17人，其中公务员4人，事业编3人，工勤人员1人，职业化工会工作者9人。各行政、事业、企业单位设立基层工会，全县有基层工会组织623个，基层女职工委员会249个，涵盖职工35646人，会员35646人，占职工总数的99.8%。2016年新增工会组织33家，新增会员3085人。

【建功立业工程】 2016年，组织县水暖公司21名职工参加中卫市“应理杯”第二届业务技能大赛，取得第二、第三名，全部取得资格证书；组织参加市服务行业劳动技能大赛暨首届“花儿杞乡杯”枸杞宴创意美食大赛，中宁宾馆、鸿福楼餐饮公司、菜根香饭店3家单位参加比赛，中宁宾馆选手陈建峰获得中式烹饪第二名，中宁宾馆和菜根香饭店获得优秀组织奖。联合县枸杞产业发展服务管理局在大地生态枸杞公司基地举行首届枸杞采摘大赛，来自全县各乡镇、枸杞企业、枸杞合作社共25家单位的130名采摘能手参加比赛，大地公司员工王学琴等5人获得本次大赛个人一等奖，鑫阳公司获得团体一等奖。联合县卫计局、团县委在卫计局和县医院开展为期2天的基层卫生岗位练兵和技能竞赛。经过基层初赛，选拔出23名护理人员、33名全科医疗以及乡镇卫生院为单位的15个团队参加竞赛。渠口农场医院获得团体赛第一名，石空镇中心卫生院周颖获得个人基层护理赛第一名，渠口农场医院田应秀获得基层全科医疗赛第一名。牵头做好全区“五一劳动奖状”“五一劳动奖章”“工人先锋号”评选推荐工作，评选推荐11人。做好“杞乡金牌工人”考核工作。采取听取个人汇报、民主测评、个别谈话、与考察对象面谈、查阅资料、实地察看等方式对2015年评选的8名“杞乡金牌工人”进行复核。联合县安监局印发《关于开展“安康杯”竞赛活动的通知》，抓住各个节点，深入宣传和贯彻落实《劳动法》《安全生产法》《职业病防治法》等相关法律法规，参与安全生产事故调处2起。

【权益维护工程】 2016年，提请县人民政府确定劳模和困难职工的慰问标准，协调人社、工商联等部门召开劳动关系三方协商会议，深入春天商贸有限公司等8家企业指导维权述职试点工作。开设“1872”互联网+维权服务平台①。开展以“民主管理,和谐共赢”为主题的“厂务公开”大比拼活动,指导435家企事业单位建立职代会制度,督促非公企业建全企业厂务公开、职代会、职工董事、职工监事等民主管理制度;加强对“厂务公开”公示栏、电子公开栏、手机微信等平台的建设。年内,全县国有、集体企业厂务公开和职代会建制率达到100%,非公有制企业厂务公开和职代会建制率达到93%以上。对11个乡镇35家直属企业、农业合作社工资集体协商工作进行专项督查,工资集体合同、集体劳动合同,签订率达到97.5%,女职工权益保护专项合同签订率达100%以上。联合人社部门开展农民工欠薪、童工使用情况专项检查,着力解决拖欠农民工工资问题;对全县部分微小企业的劳动用工情况、集体合同履行情况进行监督检查,及时督促企业整改存在问题;联合县安监局、纪委监察局等部门开展安全生产监督检查,参与2起安全事故调处。对外畅通12351职工服务热线电话,在政务大厅设立职工维权法律咨询点,聘任兼职法律顾问1名。全年,接待职工来电、来信、来访5件8人次,办结率100%。组织参加区总工会举办的“劳动争议调解”技能比赛,取得三等奖。

【送温暖工程】 2016年,开展“工字号”创业带动就业活动。建立1个创业培训基地、1个就业实习基地,为6个创业小企业、小作坊发放小额贷款25万元。联合人力资源和社会保障局、就业创业和人才服务局举办春、秋季人才招聘会,有140家单位参加招聘,提供各类工种5498个就业岗位,涉及冶金化工、网络工程、销售营销、文秘专业、电子商务等50多个专业和行业,现场求职和咨询人员达11000余人。围绕全县重点项目和重点工作,服务一线职工群众,到中宁中学、中宁一中看望、慰问奋战在教学一线的160名高三级教师;筹集4.3万元为特殊学校定制123条优质棕床垫;深入市政公司、交警大队、天元锰业四期等16家基层一线和建设工地,为环卫工人、交警、巡警及重点项目建设工地的一线职工送去防暑用品和“温暖礼包”。

【素质提升工程】 2016年,指导中宁九小设立流动书箱,筹措资金6.5万元建立县级职工书屋示范点6个,举办全县工会干部法律法规和业务知识培训班。组织参加区总工会举办的“中国梦·劳动美·跟党走”职工微视频比赛,选送5件作品参赛,其中《打婆姨也犯法》入选;选送中医院、天元锰业公司参加区、市“劳动美”首届职工合唱比赛,获得全区优秀组织奖。

【组织建设工程】 2016年,新建工会组织33家,发展会员3085人。在全县范围内开展实名制工会会员信息采集工作,建设基层工会组织和工会会员信息两个基础数据库,实施动态管理。年内,全县采集517家工会组织信息、31800名会员信息。组织开展创建模范县级工会、“六好”乡镇工会、规范化企业工会,以及“四亮一诺”活动②。筹集资金3.7万元,创建白马乡、杞泰公司等5个县级“职工之家”。创新开展党建工建“四统筹一争创”③示范企业创建活动。以天元锰业、杞泰公司为示范点,开展党建带工建、工建促党建、党工共建活动。实施工会经费审查审计“三公开”“三个全覆盖”,开展逐级审计、指导审计、交叉审计,对21家基层工会经费进行审查。编制工运信息74期,完成理论调研报告3篇。

【关爱女职工行动】 全面实施“关爱女职工行动”计划。三八期间,召开女职工工作会议,表彰奖励7名优秀女干部,现场慰问16名困难女职工,每人发放慰问金1000元。举办“关爱女职工”知识讲座,特邀区总工会副主席马启宁和县中医院妇产科主任马秀琴就增强女职工维权意识、维护女职工权益、女性健康卫生等方面知识进行讲座,来自乡镇、部门、企业的工会主席、女工主任及女职工代表180余人聆听讲座。在全县女职工(女性)集中的县医院、中医院、天元锰业公司等单位,为备孕期、怀孕期和哺乳期的女性(女职工)设立“妈咪小屋”,配送冰箱、微波炉、饮水机等器材,并进行挂牌命名。联合自治区工人疗养院开展“两癌”筛查,对全县18家企业已建档的200名困难女职工和女农民工免费进行“两癌”筛查。

【关爱劳模行动】 全面实施“关爱劳模行动”计划。以创建劳模、技能人才创新工作室为平台,开展技术培训、业务交流、名师带徒等活动。对创建的王万强、莫建军等4个劳模(技能人才)创新工作室进行挂牌命名。“贾天将劳模创新工作室”被自治区总工会命名为“区级劳模创新工作室”。春节前夕,对57名全国、自治区级劳动模范进行走访慰问,对劳动模范信息进行复核,确保不错登、漏登,每名劳模都应享尽享到政策待遇。五一期间从全县各行各业劳动模范、先进人物中选出5名代表,在县党校和春天商贸公司等地举办劳模大讲堂,来自全县基层工会的800余名工会干部、职工代表及部分环卫工人聆听报告。利用中宁电视台广泛宣传劳动模范、技能人才的先进事迹。全面实施困难职工行动计划。元旦、春节期间,开展以“下基层,解困难,办实事”为主题的送温暖活动,筹集送温暖资金90余万元,对全县53家企事业单位的1381名困难职工、1家困难企业进行集中慰问。为24名患重大疾病的困难职工(农民工)发放医疗救助金7.3万元。

【精准帮扶行动】 实施“精准帮扶行动”计划。对困难职工家庭开展入户普查,采取看、问、听、查、录等方式,详细了解核实困难职工经济收入、实际供养人口、住房情况、子女入学情况、家庭成员就业情况、困难原因、疾病诊断和治疗费用情况等,及时更新帮扶系统。对全县帮扶的5000余名困难职工进行精准核实,通过基层申报、县总工会入户走访摸底,年内确认181名职工为第一批精准帮扶对象。举行“金秋助学”金发放仪式,现场为83名困难职工子女发放33.2万元的“金秋助学”金,帮助他们圆大学梦。

【职工文化活动】 全面实施职工文化活动推进行动计划。牵头举办“迎新春”职工趣味运动会,来自团县委、工商联、妇联等7家群团组织的65名职工参加运动会。在县体育馆举办“人保财险杯”职工篮球赛,来自大战场镇、市场监督管理局、宁夏天元锰业有限公司等10支代表队的100余名运动员参加比赛。联合教育体育局在舟塔万亩枸杞园举行8公里环形越野赛,来自全县56家企事业单位的492名职工参加比赛。联合县文联在县宣传文化中心举办以“中国梦·劳动美·杞乡美”为主题的全县职工书画摄影大赛,征集参赛作品263幅,其中绘画作品23幅,书法作品51幅,摄影作品189幅。将入选的101幅优秀作品进行装裱布展。并从中评选出30幅优秀作品予以奖励,颁发证书。联合县教育体育局举办以“全民健身促健康,同心共筑中国梦”为主题的全县广场健身操(舞)大赛,来自乡镇、部门、企业工会的16支代表队参加比赛。举办第二届全民健身运动会,设置篮球、乒乓球、羽毛球、拔河、广播操、健身操、太极拳、门球等14个比赛项目,来自乡镇、部门、企业、区属单位的103支代表队3100余人参加比赛。

【职工维权述职行动】 全面实施职工维权述职行动计划。制订《中宁县总工会职工维权述职行动计划工作方案》,组织春天商贸有限公司、宁夏杞芽食品科技有限公司等5家企业在遵守《劳动法》《劳动合同法》《宁夏回族自治区民主管理条例》等方面的执行情况向职工代表大会、职工大会进行述职。

【创新亮点工作】 2016年,针对全县非公有制企业重职工使用、轻培养提高,职工工资水平均等化等实际情况,提出在全县非公企业中开设技能培训大讲堂、技术等级鉴定、专业技能竞赛、技术待遇维权、技术能手创新工作团队建设环环相扣的“五步连环组合拳”。年内,培训电工53人、焊工96人、天车工270人。此项工作荣获自治区总工会创新项目工作奖,成为全区获得8个创新奖的三个县级工会之一,填补中宁县该项目的历史空白。借助春天商贸有限公司商学院,联合县人才办、人社局、卫生和计划生育局、春天商贸有限公司，创建中宁县女职工培训学校，举办各类培训班19期，培训女职工2500余人。利用警银亭、广场活动房、爱心超市等现有设施创建8个“爱心驿站”和15个服务点，筹集资金6.3万元，为爱心驿站配套桌凳、微波炉、饮水机、冷暖电器、应急医药箱、打气筒等设备。联合县组织部配备纸杯、针线包、医疗箱、报纸架、民情簿等设施。在各警银亭服务站点设立法律咨询点。

（董　倩）

小资料

①“1872”互联网＋维权服务平台：设立“1个网上微信平台”。划分“8个管理网格”：把9个乡镇、园区和企业划分为8个网格，每个网格内配置1名信息监管员。开展“七项特色服务”：开通1条维权热线12351，受理和回答职工维权方面咨询与投诉；发放“5·1”特困职工卡，指导职工网上申请并办理中宁工会“5·1”特困职工卡；开通会员网上入会渠道，简化职工入会程序，帮助职工网上入会；指导企业与职工签订工资集体协议、劳动安全保护协议和女职工权益维护专项协议；提供心理咨询服务，聘请心理咨询师定期为来访职工群众提供心理疏导、缓解压力的服务；开展技能培训，针对职工不同需求，提供培训套餐，促进职工技能素质提升；实施“四季送”活动，定期向企业和职工春送岗位、夏送清凉、秋送助学、冬送温暖。建立“二项信息机制”：建立企业劳动关系矛盾隐患预警机制和网络舆情引导调控机制，及时发现并化解各类劳动关系矛盾隐患和纠纷，维护职工队伍稳定。

②“四亮一诺”活动：指开展亮牌子、亮职责、亮工作、亮身份和一承诺活动。

③“四统筹一争创”活动：指开展党组织、工会组织“组织统筹覆盖、人员统筹配置、活动统筹开展、保障统筹落实，创建先进基层党组织、模范职工之家，争做优秀共产党员、文明职工”活动。

共青团中宁县委员会

【概况】 2016年，团县委下辖团委36个，其中乡镇团委11个，学校团委18个，企业团委7个。团总支3个、团支部369个，其中团员19728名。有干部4名，其中书记1名（正科级），副书记2名（副科级），干事1名。2016年，荣获全区五四系列主题活动最佳组织奖、全区五四系列主题活动最佳创意奖，青少年校外场所建设获团中央青少年宫项目40万元的资金支持，“春晖”少数民族移民小伙伴七彩假期志愿服务项目荣获“全区第三届志愿服务项目大赛”三等奖、全国志愿交流项目银奖。

【青少年思想道德建设】 联合县文明办、文广局举行“幸福中宁·我爱我家”杞乡最美全家福点赞征集活动。联系宁夏演艺集团启动2016年宁夏共青团联系服务农村青年月暨宁夏乡村青年文化节中宁行活动。举行“3·5”学雷锋暨“助力脱贫攻坚·志愿者在行动”主题活动启动仪式，开展千人学唱雷锋歌曲、千份手抄报展、与环卫工人幸福手拉手、“鲜花朵朵”送雷锋、脱贫攻坚基层志愿行动等八大亮点活动。清明前夕，组织开展全县中小学生“缅怀革命先烈、弘扬爱国精神”清明节扫墓活动。“世界读书日”期间，举办全县青年“我与书的故事”主题演讲比赛。五四青年节期间，联合中宁二中举行全县纪念五四运动97周年系列活动暨大型退队入团仪式，指导各基层团组织开展纪念活动89场次。六一期间，联合中宁十小举办少先队新队员入队仪式暨“重走长征英雄路 追寻革命赤色情”活动。七一前夕，举行全县“童心向党·放飞梦想”青少年文艺晚会。开展宁夏“青年之声—向上向善好青年”系列分享活动，建成以“中宁青年”共青团官方微信平台、“中宁·青年之声”网络互动社交平台、“青春中宁”新浪官方微博、“中宁青年网”官方网站、中宁志愿者网站、QQ群、微信群为主要联系方式、覆盖广泛的共青团“双微、双网、双群矩阵”，推送微信信息83期231条，推送微博778条，“中宁青年”微信公众平台吸引粉丝1720人。

【服务县域经济发展】 开展“青春助力脱贫攻坚”

行动，选树各级“青年文明号、青年岗位能手”等“青字号”先进典型40个。推报选树市级优秀青年企业家2名、“优秀创业青年”2名。网上注册志愿者7669余人，争取2017年西部计划志愿者18名。开展“爱心送考”志愿服务活动，全县538辆出租车参与免费接送高考生志愿服务活动。开展“便民服务”“七彩假期”关爱农村留守儿童、“六五”世界环境日、“世界粮食日”、城乡少年手拉手等志愿服务活动累计16次，“爱心送考”“邻里守望”“春晖行动”等特色志愿服务活动成为传播文明、传递爱心的“城市名片”。争取宁夏青基会支持，在徐套乡下流水九年制学校实施“泰康人寿关爱100爱心行动”，为10名家庭贫困学生每人发放600元助学金。

【青年成长成才服务】 春节期间，走访、座谈、慰问贫困家庭经济困难青少年357人，发放慰问金、慰问物资折合人民币16.5万余元。实施2016年“希望工程·圆梦行动”，广泛筹集助学金56.95万元，资助贫困大学生210人。争取县政协支持，免费为广大创业青年发放青年创业就业技能学习卡50张，推荐3名创业青年参加全区创业骨干训练营培训。将大战场镇白岗完小推荐为2016年姚基金希望小学篮球季参赛学校，为贫困地区小学争取捐赠篮球器材和装备。开展“共青团与人大代表、政协委员面对面活动”座谈会，提交政协提案5件。启动中宁县第三届“青少年视力健康工程”公益活动，上海益康眼镜有限公司和中宁新视界眼镜店向全县贫困学生捐赠1000副、总价值26.6万元的眼镜，资助10名品学兼优的贫困学生，开展爱眼公益讲座、视力普查等一系列爱眼护眼公益活动。开展“爱佑童心”孤贫先心病儿童资助摸底和申报工作，上报宁夏青基会“爱佑童心”0—14岁孤贫先心病儿童18人，通过审核9人。

【团组织建设】 召开2016年全县共青团工作和少先队工作会议暨少先队活动课微队课启动仪式，对全县90个中小学少先队大队辅导员进行聘任。开展全县少先队活动课微队课比赛，17个学校交流少先队活动课程建设成果。推进“从严治团”工作，落实“8+4”常态化下沉基层制度，团县委机关干部每年在机关工作8个月、基层工作4个月，“4+1”向基层服务对象报到工作，在岗干部每周拿出1个工作日的时间，到居住地、工作地周边的社区、企业和学校等基层单位报到，直接联系服务基层团组织和团员青年。制定“1+100”制度，即1名团干部至少联系100名青年。举办全县团干部、少队辅导员、村团支部书记、青年创业就业等专题培训班3期。开展“青春榜样”评先评优，表彰“优秀少先队员”“优秀共青团员”等各类优秀集体34个，优秀个人71个。加强机关、农村、社区、学校等传统领域团建工作，在非公企业、农村合作组织、青年社会组织、园区等新兴领域建立基层团组织6个。

（于竞哲）

中宁县妇女联合会

【创业就业】 2016年，累计投入农村妇女创业小额贷款担保基金2300万元，发放农村妇女创业小额贷款4.00607亿元，扶持6655名农村妇女创业就业；回收贷款4877笔，金额29249.8万元，贷款回收率为100%。其中2016年发放1.0823亿元，完成任务的154%，扶持1761名农村妇女创业就业；回收贷款1424笔，金额8819万元。建立妇女创业示范基地5个，培养树立各类妇女创业典型30人。开展“2+1”结对帮扶活动，组织安排179名科技人员和科技特派员与1074名贷款妇女结成帮扶对子，提供技术方面的支持和帮助。响应“大众创业，万众创新”号召，以促进妇女创业为宗旨，助力家政服务带头人严慧成立佳佳乐月嫂服务中心，组织本县50余名贫困妇女参加月嫂家政服务培训，开辟妇女就业增收新渠道。

【巾帼脱贫】 2016年，实施“巾帼脱贫行动”，采集帮扶贫困户详细信息、影像资料，做到底数清、问题清、对策清、任务清。动员组织基层妇联干部担当扶贫攻坚宣传员，走村入户宣传各项惠民政策，讲解“两癌”、妇女维权、关爱女性健康等知识；配合喊叫水乡，邀请区月嫂培训学校专业老师在喊叫水麦垛新村为50多名留守妇女进行“月嫂”知识培训，争取区妇联项目资金4.5万元，邀请银川东耀培训中心为徐套乡76名贫困妇女进行免费“月嫂家政服务培训”。配合农牧局、发改局组织有劳动能力和意愿的贫困群众参加发展特色产业种植、园艺加工等农业实用技能培训班，提高当地硒砂瓜、设施蔬菜的产量和品质；发展手工刺绣制品产业，引导刺绣女能手李淑英成立杞绣魂文化产业公司，支持该公司采取“公司+绣娘+产品回收”模式，筹措资金4.5万元对大战场镇50余名贫困妇女进行刺绣、剪纸免费培训；配合大战场镇，在宽口井村举办建档立卡户妇女刺绣作品展销活动，成功销售刺绣作品24件，为农户增收8万余元。配合开展全县“扶贫日”活动，组织建档立卡户贫困妇女将自己的刺绣、剪纸、十字绣等产品搬上展台进行展销；配合县卫计局，开展2016年农村妇女“两癌”筛查工作，免费为大战场镇、喊叫水乡、徐套乡3个乡镇35—64岁农村妇女进行“两癌”筛查。争取“中央福利彩票基金”4万元，对4名贫困“两癌”妇女各救助1万元。

【三八节活动】 隆重纪念三八国际劳动妇女节106周年，召开全县妇女工作总结表彰大会，总结成绩和经验，安排部署2016年妇女工作，表彰先进集体2个、优秀妇女和先进工作者40名。举办以“做魅力女性 展巾帼风采 共享和谐中宁”为主题的庆三八妇女才艺展示活动，来自8个乡镇、6个单位的18个节目参演。

【文明家庭建设】 组织各乡镇妇联新一届妇女联合会成员1000余名，依托“妇女之家”、电子阅览室等阵地，通过网络平台收看以“让爱住我家”为主题的2016全国寻找“最美家庭”活动启动仪式。推选最美家庭18户，其中3户获市级“最美家庭”，6户获“最美杞乡人”。树立全国“五好文明家庭”王泽功、全国“最美家庭”邓金义等先进典型代表。与县纪委联合，在全县机关党员干部家庭中开展“树清廉家风·建最美家庭”主题活动，推荐“家庭助廉”亲情寄语41条，“好家风好家训”格言45条，警言警句50条，廉政文化作品18篇，推荐崇俭尚廉“最美家庭”13户，发放倡议书1000余份。对2007年以来自治区命名的各类家庭教育示范基地进行清查，确定家长示范学校5个，家庭教育指导中心12个，农村留守流动儿童示范家长学校9个，家庭教育工作示范社区(村)8个。在中宁第二中学、第九小学举办2场“成长帮手——‘新父母大讲堂’”全国百场巡回讲座，邀请中国青少年研究会副秘书长常务理事曹萍老师，以“智慧父母成就孩子幸福人生”为讲座主题，结合各种家庭教育案例，为近2000名家长阐释家庭教育的重要意义，为各位家长面对孩子存在的各类问题点燃指路灯。联合中宁九小开展以“书香飘万家”为主题的“我爱我家·同悦书香”亲子阅读活动。推荐“阅读小达人”18名，获市级表彰“书香社区”1个。

【暖心行动】 争取区、市妇联和县级慰问资金8.1万元，帮扶慰问贫困妇女儿童162名，争取“贫困母亲两癌救助中央专项福利彩票基金”10万元，为10名贫困“两癌”妇女发放救助金各1万元，争取中卫市公益慈善基金4.8万元救助16名“两癌”妇女各3000元。争取宁夏义工联合会2016“快乐雷锋工程——雷锋饺子计划”万家新春走访慰问资金6400元，慰问32名贫困妇女、儿童、“两癌”妇女。开展两癌患病摸底统计，申报两癌患病妇女90余人。争取宁夏妇女儿童发展基金会“母亲健康快车”项目，为中医院捐赠价值13.4万元流动医疗救护车1辆。邀请中国儿童少年基金会、北京光彩明天儿童眼科医院专家对中宁县130名贫困弱视儿童进行义诊，筛查23名符合救助条件的贫困儿童，有8名儿童到北京光彩明天儿童眼科医院接受为期45天的免费治疗。组织巾帼志愿者在张艳琴“爱心小院”关注留守儿童活动，张艳琴“爱心红花小院”关爱留守儿童项目被评选为全国巾帼志愿服务优秀项目。

【权益保障】 利用“建设法治中宁·巾帼在行动”三八维权周宣传《反家庭暴力法》等活动载体，现场设立咨询台，邀请爱心妈妈张艳琴为有诉求的妇女、孤残儿童家长进行心理疏导、解答相关政策，联合法院、公安局、司法局等部门加大宣传力度，组织巾帼志愿服务队开展法律知识咨询、社会帮教等活动，发放《反家庭暴力法》2000余份，向各乡镇发放妇女法律维权顾问读本40000余本。配合县法院家庭暴力案件陪审工作，法院依法向被申请人郭某的丈夫送达民事裁定书，裁定禁止被申请人对申请人郭某实施家庭暴力，这是县法院发出的首份“人身安全保护令”，开辟了司法部门介入家庭暴力防治新途径。配合公安机关做好未成年人犯罪讯问工作，切实维护未成年人合法权利。与县法院联合在宁安镇东华村社区开展巡回法庭进社区活动，就原告杨老太诉讼被告王×等5个子女赡养纠纷一案，为88岁高龄妇女现场维权。其中在宁安镇洼路村社区开庭的李××诉刘××等7名子女赡养纠纷案，获2016年全区依法维护妇女儿童权益优秀十大案例之一。做好日常来信来访接待处理，接待妇女儿童来信来访18起。组织各级妇联干部立足辖区实际，采取多种方式，宣传“高价彩礼”的危害性，自觉抵制“高价彩礼”，主动从我做起。邀请中宁四中周文英老师到徐套乡九年制学校、下流水九年制学校、渠口九年制等7所学校开展“护航春蕾”《同撑一把青春的伞——走过花季、雨季》励志讲座7场次，受益女童达3636名，发放调查问卷1500余份。

【基层组织】 指导商协会成立女商会组织1个。完成全县9个乡镇102个行政村（社区）扩员工作，选举产生乡镇妇联主席9人、副主席41人、常委82人、执委112人、村(社区)妇代会主任102人、副主任及委员820余人。选派4名妇联领导干部分赴浙江义乌学习妇女创业、山东青岛学习家庭教育、青海西宁学习妇联参与社会治理能力建设、福建学习先进省区基层组织区域化建设改革创新工作等方面的好经验、好做法；选派3名少数民族女干部参加全区少数民族女干部“五大发展理念”专题培训班。举办全县基层妇女干部能力素质提升培训班，邀请专家以《内外兼修——做美好女人》《妇女作用与社会发展》《预防和制止家庭暴力，促进家庭社会的和谐发展》为主题，结合典型案例与工作生活实际，向400余名基层妇女干部进行讲座。深化“妇女之家”建设，有15个妇女之家被评为全区2015年度示范妇女之家，投入工作经费1.5万元，为每个示范妇女之家发放工作经费1000元。

（白永凤）

中宁县文学艺术界联合会

【概况】 中宁县文联现有编制3人，实有4人。下设办公室、组联部、协会工作部、《红枸杞》编辑部及作家协会、音乐家协会、舞蹈家协会、戏剧曲艺家协会、书法家协会、美术家协会、民间文艺家协会、摄影家协会8个协会。现有县级会员397人，市级会员89人，区级会员60人，国家级会员6人。

【农业文化遗产申报】 及时报送《农业文化遗产简报》，完成中宁枸杞种植与文化系统中国重要农业文化遗产选址立碑。搜集整理枸杞历史文化资料2000多万字。编制中宁枸杞种植与文化系统申报全球重要农业文化遗产《报告书》《保护与发展规划》《政策法规汇编》等，经层层推荐评审，中宁枸杞种植与文化系统入选中国全球重要农业文化遗产预备名单，成为当年荣列国家遗产名录，当年被批准列入全球文化遗产备选名单的地区之一。

【对外推介】 2016年，牵头组织7家枸杞深加工企业赴斯特拉斯堡阿尔萨斯大区回访并开展中宁枸杞推介活动。以中宁枸杞推介及文化交流为核心，设计制作《丝路杞韵》中法文对照版宣传画册、PPT、中宁枸杞展销礼盒、各企业商标牌及中宁枸杞推介产品、枸杞书画作品进行布展推介。阿尔萨斯—洛林—香槟阿登大区议会副主席、发展委员会主席费舍尔在大区议会厅接见代表团并进行座谈。双方签署旅游农业合作的框架协议，推介活动取得圆满成功，为中宁枸杞推向欧洲市场做出有益尝试。

【杞祭大典】 举办2016中华杞祖节·中宁杞祭大典。来自区、市、县文艺界嘉宾、县直相关部门领导、全国各地枸杞客商代表、枸杞深加工企业代表、各大新闻媒体记者、宁夏大地生态有限公司红梧山中宁枸杞高新技术实验示范区GAP道地中药材基地全体员工，以及1000多名群众参加盛典。

【协会建设】 2016年，作协、音协、书协等协会新加入会员37人，有3人加入自治区文艺家协会，有11人加入市文艺家协会。在中卫市文联换届选举中有7人进入各协会领导班子。

【文艺采风】 组织举办由近百名外省区作家和本土文学爱好者参加的“枸杞文化魂·农业遗产梦”采风笔会暨《红枸杞》文学期刊评刊活动。通过听取公司发展情况介绍、观摩枸杞基地、了解枸杞种植技术、体验枸杞采摘、品尝新鲜枸杞、参观枸杞加工生产流水线、观看枸杞专题片等活动，各位作家、艺术家对中宁枸杞种植与文化系统中国重要农业文化遗产的认识提高，真实体验感受中宁枸杞种植与文化系统中国重要农业文化遗产的魅力。

【文艺成果】 2016年，按期出版《红枸杞》《杞风》各4期，其中《红枸杞》刊发小说、散文、诗歌、文艺评论282篇(首)，近60万字。《杞风》刊发各类作品及古体诗词661篇(首)，近58万字。吕言诗歌《阳光下坐着》荣获深圳市“前海潮”杯诗歌二等奖，朱敏电影剧本《枣园素事》获得2016夏衍杯创意剧本奖、北京电影学院文学系第13届金子奖电影长篇剧本单位提名奖，微剧本《徐开吉当村官》获得首届“国土杯”全国微电影文学剧本创作大赛三等奖。中宁县音乐家协会组织红枸杞春蕾回民女子合唱团代表中国参加中国国际(北京)合唱节开幕式，成为全国两个代表国家参演的合唱队之一。各文艺家协会积极组织会员参加中宁县职工书画摄影大赛；中卫市“中华民族一家亲·同心共筑中国梦”书法美术摄影大赛；中宁县“纪念建党95周年暨红军长征胜利80周年”理论征文等县内外各类文艺精品赛事活动。其中有28幅作品获奖入展。

（李文选）

中宁县残疾人联合会

【残疾人康复行动】 2016年，邀请自治区残疾人康复中心专家为全县94名二级以上残疾儿童进行筛查，建立残疾儿童康复需求档案；为低视力患者进行低视力助视器筛查验配，分别适配手持式放大镜、电子助视器、远近用眼镜式助视器等13种产品。对前期摸底筛查符合条件的10名截肢残疾人和7名急需安装矫形器的肢残儿童进行取型、制模，并给予免费装配。为精神病患者免费发放药品救助4次，救助患者625人次，救助资金134414.03元。为11名重症精神病人免费实施住院治疗。为7名骨关节患者实施手术治疗。结合精准扶贫工作对喊叫水乡和徐套乡47名盲人进行盲人定向行走培训。对急需辅助器具的残疾人进行前期摸底、调查，适配座便椅(凳)、轮椅、沐浴椅(凳)、四脚手杖、助听器、盲杖、轮椅等辅助器具856件。培训社区康复员27名，启动中宁县残疾人康复中心项目，建筑面积7305.9平方米，总投资2301.4万元。建立3个规范化社区康复站，对全县96名1—18周岁的脑瘫儿童进行免费义诊筛查，对筛选出符合救助条件的3名小儿脑瘫患者赴北京进行免费手术康复治疗。

【教育救助】 2016年，对残疾学生和低保残疾人子女考取高等教育继续实行扶持奖励制度，扶助5名残疾大学生和3名学前班学生，救助金额1.7万元；配合特殊教育学校对全县未入校134名适龄残疾儿童进行入户走访，送教上门3次。

【就业培训】 举办首期残疾人淘宝“云客服”培训班，培训残疾人员31名，有6名残疾人就业；举办残疾人计算机培训班1期，培训残疾人员60名；举办农村残疾人实用技术培训班18场次，培训残疾人员526人。扶助残疾人个体就业和自主创业50人，扶助资金10万元。

【扶贫解困】 2016年，投入资金21.15万元，慰问困难残疾人家庭457户；享受困难生活补贴对象4899人，发放补贴资金568.57万元，对享受重度护理补贴对象的3748人发放补贴资金355.52万元；贫困残疾人建档立卡441户539人，联合相关部门开展“帮、包、带、扶”活动，结合社会兜底救助，对年内确定脱贫的150名贫困残疾人家庭实现稳步脱贫；在红梧山新建中宁县大地生态有限公司残疾人就业扶贫基地，安置残疾人及其家庭成员就业及劳务输出121人。

【信访维权】 接待来访残疾人46人次，受理12345热线3人次，妥善解决来访，未发生越级上访和重复上访事件。年内，全县发放残疾人证11099本；投入17.7万元，为51户贫困残疾人家庭实施无障碍改造；对全县500名符合政策的肢体残疾人每人每年发放260元机动轮椅车燃油补贴，发放补助资金13万元；完成全县11个乡镇、2个农场、1个管委会，121个行政村和12个社区残疾人入户调查登记录入工作。

【宣传活动】 2016年，向区、市残联，县委、政府报送宣传稿件119篇，被区残联网站采用35篇，《中卫日报》采用5篇，中宁县阳光政务网采用95篇。电视台新闻报道12次。利用“爱耳日”和“助残日”等重大节日，在富康广场开展宣传、咨询、义诊服务活动，结合入户调查，宣传党和政府的各项惠残政策。年内，开展宣传教育、咨询义诊服务活动25场次，发放各类宣传手册、彩页等资料35000余份。投资10万元在宁安镇宁新社区和振兴社区新建2个残疾人爱心书屋，投入10万元为古城社区康复站、薛营社区康复站、吴桥社区康复站和石空社区康复站购买电脑、电视、音响等设备，保障残疾人文化需求。成功举办以“学法律，比业务，促服务”为主题的全县残联系统法律知识竞赛。

（万文娟）

中宁县工商业联合会

【组织建设】 实行干部包抓基层商会工作制度，针对组织瘫痪、发挥作用不力的商会，按照工商联章程及有关规定，对班子进行调整；按照会员申请，通过摸底考察按程序成立中宁县女商商会和包装贸易商会；指导完善基层商会各项工作管理制度，督促各基层商会及时开展向会员述职、公布帐目、法律培训、座谈讨论等活动。

【宣传培训】 2016年，举办各类培训班4期，培训会员600余人。举办以“守法诚信，坚定信心”为重点的理想信念教育实践活动培训班，对会员进行学习培训2期，培训人员200余名，利用电子屏和横幅悬挂标语20条，发放宣传资料30份。

【履职参政】 建立15个中小微企业监测点，完成年度监测任务；向县政协第十二届一次会议提交提案6项；协助区联加强执委数据库的动态管理，对中宁县工商联80名区联执委个人情况及企业状况进行摸底维护；完成全县民营企业家“二次创业”大讨论座谈会的筹备和10家中卫市“诚信企业”的推荐上报工作。

【商会管理】 加强与兄弟工商联的对接交流，建立友好商会，进行互相学习，提高服务水平，接待区统战部、工商联的调研、中卫市工商联、银川市等工商联考察交流。白马、南街、维修、西街商会与青海、甘肃省合作枸杞特色产业开发项目，签订

30000亩枸杞栽植经营合同。组建“会员互助基金会”,用足用活金融政策,做好商会融资服务工作。结合中宁县防范和打击非法集资专项排查整治年行动,对25个商会融资情况进行摸底调查。确定开展融资业务的商会15个，年融资额过亿元,对自查过程中存在的问题进行督促整改，为会员资金安全增加保障。

【换届选举】 组织召开中宁县工商联(民间商会)第十四次会员代表大会，会议听取中宁县工商联第十三届执行委员会工作报告，安排部署工商联今后五年的主要工作。会议选举产生83名中宁县工商联第十四届执行委员会委员及领导班子。

(门仲军)

中宁县科学技术协会

【概况】 2016年，全县有农村专业技术协会33个,有会员6000人左右,其中年内新成立4个;有各类学术团体11个，县级学会5个；企业科协5个,新成立1个;新成立乡镇科协组织11个,新建升级版乡镇科普惠农服务站、科普中国乡村e站14个;有科普示范基地22个,新建4个;创建科普示范学校10所,其中区级2所,市级4所,县级4所。2016年,县科协被自治区科协综合考核评为县级科协工作先进单位;被自治区科协、自治区教育厅、自治区文明办授予宁夏首届青少年科学节优秀组织单位;被中卫市委宣传部、中卫市科协、中卫市教育局授予科普剧竞赛活动优秀组织单位。

【全民科学素质行动】 年初召开全县全民科学素质工作会议，与35个成员单位签订目标责任书,细化量化任务指标,实行半年有督促检查,年终有考核总结。主动加强与各成员单位的协调沟通和联系,以各类科技周(日)和主要纪念日主题科普宣传活动为契机,在县城及各乡镇设置宣传点,开展科学知识普及宣传，向城乡居民发放科普知识宣传手册、科技书刊、防灾减灾、气象科普、农业法律法规、农作物科学栽培管理、病虫害防治、农药化肥科学合理使用、动物疫病防治、种草养畜技术、肉食品及饲料安全等科技知识资料7万余份,接受群众咨询4000人次,展出展板500多块,发放科技图书1.1万册，发放环保袋3000个。围绕枸杞、硒砂瓜、玉米、生猪、肉羊、林果等优势特色产业，建立新型职业农民实训基地32个、新建科普示范基地4个、农民田间学校4所，加大对新技术、新品种和新经营方式的培训力度,累计举办培训班42期,培育新型职业农民2430人。以“弘扬长征精神”“新形势下国防军队建设”“民族宗教理论知识”等为专题,年内举办杞乡发展论坛六期,参加培训学习领导干部及公务员5000余人次。

【科技培训】 以“助力创新深化,服务经济建设”为工作主题,联合县科技局、教育体育局、枸杞局、卫计局、工业园区等部门单位,围绕“讲好枸杞故事,唱响中宁品牌,走好产业发展之路”,开展“助力创新工程”。建设区级及以上工程技术研究中心2家、院士工作站2家,与全国80余家高校院所建立技术合作关系，科技进步对经济增长贡献率由48%提高到52%。成立全区首家中国中药协会枸杞专业委员会,邀请中国中药协会专家就促进人才、资本、技术、知识等进行学术交流活动1场次。建立国家级宁夏枸杞产业专家服务基地，举办枸杞药用价值和产业发展论坛1场次。与宁夏大学联合,搭建枸杞产业人才培养、输出、科技研发、转化,创新创业、转型升级的平台,年内举办枸杞专业人才高级研修班3期,来自本县及新疆、青海、甘肃等9个省区的枸杞专业技术人员参加培训。联系对接宁夏科技咨询服务中心,在天元锰业、锦宁铝镁、宁夏杞泰等企业开展科技信息推广应用服务项目,设立院士专家工作子站2家,企业科技研发中心安装信息检索系统。围绕“节约能源资源,保护生态环境,保障安全健康,促进创新创造”工作主题,联合农牧、林业、科技、环保、安监、卫生计生等部门单位，年内开展以新品种枸杞栽植、生猪养殖、红枣苹果实用技术、食用菌种植、生殖保健、卫生健康等为主要内容的科技培训服务及“三下乡”活动28场次，展出各类科普宣传展板500余块，发放《科学文化反邪教》《中卫科普》《杞乡科普》《食品安全》《生活与健康》等科普图书及科普挂图1.2万份，受益群众达7.8万人。开展“流动科技馆”巡展、科普报告会、科技辅导员培训、科普剧竞赛、科普活动进社区、进清真寺、科普讲座、文艺专场演出、科技咨询服务、老年人保健健康知识讲座等10项活动，通过悬挂横幅、设置咨询台、摆放展板、发放资料等形式，向群众宣传和普及科学知识。

【科普示范】 申请县财政全额拨付科普经费34万元，争取自治区科协项目资金28万元。累计投资68.7万元，在恩和、鸣沙、宁安、石空、舟塔等乡镇新建升级版科普惠农服务站11个，新建枸杞、硒砂瓜、苹果、蔬菜等特色产业科普示范基地4个；新建科普宣传栏（橱窗）16处、42块、260平方米；采取“一室多用”设置科普活动室、图书室11个；安装宣传LED显示屏11块、投影仪11个；配备培训课桌、办公桌97套，电脑18台，图书档案柜33组；选配配备科普惠农信息员、宣传员55名。实现科普惠农服务站、科普宣传阵地、特色产业科普示范基地“三个”全覆盖。科普惠农服务站辐射带动全县11个乡镇、2万户农户。协助县、乡科协开展农村实用技术培训、咨询等工作，为农民提供及时、周到、长期、有效的科普服务，举办各类培训班17场次，累计培训农民2600人次。加强银协对接、银农合作，推荐宁夏杞泰枸杞产业高新技术推广服务协会、中宁枸杞统防统治协会、中宁来轩苹果协会、徐套新庄子养殖协会等4家农技协、基地和涉农企业发放贷款360万元。

【青少年科技活动】 联合县委宣传部、科技局、教育体育局、团委等部门单位，率先启动“中国流动科技馆”2016年度宁夏巡展。巡展活动历时1个月，有21所中小学校组织参观，参展学生2.6万人。在第二站活动中首次将“中国流动科技馆”“科普大篷车”开进大战场、喊叫水、徐套、太阳梁、渠口农场等贫困山区，参展学生8000多人。借助宁夏科技馆资源优势，举行科普剧的选材、剧本编写、创作等为主要内容的培训2期，培训科技辅导员120人次。邀请宁夏科技馆大众科学讲堂老师为全县70名教师和1280名学生讲座。组织参加全区第31届青少年科技创新大赛活动，全县青少年有10件作品获奖，其中获得科技创新最具潜力奖1个（创新大赛最高奖），中小学科技创新项目一等奖1个、二等奖1个，科技辅导员创新项目二等奖1个、三等奖2个，科学DV三等奖2个，科技实践活动作品三等奖2个。启动“参观科技展览有奖征文”活动，以参观中国流动科技馆、科普大篷车观后感为主题，有29所中小学校积极组织学生参加征文活动，投稿3100多篇。组织开展“爱上科学，放飞梦想”的科普知识竞赛，全县16所中小学校、近3万名学生参与。举办“青春梦　科学梦”科普剧展演活动，有中宁一小、中宁二小等5所学校编排的科普剧参加中卫市展演竞赛，中宁二小创作的《小水滴回家》剧目荣获二等奖，在第三届全区中小学校科普剧竞赛展演活动中获得三等奖。中宁一小创作的《小村庄的故事》剧目荣获市级优秀奖。举办中宁首届青少年科学节，在中宁一中、中宁二中等6所学校组织开展“六大特色主题”活动6场次，参与青少年人数7000人。在全县范围内开展“区市县三级科普示范学校”创评活动。创建县级科普示范学校6所，市级科普示范学校4所，区级科普示范学校2所。

【科普宣传】 将《中宁科普》改版为《杞乡科普》，编印5期2500册。撰写上报《工作动态》信息73期，其中《宁夏日报》上稿1篇，《宁夏科协工作动态》上稿5篇，《中卫日报》上稿2篇，中华杞乡中宁网采用33篇。投资1.7万元制作《青少年科技创新专题片》3部，每部时长8分钟，在中宁电视台《财富民生》栏目播放21期，年内共播放科普节目

136期。通过微信公众平台发送70次,点击量近万人。争取自治区科协28万元资金支持，实施互联网+科普行动,建设科普乡村e站11个、社区e站2个、校园e站2个。联合县科技局举办“科普之声,红动杞乡”科普文艺专场演出。借助传统科普宣传品优势,投资15万元,制作发放科普宣传环保袋3000个、手提包5000个、围裙5000件;印制《生活与健康》科普口袋书4种4000套1.6万册;印制科普惠农政策宣传彩页、折页2000份。

（罗永平）

伊斯兰教协会

【宣传教育】 2016年，配合民族宗教事务局在春节、五一、十一等法定节日,开展民族宗教政策法规宣传活动,向广大群众发放《宗教事务条例》《宁夏回族自治区宗教事务若干规定》《宗教活动安全管理暂行办法》《宁夏回族自治区清真食品管理条例》等宣传资料1500余份。发放《民族宗教政策知识》口袋书2000余份,组织全县近50名宗教人士到吴忠、红寺堡等地宗教活动场所观摩学习;开斋节期间,对全县19座清真寺及19名宗教人士进行节日慰问;“民族团结月”活动和“古尔邦节”期间,县委、政府组织四套班子领导、民族工作领导小组成员单位负责人、各乡镇主要领导和分管领导、穆斯林群众及佛、道、天、基宗教人士代表100余人参加“古尔邦节”观摩座谈会。

【寺堂管理】 2016年,在全县伊斯兰教界开展“知大局,守规矩,起作用”,“念好两本经,再做新贡献”教育实践活动,开展“宗教政策法规宣传月”活动,将爱国主义教育和政策法规学习贯穿其中,提高阿訇和信教群众的文化素质和法律意识，促进伊斯兰教与社会主义社会相适应。继续开展以规范为主的和谐寺观教堂创建工作，完善宁安清真寺、新堡刘营清真寺寺管会工作职责、教职人员工作职责、寺管会工作制度、重大事项报告制度、财务管理制度等工作制度。

【教职人员管理】 落实教职人员备案、教职人员持证上岗制度,全县登记备案教职人员262人,经备案的宗教场所主要教职人员158人。与各清真寺阿訇签订念“尼卡哈”责任书,明确要求不得为未达到法定婚龄和未领取结婚证的青年念“尼卡哈”;年内举办宗教人士、教职人员培训班2期,培训60余人,有针对性地选送一些中青年教职人员到自治区社会主义学院、经学院学习。兑现宗教活动场所主要教职人员生活补助，对照应享受补助人员标准(宗教活动场所依法登记、主要教职人员有资格证书和聘任书),对全县伊斯兰教宗教活动场所、主要教职人员逐一审核考核,发放生活补助74.4万元。组织伊斯兰教教职人员资格认定考试,上报参考人员62名,经考试合格3人。

【朝觐服务管理】 2016年对100名拟朝觐人员进行严格审核、确定,杜绝中共党员、公职人员、享受社会救助人员朝觐，对拟确定的朝觐人员进行入户走访,朝觐返回后进行回访,避免因朝返贫现象发生。全力做好报名、体检、培训、统送统接等服务工作,保证朝觐工作圆满完成。

【维稳工作】 2016年,配合宗教局,对全县“达洼”宣教、周泽群势力及境外宗教势力渗透工作进行拉网式排查,做到防患于未然,维护现有宗教格局;成功化解渠口农场铁路新村因清真寺建设及搬请阿訇造成的信教群众之间的矛盾纠纷,严控民族宗教领域矛盾纠纷扩散,确保一方和谐稳定。

（丁志福）

社会事务管理

人力资源管理

【公务员管理】 组织完成全县2015年度机关事业单位6765人的年终考核工作，对评为优秀等次的929名工作人员进行表彰奖励。完成2016年度公务员招考计划上报工作，全县招考公务员36名。开展公务员素质能力提升工程，有622名科员及以下公务员参加公务员网络培训。

【事业单位人员管理】 开展职称评审改革工作，全县申报职称人员842名，其中正高级职称9名，副高级职称338名，中级职称342名，初级职称253名。对全县各行业具有副高以上职称的人员进行调查摸底，分行业、分领域建立中宁县专家智库。坚持“凡进必考”，招聘事业单位工作人员104人。做好人才推荐上报工作，经推荐上报各类人才17人。开展2106年农村优秀实用人才拓展培训41人。

【人才工作】 推荐上报各类人才33人。借助“宁夏百名专家基层服务行”等高层次人才服务平台，确立枸杞企业服务项目1项，所需专家4人。开展农村优秀实用人才拓展培训41人。成功举办“中宁县2016年春、秋季人力资源招聘会”等人力资源招聘会，有271家企业用人单位参会，提供招聘岗位9364个，达成初步就业意向协议3583份。

【工资福利】 按期完成2016年度调资工作，调整、落实、兑现部门5类津补贴；审核审批2015年度乡镇工作补贴3842人；审核公车改革中65个参改单位1174人的公务交通补贴；对符合职务与职级并行条件的17人调整工资。审批全县3778名工作人员带薪应休未休工资补贴2346万元，审批机关事业单位准退休人员131人。

【劳动监察】 组织召开农民工工资清欠专题会议或现场办公会议9次，以农民工清欠领导小组办公室牵头组织工资支付专项联合巡查4次，印制农民工维权知识问答2万余份，免费印制发放建筑业农民工劳动合同5000份。向自治区农民工工作领导小组上报13家不诚信企业并在全区予以通报。全面实行农民工工资保证金制度，收缴农民工工资保证金230家，应缴纳保证金2741.9万元，实际缴纳2669万元，保证金收缴率95.8%。建立健全农民工工资专项整治“三个清单”，农民工工资支付保障工作的整体合力进一步增强。受理查处农民工欠薪投诉案件 112 件，结案 107 件，办结率 96%，清欠 1987 名农民工工资 4488.3 余万元。

【劳动人事争议仲裁】 2016 年，受理工伤申请 185 件，认定 181 件，不予受理 4 件。受理上报中卫市劳动能力鉴定中心劳动能力鉴定 71 人，审核审批企业职工退休 2151 人。受理劳动仲裁争议案 49 件，仲裁裁决 29 件，调解 18 件，撤诉 2 件，受理的仲裁案件，均在法定时效内办结完毕，年末结案率达 100%以上。

社会保障

【社会保险参保】 2016 年，企业职工基本养老保险参保 47921 人，完成年目标任务 46197 人的 103.7%。失业保险参保 17571 人，完成年目标任务 17520 万人的 100.2%。城乡居民基本养老保险参保 100918 万人，完成年目标任务 93089 万人的 108.4%。城镇职工医疗保险参保 28590 人，完成年目标任务 27000 人的 105.8%；城乡居民医疗保险参保 282989 人，完成年目标计划 27.95 万人的 101.2%；生育保险参保人 21263 人，完成年目标计划 19400 人的 109.6%；工伤保险参保 33136 人。完成年目标计划 30300 的 109.4%。在开展全民参保登记的 3 年时间内，完成全民参保登记信息采集 14934 人，完成率 100%。为 748 人办理养老保险关系转移接续手续。

【社保政策落实】 基本养老金支付率、社会化发放率及退管服务率均达到 100%。全县 24284 名城乡居民调增基础养老金 20 元，从 2015 年的每人每月 145 元调增为每人每月 165 元；落实被征地农民养老保险制度。经国土、农牧、公安、社保层层把关审核，确定全县符合被征地农民参保条件有 5169 户 13726 人。享受被征地农民养老保险待遇 1649 人，累计发放养老金 1270 万元。制发社会保障卡 322808 张，制发卡率 95%，实现社会保障卡参保缴费、查询业务、关系转移、就医购药、发放养老保险金、就业培训登记等的功能。同时与区内 74 家协议医疗机构和 7 家县外协议医疗机构实行异地联网即时结算。开展工伤保险“同舟计划”，新开工项目 15 家，参保率 100%，参保人数 1092 人。报销 584 人次，基金支付 527.73 万元。普惠性健康累计体检 38089 人，体检率 100.2%，拨付体检经费 338.4 万元，超额完成 3 年 1 个体检周期的体检目标任务。职工普通门诊统筹 54606 人次，报销支付基金 234.5 万元，生育保险按规定由 0.5%调整到 0.45%。新生儿落地参保 3512 人，参保缴费 31.5 万余元。

【社保基金稽查】 2016 年，对全县社保基金书面稽核 314 家，稽核率 100%。开展养老金领取资格认证的企业离退休人员 14027 名，认证 13915 人，认证率 86.3%，核查冒领养老金人员 78 人，追缴冒领养老金 8.42 万元。征缴企业职工基本养老保险费（含清欠）32698 万元，其中征缴被征地农民养老保险费 16927 万元，完成年目标任务 21028 万元的 155.5%。征缴失业保险费（含清欠）821 万元，完成年目标任务 904 万元的 90.8%。征缴城乡居民基本养老保险费 528 万元。城镇职工基本医疗保险基金收入 10497 万元，支出 5729 万元，其中统筹基金支出 3196 万元；个人账户支出 2533 万元，累计结余 11122 万元；城镇职工大额医疗保险基金收入 340 万元，支出 227 万元，累计结余 183 万元；城乡居民基本医疗保险基金收入 14111 万元，支出 14274 万元，其中住院支出 9110 万元，门诊大病 617 万元，门诊统筹 2100 万元，累计结余 10287 万元；工伤保险基金收入 1094 万元，基金支出 1612 万元，累计结余 1449 万元；生育保险收入 451 万元，基金支出 211 万元，累计结余 1456 万元。

【养老保险制度改革】 2016 年，实施机关事业单位养老保险制度改革，全县机关事业单位各类人员信息采集数据经编制部门审核通过，成功导入单位109家，参保人数9339人，其中在职人员6706人，退休人员2633人。核对确认2014年10月—2015年12月的参保人数、缴费金额，申报2016年参保缴费人数、基数。对102家财政统发单位的2581名退休职工进行人员信息、待遇比对，签署退休（退职）人员养老金社会化移交协议204份。做好社会化发放工作，为机关事业单位的2572人调整待遇，月调待遇648620元，人均调待252元，补发1—9月调资差额共计5837580元，发放取暖费2650人，资金11042131元。

就业创业

【全民创业】 2016年，培养“小老板”378名，培育“小企业”168家，创造新岗位1236个，创业带动就业3373人，分别占目标任务的110%、112%、110%、112%；开展SYB(创办你的企业)创业培训13期385人，其中“SYB”培训11期335人，“IYB”（改善你的企业）培训2期50人，占目标任务的100%，贫困村开展“SYB”创业培训5期150人，建档立卡户29人。办理创业小额担保贷款164笔2512万元，占目标任务2500万元的100.48%。

【城乡劳动力就业】 城镇新增就业3855人，其中困难人员就业223人，分别完成年目标任务的110.14%、139.38%。城镇登记失业率3.67%，低于控制目标0.63个百分点。全县农村劳动力转移就业31056人，其中建档立卡户劳动力2176人，收入2.94亿元，分别完成年度目标任务的119.4%、131.8%。通过发放“4050”社保补贴、援企稳岗补贴等方式，分两批次安置公益岗位人员184人；安排“三支一扶”高校毕业生100名、事业单位实习毕业生98名，全县高校毕业生就业率达92.13%。

（刘骥睿）

民　政

【城乡低保】 将城市低保由上年的平均275元/月提高至平均310元/月；农村低保由上年的平均145元/月提至平均185元/月。开展城乡低保专项整治提升年活动，整治取消城乡低保1562户1835人，将符合条件的639户741人城乡困难群众纳入低保范围，城市低保2949户5512人、农村低保13175户14772人，全年为城乡低保户发放保障金6393万元。

【五保供养】 实施五保提标工作，将集中供养五保户由上年的400元/月提高到640元/月，增长60%；将分散供养由上年的245元/月提高到480元/月，增长95.9%。开展五保专项整治工作，取消不符合条件的五保对象53名，将符合条件的38名困难群众纳入五保供养，五保供养对象达511人，其中集中供养200人，分散供养311人。全年为五保对象发保障金284万元。投入204.4万元开展敬老院消防及其他安全隐患整改。

【医疗救助】 为全县城乡低保户、五保户和优抚对象缴纳城乡居民基本医疗保险金145万元。实施大病医疗救助和民政对象住院救助，全年救助城乡大病患者3638人，发放救助金730.81万元。

【社会救助】 全年为各乡镇下拨救灾救助资金2590万元。联合印发《关于开展农村留守儿童留守老人留守妇女摸底排查工作的通知》，开展“三留守”人员普查工作。为224名流浪、精神病、智障人员解决返乡和安置问题。为30名纯孤儿和261名事实无人抚养孤儿发放孤儿津贴178万元。开展慰问工作，全年慰问民政对象1032户，发放慰问金19.2万元。

【双拥共建】 为全县重点优抚对象发放抚恤金及定期定量补助金388.08万元，发放各类补助73.09万元，发放农村义务兵家属优待金197.88万元。接收报到城乡退伍军人 94 人，发放自谋职业一次性补助金 35.95 万元，为 90 名城乡退役士兵发放自主就业金 360 万元。为 86 名退役士兵进行驾驶员、计算机培训，组织 50 名退伍士兵参加全区退役士兵就业专场招聘会。春节、八一期间慰问驻地部队及重点优抚对象，发放慰问金及慰问品 60 万元。组织八一专场文艺演出，举办清明节和国家公祭日烈士祭奠活动，连续七届被自治区评为“全区双拥模范县”。

【基层政权建设】 争取自治区城乡社区民生计划项目资金 205 万元，建成 8 个城乡社区服务站。通过划拨、置换、改造建设等方式解决宁安镇红苑、丰宁、杞苑、振兴 4 个社区服务用房。投入 300 万元为杞苑、振兴、丰宁、红苑、朱营、利民 6 个社区进行装修和配置为民服务设施，全县 12 个城市社区服务阵地问题全部得到解决。开展县、乡、村做实村民代表会议制度培训工作，培训 30 场 3410 人。印发《中宁县 2016 城乡社区治理全面提升工作方案》，推进社区工作以管理为主向服务为主转变，以网格化管理为载体，实现服务管理精细化，以转变社区职能、提升服务功能为重点，扎实推进城乡社区治理工作。中宁县被自治区评为和谐社区创建先进县，三个社区被中卫市评定为“五星级和谐社区”。

【老龄工作】 实施老年人意外伤害保险，为 36355 名老人缴纳参保金 125.733 万元。为 2461 名高龄老人发放高龄津贴 964.89 万元。投资 2925 万元建成中宁县老年活动中心和第四敬老院，项目占地 26.74 亩，总建筑面积 9800 平方米，设置床位 250 张，为老年人提供休闲、娱乐的活动场所。投资 350 万元建成鸣沙镇鸣雁社区、石空镇金岸社区、宁安镇利民社区 3 个社区日间照料中心。

【其他工作】 开展第二次全国地名普查工作，矢量出地名点状目录 2100 个、地名线状目录 240 个，标注草图，为地名规范使用奠定基础。批准成立社会组织 23 家，使全县依法登记注册的社会组织达到 259 家，235 家社会组织建立党组织，党组织组建率 90.73%。加强婚姻法宣传，推进婚检，健全婚姻登记档案，办理结婚登记 2432 对，离婚登记 591 对，补领结婚证 2945 对。

（孙钰翔）

民族宗教

【创建活动】 2016 年，争创全区民族团结进步示范县，制定《中宁县民族团结进步“一争三创五推进”三年（2016—2018 年）行动计划》《2016 年全县民族团结进步创建工作的安排意见》《中宁县民族团结进步创建活动示范点建设指南》《中宁县民族团结进步创建活动量化考核评分标准暨评分表》《中宁县民族团结进步创建活动分工负责方案》等 5 个民族团结进步创建行动计划和具体工作方案，召开民族团结进步创建推进会，明确创建工作目标和各单位工作职责。在全县范围内开展民族宗教政策法规宣传活动，向广大群众发放《民族宗教政策与知识》《宗教事务条例》《宁夏回族自治区宗教事务若干规定》《宗教活动安全管理暂行办法》等宣传资料 1500 余份，制作《民族宗教政策知识》口袋书 5000 余份；分 2 批组织全县宗教人士、各乡镇分管领导、民族宗教干部 50 人，教育系统 16 人到“双创”活动模范县红寺堡、吴忠利通区 5 个示范乡镇、社区，10 所学校，8 个宗教场所观摩学习；配合区宣讲团，在全县范围内开展党的民族宗教政策理论宣讲活动，累计参学人数 1800 余人次。年内，创建区、市示范机关 2 个、学校 2 所、乡镇 2 个、村 2 个、社区 1 个、企业 1 家。

【清真食品管理】 2016 年，在元旦、春节、五一、十一等重大节日期间，对全县范围内清真食品行业进行专项检查，累计检查 335 家，重点对清真火锅店进行全面检查，检查中对 1 家申请办理“清真食品准营证”的火锅店因不符合规定不予办理，对6家调味品进货渠道不明的清真餐厅，责令当场整改，对徐套、喊叫水、大战场近30家未办证的小型餐厅（小吃店）督促其按程序办证。

【少数民族经济发展】 2016年，助力脱贫攻坚，争取少数民族发展项目资金230万元，在徐套、喊叫水、大战场等少数民族乡镇实施项目6个。

【两节活动】 2016年开斋节期间，由县四套班子主要领导带队，对全县17座清真寺及阿訇进行节前慰问，通过他们向广大穆斯林群众致以节日的问候和祝福。慰问组从维护民族团结、宗教和顺、发展民族地区经济等层面向宗教人士及广大穆斯林群众传达中央、区、市、县相关政策。古尔邦节期间，召开由县委、人大、政府、政协四套班子领导，县民族工作领导小组成员单位负责人，各乡镇宗教干部，穆斯林群众代表，伊斯兰教界及佛教、道教、天主教、基督教宗教人士代表112人参加的座谈会。宗教人士、穆斯林群众代表踊跃发言，县领导分别向穆斯林群众代表及宗教人士发放慰问金，对广大穆斯林同胞致以节日问候。

【宗教稳定】 2016年，组织人力，对全县“达洼”宣教团、周泽群势力及境外宗教势力渗透工作进行拉网式排查，严防非法传教和渗透活动。成功化解渠口农场铁路新村因清真寺建设及搬请阿訇造成的信教群众之间长达3年的矛盾纠纷，严控民族宗教领域矛盾纠纷扩散，及时调处宁安基督教堂、宁安镇源寺建寺上访事件，确保和谐稳定。全县26名县级领导和80余名乡镇领导联系宗教场所120处、宗教人士121人，深入各宗教活动场所掌握工作动态，协调化解宗教界矛盾纠纷，引导各宗教场所依法开展好宗教事务。

【朝觐服务】 2016年，区民委下达中宁县朝觐指标100名、带队人员1名、伊玛目1名，县宗教局严格按照网上排名、逐个审核把关、确定人选、体检及培训、统送统接等要求，各项服务措施及时到位，确保102名朝觐人员完成功课并平安返回。

【宗教教职人员管理培训】 2016年，组织人力对各清真寺阿訇落实“尼卡哈”责任书情况进行抽查，抽查的41名清真寺阿訇，一律没有违背责任书规定，没有为未达到法定婚龄和未领取结婚证的青年念“尼卡哈”；举办培训班3期，其中法律进宗教场所1期，生态移民地区宗教人士培训1期，古尔邦节座谈会1期；组织伊斯兰教教职人员资格认定考试工作，参考伊斯兰教教职人员62名，考试合格3人。

【宗教场所管理】 2016年，严格宗教活动场所翻建扩建申报审批制度，对因移民、国家重点工程建设、年久失修等原因迁建、翻建或新建的宗教活动场所依法审批报批，适度控制规模，杜绝和预防随意新建、滥建宗教活动场所行为，年内共申报翻建宗教活动场所3处。宗教场所一般安全隐患全部整改到位，整改率100%。余丁大佛寺等4处重大安全隐患场所按期完成整改任务。对自治区有关领导批示的农垦渠口农场、太阳梁管委会11处宗教场所一般安全隐患监督整治问题，年底全部整改完毕。

【宗教活动管理】 2016年，洪岗子拱北、宁安大佛殿、舟塔保安寺、余丁大佛寺等相继举行传统庙会，为确保庙会安全有序进行，县委、政府先后组织召开现场协调会4次，并制订工作方案、突发事件应急处理预案，明确各单位职责任务，公安、市场监管、安监、卫生、交通、住建等部门全程参与安全管理及服务工作，确保宗教活动期间无安全事故发生。

【落实宗教教职人员待遇】 2016年，按照宗教活动场所依法登记、主要教职人员有资格证书和聘任书等标准，对全县宗教活动场所、主要教职人员逐一审核，第一季度兑现宗教人士补助178人、第二季度179人、第三季度179人，第四季度176人。

（杨晓莉）

扶贫开发

【概况】 中宁县贫困人口主要集中在大战场、喊叫水、徐套和太阳梁。四乡镇共辖50个行政村，其中重点贫困村39个，养殖园区2个，自然村193个，有农户28777户，12.88万人，占全县总人口的37.2%。2016年底动态调整后，全县建档立卡贫困人口调整为5182户21118人，其中喊叫水乡954户3660人，徐套乡1487户4716人，大战场镇911户4636人，太阳梁1830户8106人。2016年底，全县贫困人口由21118人减少到16206人，减少4912人，脱贫销号2个行政村。贫困地区农民人均可支配收入由2015年的6950元增长到7800元，增加850元，增长12%。贫困发生率由2015年的12.3%增加到12.9%(新增太阳梁乡)。

【脱贫攻坚战略】 结合脱贫攻坚实际情况，制订下发《中宁县"十三五"脱贫攻坚实施方案》《2016年中宁县脱贫攻坚工作方案》《中宁县推进精准脱贫行动计划重点工作"五定"方案》以及《脱贫销号村整村推进实施方案》。在借鉴外省区脱贫攻坚经验的基础上，完善中宁县脱贫攻坚顶层设计，制定中宁县"9531"①挂图作业流程工作法等相关内容，完成中宁县精准脱贫县级、乡级作战指挥部室内布置和贫困村村级作战室建设。

【建档立卡户识别】 会同县委组织部、人力资源和社会保障局，组织2556名干部进村入户，以"五看十步法贫困户识别标准"②和贫困户"十不评"③的要求，开展了建档立卡"回头看"工作，对识别对象、家庭情况、致贫原因、扶贫政策落实、人均收支等方面进行全面核查，精准识别建档立卡贫困人口3351户12774人，其中喊叫水乡954户3605人，徐套乡1486户4631人，大战场镇911户4538人。对34个贫困村(不含太阳梁乡)的贫困人口分布、致贫原因、进出动态、脱贫目标及全村脱贫目标任务全面细化梳理，规范和完善精准脱贫施工图、任务书和时间表。在建档立卡户"五个一批"④精准识别的基础上，对贫困状况、脱贫需求、脱贫计划、帮扶措施等实行台账式管理，确定产业脱贫2967人、技能培训务工就业脱贫3650人、易地搬迁脱贫309人、教育脱贫3780人、社保兜底脱贫2113人，实行一户一台账，做到底数清、问题实、措施准、责任明，为确保实现贫困地区长远发展奠定坚实基础。

【帮扶机制建立】 对贫困村实行"五联"⑤帮扶，对贫困户实行"321"帮扶机制⑥。全县安排67个县直部门、37个中央及区属单位、34个企业包抓帮扶31个重点贫困村，安排2564名干部结对帮扶3351户建档立卡贫困户，形成帮扶到户、责任到人的工作格局。建立《中宁县脱贫攻坚结对帮扶制度》《中宁县脱贫攻坚工作联席会议制度》，及时推进工作，协调解决遇到的重点难点问题。年内，参与帮扶干部职工到位率95%，人均深入基层20余次，联系贫困户3100余户，建立精准脱贫台账3100余本，为贫困村、户制定脱贫计划或帮扶计划3500余份，争取协调各类资金2.9亿元，帮助贫困村和群众解决行路难、淌水难、剩余劳动力转移就业等实际问题1000余件。

【"654321"工作法⑦】 在产业脱贫政策上，以"一乡一业、一村一品、一户一策"为定位，以每个贫困村都有1~2个特色优势产业、每个建档立卡贫困户有1~2个稳定增收产业项目为标准，在34个贫困村精心培育枸杞、品质硒砂瓜、清真牛羊肉、马铃薯、黄花菜等特色优势产业。在教育脱贫政策上，从学前教育、义务教育、普通高中教育、职业教育等方面制定层次分明的资助扶持政策，已完成资助3647人，对已考取专科以上的学生发放贷款金额13.95万元，对徐套乡、喊叫水乡、大战场镇取得二本以上录取的626名建档立卡贫困学生给予431.1余万元资助。投资400余万元实施周马庄子小学、高岭完小等3所学校校舍、教学及辅助用房建设及下流水九年制学校运动场建设。完成资助贫困学生4300余人760余万元。在劳务产业“离土输出”政策上，建立免费技能培训、贷款扶持、鼓励个体经营户和企业吸纳、培育劳务中介组织带动、建设公共服务平台等促进就业机制。在社保兜底保障政策上，推进贫困线、低保线“两线”合一，总计兜底498名，并将兜底人员全部纳入低保救助，执行3150元每年的最高标准，高于国家扶贫标准。在金融扶贫政策上，创新推出“扶贫贷”，由县财政筹措1000万元，整合互助资金、双到资金、小额贷款担保基金，统筹建立3000万元的扶贫贷款风险担保基金，合作银行按照10倍比例放大扶贫贷款，年内贷款规模达到1亿元，为有劳动能力、还款能力、贷款意愿的贫困户提供小额信用贷款。年内，便民金融服务网络实现贫困村全覆盖，发放“扶贫贷”4468户16239万元，其中建档立卡户1248户3836万元，非建档立卡户3420户12403万元。建档立卡户累计存栏牛655头，羊5800只，种植硒砂瓜2.6万亩，红葱1277亩，马铃薯3477亩。出台7个“菜单式快捷扶持政策”对建档立卡户予以补贴。在扶贫保险惠民政策上，推行“脱贫保”，采取“2＋X”菜单式脱贫保模式[8]，为3351户建档立卡贫困户购买“脱贫保”家庭成员意外伤害保险，为12774名贫困人员购买大病补充医疗保险。为268头基础母牛购买“基础母牛保”65660元，为362户贫困户购买“扶贫贷”风险保2.34万元。编制完成34个贫困村产业发展规划，因地制宜扶持发展硒砂瓜、马铃薯、草畜、枸杞等特色产业。在喊叫水、徐套两个乡种植硒砂瓜18.43万亩，建设硒砂瓜品质品牌保护核心示范区8万亩，示范种植拱棚甜瓜200座。在山区三乡镇先后建成硒砂瓜品质品牌保护核心展示区2万亩、优新品种实验示范区3个500亩，发展膜下滴灌种植玉米7800亩、旱地黑枸杞200余亩、滴灌红枸杞1330亩、黄花菜228.1余亩、红葱2860亩。新购基础母牛和肉牛7100余头。立足工业园区、特色种植、畜牧养殖、农产品加工等产业基地，通过“六单”(企业按需下订单、中介服务对接列单、劳务人员按意愿选单、培训机构按协议接单、企业劳务面对面签单、政府为劳务输出买单)方式，鼓励、引导、组织贫困群众就业，举办技能培训班36期，开展职业技能培训1625人，培训贫困群众4600余人，完成转移就业2083人，其中建档立卡户1149人，累计收入1298.74万元；组织枸杞采摘劳务输出2181人，硒砂瓜种植务工输出811人，收入总计381.62万元。实行数据动态管理，由帮扶部门围绕贫困村制定帮扶计划，帮扶干部围绕贫困户制定脱贫计划，建立工作台账，落实帮扶措施，强化精准记账、监测评估，实行扶贫对象动态管理。以贫困发生率、村内基础设施、基本公共服务、产业发展、集体经济收入等综合因素作为贫困村退出标准，以年人均纯收入稳定超过国家扶贫标准，吃穿越冬不愁，义务教育、基本医疗、住房安全有保障作为贫困户退出标准。严格落实贫困村退出评议、核实、公示、公告程序，贫困户“一核二看三比四评五公示”[9]程序，由第三方评估机构评估达到标准后及时销号和脱贫退出。依托现代信息技术，建立数据互通平台。利用大数据和移动互联技术，建立中宁县精准扶贫大数据库和数据中心，对数据进行专业化处理，实现各级相关行业部门对贫困村、贫困户的信息共享和精准扶贫业务协作，为开展精准扶贫提供事先预警、事中监控、事后评估等监管考核支撑。

【“3458”对标定位】 围绕实现贫困户“三不愁、四保障”、贫困村“五通、八有”目标[10]，研究制订《中宁县2016年整村推进脱贫销号村实施方案》，将涉及喊叫水乡周马庄子村、徐套乡下流水村34项工作任务明确细化到具体责任单位，建立“县上整合，扶贫牵头，乡镇负责，部门配合，村抓落实”工作机制，加大资金整合力度，形成多部门协作、多渠道投入、多层次推进、多方力量参与的良好局面。2016年底，喊叫水乡、徐套乡主干道路绿化方案编制完成；投资1524万元，硬化村级道路24公里，铺设沙石路15公里，硬化巷道15公里，安装路灯120盏，栽植树木3000株，自来水改造全覆盖，危房改造64户，新建标准化牛棚262座，牛存栏655头、羊存栏7800只，种植春覆膜玉米5300亩、饲草1100亩，维修加固防洪坝400米，完成膜下滴灌1130亩，建成文化活动室、中心广场。喊叫水乡周马庄子村、徐套乡下流水村顺利通过第三方评估验收，成功脱贫销号。编制完成《中宁县"十三五"易地扶贫搬迁安置规划方案》，计划易地搬迁贫困人口619户2002人，其中建档立卡贫困户41户164人，将红柳村、李士村578户1838人非建档立卡户纳入搬迁范围，主动对接自治区发改委、财政厅等部门，对"十三五"非建档立卡户落实"十二五"移民搬迁政策，加快推进选址论证和建设方案编制工作。多次深入农垦生态移民安置区摸底核实，与农垦集团负责人对接协商，签订《中宁县县域内农垦系统生态移民安置区移交协议》，长山头移民安置区由大战场镇接收管理，太阳梁移民安置区成立管理办公室全面介入管理。围绕贫困地区产业发展实际，编制三年扶贫交通道路建设规划，在喊叫水乡、徐套乡、大战场镇新建9个项目66.1公里，总投资3530万元；投资国道改造46公里1.49亿元。2016年，完成G109线至洪岗子公路、G109线桃山至兴仁段改造工程、田滩至张套子公路、G109线至白套15公里沙砾石道路建设项目。完成兴仁综合供水农村人饮入户改造工程、喊叫水乡高效节水灌溉工程和新增移民自来水入户工程、打麦水供水主管道维修工程。在喊叫水乡和徐套乡卫生院建设远程医疗会诊系统；为大战场镇、喊叫水乡、徐套乡18个村卫生室配备健康一体机；实施喊叫水中心幼儿园、徐套下流水中心幼儿园项目；完成宽口井移民区农贸市场及居民新庄点选址规划，并开工建设。建成高压输电线路13公里，实现3G、4G网络全覆盖，宽带连通12个村，通过自治区住建厅评审，周马庄子、贺家口子、下流水、喊叫水、田滩5个村美丽乡村项目已开工建设，2个村已完成建设任务。

【宣传引导】 利用广播、电视、网络等媒体，广泛宣传和报道中宁县精准扶贫政策、先进典型等，编制印发《中宁县脱贫攻坚宣传工作手册》。结合脱贫攻坚工作，编制印发《中宁脱贫攻坚工作简报》35期，反映全县脱贫攻坚工作情况及进程。

（徐海燕）

小资料

①"9531"工作法：分别指平台建设"9个准"，即对象识别认定准、家庭情况核实准、致贫原因分析准、计划措施制定准、扶贫政策落实准、人均收支核查准、对象进出录入准、台账进度记录准、扶贫资金投放准；村级作战"5张图"，即贫困人口分布图、贫困人口致贫原因分析图、贫困人口进出动态图、全村脱贫目标任务图、贫困户脱贫目标任务图；贫困农户"3本账"，即脱贫计划、帮扶措施、工作台账。实现"1个目标"，即立足"三年任务，两年集中攻坚，一年巩固提高"，实现贫困地区长远发展。

②"五看十步法贫困户识别标准"：五看，即一看房、二看牛和羊、三看劳力强不强、四看儿女上学堂、五看信用良不良；十步，即户申请、组提名、入户查、村初评、乡复核、县审批、三公示、一公告、系统管、动态调。

③贫困户"十不评"：指凡是有下列条件之一的，不能入选贫困户：一是家庭成员是现任村干部的；二是家中有小车或货运大车或2万元以上农机具；三是在城镇购买宅基地自建住房或在城镇购买住宅房或营业房；四是在城镇开公司做生意或经营饭馆、旅馆的；五是家里有5头以上牛或羊存栏30只以上；六是家庭成员中有财政供养人员的；七是在本村居住但是非农业户口的；八是在本村居住但户口不在本村的；九是户口在本村但举家外出一年以上的；十是家庭人均纯收入超过4000元的。

④"五个一批"：产业发展脱贫一批、劳务输出脱贫一批、教育脱贫一批、异地搬迁脱贫一批、社会兜底脱贫一批。

⑤村五联：每个建档立卡贫困村由1名县处级领导包抓，1名驻村书记，至少一个县直部门、单位、1个中央、区属单位、1个企业帮扶。

⑥贫困户"321"：即在职县处级领导干部和乡镇、部门、单位主要负责人每人帮扶3户贫困户，其他科级干部和喊叫水乡、徐套乡、大战场镇干部每人帮扶2户贫困户；其他干部及部分区属单位正式在编人员每人帮扶1户，

期限3年。

⑦“654321”工作法：推行六大政策，即产业脱贫政策、教育脱贫政策、劳务产业“离土输出”政策、社保兜底保障政策、金融支持帮扶政策、扶贫保险惠民政策；扶持五大产业，即硒砂瓜支柱产业、马铃薯产业、草畜产业、枸杞、菌菇、黄花菜、红葱、小杂粮等特色产业、劳务产业；四项制度保障，即建立督查通报制度、建立“双联系”对接帮扶制度、建立每月工作进展情况汇报联系会议制度、建立领导干部及帮扶部门问责追究制度；三张图表，即精准识别程序挂图、精准帮扶计划、措施挂图、产业发展规划及“五通八有”实现目标挂图；两种退出途径，即政府分级审核脱贫和社会第三方评估脱贫。结合“四化一满意”信息平台建立一个数据互通平台，即建立一个县、乡、村、贫困户四级信息互通扶贫大数据平台。

⑧“2＋X”菜单式脱贫保模式：“脱贫保”家庭成员意外伤害保险＋大病补充医疗保险＋X(其他险种)。

⑨贫困户“一核二看三比四评五公示”程序：指严格落实贫困户退出评议、核实、公示、公告程序，先核实再查看再评议、最后公示的程序。

⑩“三不愁、四保障”“五通、八有”目标：三不愁，即不愁吃、不愁穿、不愁冬季取暖；四保障，即住房、义务教育、基本医疗、安全饮水有保障；五通，即通路(行政村通沥青、水泥路，自然村道基本实现硬化或沙砾化)、通水(自来水入户问题基本解决，缺水地区干旱季节，能到就近的人饮工程点取水)、通信息(行政村通宽带，自然村通信信号全覆盖)、通广播电视(自然村广播电视全覆盖，实现广播电视户户通)、通客车(行政村通客车)；八有，即有增收的支柱产业，有经济合作组织(有1~2个能带动和帮助贫困户发展生产的经济合作组织)，有综合服务网点(有为农户提供种植养殖技术、良种良育服务的农技或畜牧服务点，有从事零售业务的超市、便利店和经销农资的商店)，有文化体育活动场所(有农家书屋、体育健身器材和文化活动场地)，有标准卫生室(基本医疗设备、药品配备齐全，有取得县级以上卫生主管部门发放行医资格证的合格医生，新型农村合作医疗参合率稳定达到100%以上)，有团结干事的两委班子(班子健全、带动群众致富能力强、村规民约行之有效)，有集体经济收入，有驻村工作队。

法治建设

政法与综合治理

【治安维稳】 完善"大调解"工作格局,实现城乡调解组织全覆盖;全县各乡镇"两个中心"(综治维稳中心和矛盾纠纷调处中心)建设全部完成,30个单位(乡镇)接通电子政务外网,实现矛盾纠纷排查化解信息系统网上运行;全县人民调解组织受理纠纷1525件,调解成功1519件,成功率99.6%,涉及当事人4527人,协议涉及金额3918.26万元。开展矛盾问题排查化解专项行动,建立任务、问题、责任三个清单,对排查出的矛盾纠纷,全部实行领导包案、干部跟踪制,固定专人研究解决,超前作好化解矛盾工作。2016年,全县排查各类矛盾纠纷128件,成功化解122件。开展治安乱点专项整治活动,整治完成市级挂牌整治点3个(县城新市街、大战场镇、中宁商城),区级挂牌整治点1个(铁路涵洞)。加强寄递和物流业安全管理,对38家物流业务公司、11家个体工商户实现寄递快件100%收寄验视、实名寄递、X光机安检制度。加强特殊人群管控,完善社区矫正对象接收、管理、考核、奖惩、解除矫正等制度,累计接收社区矫正对象766名、在矫238名、解除497名。切实做好刑满释放人员安置帮教工作,全县1078名刑满释放人员全部签订帮教协议,重新犯罪率控制在3%以下;加强流动人口服务管理,建立"以房管人"机制,安置389名产业工人入住石空公租房;加强精神疾病患者管理,对100例重度精神疾病患者每季度免费治疗检查,开展对病人家属的护理教育,累计教育2700余人次。

【综合治理】 加大预防和依法打击涉众型经济犯罪力度,对全县141家融资类公司做到"底数清,情况明";累计出动执法人员80余人次、开展检查9次,举办各类宣传教育培训会11场次,张贴、印发各种宣传材料7800余份,受训人员4000余人次,实现全年传销案件零发案;组织对全县无限极、玫琳凯、完美等6家直销行业进行彻查;成功化解"大大资产管理有限公司"涉嫌非法吸收公众存款案件和涉及15名投资E租宝受害人案件。开展清理农民工工资专项整治,严格执行农民工工资保证金制度,收缴保证金2118.2万元,签订合同24560份,对13家不诚信企业在全区予以通报;建立县级欠薪信访联系会议制度,受理查处农民工欠薪投诉案件112件，为1987名农民工清欠工资4488.3万元。严厉防范和依法打击“两抢一盗”案件，坚持人防和技防相结合，成立大要案中队、“打三车”中队和县城中队，安装各类摄像头1016个、城市制高点瞭望摄像头2个，实现县城区域视频监控全覆盖，街面“两抢”案件下降50%。全力开展禁毒工作，配备专职工作人员，开展禁毒宣传“六进”活动20场次，设立教育专栏162块，查获吸毒人员125人，破获毒品案件10起，抓获犯罪嫌疑人9人，成功破获140克海洛因特大贩卖毒品案件。完善食品安全管理，对1320家餐饮服务单位进行量化分级评定，全县“明厨亮灶”完成50%，完成95家企业风险等级评定工作。

【严打斗争】 2016年，县公安机关各类刑事立案1491起，破获799起，抓获犯罪嫌疑人140名，为群众挽回经济损失120余万元。县法院受理案件3861件，结案2633件，其中刑事案件140件，民商事案件2305件，行政案件21件；执行案件1372件，执行标的额2733.43万元。县检察院受理提请批准逮捕案件70件83人，经审查批准逮捕46件50人。

【平安建设】 继续推进平安中宁建设，印发《2016年平安中宁建设实施意见》《关于健全完善社会治安防控体系进一步深化平安中宁建设的实施意见》及两个《责任分工方案》，修订完善《关于加大考评考核力度推进平安中宁建设的通知》和《中宁县平安建设考评及平安创建达标命名办法》，将平安建设的项目化实施情况纳入全县效能目标管理考核和乡镇、部门党政领导班子考核体系，将区上考核中宁县的综合性考核指标全部分解落实到22个牵头部门，对突破约束性指标的乡镇、部门、单位坚决实行社会治安综合治理一票否决和重点管理，以“硬考核”确保“硬任务”全面完成。年内召开综治例会5次。采取定期检查与随机抽查相结合、全面检查与重点检查相结合、明查和暗访相结合的办法，先后组织全面督导检查3次、印发督查专报3期，组织开展不定期抽查6次，下达《督办书》7份、《整改通知书》16份、整改问题56个，整改率100%。建立月通报制度，累计下发《督查通报》15期。2016年，在全区县(市、区)平安建设考评中位列川区县第一名。

【法治宣传】 2016年，建立“中宁政法委”微信公众平台，拍摄微电影11期，制作各类专题宣传片8期，通过中宁电视台、县城主要街道及各村气象电子滚动屏向群众播放平安中宁建设、依法治县和禁毒等宣传标语，开展以“公共安全防范警示教育”为主题，以禁毒、国安、防邪等为主要内容的系列宣传活动，在各乡镇制作大型宣传展板22块，在县城平安街、正大路、宁安东街、团结路等处制作灯箱宣传牌100余块，沿S101线、S201线、G109线、宁舟路等路段刷写永久性墙体标语282条，在全县各居民小区设立宣传箱160个；利用法制宣传流动车深入各乡镇、农村、学校、宗教场所开展宣教活动20场次，营造全社会共同关心、支持、参与平安建设的舆论氛围。

（刘　莉）

公　安

【概况】 县公安局有警职人员265人，其中民警242人，工勤人员23人。副处级领导1人，正科级领导48人，主任科员22人(包括参加警员职务套改后的16人)，副科级领导23人，副主任科员33人。2016年，落实警衔增资及42名民警职务职级套改和106名民警乡镇补贴，提拔27名正科级和4名副科级领导干部。有13个单位、14名民警获得县级以上奖励，交警大队荣获全国执法示范单位，城关派出所获全国一级公安派出所。

【维护稳定】 2016年，配合有关部门成功化解拖欠农民工工资事件57件。协调各乡镇、相关部门劝返进京赴银上访人员36人次，防止个人极端案事件、越级上访事件和群体性事件发生，全年排查化解各类矛盾纠纷 1500 起。

【打击邪教】 年内对列管的各类重点人员管理按照分级负责、属地管理，逐人落实包保责任。对 1 起涉及“法轮功”顽固人员“诬告滥诉”线索进行核查，对 5 名门徒会骨干人员进行打击处理。

【警卫工作】 完成“两会”、春节、元宵节、清明节、五一、端午节、开斋节、古尔邦节、中秋节、国庆节、国务院副总理刘延东来宁视察、宁夏枸杞电子交易所开业、中国业余篮球公开赛、中国中宁国际轮滑赛、2016 群星闪耀枸杞之乡演唱会等重要节点安保任务 40 余次，全县实现重大涉稳事件和群体性事件零发生。

【侦查破案】 全年各类刑事立案 1774 起，破 901 起。抓获犯罪嫌疑人 290 人，逮捕 111 人，移送起诉 245 人，抓获各类逃犯 51 名。相继破获“2·19”抢劫、强奸案件、卢×系列砸车玻璃案件、李××系列盗窃电动车、兰××、禹××系列攀爬阳台入室盗窃案、马××系列攀爬阳台入室盗窃案、马××系列盗窃电动车等一批有影响案件，破获公安厅挂牌督办涉案金额 50 余万元的打孔盗油案件 5 起，打掉盗油团伙 1 个，抓获犯罪嫌疑人 4 名，打掉盗窃电动车、摩托车团伙 4 个，破获案件 120 余起，破获系列冒充政府工作人员招摇撞骗案件 10 起，为群众挽回损失 504 万元。全年发生命案 3 起，破获 3 起。

【经侦工作】 对全县小额贷款公司、投资公司、民间商会等民营融资企业调研摸底，排查登记融资性小额贷款公司 11 家、投资公司 103 家、资金调剂中心 4 家、民间商会 23 家，建立融资类公司“一企一档”资料库，全面掌握高危人员相关信息，密切关注公司经营状况，做到“底数清，情况明”。全年受理各类经济犯罪案件报警 43 起，立案 12 起，破案 8 起，抓获犯罪嫌疑人 10 人，其中刑事拘留 9 人，逮捕 2 人，取保候审 8 人，抓获上网逃犯 6 人，挽回经济损失 33.4721 万元。

【治安防控】 在城关、余丁、舟塔、鸣沙等 4 个派出所试点推行社区民警专职化及“一村（社区）一警”警务新机制，部署到位村警 51 名。组织开展安全大检查专项整治行动，对重点要害单位、人员密集场所、涉危涉爆物品、治安重点地区开展安全检查 400 余次，发现各类安全隐患 46 处，督促整改 46 处。全年受理治安案件 1968 起，查处 1204 起，处理违法人员 1403，其中治安拘留 350 人。收缴土枪 1 支，气枪 1 支，仿真枪 3 支，枪支配件 1 组，零散配件 7 支，气枪铅弹 309 发，钢珠 1956 枚，黑火药 1.37 公斤，管制刀具 64 把，查获非法烟花爆竹 957 件，采取刑事强制措施 1 人，治安处罚 1 人。妥善处置 1.26 渠口哑弹事件。

【禁毒工作】 全年查获吸毒人员 273 人，强制隔离戒毒 100 人，破获毒品刑事案件 16 起。破获特大毒品案件 3 起，缴获毒品 156 克，19 个社区戒毒康复中心达到规范化、信息化、标准化的标准，吸毒人员管控率、社区戒毒执行率、康复率提升，高标准建成全县禁毒教育示范基地。

【防控体系建设】 2016 年，投入资金 3185 万元，开展智能图控、“一键通”报警系统、公共场所无线上网安全管控系统、智能交通系统等 7 项重点项目建设。将视频监控和街面巡逻有机结合，防控效率提高，变事后打击为事前事中防控。在全市推行“一村（社区）一警”警务机制，解决服务群众最后 100 米问题。

【安全管理】 加强对特种行业、公共娱乐场所、重点单位安全监管，完善民爆物品管理制度，强化公路客运、公交车、通勤车、校车等车辆安全隐患管理，加大重点交通干道和消防安全重点单位巡查巡控。查处农用车违法载人、无证驾驶、酒驾醉驾、超员超限、涉牌涉证等严重交通违法行为。全年处罚交通违法行为 8.7 万余起，拘留 421 人。全县交通事故接处警 4421 起，侦破交通肇事逃逸案件 27 起，全年道路交通四项指数三降一升，实现 3 人以上死亡重大交通事故零发生；将消防应急救援能力纳入2016年政府民生计划，全县零发生较大以上火灾事故。

【规范执法】 在全区率先建成案管中心，采购全国先进办案区智能化案件办理系统和全程监督管理系统，对执法办案活动全要素全流程动态化监督管理，实现执法活动由“粗放式”向“精细化”转变，梳理出276项权力责任清单，开通公众服务微信号。

【重大案情选介】

案例一：2015年12月30日凌晨2时许，中宁县公安局接到中国石油公司滚泉输油站巡护人员报警：白马乡滚泉山坡长庆输油管道遭到破坏，原油被盗，造成重大损失。鸣沙派出所民警接案后立即赶赴现场，在现场发现遗留一辆红色东风牌无牌照三桥自卸重型货车，车厢油罐装满原油。通过现场勘验、摸排调查等工作，最终锁定抓获5名犯罪嫌疑人。经查，自2015年12月以来，为非法牟取暴利，犯罪嫌疑人何××、苏×、张××、李×、王×等人，先后潜至吴忠慈善大道、白马滚泉山坡，多次采用打孔方式破坏输油管道盗窃原油，利用何××出资购买改装的货车进行运输，盗取原油90余吨，涉案价值达50余万元。

案例二：2016年10月5日凌晨0时20分左右，中宁县公安局接到群众报警：在百隆商厦附近有人被捅伤，1人死亡，2人被送往医院抢救。公安局迅速启动命案侦破机制，成立“10·05伤害致人死亡案”破案组。10月5日凌晨1时许，经现场勘查、走访调查、视频侦查、抓捕、审讯，5个工作组连夜破案。经破案组成员连续奋战，案情终于水落石出。2016年10月5日0时许，犯罪嫌疑人卢×与安××因琐事发生口角，安××纠集苏×、白××、海××四人将犯罪嫌疑人卢×殴打。后到百隆附近网吧找到与卢×在一起的黎××、王××，再次打斗。在打斗的过程中苏×、白××、海××被犯罪嫌疑人黎××、卢×等人捅伤，其中苏××当场死亡，白××经医院抢救无效死亡。经办案民警连续破案，10月5日晚12时许4名涉案嫌疑人全部抓获归案，该案成功告破。

（徐 浩）

检 察

【概况】 中宁县人民检察院隶属中卫市人民检察院，下设办公室、政工科、侦查监督科、公诉科、反贪污贿赂局、反渎职侵权局、控告申诉科、民事行政检察科、刑事执行检察局、法警队10个科室，编制70个，其中政法专项编66个、工勤事业编4个，2016年末在职人数66人，其中政法专项编63人，工勤事业编3人。2016年中宁县人民检察院有5人荣记个人三等功，1人荣获全国检察机关民事行政检察业务能手。

【职务犯罪查办和预防】 2016年，受理贪污贿赂犯罪案件线索18件，初查21件，立案侦查13件15人，收到生效判决11件11人。受理渎职侵权犯罪线索2件，摸排线索4件，不立案2件。开展行贿犯罪档案查询694次，预防调查7件，预防咨询25次、警示教育7件，预防宣传9次，案例分析8件，职务犯罪警示教育16次，发出检察建议4份。

【刑事犯罪承办】 2016年受理提请批准逮捕案件85件100人，批准逮捕55件64人，不捕30件36人；受理移送审查起诉案件156件176人，提起公诉151件182人，不起诉15件25人(含上年度结转案件)；检察长列席审委会3件9人、出庭支持公诉4件；办理轻微刑事案件27件(均在10日内提起公诉)。

【法律监督】 2016年，发出应当逮捕犯罪嫌疑人建议书3份，追捕到案1件2人；追加同种罪名犯罪事实1起；发纠正违法通知书4份，通过“两法衔接”信息平台监督行政执法案件160余件，监督行政执法机关移送涉嫌犯罪案件1件；提出抗诉2件(1件发回重审，1件维持原判)；针对县法院执行、审判程序中存在的问题和行政机关怠于履行职责问题，发出《检察建议书》14 份，对行政机关怠于履行职责问题发检察建议 5 份；咨询解答息诉罢访民事行政申诉案件 29 件；监督县法院执行案件 47 件，走访执行案件当事人 28 人，办理督促起诉案件 5 件，督促收回国有资金 2717 万元；严格对监管场所进行定期检查，对发现的违规安排会见、一次性发放过量药品等违规违法情形，给予及时纠正，提出口头纠正意见 11 次，发检察建议书 6 份（看守所均已纠正并回复）；办理羁押必要性审查案件 5 件，向县公安局发羁押必要性审查建议书 2 份，向县法院发羁押必要性审查建议书 3 份，办案机关均同意检察院意见并已变更强制措施；召开联席会议 4 次；设立驻司法局检察官办公室，对司法局社区矫正工作巡视检察 9 次，发出书面检察建议书 4 份；办理财产刑事执行监督案件 43 件，通过对看守所服刑人员的摸底调查，针对判处罚金尚未执行的情形向县法院发出书面检察建议书 2 份，监督法院收缴罚金 2000 元。

【检务公开】 配备新媒体专管员和软硬件设备，确保“两微一端”内容更新及时准确。在腾讯网和新浪网发布微博 2613 条、检察微信 63 期，新闻客户端发布信息 76 条，转发高检院和自治区检察院各类信息 517 条；依法公开法律文书 173 份、案件程序性信息 408 条、重要案件信息 7 条。举办检察开放日 2 次，先后邀请人大代表、政协委员、各乡镇主要负责人和律师代表 60 余人参加开放日活动。

【青年人才培养】 修订《青年干警教育监督管理办法》，完善干部培养机制，从提升队伍素质能力入手，通过开设“公诉讲堂”、成立“青年检察官兴趣小组”、开展读书心得交流会，着力提升干警的业务能力和综合素质。2016 年中宁县人民检察院有 5 人荣记个人三等功，1 人荣获全国检察机关民事行政检察业务能手。

（杨姗姗）

审　判

【概况】 2016 年，县法院受理各类案件 4906 件，较上年同期上升 9.07%。其中受理刑事诉讼案件 205 件，民事诉讼案件 3024 件，受理行政案件 28 件，受理行政非诉案件 17 件，受理执行案件 1619 件，受理国家赔偿案件 1 件，受理非诉保全审查 12 件，审（执）结 4407 件，较上年同期上升 12.08%；结案率 89.83%，较上年同期上升 2.43%，审限内结案率 97.99%。

【刑事审判】 2016 年，依法严惩抢劫、强奸、聚众斗殴、寻衅滋事、危险驾驶、盗窃、诈骗、涉毒等犯罪案件 31 件 50 人。推进反腐败斗争深入开展，公开审理职务犯罪案件 13 件 15 人；加大刑事附带民事诉讼案件调解力度，受理案件 19 件，调解结案 19 件；适用简易程序审结案件 26 件。年内，受理刑事案件 205 件 251 人，审结 197 件 241 人；结案率 96.09%，较上年同期上升 5.34%；判处罪犯 176 人，其中判处 5 年以上有期徒刑 8 人。

【民商事审判】 2016 年，扩大简易程序适用范围，对事实清楚、法律关系明确的案件，适用简易程序快审快结，降低诉讼成本，方便群众诉讼。重视涉民生案件审理，依法妥善审结交通损害赔偿、涉农民工工资、劳动争议、医疗纠纷等与人民群众生产生活息息相关的案件 244 件。针对民间借贷案件增长态势，注重保护合法的民间借贷和企业融资行为，依法制裁高利贷等不法行为，保障交易安全，维护经济秩序。审理民间借贷案件 620 件，涉案金额 1049 万元。年内，受理民商事案件 3024 件，审结 2852 件，结案率 94.31%，较上年同期上升 2.26%。通过全程调解、全员调解、特邀调解、诉调对接等方式，调解、撤诉案件 1086 件，调撤率 47.78%。

【行政审判】 2016 年，主动走访行政机关，推动落实行政机关负责人出庭应诉制度。行政机关负责人出庭应诉率上升，过去“告官不见官”现象明显改变。坚持“监督与支持并重，保障与维护并举”的方针，对行政行为的合法性严格审查，依法维护行政相对人合法权益，支持行政机关依法行政，对合法行政行为及时予以确认。发挥能动司法作用，将行政审判工作重心主动前移，逐案开展诉讼外行政争议协调工作，引导群众通过理性、合法的方式和途径解决诉求。年内，审查非诉行政执行案件17件，裁定准予执行17件。受理行政案件28件，审结26件。办理行政非诉案件17件、国家赔偿案件1件。

【案件执行】 2016年，开展“转变执行作风，规范执行行为”，“涉民生案件集中执行”，“清理执行积案”等专项活动，解决人民群众反映强烈的消极执行、规避执行、阻碍执行等突出问题，提升案件实际执结率和执行标的实际到位率。落实中共中央办公厅、国务院办公厅《关于加快推进失信被执行人信用监督、警示和惩戒机制建设的意见》及最高人民法院《关于公布失信被执行人名单信息的若干规定》，建立失信被执行人“黑名单”制度和失信惩戒制度，对失信被执行人向金融机构、公安机关通报备案，通过限制融资、限制出境、限制乘坐飞机等措施予以信用惩戒。2016年，受理执行案件1619件，执结1304件，执结率80.54%，较上年同期上升3.75%，执行到位标的2699.17万元。231名被执行人被录入“黑名单”，35名被执行人被金融机构限制融资，41名被执行人被公安机关限制出境，15名被执行人被民航部门限制乘坐飞机。

【涉诉信访】 设立专门的涉诉信访工作接待室，安排专人全天接待来访群众。每月召开一次信访工作会议，从立案、审判、执行的各个环节做好信访案件风险等级评估和化解工作，稳妥抓好源头治理。落实信访工作责任制，对已发生的和可能发生的信访案件，逐案制订方案，建立信访投诉档案。建立每周二院长接待日制度，由院长和副院长轮流接待来访群众，实施限期办理制度。建成与自治区高级人民法院、最高人民法院对接的远程视频接访系统，当事人通过视频与自治区高级人民法院、最高人民法院法官直接对话，方便群众申诉信访，降低涉诉信访社会成本。推行诉访分离机制，对符合信访终结条件的信访案件依法实施终结，防止缠诉缠访情况的发生。年内，化解区、市、县政法委及上级人民法院交办的信访案件6件，妥善化解最高人民法院督办的张××申请执行案件和自治区高级人民法院督办的民生公司系列执行案件、宏岩矿业欠薪案件等。

【司法改革】 推进人员分类管理，从全院55名法官中遴选出26名法官为首批入额法官；制定符合地域特点的审判团队模式；建立健全司法改革相关配套制度，制定《中宁法院司法责任制实施办法》《合议庭办案责任制规定》《院、庭长办案暂行规定》等6项制度；建立各类人员权力、责任清单及司法责任制实施办法，落实“让审理者裁判，由裁判者负责”的改革精神，严格落实党政机关领导干预司法活动和法院内部人员过问案件记录问责的“两个规定”，确保依法独立行使审判权。2016年，上报司法改革信息6条，其中1条被自治区高级人民法院司改专刊刊发。

（张　涛）

司法行政

【概况】 2016年，司法行政系统有干部职工66名，其中党员22名。局机关内设办公室、基层股、宣教股、律师公证指导股、法律援助中心、社区矫正股、公证处等；下辖11个基层司法所：宁安司法所、石空司法所、新堡司法所、余丁司法所、舟塔司法所、恩和司法所、鸣沙司法所、白马司法所、大战场司法所、喊叫水司法所、徐套司法所；2个合伙律师事务所：中宝律师事务所、丰安律师事务所；1个个人律师事务所：王占强律师事务所。全县有执业律师30人，公证员3名。2016年中宁县被评为

2011—2015年全国法治教育先进县，县司法局被评为全区“六五”普法先进单位、全市“六五”普法先进县。

【普法宣传】 开展“三下乡”、“3·5”雷锋日、“3·8”妇女节、“3·15”消费者权益日、安全生产月、“6·26”国际禁毒宣传日、“12·4”国家宪法日、余丁大佛寺庙会、喊叫水洪岗子拱北“尔麦里”等法治宣传活动80场次，利用LED法治宣传车巡回宣传25场次，向群众发放法律书籍35000余份，宣传扇2万余个。以机关、单位、学校、企业、乡村、社区、宗教活动场所、社会组织为宣传阵地，开展“法律八进”活动。打造“法律八进”示范点10个，培育法律明白人2000人。在徐套乡小湾村开展“法律进乡村”宣传活动5场次，出动LED宣传车巡回宣传5场次，发放宣传书籍300本，法律援助宣传单500份。在宗教活动场所建立“说和室”5个，聘请宗教活动场所民主管理组织成员、宗教教职人员担任人民调解员20名。开展法律进宗教场所活动17场次。在全县10个乡镇开展“弘扬法治精神 唱响和谐旋律”法治文艺巡演活动10场次，受教育群众6000余人。将宁安镇黄滨村、石空镇丰安社区、徐套乡下流水村、下流水清真寺打造为法治文化教育基地。利用文化广场和乡村文化大院等文化阵地开展法治宣传演出，在广场及各乡镇进行演出30余场次，受教育群众达1万余人。

【人民调解】 2016年，举办专业性、行业性调委会和全县各乡(镇)集中组织人民调解员培训15场次以上。加强对新建的消费纠纷人民调解委员会人员培训，对消费纠纷人民调解委员会规范化建设给予指导。全县行业性调委会成功调处纠纷275件，调解涉及金额3433万元。集中开展危爆物品寄递物流清理整顿和矛盾纠纷排查化解专项行动、全国“两会”期间信访维稳工作和矛盾纠纷人民调解专项行动等活动。年内，全县各级人民调解组织受理纠纷1664件，调解成功1658件，成功率99.6%，化解疑难复杂、重、特大矛盾纠纷387件，排查纠纷692次，预防纠纷454件，涉及当事人4897人，协议涉及金额4294.63万元，完成自治区下达全年260件民生实事任务的149%，防止群体性上访48件857人次。新申报喊叫水、宁安、恩和、鸣沙、白马、大战场等司法所为星级规范化司法所，年底，喊叫水、宁安和鸣沙、白马、大战场司法所经区市验收。

【法律援助】 2016年，办理法律援助案件260件，接待法律咨询440人次，挽回经济损失1100余万元，完成自治区下达的全年办理150件法律援助案件民生实事任务的173%。律师事务所办理民事案件530件，刑事案件38件，行政案件15件，担任法律顾问42家，代书67份，接待法律咨询1100人次，办理公证案件495件。

【社区矫正与安置帮教】 至2016年，累计接收社区矫正人员785人，在矫232人，累计解除社区矫正人员554人，累计做拟适用社区矫正前的调查评估503件，累计办理社区服刑人员定位手机211部。年内接收社区矫正人员125人，解除社区矫正人员129人。做适用缓刑前委托调查函171份，发出警告书19份，做出提请撤销缓刑建议书3份。对刑满释放人员、社区矫正人员等特殊人群，不歧视、不放弃、不排斥，采取心理上疏导、生活上关心、政策上扶持、就业上帮助。年内技能培训5人，就业指导20人，困难捐助50余万元。开通社区矫正“微信监管”模式，建立微信群，通过与社区服刑人员的交流和对他们朋友圈的关注，及时了解掌握社区服刑人员的思想动态、工作和生活状况，发现可能存在的潜在问题，有针对性地进行疏导、教育、帮扶，引导他们遵纪守法。至2016年累计接收刑满释放人员1075人，其中一类人员113人，二类人员287人，三类人员675人，帮教总数1075人，签订帮教协议1075人，重新犯罪率在3%以下。

（周　超）

人民武装

【思想政治建设】 全年持续学习领会习近平主席系列重要讲话，深入贯彻改革强军重大战略思想，及时传达各级党委指示精神和十八届六中全会精神、《关于新形势下党内政治生活的若干准则》《中国共产党党内监督条例》等制度性成果。专题安排部署“两项重大”教育，严格落实“两学一做”学习教育有关要求，完成第四专题授课任务，组织党员承诺践诺，在军分区党委首长机关的指导下高标准召开专题民主生活会。

【国防教育】 利用各乡镇民兵之家建设，以基层武装部为阵地结合重大节日积极开展国防教育；与喊叫水洪岗子拱北确立共建关系，在拱北和中宁第一中学建立国防教育基地，协调驻军每年对全县初高校进行7—15天的军训。邀请中国人民解放军边防学院李业平教授在中宁进行国防教育宣讲2次。在4个清真寺设立国旗杆，重大节日和集会举行升国旗仪式。普及国防教育，分层次对各类人员进行培训。利用集中学习、民兵整组、训练、征兵、学生军训等时机，协调上级首长为全县干部群众开展国防知识讲座；适时以橱窗和图片展等形式进行国防教育宣传，先后在全县开展国防教育宣传橱窗14期，在人员密集街区组织国防教育图片展13场次。以《国防法》《兵役法》《征兵工作条例》为基本内容，每年结合兵役登记、八一军事日和重大节日，面向全县人民开展国防宣传和咨询活动，利用电视采访形式，解答广大群众关心的时事政策问题。

【国防动员】 严格按照上级部署要求和“区域集中，单位分散”的原则，紧紧围绕5支应急队伍、8支支援队伍、11支储备队伍共1685名基干民兵队伍的组织整顿任务。结合辖区人文、自然环境实际，将各乡镇应急分队由原来全县分散编调整为就近4个乡镇集中编，将应急维稳、公路护路、抗震救灾等分队，编建到专业对口强、便于执行任务的机关单位和乡镇，解决编兵单位出兵难、执行任务难的问题。3月18日，组织5支应急分队362名民兵在炮兵旅车辆训练场集中大点验。

【军事训练】 围绕担负的动员支前、保交护线、反恐维稳、抢险救灾等任务，坚持战备训练中心地位不动摇。按照帮带职责分工，对各基层武装部战备工作进行督导检查，查纠问题、消除隐患，协调县委政府投资50余万元为7个基层武装部建立战备器材库。结合重大节日和敏感时期，先后2次协调公安、宗教和安全等相关部门共同研判情况。结合组织整顿，及时对信息员进行调整补充，实现全县每个乡镇都有信息员。参加军区集中组织的战役理论辅导，着眼人武部实际，采取集中组训的方法，组织全体干部落实以军事理论、基本技能和体能为主要内容的首长机关训练。参加分区组织的半年军事训练考核，合格率100%。结合民兵整组，先后组织4批次500余名民兵训练。同时，狠抓民兵人员入队训练，新入队人员参训率95%以上。

【后勤保障】 修订完善各类后勤保障方案，累计投资5000元维修野战给养单元和帐篷，按任务需求与春天百货超市建立野外伙食保障联系。投入3000元持续种植营区菜地、维修更换水、电设施，改善干部职工办公、生活条件。坚持党委管装议装，严格落实武器、车辆每周一交班检查、擦拭保养和按时填写交接、出入库登记本等装管制度。

【兵员征集】 协调县委宣传部、中宁电视台，采取“上电视，上网络，走乡镇”的形式，对兵役登记程序和参军优惠政策进行广泛宣传。协调县教育部门，深入县2所高级中学应届班进行征兵法规政策宣传和兵役登记操作。会同县公安局、教育局完成2名直招士官和166名高中应届毕业生报考军队院校和国防生的政治审查工作。全县兵役登记3255人，应征入伍105人。

【双拥共建】 组织召开双拥工作领导小组全体成

员会议。根据工作实际和人员变动情况，及时调整充实县、乡“双拥”工作领导小组，全县组建基层“双拥”工作领导小组72个，建立军民共建单位31对，确定专兼职“双拥”工作干部87名，各乡镇和“双拥”工作领导小组成员单位均建立“双拥”服务机构，形成党政军三位一体，群团组织广泛参与，各部门、单位齐抓共管，各领域全方位覆盖的“双拥”工作领导体系和组织网络。将国防教育内容纳入县委中心组学习、党校教育和全县各级领导干部培训班学习计划，举办专题讲座、形势报告和开展“军事日”活动、参加军事演练等，加强党政机关干部尤其是县四套班子领导和各乡镇、部门、单位一把手的国防教育和双拥宣传教育。在全县中小学开设国防教育课程，将军训纳入学校教学计划，聘请驻地部队官兵担任校外辅导员，定期开展国防知识讲座。利用青少年学生入学军训、清明节和烈士公祭日缅怀先烈、举办国防知识竞赛等载体，开展革命传统和历史教育。组织学生军训1.8万人次，参训率100%，中小学生受教育面95%以上。以春节慰问、“双拥宣传月”为载体，组织座谈会、联谊会、慰问演出等，深入宣传双拥政策法规和典型事迹。将双拥工作经费及县人武部、消防队、武警中队建设等经费纳入县财政预算，竭力足额保障，集中解决部队突出问题。全县11个乡镇、渠口农场、长山头农场基本完成武装部和民兵之家规范化建设，配备人武部长、武装干事。同时，加强对专武干部的培养锻炼、交流轮岗和提拔使用，先后调整交流10名乡镇武装部长，提拔使用6名专武干部，11个乡镇武装部长全部进入同级党委班子。2016年，远赴青海格尔木驻训基地慰问，发放慰问金5万元、硒砂瓜11吨、羊10只、枸杞干果100斤。组织全县各企业、医疗机构、文艺团体、个体商户与部队开展共建活动，在金融、工商、电力、粮油供应、车站、医院等服务窗口设立“军人优抚对象优先”绿色通道。

【安全发展】 坚持每天上下班4次考勤，结合交班每周1次安全工作讲评，每月1次安全、卫生大检查，每季度1次综合讲评。开展“条令条例学习月”活动，参加网上条令考核、早操练队列、平时抓养成等，纠治非军事化倾向问题。以“教育以外，营区以外，八小时以外”为重点，突出干部职工队伍管理。在抓好车勤人员安全教育，落实公务车辆管理规定的同时，严格执行自有车辆审批备案制度，按照分区要求对干部职工的9辆自有车辆进行备案，明确规定自有车辆外出单程超过100公里必须进行审批，促进安全管理工作落实。结合人武部管理现状和实际，制订安全隐患排查实施方案。先后两次组织安全隐患排查，清查涉密文件资料2328份，收缴追回涉密文件8份，检修灭火器8个。对照《关于开展安全隐患集中排查整治的通知》，逐条逐项进行“回头看”，重点对军区工作组指出的3个问题进行整治，有效消除安全隐患。

【学生军训】 2016年，协同国教办、“双拥”办联系驻军部队，在学生开学之际，先后派遣训练骨干60余人次，以队列动作、作风养成、军事常识为主要内容，完成中宁中学、中宁第一高级中学、中宁职业中学、中宁二中、中宁四中和中宁六中约5000余名入学新生的军训任务。

（许　可）

消　防

【综述】 2016年，全县发生火灾479起，直接财产损失88.7万元，较大以上及死亡火灾事故零发生。发生抢险救援、社会救助等其他警情125起，抢救被困群众80人。先后完成春节、清明、国庆等节日期间消防安保任务。开展夏季消防安全检查和冬春火灾防控等专项行动，确保全县火灾防控形势持续稳定。

【消防责任落实】 2016年，组织召开各类消防专题会议9次，带队开展消防安全检查30余次，督促各乡镇、部门(单位)全力做好消防工作,多次召开专题会议听取消防工作汇报,下发《2016年消防工作任务暨夏季消防安全检查实施方案》《2016年今冬明春火灾防控实施方案》等文件。坚持以考核促落实,将消防责任目标列入政府责任目标考核内容,与各乡(镇)、行业部门签订《消防工作目标管理责任书》,层层分解任务,做到消防工作与经济社会发展同安排、同部署、同检查、同考核,确保消防目标责任全面落实。

【消防设施建设】 按照自治区消防业务经费保障的基本要求,将消防业务经费列入财政预算。年内,先后拨付地方消防业务经费216万元,消防器材经费80万元,专职消防队员保障经费49万元;将提升消防应急救援能力纳入2016年政府民生计划,为全县4家公办养老福利机构和20余家寄宿制学校安装独立式感烟火灾报警器1000套;新建市政消火栓18个,在各乡镇改造水源18处,在每个社区成立微型消防站。将县城和大战场镇消防专项规划纳入政府招标采购项目,组织修订编制,改善公共消防基础设施,保障全县消防工作。

【消防安全检查】 2016年,深化社会火灾防控工作,对商场市场、福利机构,高层、地下、人员密集场所和易燃易爆场所开展排查整治行动15场次,督促整改摘牌县政府挂牌督办重大火灾隐患3家。检查各类重点场所、重点部位1735家,发现督促整改火灾隐患及违法行为1179处,下发行政处罚决定书39份、临时查封15家,责令“三停”13家。联合安监、治安、民政、商务、市场监督、教育等行业系统开展检查40余次,行业主管领导亲自挂帅督导检查消防工作30次。

【火灾防控建设】 2016年,成立恩和镇乡镇消防队,全县乡镇消防队达到8支。推行消防安全“网格化”管理工作,确定“网格化”管理责任人,全面发动村(居)委会、保安、物业管理人员等基层力量,开展“网格化”排查治理。推进消防安全重点单位“户籍化”管理,通过“户籍化”管理系统操作培训、实地操作等措施,推动全县87家消防安全重点单位建立完善“户籍化”管理档案,指导建立99座微型消防站。

【消防宣传】 在主要街道、社区悬挂消防宣传标语、横幅,设置消防公益广告牌,集中开展“3·15”消防产品宣传日、法治月、安全生产月、“119消防宣传”等系列宣传活动。在各级电视台播放消防新闻15条,在各类报刊、网络、报纸刊登稿件20余篇,发送消防短消息2万条,悬挂宣传挂图200余套,张贴宣传标语800余条,发放消防宣传资料1万余份,开展消防安全公益性培训25次,受教育人员7000余人。

(高　源)

工业与园区建设

工　业

【概况】 2016年，全县47家规上企业完成工业总产值263亿元，同比增长5.23%；实现工业增加值45.8亿元，同比增长5.3%；实现利润（盈亏相抵）15.2亿元，同比增长207%；上缴税金4.1亿元，同比增长9.15%；完成销售产值231亿元，同比增长2.24%；实现销售收入223亿元，同比增长0.73%。

【重点项目建设】 2016年，全县新上、技改、续建投资2000万元以上重点工业项目25个，完成工业项目投资50.4亿元。其中30万吨电解金属锰四期、今飞500万套汽车轮毂一期8台设备、天元公司年产30万吨重熔金属锰一期（10万吨）、早康公司5000吨GMP枸杞干果精加工等12个项目建成试生产；天元公司利用金属锰废渣年产2×50万吨硫酸锰联产脱硫锰渣、兴尔泰公司120万吨/年硝基复合肥循环经济产业链供热中心、隆基硅1000MW单晶硅棒等项目基本完成年度建设任务。

【重点行业建设】 冶金行业完成工业总产值91.7亿元，同比增长30.6%；新材料行业完成工业总产值85.9亿元，同比下降8.2%；农产品加工行业完成工业总产值21.7亿元，同比增长16.7%；能源行业完成工业总产值10.3亿元，同比增长13.2%；水泥建材完成工业总产值10.3亿元，同比下降0.8%；化工行业完成工业总产值7.4亿元，同比下降14.6%；装备制造业完成工业总产值1960万元，同比下降91.7%；其他行业完成1.5亿元，同比增长9.9%。新材料和冶金两大行业完成工业总产值177.6亿元，占全县规模以上企业总产值的67.5%。

【项目申报】 组织企业申报自治区经信委2016年新型工业化发展资金项目2批58个，组织企业争取自治区财政厅电力需求侧管理项目终端监测系统资金2152.8万元。组织15家企业申报专精特新项目，其中8家企业列入自治区专精特新中小企业行列，宁安彩印、鑫阳农林2家企业被评为“专精特新示范企业”，农合中小企业服务中心被评为“自治区中小企业创业孵化平台”，争取项目资金90万元。

【协调服务】 贯彻落实《自治区人民政府关于促进工业经济平稳增长的意见》（宁政发〔2016〕25号）等扶持政策，全年组织锦宁铝镁、天元锰业等13家企业签订59亿度的直接交易购售电意向性协议。按照《关于延长我区重点工业企业运输车辆通行费减征优惠政策执行时间的通知》(宁交办发〔2016〕21号)文件要求,为企业发放减征凭单7.8万张,为企业技改类项目上报备案20个。

【节能降耗】 2016年,重点实施隆基硅公司高效单晶硅制备技术改造、锦绣公司粉煤灰烘干分选再利用和新世纪公司利用密闭电石炉尾气余热发电等技改和资源综合利用类项目12个。全年规上企业用电量120.2亿千瓦时,同比增长1.3%;综合能源消费量464.9万吨标准煤,同比增长1%;万元工业增加值能耗11.6吨标准煤,同比下降4.1%。

【淘汰落后产能】 重点淘汰传统行业中产能落后、产品档次低、资源消耗大、环境污染严重、安全生产条件件差的电石、铁合金、水泥、碳化硅等产能过剩类企业。2016年,拆除祥瑞工贸7500KVA碳化硅生产线1条、秦毅公司166台82KA电解铝生产线2条。

(杜庆通)

信息化建设

【概况】 2016年,建设完成14座通信铁塔基站,推进网络覆盖专项行动和"宽带乡村"及中小城市基础网络完善工程、智慧城市建设、"光进铜退"工程和两化融合项目。光纤宽带全面覆盖县城和大部分乡镇,3G、4G无线移动网络覆盖全县,信息化建设基础得到夯实,形成区、市、县、乡、村互联互通、相互完善的信息化网络格局,城市发展的科学性、可持续性和包容性得到强化。

【重点项目建设】 2016年,重点建设城市展示中心项目,完成智慧中宁项目一期视频综合共享平台、呼叫中心和园区企业综合管理服务平台开发建设,承接自治区8朵云,接入公安、环保、安监、交通等视频资源、四化一满意(精准扶贫)、城市管线等个性化应用平台及相关网页,呼叫中心整合县长热线并投入试运营。完成县城无线Wi-Fi项目招投标,依托电信、联通、移动和广播电视网络公司开展"光进铜退"和中小城市基础网络完善工作。

【项目申报】 以城市展示中心和智慧城市建设为主题申报财政厅PPP示范项目,组织3家企业申报自治区两化融合贯标试点企业,锦宁铝镁、隆基硅被评为两化融合贯好试点企业;组织4家企业申报工信部互联网和工业化融合试点项目,组织申报自治区人才培训项目3个。

【服务协调】 建立工业和信息微信平台,通过扶持政策、公共服务、项目申报、公示公告和主要产品价格等板块设立,为企业提供更好的服务。在全县规模以上企业中开展信息化和工业化融合水平诊断评估,鼓励企业通过节能降耗、技术改造、人才引进等方式,全面提高企业信息化发展水平,通过申报工信部两化融合示范企业和自治区两化融合试点企业,争取资金补助。组织部分企业负责人实施非公企业领军人才培训项目,赴浙江考察学习电子商务和市场发展,提升企业负责人研究新情况解决新问题的能力。

(杜庆通)

工业(物流)园区

【概况】 中宁县工业(物流)园区管理委员会,为中宁县人民政府直属处级事业单位,核定编制20人,负责实施园区发展规划和管理服务。园区规划面积219.2平方米,工业用地面积161.2平方米。总体定位为自治区新型材料及现代装备制造发展基地、西部地区重点冶金工业化产业发展基地。先后荣获"国家循环化改造示范试点园区""国家新型工业化产业示范基地"和"自治区十大特色园区"等称号。截至2016年年底,入园企业86家,规模以上企业47家,完成总产值211亿元,形成以锦宁铝镁、锦宁巨科、今飞轮毂等企业为代表的铝镁合金及其深加工产业集群；以天元锰业、华夏特钢等企业为代表的金属锰、镍铁、铬铁循环经济新材料产业集群；以兴尔泰、新世纪冶炼等企业为代表的能源化工产业集群；以赛马水泥、瀛海天祥、天元建材等企业为代表的水泥建材及其加工制品产业集群；以宁夏红、御萃坊、早康等企业为代表的枸杞深加工“五大产业集群”。

【项目建设】 2016年，牵头负责今飞500万件汽车轮毂项目、兴尔泰120万吨硝基复合肥土地平整、兴尔泰供热中心建设项目、120万吨/年硝基复合肥循环经济产业链供热中心项目、兴尔泰公司年产24万吨合成氨联产甲醇扩能改造项目、兴尔泰公司10万吨/年氮化硅结合50万吨/年碳化硅副产尾气生产24万吨/年合成氨节能环保项目、新材料循环经济区基础设施建设项目、宁夏众力公司冷链物流仓储配送项目、锦绣公司中宁县工业固废循环利用产业园、园区电力调度中心建设项目等8个重点项目。2016年底，除锦绣公司中宁县工业固废循环利用产业园项目选址未定、众力冷链物流项目因缺乏资金未予开工，其他项目顺利推进。

【用电改革】 组建中宁工业园区能源管理服务有限公司，开展直购电交易，协助18家用电企业签订48.7亿度购售电协议，8月份当月代理完成直购电交易662万度，9—12月份直购电代理交易2000万度。

【基础设施建设】 2016年，提升园区大环境整治，修建园区道路38公里，连接中卫工业园区道路15.8公里，平整土地6000亩，架设供电线路52公里，对转体公铁立交桥西侧全面实施绿化，平整土地100亩。绿化兴尔泰化工区道路两侧面积20万平方米；为兴尔泰、鑫田、天元锰业等企业解决供水、供气、用电等问题，对兴尔泰化工园区、鑫田公司规划区3000亩用地进行强夯、碾压。为今飞500万件汽车轮毂项目代建厂房及生活用房30429平方米，架设供电线路5公里，建设铝水通道2.2公里，天然气管道3.1公里，供排水管道10.5公里，绿化50亩，硬化厂区面积6000平方米。编制《中宁中卫工业园区相向发展规划》《园区产业转型升级规划》《园区电力设施规划》等，为园区今后产业布局招商引资资源信息共享提供决策依据，抢抓国家、自治区支持工业经济发展的政策机遇，争取享受优惠电价和各类资金支持，争取自治区经信委低成本园区改造资金1000万元。

【公共服务】 成立中宁县工业（物流）园区物业管理公司，对新材料循环经济区，物流园区道路及涉及园区国道、干线两侧大环境进行统一管理和保洁，对汽车城环境卫生集中整治，提升园区道路养护、基础设施管理和汽车城卫生保洁等工作。设置宣传牌6个，指示牌15个，道路画线12公里，安装路灯50盏，设置减速带等2处。依托星火物流园区，成立中宁县物流联盟协会。2016年5月18日，中阿号国际货运混编班列正式开通。

【安全生产和环保】 强化落实安全生产责任，按照“党政同责，一岗双责，齐抓共管”的要求，切实履行“管行业必须管安全、管业务必须管安全、管生产经营必须管安全”的职责，年初主任与副主任，副主任与各部室，各部室与经营单位均签订安全生产管理目标责任书。每月进行一次隐患检查，每季度对安全隐患排查情况进行通报，对发现的事故隐患按照事故排除要求责令整改，责任单位一个不漏的排除，1—11月份检查园区企业200多次，共排查隐患11000条，并全部整改落实。安环部配合县环保部门，通过“检查与整改隐患相结合，检查与责任追究相结合，检查与建立长效机制相结合”的方式，严抓监督检查，确保检查不走形式，不走过场。年内，对园区20多家重点企业进行专项检查，对10家洗煤厂进行扬尘专项治理整顿。7—8月份，根据中央第八环保督查组反馈的群众举报问题线索，积极配合环保、国土等部门，对宁夏天元锰业、宁夏兴尔泰集团、宁夏天元建材、宁夏隆盛公司、宁夏喜盛冶炼等8家企业排污情况进行现场调查和执法处理，并制定周密的整改方案，督促企业进行整改落实。

（王　娟）

电力建设

【概况】 国网中宁县供电公司承担中宁县4226.5平方公里、34.9万人口、14万电力客户的供电营业任务。辖区有10千伏公网线路58条，其中城网14条，农网44条，总长2034.61公里；0.4千伏线路总长2228.17公里。有公变1194台，其中城网56台，农网1138台，容量184.425兆伏安。2016年完成售电量104.72亿千瓦时，同比增长3.86%；电费回收率100%；配网综合线损率10.46%；完成固定资产投资4243.75万元。2016年，荣获中宁县窗口服务行业行风评比第一名、中卫供电公司“先进单位”称号。

【安全生产】 严格执行“谁主管谁负责”“管业务必须管安全”的工作要求，突出加强设备检查巡视、消缺和施工现场安全管理，全年稽查施工现场87处，纠正、制止违章、不规范现场21处，发现并处置隐患535处。安全教育累计培训各层级员工186人，组织32人分别参加省市公司抽考、调考和普考。重新修订《国网中宁县供电公司电网大面积停电事件处置应急预案》等8项专项应急预案，组织“地震逃生”“消防”等培训和演练，筹办并参加中卫公司县级供电公司配网联合应急演练。实施“不停电”作业和“零点”倒负荷，全年实施不停电作业475次，“零点”倒负荷8次。完成春节、五一和中高考等重要节日及政府相关部门重大活动保电37次，果断处置瞬时大风造成倒杆断线事件2次。至2016年底，累计实现长周期安全运行6873天。

【电网建设】 2016年，完成3793.75万元配网工程建设任务，其中农网2295.24万元/97项；城网1498.51万元/25项，结算、物资调库、资料归档等工作全部完成。调整电网规划和建设思路，以新建为主减少改造，杜绝低标准重复建设，将通道占有率作为配网规划和建设的首要目标；提高新设备、新材料、新工艺应用，提升自动化、信息化水平，减少运行人员工作量，完成2017年城农网工程、小康电示范县、中心村等项目储备工作。实行“完工一项，验收一项”，对存在的缺陷限期整改并复验。开展10千伏及以下配电网标准化建设改造创建活动，完成城网13处配网自动化改造任务。

【优质服务】 2016年，受理完成新装、增容用户9783户，容量13.07万kVA，创历史新高。推进依法治企和“营销基础数据治理提升”活动，在下流水供电所成立全区首个警务工作室，依托用电信息采集系统，通过在线稽查、现场互查、警企联动的方式深入开展高损线路、高损台区营业普查及专项治理和反窃电工作，信息采集覆盖率达到99.99%，采集成功率达到98.51%，线路线损合理率提升至72.73%，台区线损合理率提升至78.35%。年内完成多表合一2641户，完成电能替代项目12个，替代容量1300千瓦、增售电量246万千瓦时。掌上电力APP缴费应用推广，建立供电服务“通报—整改—反馈—提升”闭环管理机制。走访政府部门及大用户，帮助排查用电故障、讲解电价政策、指导经济用电，主动解决企业用电方面的难题。

（张　波）

农业水务

综 述

【概况】 2016年，全县农业总产值突破50亿元，比上年增长10.1%；实现农业增加值18.5亿元，增长5.7%；农民人均可支配收入10530元，比上年增加975元，增长10.2%；农民人均纯收入中来自粮食、硒砂瓜、畜牧等特色优势产业的现金收入8414元，比上年增加751元，增长9.8%；对农民人均纯收入增加额的贡献率达79.8%。

【粮食产业】 2016年，全县落实粮食播种面积72.8万亩，其中玉米34.4万亩，比上年减少0.5万亩；水稻6.52万亩，与上年持平；小麦5.52万亩，比上年增加0.5万亩；马铃薯9.01万亩，与上年持平；大豆、蚕豆、糜谷等小杂粮17.3万亩。农作物良种覆盖率达到100%。粮食总产达2.908亿公斤，比去年增加0.088亿公斤。

【水畜产业】 2016年，全县生猪、肉牛、奶牛、肉羊、家禽饲养量分别达到73.13万头、11.49万头、2.3万头、68.14万只和170.1万只，与上年同期比，分别增长2.52%、7.45%、-0.25%、-1.96%和1.59%；存栏分别达到28.03万头、6.07万头、2.3万头、36.92万只和71.7万只，与上年同期比，分别增长6.45%、7.91%、-0.25%、-10.89%、-16.3%；生猪、肉牛、肉羊、家禽出栏分别达到45.1万头、5.42万头、31.22万只和99万只，比上年同期分别增长0.22%、6.95%、7.61%、20.03%；肉、蛋、奶总产量分别达到4.49万吨、0.53万吨和6万吨，实现牧业总产值9.569亿元。2016年，全县水产养殖面积3.22万亩，较去年增加0.02万亩，增幅0.63%；完成水产品产量3700吨，新增100吨，比上年增长2.78%；实现渔业总产值3820.4万元。组成四个硒砂瓜营销小组分赴广州、成都、重庆、上海等12个硒砂瓜主销城市开展硒砂瓜产品推介会及营销座谈会，统一印制张贴硒砂瓜商标，不断加强硒砂瓜品质品牌保护力度，提高全国知名度。

【硒砂瓜产业】 发展硒砂瓜旱作节水农业，示范推广催芽坐水点种、枣瓜间作、绿色防控、增施有机肥等10项关键技术，全县种植硒砂瓜35.51万亩，总产达47.06万吨，实现产值6.21亿元，比去年分别增长0.74%、4.6%、10.89%；在白马、鸣沙、喊叫水、徐套等乡镇建立硒砂瓜品质品牌保护区

15万亩，建设核心区5个，面积5万亩。组成4个硒砂瓜营销小组分赴广州、成都、重庆、上海等12个硒砂瓜主销城市，开展硒砂瓜产品推介会及营销座谈会，统一印制张贴硒砂瓜商标，不断加强硒砂瓜品质品牌保护力度，提高全国知名度。

【蔬菜产业】 全县蔬菜种植面积53168亩，其中露地蔬菜面积26671亩（春夏露地菜20103亩、秋菜6568亩），较去年增加3663亩，增长15.92%；设施蔬菜面积26497亩（日光温室2118亩、大中拱棚5843亩、小拱棚36亩、供港菜18500亩）。新建蔬菜标准园1个。

【农业产业化发展】 实施农业产业化龙头企业升级工程，新培育市级以上龙头企业8家，累计72家，各类农副产品平均加工转化率60%以上；新培育农民专业合作社25家，累计467家，其中，国家级示范社2家、区级示范社4家，年转化销售各类农副产品产值35亿元，带动产业发展面积96万亩；新培育家庭农场20家，累计142家，其中：自治区级家庭农场3家、初级示范家庭农场5家；新发展规模种植大户160户、养殖大户170户，累计发展种植大户2480户、养殖大户2880户。新增农产品加工流通企业18家，总数达538家，参与加工销售人员6.2万人。年转化销售各类农副产品240万吨，带动农民人均增收950元。

【基地建设】 加强优势特色农产品基地建设。做好新水农产品加工创业园区基础设施建设，入园企业10家，宁夏顺元堂、全通枸杞、中澳伟辉、宁夏御萃坊、中宁恒兴果汁等7家企业投产，宁夏禾润、大地生态、百事恒兴3家企业项目正在建设中。以“一乡一业、一村一品”为导向，按照区域化、专业化、集约化和标准化的要求，加快农业产业结构调整，依托龙头企业，通过租赁、入股等方式流转土地，先后建成小盐池滩、红梧山、宽口井、舟塔等有机枸杞，天景山、大青山、滚泉坡等枣瓜间作，船舱沟、石空王营供港蔬菜，余丁、鸣沙、恩和等优质粮食，撒不拉滩、打麦水、马塘等56个特色产业示范园区，形成枸杞、园艺、优质粮食、畜牧等8个特色产业集群，培育“一村一品”示范村50个以上，构筑重点行业形成优势、重点产业形成规模、重点区域形成特色，重点产品创出名牌的基地建设新格局。

【农业机械化应用】 全县农业机械化总动力29.4万千瓦，农业机械总值3.8596亿元。各类农业机械12262台（拖拉机11628台、联合收割机478台、插秧机156台）。农业机械化综合水平达90%。

【农村能源开发】 实施并完成农村“阳光沐浴”工程和2015年度巩固退耕还林成果农村能源项目，安装家用紧凑型全玻璃真空管太阳能热水器10429台，项目涉及全县10个乡镇33个项目村，受益人口3.3万人。

【农民专业合作社及家庭农场培育】 新培育发展农民专业合作社25家，家庭农场20家，其中，培育市级农民专业合作社5家，家庭农场5家；培育自治区级农民专业合作社4家，家庭农场3家。各类农民专业合作社累计发展到467家，家庭农场142家；市级农民专业合作社累计发展到20家，家庭农场15家；自治区级农民专业合作社累计发展到18家，家庭农场12家。按行业类型划分：种植业合作社180家，畜牧业合作社132家，林果业合作社99家，服务业合作社42家，渔业合作社2家，其他12家，全县农民专业合作社成员达34120户，带动非成员农户5.2万户。全年销售农产品210万吨，销售收入20.6亿元。

【农民负担分配】 全县11个乡镇122个行政村分配农民负担2462万元（包括水费），人均负担102.5元，亩均38.46元，户均315.64元。其中村民“一事一议”筹资120.6万元，人均5.02元；村民“一事一议”以资代劳119.7万元，人均4.98个；社会负担1766万元，人均73.58元，在社会负担中，农业灌溉水费1649万元，人均68.7元。

【土地承包经营权确权】 全县开展确权面积103万亩，涉及11个乡镇122个村860个村民小组6.2

万户农户，签订承包合同5.69万份，发放证书5.67万份，农户承包合同、证书发放率分别达98.5%和96.2%。建成土地承包管理信息化工作室、确权农户数字化管理信息平台和档案数字化管理信息系统，土地确权登记颁证调查（测绘）成果和登记颁证评估验收工作通过自治区确权办专家组验收，全县农村土地确权工作基本结束。

【农村产权改革】 制定印发《中宁县农村土地承包经营权、流转经营权抵押贷款工作实施方案》《中宁县农村土地承包经营权流转指导基准价格意见》等10个系列配套文件，明确申报流程和土地评估办法，设立农村产权风险抵押补偿基金500万元，与中宁农行、建行、信用社、石嘴山银行、邮储银行分别签署农村产权抵押贷款协议书，开设专户注入风险补偿，政府与合作银行以3∶7的比例进行风险分担，发放贷款26笔720万元，正在办理的36笔1600万元。在舟塔乡舟塔村、靳崖村和鸣沙镇黄营村、五道渠村登记注册成立4个土地股份制合作社，制定完善章程、收益分配、理事会、监事会、财务管理等9项制度，发放股权证书（社员证与股金证合并）1431份。合作社采取以土地、个人现金、国家项目投入、集体三资等方式进行参股，由合作社统一经营，年底提取10%的盈余金后，剩余收益合作社按生产基金、壮大村集体经济收入、农户分红3∶3∶4比例进行收益分配；4个合作社入股农户1431户，入股土地面积2523亩，现金入股307万元，总股数6378股。在余丁乡时庄村、金沙村成立土地托管合作社2个，合作社和农户签订托管流转协议，对托管的土地再流转至新型经营主体，托管面积5600亩；在余丁乡水兴村、黄羊村成立土地流转服务型合作社2个，服务面积3900亩。

【土地流转】 制定下发《关于规范农村土地经营权流转加强工商资本租赁农地监管和风险防范的实施意见》，建立县级土地流转服务中心1个、乡级服务站11个、村级服务点122个，建成全县土地流转信息库，土地流转面积21.6万亩，占川区农村土地面积的35.4%，全县规模化（流转土地50亩以上）流转新型经营主体发展到460户，流转面积17.2万亩。探索开展农村土地流转经营权颁证工作，颁发流转经营权证书6个，涉及流转经营土地2160亩。

【村级财务管理】 健全完善"村廉通"监管平台，各村全面开通电话自助结算终端绑定手机短信通知功能服务平台，逐步完善村级财务公开、财务监督审计、民主理财小组等制度。健全完善农村"三资"台账（农村集体资金、资产、资源）。加大农村"三资"清查力度，指导各乡镇对本辖区内村集体"三资"实地进行全面清理，全面摸清村集体所有的、可用于村集体经营增收的"三资"存量、结构、分布和运用效益等情况。督导各乡镇清理核实登记村集体资产资源的承包租赁协议合同，理清权属关系。规范完善乡镇村级财务审批程序，各乡（镇）设立村级会计委托代理服务中心，落实村集体经济组织财务收支管理制度等财务管理制度20项，严格按照"统一账户，统管票据，集中核算，民主理财，定期公开，上下监督"的机制运行。引导村集体对闲置或低效使用的办公用房、场地、房屋设备、经果林等固定资产和闲散土地、集体机动地、预留地、鱼池、四荒地等资源，通过依法改造、发包租赁、入股联营等方式进行盘活利用。

【农民培训】 坚持把提升农民素质作为推动农业特色优势产业发展的基础性工作，通过建立农民田间学校，开展新型职业农民培训、新型农民培训、冬春季科技大培训、农村实用人才培训、基层农技推广体系改革与建设补助项目等。选派10名农村优秀实用人才到杨凌高新现代农业示范区等地进行专业技术培训；建成农民田间学校4所；举办各种培训班1120场次，完成农民培训6.54万人次（其中，生态移民培训6000人）；培育新型职业农民424人，进行职业资格认定276人；新型农民培训360人，培育科技示范户1000户，辐射带动周边农户1万多户。

（温 超 沈卫国）

种植业

【种子工程】 按照《农作物种子检验规程》的质量标准和方法，对田间拔杂去劣、病虫草害情况逐块进行检验，坚持无杂株、异穗（株）、高穗（株）、无危害性杂草、无倒伏、无病虫害的标准，保证市场供种质量。开展小麦、大豆、玉米、水稻等新品种区域试验、生产试验和展示示范45组，品种592个。引进粮油瓜菜新品种40种，其中小麦、玉米、水稻13种，西瓜、甜瓜、蔬菜27种。

【农业技术项目推广】 在恩和镇秦庄村建设玉米超高产绿色模式攻关示范点1个，面积230亩，辐射面积1230亩。在鸣沙、石空自建万亩高产创建示范方4个（其中玉米2个，水稻2个）。在余丁乡金沙村建设水稻品质提升技术试验示范区1个，面积200亩。在大战场镇开展玉米膜下滴管水肥一体化试验示范3项。建成春麦复种两熟模式示范方4个，面积5250亩。在白马、鸣沙、喊叫水、徐套等乡镇建立硒砂瓜品质品牌保护区15万亩，建设核心区5个，面积5万亩；在滚泉坡、喊叫水乡建立硒砂瓜标准园2个，面积1200亩。在宁安镇、恩和镇和余丁乡示范推广秸秆生物反应堆技术200亩。

【新品种新技术试验示范】 全年开展各类试验17项。其中开展水稻品质提升试验示范8项，开展玉米水肥一体化条件下优质高产新品种筛选、灌溉制度和施肥制度研究3项，实施“激键”助剂在麦蚜和玉米叶螨防治上的应用试验2项，“芸苔素内酯”调节剂在小麦锈病、玉米大斑病上的防治试验2项。开展不同药剂防治硒砂瓜枯萎病、瓜蚜对比试验2项50亩。引进特高产五洲巨葱种苗300斤，富硒枸杞食用菌年产量扩增至350吨，京菊种植面积发展到850亩，年生产富硒胎菊8.5万公斤，发展油用牡丹200亩。首次在全县开展无人机病虫害防治试验，防治0.21万亩次，在鸿瑞园永久性蔬菜基地新引进滴管水肥一体化设备1套。

【植物保护工程】 全县农作物病虫草鼠害发生面积437.2万亩次，防治面积818.6万亩次，挽回损失50760吨。发展专业化服务组织44个，注册备案17个，拥有小中型统防设备242台套，比上年增加13台套。完成统防统治面积27.9万亩，防治89.7万亩次，其中枸杞68万亩次，水稻稻瘟病1.8万亩次，玉米病虫害9.4万亩次，小麦1.4万亩次，蔬菜9.1万亩次。无人机防治小麦、玉米、蔬菜0.21万亩次。建立农企合作玉米统防统治及绿色防控融合示范区3个，面积1万亩，其中核心示范区3000亩。建设野生枸杞保护点1100亩，修建围栏2.5公里，树立警示牌20块。在县境内设置苹果蠹蛾固定监测点85个，悬挂诱蛾器425个，建立稻水象甲观测点3个，诱杀苹果蠹蛾成虫3228头，苹果蠹蛾发生面积3900亩。全县范围普查稻水象甲一次，检测零星发生590亩。其他重大检疫性有害生物无发生。完成省间调运检疫110批次，涉及货物量17.8万公斤。进行产地检疫14批次，签发合格种子130万公斤。

【农产品质量安全检测】 每季度对全县生产的15个常规蔬菜品种、3个食用菌品种进行抽检1次。全年完成农残抽样检测任务563个，其中基地抽样化验407个（蔬菜抽样219个，涉及47个蔬菜品种，鲜果枸杞60个，涉及4个品种；苹果抽样117个，涉及12个品种，红枣11个）；超市抽样80个，批发市场抽样78个。

【千亿斤粮食项目实施】 2009—2016年连续七年实施全国新增千亿斤粮食项目，2016年建设高标准良田1万余亩，砌护农田水利配套渠道50公里，完善各类建筑物6000余座，整修农田道路30

公里，节水10万方，增加粮食产量500多吨。

（张学科　马　力）

畜牧业

【规模养殖场建设】 宁夏源海生态农业开发有限公司新建肉牛、肉羊综合养殖场5000平方米、山龙肉牛养殖场扩建1.2万平方米。宜旺园肉驴养殖场新建棚圈1万平方米，存栏肉驴1100头；新建4个2000平方米以上肉羊标准化规模养殖场，改扩建恒河奶牛养殖场。恒泰元农牧有限公司新建标准化鸡舍2万平方米。在喊叫水、徐套乡新建50~150平方米肉牛羊规模养殖户3800座，新建肉羊繁育示范村5个。

【畜牧品种改良】 引进通过生产性能测定国家核心育种场杜洛克、长白、大白原种公猪20头、原种母猪300头，示范、推广杜洛克、大白、长白等优新品种3个，新增二元母猪4700头，杞生源供精站生产生猪良种精液5.6万份，改良母猪1.4万头，猪人工授精率达97.5%。引进肉牛西门塔尔、安格斯、夏洛来等品种优质冻精1.5万枚，改良基础母牛0.62万头，新增基础母牛3100头，引进滩羊种公羊200只。

【草原建设】 全县多年生牧草留床面积达3.4万亩，新增各类优质饲草10.44万亩，其中种植多年生牧草2.24万亩，一年生牧草8.2万亩。定期定点监测草原病虫害及鼠虫种群动态，准确传输监测数据，按照鼠虫害发生动态，及时编制防治方案，适时开展鼠虫病害防治工作。投入技术人员7人，灭鼠工作人员50人，防治车辆5辆，投放D型肉毒素毒饵4吨，防治严重鼠害区域面积9.5万亩，控制面积达40万亩。对蝗虫危害严重草原采用机械喷洒农药烟碱、印楝素、阿维菌素和高效氯氰菊脂进行防治，投入大型灭蝗设备5台次，防治面积25万亩。落实草原防火目标责任制，划定重点防火管制区，加强防火值班巡逻，严格火源管理，消除火灾隐患。

【封山禁牧】 按照区、市、县禁牧封育工作精神，精心组织，周密安排，加强宣传，全县11支禁牧工作队130名人员26辆车，全力开展封山禁牧工作，清理偷牧羊群144群12864只；对全县禁牧封育督导检查115次，发督查“专报”55期，通报4期。

【草畜产业发展】 开展秸秆加工调制综合利用示范推广，完成人工种草10.44万亩，建成青贮氨化池1.3万立方米，加工制作全株青贮饲料13.6万吨、黄贮饲料18万吨、秸秆打捆5.3万吨，购置饲草加工机械135台。

【科技培训】 制定各项畜禽饲养管理规程制度42个，《编写现代畜牧养殖技术》《高产奶牛科学养殖技术》等培训教材，聘请大专院校教授专家进行授课和现场指导，全年举办畜牧兽医技术培训班65场次，下乡指导360场次，系统培训养殖户1600人，送外省培训10人，组织30多名养殖户到银川、平罗、灵武、中卫参观学习4次，培植科技示范户（园区）128个，发放科技资料1万余份（册）。

【动物疫病防治】 2016年，重大动物疫病累计强制免疫各类畜禽478万头（只），各类畜禽免疫密度、标识率达到应防量的100%。其中高致病性禽流感免疫鸡109万羽；牲畜口蹄疫免疫猪106万头、牛15万头、羊92万只；小反刍兽疫免疫羊48万只；高致病性猪蓝耳病免疫42万头；猪瘟免疫66万头。人畜共患病累计免疫易感动物51.4万头，其中狂犬病免疫家犬0.6万只，奶牛布鲁氏菌病免疫奶牛0.8万头、羊50万只。其他主要动物疫病累计免疫192万头（只），其中新城疫免疫鸡109万羽，羊痘免疫42万只，羊梭菌免疫41万只。发放消毒药4200千克，消毒面积达到95万平方米。全年无重大疫情发生。

【动物卫生监督】 监督检查动物及动物产品场所156个（次），监督检查规模化养殖场270个（次）。

自配饲料和成品饲料抽检 60 份,45 户规模化养殖场“瘦肉精”尿样抽检 100 个,兽药抽样 15 个,动物产品抽检样品 32 份,其中猪肉 17 份,牛羊肉 9 份,鸡蛋 6 份,生鲜乳抽检样品 14 个 42 份。全县 18 处动物检疫电子出证申报点,产地检疫各类畜禽 11.46 万头(只),电子出证 4854 张,实现全县 12 个乡镇动物产地检疫电子出证全覆盖。屠宰检疫各类畜禽产品 6.14 万头(只),电子出证 10892 张。其中生猪 4.28 万头、牛羊 1.86 万头(只),检出并销毁病害畜禽 7740 公斤,无害化处理率 100%;动物检疫申报受理率、屠宰检疫证明持证率、耳标回收率、屠宰检疫率、出厂动物产品检疫合格率、病害动物及其产品无害化处理率均达到 100%。集中开展全县牛羊规模养殖场兽药使用、兽药饲料打假、规模化养殖场(休药期)、生鲜乳违禁物质、动物诊疗机构清理整顿、畜禽屠宰“扫雷”行动、“瘦肉精”监督抽检等 7 个专项整治行动。取缔 3 家私屠滥宰窝点,关闭不达标畜禽屠宰场 4 个。在新堡镇南山新圈沟建成占地 300 亩的病死畜禽无害化处理掩埋场,周围 10 亩区域,进行混凝土桩基钢筋栅栏围栏、大门铁艺、水泥消毒池、管理房、车库、场内硬化等基础设施建设,投入运行,无害化处理病死及死因不明畜禽 572 头(只)。成立中宁县动物标识及疫病可追溯体系建设工作领导小组,全面负责指导动物标识及疫病可追溯体系建设各项工作。结合全县工作实际,制订《中宁县动物标识及疫病可追溯体系建设工作实施方案》,选择新堡镇作为示范点,为溯源监管系统试运行单位,采取边实践、边总结、边推广的方式,在全县逐步推行动物产品质量安全信息可追溯系统建设工作,实时在线监管。

【动物疫情预测预报】 完成各类动物免疫抗体和病原学监测 16180 份,其中牛 O 型口蹄疫监测 750 份,合格率 95%;牛亚洲 –I 型口蹄疫监测 750 份,合格率 90%;牛 A 型口蹄疫监测 750 份,合格率 94%;奶牛 O 型口蹄疫监测 750 份,合格率 95%;奶牛亚洲 –I 型口蹄疫监测 750 份,合格率 92%;奶牛 A 型口蹄疫监测 750 份,合格率 93%;羊 O 型口蹄疫监测 1230 份,合格率 93%;羊亚洲 –I 型口蹄疫监测 1230 份,合格率 90%;羊 A 型口蹄疫监测 1230 份,合格率 92%;高致病性禽流感监测 740 份,合格率 99%;鸡新城疫监测 740 份,合格率 99%;猪瘟监测 830 份,合格率 88%;猪 O 型口蹄疫监测 830 份,合格率 85%;A 型口蹄疫监测 830 份,合格率 87%;高致病性猪蓝耳病监测 830 份,合格率 91%;羊小反刍兽疫监测 1230 份,合格率 72.6%;奶牛布鲁氏菌病监测 360 份,阳性率 0%。病原学送检 1600 份。

(王春华　毛建国)

农业行政执法

【概况】 加强农药、化肥等农业投入品和蔬菜、枸杞等农产品质量安全监管,集中开展专项整治活动,检查农资经营场所 625 次,市场抽检种子、化肥、农药样品 98 个,农产品生产基地 62 个(次),农资经销市场总体平稳。开展假冒农药定性清除行动,对照自治区农牧厅公布的非法添加隐性成分农药名单,对全县农药经营户开展拉网式清查,没发现高毒假冒农药。全年受理投诉案件 23 起,调解处理农民反映种子、农药、化肥纠纷 12 起,挽回经济损失 80 多万元。

【农业执法监督检查】 监督检查动物及动物产品经营店 146 个(次),监督检查规模化养殖场 167 个(次)。自配饲料和成品饲料抽检 45 份,动物产品抽检样品 55 份,其中猪肉 28 份,牛羊肉 11 份,鸡肉 5 份,鸡蛋 11 份;蔬菜抽检样品 4 批次 64 份;牛羊养殖场“瘦肉精”尿样抽检 120 个,农药抽查 10 个经营店 20 个品种,兽药抽样 15 个,生鲜乳抽检样品 25 个 75 份。制订执法大队岗位目标管理责任书,与乡镇农牧服务中心签订目标管理责任书11份，与全县各养殖园区、规模养殖场户签订《中宁县养殖园区动物卫生监督目标管理责任书》167份，与农资经营户签定目标管理责任书307份，与生鲜乳收购站负责人签定质量安全责任书20份，与饲料兽药经营户签订安全承诺书69份；建立县乡场（户）三级监管体系。实行“风险分级”和“量化监督”管理。从“动物防疫条件合格证”申办、外调畜禽审批、程序化免疫、兽药饲料等投入品来源及使用、生产记录、兽用生物制品管理使用、消毒、无害化处理、产地检疫申报、动物及动物产品的销售去向等10个环节进行全程监管；重点宣传《农产品质量安全法》《动物防疫法》《宁夏动物防疫条例》和新颁布的《饲料和饲料添加剂管理条例》等法律法规，参加农资市场赶集8场次，接待咨询群众2000余人，悬挂横幅标语10条，编印发放各类宣传技术手册5000余份，重点宣传H7N9禽流感相关知识及真假牛羊肉鉴别，举办各类培训班3期。办理各类行政许可证20份，其中动物防疫条件合格证4份，兽药经营许可证7份，生鲜乳收购许可证9份。

【种子质量监督和管理】 加强种子市场监管，严厉打击小麦、水稻、玉米种子经营领域的经营证照不全、代销零售手续不规范、未审先推、种子包装、标签不规范、质量不合格、假冒伪劣等违法行为，对1家种子生产、经营许可企业进行资质审查、审核，办理种子生产、经营许可证。对全县207家从事种子经营者进行查证、种子质量抽检。年内开展种子市场专项执法检查428人次，出动执法车辆210台次，出动执法人员340人次，检查农资经营门店625个（次），小麦、水稻、玉米品种30个，肥料品种24个，农产品生产基地62个（次）。

【农药质量监督和管理】 对全县81家农药经营企业进行资质审查，与重点农资批零兼营经营单位开展质量保证承诺活动，签订农资产品质量承诺书，建立经营诚信档案。出动执法人员240人次，开展农资市场专项治理行动，打击农药经营领域存在的过期、假冒伪造、禁用高毒农药、包装标签不规范、假冒证号、无证经营、未审先推、超范围经营等违法行为。

【肥料质量监督和管理】 对全县肥料经营企业及其销售网点进行检查，重点检查在设施蔬菜基地中所适用以复混肥、有机肥料、微生物肥料，严查复混肥（料）、水溶肥料、微生物肥料等产品中有效成分不足、以肥代药、未经登记、一证多用、假冒伪造登记证、肥料产品标称具有农药功能等违法行为，对2家生产企业进行检查，督促办理肥料登记证。

（刘向东）

水产业

【产业结构调整】 按照市场需求，调整养殖品种结构，推广名优水产品健康养殖技术1万亩。调整养殖放养模式，由主养鲤鱼改变为花白鲢为主、草鱼次之，适当投放鲤鱼、鲫鱼、鲶鱼等，花白鲢投放比例占60%~80%。加大主导品种和主推技术推广力度，着力推广黄河鲤、黄河鲶、乌克兰鳞鲤，引进福瑞鲤、中科3号、白花鲫、鲈鱼等名优品种。在黄河大桥西湖引进高白鲑鱼、河蟹、泥鳅、鳜鱼等新品种。

【渔政执法】 利用广播、电视、传单、标语等宣传媒体，加大渔业法律、法规宣传力度。张贴宣传标语500余份，出动执法人员50人次，执法车辆10台次，印发渔政监督举报电话卡200多张，悬挂横幅50条，树立警示牌60个，举办宣传培训班5场次，受训人数200人次。加大禁渔期渔政执法力度，渔政执法人员采取水面检查、陆地检查、市场检查相结合的执法方式，严厉打击各类渔业违法行为。全年查处渔业违法案件15起，违法电捕鱼案3起，没收销毁电捕鱼器3台，没收撒网2张、刺网5张，没收销毁渔获物35公斤。

【池塘改造】 成立由农牧局、水产中心组成的池塘标准化养殖基地建设领导小组，建立工作目标考核责任制，签订目标管理责任书，做到管理规范、措施到位，组织有力。全年改造鱼池1200亩，新开挖300亩，高标准打造5个现代渔业标准垂钓池，推广应用池塘底质改良、水质净化调控、信息化管理，推广应用池塘水循环养殖技术。

【健康养殖示范场创建】 推广水产健康养殖，指导辖区内重点养殖场按照“农业部水产健康养殖示范场标准”进行养殖生产，组织重点基地进行健康养殖、科学喂养，各养殖场完成各项基础设施和制度建设，加快标准化生产。龙泉山庄水产养殖场、宁安镇殷庄村水产养殖场和兴宁渔业专业协会3家水产养殖场，通过第二批农业部水产健康养殖示范场区级考核复查和农业部审核。

【渔业物联网建设】 全县新增新型增氧机20台，涌浪机15台，全自动投饵机12台，风送投饵机3台，在全县建设8家示范鱼塘，安装10套“鱼儿乐智能化溶氧监测系统”，指导农户手机下载鱼儿乐APP，24小时对池塘养殖水质环境水温、pH值和溶氧量等各项基本参数实时监测预警和自动处理。

【水产技术推广】 在黄河大桥南岸东西两侧1500亩养殖水面，投入资金100余万元，组织开展渔业标准化健康高效养殖技术应用示范，完成对养殖区域池塘改造，动用土方2.6万多方，引进各类优质鱼种120万尾，采购优质配合饲料350吨，渔用生物肥50吨。重点推广大水面风送投饵机，微孔增氧机，涌浪机、新型节能增氧机等技术装备30多台(套)。

（张永科）

农业机械化

【农机作业量】 完成小麦机播面积5.02万亩，精量播种、机械化率达到100%。在春耕、夏播、秋季农田建设中，投入农机具13534台(套)，其中大中型拖拉机2728台，小型拖拉机2124台，机引犁4332台，旋耕机2032台，植保机械978台，播种机1224台，圆盘耙256台。组织农机技术人员维修各类农机具8367台(套)。农机化作业收入10287万元，实现利润4823万元。

【优补政策落实】 贯彻实施农机“五免四优一救助”①免费管理惠民政策，2016年完成拖拉机、联合收割机入户挂牌529台，驾驶员培训考证358人。累计入户挂牌8913台，在册驾驶员6644名。

【检验与宣传培训】 2016年，检验拖拉机、联合收割机7063台，审验各类驾驶员3488人。建设农机安全联组101个，培训农机驾驶员6357人。印发各类农机安全宣传材料5.8万余份，投送安全稿件、信息、简报40篇，发送手机安全短信5.3万余条，制作悬挂横幅12条。

【监理执法】 2016年，开展安全检查112天，出动安全执法车辆173台次，执法人员865人次，检查各类车辆3720台(次)，纠正各类违章723起。

【农机购置补贴】 自治区分配中宁县补贴资金1345万元，实施资金1422.52万元，资金使用补贴比例106%，新增各类农业机械837台(套)，其中拖拉机537台，玉米收获机械35台，烘干设备35台，各类农具及其他230台(套)。受益农户达636户。

【新机具新技术推广】 2016年，建设区县共建枸杞示范园区1个，由宁夏杞乡生物食品工程有限公司在舟塔乡枸杞基地承建面积1000亩；辐射面积1万亩，全部采取3×1米种植模式。召开现场会1次，培训园区技术人员100余人次。成功改造3ZHY-3.5型枸杞株间除草机，实现枸杞除草、植保、施肥全程机械化。

【农机合作服务组织】 截至2016年末，全县创建农机合作组织9家，入社社员443户，从业人员398人。有农机具1392台(套)，其中大中小型拖拉机648台，联合收割机21台，配套农具736套。

【残膜回收】 全县建成残膜回收网点11个，召开残膜回收现场会2场次，悬挂、刷写永久性宣传标语22条，签订残膜回收责任书及协议书110余份，发放宣传单1000余份，发送手机短信2000多条，举办培训班11场次，培训残膜回收机械操作人员200人次、农民5000人次；回收残膜1056吨；以旧换新72吨。

【深松整地】 自治区下达中宁县机深松整地任务3万亩，全县参与机深松整地的农机服务组织13家。办学习培训班3期，参加人数100余人，印发宣传材料8000余份，全县完成机深松整地任务2.94万亩，占任务的98%。

（黎占明）

小资料

①“五免四优一救助”政策：“五免”，即免入户挂牌费、免驾驶员培训考试费、免年度检审验费、换补牌补证费、农机安全服务费实行免费、免收跨区作业证、照相、喷号等服务性收费；“四优惠政策”，即补贴优惠、实施新技术培训、评定农机技术职称、技术晋级优惠、实施农机新技术推广优惠、信息服务优惠；“一救助”，即从农机免费管理经费中，每年拿出3~5万元资金，作为救助资金，用于纳入农机牌证管理的农机户一旦发生农机事故时，临时垫付救治伤者或给予伤亡家庭适当救助费；用于农机安全执法和抢险救灾中见义勇为的烈士或英雄的抚恤金或奖金。

农业综合开发

【概况】 中宁县农业综合开发办公室是隶属财政局管理的副科级事业单位。2016年，有事业在编人员11人，设副科级编制1名，汽车编制1辆，实际在岗人数13人。主要负责组织中宁县农业综合开发项目立项前的规划设计、计划编制报送，项目实施中的检查、督促和指导，项目建成后的自验，并配合审计部门对农业综合开发资金进行审计。

【土地治理项目】 实施白马乡白马村1.03万亩高标准农田建设项目。项目批复总投资1620万元，治理面积686.67公顷。至2016年底，完成砌护渠道31.2千米，开挖疏浚沟道35.6千米，新建配套建筑物142座，安装畦田口1580座；混凝土硬化道路2.26千米，沙砾石铺设道路3.2千米；秸秆还田133.33公顷，机深翻77.53公顷，推土机平地52公顷，激光平地52公顷。实施余丁乡金沙村1.3万亩高标准农田建设项目。项目批复总投资1101万元，治理面积866.67公顷。至2016年底，完成砌护渠道19.82千米，开挖疏浚沟道59.89千米，新建配套建筑物123座，安装畦田口1680座；混凝土硬化道路3.326千米，铺设沙砾石道路3.18千米；秸秆还田286.67公顷，机深翻286.67公顷，激光平地286.67公顷。实施余丁乡永兴村0.8万亩高标准农田建设项目。项目批复总投资943万元，治理面积533.34公顷。至2016年底，完成砌护渠道20.1千米，开挖疏浚沟道25.65千米，新建配套建筑物190座，安装畦田口1241座；混凝土硬化道路2.22千米，铺设沙砾石道路2.88千米；秸秆还田164公顷、机深翻335公顷、增施有机肥335公顷，激光平地26.8公顷。

【产业化发展项目】 实施500亩枸杞苗木种植基地新建项目。项目总投资210万元，下达三级财政资金70万元，新建枸杞种苗处理车间1000平方米，农药化肥储藏室600平方米，设施温棚100座。实施500头肉牛养殖场新建项目。项目总投资172万元，下达三级财政资金70万元，新建牛舍2300平方米，饲草料棚1200平方米。实施5万吨果蔬汁加工项目。项目总投资15000万元，申请流动资金贷款5100万元，下达财政补助贴息资金147万元。实施3000亩有机枸杞基地新建项目。项目总投资4200万元，申请流动资金贷款3000万元，下达财政补助贴息资金119万元。实施4000亩枸杞种植基地新建项目。项目总投资5500万元，申请流动资金贷款1000万元，下达财政补助贴息资金25万元。

【科技项目实施】 实施宁夏枸杞产业科技项目。

组织各课题负责人、专家,对枸杞新品种培育与反季节高产栽培、枸杞病虫害预测预报及生物防控、枸杞新型制干与保鲜技术研发、枸杞活性物质提取与保健品研发、新型智能化喷药和施肥全程机械化研发与示范、电子商务平台建设、枸杞绿色栽培技术集成示范7个科技项目进行中期现场检查,召开项目中期评估会议,拨付各科研单位研发经费455.05万元,各项目进展顺利。

(韩永霞)

林业和生态经济

【概况】 中宁县林业局是集行政、事业、管理为一体的综合部门,内设9个全额拨款事业单位,即林业技术推广服务中心、森林保护工作站、园林管理所、恩和林业工作站、白马林业工作站、石空林业工作站、大战场林业工作站、喊叫水林业工作站、徐套林业工作站。核定编制76人,其中行政编制11人、全额拨款事业编制65人。2016年底,实有干部职工69人,其中行政人员9人,行政工勤2人,事业管理人员3人,专业技术人员47人,工勤人员8人。下辖3个国有林场:轿子山林场、清水河林场、中宁县林场。辖5个党支部,党员141名。全县完成造林25183.1亩,其中栽植防护林2379.2亩,经济林17803.9亩(枸杞10300亩,苹果2482.3亩,红枣3459.1亩,核桃1196亩,桃、李、杏等杂果235.4亩,牡丹131.1亩),封山育林5000亩。完成未成林补植补造3.66万亩。2016年底,全县林地面积达到91万亩,森林覆盖率达到14%。

【城区绿化】 投资3900万元,新增绿地20.6万平方米,完成亲水街、宁安北街及五小对面绿化工程,新增绿地面积17万平方米;对2015年未完成的裕民东街、文昌路绿化工程进行建设,新增绿地面积3.6万平方米;对中央大道、黄河路、南二环路绿化工程、县城老城区、县城新区等地段进行补植补造,补栽各类树木4万余株;对县城绿化带进行综合养护管理,做好防火防灾工作。

【项目建设】 实施G109线(中宁高速出口至长山头出口)绿化工程。投资8865万元,对G109线两侧19公里长30米宽地段进行绿化,造林1100亩,栽植各类苗木12万株(其中乔木7.5万株、花灌木4.5万株),栽植色带绿篱5万平方米,种植草坪2万平方米;铺设供水管道84公里。实施黄河大桥东侧、罗家沟西侧景观绿化工程。投资1117万元,对黄河大桥东侧、罗家沟西侧进行景观绿化,造林118亩,栽植乔木7100株,灌木3035穴,绿篱1330平方米。组织全县各机关、事业单位,中央、区属驻中宁各单位干部职工,规模以上企业全体职工2000余人,在新材料循环经济示范区三横路延伸段、石空镇新石碱路立交桥西侧、物流园区完成义务植树5万余株。实施美丽乡村建设工程。完成全县2个小城镇、7个美丽村庄绿化,绿化面积180亩,其中乔木160亩、灌木20亩,栽植各类苗木6.6万株。实施天然林保护工程。加强对天保工程及生态效益补偿基金项目管理、监管工作,做好全县19.6万亩重点公益林和48.6万亩天保工程森林资源的管护工作。实施德援项目。以保护天然林草植被为主,完成生物多样性造林区补植3000余株,在长山头村、黄营村安装太阳能路灯45盏,在南湾村、余丁村、黄羊村安装太阳能路灯133盏,加强围栏项目工程管护。实施小盐池滩绿化项目。完成鑫阳公司枸杞基地和杞源祥枸杞基地主干路防风林带建设,栽植乔木13914株,整理绿化用地82606平方米。

【林果产业】 2016年全县新植经果林7503.9亩,其中苹果2482.3亩,红枣3459.1亩,核桃1196亩,桃、李、杏等杂果235.4亩,牡丹131.1亩。通过嫁接、修剪、统防统治等技术措施进行红枣改良9067亩。引进灰枣、骏枣、宫崎富士苹果等新品种,推广苹果矮化密植丰产、枣树高效生产等新技术,实现全县林果产业提质增效。引进山西、河南等地新品种、新技术,在新堡镇建成600亩苹果矮化密植丰产栽培实验示范基地;引进新疆枣树栽培技术,在恩和镇建成400亩枣树高密灌木化栽培实验示范基地。采用苹果辩证管理技术,在白马乡、鸣沙镇建成600亩苹果幼龄早果技术示范园;在舟塔乡天景山建成500亩旱地枣树标准化生产示范园;在清水河林场建成500亩苹果连片种植基地,轿子山林场700亩红枣保果丰产示范基地。完成大战场等乡镇枣树品种改良2400亩,喊叫水乡、清水河林场1100亩枣树整形修剪,白马乡滚泉坡9200亩枣树病虫害统防统治。在清水河林场建成800吨苹果冷藏保鲜库1座。在石空、鸣沙、白马等地举办林果技术培训班24期,完成培训果农3500人次,发放培训资料6872份。

【休闲森林公园建设】 项目规划占地5000亩,总投资2.31亿元。分三期建设,2016年实施一期项目,建设面积2040亩,一期项目总投资1.44亿元。主要完成景观绿化工程、土方工程、灌溉工程、亮化工程以及园路铺装、广场铺装、园林小品、公园大门、停车场、管理服务中心等公共服务配套设施建设。主道路基础土方及砂石施工完成98%,主道路基础换填砂石完成98%;按设计完成8座山丘堆积及种植土换填;完成给水管道铺设安装1.2万米,系统工作压力试验全部测试合格;完成电线铺设7000米,整体铺设完成70%;完成人工湖防水毯及卵石铺装,成功注水;四角亭广场、喷泉基础施工完毕;绿化工程完成栽植树木1020株。

【国有林场改革】 制订上报《中宁县国有林场改革试点方案》,完善《中宁县国有林场改革实施细则》《中宁县国有林场改革各成员单位分工方案》《中宁县轿子山林场改革实施方案》《中宁县清水河林场改革实施方案》《中宁县县林场改革实施方案》,将3个国有林场改制为公益二类事业单位,将轿子山林场、清水河林场确定为副科级事业单位,县林场确定为不定级别的事业单位。林业三场事业编制由258名减少到120名,核减138名。其中管理、专业技术人员核编47个,骨干林业技能人员核编73个,并实施竞争上岗。将12816亩林地划入国有林场管理,清理债务90.9万元,所需工资、津贴、奖金、办公等经费列入县人民政府财政预算,职工养老、医疗、工伤、生育、失业、养老保险等"五险一金"继续享受国家"天保工程"政策。

【森林资源保护】 抓好"苹果蠹蛾""臭椿沟眶象"等林业有害生物的综合防治工作,完善虫情监测预报网络,做好有害生物预警工作。在全县范围内设置林业有害生物监测点127个,发布监测预警信息12条;开展苹果蠹蛾防治3.5万亩次,红缘天牛喷药防治2.48万亩,蛀干害虫打孔注药防治6.0万株,柳絮治理打孔注药防治0.25万株,人工捕捉沟眶象成虫76.3万头。落实《中宁县林木管护暂行办法》,强化高效节水一期、二期项目,农田防护林,县城区绿化等重点生态防护林抚育管护工作。开展严厉打击非法采挖林业专项行动、严打专项行动和禁牧封育等工作,加大依法治林力度,严格执行森林采伐审批手续,严厉查处破坏森林资源的重大案件,坚决打击盗伐、滥伐等破坏森林资源的各种违法犯罪活动。全年办理行政案件5起,罚款4万余元,处理违法人员4人。重视森林防火工作,制订全县森林防火预案,主管副县长和各乡镇负责人签订森林防火责任书,并对森林防火进行网格化管理。

(范巧红)

枸杞产业

【概况】 中宁县枸杞发展服务局是县人民政府直属正科级事业单位,下设办公室、枸杞生产服务站、枸杞机械服务站、枸杞企业服务站和证明商标管理办公室。2016年,有干部职工32人,其中行政人员1人,事业人员31人;副处级领导1名,副科级领导2名。

【种苗产业发展】 制订《中宁枸杞种苗产业发展

规划(2016—2020 年》。发展规模化、工厂化枸杞良种苗木繁育，2016 年，出圃枸杞苗木 5500 万株，宁杞 5 号、7 号均价在 4.5~6 元 / 株，宁杞 1 号、4 号均价在 3~3.5 元 / 株，苗木产值达 2.5 亿元，实现翻番；建成自治区级良种采穗圃 2 个，自治区级良种苗木繁育基地 2 个(中杞、杞鑫)，全县育苗 1.28 万亩，其中硬枝扦插育苗 1 万亩，嫩枝扦插育苗 2800 亩。

【基地建设】 加快推进小产区精细管理，鼓励扶持 21 家企业、合作社等新型农业经营主体在 6 个小产区新植枸杞 1.1 万亩，成活率 86%以上，其中舟塔产区 1300 亩、鸣沙洲产区 600 亩、红梧山产区 700 亩、红柳沟产区 5000 亩、清水河产区 1800 亩、天景山产区 1600 亩。全县枸杞总面积稳定在 20 万亩以上，枸杞干果产量 4.75 万吨。加快对各基地水利、道路、绿化、供电等基础设施建设，提升基地建设档次。实施“六个全覆盖”(即规模经营、标准种植、节水灌溉、配方施肥、统防统治、设施烘干)技术，全县推广宁杞 5 号、7 号等枸杞新品种 1 万亩；建立枸杞病虫害监测预报系统，在 6 个小产区 10 个枸杞基地布置 253 个病虫害监测点，覆盖面积 10 万亩，通过枸杞病虫害监测预报微信群，发布病虫害预测预报信息 10 期；建立农药、化肥集中配送体系，由中宁凯丰农资服务公司为鑫阳、大地等 20 余家企业及合作社、专业大户“零差价”配送生物农药和低毒低残留农药，实行统一采购、统一配送、统一标识、统一价格、统一管理、统一包装物回收处置，为企业、合作社、农户节省生产成本 100 多万元；推广机械制干技术，新建各类烘干设施 107 台(套)，其中清洁能源 11(台)套，全县建成各类枸杞烘干设施 652 座(其中清洁能源 19 台套)，日烘干鲜果能力达 2058 吨，枸杞鲜果机械制干率达 69%；开展测土配方施肥，在 6 个小产区相对集中的 35 个枸杞基地布点 210 个，取土化验，实施配方施肥，推广面积 6 万亩；新增枸杞节水灌溉面积 0.5 万亩，全县枸杞节水灌溉面积 5 万亩。实行星级认定动态管理，制定《中宁枸杞星级基地考核细则》，对全县 1000 亩以上符合条件的枸杞基地按照“六个全覆盖”技术要求进行考核。启动创建出口农产品质量安全示范县建设，制定中宁枸杞出口质量安全示范区建设方案，中宁枸杞出口质量安全示范区新增枸杞 1.5 万亩，共计 4.5 万亩。启动国内有机枸杞认证试点工作，首批在符合条件的 8 家企业进行试点。“中宁玺赞枸杞”获准中国生态原产地产品保护，“杞之龍” 枸杞基地被认定为国家级“优质果园”。

【科技创新】 加强与中科院、宁夏农科院、宁夏大学等科研院所的院地(企)合作，成立中国中药协会枸杞专业委员会。实施枸杞新品种培育与长季节高产栽培、新型制干与保鲜技术研发示范、枸杞新型肥料研发与示范、枸杞生产精准作业机械研究、枸杞活性物质提取与保健品研发、枸杞园区物联网及溯源系统建设及枸杞绿色栽培技术集成示范等八大领域科技合作项目。枸杞鲜果长季节栽培技术成果正式发布。与国家枸杞工程技术研究中心签署枸杞保健酒成果专利技术权、枸杞新品系使用权转让合同、枸杞明目软胶囊和枸杞鲜汁颗粒冲剂委托研发协议，全通公司与天津生物物理研究所合作研发枸杞功能性药品。成立由农业、植保、机械等相关专业 13 人组成的县级枸杞技能人才创新工作室，通过采用信息化技术开展枸杞病虫害 GIS 定位预测预报技术服务，对搭载长征十号卫星的中宁枸杞种子进行育种试验。加强技术培训和服务工作，举办枸杞现代栽培技术培训班等各类培训班 15 次，参训 5000 人次，发放各类科技宣传资料 1 万余份。

【项目建设】 加大招商引资力度，引进湖南尔康药业、李时珍药业等企业在中宁投资枸杞深加工项目。湖南尔康药业在中宁注册成立中宁县尚江南枸杞制品有限公司，实施枸杞冷冻制干加工项目，在中宁国际枸杞交易中心仓储物流加工区安装冻干机 2 台，冻干枸杞试生产成功。弘耘行枸杞烘干加工项目建成厂房16栋，厂区绿化、地面硬化及其附属设施全部完成，安装色选设备4台及烘干设备24套,全部投入生产。早康5000吨干果精加工项目完成室内功能性区域分割,色选、微波杀菌设备完成安装并投入生产。全年各项目完成固定资产投资4.1亿元。2016年尚江南、全通、御萃坊、天仁等公司新研发生产冻干枸杞、枸杞养生煲汤料、枸杞糖肽等系列产品。鼓励企业上市融资,2016年全通公司在新三板挂牌上市。

【品牌保护】 发挥国家级枸杞质量检测中心职能,加强枸杞质量检测。制定贯穿枸杞基地建设、苗木、加工、市场、品牌等全产业链的《中宁枸杞管理规范》。严格“中宁枸杞”证明商标管理,加强动态监管,实行中宁枸杞包装物备案制度。与浙江甲骨文公司合作建立“中宁枸杞”甄品溯源监管服务系统,以企业为主体,建立生产、加工、销售等环节电子档案,推广使用二维码技术,实现产品质量可追溯。加强对使用平台的企业进行日常监管,建立企业诚信体系，逐步实现枸杞生产加工全程质量监控。加强《宁夏回族自治区枸杞产业促进条例》宣传,印发宣传小册子2000余本。加强行业自律,注册成立中宁枸杞产业协会。创新营销模式,鼓励企业在大中城市建立直销体验店,全通公司在南京、海口、银川建设中宁枸杞馆3家,在郑州、成都、石嘴山市等大中城市建立中宁枸杞生活馆12家。

【对外宣传】 深入推进枸杞文化宣传“九个一”工程,中国枸杞网和中国枸杞网微观网优化升级,加快实施《枸杞密码》动漫游项目,中宁枸杞起源地落户中宁,举办首届中宁枸杞采摘节,为舟塔、源乡、杞泰、早康、大地、中杞、百瑞源7家枸杞基地颁发“中国重要农业文化遗产——中宁枸杞种植系统示范区”匾牌，启动申报全球重要农业文化遗产。舟塔枸杞产区建设中宁枸杞传统栽培文化示范园、天景山枸杞产业观光带等建设陆续启动。启动“中宁枸杞”国外商标注册,首批拟在马来西亚、巴西等国家和澳门、台湾等地区进行。组织企业参加国内外推介活动10余次，召开中宁枸杞推介会5次,召开枸杞鲜果长季节栽培成果发布会,参加台湾举办的宁夏枸杞推介活动、福建厦门、泉州、福州举行的宁夏特色优质农产品推介展销系列活动、上海FMA CHINA-2016中国枸杞产业展览会、北京第二届品牌农商发展大会、俄罗斯莫斯科国际食品展览会、2016法国国际食品。在南京召开中宁枸杞推介会暨南京中宁枸杞馆开馆典礼、在银川召开银川中宁枸杞馆开业典礼、在海南召开海口·中宁枸杞馆开业典礼、昆明第十四届中国国际农产品博览会并召开中宁枸杞专场推介会、中宁枸杞生活馆·石嘴山馆开业典礼。利用中国枸杞网、中宁县微信公众平台等新媒体,加大中宁枸杞对外宣传力度。

（郭　洁）

水务建设

【概况】 2016年,中宁县水务局内设23个事业单位,有职工236名,其中行政13人,全额拨款132人,自收自支91人。专业技术人员111名,其中高级7名,中级43名,初级39名,十三级10名,见习12名。辖4个党支部,112名党员。主要肩负全县农田用水管理、水利工程建设、水政监察执法、节水型社会建设、水土保持治理、农村饮水安全、水库移民后期扶持、扶贫扬黄开发、防洪防汛抗旱等工作。全年完成水利建设资金5.347亿元。办理人大代表和政协委员意见、建议、提案12件,办结12件,办结率100%。

【工程建设与管理】 实施大中型灌区续建配套项目柳青渠、南北渠节水改造项目、滨河路以南低洼盐碱地改造项目、G109线高速出口至长山头高速出口两侧绿化供水工程、市民休闲森林公园项目供水管网工程、2016年大中型水库移民后扶项目和亲河湖、雁鸣湖水系连通工程等16个重点水利工程建设。

【灌溉管理】 按照水量总体控制和以水定植原则,优化水资源配置,强化用水管理,科学调配水量,调整作物种植结构,推广节水灌溉技术,提高渠道安全管理。2016年夏秋灌计划水量3.98亿立方米,实际用水3.706亿立方米,节水0.275亿立方米,维修完善影响灌溉的县、乡、村小型水利工程,清淤整治淤积严重的部分渠段。全县各灌区夏秋灌收缴水费2400万元。

【农田水利基本建设】 全年春秋两季完成各级渠道清淤8804条6916千米;渠道砌护838条316千米;完成各级沟道清淤1810条1211千米;新建和维修建筑物9527座;整修机耕路和生产路3223条1511千米;新增节水灌溉面积6.4585万亩,其中高效节水灌溉面积2.045万亩、渠道防渗面积4.4135万亩,改善灌溉面积45万亩,测土施肥45万亩;完成畦田建设12万亩,机翻25.6万亩,秋施肥8万亩,秸秆还田8万亩。

【防汛抗旱】 完成罗家沟治理工程,治理沟段总长6.7千米,岸坡砌护9.32千米;完成石空沟、狼巴井沟、张裕沟及新寺沟改线工程,清淤治理沟道10.54千米。对全县防汛工程、防汛设施、防汛抢险物资储备、各级防汛组织机构落实情况、防汛责任制落实情况、防汛预案以及各乡镇防汛物资储备和抢险队伍落实情况进行全面检查。完成白马乡张乱子滩新建坝垛3座;小湾水库开挖引渠60米、对启闭闸进行维修、清淤;维修加固黄羊3#、7#丁坝、石空湾3#、倪丁7#、黄庄1#丁坝;对红柳沟部分冲毁地段进行维修,对冒葫芦沟跌水进行维修;完成长山头水库泄洪涵洞护坡的维修治理工程。编制上报罗家沟治理工程初步设计报告和石空沟、大佛寺沟、新寺沟及张裕沟改线工程初步设计报告及前期资料。

【农村饮水安全】 实施中宁县2016年农村饮水安全巩固提升工程,对徐套乡、喊叫水乡等8个行政村0.43万人饮水巩固提升。实施徐套、喊叫水乡自来水入户工程,铺设分支管及入巷管220千米,更换农户水表4261块,新建过路过沟等建筑物10处,协调喊叫水乡、徐套乡各设置2处集中水费收缴点。实施新增移民自来水入户工程1处,解决大战场镇新增移民1008户饮水问题。实施周马庄子、下流水村自来水入户工程。解决喊叫水乡周马庄子村和徐套乡下流水村38户228人的饮水问题。完成余丁村4、5队,鸣沙黄营、薛营,恩和、华寺6、7队,宁安洼路1、2队,舟塔潘营小康村、上桥2、3、4队等乡镇村队自来水入户工作。

【高效节水灌溉】 投资12282.37万元,实施2015年新堡镇刘庄、刘庙村节水改造工程、2015年黄桥秦庄高效节水灌溉工程、2015年喊叫水乡高效节水灌溉工程、中宁县2016年度高效节水灌溉项目、喊叫水乡北沟沿村高效节水灌溉工程和2015年度规模化节水增效示范项目。全年新增节水灌溉面积6.46万亩,其中高效节水灌溉面积2.05万亩。

【水资源管理】 全年下达临时取水许可批复3个,审批水资源论证报告5个,新办取水证3套,新换发取水许可证40套。开展地下水资源勘察工作。完成全县1∶10区域水文地质调查面积3280平方千米,调查路线1345千米,观测点数542个,完成1∶50000专项水文地质测量面积1350平方千米,调查路线1080千米,观测点数903个,完成音频大度电磁389个电测探46个,完成水文地质钻孔10眼。开展地下水资源信息化管理平台建设项目,安装DN80—DN200双声道管段式超声波流量计60台,控制箱60台,蓄电池60台,管理平台服务器1套,平台数据库1套,水资源监控管理系统软件1套。

【水政监察执法】 全年下乡宣传80人次,悬挂横幅40条,发放宣传资料3万余份,向企业、单位、学校、社区发放宣传纸杯、作业本、宣传册2万余份。修改完善《立案审报表》《水事案件调查笔录》《现场勘验笔录》《水事违法案件调查报告》《水事案件调查终结报告》《责令停止水事违法行为通知书》等执法文书。调查处理涉水案件并结案5起,处罚黄河两岸无证采砂、违法侵占河道、围堤造田案15起,下发责令改正通知书28份;现场协调解决毁坏灌溉渠道护坡、挖填渠堤种植作物、非法侵占排洪沟道等涉水违法行为8起;同公安局相关乡镇派出所开展联合执法行动6次。

【水土保持综合治理】 完成病险骨干坝认定工作,实施沙套子骨干坝除险加固工程和浪儿子川、蒋家洼沟沟头防护治理项目工程。对全县境内38个自治区重点生产项目水土保持措施的落实情况进行全程监督,收取水土保持设施补偿费79.41万元。

【节水型社会建设】 在全县各幼儿园开展形式多样的节约用水主题活动。起草印发《中宁县2016年节水型社会建设工作计划》《关于做好2016年中宁县节水型社会建设示范载体申报工作的通知》,创建节水型企业1个,节水型学校2个,节水型社区2个。争取自治区节水资金70万元,实施中宁一中节水改造项目。

【水利改革】 举行中国水权交易所揭牌仪式,与京能集团代表通过协议转让的方式签约,成为全国首批水权交易签约。制订下发《中宁县深化小型水利工程管理体制改革实施方案》,组织完成对中小型水库、淤地坝、中小河流及堤防、控导工程和小型水闸8类小型水利工程维修养护经费进行测算,测算维修养护经费2904.82万元。

【财务管理】 加强水利建设资金的计划管理,严肃财经纪律,确保专款专用。对所有水利工程项目严格实行"四制"(即项目法人制、建设监理制、招标投标制、合同管理制)管理责任。杜绝无资质企业承揽水利工程。严格按照年初财政批复的预算项目,层层控制。对机关经费支出,严格审批程序,控制预算支出,各项支出费用一律凭合法凭证由经办人签字、本单位负责人审查、财务主管领导审批支付。2016年,各类水利建设资金收入237697451.12元,水利建设支出240628658.27元。坚持监督检查,配合审计、财政、监察等部门检查10余次。

(魏　伟)

七星渠管理

【概况】 2016年,宁夏回族自治区七星渠管理处(以下简称"管理处")实现总收入3400.27万元。其中供水收入766.4万元,综合经营收入2633.87万元,利润38.09万元。全处在职职工152人,其中管理人员17人,专业技术人员65人,技术工人70人。大学专科以上学历108人,中级以上职称48人。

【灌溉管理】 践行治水新思路,坚持科学调度,提高水资源利用率,与灌区政府、协会对接,通过制作微信宣传片、进村入户宣讲等形式,广泛宣讲处情、水情、墒情、气象情况,营造水情严峻、共同应对的舆论氛围。针对时段性缺水矛盾,优化调度预案,统筹扬水灌区与自流灌区用水,采取联合调度、适时开启黄河泵站机组上水、压减甚至关停自流灌区斗口等措施,保障中部干旱带供水。加快水利信息化建设步伐。开通七星渠管理处门户网站,接通所、段、点互联网19处,保持水慧通、遥测系统应用畅通,发挥遥测和视频监控系统的预警作用。解决下游、高口淌水难问题,投资1.5万余元,完善"协会之家"功能设施,邀请协会人员参与测量水,将水量水费等用户关心的事项及时公开,做到准确计量,明白收费。全年安全行水198天,七星渠进口引水8.44亿立方米,供水7.21亿立方米(自流2.19亿立方米,扬水5.02亿立方米),节水0.18亿立方米,商品率86.9%,渠道水利用率89%,收缴水费766.4万元,完成计划任务100.5%。

【工程建设与管理】 投资424万元,实施岁修工程36项,完成6座病险斗口翻建改造、3.4千米渠道砌护及护坡翻建、5.8千米渠道清淤、黄河申滩进口段800米引河开挖等工程。应用新材料治理红柳沟渡槽进出口和槽壳渗水隐患，确保干渠安全输水。加大考核奖罚力度，推进每天整修5米渠堤活动，整治、维修渠堤58.6千米。加强渠道树木管护，新植树木存活率、保存率均达95%以上。加强重点工程建设现场管理。采取现场指导、检查通报、定期召开工作例会等措施，强化工程现场安全管理、质量监督和进度控制，完成七星渠鸣沙段9.7千米渠道砌护工程。

【防汛抗旱】 修订完善《防汛抢险应急预案》，编制《防汛工作手册》，推进防汛工作规范化管理。建立8支专业和22支群防抢险队伍，落实防汛抢险人员800余人，20名义务报汛员，联系挖掘机、装载机等大型机械、车辆35辆(台)。储备铅丝、复合土工膜、发电机等充足的抢险物资，建协议防汛物资供应点5个，做到防汛抢险组织、队伍、物资、通信、预案和机械六落实。组织各单位开展防汛应急演练6次及险情处置演练8次。成功应对6月30日超强阵风导致恩和曹桥段139余棵树木倒入渠中、7月24日9条山洪沟暴发山洪等突发险情，确保渠道运行安全。

【安全生产】 完善安全责任体系，结合实际制定安全生产工作责任清单，健全处、所、段三级安全网络，签订安全生产责任书156份；推进安全标准化达标工作，投资80.2万元完成15座电动闸可视化建设及8个基层所段安全文化建设，引入专业机构开展安全生产标准化二级达标评审工作，管理处被水利厅安委会认定为水利安全生产标准化二级单位，工程公司完成自评达标，管理处获全区水利安全生产先进单位，加大隐患治理力度，采取全面检查、重点排查等方式，对排查出的42项安全隐患进行治理，设置安全管理警示标志664个，实现排查、公示、督办、整改的闭环管理；提升应急管理能力，健全完善4项安全生产制度、30项应急预案和49项操作规程，开展防汛、防火等应急演练28场次，成功处置超强阵风导致树木倒入渠中、山洪入渠、扬水泵站紧急停机等突发险情。

【水管体制改革】 管理处与县市水务部门、乡镇村农民用水者协会签订供用水协议，明确供需双方职责。制订灌溉方案，将留用水指标和干渠直开口最大可供水指标逐日量化到各直开口。投资1.5万元，完善协会之家基础设施，严格落实会长例会和所段级调度例会制度，指导协会做好支斗渠用水计划和灌溉管理工作。邀请农民用水者协会参与直开口测水，做到计量公平、公正、公开；及时向农民用水者协会公布水量、水费，将公开栏建到所、段、点，张贴到村、队，主动接受灌区群众监督。深化作风评议活动，开展争当为民服务之星、争创文明行业等活动。

【科技与教育】 投入职教经费20.7万元，抓科级干部、专业技术人员、技术工人三支队伍的教育培训。举办干部培训以及灌溉管理、安全生产管理等培训班7期，受训人数达326人。组织开展青工职业技能竞赛，采取施工现场技能培训、深入田间地头讲政策说水情问灌情、参与秋季水权转换渠道砌护工程现场管理及工程监理等形式，带动干部职工学理论、明方向，学技能、强素质，学制度、守纪律。与水利厅信息办、中国移动联系协调，对所、段、点互联网接通工作进行对接，完成处、所、段、点互联网光纤接通1处，利用水利专线解决3处。对雷达遥测设备进行检查、维护和培训，发挥水情遥测和视频监控系统的预警、应急作用。

【水政与水资源管理】 以“世界水日”“中国水周”为契机，紧扣“落实五大发展理念，推进最严格水资源管理”宣传主题，深入灌区乡镇、村队广泛开展水工程保护法律法规宣传工作，发放各类宣传资料9000余份，悬挂主题横幅6幅。组织开展百家网站微信公众号法律竞赛答题活动。抓好渠道水环境整治，处所联动，清理渠道约19千米，清除垃圾、堆积物1995立方米。查处乱打井、乱取土、乱建违章构筑物、乱排污水“四乱”行为，协调处理涉水涉外事件14起，封堵违规排水口4处。

【综合经营】 发挥工程建设，监理优势、拓宽市场，承揽工程施工和监理项目，实现收入2554.71万元。开展“美好家园”创建、“一渠两线五小建设”等活动，鼓励职工开展小种植、小养殖，养鸡1510只，鸭400只，羊160只，放养鱼苗900斤，种植玉米284亩。投资37.5万元，加强对高干渠三段农场和坝头子农场果园管理，嫁接改良苹果628棵、葡萄2867棵，苹果套袋100万个。鼓励各管理所利用现有基础设施，发展种植业、养殖业，实现收入79.16万元。全年实现综合经营收入2633.87万元，利润38.09万元。

【财务管理】 2016年水费收入计划为763万元，实际完成766.4万元，占计划100.5%。完成账面收入2706.46万元。上级核拨管理处经费2879.49万元，供水支出2854.49万元。实行单位副处长分管、行政一把手负总责的双重财务监督机制。落实“一支笔”审批与“多支笔”会签支付制度，提高资金使用的计划性。先后2次配合会计师事务所完成2012—2015年经费项目绩效评价和专项及岁修工程的审计。对2013—2015年经营管理情况专项审计。强化物资采购，由采购小组采取多方询价、比质比价、竞标采购等方式采购物资。规范资产处置。按照资产处置程序要求，会同相关科室对基层单位报废的低值易耗品、工程废旧材料等进行残值处理，全年处置金额2770元。应对“营改增”税制改革，实现水费增值税发票税控开票。按时完成资产清查和国有资产产权登记工作。

（王治涛）

固海扬水管理

【概况】 2016年，固海扬水管理处在册职工938人，其中高级工程师13人，工程师65人，助理工程师170人，技师159人。2016年安全行水163天，主机组累计运行365570台时。用电量3.73亿千瓦时，单方水耗电量0.841度每平方米，支付电费3172.27万元，获供电部门减免电费20.65万元。机电设备完好率95.53%，安全运行率99.99%。固海灌区引水4.576亿立方米，配水3.991亿立方米，商品水率87.22%，完成102.24万亩基本农田、59.05万亩特色设施农业及8个生态移民安置区9.35万亩农田的供水，无偿支持灌区周边群众抗旱自救供水200万立方米，向海原新区城市供水405万立方米。灌区总经济效益29.11亿元，粮油总产75.75万吨，灌区农民人均收入5896元，单方水经济效益7.30元。2016年，管理处荣获全国“水利安全生产知识网络竞赛集体奖”，第二届“资源环境与生命科技创新知识大赛”优秀组织单位，水利厅“先进基层党组织”，并被自治区民族事务委员会命名为“全区民族团结进步示范单位”称号。

【灌溉管理】 严格执行用水指标申请审批制度，坚持“公正、公平、公开”原则，明确水权，保证均衡。坚持水量分配明晰到县（场）、干渠、斗口的“三明晰”制度，分阶段下达水量指标，严格控制配水计划和进度，指导灌区以供定需、量水发展、节约用水。指导和帮助灌区政府和水管部门采取及时申请新增水量、错峰灌溉、低峰期蓄水等方式，保证生态移民、高效节水农业等新增项目供水。优化调度、缓解压力，分阶段制定泵站运行方式和机组匹配方案。利用固海和固扩系统的扩三干渠与长三支渠、扩八干渠与固八干渠连通工程，由扩灌系统向固海系统补水281.38万立方米，缓解固海老灌区的供水压力。维修量水堰10座，校测群众反映量水不准的量水堰15座，校验流速仪40台，安装远程水位遥测仪43座。抓水管单位商品水率指标的落实，与水管单位签订商品水率与水费收缴目标责任书，加强斗口配水检查力度，严惩违纪违规行为，做到计量准确、收费公平、服务清廉。在泵站、村镇群众集聚集点、清真寺等地建立“水务公开栏”，及时公布水指标、水量、水价、水账、水费和灌溉进度，敞开监督渠道。在灌区建立服务监督机制，确保测配水及时到位，优质服务，坚决杜绝"关系水、人情水""吃拿卡要"等违纪违规行为。

【防汛抗旱】 做好防汛工作，及时修订处、站两级防汛预案，对全处防汛工程进行多次拉网式检查，争取项目资金，新建石峡口泵站西河渡槽出口溢流堰工程、固海五干渠金鸡沟渡槽出口和东一支大哈拉沟渡槽进口退水闸工程。完成工程维修建设项目 30 项，渡槽出口除险加固 2 座，生产桥维修加固 3 座，集中整治干渠 6 条 19 处 5.2 公里，渠道清淤 25.1 公里，渠堤加固 313 米，治理防洪问题 5 处。落实灌溉计划，推进节水灌溉。制订应急供水预案，适时调整调度和运行方案。

【安全生产】 坚持"安全第一，预防为主，综合治理"的安全工作方针，建立健全"党政同责，一岗双责，齐抓共管"的安全责任体系，开展"安全生产主体责任落实年"和安全生产标准化建设达标活动，落实责任、强化监管，深化隐患排查治理，加强安全知识教育培训。修订完善安全生产责任内容和任务，建立完善安全生产监管职责和权力责任清单。制订安全生产督查方案，细化督查时间和内容，全年开展综合督查 4 次。对各单位工程设施设备检维修、运行管理、工程建设安全措施落实等情况开展专项督查，整改落实工程设施设备缺陷 86 项、安全隐患 8 项。开展水利工程建设安全生产整治专项行动、危险化学品安全专项整治和百日安全生产专项整治行动。加强"三违"治理，查处违章违纪行为 3 起，通报处理违纪 9 人次。开展水利工程建设专项整治行动，违规工程建设 2 项，督促施工单位落实现场安全生产资金 19 万元。对 400 多名安全生产管理人员、机电技术员、值班长、工程管护和测配水及新招聘职工进行安全生产培训。举办全处安全生产管理人员取证培训班，80 名安全生产管理人员取得安全生产管理资格证书。组织开展危险源辨识和控制活动，建立作业危险源清单，落实防范措施，修订完善安全生产应急预案、综合预案和专项处置方案。开展应急救援实战演练活动 43 场次。深化安全生产标准化创建工作，投入资金 49 万元，制作安全警示牌 1000 多块，购置消防器材 300 个，救生圈 116 个，消防沙桶 230 个，医药急救箱 36 个，安全隔离墩 20 块。扩大宣传，营造范围。"安全生产月"期间，悬挂宣传条幅 34 幅、观看警示教育片 29 场次，安全演讲比赛 35 场次，安全知识竞赛 28 场次，专题展板 30 块，发放安全知识手册一套、安全书籍 300 本、张贴安全挂图 700 张、安全传单 2000 份。组织 130 人参加的消防安全知识培训班一期。组织 897 名职工参加全国水利安全生产知识网络竞赛答题活动，获全国水利安全生产网络知识竞赛集体奖。

【机电运行与管理】 加强对扩灌系统设备的维护和更新改造。全年下达检修计划 1001 项，完成大小修、涂护水泵 438 台次，电机 214 台次，阀门 812 台次，主变、厂变及冬用变 115 台次，维修高压真空断路器、校验、检测维护各类电器设备 1000 多台次，维修检测高压架空、电缆线路 46 条，维护通信光缆、电缆线路 139 公里。利用新技术对老化和存在缺陷的机电设备进行技术改造升级，更换李堡泵站电机 7 台，改造扩八至扩十二泵站中控室控制系统 4 套，改造周庄变电所等 35kV 高压断路器 3 台，大战场泵站进水压力钢管 3 台，扩灌七泵站进水阀门 2 台，扩四、扩五泵站直流系统 2 套，扩八、扩九泵站主变保护装置 2 套，泉眼山等泵站视频监控系统 3 套，改造光缆通信线路 5 处。

【工程建设与管理】 争取项目资金，新建石峡口泵站西河渡槽出口溢流堰工程、固海五干渠金鸡沟渡槽出口和东一支大哈拉沟渡槽进口退水闸工程。完成工程维修建设项目 37 项，安装生产桥防护栏杆 13 座，修建标准化渠堤 9.61 公里，渠道整板勾缝 19520 平方米，维护闸门、启闭机 443 台(更换启闭机 12 台、闸阀 18 个)，完成渠道维修养护资金 1069.77 万元。大型泵站更新改造完成石峡口、白府都、李旺、花豹湾和石碳沟 5 个泵站的更新改造任务和固海灌区续建配套与节水改造工程和农建等项目128.5公里渠道、100余座配套水工建筑物改造任务，项目总投资1.5亿元。在13个标段设立现场管理办公室，组织50多名技术人员参与现场监督管理，建立和落实现场监管责任制度，全程参与工程施工、验收的各个环节，加强施工中间环节检查和建设过程管理。按规定履行行政审批程序，签订工程管护协议和施工安全协议，协调配合高铁、高速公路、天然气管道、送变电工程等跨、穿越固海渠道工程11项，依法制止吴忠供电局承建的塘坊110kV送电线路跨渠工程、宁夏公路建设管理局承建的京藏高速改扩建跨渠工程等未批先建行为，督促建设单位按照正常程序办理施工许可手续后开工建设。依法查处同心三干渠违章取土等6起水事案件。固海和同心两个系统的渠道改造达88%，水工建筑物改造达47%，渠道工程安全运行率100%，建筑物完好率92.68%。

【科技与教育】 成立“黄河水利科学研究院水泵抗磨蚀技术示范点”，与黄河水利委员会黄河水利科学研究院合作，开展6个型号水泵过流部件的抗磨蚀新技术试验。加强职工思想政治教育和自动化控制技术、信息网络知识及电工进网作业许可等培训，春季投入资金17.88万元，举办机电、灌溉、工程、财务、党建等培训班37期，受培1120人次，送出培训18人次。坚持“德才兼备，以德为先”的用人标准，加强干部队伍建设，把品行好、想干事、能干事、干成事的干部，充实到管理队伍中来，新提拔副科级干部6名，正科级干部5名(其中女干部2名)。

【水政与水资源管理】 完善制度，健全表册，修订预案，签订各类综治责任书1005份，处理水政案件6起，开展水法宣传6场次，接待、处理信访案件26批次。组织300多名职工在灌区开展普法宣传活动，张贴标语930条，发放宣传画200张，散发宣传资料14300份，悬挂主题横幅34条，刷写永久性标语100多条。

【综合经营】 利用土地等资源，因地制宜，发展综合经营，全年完成综合经营利润265.78万元。其中工程公司对外工程施工创利润111.5万元，检修队对外工程施工创利润20万元，正原监理公司创利润20万元，土地及果园经营收入70万元，营业房收入32.3万元，全处基层单位种植蔬菜85亩，养殖鸡鸭羊等6000多只，人均产值200元。

【财务管理】 贯彻《会计法》和《会计基础工作规范》，严格执行《宁夏回族自治区直属水管单位水利工程维修养护经费项目管理暂行办法》，严把资金审批、审核、支付管理关口，做到专款专用。按财政部门及水利厅审批下达的项目严格审核，把工程维修支出细化到每个工程项目，严格按批复及合同审批结算支付。强化预算控制管理，树立勤俭节约意识，严格控制和压缩“三公”经费支出，规范审批程序。争取工资及附加及时足额拨付，全年拨付工资性资金及公用经费15194.55万元，电费到位3220万元，维修费到位1049万元。全年完成供水收入5527.40万元，比计划5439万元超收88.4万元，完成计划的101.63%。完成扩一和扩九泵站站长离任经济责任审计，龙湾等9个泵站站长任期满3年经济责任审计，审计资金8932.33万元。严格物资采购和国有资产管理，全年物资采购资金379万元，其中机电类279万元，工程及防汛类38万元，劳保、办公用品62万元，签订供货合同(GH2016)52份，按照规定程序处置长山头等10座泵站报废资产172万元。

(周四春)

红寺堡扬水管理

【概况】 2016年，宁夏红寺堡扬水管理处(以下简称“管理处”)定额事业编制476人，聘用编制13人。管理处内设办公室、组织人事科、计划财务科、机电管理科、灌溉调度科、防汛工程科、水政科、后勤保障科、监察室等9个部门和检修队、工程队

（水利工程维修养护大队、红扬水利水电建筑安装工程公司）、红扬工程检测有限公司等，辖水管所 1 个、泵站 14 个，下设工会和共青团群众组织 2 个。全年上水 159 天，上水量 26467.54 万立方米，黄河泵站补水 9424.44 万立方米；灌溉面积 74.56 万亩（含节水灌溉 18.66 万亩）；灌区产粮油 2.99 亿公斤、经济作物 1.27 亿公斤。

【灌溉管理】 以服务灌区、保障民生为重点，明确实灌面积、节灌面积、供水量、玉米压减面积，建立协调组织和沟通机制，制订《新庄集与洪沟泵站联运方案》，与所有受益县（区）政府签订《供用水协议》。严格计划管理，水量调整以"点"对"点"方式进行，配合开展水权到户、水量交易等工作。红寺堡区新实施节灌项目全部投运，老项目恢复运行近 50%，灌区压减玉米 5 万亩，增加节灌近 3 万亩。

【防汛抗旱】 加固完善防汛设施，修订预案，增配物资，在干渠附近建立抢险施工设备联系点 5 个。逐级下达明确防汛责任区，严格防汛值班制度，与灌区地方政府签订《联防协议》15 份。修订《防汛工作管理规定》及预案，开展防汛和事故应急救援演练 16 场次，成功应对"8·13"汛情。制订《灌区抗旱保灌应急预案》，春灌采取调整水指标、拉长供水周期等措施督促灌区控制玉米种植面积，利用灌溉低峰大流量向蓄水池蓄水；夏灌期间，首级泵站较上年提前 6 天满负荷向灌区供水；针对黄河来水不稳定、七星渠进口引水不足致红一泵站前池水位低影响机组出流等情况，协调沟通与有关单位组织召开座谈会，开启黄河泵站机组补水，确保水源供给，实现无受旱、无上访、无重大水事纠纷的目标。

【安全生产】 强化培训教育、隐患排查治理和病险工程设备运行管理，全区安全文化建设示范单位通过复验。将学习《安全生产规程》常态化，建立月度考试考核制度，对连续 2 次不合格者待岗处理；建立管理处每月 1 次、站所半月 1 次、班组每周 1 次的隐患排查制度，并纳入月度考核与绩效工资挂钩；全面排查病险工程设备，建档立卡，制定消缺路线图和时间表；采取增加巡查次数等措施强化病险设备运行管理；以精、细、严、实的管理促进安全生产形势稳定向好。制定《管理处安全文化建设规划》《安全行为监督管理办法》，印发职业病防治实施方案，消除职业卫生监督工作隐患。

【机电运行与管理】 严格执行机电设备运行维护规程、检修规程和渠道工程维修养护管理规定等制度，促进规范管理。开展泵站部分高压开关柜、变压器、电动机电缆等更新改造，及时大修部分变压器、电动机、水泵等主设备，安装部分泵站高压开关远方操作柜及直流屏交流双电源切换装置，改造黄河泵站水泵冷却水备用水源供水系统。完成春秋两季检维修任务，强化日常运行维护，确保机电设备的安全运行。

【工程建设与管理】 强化工程维修管护，修复红四、五干渠洪毁工程，新建干渠防洪堤 7.2 公里、防洪设施 14 座（处）；建设干渠防风林 266 亩；对调度中心等进行节能节水改造，对 4 栋住宅楼进行节能涂装改造；地方政府助力改造红三干渠危桥 2 座，硬化 2 个泵站进厂道路 1.4 公里；重视信息化建设，编制《"智慧红扬"十三五规划》；协调推进泵站更新改造，完成安全鉴定，协调编制工程泵站现状调查分析报告、建筑物现场安全检测报告、泵站工程复核计算分析报告，配合设计院编制完善可研报告。

【科技与教育】 联合上海凯士比、南方泵业开展新技术新材料运用，完成黄河泵站 6# 水泵更新改造；举办红寺堡扬水工程运行现状分析研讨会；集中更换红寺堡一至三泵站 30 台高压电动机的冷却风机，电动机铁芯温度较 2016 年普遍下降。出台《师带徒管理实施方案》，建立"师徒对子"33 个。坚持停水期集中培训与生产期岗上培训、"请进来"与"送出去"培训相结合，举办机电、工程、灌溉、宣传、政务信息、交通安全、财务及廉政知识培训班；以一事一训、岗位练兵等强化操作能力训练。发挥国家级马国民技能大师工作室作用，组织开展技术攻关、课题研究、动手训练等活动。

【水政与水资源管理】 推进普法学习，在灌区集中开展水法宣传活动4场次，沿渠喷涂标语200多条；坚持开展水法“六进”活动①。制定水工程管理范围管理办法，深化“五清”专项治理②，制止违章建筑5次、违规开垦土地9起，及时清理无主垃圾。落实综治责任，及时排查化解矛盾纠纷，强化信访维稳，管理处被评为全区“六五”普法先进单位。

（范燕玲）

小资料

①“六进”活动：开展水法规进乡镇、进村庄、进农户、进集市、进学校、进清真寺的活动。

②“五清”专项治理：依法管理水工程管理范围，开展清垃圾、清杂物、清占地、清路障、清违建等“五清”活动。

城建环保

城乡建设

【概况】 2016年，中宁县住房和城乡建设局下属8个单位，职工248名，其中有行政管理人员20人，公务员11人，专业技术人员64人，工人173人。

【重点项目建设】 关注民生，实施老旧小区改造工程。投资350万元，对粮食小区、北街新村、民族家园、法院小区、泰安小区、碱沟山小区等14个老旧小区进行改造，主要实施小区院落硬化、上下水改造、路灯安装等工程。公共基础设施建设力度加大。2016年开工建设市民服务中心、垃圾转运系统建设、污水处理厂提标改造、县城西区集中供热改扩建等项目。市民服务中心交付使用；垃圾转运系统完成建设，第一污水处理厂完成提标改造项目土建工程，设备安装工程完成85%；县城西区集中供热改扩建项目完成供热中心主体框架混凝土浇筑，钢屋架制作安装等工程。

【保障性住房建设】 采取政府回购方式，全年完成1500套棚户区改造任务，将改造任务分解到宋营小学改造项目、中宁三小改造项目、宁丰路改造项目、郭庄市场改造项目、新堡大社区改造项目5个片区，签订拆迁安置协议1535户；加快在建续建工程，正大路西侧棚户区改造项目完成主体工程；抽调工作人员加大公租房实物配租入住资格审查、摸底调查和审核工作，掌握中、低收入家庭的住房需求状况。全年完成保障性住房分配739户。

【供热供气】 投资2000余万元，完成水保、平安、药材、滨河、固海等老旧小区10万平方米的既有居住建筑节能改造工程，实施外墙保温、屋面、楼顶防水等工程，惠及群众1116户；投资1600万元完成育才小区、教育小区等二次网，新堡供热站门口——鸣雁路一次网4千米的供热管道改造工程。规划新建县城西区供热中心。与环保局、市场监督管理局等部门进行联合执法，对纳入城市集中供热管网和工业企业的36台10吨以下燃煤锅炉进行淘汰拆除。天然气壁挂炉分户供暖覆盖至天仁名邸、观园壹号、鹏欣丽都、盛世花园、华诚首府、卓然怡居、宁安苑、红宝西花园、世芳豪庭、锦绣苑、世纪春天、杞乡经典、丽景豪城、金庭雅园、福康花园、雅泰花园、滨河新城、瀛海花园、美德花园、红宝花园、沃尔德都市花园、杞商福邸、逸和名居、畅和雅园、塞上江南、金岸骄子、盛世南区、恒达综合住宅小区等28个小区。

【旧城改造】 新建、续建旧城改造项目7个。其中,英郡年华、观园壹号二期、雅泰东城嘉园二期、天仁名邸、金海名邸完成全部建设工程竣工验收交付业主使用;老法院改造项目悦泽苑电子商务大厦完成地下车库及6层主体建设;棚户区改造二期(B区)项目完成项目主体建设。

【市政道路建设】 开工续建亲水街、宁丰路(北二环至啤酒厂)、宁安西街延伸段3条市政道路,新建南北侧路、富民西路、北二环拓宽项目。南侧路、北侧路建成通车;亲水街一、二标段及宁丰路主路面建成通车;黄河东路完成500米排水管网的铺设、500米土方铺垫及砂石料铺垫、市政管网建设;富民西路完成给、排水及检查井的砌筑、路基砂石垫层的铺设及200米管沟的开挖;宁安西街延伸段项目完成路床整理、1道板涵砌筑、道路下水工程。

【城市管理】 完成水污一体化合作经营。与水务公司谈判,促成污水处理厂及污水资源化利用合作经营。创新城市管理执法体制。抽调市场监督管理局、环保局、城建监察大队等部门执法工作人员,成立中宁县城市管理综合执法局。推行环卫作业服务市场化。通过公开招投标方式,与北控环境投资(中国)有限公司签订《中宁县环卫作业服务市场化项目投资合作服务协议》,环卫作业服务项目整体移交北控环境管理。政府主管部门按照"以克论净"深度清洁保洁要求,组建环卫作业考核组,每月对企业覆盖服务项目道路保洁、日常消杀、垃圾收运、公厕保洁、公园广场、垃圾填埋场等进行监督考核。

【公共设施管理】 全县安装路灯5000余盏。制定完善路灯施工和日检修、周巡查制度,形成长效化管理机制,确保县城内各主次干道、公园、广场亮化设施显示完整,正常使用,县城照明设施合格率100%,装灯率99%,维修率99%,完好率99%,主次干道亮灯率99%,背街小巷亮灯率98%。加强县城排水设施的维护、管理工作,采用集中清理、维修与经常性检查、疏通相结合的方式,做到堵塞一处、清理一处,压塌一处、维修一处。县城排水系统为直泄式雨污合流制,县城内排水管道总长48公里,污水检查井1710个,雨水箅子3100个。全年组织人力物力对县城排水总沟、出入口、低洼地等排水设施进行8次全面清理、维修,清理排水总管及横穿管820米、检查井436座、雨水箅子680座,更换检查井盖249个、雨水篦子278个,清理淤泥量1230立方米,清理排水出口6处、化粪池12座。指导帮助社区、住宅区解决排水疑难问题5处。加强城市公厕的管理、维护工作。依据《城市环境卫生规划规范》和城市公共厕所设计标准,本着实用、美观,外形因地制宜,功能环保、生态、节水、节能的原则对城市公厕进行规划。加强垃圾中转站及公厕的管理,安装统一指示牌、标识牌,健全完善公厕卫生管理制度及病媒生物防治工作制度,实施定人、定岗、定责任的工作原则,不定期对县城内各公厕进行病媒生物防治,基本达到无蝇蛆、无尿碱、基本无臭味的"三无"要求。

【新农村建设】 2016年,按照住建厅、中卫市下达中宁县的目标任务,建设宁安镇南桥村、新堡镇刘庄村、鸣沙镇五道渠村、白马乡白路村、白马乡三道湖村、大战场镇东盛村、喊叫水乡喊叫水村美丽村庄7个,建成鸣沙镇美丽小城镇,改造农村危窑危房800户。年末,鸣沙美丽小城镇投资1218万元,完成一期基础设施建设,铺设人行道2万平方米,树池更换道牙8千米,门前及非机动车道硬化1.2万平方米,铺设上水管道3.5千米、下水管道2.6千米,砌护渠斗门、给水井砌护检查井,改造社区广场840平方米,建设锅炉房1座。鸣沙五道渠投资146.1万元,白马乡三道湖投资448万元,白马白路村投资489万元,宁安镇南桥村投资254万元,全面完成美丽村庄建设任务;新堡刘庄村投资380万,完成总量的80%;喊叫水乡喊叫水村投资198万元,完成任务的50%;大战场东盛村投资550万元,完成总量的90%。农村危窑危房改造开工787户,完成787户,完成率115%。

【城镇规划建设管理】 遵循城乡统筹、合理布局、节约土地、集约发展和先规划后建设的原则,编制中宁县空间规划，构建以空间治理和空间结构优化为主要内容,全区统一、相互衔接、分级管理的空间规划体系，全县上报11个乡镇村庄布局规划(2014—2030年)意见建议征求稿;完成14个村庄和1个集镇及长山头农场村庄规划编制工作;全年召开城镇化工作领导小组会议1次，审核规划方案4个,审核建设项目选址3个。

【招投标管理】 完成工程备案174项、项目报建审核220项、招标公告发布226项、议标登记452项;完成全县50万元以上政府投资项目191项,控制价为17.12亿元,中标价为16.42亿元,节约金额7000万元,资金节约率为4.1%。单项合同估算价在50万元以下的工程项目采取协议方式实行竞标竞价。全年议定459个项目,送审价1.36亿元,议定价1.25亿元,资金节约率8.08%。

【物业管理】 与民政局配合，多次协调指导全县各老旧小区业主委员会的组建和运作。鼓励社区召开业主大会,成立业主委员会,规范居住物业的使用、维修和其他管理活动,杜绝擅自改变用地用途、私搭乱建等违法行为,维护产权人、使用人和物业服务企业的合法权益。进一步加强对物业企业资质监管,对物业服务企业进行严格资质审查,把好准入关。对物业服务企业管理不规范、监督不到位,只收钱不办事、素质差的物业服务企业取消物业服务资质，组织物业服务企业的从业人员到银川参加各类业务知识培训和继续教育培训,加强从业人员法律法规知识和专业知识学习。对物业服务企业开展专项整治，贯彻执行国家《物权法》《物业管理条例》等法律法规,规范物业承接查验、物业服务合同签订、业主大会召开、业主委员会成立组建等工作。督促物业服务企业建立健全物业服务诚信经营规则、职业道德规范、业主文明规约等，明确物业服务标准、服务内容和收费标准,监督物业服务企业履行物业服务管理合同,提供“质价相符”的物业服务标准。

【工程责任监管】 从建设工程的立项、规划设计、图纸审查、招投标到施工监理、质量监督、安全生产、竣工验收等各个环节,明确责任,严格把关,严格监管;全面推行房屋建筑外墙保温和住宅分户质量验收制度;开展建筑工地质量安全生产大检查,建立完善安全生产责任机制,消除质量安全隐患。加大对房地产市场监管的力度,组织人员对房地产开发市场进行检查,严厉查处无资质开发、越级开发和未取得商品房预售许可证预售的违法行为,规范房地产市场秩序。2016年,办理房屋所有权登记4368件,面积97万平方米,他项权利登记6709件,面积143万平方米,抵押金额32亿元,合同备案2427件,面积25万平方米,抵押权预告登记1540件,面积16万平方米;办理建设项目选址意见书119件,办理建设用地规划许可证40件,办理建设工程规划许可证58件，建设工程项目“一书两证”审批覆盖率和规划监管率达到100%。对不符合规划的项目坚决不予审批。

【人防工作】 设置警报器23台，在中宁县九小、中宁县二幼、中宁县黄河中心新安装LED警报器3台。每季度组织有关技术人员对全县的警报器和人防指挥车进行全面的检查、保养和测试。完成县城8个社区人防工作站建设，完善人防工作领导小组、管理制度,争取专项资金6.8万元,配备应急救援器材。开展社区人防知识讲座，组织居民疏散演练,标识标牌进社区等活动,规范人防工程建设和易地建设费征收。申请国家发改委专项资金600万元。政府投资900万元，在体育馆建成占地面积约400亩的高标准、高层次大型应急避难场所1处。

(刘　微)

环境保护

【概况】 中宁县环境保护局下设工业(物流)园区

环保分局、环境监测站、环境监察大队。2016年末，有在职职工26人，其中行政人员9人，事业编制人员17人；副高1人，中级职称4人，初级职称10人。隶属县直机关工委管理党员15名。

【环境宣教】 投入资金10万元，利用电视媒体、中宁环保网、环保局手机微信平台、广场宣传、局机关和石空工业园区LED屏、外宣广告牌等开展环境保护政策法律法规、环保科普知识等宣教活动。全年开展环保志愿宣教服务实践活动16次，举办人大政协委员"走进环保"观摩会2次、召开"群众—业主—社区—部门"四方面对面环境保护专题座谈会1次，环保宣教公开签名1次，环保专场文艺演出2场，制作环保主题宣传片3期，制作宣传展板15块，发放环保倡议书、环保宣传册、环保科普知识手册、环保宣传彩页、环保购物袋和环保围裙等累计2万余份；报送信息86篇，其中中国中宁网上稿50篇，中卫日报上稿11篇，完成调研报告5篇。结合"两学一做"学习教育，组织党员干部进社区、进企业开展以"改善环境质量，推动绿色发展"为主题的志愿宣教服务活动和公开签名活动，向居民发放"一信一书"，即"致广大居民的一封信"和"践行绿色生活环保倡议书"。

【大气污染防治】 围绕《自治区大气污染防治行动计划（2013—2017年）》和《2016年度全区大气污染防治重点工作安排》要求，制订了《中宁县大气污染防治行动方案》，组织实施瀛海、赛马和天元建材水泥熟料生产线脱硝设施（SNCR）等4个脱硝项目技术改造；黄河乳品厂、天元发电厂和水暖公司等16个脱硫除尘项目建设。完成新世纪、兴鑫冶金、嘉盛冶炼等电石、铁合金企业矿热炉出炉口、上料口等位置密闭收集除尘技术改造和中宁电厂煤堆场防尘墙、赛马水泥原辅材料堆棚和煤、熟料防尘抑尘网和水暖公司育财、新堡、聚元等供热站燃料堆场防尘网建设。完成新世纪冶炼、兴鑫冶金等企业粉料堆场、煤场、渣场等无组织粉尘排放场所改造和治理工作，建设防尘网2.5万余平方米、原料堆棚1.96万平方米。加快城市燃煤锅炉淘汰工作，关停10吨及以下燃煤锅炉36台。督促水暖公司下辖的亲水、聚元、育财、石空、新堡等5个供热站完成20吨以上锅炉双碱法脱硫设施及除尘设施改造建设工作，责令其在冬季采暖期使用低硫分、低灰分优质煤。淘汰黄标车及老旧车辆772辆，延期淘汰高污染排放黄标车199辆，对185辆柴油黄标车实行黄改绿，其中181辆加装尾气净化装置，4辆改天然气发动机，对21850辆机动车发放合格环保检测标识，完成淘汰目标任务的106.9%。督促城建部门健全完善城市建筑施工、拆迁扬尘治理清单及台账资料，制订城市扬尘治理方案，开展城市扬尘（包括建筑施工、拆迁扬尘及城市道路堆土等）治理检查并完善检查记录。加强城市环境机械化清扫保洁工作，完成县城清扫保洁区域面积240.8万平方米，机械清扫面积180.6万平方米，机扫率75%；启动洒水车采取循环式作业方式每天4~5次对路面进行洒水降温、除尘；督促林业部门对县城、石空、新堡一城两区范围内所有城市公共绿地、生态湖泊、景观草坪、城乡结合部、黄河两岸等重点扬尘易发区全部进行花草树木的栽种工作。加大秋季秸秆禁烧工作，制订秸秆禁烧工作方案，向各乡镇下发秸秆禁烧公告，建立县、乡镇、村（队）三级监管工作网络，开展巡查和检查力度，对随意焚烧行为发现一处查处一处。以源林生物发电为带动，开展秸秆综合利用工作。加强重点行业挥发性有机物治理，督促13座加油站完成油气回收改造工作；责令企业建立原辅材料、物料建设全封闭式堆放库、防尘网，对于暂无全封闭式堆放库的落实全遮盖，装卸和运输物料过程采取洒水、喷雾、遮盖等降尘措施。

【水污染防治】 2016年，上报水污染防治重点项目建设34项，印发实施《中宁县2016年水污染防治实施方案》《中宁县入黄排水沟污染综合整治实施方案》《中宁县南、北河子水环境综合整治第二阶段实施方案》。投资近3000万元建设北河子沟人工湿地，对北河子、石空太平湖地表水体进行摸底调查；督促各相关单位、部门落实水污染防治年度计划方案；配合住建、水务部门，封堵北河子排污口81个，南河子排污口28个，拆迁违章建筑14处，建设补水井2口，清淤渠道5.16公里，河底填筑鹅卵石1.8万立方米，河岸栽植乔灌木3180棵，砌护石头沟坡280立方米，修整堤防2.5公里，配置垃圾箱15个，清理垃圾60余吨，清理水面漂浮物200余吨；对全县工业企业进行全面摸排，封堵宁安彩印包装有限公司污水直排口；督促宁夏农垦贺兰山奶业有限公司、宁夏兴尔泰化工集团有限公司等企业对水污染防治设施进行技改完善，责令兴德化工有限公司等企业停产整治；督促锦宁巨科、华夏特钢、华夏环保资源综合利用有限公司、兴尔泰化工、天元建材等5家企业开展清洁生产审核，实施中高费、无低费清洁生产技术改造42项；指导瀛海天祥建材有限公司加快清洁生产技术方案的落实，完成清洁生产审核验收工作；加强水源地环境管理，完善、更换康滩（县城）饮用水源地警示牌、界桩等设施8处，搬迁水源地一级保护区内1家规模化畜禽养殖场，责令二级保护区内从事枸杞加工、垂钓服务、废旧物资回收等8家单位停业、限期搬迁。

【污染减排】 落实区、市人民政府污染减排目标责任，制订污染减排计划，建立污染减排目标责任制，与25家企业、12个单位签订污染减排目标管理责任书，采取“结构减排，工程减排，管理减排”三大措施，强化重点企业污染治理设施。重点实施第一污水处理厂提标改造项目、石空新材料循环区工业污水处理厂项目、恩和纺织园污水处理厂项目、兴尔泰合成氨污水处理设施技术改造项目、恒兴果汁污水处理等5个废水治理项目；黄河乳品、水暖公司2个脱硫项目；赛马、瀛海天祥2个脱硝项目；秦毅铝厂1个结构减排项目；刘桥生猪规模化畜禽养殖场（园区）等10个农业源减排项目。化学需氧量、氨氮、二氧化硫、氮氧化物年削减量分别为2264.38吨、664.22吨、624.53吨、1268.95吨，完成年度减排目标任务的100.8%、109.1%、123.9%、120.6%。

【环评审批】 简化行政审批环节，创新环境管理机制，制定印发《关于进一步优化房地产开发、餐饮服务业及枸杞加工等项目环评审批的通知》，进一步优化房地产业和餐饮服务业及枸杞加工项目环评审批程序。落实环评“三同时”（即建设项目中防治污染的设施应当与主体工程同时设计、同时施工、同时投产使用）执行情况日常监督管理，强化建设项目“事前、事中、事后”监管，对新上项目环境影响评价公众参与信息公告、建设项目环境影响评价文件受理情况、环境影响报告书简本、环境影响评价文件审批结果以及建设项目竣工环境保护验收结果等相关信息在中宁环保网全面公开。全年办理各类建设项目环境影响评价审批246件，其中报告书5件，报告表49件，登记表197件；劝退不符合相关政策的木炭窑、塑料粒项目5个；通过“三同时”验收项目55个。全年建设项目环境影响评价执行率100%，“三同时”制度执行率100%，环境保护竣工验收率95%。

【环境监察执法】 强化环境执法人员岗位职责和任务目标，制订《2016年环境监察网格化监管工作方案》，落实“网格化”环境监管模式，划分企业监管等级，明确执法人员监管区域，制定岗位考核管理细则，将日常监管责任落实到区域、岗位、人头；按照污染源监督管理规定，采取日常检查、节假日巡查和夜间突击检查的方法，每月对国控、省控污染源进行一次现场执法检查，监督企业污染防治设施、自动在线监测设备保持正常运行，实现污染物稳定达标排放。结合中央环保大督察，全年完成污染源现场检查260余次，下达责令改正违法行为通知书103份，责令限制生产决定书1份，责令停止生产决定书32份，督办函9份。立案查处违规企事业单位17家，办结行政处罚案件14起，收缴罚款59.2275万元。落实“12369”环保热线24小时值班制度,建立信访投诉登记台账,公示信访投诉处理情况,规范信访案件办理程序,对群众反映强烈、影响社会稳定的重点案件及时调查化解、处理答复。全年接访环境投诉143件,办结率100%。执行排污费征收标准,规范排污费征收行为,执行申报、核定、公示、汇审制度,加大排污费清欠力度,下达排污费核定与缴纳通知书117份,排污费收缴入库1200万元。做好中央环保督察组转办事项查处,开展自查自纠,督促企业按期完成整改。按照中央环保督察组要求提供调阅卷宗,针对中央督察组转办的14个问题,进行现场核实、调查取证。开展医疗Ⅲ类射线装置专项检查工作,对全县区域内生产、销售、使用Ⅲ类射线装置单位进行排查,针对排查存在问题要求限期整改办理。对贺兰山东麓葡萄种植基地周边存在环境问题的6家企业进行专项检查,提请县人民政府约谈该6家企业负责人。开展城区烟尘污染防治、入黄排口农灌渠、水污染等专项行动检查。对21家违规建设项目的企业进行整治,完成整改12家,淘汰关停9家。完成行政处罚案卷3起,开展评卷讨论会3次。对康滩饮用水源地保护区内建设项目、经营单位进行全面排查,排查违法违规经营单位8家,下达责令改正违法行为决定书8份。配合消防、安监等各职能部门完成锦宁巨科车胎燃烧事故、大战场镇天然气泄漏事故、胜金关硫酸车泄漏事故的处理工作。

【环境监测】 争取专项资金,完善6参数环境空气自动站的建设和维护,按照新空气质量标准要求,实时监测县城地区二氧化硫、二氧化氮、一氧化氮、臭氧、可吸入颗粒物(PM10)、细颗粒物(PM2.5)等6项空气质量指标,将监测结果通过中宁电视台、中宁阳光政务网、中宁环保网向社会公布。2016年全县环境空气质量优良天数达285天,占有效监测天数的78.1%,高于区市考核中宁75%的3.1个百分点,其中重度及严重污染3天,首要污染物为可吸入颗粒物(PM10),年均浓度103.9微克/米^3,二氧化硫年均浓度30.4微克/米^3,二氧化氮年均浓度21.7微克/米^3,一氧化碳平均浓度0.682毫克/米^3,臭氧平均浓度91.6微克/米^3,细颗粒物(PM2.5)年均浓度36.1微克/米^3。定时定点监测南北河子11个断面水质,掌握水质情况,及时上报监测信息。配合区、市监测站对全县地表水、集中饮用水、预警监测水井、土壤进行监测;对重点投诉小区、地段的噪音敏感点设置10个点位进行昼夜重点监测,分析超标原因,将监测结果以函送达相关单位进行处理,出具监测报告64份,完成监测信息快报14份,环境空气质量分析报告4份;制订中宁县地下水调查评估方案,全面清查城市及农村地下饮用水18处、工业园区2个、重点畜禽养殖44家、加油站45家、垃圾处理厂10家,制作分布图,编写评估报告;对全县6个枸杞产区,18家重点种植企业进行采样监测分析。采集空气样品36个、土壤样品126个、枸杞样品63个,完成枸杞种植及污染源现状调查报告、产地质量调查报告、产地质量调查研究报告、相关分析报告,通过专家初步审核;配合公安局、文化局等部门参与环境污染纠纷监测、环境应急处置,水质监测5次,噪声监测8次,环境应急处置6次;完成企业星级考核工作,开展自行监测企业20家,完成自行监测报告86份。

【环境政务信息公开】 2016年,以中宁县环境保护局网站作为政务、企业信息公开主阵地,设置政务公开、通知通告、法律法规、环保动态、图片新闻、污染减排、环境监察、环境监测、环境评价、农村生态环境、环境宣传教育、企业信息平台、服务直通车等十三大板块,及时发布全国、自治区、市、县环保工作动态,按要求及时对环保党务政务、办事流程和企业信息进行公开公示,及时发布中宁县环境空气质量日报及各科室工作重点、计划、通知、责任分工等。加大环境监测企业信息公开力度,督促企业制定自主性监测、监督性监测信息公开计划,督促国控重点污染源企业制定监测方案并及时公开自主性监测信息，责令重点企业全部进行环保信息公开，全年编辑发布信息413条，其中发布中宁县环境空气质量信息168条，环境监测信息23条，农村环境卫生检查通报7期，环境监察信息48条，环保动态55条，环保热线通报11期，环境影响评价信息62条，有20家企业完成信息公开及自行监测方案等。

【农村环境保护】 起草《中宁县农村环境卫生保洁长效机制建设实施方案》，将农村环境卫生保洁长效机制建设情况纳入年度目标责任考核。明确各镇（乡）人民政府为区域卫生保洁第一责任人，细化农村环境卫生保洁考核标准和奖补政策，全年监督检查乡镇环境卫生12次，随机抽查16次，下发通报10期。对考核、抽查过程中存在问题记录在案，要求乡镇立即整改，将考核结果与各乡镇农村环境卫生整治补助资金挂钩，经考核验收及时兑付乡镇环境卫生保洁经费835.5万元。争取资金266万元，为舟塔潘营村4、5、6、7队铺设生活污水管网1.8公里，建设检查井56个、雨水篦子50个、污水处理终端1座；为白马三道湖村铺设上下水管网1.6公里，建设检查井、上水井、消防井46个，雨水篦子36个，污水处理终端1座；为舟塔乡配备5立方米吸粪车1辆，迁建垃圾中转站1座，在大战场宽口井新建垃圾焚烧炉1台；督促乡镇成立环境卫生保洁公司3个，配备保洁人员362名。建制镇生活垃圾无害化处理率83%，生活污水处理率50%，行政村生活垃圾无害化处理90%，生活污水处理15.3%。配合城市执法局加大环境综合执法力度，规范占道经营、乱摆摊点102处，规范车辆停放190余次，制止广告乱贴乱画1006余起、垃圾乱扔乱放231余起，清除牛皮癣1421处；设置机动车、非机动车停放标示牌16个，划定临时停车区域3900余平方米，划定规范标线1066米，新增便民信息张贴栏3处，规范路名牌12个。联合住建部门投资1023万元，对福银、定武2条高速公路全长95公里沿线两侧200米范围内的6镇16村、G109线、S101省道S201省道两侧28个示范村及城乡结合部沟渠、房前屋后、田间地头等重点区域的垃圾进行清理，出动保洁人员2114人、机械85台56次64个台班，清理垃圾18673吨。

【精准扶贫】 开展扶贫帮困、结对帮扶工作。按照《中宁县"十三五"脱贫攻坚实施方案》安排部署和工作要求，成立环保局扶贫帮困下基层工作领导小组，制定《中宁县环境保护局2016年精准脱贫工作实施方案》，提出农村扶贫对象识别工作的指导思想、基本原则、指标任务、主要内容、方法步骤及保障措施。协调资金27万元为徐套乡大台子村修建水窖、厕所和通电线路维修；为周马庄子村、下流水村、大台子村共配备垃圾箱60个。另捐赠价值4000余元的桌子4张、厨房用具用品等，完善大台子村村部办公环境和生活环境，方便驻村干部和帮扶单位干部开展工作；协调中卫市接待办、市国家安全局、县农牧局为大台子村分别捐赠树苗100棵、文件柜5组、电视机3台、床2张、太阳能热水器2台，完成年度扶贫目标任务。

（吴桂兰）

城乡供水

【概况】 宁夏水投中宁水务有限公司主要从事自来水生产供应，自来水厂、污水处理厂及供排水管道工程的投资施工，污水处理及其再生利用，节水产品推广应用等业务。公司下设综合部、运营管理部、发展规划部、工程技术部、财务部5个部门，运营管理部下设客服中心、城市供水公司、工业供水公司、检修公司、农饮公司、污水处理厂等6个二级公司。2016年，公司被评为中宁县农业农村工作先进单位，荣获宁夏水投集团年度先进单位和安全生产工作先进集体荣誉称号。

【供水指标】 2016年，全年供水1689万吨，其中城市供水671万吨、工业供水977万吨、农村供水

41万吨，完成年计划任务1400万吨的120.6%。最大日供水量突破11万吨。年销售收入3716万元，完成年计划3200万元的116.1%，其中城市供水收入1154万元、工业供水收入2202万元、农村供水收入78万元，其他收入282万元。接管污水处理厂8个月，处理污水660万吨，生产中水7万吨，实现收入102万元。缴纳税费187万元，实现利润395万元，累计安全生产1735天。

【水务一体化管理】 与中宁县人民政府签订《污水处理设施及污水资源化利用协议》，实现水源地保护、水生产供给、污水处理及中水回收再利用全产业链经营。接管余丁、关帝、红梧山等5处农饮工程。工业水价由上年的每吨2.3元调涨到2.8元。2016年，公司管理水源地1处、自来水厂2座、污水处理厂4座、泵站9座以及河南六乡镇农村饮水工程，日供水能力19.5万吨。

【管理机制建设】 坚持构建依法决策、有效监督、相互制衡的法人治理结构，持续完善股东会、董事会、监事会和经理层建设，选举职工代表进入董(监)事会履行议事和监督职责，确保"三会一层"依法依规独立行使权。执行股东大会、董事会、监事会制度，按期召开一届九次董事会、监事会，第五届股东会，一届十次董事会、监事会。制定"十三五"规划，提出"以水务一体化为主体，以城乡供水和工业供水为两翼，以拓展污水资源化领域、中水再利用市场、区域水安全保障体系"为核心内容的"一体两翼三拓展"的发展战略。

【安全生产管理】 严格落实"党政同责，一岗双责，失职追责"安全责任制，全年投入安全经费37万元。组织机电设备突发事故应急处理、防氯气泄露、防人身触电伤害等实操演练9次。组织供水设施、机电设备、危化药剂、道路交通、消防安全、有限空间作业、职业健康等专项整治8次，全年开展安全大检查41次，查出并整改隐患23条。参加集团"安全是谁的责任"主题征文，获得二等奖1名、三等奖1名，年终荣获中宁县落实安全生产责任制合格单位荣誉。年内成为自治区第一批水利安全生产标准化二级单位。

【设备运行管理】 全年投入技改资金412万元，翻建井涵132座、大修机泵22台(套)、维修电气设备60台(套)、完善自动化和水质在线监测系统4套、冲洗管网5次，为30多座重点输水建筑物建档。投资2800万元实施污水处理厂提标改造工程，新建深度处理车间，升级SBR反应池、污泥脱水装置和曝气系统，更新滗水器、搅拌器、回流装置，大修格栅机7台、脱泥机4台、污泥泵19台。累计垫资20多万元，为256户特困群众免费更换阀门水表，为485户居民免费维修冻胀管道和爆管漏点。

【工程建设与管理】 投资5200万元，建设河北城乡供水西支泵站工程、康滩水源地深井工程、第一污水处理厂提标改造工程等民生工程。坚持施工管理制度，零违规建设、违规使用资金、质量安全事故和拖欠工资等情况。

【项目筹建】 2016年，获得国家农发重点建设基金投资2500万元。组织前期审查、专家咨询、现场勘察13次；向自治区发改委、水利厅编报抗旱应急工程、城市及工业污水处理工程等7个方案，3个项目列入重点建设名录，累计储备项目额度4.2亿元。

【科技推广应用】 利用无人机采集重要供水设施地理信息，采用电子沙盘推演水资源调度方案，运用物联网技术解决强负荷生产、大流量运行、长距离输水难题。黄河辐射井取水模式获得自治区水利科技进步二等奖。举办业务培训和道德讲堂47期，受训3300多人次，编报的《生产安全事故应急预案》荣获全国水利安全应急预案竞赛鼓励奖。

(来永祥)

交通信息产业

交通运输

【概况】 2016年，全县公路通车里程2367.107公里。其中国道278.42公里，省道57.329公里，县道39.1公里，乡道829.239公里，村道1094.369公里，专用道路86.05公里。高速公路160.376公里，一级公路32.808公里，二级公路383.687公里，三级公路288.066公里，四级公路1502.17公里。公路密度达55.53公里/百平方公里。实现全县乡乡通油路，村村通硬化路的目标。形成以包兰、宝中、太中银3条铁路，京藏、福银、定武3条高速公路和109国道、101、201省道为主骨架，县乡村道路为支线，纵横交错、辐射城乡、四通八达、布局合理的"五横十二纵"国、省、县、乡、村道路公路网。

【公路建设】 2016年，建设道路237公里，完成固定资产投资6亿元。实施G109线至洪岗子道路工程、大战场镇石喇叭村道路等6个交通重点项目。新建小盐池道路、余丁乡、白马乡、新堡镇、宁安镇等14个100公里农村公路建设项目。改造舟塔乡高干渠桥、迎大线红宝村山洪沟桥、喊叫水乡碱台子村3处过水路面。采取PPP模式融资3亿元，建设G109线石空过境段非机动车道及人行道工程、天元水泥厂道路工程等14条46公里工业物流园区道路。协调区交通厅完成G109线桃山至新仁段改造工程建设，启动城际铁路、京藏高速中宁段建设。

【公路养护】 按照"有路必管、管必到位，有路必养、养必规范"的原则，以主干道大整治大绿化工程和"公路桥隧管养年活动"为重点，加强公路养护。2016年，全县养护管理公路1555.618公里，其中县道39.13公里，乡道602.632公里，村道830.032公里，专用公路83.824公里(其中滨河大道76.63 公里)。全县县道优良路率69%，乡道优良路率46%，村道优良路率34.8%，专用公路优良路率86.95%。全年完成清扫路面、桥面44219.62平方公里，整修路肩276955平方米，整修边坡224134平方米，处治坑槽25268.5平方米，改建危桥1座，维修改建危涵6道，疏通涵洞164道、泄水孔773处，更换公里碑21块、百米桩63块。

【路政管理】 按照"立足源头，依法严管，标本兼治，长效治理"的工作思路，加大超限超载车辆的治理力度，坚持"以堵为主"，严格控制车货总重20吨以上的车辆驶入农村公路。加大路政管理法律法规宣传力度。全年开展法律法规宣传14次，散发各种宣传单6350余份。累计上路巡查2200人次，制止违法行为224起，清除路面砂石、垃圾等堆积物17409平方米，制止打场晒粮64577平方米，依法取缔非公路标志、标牌266块、清理广告横幅499条，依法清除摆摊设点27处。立案查处路政案件13件，结案12件，收取公路赔补偿费91681元，路政案件查处率100%、结案率92%。

【道路运输建设】 2016年，全县建有二级汽车站1座，四级汽车站1座，城市公交站台26座，乡镇客运站8座，农村招呼站84座。全县道路运输经营业户3545家，营运车4977辆。其中货运经营业户3054家，货运车4169辆45822吨。客运企业5家，客运车270辆7922座。各类客运线路87条，出租汽车经营业户3家538辆。全县乡镇通客车率100%，行政村通车率100%。建有机动车维修业户183家，其中二类维修企业17家、三类维护企业146家，摩托车维修业户19家。建有机动车驾驶员培训学校2家，年培训驾驶员6919人。各类道路运输从业人员7657人。

【交通安全监管】 严格落实企业安全生产主体责任，以道路客运、道路桥梁、危险货物运输、工程施工、水上交通为重点，组织开展春季安全大检查、安全生产月、打非治违、水上安全隐患排查专项整治等活动。对全县7家客运企业、1家汽车客运站、7家危货运输企业、1家检测中心、10家二类汽车维修企业、2所驾驶员培训学校、9家源头治超企业、29家普货运输企业进行拉网式排查，对排查出的安全隐患及时整改；对全县县乡公路沿线桥涵进行全面排查整治，在滨河大道南北线安装波形防护栏6974米，设置减速带960米、热熔震荡标线200平方米，设置各种标志牌50块、限宽墩6处。在县道中鸣路、宁卫路设置减速带820米，安装标志牌42块。改建石空中大路涵洞2道，维修大青路、迎大线等涵洞12道，投入治理资金130万元；对全县渡口、码头及船舶进行巡查，检查船舶30艘次，纠正违章2艘次；对施工工地落实制度、施工现场人员防护、防火、用电等安全措施，施工机械设备检测维护和操作等情况进行排查整治。

【公共交通管理】 2016年，全县建有城市港湾式车辆停靠点122处，投入运营纯电动公交车59辆，成为全区第一个纯电动公交试点县。全县有公交客运企业5家，公交客运车辆119辆，车型主要以骊山、东风为主。119辆公交车大部分按照中性化、舒适化的要求实现更新，公交车新车保有率90%。许可运行的公交线路24条，公交客运网络基本实现县境内村镇的高密度、全方位覆盖，村村通车率达100%。

（王　婧）

邮　政

【概况】 2016年，中国邮政集团公司宁夏回族自治区中宁县分公司有在岗职工84人，其中党员5人，团员26人。设部室、班组、支局所及代办所14个。公司承担全县六镇五乡、120个行政村、2个国营农场及所有企事业单位、机关、团体、厂矿、学校、工商个体户、33万回汉各族人民和驻地部队的邮政通信服务。

【通信网点建设】 2016年，有邮政网点10个，其中储蓄网点6个，储蓄余额累计达3.3亿元。投递路线单程总长度759.8公里，投递点1247个，其中城市投递段6个，乡邮段12个，乡村通邮率100%。

【乡镇邮政所建设】 协调会同发改局，完成新堡镇、大战场镇、舟塔乡、余丁乡、白马乡、徐套乡、红梧山移民点、宽口井移民点8个乡镇营业点建设并正式对外营业，实现村村通邮目标。

【综合服务平台建设】 建设村邮乐购站35家，邮件自提点41家，便民服务店49家，正常运行41家，其中城市24家，农村17家。开通“邮掌柜”系统店家56家。“N站合一”①站点目标计划50个，

2016年完成区域覆盖率的50%。

【内控和风险防范】 强化安全管理，开展“安全生产月”、业务专项检查、金融安全检查、金融安全评估等活动；加强基层日常检查，检查人员严格按照规定时间、频次、方法、内容等履行监督检查职责，确保资金、邮件、车辆和信息网安全，对安全生产、规范服务、资金管理、业务处理、设备运行、班组基础资料等各项工作进行全面检查，对各班组的综合管理服务支撑工作进行考评，与季度绩效考核挂钩，全面落实安全生产责任制；开展金融风险防控工作，严格落实“十条禁令”，认真执行“三级权限管理、岗位轮换、员工行为排查和异常情况举报、网点重空、印章管理”等五项基本制度。加强基础管理，成立中宁邮政代理金融风险合规管理委员会，强化金融资金的风险管理及企业的安全运行。加强安防设施建设、管理、使用和维护工作，发挥技防、物防设施应有作用，开展安全教育培训和预案演练，提高安全意识和安防技能；严格执行邮件收寄验视制度，加强四大环节安全管理。

（王　帅）

小资料

①“N站合一”：指将农村电商、金融服务、便民服务等功能叠加至邮件代收代投功能中，以邮政普遍服务业务与综合服务平台融合发展的方式，将村邮站规范管理与邮政企业推进建设相结合，拓展邮政业务和服务，建设邮政综合性服务平台的模式。

电　信

【概况】 2016年，中国电信中宁分公司有正式员工60名，其中党员20人，平均年龄38岁。外包人员120人，设12个划小服务单元，分布在县城和农村各乡镇，设立电信代理点128个，分布在各行政村。

【市场营销】 按照整村推进、整楼推进的安排，前后端联动，在农村各点开展扫村活动，在城市小区筛选目标小区进行挨家挨户上门营销活动170余场次，张贴横幅140条，张贴楼道贴等业务宣传彩页1500余张。

【宣传活动】 开展元旦、春节、“5·17”、古尔邦节、国庆等节假日营销活动，发放宣传单页2万余份，提高天翼品牌知名度，提升终端销量。

【渠道建设】 拓展开放渠道22家，商圈店面4家。配合城市支局完成9个社区店面、12家农村电商的建设工作，对手机终端上柜、宣传、销售进行指导和规范，打造差异化的店面销售。

【行业应用】 建设“惠农信息平台”“翼校通”“班班通”等平台，拓展“村廉通”“农技宝”“酒店完美联盟”等行业应用项目，爱家超市、春天百货超市、洗车行等28家单位开通翼支付业务。石油公司开通“翼加油”业务。

【网络建设】 按照中国电信“宽带中国·光网城市”的战略和建设目标，实现100%全光网县城建设，104个行政村实现光网覆盖，建成农村光纤到户端口2万个。有线互联网出口带宽达100G，城区通过光网城市建设，实现100M高速宽带接入。建成4G基站92个，其中农村47个。电信4G网络覆盖全县所有乡镇和规模较大自然村以上区域。

【客户服务】 对装机预约时限由原来72小时改为12小时，宽带障碍查修时限由原来8小时改为4小时。提升宽带投诉重点区域网络质量，对宽带装维全流程闭环管控，优化施工流程，完善支撑体系，提升工作效率。做好电子渠道的宣传引领和渠道协同。强化服务事前防范、事中监督和事后管控。对外服务的营业厅添置送水车、婴儿推车等服务。

【通信保障】 在平安城市、医保一卡通、社保一卡通、工业园区建设、旧城改造、高速公路建设上，响应、配合政府，及时拆迁移改通信线路和其他电信设施。完成大型活动以及体育赛事等重大节日应急通信保障任务，出动应急通信车12余台次。

（王红霞）

移动通信

【概况】 中国移动通信集团宁夏有限公司中宁分公司(简称中宁移动分公司)于1999年8月9日成立,内设集团客户班、渠道班、营业班、家宽班、石空片区、大战场片区6个班组,党、政、工、团组织健全。2016年,公司有员工44人,其中党员7人,团员6人。

【网络建设】 2016年,全县有移动基站593个,其中4G基站311个,网络信号覆盖全县各乡镇、行政村、自然村,上下联动开展人人争做网络监督员,解决网络弱覆盖问题。建立飞信群,第一时间上报网络信号问题,安排网络优化技术人员进行现场测试,先于客户反映解决信号问题;在自有营业厅、社会渠道、集团客户公开网络监督电话;在全县重大经济和社会活动时,保障通信畅通。

【客户服务】 公司本着“客户为根,服务为本”的服务理念,落实服务措施,提升窗口形象、拓展渠道覆盖、深化业务拓展、限时解决投诉等方式提升服务质量。构建营业厅、客户服务热线、网站、自助服务终端、客户经理以及全球通VIP俱乐部等服务体系。开展定期业务培训考试、“我服务、您打分”满意度测评、业务技能大比武等活动,规范前台人员的服务标准和业务流程。在所有营业网点和近百余代办渠道增设查询设备和24小时自助缴费终端。在所有自营营业厅公布客户申诉受理电话12300、物价投诉电话12358、工商投诉电话12315、移动客户服务热线10086,与工商部门建立快速维权通道。完善投诉处理机制,优化投诉处理流程、明确投诉处理时限、建立投诉考核机制。

【市场营销】 利用有线、无线网络优势,为地方信息化建设贡献力量,助力平安中宁,为智慧城市建设贡献网络资源。与县地震局合作搭建地震应急信息发送平台,发布地震应急信息及防震避灾常识;与气象局合作搭建灾害性天气信息发布平台,发布灾害天气预警信息;与财政局合作搭建全县公职人员工资短信平台,使用单位百余家;为县纪检委搭建清风廉政平台;与公安局合作智能图控项目。

【宽带市场建设】 2016年开始自营移动光宽带业务,建设覆盖光纤小区、商圈及自然村81处,县城小区覆盖率95%。

(袁　娜)

联通通信

【概况】 中国联合网络通信有限公司中宁分公司(简称中宁联通分公司)内设集团客户部、城区网格、乡镇网格、营业厅、固网网格5个经营单元,有员工28人,党员3人,团员6人。2016年全年主营收入全市第一,公司获区公司“先进集体”荣誉称号。

【企业管理】 完善规章制度,强化基础管理。优化岗位职责,实施薪酬套改,提高员工薪资待遇,调动员工工作积极性。完善窗口服务,开展“最美联通人”“我服务,沃精彩”等系列活动。公司领导亲自了解用户需求,倾听用户意见,根据用户需求制定解决措施。加强营业人员基础服务礼仪工作,倡导“业务精,形象佳,态度亲”的服务精神。通过“走出去,请进来”,对进厅用户“多说一句话”,对每一位进厅用户做到精准辅导,服务到位。经常利用周末、节假日、下班时间组织全员开展校园营销、空闲基站扫村、端口占有率低小区宽带扫楼等一系列专项营销活动。

【网络建设】 2016年,新建4G基站95个,3G基站累计282个,城区道路覆盖率99%,乡镇覆盖率98%,高速覆盖率95%。

(王　青)

财政税务

财 政

【概况】 中宁县财政局内设9个股室，下辖3个事业单位，有在职人员91名。局机关34名，其中，公务员14名，事业干部20名；政府采购中心3名；会计核算中心43名；农发办11名。2016年，财政局被自治区党委、政府，宁夏军区评为“爱国拥军模范单位”，并获“全区金融环境创建奖”“全市先进基层党组织”“全县宣传思想文化工作先进集体”等荣誉，财政监督、部门决算、财政法治宣传教育、国有资产统计等工作获自治区财政厅表彰。

【财政收入】 全年财政总收入580138万元，增长5.63%。其中一般公共预算收入520354万元，增长7.1%，政府性基金收入59784万元。一般公共预算收入中地方一般公共预算收入101718万元，完成年度预算的100.02%；上级补助收入270090万元，增长22.88%；债券转贷收入131034万元，下降14.39%；上年结转收入17360万元；转列一般公共预算收入152万元。地方一般公共预算收入101718万元中，税收收入74316万元，完成年度预算的94.07%，增长11.3%；非税收入27402万元，完成年度预算的120.72%，增长0.16%。社保基金收入93486万元，完成年度预算的100.2%。

【财政支出】 全年财政总支出551492万元，增长4.65%；其中一般公共预算支出377858万元，增长18.22%；债务还本支出71992万元；上解支出1930万元；安排预算稳定调解基金18万元；政府性基金支出45652万元，同比下降31.21%；年终结转28646万元。社保基金支出8亿元。

【民生事业】 全年农林水支出75636万元，工业发展支出99466万元，服务业支出2260万元，教育、文化体育、医疗卫生、社会保障、住房保障等支出157100万元，公共安全、科学技术、节能环保、城乡社区事务、交通运输等支出82989万元，扶贫资金6888万元，发放10类补贴资金9632万元。实施“一事一议”项目24个，争取奖补资金1530万元。

【财政改革】 按照《预算法》要求，编制2016年、2017年地方财政预算。通过政府门户网站、“惠农通”信息平台、公示栏、电子屏等公开财政预决算、涉农资金、“三公”经费使用等信息，加强财政信息公开。推进国库集中支付改革,国库集中支付资金30.8亿元。根据《中宁县国库集中支付动态监控暂行办法》处理预警资金6884万元。公务卡刷卡6790笔,资金结算2228万元,公务卡结算比例逐年提高。修订完善《中宁县政府采购管理办法》,推行"两书一查"①,严格验收管理,全年采购142次,采购金额19442.84万元,节约资金2947.52万元,节约率9.1%。配合县发改局完成行政单位公务用车改革,将车况良好的车辆统一调拨县公务用车管理平台统一运作。

【财政管理】 制定《中宁县加强财政资金管理办法》,全面加强财政资金管理。争取国家政府置换债券126034万元,安排预算资金21743万元,用于偿还历年工程欠款、融资贷款及到期地方债本息。印发《中宁县行政事业单位国有资产清查工作方案》,开展行政事业单位国有资产清查,依法对各单位报废、闲置固定资产进行清查处置,规范国有资产管理。重新修订完善《中宁县行政事业单位公务接待管理办法》等,"三公"经费使用符合中央"八项规定"和区、市相关规定要求,全年"三公"经费支出956.9万元,比上年减少376.76万元,同比下降28.3%。

【财政监督】 联合县监察、审计部门对全县乡镇部门以及二级单位的"三公"经费及财务管理情况进行检查。制订《关于对部分重点项目及扶贫资金的专项检查方案》,聘请中介机构对部分重点项目、扶贫资金等进行监督检查。配合区财政厅对扶贫办、文化旅游广电局等5个单位开展会计监督检查。对全县2012—2015年惠农资金、涉农工程和农村"三资"管理进行监督检查,督促11个乡镇制定整改措施,限期整改落实。举办两期财政支农政策培训班,培训涉农工作人员430余人。

【金融管理】 完成与中国银行、南京证券在中宁县设立分支机构谈判,争取建设银行等金融机构在县城和乡镇增设网点和安装ATM机。由政府出资参股设立中卫市众和顺担保股份有限公司和宁夏银行业批发贷款担保股份有限公司中宁分公司,担保贷款29笔,担保资金4740万元;参股宁夏天元金融助贷中心,发放助贷金9.7亿元。召开政银企座谈会16场次。举办"资本市场专题培训班暨宁投融资金项目对接沙龙活动""农发行农业农村基础设施贷款及基金政策讲解""引导基金业务知识培训会"等宣讲活动。设立中宁县金融便民服务中心,在乡、村设立金融便民服务站和金融便民服务点,打造集企业准入、项目登记、项目推荐、政府扶持政策、金融机构服务、企业融资需求为一体的"1+6"融资服务模式,全年累计撬动银行贷款3.9亿元。出台《关于加快金融改革创新促进地方经济发展的若干意见》。推广农村"三权"②抵押贷款创新业务。制订防范和处置非法集资方案,组织全县各相关单位、各乡镇定期开展排查和整治活动,严厉打击非法集资活动。查处非法集资案件2起,涉案金额1700余万元。

【项目融资】 推荐入选财政部PPP项目库项目9个,总投资129.21亿元,储备项目3个,投资总额35.87亿元。组织申报国家重点建设基金三批,获国家发改委批复政府投资类项目3个,争取专项建设基金7300万元。争取国家开发银行宁夏分行棚户区改造授信贷款5.67亿元。将城乡大环境整治、产城融合、2016年1500户棚户区改造、大战场特色小城镇建设和低洼盐碱地改造等5个项目纳入政策性银行支持范围。

【扶贫攻坚】 制定《中宁县加强财政扶贫资金使用管理办法》。在喊叫水、徐套乡实施"一事一议"项目6个,总投资624.34万元。制订印发《中宁县精准扶贫"扶贫贷"实施方案》,按照先试点、后推开的要求,向全县所有贫困村、贫困群众推开,全年发放"扶贫贷"1.5亿元。制订喊叫水乡周马庄村脱贫攻坚整村推进实施方案,组织干部职工深入帮扶贫困户家中,开展帮扶活动,落实帮扶措施,年底实现脱贫销号。

(雅金斌)

小资料

①“两书一查”:招标投标活动中推行招标人“廉洁招标承诺书”、投标人“廉洁投标告知书”和对招投标活动中违法违规行为坚决查处的“两书一查”工作制度。

②“三权”:指农村集体土地所有权、宅基地使用权和集体建设用地使用权。

地方税务

【概况】 2016年，中宁县地税局有在职人员82名,其中干部64人,助征员、合同类人员18名,大专以上文化程度73人，占在职人员总数的89%。党员干部38人,占干部总数的59%。副科以上干部16人,在职人员平均年龄为38岁。县地税局下设7个科室,4个税务所。主要负责中宁县11个乡镇、2个国有农场共1万余户企业和个体户地方税收征管工作和中宁县社会保险费的征缴工作。全年组织各项收入136390万元，其中税收收入65731万元,完成年度计划的119.32%,超收10641万元,社保费收入59716万元,同比增收28768万元,工会经费入库663万元,同比增收19万元。税费收入进度在全区22个征收单位中排名第一。全区国地税合作现场推进会在中宁县召开；中卫市及中宁县产业发展和重点工作观摩首次在中宁县国地税共建办税厅;2016年群众评议机关和干部作风工作在县级区属单位中排名第一；县局被国家税务总局评为“全国税务系统先进集体”,被自治区地税局评为“2016年度先进集体”和“全区地税系统法治税务示范基地”；被宁夏日报报业集团、《宁夏法治报》社评为“全区法治宣传先进单位”。国税地税办税服务厅被国家税务总局确定为“全国百家办税服务厅直报点”。

【组织收入】 层层签订组织收入目标责任书,旬抓进度,月抓通报,季抓考核,累计组织各项收入136390万元,其中税收收入65731万元,为上年同期的90.52%,同比减收6886万元,完成年度计划的119.32%，超收10641万元；社保费收入59716万元,为上年同期的192.96%,同比增收28768万元，完成年度计划58176万元的102.65%，超收1540万元;工会经费入库663万元,为上年同期的102.95%，同比增收19万元。分预算级次完成情况：中央级完成9668万元，为上年同期的101.61%，同比增收153万元，完成年度计划的98.75%;自治区级完成11216万元,为上年同期的90.83%，同比减收1133万元，完成年度计划的126.02%；县级完成44847万元，为上年同期的88.36%，同比减收5906万元，完成年度计划的123.21%。

【税收征管】 加强“营改增”纳税人税务登记户的核对工作。先后3次安排税源管理所对2160户“营改增”纳税人移交户数信息进行核对,完成交接工作。加强“营改增”纳税人发票管理衔接工作。对县局发票库房、办税厅柜台、纳税人发票进行盘库,做到账账、账实相符,对未使用的空白发票进行收缴封存。加强“营改增”后代征业务培训及开展工作。按照“营改增”业务处理事项,组织一线人员对代开发票业务进行培训，做好二手房业务代开发票工作。组织开展“聚焦营改增,税事大家谈”座谈会。会同国税局共同组织召开纳税人座谈会,发放宣传资料,解读“营改增”税收政策和业务操作事宜。

【纳税服务】 加强与国税局合作,提升办税效率。按照打造“便民、高效、高标准、一体化办税厅”的理念,推进联合办税。按照区、市局要求,结合共建实体大厅的工作实际,制定《中宁县办税厅岗位职责》《中宁县办税服务厅日常管理制度》《中宁县办税服务厅AB岗管理办法》等规章,从办税服务厅资源配置、人员管理、规章制度等方面统一标准,推动办税服务厅标准化、规范化建设。重新设置窗口。在国地税人员“双人对桌”办公模式基础上,按照业务量需求重新设置窗口，统一受理、办结国税、地税业务。组织召开不同层次的专题联席会，协调解决前期运行中存在业务衔接不畅等问题，明确税务登记注销、委托代征地方税费等业务流程。采取“以老带新”、集中学习和个人自学等方式，加强对窗口人员相关法律法规、业务操作流程、礼仪技巧等方面的培训。完成合理减并纳税人申报次数、办税事项全区通办两项试点任务，确保“五证合一、一证一码”改革落地，实现与国税部门联合设立登记、变更登记、注销登记和非正常户的管理。

【依法治税】 严格企业规模划型，落实小微企业优惠政策。规范行政审批工作，对审批项目由减免税领导小组集体审议，严格按照减免税管理规定下发批复，确保国家的各项税收减免惠民政策落实到位。全年累计减免各项税款 6311 万元，减免户数 6993 户。争取县委政府支持，强化护协税网络建设。通过第三方信息比对和以地控税工作，加强土地使用税和房产税的管理。

（张 靖）

国家税务

【概况】 2016 年，中宁县国税局有在职人员 85 人，平均年龄 41 岁。大专以上学历 84 人，占在职总人数的 98.8%；党员 40 人，占在职总人数的 47%。县局内设 10 个科室和 1 个稽查局，外设城区、石空 2 个分局和新堡、鸣沙 2 个税务所，担负全县 14107 户纳税人的税收征管工作。其中，企业纳税人 3517 户，个体纳税户 10590 户，增值税一般纳税人 843 户。

【税收收入】 2016 年，组织税收收入 12.77 亿元，同比增收 2 亿元，增长 18.59%，完成全年税收计划任务 12.32 亿元的 103.69%。严格落实税收优惠政策，为各类企业减免退税 4.24 亿元，占入库税收的 33.2%；落实“营改增”政策，“营改增”入库 1.60 亿元，其中建筑业、房地产业、金融业、生活服务业四大行业“营改增”入库 12706 万元。

【税收基础管理】 2016 年，有管户 9939 户，其中，一般纳税人 755 户，小规模企业 1537 户，个体 7647 户。落实年度税收计划目标任务，坚持组织收入原则，强化税收分析预测，按月通报进度，按季开展税收分析；紧盯重点税源强化管理措施，重点对宁夏天元锰业、锦宁铝业、中电投等 26 户重点税源企业进行税收风险应对，狠抓欠税管理，税收收入的 80%以上来自重点税源企业。

【“营改增”扩围工作】 开展“营改增”试点工作，通过精准确认管户信息，增设服务窗口和绿色通道，加强培训辅导，强化宣传和舆情应对，开展压力测试，做好应急处置，领导包片负责，全面督导检查，顺利实现税制转换。2016 年度，累计登记确认接管试点纳税人 2194 户，“营改增”四大行业入库税款 12706 万元。

【国地税合作改革】 国税局与地税局联合打造宁夏首家联合实体办税服务厅，配备专职工作人员 25 名，统一设置 17 个综合办税窗口，实现办税效果 1+1>2 的叠加效应。全区“聚焦营改增，深化国地税合作推进会”在中宁县成功召开。

【纳税人满意度调查】 与中卫市国税局、地税局联合开展问卷调查，发放调查问卷 1200 份，征集纳税人意见建议 13 余条，结合纳税人投诉事项，将纳税人满意度 12 项测评项目任务分解至各单位、部门，及时答复、解决并落实整改。

【企业所得税管理】 规范税前扣除、完善汇算清缴、加强分类管理，做好政策宣传培训和汇算清缴核查，督导企业开展汇算清缴工作。对 1161 户企业进行汇算清缴，入库税款 14856.63 万元；成立清欠领导小组，制定时间表、任务书，紧盯企业资金来源，采取责任清欠、驻厂清欠、约谈清欠、银行扣缴、留抵退税抵欠、发票控欠等办法，全年清理欠税 1.76 亿元，其中增值税 1.03 亿元，消费税 0.04

亿元,企业所得税0.69亿元。

【绩效管理】 及时安排部署绩效管理工作，对原有绩效管理制度办法进行全面修订，建立规范统一、科学管用的绩效管理制度体系,实现用制度管人管事，实行例会制度。2016年以总分992.15分的成绩位居全市国税系统考核第一,并被评为“优秀”等次,实现“两连冠”。

（张　鹏）

商业贸易

粮油供销

【县级应急成品粮油储备】 按照《中宁县应急成品粮油实施方案》以及相关文件精神，开展实地考察、考核评估，先后与丰泽粮油贸易有限公司签订300吨大米应急储备，与万宝粮油商贸有限公司签订220吨食用植物油代储任务，与军粮供应站签订150吨面粉和30吨食用植物油代储任务，与雪海粮油购销有限公司签订250吨面粉代储任务，联合发改局、财政局和审计局对4家承储企业承储的粮油进行全面验收，全面完成中宁县应急粮储备任务。

【粮食库存检查】 根据国家、自治区对粮食库存检查工作的统一部署，按照"在地检查"和"有仓必到，有粮必查，有账必核，查必彻底"的原则，组织开展全县粮油库存检查。对县内1家中央储备粮企业、1家军粮供应企业及丰泽粮油有限公司所储存的中央储备粮、国家临时存储粮、地方储备粮以及国有粮食企业储存的商品粮进行全面、细致、彻底的库存检查，确保库存粮食账实相符。

【粮食市场监管】 按照《粮食收购资格管理办法》，对全县114家取得粮食收购许可证的粮食经营户进行严格审验。审验通过100家有粮食收购许可证的粮食经营户。对未通过审核的14家粮食经营企业报中卫市粮食局，依法注销其《粮食收购许可证》。按照《粮食收购条例》相关规定，坚持每季度不定期对粮食收购市场及各大粮油超市、粮油店开展执法检查，及时纠正粮食购销中存在的问题，确保粮食流通规范有序运行。做好粮食流通统计及价格监测工作。督促粮食经营企业做好《粮食经营台账》的记载及《粮食统计报表》的报送；按时监测上报粮油价格变化信息；做好全县《社会粮食供需平衡调查》等统计工作。

【放心粮油配送】 全力推进自治区"放心粮油"三进工程和中宁县"放心粮油"食品工程。巩固"放心粮油店"的销售质量。重点对10家"放心粮油店"质量卫生情况及服务质量进行检查监督，杜绝"三无"产品进店销售。按照坚持标准，注重质量，服务优良的原则，做好军粮日常供应工作。积极开拓市场销售，多种经营实现主营、副营业务同步发展。

【应急粮油供应网点建设】 根据中卫市粮食局、中卫市商务和经济合作局《关于进一步健全粮食应急供应网点的实施方案》精神，深入全县各乡镇（社区）对应急粮油供应点进行核实登记，对符合条件的19家粮油经营者进行登记确认，并进行授牌，全面完成县级粮油应急供应网点建设任务。

【爱粮节粮科技宣传】 开展以“爱粮节粮，健康消费—粮食科普进家庭进学校”为主题的科技宣传活动。组织全体干部职工，联合军供企业及县内丰泽、禹王、雪海、万宝、宏成等5家知名粮油企业在人员流动较大的富康广场，通过图片展览、产品展销、发放宣传资料及现场咨询解答等多种形式开展宣传活动。印发科学储粮方法、科学储粮小常识、科学饮食、科学消费、爱粮节粮、食品安全等宣传资料3000余份；设立粮食安全宣传咨询台、宣传展板、展示精品粮油等多种形式，宣传爱粮节粮科普知识。

（王晓军）

供销合作

【概况】 2016年，中宁县供销合作社系统商品销售36566.23万元，同比增长10.4%；实现利润1815.2万元，同比增长8.6%。

【综合改革】 贯彻党中央、国务院、自治区党委、政府深化供销合作社综合改革的决定和意见精神，根据县情社情研究制定印发县供销社综合改革实施方案。确定发展供销社电子商务、推进商贸模式创新、促成农民专业合作社联合、完善现代农业社会化服务体系两个关键突破点。供销社电商平台持续经营，杞聚枸杞专业合作社联合社建成运营。促进杞聚专业合作社联合社和电商公司业务对接，电商公司为枸杞专业合作社提供线上产品宣传、销售服务，枸杞专业合作社产品增加电商平台销售渠道。

【农资供应】 指导新堡、恩和供销社等农资经营企业，做好农资储备和配送工作，根据中宁玉米、枸杞、硒砂瓜、苹果、蔬菜等特色农产品生产组织农资商品。对接农业企业、家庭农场、生产基地，助力新型农业经营主体发展。2016年，农资销售4.05万吨。

【服务“三农”】 以服务城乡居民生活、服务特色产业产前、产中、产后为重点，开展面向农业、农村、农民的经营业务。组织社属企业和农资流通协会成员单位为农业生产供应化肥等农业生产资料4万吨，对外贸易公司加强节日及日常烟花爆竹安全经营管理，销售烟花爆竹价值138万元；参股企业红万家股份有限公司日用工业品销售8348万元；供销社项目扶持建设的爱家商贸公司石空日用消费品超市服务石空工业城及当地农村的消费；合作企业对外贸易公司枸杞加工厂等农副产品经营企业收购加工销售中宁枸杞12216万元。

【电子商务】 顺应“互联网+”的潮流，积极发展、争取支持、发展供销社电子商务、创新商贸发展模式，建设网上供销，筹资持续运营“跟集”电子商务公司和“跟集网”运营中心，巩固与中华全国供销合作总社电子商务平台“供销e家”的联网对接关系，组织全县20多家龙头企业、专业合作社的枸杞、红枣等特色农产品上线销售，注册“塞杞香”中宁枸杞供销社商标。

【杞聚枸杞专业联合社建设】 服务枸杞生产，支持枸杞产业发展。促成枸杞专业合作社和龙头企业的联合，联系全县30多家枸杞专业合作社、龙头企业召开杞聚枸杞专业合作社联合会筹备大会。组织召开杞聚枸杞专业合作社联合社成立大会，建立社章，组建联合社组织领导机构。全县25家枸杞专业合作社及龙头企业入社。

（刘正荣）

盐业管理

【概况】 2016年，宁夏回族自治区盐业公司中卫市中宁配送中心（宁夏回族自治区盐业管理局中宁县分局）实现销售收入741万元，比上年776万元下降4.52%，销售各类盐2226吨，比上年2698吨下降17.5%，其中销售食用盐1442吨（含中宁代管红寺堡区）比上年的1530吨（含中宁代管红寺堡区）下降5.8%。

【食盐专营】 2016年，针对辖区内私盐低价贩卖成灾，造成全县1—6月份食盐销售大幅度下滑的市场环境，开展联合执法专项行动和日常巡查，查处涉盐违法行为。协调市工商局和盐业分局联合发布《关于加强食盐经营管理的通告》，引导食盐零售商正确认识国家盐改政策，规范食盐经营。缜密排查，确定石空镇、渠口太阳梁移民区农贸市场、红宝农贸市场、商城、红寺堡各乡镇集贸市场作为重点区域，派专人反复排查梳理，锁定可疑重点商户。对红宝农贸市场、石空镇及周边餐饮业、零售店、渠口太阳梁移民区农贸市场，每周不定时进行突击检查，发现一起，处理一起；对重点区域内的餐饮、学校食堂、幼儿园全面进行整顿，根据用盐情况实行动态化管理，分门别类实施有效监督。联合执法领导小组打破常规作息时间，利用节假日、下班时间加大稽查力度。发现线索追根溯源，查找源头和窝点，抓获来自周边市县私盐贩销车2辆，打掉隐藏在石空镇太平村、五金综合市场私盐销售窝点2个。

【结构调整】 开展盐品结构调整，推动320克深井岩盐全面上市。组织职工开展深井岩盐全面上市前的宣传动员活动，熟悉掌握深井岩盐的性价比，帮助零售户算清细账，调动销售积极性，确保深井岩盐平稳上市；提高服务质量，确保销量稳定，全员参与，全力铺货，对食盐零售市场采取全方位覆盖配送，以配送到位，服务到位为宗旨，拉近客情关系，保持销售势头。2016年底，销售320克深井岩盐426吨，占当年食用盐总销售的29.5%。对域外畜牧盐生产厂家由稽查严管变为访销人性化管理，对辖区内饲料加工、畜牧养殖业进行全面检查并重新登记造册，改进服务方式上门促销，适当调整销售价格，稳定畜牧盐销售量。对工业用盐企业采取登门入户，沟通交流，了解客户需求和要求，制定有效应对措施，与部分用盐企业签订购盐合同，规范相关手续，采取让利客户，工业盐销售止跌回升。全年销售小工业盐1172吨，比上年同期增销1043吨，增加129吨，增长12.4%。

【企业管理】 加强企业仓库规范化管理。实行配送站长负责制，将3个配送站规范化管理工作分解到各有关岗位，强化库容库貌、内外环境、管理制度、标示、盐品摆放布局等基础管理，对照规范进行整顿。针对整顿中发现的问题，提出整改意见，走出企业到中卫莫楼配送站观摩学习。加快库存结构调整。对库存有问题商品进行清查排队，与用户沟通协调，调整用途，重新整理加工包装后销售，消化部分长期积压的不合理盐品30多吨。

【宣传日活动】 按照自治区卫生厅、发改委、工商局、盐业局等十厅局委办的安排部署，与疾控中心等有关部门开展第二十三届“5·15”防治消除碘缺乏病日宣传活动，围绕“坚持科学补碘，建设健康中国”的宣传主题，在农贸市场设立宣传咨询台，悬挂横幅、设置展板，发放宣传材料1300多份，宣传普及碘缺乏病的防治知识。

（陈宁安）

石油供应

【概况】 中国石油宁夏中卫销售分公司（以下简称中卫销售分公司）为成品油市场主渠道供应商，隶属于中国石油宁夏销售公司，负责管理中卫市两区两县（即沙坡头区、海兴开发区、中宁县和海原县）的50座加油站以及中宁油库。2016年，有干部员工451人，其中领导班子5人，机关管理人员45人，操作岗位401人，机关设“五部一中心”，即：

综合管理部、业务运作部、非油品经营管理部、财务部和质量安全工程部；质量安全工程部下设运行维护中心。以行政区域划分下设3个片区，即中宁片区、中卫片区和海原片区。全县有加油站40座，其中，中国石油宁夏中卫销售分公司20座、中国石化中卫石油分公司6座、宝塔石化油气销售公司中卫分公司7座、民营加油站6座；加气站9座，其中广汇能源3座、宝塔石化油气销售公司中卫分公司2座、民营加气站4座。2016年中卫市委、市政府授予公司"支持地方经济发展先进单位"荣誉称号。

【经营效益】 2016年，销售成品油21.16万吨，较上年24.12万吨下降12.26%；纯枪18.73万吨，较上年21.1万吨下降11.25%；直销量2.44万吨，较上年3.02万吨下降19.33%。实现非油品销售收入3647.74万元，同比增加268.39万元，增幅7.94%。其中便利店商品销售收入2335.32万元，同比增加331.72万元，增幅16.56%；润滑油销售收入396.81万元，同比增加73.43万元，增幅22.71%；化肥销售收入902.22万元，同比减少108.99万元，减幅10.78%。

（周　德）

经济管理

发展和改革

【概况】 中宁县发展和改革局，有干部职工30人，其中在编在岗22人，经组织批准的党建指导员1人，临时聘用3人。内设项目投资管理办、综合规划办、物价监督检查所、价格认证中心、能源安全生产管理办5个职能科室。2016年，中宁县发展和改革局先后获全国价格认证工作先进单位、全区农产品成本调查工作先进集体等荣誉。

【经济运行】 2016年，全县实现地区生产总值134.5亿元，同比增长7.1%；固定资产投资完成135.9亿元，同比增长2%；规模以上工业实现增加值45.8亿元，同比增长5.3%；地方一般公共预算收入完成10.2亿元，同比增长8.1%；社会消费品零售总额完成20.2亿元，同比增长8.9%；城镇居民人均可支配收入完成23141元，同比增长7.7%；农村居民人均可支配收入完成10356元，同比增长8.1%。第一产业实现增加值17.9亿元，增长4.7%；第二产业实现增加值74.2亿元，增长4.6%；第三产业实现增加值42.4亿元，增长13%。三次产业增加值结构为13.3∶55.1∶31.6。

【项目建设】 2016年，全县梳理确定固定资产投资项目114个，计划投资143.9亿元，其中，重点开工项目88个，计划投资105.5亿元；预备开工项目26个，计划投资38.4亿元。全县完成固定资产投资135.9亿元，全年区属投资完成35.6亿元；民间经济完成投资81.4亿元；第三产业完成投资65.5亿元；5000万元以上项目完成投资79亿元。

【重点工作】 与区、市发改委等项目主管厅局及国开行、农发行等金融部门对接联系，聘请专业机构设计包装项目，邀请专家讲解有关政策和编报流程，及时编报国家专项建设基金项目3批103个（次），获批项目3个，下达专项建设基金0.73亿元。根据国家产业政策和投资导向，审查上报交通、保障性住房配套基础设施、千亿斤粮食、规模化养殖、污水处理提标改造及公共体育、文化旅游、医疗卫生等各类项目207个，获批各类项目资金4亿元。围绕交通物流、文化旅游、新材料、新能源等方面招商引资，落实招商引资项目9个，招商引资到位资金28.4亿元。加强和规范项目审批管理，审查批准建设项目294个，其中批复项目139个，备案项目152个，核准项目3个。加大项目稽查力度，督促各有关单位对自治区党委巡视组反馈的49个项目审批和84个项目招投标方面存在的问题进行核查整改，对2015年以来中央预算内投资项目投资计划完成情况进行专项检查，对18个项目存在进度缓慢、资金拨付不到位、违规使用资金等问题进行清理整改。抓好项目谋划储备工作，初步谋划确定2017年建设项目108个，计划完成固定资产投资150亿元。组织相关人员多次深入商场、超市、农贸市场等地，检查粮油、肉菜蛋等生活必需品的市场价格，随时处理价格投诉举报案件，维护市场价格秩序。加强粮食经营市场监督检查，组织对全县114家粮食经营企业和个体工商户的“粮食收购许可证”进行年度审核；抓好应急粮油储备、放心粮油和军粮供应工作。关注煤、油、气等能源安全生产运行，定期或不定期开展安全生产专项检查。

【物价管理】 关注市场价格动态，重点对粮、油等40多种群众生活必需品价格变化进行跟踪监测和分析。在全县范围内开展教育收费、农资价格、涉企收费、药品价格等专项检查和节假日期间市场价格检查。做好价格投诉、举报、咨询、鉴定等服务工作，受理价格投诉举报9件，咨询23件，协调退还收费65元，2016年价格举报较往年呈下降趋势。

【改革创新】 率先推行电力体制改革，开工建设天元锰业2×350MW自备热电厂、新能源电源点、智能微网、能源调度中心等项目，组建成立工业园区能源管理服务有限公司，购售电业务试点方案获自治区经信委批复，直供电交易陆续展开，降低工业园区企业用电成本。清理和规范政府行政审批权力清单和责任清单，明确权责，规范审批权限。推进项目审批制度改革，建立投资项目在线审批监管平台，全县审查确定13个审批权限单位和96项审批事项，完成网站建设、人员培训等前期工作，平台正式投入运行。执行中央和区、市公车改革的政策规定，完成全县公车改革实施方案的报批、涉改车辆的封存移交、公车服务平台的筹建、司勤人员的安置、交通补贴的核发等工作。推进产城融合工作，制订2016年产城融合工作方案，组织编制新材料经济循环区产业转型升级规划和石空镇城镇建设规划，规划建设工业园区道路、绿化、石空镇道路拓宽改造、棚户区改造等项目工程，启动黄河二桥报批建设工作，建立完善公租房租售并举等城市管理体制。编制上报农村产业融合发展规划方案获自治区发改委批复，中宁县列为自治区农村产业融合示范县。启动产业转型升级规划、产业布局和基础设施建设规划、空间发展战略规划的编制和改革试点工作。

【精准扶贫】 组织党员干部对48户结对帮扶贫困户进行精准识别、建档立卡和影像采集，制订贫困村、贫困户精准扶贫计划，从政策、培训、就业、创业等方面给予帮扶，从项目资金、基础设施建设、特色产业培育等方面给予支持。组织技术人员对48户结对帮扶户有针对性地进行肉牛肉羊养殖、硒砂瓜种植及电焊工、挖掘机等实用技术和就业技能培训，参培人员120人次，转移劳动力23人。争取和整合各类项目资金，开工建设农村道路、安全饮水及文化卫生设施等工程。

（陈泉灵）

市场监督管理

【概况】 中宁县市场监督管理局内设综合管理、法制、登记注册、企业信用与标准计量监管、食品安全监管、药品安全监管、特种设备安全监察、消费者权益保护、市场合同与商标广告监管9个科室，下辖枸杞执法大队、质量监督检验与计量测试站、食品药品检测中心3个事业单位，设城镇、城郊、鸣沙、石空、大战场、喊叫水6个市场监管所和1个经济检查队。承担着全县5354家企业、14832户个体工商户、12个市场的监督管理工作。2016年，中宁县被自治区食品安全委员会命名为“食品安全先进县”，并通过国家级农业综合（枸杞）标准化示范县考核验收。

【企业监督管理】 继续实施“三证合一”“一照一码”基础性工作，整合社会保险登记证和统计登记证，核发加载法人和其他组织统一社会信用代码的营业执照，降低企业创业成本，优化营商环境，最大限度方便市场主体准入。新办理“五证合一、一照一码”营业执照143户，换发429户。按照自治区工商局等五部门制定的统一登记流程、统一编码和赋码规则，推进个体工商户营业执照和税务登记证的“两证整合”，发放“两证整合”营业执照102份。全年登记注册各类企业1372户，注册资本629698.2万元，新登记个体工商户2613户，注册资金125361万元。全县登记在册各类企业5354家，其中民营企业4964家，占全县企业总数的92.7%。

【食品安全管理】 牵头组织召开全县食品安全工作会议，层层明确目标，落实责任，实行网格化监管，调整划分全县4039家食品生产经营单位网格化监管责任，落实网定格、格定责、责定人的食品安全责任制。开展食品安全先进县创建活动，强化食用农产品、食品生产加工、流通经营、餐饮服务等各环节监管。组织开展活禽市场、校园周边、农村食品市场、农家乐和旅游景区、牛羊肉市场、乳粉及乳制品、粮食加工制品等专项整治工作。全年检查食品经营单位16422家次，责令整改949家次，下架退市问题食品430公斤，下发监督意见书920余份。开展国家食品安全抽检和宁夏民生计划抽检，完成国抽食用农产品抽检240批次，民生计划食品抽检212批次，配合开展国家食品抽检60批次。做好“两会”“大佛殿庙会”“大佛寺庙会”“4·25”等16次重大活动期间食品安全保障工作。开展企业分级分类监管和生产食品追溯、“明厨亮灶”、量化分级管理工作，1237家餐饮单位达到“明厨亮灶”要求，完成率79%。完成1459家餐饮食品安全监督量化分级评定，完成率94%。组织开展全县Ⅳ级食品安全突发事件应急演练。

【药品（械）安全管理】 配合中卫市局对8家药品经营企业进行GSP认证及追踪检查。开展民营医疗机构、药品流通领域、注射用透明质酸钠、定制式义齿、保健食品、化妆品等专项整治行动。开展“9·24胰康降糖宁胶囊假药案”“山东济南非法经营疫苗”违法产品销售流向的核查工作，检查医疗机构、药械经营使用单位893家次，责令改正158家次。利用特管药品监控网络对麻醉药品、精神药品经营使用情况进行监控，杜绝“精、麻、毒、放”药品流入非法渠道。抽检中药饮片25批次，医疗器械1批次，国家基本药物18批次，日常监督药物49批次，国家抽样任务30批次，地产药品33批次。全年监测、修改、评价、上报ADR病例报告242例。联合卫计局在中医院建立县级化妆品不良反应监测哨点，填报化妆品不良反应监测报表13份。

【特种设备安全监察】 开展“两节”“两会”五一等节前安全生产大检查、液化石油气钢瓶、电梯攻坚战、百日安全专项整治和重要活动安全保障工作。全年检查特种设备单位238家/次，发现安全隐患121条，消除安全隐患108条，下发《特种设备安全指令书》75份，封存未检验使用的设备178台/辆，封存加气站5家，暂扣并强制复检隐患车载气瓶52只，封存超期未检验工业气瓶156只，销毁报废气瓶560只，依法取缔气瓶经营单位1家。对存在重大安全隐患的宁夏兴尔泰集团有限公司、宁夏天元锰业集团有限公司等4家企业进行行政约谈，对全县60家电梯使用单位、8家电梯维保单位进行集体警示约谈。组织15家重点特种设备使用单位开展应急救援演练。

【市场规范管理】 组织对中宁国际枸杞交易中心摊位设置、租赁、收费、管理和服务情况进行了解核实。指导帮助市场开办单位（中杞公司）健全完善市场服务与管理各项制度，统一更换枸杞包装专用袋2万余条，发放《宁夏回族自治区枸杞产业促进条例》单行本1万余本、《致全县广大枸杞经营户的公开信》1万余份。制定《2016年枸杞市场监管执法工作方案》和《中宁县枸杞市场监管执法和经营者自律六项制度》，与枸杞局、中杞公司配合，组织在舟塔乡、大战场镇、枸杞交易中心举办《宁夏回族自治区枸杞产业促进条例》培训班9场次。按照县领导对打击侵权假冒保护"中宁枸杞"品牌工作的批示，围绕枸杞质量安全、品牌保护和交易秩序维护组织开展枸杞市场检查，会同中宁枸杞产业发展服务局配合区内各市市场监管局，开展"中宁枸杞"注册商标专用权保护行动，检查农特市场6处，商场、超市23家，专卖（营）店和相关商铺120家，现场查扣不合格包装（箱、袋、盒）物10万余个、暂扣枸杞1000余公斤。严厉打击经营"毒枸杞"等违法行为，查扣涉嫌硫磺熏蒸枸杞500公斤，查扣硫磺16袋近300公斤。在农资经营店库房内查扣过期枸杞食品添加剂焦亚硫酸钠12.5吨、查扣涉嫌无证生产枸杞制干粉170箱5.05吨。

【商标和广告管理】 2016年新发展商标389件，申请量、有效注册量分别比去年同期增长18.6%和35.3%。"团钵朗""建宏""宁中宁"等26件商标被认定为宁夏第十届著名商标。指导宁夏杞芽食品科技有限公司的"红色健康"商标争创中国驰名商标。全县有注册商标1490件，中国驰名商标4件，宁夏著名商标26件。开展医疗广告专项整治行动和非法集资广告排查活动，严厉查处混淆视听、夸大、虚假宣传等损害消费者利益的违法宣传行为。检查户外广告34件，规范发布行为23起，对1家存在虚假夸大宣传的经营单位进行立案查处。

【标准化建设】 以国家农业综合标准化示范县建设为重点，发放国家标准委《农业综合标准化工作指南》《中部干旱带枸杞栽培技术规程》《枸杞病虫害机械化防治技术规程》等标准450余份，清理地方标准11个，强制性地方标准4个。开展宁夏枸杞地理标志保护产品专用标志监督检查，通过国家级农业综合（枸杞）标准化示范县考核验收。

【计量监督与管理】 开展"民生计量"工作。对全县用于医疗卫生、贸易结算、安全防护的计量器具进行强制性周期检定。检定加油机152台、压力表748块、衡器1974台、天平21台，组织对13个集贸市场、1个早市、1家枸杞交易中心在用的1869台计量器具进行免费检定。对700多家商铺，300多户流动商贩在用的计量器具进行监督检查。

【企业诚信体系建设】 制定《中宁县市场监管局建立"双随机一公开"市场监管工作机制工作实施方案》，建立随机抽查事项清单32项、抽查对象名录库8个，执法检查人员名录库4个（一单两库）。组织开展2015年企业年报和信息公示抽查工作，企业、个体工商户年报率分别为89.22%和96.21%。组织对随机确定的110家企业进行抽查，对年报信息与实际不符的34户企业依法列入经营异常名录，通过国家企业信用信息公示系统（宁夏）和中国中宁网向社会进行公示。组织开展"守合同重信用"公示活动。全县共有20家企业获得市级、17家企业获得区级、8家企业获得国家级"守合同重信用"企业称号。

【行政执法】 将法治理念贯穿于市场监督管理的各项业务工作中，依法开展注册登记，依法查办案件，规范行政指导和行政处罚自由裁量权，落实立案、办案、结案三分离制度，强化案件核审、审批以及集体决定制度，深化说理式执法文书的应用。全年，查办各类违法违章案件66件，案值676.677万元，罚没款49.1万元，66件行政处罚案件无一例提起行政复议和诉讼。

【打击传销和规范直销】 围绕农村、城乡结合部、居民区、校园周边等无证无照经营比较集中的区域集中开展专项整治。全年组织开展清理无照经营专项行动9次，清理无照经营户186户，立案查处无照经营案件7件。开展打击传销、规范直销工作，散发宣传材料、电视（大屏幕）循环播放宣传片、设置宣传点集中宣传，广泛宣传非法传销的危害性。全年开展打击传销执法行动12次，对无限极、玫琳凯、完美等6家直销行业进行彻查，举办宣传培训会13场次，张贴、印发各种宣传材料7800余份，参训人员4000余人次。

【消费维权】 县政府办印发《全县消费纠纷"大调解"工作方案》，成立由政府分管领导为组长，19个部门单位为成员的全县消费纠纷"大调解"工作领导小组，在全县初步建立"政府领导，消协牵头，部门协作，行业自律，舆论监督，群众参与，全社会支持"的消费纠纷大调解工作格局。按照"试点先行，先易后难，逐步推行"的原则，在红宝家居生活广场等4家企业推行消费环节经营者首问和赔偿先付两项制度试点，帮助企业建立12315消费维权服务站，完善《12315消费维权服务站职责》等7项制度，处理赔偿先付11件。组织开展"3·15""3·31"集中宣传咨询服务活动。全年受理、处理消费者投诉举报3939件，挽回经济损失23.9万元；按期办结率100%，群众满意率96%。

（任振宇）

土地管理与开发

【概况】 中宁县国土资源局承担全县土地和矿产资源调查、测绘、规划、管理、登记、保护和合理利用的工作职责。局机关下设办公室、耕地保护办公室、土地利用办公室、矿产管理办公室、征地管理办公室五个内设机构和地籍站、储备中心、执法大队、不动产事务中心4个事业单位，城郊、石空、鸣沙、大战场、喊叫水5个国土资源中心所，核定人员编制77人，其中行政编制9人，专项编制58人，后勤事业2人，聘用8人。国土资源局主要工作有：耕地保护、建设用地报批征用、土地出让划拨、土地开发整理、不动产登记、矿产资源管理、国土资源执法监察等。

【耕地保护】 按照"先补后占，占一补一"的耕地占补平衡制度要求，实施完成"中宁县鸣沙镇小盐池滩耕地占补平衡土地开发项目"，建设规模6030.75亩，完成投资881.31万元，补充耕地面积2509.6亩，新增耕地经验收入库，补充建设占用的耕地面积。结合新一轮土地利用总体规划调整完善，开展全域基本农田划定工作，调出基本农田430.99公顷，划入基本农田13003.09公顷，其中城市周边永久基本农田1026.34公顷，中心城区以外划入永久基本农田11976.75公顷。全县永久性基本农田保护区面积达到72.25万亩，比现行规划保护面积53.4万亩净增加18.86万亩，全县永久基本农田平均质量等别为10.16，年末完成全县永久性基本农田划定方案编制和成果上报工作。年内全县基本农田保护面积43.8384万亩，耕地保有量56.83万亩（其中水浇地34.12万亩），高于年度目标任务。

【建设用地报批征用】 根据中央和区、市供给侧结构性改革部署，围绕县委、政府2016年114项重点项目、106项重点工作、脱贫攻坚及重点改革事项做好土地报批、征用、出让等服务保障工作，严格执行土地调控政策，争取自治区下达中宁县年度计划用地指标2500亩，其中农用地1700亩（耕地500亩），未利用地800亩；争取低丘缓坡未利用地指标2000亩。为124个建设项目办理土地预审3008.48公顷，为2个项目办理规划调整2公顷。为京藏高速公路改扩建、109国道拓宽绿化、城际铁路建设等30个重点项目报批建设用地15个批次444.13公顷，为河北城乡供水工程、滨河路以南盐碱地改造等25个建设项目征用土地661.25公顷，核算征地补偿费1.636亿元（其中土地补偿费1.469亿元，附着物1662.8万元），年内全部拨付到位。

【土地划拨出让】 2016年，办理划拨用地59宗432.47公顷。严格执行工业及经营性用地招拍挂制度，截至10月底，提交自治区土地和矿业权交易中心挂牌出让44宗902.8公顷国有建设用地，实现土地出让收益88041.21万元。

【土地规划调整】 利用总体规划调整，自治区政府调整追加中宁县规划耕地保有量24.72万亩，基本农田保护面积20万亩，新增建设用地规模1.69万亩，新增建设占用耕地规模2.1万亩。到2020年，中宁县土地规划期末耕地保有量不低于89.82万亩，基本农田保护面积不低于72.20万亩，新增建设用地控制在9.09万亩以内，新增建设用地占用耕地不得突破2.1万亩，规划期内土地整理、复垦和开发补充耕地不得少于7.5万亩。完成全县土地利用总体规划调整方案，落实规划各项指标。调规成果通过自治区国土资源厅及相关厅局专家的评审，自治区政府于2016年12月30日批复实施。

【土地开发整理】 争取项目资金1092.86万元，开工实施“2016年度中宁县新堡镇宋营村土地整治项目”，建设规模9450亩，涉及宋营、刘营、毛营、盖湾、新堡5个行政村土地，截至年底完成项目招投标、设计交底、进场开工等工作，砌护渠道20条20公里，安装畦田口982个，治理支沟800米，项目计划2017年10月完工。项目建成后，项目区中低产田可改造为高产良田。

【不动产登记】 2016年，办理国有土地使用证97宗4965.5亩，办理抵押登记50宗3071.47亩，抵押融资金额1.79亿元。根据县编委《中宁县不动产登记事务中心“九定”方案》，完成人员编制划转，县不动产登记事务中心核定主任1名，核定划转事业编制人员18名，其中，由县国土资源局地籍站划转全额预算事业编制7名，县房屋产权产籍管理所划转9名（全额预算事业编制4名，自收自支5名），林业局划转全额预算事业编制人员1名，农牧局划转全额预算事业编制人员1名。年内18人按照“人随事走，编随人走”的原则划转到位。在县政务大厅二楼设立不动产统一登记服务窗口，设置产权登记、权属调查、档案管理、信息技术、综合法规工作岗位。实现“停旧换新，首证颁发”，进行移交档案、数据整合建库工作。

【变更调查与测绘管理】 组织开展年度土地利用变更调查工作，调查变更地类图斑519个，调查土地面积2.3万亩。实施“数字中宁，智慧城市”地理空间框架建设项目，完成项目投资513万元，完成硬件设施和平台建设、数据整合建库，通过区级验收。

【矿产资源管理】 开展矿山巡查46次，发现并制止矿产资源违法行为28起。组织联合执法力量对红寺堡群众在白马乡境内乱采滥挖矿产资源行为进行重点打击，扣压装机、车辆3辆。立案查处违法开采案件5件，收缴罚款15万元。组织开展矿产资源开发利用年检工作，对全县28家（区厅发证的9家，县级发证的19家）采矿企业、4家勘查企业的矿业权人全部进行年检。完成第二轮非煤矿产资源矿业权区划方案的野外地质测量、剖面测量、采样，提交自治区国土资源厅审核。重视非煤矿山安全生产工作，在重要节假日、重要会议期间开展安全生产大检查17次，对30家非煤矿山企业进行安全监督检查，对发现安全隐患责令进行限期整改。抓中央第八环保督察组反馈问题整改，破坏生态环境问题的5家采矿企业停产整改。

【国土资源执法监察】 本着“以预防为主，预防与查处相结合”的方针，努力推进执法关口前移，全年开展国土资源日常动态巡查122次，发现并制止土地矿产违法行为65起。组织安全生产“打非治违”专项检查51次，检查企业37家，排查安全隐患34处，下发安全生产检查限期整改通知书17份。实地核查土地卫片执法检查图斑394个，矿产卫片执法检查图斑16个，核实违法开采矿产资源图斑5个，立案查处，立案率为100%；核实违法用地图斑34个，30宗地，违法占地面积183.74亩（其中耕地28.85亩，基本农田4.88亩）。截至10月底，立案查处违法用地26宗，非立案查处宗教寺庙用地2宗，完善立案手续2宗。组织对29个违法占用耕地及基本农田的承诺拆除图斑坚决拆除，年末全县违法占用耕地比例控制在6.7%。

【督察整改】 2016年，土地例行督察发现和反馈全县存在7个方面26个问题，其中闲置土地处置不到位问题11个，地方党委政府违法决策违规返还土地出让金问题3个，将不符合耕地占补平衡政策规定的新增耕地用于占补平衡问题1个，耕地非农化问题1个，违法违规占地问题7个，土地出让收入逾期未征收到位问题2个，2011—2015年批而未供土地1254.2534公顷。年底全部完成整改，整改处置闲置土地11宗，开工建设4宗，置换2宗，收缴闲置费开工1宗，收回土地4宗。

（李铁军）

安全生产监督

【概况】 2016年，开展“深化安全生产责任落实年活动”“百日专项整治”“十大专项整治”“打非治违”“六化”①达标等专项整治行动，推进企业安全风险控制和隐患治理信息系统建设工作。全县发生生产安全事故15起，同比减少83.5%；死亡5人，同比减少50%；受伤10人，同比减少88.23%；直接经济损失182.55万元，同比减少45.66%，安全生产四项控制性指标呈现“四下降”，全县安全生产形势总体稳定好转。中宁县被自治区安委会评为2016年度安全生产先进单位，安全生产监督管理局被中卫市评为2016年度安全生产先进集体。

【责任落实】 按照“党政同责，一岗双责，失职追责”和“管行业必须管安全、管业务必须管安全、管生产经营必须管安全”的要求，强化组织领导，及时召开全县安全生产暨食品安全工作会议、县安委会第一、二、三、四次全体（扩大）会议，分别对全县安全生产工作进行安排部署。制定《中宁县关于开展深化安全生产责任落实年活动的通知》《中宁县安全生产委员会成员单位工作职责分工细化方案》《中宁县关于完善安全生产长效管理机制推动安全生产形势稳定好转的意见》《中宁县安全生产委员会工作制度》《中宁县安全生产黑名单制度暂行办法》等文件，细化目标任务和职责分工，完善网格化管理，建立生产经营单位负责、职工参与、政府监管、行业自律和社会监督的工作机制。

【专项检查】 严格开展执法检查，严肃行政处罚。按照年初制订的执法计划开展执法监管，对执法过程中发现的事故隐患，责令企业及时予以整改。对执法检查过程中发现的违法违规行为，严格按照相关法律法规条文进行处罚，全年收取行政处罚、事故罚款137万元，全部上缴国库。开展节日期间安全生产大检查。在重大节会期间，由分管副县长带领在全县范围内开展危险化学品、煤矿、非煤矿山、人员密集场所企业安全生产大检查，及时消除安全隐患。开展十大专项整治和百日专项整治行动。成立6个组，由县长任组长，分管副县长、工业（物流）园区管委会主任任副组长，相关部门和各乡镇主要负责人为成员的全县安全生产专项整治行动领导小组，督促工信局、发改局、住建局等安委会成员单位，以隐患治理为切入点，开展煤矿、非煤矿山、危险化学品、粉尘防爆、道路运输、建筑施工、人员密集场所、特种设备、油气输送管道、职业健康等行业领域专项整治行动，开展执法检查457家次，查处各类问题和隐患2821条，整改率100%，下达《现场检查记录》258份、《责令限期整改指令书》189份、《整改复查意见书》185份。

【指导监督】 按照“六化”目标、“五落实五到位”②的要求，严查151家上线企业风险控制和隐患治理信息系统建设使用情况，根据检查情况分别向考核合格、需整改提升、基本合格、不合格、停产停业整顿的企业发放金色、蓝色、黄色、红色和黑色警示牌，促使企业对验收存在问题进行整改落实，对45家整改完善后达到90分的企业发放“六化”达标合格牌。通过政府购买服务的方式，开展“专家会诊”“技术抽检”等活动，推进企业安全生产标准化建设，全县有75家企业完成被第三方托管，安全生产标准化三级达标企业61家，安全生产标准化二级达标企业9家。鼓励企业投保安全生产责任保险，在煤矿、非煤矿山、危险化学品、烟花爆竹、建筑施工、民用爆炸物品、金属冶炼与加工等高危行业和重点领域实行安全生产责任保险制度，落实安责险投保企业11家，保费763526.34元，有意向投保的企业25家。

【应急管理】 以网格化体系建设为核心，强化应急管理工作。以天元锰业应急救援队伍建设工作为主阵地，提高企业和相关单位突发事故处置能力，开展触电、液氨泄漏等事故应急演练57场次，印发《中宁县安全生产应急工作手册》500余本。联合公安、消防、交警、运管、环保等部门，成功处置宁夏晨洋房地产开发公司金岸骄子北门施工挖“伤”天然气管道事故、白桥村废品收购站轮胎着火事故、锦宁巨科铝液运输车辆铝液外溢致使轮胎着火事故、新疆至山东菏泽天然气运输车途径中宁疑似天然气罐车泄漏事故，处罚金额6万元。安排专职工作人员做好生产安全事故联网直报汇总、核实上报等，完成事故信息上报工作，上报事故15起。

【宣传教育】 制作播放安全生产事故教育警示片。将在全县范围内发生的生产安全事故以案例的形式制成视频短片，在安委会（扩大）会议上播放，制作光盘400余张发放各企业，扩大警示教育。将生活中安全常识制成“安全微聚焦”动漫短片46期，在中宁电视台新闻联播前播放，全面普及安全生产生活知识。对全县矿山、危化、建筑、交通、人员密集场所等25家企业的主要负责人开展“安全你我他”现场采访，制作访谈24期，每周播放一期，轮流进行播放教育。开展安全生产电视公开承诺。由住建局、宁安镇、天元锰业集团等27家成员单位和36家企业在电视上向全县人民做公开承诺，并在中宁电视台进行播放，发挥社会监督作用。开展“安全生产月”宣传活动。围绕“强化安全发展观念，提升全民安全素质”活动主题，采用设置彩虹门、悬挂横幅、摆放展版、发放资料、现场咨询等形式开展安全生产法律法规、事故防范技术、职工安全知识、职业危害防护常识等宣传，现场解答群众关心的安全问题。聘请区、市专家开展《自治区安全生产条例》、风险预防控制体系建设培训。聘请中卫市检察院、宁夏平安安全技术服务有限公司、宁夏优安安全技术咨询服务有限公司、宁夏石化银骏安全技术咨询有限公司、神华宁煤等单位讲师开展三级员工教育、“两高”司法解释、安责险、冬季安全生产等培训68期、1.1万余人次。

（孙学有）

小资料

①“六化”：指安全管理分级化、排查项目清单化、隐患查治常态化、制度规程规范化、现场管理可视化、培训教育经常化。

②“五落实五到位”：“五落实”，指必须落实“党政同责”要求，董事长、党组织书记、总经理对本企业安全生产工作共同承担领导责任；必须落实安全生产“一岗双责”，所有领导班子成员对分管范围内安全生产工作承担相应职责；必须落实安全生产组织领导机构，成立安全生产委员会，由董事长或总经理担任主任；必须落实安全管理力量，依法设置安全生产管理机构，配齐配强注册安全工程师等专业安全管理人员；必须落实安全生产报告制度，定期向董事会、业绩考核部门报告安全生产情况，并向社会公示。“五到位”，指必须做到安全责任到位、安全投入到位、安全培训到位、安全管理到位、应急救援到位。

商贸服务

【概况】 县商务和经济技术合作局有行政编制10名，其中局长1名，副局长3名。2016年，围绕区、市、县党委、政府的决策部署，紧抓国家向西部开放、建设丝绸之路经济带、互联网+等机遇，提升招商引资工作质量，实现外贸大幅增长，社会消费品零售总额全区各市县增速第一。

【招商引资】 2016年，全县实施招商引资项目26个，项目计划外方总投资485.66亿元，当年计划投资170亿元，实际到位资金区外69.23亿元、区内13.25亿元（区内实施项目32个），合计82.48亿元。续建项目9个,计划总投资425.14亿元,到位资金51.1亿元,包括天元锰业60万吨电解金属锰二期及配套项目、兴尔泰120万吨硝基复合肥循环经济产业链系列项目、香港景津公司对天元锰业增资扩股项目等;新建项目16个,外方总投资60.52亿元,到位资金18.13亿元,包括今飞集团年产500万件汽车轮毂项目、2×50万吨硫酸锰联产活化脱硫锰渣项目、香港百灵达环保公司并购宁夏华夏环保资源综合利用公司项目等。

【招商宣传】 围绕冶金、化工、新材料、农副产品深加工主导产业及科教文卫等社会事业,制作《中宁县招商引资项目册》500本、《中宁招商指南》1200本,制作微信招商项目册、视频招商宣传片等,在中宁籍企业家返乡创业座谈会、2016年天津投资贸易洽谈会、重庆渝洽会、“民营企业中卫行”活动、宁蒙陕甘毗邻地区共同发展联席会议第十三届年会暨第七届经济技术合作洽谈会、第十四届中国国际农产品交易会中宁枸杞推介会中组织企业参展,发放宣传册。多地多次成功举行招商引资项目集中签约仪式。签约项目25个,协议总投资288.73亿元。其中集中签约仪式签约项目10个,协议总投资47.22亿元;“民营企业中卫行”活动签约项目8个,协议投资118.5亿元;宁蒙陕甘毗邻地区共同发展联席会议签约项目1个,投资28.01亿元;第十四届中国国际农产品交易会中宁枸杞专场推介会签约项目4个,投资77亿元;年底签约2个,协议投资18亿元。协调促成湖南尔康制药有限公司年产2000吨速冻枸杞制干项目签约成功。接待浙江今飞控股集团、湖南尔康制药公司、杭州甲骨文、泛华集团、中铁城投西北公司、广州广药集团、山东南山铝业、上海华城中本、北京正大果业、保和堂(中国)有限公司、北京三强辐照技术有限公司、中国航空规划设计研究总院有限公司等客商到中宁县考察,全方位宣传本县区域优势、特色产业和优惠政策,全年累计接待客商及党政代表团50批500余人次。

【人才引进】 推动天元锰业公司、隆基硅公司等企业技术研发中心、院士工作站加快技术创新和产品研发;落实人才推进计划,加强人才对接,推动全县在枸杞产业、电子商务发展等领域实现新突破。抓好电子商务人才培训,实施电商筑梦计划,招募农村淘宝合伙人,建立农村淘宝村级服务站,开设电商培训班13期,培训电商创业人员500余人。参加电子商务展会培训,组织相关企业参加2016中国(义乌)国际电子商务博览会、全区发展电子商务现场会等,先后参加自治区商务厅组织的电子商务培训12人次。

【电子商务村级服务站建设】 印发中宁县人民政府《关于印发中宁县开展电子商务进农村工作实施方案的通知》《关于印发中宁县电子商务及村淘项目宣传工作实施方案的通知》《关于印发中宁县阿里巴巴农村淘宝项目建设实施方案的通知》等文件,建成基础条件好、人员素质高、功能完善、便民惠民的电子商务村级服务站80个。其中,30个村淘服务站运行良好。

【电商示范县创建】 认真筹备,多方努力,研究完善电子商务支持政策、筑梦计划等,优化发展环境,培育、扶持、鼓励电子商务向农村拓展,创建国家级电商示范县,竞争性排名在全区各市县第二位。

【商贸流通】 建立健全工作预案,根据市场需求,做好肉食品动态调控准备。做好春节期间市场供应情况的监测分析工作,撰写有关市场分析材料,建立健全工作预案,稳定市场供应。2016年,全县实现社会消费品总额20.16亿元,同比增长8.9%。全县城镇消费品零售额16.65亿元,同比增长8.8%,乡村消费品零售额3.5亿元,同比增长9.1%。全县批发业实现零售额6.24亿元,增长9.1%,零售业实现零售额12亿元,增长9.7%。住宿业实现零售额0.084亿元,下降16.5%。餐饮业实现零售额1.83亿元,增长4.2%。全县消费品物价相对稳定,市场运行平稳。联合举办“2016中宁县房车生活文化节”。

【项目落实】 落实商贸流通"十三五"发展规划、电子商务、农产品质量追溯体系、物流、菜篮子连锁超市、标准化菜市场等6类8个项目规划。与区、市业务主管部门对接，申报项目。农产品（枸杞）质量追溯体系项目建成试运营；成功申报国家级电商示范县。强化宣传培训和舆论引导，外出参观学习，采取激励机制，培育支持企业提高电商科技应用水平；引进阿里巴巴村淘项目落户中宁，出台优惠政策，引导、支持、鼓励企业建设运营电子商务产业园。中宁电商孵化园被中卫市授予创业孵化园区。商务云已试对接。

【监测检查】 按照"准确监测，深度分析，科学预测，快速反应"的市场运行监测要求，通过培训教育、现场指导等措施推进城市生活必需品市场、重要生产资料市场和重点流通企业三大监测系统工作，加强节假日市场供应和应急监测、市场安全，开展市场运行情况分析，做好价格监测。对全县各大超市、大型综合市场及重点生产资料监测单位经营的生活必需品、农副产品及石油、农药、化肥等重点生产资料进行信息采集、运行分析，保证数据的时效性和真实进行，将运行分析形成信息，及时报送有关部门。在元旦、春节、五一、十一等期间对商场、超市、宾馆、加油站、物流企业等进行安全生产检查，发现问题限期整改。

【外贸发展】 支持外贸企业申报2016年中小企业国际市场开拓资金项目，帮助企业通过商务部外经贸发展专项资金网络国力系统进行网络申报项目。落实自治区外贸发展有关政策，组织企业到国外参展、洽谈，宁夏宁安堡托特产品有限公司、宁夏杞乡生物科技有限公司、宁夏早康枸杞股份有限公司等十几家企业先后参加塔吉克斯坦中国（宁夏）特色产品展、2016年海峡两岸食品展、韩国国际健康产品原料展、关于赴蒙古和俄罗斯对接考察牛羊肉大棚蔬菜等经贸展会、洽谈会。兑现企业国际市场开拓资金、外贸区域协调发展资金、进口补贴资金。2016年，全县外贸进出口总额达到18.87亿元，同比增长26.94%。其中进口总额9.51亿元，同比增长13.06%；出口总额9.36亿元，同比增长45.03%。从行业来看，工业进出口总额达到16.3亿元，占进出口总额的86.4%，同比增长23.38%；枸杞产业出口2.56亿元，同比增长58.19%。

中宁县2016年外贸进出口统计明细表 （单位 万元）

单位名称	进出口总值	上年进出口总值	进出口增减%	进口总值	上年进口总值	进口增减%	出口总值	上年出口总值	出口增减%
宁夏禾润农业开发有限公司	1108	143	674.11				1108	143	674.11
宁夏天元锰业有限公司	158770	130735	21.40	91526	82921	10.40	67243	47814	40.60
宁夏顺元堂汉方生物科技有限公司	14723	8708	69.07		280		14723	8427	74.70
宁夏杞乡生物食品工贸有限公司	1208	1369	−11.73				1208	1369	−11.73
中宁县吉鼎生物科技开发有限公司	109	8	1329.78				109	8	1329.78
宁夏隆基硅材料有限公司	310	1090	−71.60	310	702	−55.90		388	
宁夏晶隆石英有限公司	1546	208	642.90	1416	208	580.61	130		

续表

单位名称	进出口总值	上年进出口总值	进出口增减%	进口总值	上年进口总值	进口增减%	出口总值	上年出口总值	出口增减%
宁夏中宁县宁海土产果品有限公司	884	621	42.33				884	621	42.33
中宁县德源贸易有限公司	1367	886	54.41				1367	886	54.41
宁夏早康枸杞股份有限公司	1538	518	196.98				1538	518	196.98
宁夏中宁县骨杞草枸杞开发有限公司	94	7	1162.19				94	7	1162.20
宁夏隆基半导体材料有限公司	2421	117	1966.28	1846			574	117	390.08
宁夏乐杞农业科技发展有限公司	1714						1714		
宁夏中宁县春杞枸杞科技有限公司	37	15	155.39				37	15	155.39
宁夏百事恒兴食品科技有限公司	23						23		
宁夏华宝枸杞产业有限公司	124	84	47.33				124	84	47.33
宁夏红枸杞商贸有限公司	774	569	35.88				774	569	35.88
宁夏乐杞生物科技发展有限公司	1923	3552	-45.87				1923	3552	-45.87
合计	188673	148630	26.94	95098	84111	13.06	93573	64518	45.03

（赵全德）

统计管理

【统计队伍】 中宁县统计队伍由政府统计部门、乡镇统计、部门统计和企业统计组成。统计局和下辖的统计普查中心属发展和改革局管理，发展和改革局副局长兼任统计局局长。2016年，有行政编制10人，事业编制5人。全县11个乡镇统计人员中，专职统计人员4人（宁安镇、舟塔乡、石空镇、喊叫水乡），兼职统计人员7人（新堡镇、恩和镇、大战场镇、徐套乡、鸣沙镇、余丁乡、白马），部门统计员都是兼职；全县114家实行联网直报企业均设有专兼职统计。2016年，在全区统计系统效能目标考核中荣获二等奖。

【统计制度】 2016年，执行自治区常规调查统计制度25种：一套表统计调查制度、国民经济核算统计报表制度、基本单位统计报表制度、农林牧渔业统计调查制度、农业产值和价格综合统计报表制度、农村社区基本情况调查制度、宁夏贺兰山东麓百万亩葡萄生产加工统计监测制度、县域经济统计监测制度、工业统计报表制度、能源统计报表制度、固定资产投资统计报表制度、非金融资产投资制度、建筑业统计报表制度、房地产开发统计报表制度、批发和零售业、住宿和餐饮业统计报表制度、规模以上服务业统计报表制度、劳动工资统计报表制度、劳动力调查制度、人口变动情况抽样调查制度、企业创新活动统计报表制度、企业（单位）

研发活动统计报表制度、社会综合统计报表制度、妇女儿童状况综合统计报表制度、工业园区统计监测制度。执行普查制度有《宁夏第三次全国农业普查方案》和《2016年全国1%人口抽样调查方案》。

【统计服务】 2016年,撰写统计分析22期,统计报告11篇,其中《中宁县全面建成小康社会监测评价报告》《从1—2月企业运行情况看全县工业经济新开局》等多篇报告被县领导批示。编辑《中宁月度经济指标手册》,内容涵盖工业、财政、贸易等主要经济指标数据,编印《2015年中宁县月度经济指标手册合订本》《中宁县2015年经济要情手册》《中宁县全面建成小康社会读本》等,及时发布《2015年统计公报》。

【重点工作】 完成2015年年度和2016年各季度GDP核算工作;完成规模以上工业、能源、限额以上批发零售业、住宿餐饮业、资质以上房地产、建筑业、重点服务业等113家企业的月度、季度统计联网直报工作;将500万元以上投资项目申报入库,确保应统尽统;完成2015年年报及2016年季报工作各林业及林产品、葡萄产业、生态移民监测等工作;做好第三次全国农业普查前期准备工作。协调县政府办公室下发《关于认真做好第三次全国农业普查工作的通知》,编制农业普查预算,落实2016年农业普查经费。做好普查的宣传动员、"两员选调"、试点培训、清查摸底、小区划分和地址码编码等工作;完成全县139个村、社区的1%人口抽样调查工作;开展2016年全区非公有制企业(单位)人才资源状况抽样调查、全县各领域人才资源调查及"三新"①"四众"②调查摸底工作。

【法制建设】 开展"数据造假,以数谋私"专项治理工作和农村统计数据质量检查工作,对全县11个乡镇基层基础工作情况、规章制度建立和执行情况、数据采集方法、数据加工处理和审核上报情况、数据评估情况、基础台账建设情况、农村统计调查数据是否存在造假和弄虚作假情况进行全面检查;与司法局联合对辖区20家单位进行一年一度的统计执法大检查,通过检查,发现统计违法行为13起,进行教育整改7起,立案6起。

(李丽鸿)

小资料

①"三新":指新产业、新业态、新商业模式。

②"四众":指众创、众包、众扶、众筹。

社会经济调查

【概况】 中宁县社会经济调查队是自治区统计局的派出统计调查机构,主要开展"两项收入,两个产量"抽样调查和相关专项调查工作。主要承担城乡一体化住户调查、农民工外出务工调查、生态移民收入、贫困村农民收入、水库移民生产生活、农作物播种面积、粮食产量、畜禽监测、农户固定资产投资和第三次农业普查农作物面积遥感测量调查等10项国家及自治区抽样调查工作。2016年,有工作人员11人,其中正式在编职工8人,聘用辅助调查员3名,其中本科学历8人,中共党员7人。各项调查工作在全县设置网点96个,分布在全县11个乡镇和1个国有农场,涉及72个行政村的500多个农户家庭。2016年,中宁县社会经济调查队在全区调查队系统业务考核工作中获得先进集体称号。

【城乡一体化住户调查】 每季度对城乡一体化住户调查网点基础工作进行逐一访查,在检查中对记账户漏记、错记、重记情况进行及时提醒与更正。采取集中培训与分散培训相结合的方式对全县11个乡镇的260户记账户进行培训。为记账户发放记账补贴,加强与记账户的沟通交流。创新工作方式方法,开展手机电子记账方法。

【第三次农业普查农作物面积遥感测量调查】 按照方案要求和时间进度,全体调查人员深入田间地头，找样方、测方位、分品种、拆分地、拍照片，做到“人到现场，实地查看，准确调查”。按时完成第三次农业普查农作物面积遥感测量实地调查工作。

【生态移民收支调查】 全年对全县生态移民调查记账户进行集中培训4次，从现金日记账本的封面、现金收入、实物收入、支出项目等方面对记账户开展面对面培训，对填写要求进行规范统一，确保生态移民统计监测工作有序进行，真实准确反映全县生态移民生产生活变化情况。

【常规制度调查】 按照国家统计调查方案和报表制度的要求，精心组织，周密安排，坚持“独立调查，独立上报”的原则，各项常规制度性调查工作有序推进。各项统计调查任务数据上报及时、准确，评估分析真实、到位，能全面反映中宁县农村经济发展情况。

【质量立统】 对基层调查员进行专业素质培训，提高调查人员的业务素质。强化基层基础工作检查指导力度，确保调查数据的真实性。建立调查数据质量审核评估管理制度，进一步强化对调查数据的管理，提高调查数据的准确性和权威性。

【统计调查服务】 2016年，撰写政务工作动态42篇，采用39篇。调查信息25篇，采用18篇，分析报告24篇，采用24篇。其中《上半年农民人均可支配收入增长6.3%》和《前三季度城乡居民收入完成情况及实现全年目标任务的对策建议》分析报告获县长批示。

（李小平）

审计监督

【概况】 审计局核定行政编制16人，其中领导职数4人。2016年，有在职干部职工16人，其中行政编制15人，工勤人员1人。内设办公室、法规审理室、经济责任审计室、综合业务审计室、公共投资审计室5个职能科室（2016年9月将公共投资审计室更名为政府投资核算中心，核定为审计局不定级别的事业单位，增加事业编制4名），局领导班子有局长1名，副局长3名。计划实施审计项目20个，年内完成审计项目20个，其中预算执行审计7个，经济责任审计7个，财务收支情况审计2个，政府投资项目决算审计1个，配合区、市审计机关完成专项审计调查3项。2016年，审计局被自治区文明委命名为继续保持的区级文明单位；被市审计局评为先进集体。

【预算执行审计】 完成县本级财政预算执行和其他财政收支情况的审计。查出预算编制不细、部门政府采购未编制预算、虚增财政收入、未及时上解国库收入、专项资金平衡预算、扩大开支范围等问题。完成县民政局、司法局、市场监督管理局等6个一级预算单位2015年度的部门预算执行及其他财政收支情况审计，重点关注各部门预算内资金和其他财政财务收支的真实性、合法性以及专项资金的使用方向、使用效益。通过预算执行审计，查出管理不规范资金2.81亿元，违纪违规资金2.13亿元，经审计处理处罚应缴财政资金8009.53万元，归还原渠道资金2125.2万元。对存在的问题提出加强预算管理的审计建议。向政府提交综合报告2份，专项调查报告3份，移送审计发现问题线索3条。对审计发现的鸣沙镇卫生院违规发放补助费问题及时移交纪检监察部门，纪检监察部门根据提供的线索对该单位的负责人给予纪律处分并收缴违规发放的补助费。

【民生和专项资金审计】 完成2015年度保障性安居工程跟踪审计，检查2015年度各类保障性安居工程的投资、建设、分配、运营以及资金筹集、管理和使用情况，揭露保障性住房在项目建设、住房分配、管理方面存在的突出问题。完成中宁县“十二五”生态移民审计工作，审查移民资金到位情况、管理使用情况、工程项目建设完成情况、移民搬迁任务落实情况等方面存在的问题。配合市审计局完成稳增长促改革调结构惠民生防风险政策措施落实情况跟踪审计调查。

【领导干部经济责任审计】 根据审计项目计划和组织部门委托，对工业和信息化局、林业局、红梧山管委会、液化气公司、新堡镇、鸣沙镇、安定社区7个行政事业单位主要负责人进行经济责任审计。审计中发现接收不合规发票、往来款项长期挂账、未进行政府采购等违纪违规问题，移送有关部门处理事项1件，提出审计意见、建议16条。

【政府投资项目工程审计】 对政府投资项目工程结算实行审计计划批复制，确保每个政府投资项目能及时进行工程结算审计。全程跟踪审计棚户区改造项目、市民休闲森林公园景观绿化工程、宁夏隆基硅材料有限公司年产100MW单晶硅生产标准化厂房建设项目等县委政府确定的重大投资建设项目。完成120项决(结)算审计，原提送值6.02亿元，审定值为5.35亿元，核减工程造价0.66亿元，审减率11.0%。完成157项政府投资建设项目招标控制价的审核工作，原提送值19.88亿元，审核价18.39亿元，审减率7.5%，从源头节约建设资金1.49亿元。

【审计质量管理】 严格审计程序，加强审前调查，提出审计事项办结时限要求，以提高审计效率；创新管理方法，加强重点环节审计质量控制，提升审计质量；强化审计整改，确保审计成果有效落实，加强审计回访、审计建议的落后反馈以及审计整改情况的跟踪报告，提升审计成果利用层次；对审计查出的问题及时梳理，综合分析、切实整改，堵塞管理漏洞、健全管理体制，提高行政效能和服务水平。

【审计整改落实】 建立审计结果跟踪检查制度，采取召开协调会议、回访检查、电话追踪等方式，主动与被审计单位沟通，督促落实审计结果，帮助建立健全内控制度，加强审计发现问题整改力度。

（王秀芳）

金融保险

中国工商银行股份有限公司中宁县支行

【概况】 中国工商银行股份有限公司中宁县支行内设公司机构金融业务部、个人金融业务部、综合管理部3个部室，下辖营业室、平安东街分理处2个对外营业网点，有3个离行式自助银行，在岗人员71人。

【信贷业务】 加大对符合国家产业政策新型产业、涉农贷款的投放力度。加快小企业金融创新，促进支柱产业多元发展。主动与政府、监管部门沟通联系，开展送产品下基层活动，通过拓宽信息来源渠道邀请不同行业的客户参加，为全县小微企业中有融资需求的客户提供面对面服务，提升支行抗风险能力和经营效益。拓展个人信贷业务，把握新常态下消费扩大升级的结构和趋势调整，支持居民首套及改善型个人住房需求，推广个人消费贷款及围绕优质商品交易市场的个人经营贷款、信用卡透支、分期付款等消费类金融产品。持续做好存量贷款风险排查工作，做到问题早发现、风险早化解，避免风险后移；加强到期贷款提示，防止客户非主观违约，用足用好总分行有关不良贷款化解政策。

【负债业务】 拓展业务市场，推进负债业务稳定增长。加强对公客户账户的管理，持续开展扩户增存揽存工作，以日均5万元以上的客户拓展为重点，提升新开账户质量和效益，做好存量客户的盘活和深层次维护工作，推动公存款发展。抓资金源头，带领营销团队走访企业高层，利用工行产品优势捆绑营销，加强公私联动，以代发工资业务为纽带，夯实客户基础，带动负债业务、银行卡、电子银行等关联业务的发展。夯实基础客户规模，实现储蓄存款逐步增长，增加日均储蓄存款规模，以节节高、薪金溢等创新产品，吸引日均资产1万元以上客户和代发工资客户。推进投资理财产品销售，强化存款业务与理财业务的互动，顺应客户从“存款人”向“投资人”的转变趋势，推行基金、理财、贵金属、惠民卡、ETC等产品为客户提供增值服务。

【互联网金融】 开展互联网金融营销，加快互联网金融产品在客户群体中的影响力和覆盖面。加快推进和实施大零售战略，开展精准营销。支行行长、主管行长到大型枸杞企业中开展融e联营销，营业网点采取“一站式”全程捆绑联动服务模式，抢先培养客户使用产品习惯，提升客户活跃程度，实现资源与客户共享,最大限度提高手机信用卡发卡量与融e联营销数量的捆绑率。对存量和行外两个客户群体同时开展营销，抢抓信用卡“9944”(指总行从全行借记卡中筛选有消费记录、有联系方式、但无信用卡的9944万客户)“4050”人员目标客户、个人贷款客户等行外资源。

【内控及风险防范】 坚持从严治行，强化风险管理，确保安全运营和各项业务的健康发展。逐级签订《党风廉政责任书》和《案件防范责任书》，以制度形式明确各级管理人员党风廉政、案件防范责任。坚持每两个月召开一次内控案件防范分析会，严格落实内控案防工作例会决议事项，确保整改到位，措施到位，消除案件隐患。按照《中国工商银行宁夏分行案件防范工作责任制实施细则》，以落实案件防范责任制为重点，根据各专业、各部门年度阶段性内控案防工作计划，组织落实每月一次的内控案防制度执行情况和业务检查。强化对存量贷款的风险监控，关注各类风险因素，对风险做到早发现、早处置。

【服务管理】 以“温馨舒心，热情周到，方便快捷，安全增值”十六字服务工作方针为指导，完善服务体系建设。加强大堂经理队伍建设，完善大堂人员分工配合和相互补位的工作机制。支行依据网点客户结构和业务特征，做好网点功能定位，科学合理设置网点功能区域、调配自助机具设备、优化网点服务流程，提高业务受理效率，深化网点运营标准化改革，解决辖内网点业务错时高峰期运行不足问题，改善客户体验，实现网点任何时段客户等待不超过20分钟的目标。推进智能化网点建设，提高智能设备业务迁移率，将大众客户低附加值服务由以往的“柜面化、低效化”向“自助化、智能化、标准化”转变。提升线上服务，提供快捷优质的线上线下一体化服务。围绕平台化、移动化、场景化生态圈建设进行020服务模式的创新，开放客户、开放业务、开放系统，做精做优产品，做实做活客户。加强服务典型的传播和深填，通过选标杆、树典型、强激励等措施，激发员工优质服务的动力，深化“关注客户需求”服务理念，引导“服务创造价值”共同认识。通过媒体宣传、客户体验、监管评价等方式，多维度、多渠道、多形式为客户提供优质服务。

(张永明)

中国农业银行股份有限公司中宁县支行

【概况】 中国农业银行是一家在上海证券交易所、香港联合交易所同时挂牌的国有大型上市银行，资金实力雄厚，服务功能齐全，是世界500强之一。2016年，农行中宁县支行下辖4个部室、11个营业网点，员工127名。年终被分行推荐为全国金融工会、农总行、宁夏金融工会五一劳动奖状申报单位；连续三年被县政府授予支持地方经济发展和新农村建设“先进单位”称号；在全区2016年度群众评议机关作风活动重点行业评议中，支行以98.8分的成绩在系统内排名第一。

【经营指标及发展】 截至2016年末，全行各项存款余额23.03亿元，较年初增加2.64亿元；各项贷款余额20.87亿元，较年初增加2.38亿元；实现中间业务收入4758万元，同比增收2611万元；全年实现拨备前利润1.15亿元，同比增盈2494万元；综合绩效考评在全区系统内23家经营行中排名第三，川区行中排名第一，连续三年实现提质进位。

【转型升级】 新增枸杞商城电子圈存款机5台，新增中宁县政务便民大厅离行式ATM取款机1台；对营业部自助服务区进行重新规划改造，新增ATM存取一体机2台，更换3台，更换自助终端一台；更换新堡、鸣沙、长山头ATM存取一体机各一台，新增东街、新堡超级柜台2台。

【金融扶贫】 根据总分行扶贫工作意见方案，结合中宁县扶贫工作要求及支行业务发展实际，成立以主管行长为组长，客户部、风险部、营业网点为成员的“金融扶贫攻坚领导小组”。确定长山头分理处为扶贫工作主阵地，中宁县宽口井宁源村、杞海村为主战场，全年实现“脱贫致富贷”投放600户、投放金额1800万~3600万元。工作小组签订责任状，建立“清单账”，制定时间表，倒排工期，将目标任务落实到实际行动中，全力做好金融扶贫工作。

【风险防控】 牢固树立“大风险”理念，突出事前调查、事中管理、事后化解，强化节点控制。开展反电信网络诈骗、征信业务查询使用专项治理活动。2016年末，全行不良贷款余额36万元，较年初下降7万元，连续四年保持“双降”。连续七年在分行内控合规评价中评为一类行；连续两年荣获信贷基础管理“三化三无”（即制度化、程序化、规范化；无逾期贷款、无呆滞贷款、无关停企业贷款）一类行荣誉称号；风险管理指标在全区考核中跃居第一。

（王泽宁）

中国建设银行股份有限公司中宁县支行

【概况】 中国建设银行股份有限公司中宁县支行内设综合管理部、纪检监察部、风险管理部、财务会计部、公司业务部、个人金融部、个人贷款中心、小企业经营团队、营运配送团队9个部门，下辖4个营业网点，分别为支行营业部、金岸支行、广场支行、正大路支行。有在职职工89人，中共党员48人。

【业务指标及发展】 截至2016年末，支行一般性存款余额40.46亿元，余额四行占比55%（全部金融机构占比28%），当年时点新增3.39亿元，新增四行占比82%，位居第一（全部金融机构占比43%，位居第二）；日均新增7.66亿元，计划完成率251.69%。其中，对公存款余额28.5亿元，余额四行占比47%（全部金融机构占比46%），当年时点新增2.49，新增四行占比112%，位居第一（全部金融机构占比59%，位居第一），日均新增6.03亿元，计划完成率268.61%。个人存款余额11.99亿元余额四行占比38%，位居第二（全部金融机构占比14.4%），当年时点新增0.9亿元，新增四行占比47%，位居第一（全部金融机构占比24%，位居第二）。日均新增1.63亿元，计划完成率204.22%。各项贷款余额60.96亿元，余额四行占比61%（全部金融机构占比37%），稳居当地第一；当年新增1.02亿元，新增四行占比29%，位居第二。实现中间业务收入4529.8万元，完成分行计划3975万元的114%，收入总量居二级行第2位，完成率居二级行第2位；辖内收入总量四行占比54%，居第一；辖内收入同比增量占比-140%，居第三。实现主营业务收入22454万，同比下降5091万；税前利润-12327万元，同比下降32164万（因不良贷款减值计提30976万导致）；经营费用同比下降1782万，拨备前利润18649万，同比下降3309万。不良贷款余额70598万元，不良贷款率为11.58%，比年初增长11.56%。其中公司类70500万元，个人类98万元。年末逾期贷款余额380万元，全部为个贷逾期。

【内控和风险管理】 按照区分行“转型快，经营稳，发展好，市场大，结构优，实力强”的要求，重点在“调查了解，战略布局，战术推进以及资源配置”四个方面开展工作，确定“一、三、三、一”发展思路和目标，即树立一个理念：转型促发展，合规创价值；明确三条主线：立规知矩、强化责任和凝心聚力；努力做到三个“争当”：争当业务发展的领先者，争当战略转型的排头兵，争当合规经营的践行者；打造一个品牌：区域内客户首选银行；实现一个目标：同业最强，系统最佳。树立“内控促发展，合规创价值”的合规理念，守牢风险底线、夯实合规基础、服务转型发展，强化责任，合规经营，突出查改，遏制违规，提升风险管控能力和管理水平。密切关注企业经营及项目建设情况，协调沟通，帮助企业化解风险因素。每月组织召开风险控制委员会议，了解重点信用风险项目风险处置化解进展、分析不良压控存在的问题，安排部署、研究确定针对性措施，开展风险化解工作。

（魏永贵）

中国农业发展银行中宁县支行

【概况】 中国农业发展银行中宁县支行内设两部一室，有在册正式员工 23 人，工勤岗位社会化用工 4 人。2016 年，支行累计投放各类贷款 96654 万元，贷款余额 138973 万元；各项存款余额 70869 万元；全年实现账面利润 2463 万元；对重点建设基金项目投放 4 笔 8000 万元；全年无经济案件、刑事案件、重大责任事故、严重违规违纪行为，实现“四无”经营目标。

【支持粮油购销储】 累计发放最低收购价小麦贷款 3576 万元，支持跨省移入小麦 1351 万公斤；累计发放中储玉米贷款 12930 万元，支持轮入玉米 7287 万公斤；累计发放中储稻谷贷款 1448 万元，支持轮入稻谷 535 万公斤。

【扶贫贷款】 发放移民安置区及配套设施建设项目贷款 6.5 亿元。项目建成后实现贫困人口 1496 户 6084 人的住房安置。

【三农服务】 完成中宁县 2016 年棚户区（城中村）改造项目 5 亿元贷款审批及 1 亿元贷款发放工作。项目建成后可改善 1500 户农户居住生活条件；加大水利及高标准农田建设投入，重点支持完成中宁县盐碱低洼地改造项目 1.9 亿元贷款的审批及部分贷款发放工作。项目改善 9 万亩农田盐渍侵害。

（杨志芳）

宁夏银行中宁县支行

【概况】 宁夏银行中宁支行成立于 2003 年 3 月，是宁夏银行在县域设立的第一家分支机构，也是宁夏银行县域特征最明显的支行。2016 年，有正式员工 37 人，党员 11 人，平均年龄 31 岁，内设营销一科、营销二科、枸杞贷款中心、营业室、办公室 5 个科室，2016 年 11 月在县城宁安东街开设营业网点——宁安东街支行。主要承办全县各企事业单位和个体、私营客户的存贷款、结算及周边居民的人民币储蓄业务，是县内较大的一家区域性商业银行。

【存贷业务】 2016 年，实现资产总额 139382 万元，各项存款余额 117234 万元，各项贷款余额 110408 万元，不良贷款率控制在 0.1%以内。

【三农服务】 成立“中宁枸杞贷款中心”（以下简称“中心”），确立“门市化、特色化、品牌化”的经营发展战略。依靠合作社、担保公司、政府产业基金等多种合作模式降低信贷风险，树立和打造特色支农金融服务品牌。“中心”所支持的行业主要涉及枸杞、粮食、种植、养殖等涉农行业，贷款规模逐年增加，截至 2016 年末，累计向从事枸杞、粮食及相关农业产业的农户累计发放涉农贷款 4822 笔，累计金额 20.37 亿元。推出“三户联保”“产业龙头企业 + 农户联保”“行业协会 + 农户联保” 等贷款模式。贯彻执行“金融扶贫”政策，配合县政府开展三个村的扶贫贷款，被中宁县政府评为 2016 年度“精准扶贫先进单位”。

【小微企业服务】 加强与政府部门联动，深入调研，加强小微企业信贷支持力度。根据小微企业资金需求小、频、急的特点，为小微企业提供个性化服务。加强信贷人员队伍建设，做好贷款管理，防范信贷风险。截至 2016 年末，各项贷款余额 110408 万元。其中小微企业贷款余额 55484 万元，较年初增加 312 万元，增加 0.56%。

【优质服务】 秉承“真诚结伴，携手理财”的服务理念和“客户至上，信誉第一，依法经营，文明竞争，敬业爱岗，高效廉洁”的服务宗旨，以“没有最好，只求更好”的优质服务促进业务发展。在宁夏银行2016年度星级营业网点评比活动中被评为“宁夏银行三星级营业网点”。

【综合管理】 把安全保卫工作作为第一要务，通过加强员工安全教育，增强员工防范意识，加强物防、技防建设，强化制度落实，注重检查督导，防范和杜绝各类事故发生，实现自成立以来安全运营无事故、和谐稳定促发展的安全工作目标。

（周桂玲）

宁夏中宁县青银村镇银行

【概况】 宁夏中宁县青银村镇银行是经中国银行业监督管理委员会批准，中宁县委、政府招商引资，由青海银行发起设立的股份制商业银行，注册资金5000万元，于2011年6月开业运营。至2016年，银行在县域成立渠口、石空、富康、大战场、鸣沙、新堡6家支行及枸杞贷款中心和总行营业部8个营业网点。银行先后荣获自治区人民政府“支持小微企业和‘三农’突出贡献奖”，自治区人民政府金融支持地方经济突出贡献奖；被中卫市政府评为“支持地方经济发展先进集体”；荣获县委、政府“支持地方经济发展贡献奖”和“支持特色产业突出贡献奖”；荣获县委、政府支持“农业农村工作突出贡献奖”。荣获2016年度中宁县支持地方特色产业突出贡献奖。

【经营情况】 截至2016年底，全行各项存款余额18.3亿元；各项贷款余额14.6亿元。贷款用于支持县域“三农”和小微企业发展，其中涉农贷款占比达95%以上，累计向县域投放贷款近60亿元。

【信贷产品】 结合县域经济特点和小微企业及“三农”融资需求，开发“尊师贷”个人授信贷款、农户贷款、农户联保贷款、城镇居民个人贷款、公职人员消费性贷款、中小企业流动资金贷款、个体工商户贷款、微小客户贷款、全民创业贷款、妇女创业贷款、个人综合授信贷款、林权抵押贷款、乡镇营业房抵押贷款、合作社贷款等14项信贷产品。

【电子银行业务】 2016年，成功发行“红枸杞IC借记卡”，全年发卡2万余张。网上银行业务成功上线。至年末，新增企业网银32户，累计发生交易225笔，发生金额37823万元；新增个人网银用户627户，累计发生交易489笔，发生金额4347万元。各网点安装自动存取款机22台，实现24小时自助服务；POS机业务持续推进，安装POS机700余台。手机银行业务成功上线。

（古银龙）

石嘴山银行股份有限公司中宁县支行

【概况】 石嘴山银行股份有限公司中宁县支行成立于2013年12月，2016年有员工12人，其中本科11人，大专1人。截至2016年末，支行下辖2个对外营业网点，分别为支行营业部、中宁西街支行。设立自助设备4台。资产总额40254.77万元，各项存款余额28320.37万元，各项贷款余额38546.16万元。无不良贷款，利息实收率100%。荣获县委、县政府2016年度“推进中宁枸杞产业发展先进单位”。

【经营特色】 坚持服务地方经济、服务中小微企业和服务城乡居民，建立健全各项内控制度，强化管理。立足本县区域经济特点，开展枸杞产业调研，从枸杞产业现状、发展布局、枸杞价格的变化和成本构成，以及枸杞产业链结构及主要金融需求等方面进行研究，结合县政府关于枸杞行业的发展规划，制订《石嘴山银行中宁支行枸杞产业链营销服务方案》，从枸杞育苗、种植、收购、加工、深加工、销售等环节“由点及面”向企业上下游优质客户延伸服务，批量获取小微企业、农业大户。2016年末累计支持贷款户1032户，其中支持枸杞贷款户761户，累计发放枸杞行业贷款48915.27万元，年末余额21168.97万元，枸杞贷款户占全部贷款户的73.74%，贷款余额占全部贷款余额的54.91%。

【扶贫贷款】 截至2016年底，发放扶贫贷款50户，贷款余额337万元。

（张　瑶）

中宁县农村信用合作联社

【概况】 中宁县农村信用合作联社内设办公室、计划财务部、运行管理部、信贷管理部、授信审批部等9个职能部室，下辖21家营业网点，在岗员工245人。2016年，联社被宁夏银监局确定为第五批改革农村商业银行的联社之一，已完成股权改造、清产核资、资产评估等工作。完成喊叫水信用社新网点的装修及开业；完成大战场、中医院和政务服务中心3个离行式自助银行的装修及开业；完成中宁县商城社区银行的开业运行；首个自有的特色中间业务系统——水费及采暖费代收系统相继上线；金融服务窗口进驻中宁县政务服务大厅。2016年，中宁联社被宁夏银监局、宁夏银行业协会评为“宁夏银行业金融扶贫工作先进单位”；“2016年度中国银行业文明规范服务二星级营业网点”称号；被中卫市人民政府授予金融扶贫先进单位；被县委、县政府授予“2016年度农村全面小康建设特色产业工作突出贡献奖”和“2016年度支持地方经济发展先进单位”。

【业务发展】 2016年末，中宁联社资产总额40.80亿元。各项存款余额31.95亿元，较年初增加1.63亿元；各项贷款余额33.92亿元，较年初增加1.66亿元；涉农贷款余额29.32亿元，较年初增加1.53亿元，占各项贷款余额的86.44%；信贷支农户数达18249户，较年初增加4014户，增加28.20%；手机银行开户24348户，网上银行开户15549户。资本充足率、拨备覆盖率、贷款损失准备充足率、流动性比率等主要核心监管指标均持续达标。

【“三农”服务】 2016年，投放春耕备耕信贷资金11.81亿元，完成黄河银行下达计划任务的295%，春耕备耕贷款累放名列全区各县市联社（农商行）第一，惠及农户10920户，新增贷款户数2389户，农户贷款覆盖面25.82%。截至2016年末，布设万村千乡终端39台，存量POS特约商户564户，电话终端特约商户489户，安放ATM及CRS机具50台，服务范围涵盖县域所有行政村。设立“业务咨询台”“投诉受理岗”“先锋示范岗”，推行首问负责制、受理预约制、一次性告知制、一站式填单、限时办结制等一系列便民利民措施，简化小额农贷手续，推行无纸化电子审批。创新推出助保贷、保险贷、扶贫贷、两权抵押贷等新的贷款业务合作模式，承接县域18个贫困村精准扶贫工作。向建档立卡贫困户发放“扶贫贷”739户1946.83万元，在县域6家金融扶贫机构中排名第一。

【民生服务】 无偿代发各类补贴，免费代收统筹城乡居民养老保险和医疗保险。2016年，代发粮食补贴、退耕还林等12类财政性补贴11751.62万元，代收养老保险53676户1799万元，代收医疗保险23.7万户3006.87万元，累计发放社会保障卡25.26万张。开展帮扶困难、拥军优属等活动。以“黄河银行助学基金”为平台，捐款32万元，资助家庭困难的大学新生80名，累计资助贫困大学新生840多名，资助金额336万元。

（王永刚）

中国邮政储蓄银行股份有限公司中宁县支行

【概况】 中国邮政储蓄银行股份有限公司中宁县

支行成立于 2008 年 5 月 7 日，辖自营网点 2 家、代理网点 6 家，有金融从业人员 54 人，其中自营网点 27 人。2016 年被邮储银行总行授予“2014—2015 年度小企业特色支行建设管理优秀单位”称号；荣获自治区级“金融先锋号”荣誉称号。

【金融扶贫】 支行引入政府引导基金担保模式，入户摸底、调查，与扶贫办、金融办、贫困村对接，通过在村部集中宣传、翻阅扶贫户调查表等方式，了解当地情况，有针对性地开展扶贫贷款分步受理、调查、投放工作。利用移动展业设备为贷户现场办理贷款卡，向扶贫户讲解经济作物保险的保障及非法集资带来的危害，提高农户安全用卡、防电信诈骗等意识。

【风险管理】 截至 2016 年末，累计发放贷款 20.67 亿元，各项贷款余额 3.16 亿元，不良贷款 57.54 万元，占 0.18%。按照中卫市分行“资产质量再提升”工作要求，做好新增逾期贷款管控工作。严格落实“三查”制度，2015—2016 年贷款不良率控制在 0.2%以内。重视信贷从业人员日常风险意识培养，注重贷前调查，严把入口关。规范业务操作流程，从贷前调查、报告撰写、上报审查审批、资料交接、档案归档时间、首期贷后等各个环节，把制度落到实处，全流程提高合规操作。

【支持地方建设】 召开落实按照国家适度宽松的货币政策，开办农户贷款、商户贷款、个人商务贷款、个人房屋按揭、个人综合消费类贷款、小企业贷款等系列贷款产品，支持“三农”、个体工商业户、小微企业等社会重点关注领域。成功申请开办枸杞互助贷新产品，采用“商会 + 商户”的业务合作模式，商户由商会统一管理、商会负责筹集担保基金，在风险可控的前提下按担保金比例投放贷款。安排信贷人员集中受理、集中调查、集中审查审批，缩短贷款投放时间，满足客户需求。

【金融服务】 探索推广农村金融服务新模式，全力打通农村金融服务“最后一公里”。在小额贷款需求较多的鸣沙镇开办信贷业务，在大战场、舟塔乡等发展村级联络员、布放商易通、POS 机；开展金融知识下乡，在农村开展法律法规知识宣传。在农村集镇组织开展反假币、反洗钱、打击非法集资、安全用卡、防电信诈骗等不同主题的宣传活动 30 余场；借移动展业上线的契机，组织客户经理、信贷员、柜员组成多个小组，深入乡村，为偏远地区客户现场办理信贷业务，现场开户、开办网银。到枸杞市场、鸣沙硒砂瓜交易地为客户现场办理业务。

（李　姣）

中国人保财险中宁县支公司

【概况】 中国人保财险中宁县支公司是——中国人民财产保险股份有限公司的分支机构，于 1983 在中宁设立。2016 年，有职工 72 人，内设综合部、营业室、理赔分部、农险业务部、直销业务一部、直销业务二部、县城营销服务部及石空、鸣沙、大战场、徐套和汽车城 5 个营销服务部。2013—2016 年保费收入连续四年保持在 15%以上的增速，市场份额始终保持在 65%左右。2016 年实现保费收入 10327.89 万元，保费收入首次突破亿元大关，承担各类风险保障近 400 亿元；全年处理各类赔案 6955 件，赔款共计 6364.48 万元。

【保险业务】 公司主要经营机动车辆保险、企业财产保险、家庭财产保险、各类责任保险、意外健康保险、政策性农业保险、城乡居民大病医疗保险等险种。其中机动车辆保险是公司的龙头险种，占公司保费收入的 60%以上。2016 年，车险保费收入 6072.54 万元，同比增长 7.45%，增量保费 421.05 万元；农险保费收入 3011.39 万元，同比增长 4.54%，增量保费 130.87 万元；商业非车险保费收入 1243.79 万元，增长 12.5%，增量保费 138.21 万元。商业非车险业务中：意外健康险保费收入 495.95 万元，同比增长 13.33%，增量保费 58.33 万元；责任险保费收入 391.87 万元，同比增长

0.77%，增量保费3万元；企业财险保费收入302.92万元，同比增长44.97%，增量保费93.97万元；家庭财险保费收入10.41万元，同比增长65.5%，增量保费4.12万元。

【服务承诺】 公司秉承"以人为本，诚信服务，价值至上，永续经营"的理念，奉行"求实、诚信、拼搏、创新"的企业精神，履行"暖心理赔、电子理赔、极速理赔、简便理赔、速递理赔、人伤无忧理赔、限时理赔、全国通赔、到家理赔和全国范围内故障车辆免费救援"10项车险服务承诺；针对非车险理赔推出"限时理赔、专属理赔、简便理赔和全国通赔"四项服务承诺。4001234567人保电话车险"零距离"服务，电销客户推行7项理赔服务承诺。实行全国范围内故障车免费救援、电子查勘员、推荐4S店修理、速递理赔、万元以下案件1小时通知赔付、人伤案件无忧服务及四海通行等七项服务。95518服务专线，24小时全天候、全年提供全方位保险服务。

【支农惠农】 独家承办政策性农业保险。开办险种涉及种植业、林果业和养殖业。种植业包括小麦、玉米、水稻、硒砂瓜、马铃薯、温棚；林果业包括苹果、枸杞；养殖业包括能繁母猪和奶牛（含后备奶牛）。2016年，政策性农险业务再创新高。全年实现保费收入3011.39万元，成为公司第二大险种。

【合规经营】 将合规经营、合规管理理念贯穿于产品销售、承保、理赔、客户服务、财务管理等保险业务行为，引导员工严格遵守相关法律法规，依法合规经营，在同业竞争中不诋毁、贬低或负面评价其他保险主体，保守客户及保险机构的行业秘密，做到守法遵规、诚实信用、公平竞争、保守秘密，避免不合规保险销售行为引发的法律责任、监管处罚或声誉损失。

【支持地方经济】 全面推广农村小额意外伤害保险，为全县5000余户家庭提供意外风险保障；全年累计上缴地方各类税收近700万元，代收代缴车船使用税400余万。

（刘　锋）

中国人寿保险股份有限公司中宁县支公司

【概况】 中国人寿保险股份有限公司中宁县支公司是中国人寿保险股份有限公司的县级分支机构，成立于1983年。2016年，有职工16人，销售人员442人。内设总经理室、综合管理部、个险销售部、银行保险部、团体业务部、客户服务部6个部门。下设城镇、鸣沙、白马、恩和、舟塔、石空、枣园、渠口、长山头9个营销服务部。公司主要经营健康保险、意外伤害保险、定期寿险、终身寿险、两全寿险、年金保险、分红保险和万能寿险等业务。2016年，公司承保长险新单5806件，短期险保单6627件。全年受理各类理赔案件2359件，累计支付保险金415.17万元。

【业务发展】 2016年，公司实现总保费收入1.3亿元，同比增长34%。其中长险首年新单保费6541.7万元，同比增长51%；首年期交保费2731.9万元，同比增长41%；10年期及以上首年期交保费1379.7万元，同比增长36%；短期险保费962.2万元，同比增长32%。整体核心经营指标超额完成宁夏分公司下达的预算任务。

【经营效益】 全年实现新单费用297万元，续期费用5.4万元；短期险综合赔付率43%，同比下降13个百分点；创佣190万元，同比增长12%；员工薪酬同比增长15%；招待费与上年持平，会议费同比下降0.1个百分点。

【客户服务】 秉持"专业、真诚、感动、超越"的服务理念，坚持以客户为中心，依托覆盖全县城乡的服务网络，致力于为社会大众提供优质的保险服务。2016年，公司举办"健康中国.幸福家"客户答谢会、"走进中国人寿"客户服务体验、三八妇女节健康知识讲座、总经理信访接待日等“1+N”增值服务和“牵手”系列活动。推广“E 宝账”电子化服务工具，为客户提供全自助式互联网服务。

【风险管控】 坚持以强化风险管控，促进业务发展为导向，通过抓“防、查、建、纠”四个关键点，构建公司内部风险控制长效机制。围绕团队诚信建设开展职场诚信教育，加大违规行为监督处罚力度，从源头上遏制销售违规风险，夯实风险防范基础。组织开展反洗钱自查整改、“两个加强、两个遏制”（即加强内部管理、加强外部监督，遏制违规经营、遏制违法犯罪）回头看自查自纠、非法集资专项治理及保监会风险排查等工作，落实检查发现问题及内控缺陷整改举措，查堵内控管理漏洞，规范经营行为。

【支农惠民】 推行适合县域特点、适应农民需求的保险产品，开办农村小额保险、小额借贷保险、计划生育保险、学生儿童平安保险、妇女安康保险、老年人意外伤害综合保险、大学生村官保险等。探索和创新保险扶贫有效方式，与政府合作在全县范围内开办“扶贫保”业务，为全县 3351 户 12774 名建档立卡贫困户办理意外伤害及大病补充医疗保险。

（焦红霞）

科技卫生

科技服务

【概况】 中宁县科学技术局(含地震局)是政府的组成部门。内设综合事务、工业科技、农业科技、知识产权、地震测报及应急防御 5 个办公室,核定行政编制 10 人,2016 年末有在职人数 11 人，科技局局长兼任地震局局长,副局长核定 3 人,实有 2 人。

【科研管理】 联合统计局举办企业研究与试验发展（R&D）经费统计工作培训班，就 R&D 经费定义,统计口径、统计范围、如何取材等内容进行全面讲解。对规模以上工业企业研发活动进行调研，发现问题及时整改,督促开展经常性业务指导,督促企业将研发、财务、统计工作有效衔接。指导企业申报科技补助和科技金融项目，鼓励企业自主立项进行新产品开发、新工艺应用、新技术研发、创新平台建设等科技创新活动。2015 年全县 R&D 投入达到 10479 万元,占 GDP 的比重为 0.83%。

【创新能力建设】 对已认定的自治区技术创新中心进行绩效评价，掌握现有科技创新平台作用发挥情况，有针对性地指导企业完善科技创新平台工作机制。2016 年宁夏御萃坊生物科技开发有限公司、宁夏杞泰农业科技有限公司、宁夏昌大机械有限公司 3 家公司被认定为自治区科技型中小企业。组织企业参加专利培训班。全县申报专利 66 件,授权 35 件(其中发明专利 6 件、实用新型专利 11 件、外观设计 18 件),有效发明专利 35 件,万人拥有有效发明专利量 1.02 件，培养企业专利专员 11 人，宁夏天元锰业有限公司被认定为自治区知识产权示范企业，宁夏锦绣实业有限公司被认定为自治区知识产权试点企业。促进对外科技合作，提升与大专院校、科研院所科技合作成效,与华东理工大学生物工程学院等科研院所签订科技合作协议 6 份。截至 2016 年底,全县拥有高新技术企业 2 家,自治区科技型中小企业 9 家,工程技术研究中心 2 家,技术创新中心 5 家,成立了枸杞产业技术创新战略联盟。

【科技项目管理】 深入企业进行项目前期摸底调研,贮备项目,抓好科技项目立项工作。2016 年申报自治区级科技项目 56 项,获批 27 项,获批项目资金 430 万元。制定《中宁县县级科技发展项目管理制度》,规范和加强科技项目管理,健全完善科学规范、公开透明的科技项目管理机制,对科技惠民项目、科技扶贫指导员项目、科技特派员项目实施情况进行中期检查。组织企业做好自治区重大科技支撑计划“富集锂钾熔盐低温铝电解综合节能技术的开发与应用”、国家富民强县项目等重点项目评审评估。

【科技扶贫】 成立脱贫攻坚领导小组，确定科技工作“三覆盖”(即科技扶贫指导员、“三区”科技人才、局干部职工科技服务的全覆盖)工作目标。选派5名科技扶贫指导员、15名“三区”科技人员到喊叫水乡、徐套乡、大战场镇三个乡镇18个贫困村，结合派驻乡镇的主导产业及特色优势产业发展的科技需求开展科技服务，提供科技培训、技术指导。按照“缺什么、补什么”的原则，组织“三区”科技人才、科技扶贫指导员、科技特派员深入贫困村驻点开展优势特色种养殖业技术培训，通过集中办班、现场实训、座谈交流等方式开展肉牛羊高效饲养、硒砂瓜丰产技术、节水滴灌等实用技术培训，共举办科技培训班48期，培训农民2000人次，统一编印农民实用技术培训教材3000本，印发科普宣传资料8000份。

【防震减灾】 明确全县各乡镇防震减灾工作分管领导和信息员，制订《中宁县开展地震应急防范准备和风险隐患排查及地震应急工作检查实施方案》《中宁县2016年地震应急演练工作方案》和《中宁县2016年防震减灾宣传教育工作实施方案》，对全县20个宏观观测点和13个地震断裂带标识牌进行检查和评估，对产业规模小、工作积极性不高的观测点进行调整。在4月11日中宁县发生3.9级地震后，采取多项措施紧急处置并积极应对随之发生的社会谣传事件，邀请中国地震局应急指挥决策专家组副组长、灾害防御中心专家申文庄教授来中宁县举办防震减灾知识专题培训班。加强建设工程抗震设防管理，对新建、扩建、改建的33个工程进行建设工程抗震设防确认。开展防震减灾宣传工作，对大战场中心小学和石空镇地震应急演练工作进行督查。

【科技培训宣传】 开展以“创新引领，共享发展”为主题的科技活动周，在活动期间举办各种技术培训班40期，培训农民群众3000余人次，发放各种科普宣传资料1万余份，展出科普挂图56套、科普展板40余块；参加宣传服务人员达400余人次；开展科技咨询服务40场次，接受综合科普知识咨询2万余人次。

（陈思羽）

气象服务

【概况】 中宁县气象局设办公室、防灾减灾科(政策法规科)，直属事业单位有气象台(中宁国家基本气象观测站、人工影响天气中心)、气象服务中心。地方气象管理机构有中宁县人工影响天气领导小组办公室和中宁县气象灾害防御指挥部办公室。有参照公务员管理编制3人，国家气象系统事业编制9名，部门编制2名，劳务派遣人员5名，有在职职工16人。

【气候特点】 2016年年度气候特点：气温偏高，降水偏多，日照偏多。年平均气温11.5℃，比历年同期偏高1.6℃。其中年极端最高气温37.9℃，出现在7月28日；年极端最低气温–20.9℃，出现在1月24日。年总降水量205.4毫米，比历年同期偏多13.1毫米。年总日照时数3066.7小时，比历年同期偏多67.7小时。全年总蒸发量为1408.7毫米。2015年11月27日至2016年3月11日，共计102天，连续冻土时间为95天。10厘米深度土壤温度日平均最大值32.4℃，出现在8月8日；日平均最小值–7.2℃，出现在1月24日。初雪日期是2015年10月30日；终雪日期是2016年3月9日；最长积雪持续时间为2016年1月11日至14日，共计4天；最大积雪厚度为5厘米。本年度初霜日期为10月28日。全年无霜日215天，初终间日数152天。

【气象防灾减灾】 开展气象信息员培训班。与民政、林业、农牧、交通、电视台等8个部门签订气象防灾减灾合作协议。2016年1—11月综合观测指数1099.5,综合指数比去年上升6.2%。2016年1—11月农气总基数为1702.5,千分率为0.0;1—11月生态总基数为942.0,千分率为0.0。全年编写各类气象服务材料278期,其中气象信息专报65期,农用天气预报95期,气象旬月报33期,林火监测服务专报90期、农业气象专题2期、枸杞专题预报24期,精准扶贫信息专报1期,供暖气象专题2期,服务材料领导批示13次。发布灾害性天气预警信号133次,发布短时临近预报12次,联合国土资源局发布地质灾害预警信息4次,联合水务局发布山洪灾害预警信息2次,发送预报、预警及雨情信息515条7.2万人次,通过微博发布天气信息456条,接收人次42864。通过微信发布天气信息305条,电话服务累计2320次。明显降水天气过程服务及时、有效。在6月24—25日、8月12—25日等降水天气过程中,提前向县委、县政府主要领导汇报降水天气过程预评估,就降水对枸杞、硒砂瓜、小麦、玉米、林果、水稻等产生的有利和不利影响提出有针对性建议;加强对降水天气的监测、预报、预警及跟踪服务,查看自动站雨量,通过短信平台向县委、政府、防汛办等主要领导汇报雨情及最新天气情况,及时掌握雨势发展趋势并及时汇报。完成首届枸杞采摘节等多次重大活动气象服务保障任务。分别以"中宁枸杞采摘节万亩枸杞园环形健步大赛专题天气预报""中宁枸杞采摘节枸杞采摘大赛专题天气预报""中宁枸杞采摘节文艺汇演专题天气预报"和"中宁枸杞采摘节观光旅游专题天气预报"为主题,对不同时段,不同赛区的天气作精细化服务及温馨提示。

【农业气象灾害】 2016年,中宁县发生2次气象灾害。5月15日清晨喊叫水乡下流水村、徐套乡朱塘村出现轻霜冻天气,据自动站查询:徐套乡最低气温1.1度,出现在6时,喊叫水乡下流水村最低气温1.5度,出现在5时。喊叫水乡因瓜苗未放出覆膜,基本无受害情况;徐套乡因个别田地,仅有少部分瓜苗放出覆膜,且瓜苗仅有一两片叶片受冻,经济损失基本为零。6月30日14时许,徐套乡上流水村土塘社和大滩川村局部地区遭受冰雹袭击,冰雹持续时间大约10分钟,最大冰雹直径大约为0.5厘米。下午17时左右,鸣沙镇、石空镇、恩和镇境内局部地区发生大风灾害性天气,局地阵风8级以上。冰雹灾害造成上流水土塘社的166.7公顷硒砂瓜受灾,涉及农户150户500人;暴雨冰雹灾害造成大滩川村的133.3公顷硒砂瓜受灾,涉及农户78户310人;这次冰雹灾害造成直接经济损失130万元。大风造成鸣沙镇166.7公顷玉米倒伏严重,部分果树落果,鸣沙村和长滩村枸杞苗木繁育基地90座7.3公顷枸杞嫩枝苗木以及6间彩钢活动板房损毁,石空镇20公顷玉米、恩和镇106.7公顷玉米倒伏严重。大风灾害涉及农户260户1030人,大风造成直接经济损失325万元。

【人工影响天气作业】 2016年,全县有4个固定人工影响天气作业点,1个移动人工影响天气作业点,有8名作业人员。按照"两库两室一平台"(两库:弹药库、高炮库;两室:值班室、休息室;一平台:作业平台),建成白马、天景山、喊叫水、徐套4个标准化固定作业点,宁安1个移动作业点。加强安全管理,组织开展人工增雨、防雹作业。全年开展人工影响天气作业34次,发射火箭弹210枚。

【安全管理】 联合市、县公安局对全县辖区易燃易爆场所、危化企业、人工增雨作业点、车站、宾馆等人员密集场所和生产企业开展安全巡查5次。完成县气象局权利清单和责任清单的公布工作;联合县安监局发文3份;办理《防雷装置设计核准书》50件,防雷装置验收合格证20件。开展科普知识下基层活动,应邀为750千伏开关站职工进行山洪灾害防御知识讲座。现场对防洪坝建设以及防汛物资配备提出指导性意见和建议。

【惠民项目建设】 在气象防灾减灾预警中心布设枸杞服务气象台,增添软硬件设施,制作服务指标和方案，开展盆栽枸杞观测。制订枸杞气象服务系统一期建设项目实施方案，完成项目招标，正在建设枸杞试验基地一体化气象观测系统、枸杞气象数据分析处理中心、枸杞气象微信服务软件、监测数据及服务产品显示传播系统。参与市局枸杞气象服务中心建设工作。选取恩和杞泰枸杞基地和天景山精准扶贫枸杞基地作为枸杞示范基地，在杞泰选定30亩枸杞试验基地，联合科研所开展枸杞特色气象服务建设。科技惠民项目开展中期评估，融合枸杞气象服务系统一期项目开展惠民项目建设。

（周明山）

卫生和计划生育

【概况】 中宁县卫生和计划生育局内设行政综合办公室、医政医改科、公共卫生科、妇社药械科、爱卫办、计划生育基层服务指导科和家庭奖扶发展科、计划生育协会办公室，办公场所在新区体育馆东侧卫生应急指挥中心办公大楼。设党委书记、局长1名，副局长5名，其他编制10名。

【医药卫生体制改革】 成立县医改领导小组和县级公立医院管理委员会，经县委常委会和政府常务会议研究，制定印发《中宁县公立医院综合改革实施方案（试行）》及配套文件。县级公立医院推行竞聘上岗制度，重新设置岗位，公开竞聘；创新绩效考核办法，聘请专业人士设计新的绩效分配方案，绩效分配向临床一线倾斜，实施三级考核。调整医疗服务价格，提高体现医务人员技术劳动价值的医疗服务费用，降低大型医用设备检查、治疗、检验价格。改革医保支付方式，对县级公立医院实施城乡居民住院报销费用年度总额包干。推进药品和医用耗材网上阳光采购，全县医疗机构执行基本药物制度覆盖率100%，一级医疗机构药品配送到位率84.4%，二级医疗机构药品配送到位率83.2%。

【宣传教育】 开展健康宁夏行动，利用媒体、乡镇人口文化阵地、穆斯林文化书屋、展板等载体，经常性开展健康知识、卫生计生惠民政策和生殖保健知识宣传。在中宁电视台开办《健康中宁》栏目19期，播放健康教育公益广告3部。围绕无烟生活、科学就医、合理用药、生殖健康等主题开展健康巡讲活动，累计覆盖4120余人次。举办县、乡镇、村居计生干部政策培训班14期，参培人员达3000余人次。开展艾滋病、结核病等重点疾病健康教育和健康中国行主题活动，发放健康知识宣传材料及健康服务干预物品累计26万余份，健康咨询服务3.7万人次。在公交汽车站候车厅设置健康教育宣传栏52块。

【公共卫生服务】 强化疾病预防控制工作。累计建立居民家庭健康档案34.92万份，建档率达99.97%，建立电子健康档案34.38万份，建档率达98.45%。登记管理高血压患者28861人，规范管理率达89.51%；登记管理糖尿病患者6588人，规范管理率达86.16%；登记管理重性精神疾病1360人，免费药物治疗100人。报告各类传染病1527例，报告发病率443.24/10万，与去年同期相比发病率下降10.91%。“十一苗”全程接种率97.71%。发现活动性肺结核病人94例，对3所高中2160名高一新生进行结核病筛查工作，筛查率72.4%。落实妇幼卫生“七免一救助”等惠民政策。免费开展婚前医学检查5049人，检查率96.98%；农村孕产妇住院分娩补助4307人，住院分娩补助率95.39%；孕产妇死亡率为0；婴儿死亡率5.78‰；出生缺陷29例，发生率为57.54/万；新生儿免费筛查四种代谢性疾病和听力筛查5008人，筛查率99.74%；宫颈癌筛查12500人，确诊2例；乳腺癌检查3000人，确诊3例；完成城乡居民普惠性健康体检11957人。修订完善突发公共卫生事件应急处置预案，健全卫生应急物资储备和突发公共卫生事件应急制度。提升突发急性传染病、突发中毒等事件的应急处置能力。突发性公共卫生事件报告率、处置率达 100%。

【计划生育目标管理】 建立健全“周督办，月通报，季考核，季分析，年汇总”的工作机制，强化指导督查，限期整改提高。落实生育服务登记制度，开展全县少生快富、奖扶、特扶、提前奖扶对象的清理清查工作。落实“少生快富”独生子女户、纯女户奖励扶助金等各类奖励资金 511.42 万元。截至 9 月底，全县信息录入总人口 38.67 万人，出生人口 4514 人，人口出生率为 11.9‰；净增 3475 人，自然增长率 9.16‰；计划内出生 4302 人，出生人口政策符合率 95.3%；出生人口性别比为 104∶72；落实“少生快富”项目 42 户；免费孕前优生健康检查夫妇 2702 对。实现全国计划生育优质服务先进单位的创建目标，石空镇、白马乡创建为自治区“五星级”计划生育乡镇。

【医政监管】 开展“医疗质量内涵提升年”活动，规范医院诊疗操作和服务流程。县医院设立优质护理病区 13 个，病房 42 个，中医院设立优质护理病区 6 个，病房 30 个。在县级医院实施“一站式”救助服务，扩大常见病、多发病临床路径覆盖面，在县医院选择 13 个专业 49 个病种开展临床路径工作，完成 2337 例。多措并举遏制医疗费用不合理增长，县级医疗机构药占比为 32.62%，门诊病人人均医疗费用 94.2 元，较上年同期增长 0.23 个百分点，出院患者人均医疗费用 3632 元，较上年同期减少 2.4%，基本药物使用 91.4%，合理用药合格率 96.5%。乡镇卫生院门诊 45.5 万人次，较上年同期增幅 7.34%，门诊次均费用 36.7 元，较上年同期增幅 4.95%。实施县级医院对口支援乡镇社区工作。完善农村基层远程会诊系统，上传病例 300 余例。开展乡村医生签约服务，覆盖率达 97.3%，签约率 57.3%。

【民生实事】 全力推进宁夏医科大学总医院中宁分院建设项目，累计完成固定资产投资 3.37 亿元。门急诊大楼、住院部大楼、医技楼、传染病房、行政办公楼、后勤综合楼主体工程全部完工。大战场中心卫生院扩建项目和渠口太阳梁卫生院附属设施建设项目获自治区发改委批复，完成项目建设方案的编制、地质勘测、施工图设计等工作，正在进行招投标。红苑社区卫生服务站新建项目完成并投入使用。借助中国西部研究与发展促进会医疗设备帮扶项目，为县医院、中医院、妇幼保健所 3 家县级医疗机构购置核磁、CT、彩超等大型医疗设备 38 类 96 台(套)，设备总价值 4584 万元。

【中医建设】 在基层医疗机构推行中医药服务项目和适宜技术。实现村卫生室、社区卫生服务站中医药“双十”服务全覆盖。开展中医“治未病”业务，开展冬病夏治天灸治疗慢性支气管炎、哮喘、穴位贴伏等中医疗法。在石空镇、鸣沙镇、大战场镇中心卫生院和余丁乡卫生院等 7 个乡镇卫生院开展中医馆建设项目。13 家乡镇卫生院、2 家社区卫生服务站全部开展中医诊疗技术及推广使用中成药。中医药服务量与上年同期相比增长 16.3%。成功举办中国中药协会枸杞专业委员会成立大会暨枸杞论坛，中国中药协会枸杞专业委员会正式成立。

【爱国卫生活动】 巩固和提高创卫成果，举行全区首个“爱国卫生日”活动启动仪式，开展“爱国卫生日”活动 9 次，集中整治卫生区域 624 处(次)，参加活动 9235 人次。开展集中“除四害”消杀活动 2 次，鼠、蚊、蝇密度得到控制。完成 300 座无害化卫生厕所建设任务。开展无烟医院、无烟学校、无烟单位创建活动，通过自治区无烟草广告城市验收、自治区爱卫办区级卫生县城评审复验。

【行业作风建设】 开展“建设群众满意的基层医疗机构”活动，4 个乡镇卫生院、1 个社区卫生服务站、18 个村卫生室全部通过市、县级验收。继续开展“清风伴医行”活动，围绕“医务人员素质教育、廉政文化建设、阳光医疗清廉卫生、纠正医疗行业不正之风”四个方面开展工作。贯彻落实中央八项规定“回头看”精神，开展自查自纠、建立卫生计生财务核算中心、“十查十看”①等活动。开展行风建设“九不准”②、医药购销领域商业贿赂和办医行医中不正之风专项治理活动。

【依法行政】 实行行政审批“一窗式受理，一站式审批，一条龙服务”，审核办理卫生许可证 218 家，年检卫生许可证 97 家。开展综合治理出生人口性别比整治活动，对 67 家私立医院及诊所进行集中清理整顿 2 次，对超范围行医的 11 家诊所发放停业整改通知书。重点整治早婚早育、超生、非医学需要的胎儿性别鉴定和选择性别的人工终止妊娠等违法违规问题。开展公共场所、学校卫生、医疗卫生、传染病防治、放射卫生、生活饮用水、消毒产品生产企业经常性监督和专项监督检查。经常性卫生监督户数 2118 家，监督覆盖率 100%；实施手持执法终端试点工作，完成现场监督检查 998 次；实施卫生行政处罚 44 家，其中公共场所 27 家，医疗机构 11 家，学校 6 所，累计罚款 7.8 万元，没收经营违法所得 3.59 万元。

（马 惠）

小资料

①“十查十看”：一查干部履职，看是否成效明显；二查服务态度，看是否群众满意；三查重点工作，看是否进展顺利；四查工作纪律，看是否严于律己；五查医院管理，看是否责任到位；六查就医环境，看是否整洁优美；七查廉洁行医，看是否风清气正；八查医疗质量，看是否服务精准；九查财务管理，看是否符合规定；十查医疗收费，看是否合理规范。

②行风建设“九不准”：不准将医疗卫生人员个人收入与药品和医学检查收入挂钩；不准开单提成；不准违规收费；不准违规接受社会捐赠资助；不准参与推销活动和违规发布医疗广告；不准为商业目的统方；不准违规私自采购使用医药产品；不准收受回扣；不准收受患者红包。

教育　文化

教育体育

【概况】 2016年，全县有各级各类公办学校146所，其中高级中学2所，职业教育培训中心1所，初级中学8所，九年制学校8所，完全小学81所，小学教学点27个，特殊教育学校1所，幼儿园18所；全县有教师3816人，其中普通高中教师484人、中职85人，初级中学（含九年制学校）教师931人，小学教师2225人，特殊教育学校25人，幼儿园66人。有在校学生54264人，其中，普通高中7051人，中职1929人，初中14464人，小学30582人，特殊学校学生238人。

【学前教育】 开展公办和民办幼儿园交流活动，提高学前教育管理水平，把幼儿园园长、幼儿教师培训纳入全县中小学校长和教师培训整体方案，加大培训力度，提升幼儿教师整体素质。采用“园长选聘制”+“教师聘任制”+“政府购买服务”模式，2016年，为8所新建幼儿园公开选聘12名园长、副园长。面向社会公开招聘204名大中专毕业生到新建幼儿园任教，全县学前教育学位较2015年增加3600个，学前三年入园率提高4个百分点。2016年，全县有幼儿园36所，其中公办18所、民办18所；46所小学附设学前班。全县有在园（班）幼儿11032名，幼儿教师567名。全县学前三年毛入园率80.2%。

【义务教育】 巩固提高“两基”“教育强县”创建成果。2016年，小学适龄儿童入学率100%、小学六年巩固率均达90.5%；初中三年巩固率达98.8%以上；高中阶段毛入学率96.2%，残疾儿童少年入学率达92%，均高于全区平均水平。加快薄弱学校改造建设，以学校标准化、教育信息化建设为目标，以“三通两平台”建设为重点，严格按照自治区一类标准，进一步深化教育资源均衡配置，全力推动义务教育高位均衡、优质发展。全面完成2016年中考各项目标任务。

【高中教育】 继续巩固“基本普及高中阶段教育”成果，完善和细化高考迎考备考工作方案，有针对性地加强高考指导。邀请区内外各学科专家对高考备考工作进行诊断和针对性指导。2016年，全县高考一次性二本以上上线人数1273人，上线率达41.03%，高于全区平均上线率10.03个百分点。其中，一本上线人数476人，二本上线人数797人。高考一次性二本上线人数连续五年超过1000人。

【职业教育】 落实全县中职学生“三免、一补”政策，2016年招生人数达817人，完成自治区下达的中职招生任务。拓展学校办学思路，依托宁夏大学枸杞学院、宁夏现代枸杞保鲜与加工职业技能公共实训中心有利平台，全县职业教育形成“一基地、四中心”①的发展格局。2016年先后迎接区、市领导、专家学者、企业技术人员参观学习计22批次1986人次，学生实习、实训38批次2960人次。

【师资队伍建设】 严格落实校长任期目标责任制，加强校长、教师培训。组织全县中小学教师全员参加2016年教师教学技能测试，先后邀请国家外专委、区教科所、区教研室、区内外名校专家、香港爱心同行基金会、北京新东方英语学校等230名专家对全县学校领导班子成员及教师进行培训。组织置换研修高研班、校长访名校、教师访名校、送教下乡培训、“国培计划”网络研修培训、骨干教师培训等大型培训活动25次，培训校长、教师5067人次。落实《宁夏乡村教师支持计划实施办法》，制定《中宁县乡村教师支持计划(2016—2020)实施细则》，改善乡村教师资源配置，稳定乡村教师队伍，提升乡村教育水平，形成“下得去，留得住，教得好”的乡村教育局面。公开招录研究生、免费师范生、农村特岗教师124名。

【基础建设】 推进教育信息化建设。与中国西部研究与发展促进会积极对接，明确中国西部研究与发展促进会帮扶中宁县建设教育信息化“三通两平台”②的合作意向，与西促会签署教育信息化“三通两平台”建设帮扶协议，帮扶资金2050万元。加快乡镇中心幼儿园建设。落实自治区学前教育建设规划，完成长山头、余丁、喊叫水、下流水、渠口等5所中心幼儿园续建、新建项目，新增1170个学位；加快薄弱学校建设。迁建宋营完小，扩建高岭完小、王庄子完小等9所学校，总投资4600万元。投资402万元新建大战场中学宿舍楼，改善学校基本办学条件。完成下流水九年制、马家梁完小等8所学校标准化塑胶运动场建设项目。加快体育基础设施建设，完成大战场镇、石空镇农民健身工程和鸣沙镇等3个社区多功能健身运动场项目。为乡镇村(社区)安装健身路径、篮球架、乒乓球台16套173件。

【教育资助】 完善家庭经济困难学生资助体系，完成家庭经济困难学生的资助和大学生生源地助学贷款工作。2016年，发放家庭经济困难学生救助资金687万元，惠及学生3900余人。通过生源地贷款资助大学生3953人，放贷资金2490余万元。营养改善计划工作成效显著。2016年4月，刘延东副总理来宁调研营养改善计划工作，对大战场中学等全县营养改善计划学校工作给予充分肯定。中宁县教育领域精准扶贫工作在全区11个县（区）考核得分91.5分，位居首位。

【体育工作】 巩固全国公共体育服务体系示范县和国家级体育社会组织服务全民健身试点县创建成果，完成国家体育总局对体育社会组织服务全民健身试点工作过程性督导，新成立中宁县毽球协会、中宁县跆拳道协会、浩羽赛鸽俱乐部等3个体育单项协会，全县发展体育协会19个。成功举办全县第十九届中小学生田径运动会、“迎新春”全县职工万人健身长跑、“两节”体育活动、百乡千村农民体育活动月、全民健身季等大型全民健身活动12项，成功承办2016年“中宁枸杞杯”贺龙中国业余篮球公开赛男子篮球俱乐部联赛、2016年全区青少年篮球锦标赛、CBA西部行篮球公益活动、2016年国际轮滑公开赛等大型体育赛事。发挥体育协会的引领带动作用，足球、篮球、乒乓球、羽毛球、毽球、钓鱼等单项协会全年组织各类全民健身活动40余次。

（黄跟强）

小资料

①“一基地，四中心”：一基地：现代枸杞高效安全生产实训基地；四中心：现代枸杞保鲜加工实训中心、现代枸杞

质量研发检测中心、现代枸杞商务实训中心、中宁县职业教育培训中心。

②“三通两平台”:“三通”即宽带网络校校通、优质资源班班通、网络学习空间人人通;“两平台”即教育资源公共服务平台、教育管理公共服务平台。

文化事业

【概况】　中宁县文化旅游广电局为中宁县政府组成部门,辖文化馆、图书馆、文管所、广播电视台、电影公司、电影院、影剧院7个下属企事业单位,文化馆、图书馆、文馆所、广播电视台为全额拨款事业单位。电影公司、电影院、影剧院为自收自支单位(2006年退出事业单位序列)。局机关内设文秘及机关事务管理岗位、文化管理岗位、旅游管理岗位、广电管理岗位、文化市场综合执法岗位、文化旅游产业发展等岗位6个。核定编制11名,其中局长1名,副局长3名。局机关有行政在编人员10人(含退二线1名,科技特派员1名,党建指导员1名),新招录公务员2名。

【基础设施建设】　大战场综合文化站建设全面完工;石空镇综合文化站建设项目主体封顶;建成投用白马三道湖村、喊叫水北沿口村、余丁乡余丁村等村级文化广场5个;完成石空镇金岸社区、宁安镇丰宁社区等电子阅览室建设3个。双龙山石窟文物陈列馆正式开馆,标准化停车场、洗手间等改扩建基础设施完成投用。

【群众文化活动】　组织举办“杞红天下”第五届红枸杞原创音乐会、“美丽杞乡·星光之夜”群星演唱会、“最美杞乡人”颁奖晚会、“白春送福”文化大拜年、“红枸杞诗歌朗诵比赛”“春日杞乡”社火展演、“金猴闹春”元宵灯展等10多项“两节”文化活动。举办“黄羊岩画”拓片展、“春满杞乡”美术作品收藏展、“魅力杞乡”风光摄影大赛、“杞红天下·美好生活”第四届广场舞展演、书画进万家等活动。征集枸杞宴故事30多个。在世界读书日、国际博物馆日、文化遗产日等纪念日期间,开展以“书香中宁·快乐阅读”为主题的首届全民读书节活动和以“让文化遗产融入现代生活”为主题的宣传展示展演活动。组织参加区内外文化展演活动,多幅作品入展迎新春·全区群众书法绘画摄影大赛。举办中小学美术教师、刺绣培、音乐舞蹈、戏剧、器乐、声乐等特色培训班140余期,培训文艺骨干1000多人次。组织编排各门类文艺节目,参加2016年“欢乐宁夏”全区、全市群众文艺会演比赛,获一等奖1个,二等奖2个。

【公共文化服务】　全面免费开放文化馆、图书馆、博物馆,实行错时上班制度,天元锰业、行政中心、青少年活动中心图书分馆开馆投运,行政中心、民生服务中心、图书馆一楼电子借阅机运行正常。为全县120个农家书屋配送图书1.5万册。组织召开各乡镇文化工作站干部、农家书屋管理员培训会。加强127个数字农家书屋的管理指导。为4个农村固定放映点配备投影仪、桌椅等设施,按照“电影随着人群走”的服务理念,组织农村电影放映人员,深入农村、企业、学校等地,为群众放映电影2083场。开设戏曲、声乐、舞蹈、美术、小提琴、钢琴等各艺术门类长期公益培训班12期,全年培训总人数达到1000人次。与教育体育局联合举办全县中小学美术教师培训班,按教师专业不同分别开设国画、书画、版画班,每周星期五活动一次,培训教师50余人。组织开展讲座、培训、采风、创作活动,指导教师创作作品100余幅参加第三届“迎新春全区群众美术书法摄影优秀作品展”。申报“红果丹青”枸杞主题美术作品对外交流项目、“中国梦·杞乡情”红枸杞原创音乐会推广、巡演项目和眉户小戏《偷炭记》项目,其中眉户小戏《偷炭记》成为全市唯一入选国家艺术基金资助项目。开通微信公众平台,全年推送信息130余篇。举办中宁黄羊湾、石马湾岩画展、袁方个人书画展、“春满杞乡”中宁县美术作品收藏展、中宁县首届“红色收藏展”等活动。组织开展“魅力杞乡”风光摄影大赛，比赛投票关注人数达3万人次。对村镇业余文艺团队、健身舞队进行摸底，对181个健身舞队统一编号，开展“评星定级”活动。组织专业老师培训辅导大战场宽口井中石油学校回族女子童声合唱团，赴北京参加第十三届“中国国际合唱节”暨国际合唱联盟合唱教育大会。

【广场文艺活动】 举办纪念“五四运动”97周年专场文艺演出、科技活动周专场文艺演出、税收宣传月重点推介项目话剧——《回乡税官》、新堡镇“清廉剧社”广场文艺演出、“6·5”环境保护日暨环境保护宣教月活动文艺晚会、“建党95周年”主题文艺晚会、“枸杞红了”首届枸杞采摘节文艺晚会等。全年演出78场，演出文艺节目900多个，观众总数达1.5万人次。

【非物质文化遗产保护】 开展非物质文化遗产保护工作，健全完善县、乡、村三级非物质文化遗产保护网络体系，建立黄羊钱鞭、蒿子面制作技艺、枸杞传统栽培技艺等自治区级项目传承点，中宁三中、八小被命名为自治区级第五批非物质文化遗产代表性项目保护传承基地。舞狮、隋唐秧歌、黄羊钱鞭等4名项目传承人被命名为自治区级代表性传承人。开展第一次可移动文物普查数据审核工作，采集文物1037件(套)，上报国家文物局并通过审核。出版发行《中宁非遗丛书》。利用“5·18”国际博物馆日、“6·5”环境保护日、“6·11”文化遗产日、“秦腔进校园”“书法进校园”等节庆活动，在枸杞博物馆、人民广场、富康广场等人员密集场所，采取张贴标语、悬挂横幅、发放宣传资料等多种形式，大力宣传文化、文物保护方面的法规和知识。

【文艺创作】 原创小品《帮扶到底》荣获中卫市创作一等奖、自治区表演二等奖；民族打击乐《小两口斗嘴》荣获中卫市创作二等奖；大型舞蹈《五月的鲜花》荣获中卫市表演二等奖；戏曲舞蹈《国色天香》荣获中卫市创作三等奖、自治区表演三等奖；舞蹈《心情好了》荣获中卫市表演三等奖；在第二届迎新春全区群众美术书法摄影展中，分别获得绘画类三等奖，书法类优秀奖和摄影类优秀奖。

【文化市场管理】 对印刷企业、书店进行实地走访及年度检审验，加强对印刷业管理。适时对音像市场、演出市场、艺术品经营、网吧、KTV及游艺娱乐等场所进行排查，发现问题及时整治，全年突击检查33次，联合执法行动5次，累计出动执法人员380人次，检查经营单位480家，立案查处违规经营单位7家次，结案7家次，收缴违法音像制品2500余盘(盒)，其中淫秽色情音像制品700余张，关闭取缔无证照经营电玩场所及“黑网吧”3家，取缔非法演出活动1起。

【旅游发展】 编制《中宁县全域旅游总体规划》《中宁县全域旅游发展实施方案》及《中宁县发展旅游奖励范围及标准》。完成明德生态园、中华杞乡特色美食村、车门沟景区建设设计方案。申报国家和自治区旅游产业基金，梳理上报方案项目7个。指导旅游企业开展优质服务活动，功夫驴休闲农庄、龙泉山庄、红景天休闲山庄跻身自治区四星级旅游农家乐，兵王山庄、红欣源农家乐、双井子生态园、黄河花卉基地入列三星级农家乐。指导宁夏朝天雀枸杞无果茶博物院打造星级旅游景点，车门沟景区晋升为3A级景区。以建设“美丽村庄”为契机，打造以功夫驴休闲农庄为中心的整村推进乡村旅游示范点。全县有三星级酒店3家，中宁宾馆、恒达酒店、宁红宾馆；有两星级酒店1家，沃尔德大酒店；有星级为经济型的酒店6家；有文茂羊羔肉特色餐厅、龙泉山庄、蒿子面特色餐厅、亲水河度假村等特色餐厅。有中宁县阳光旅游行社、宁夏招商国际旅行社、中宁北方假日旅行社、宁夏青年旅行社、中国旅行社中宁分公司等5家。有石空大佛寺、万亩枸杞观光园、洪岗子拱北、长山头天湖、车门沟旅游景区、红宝生态园、中国枸杞风情小镇、小盐池滩枸杞示范园、中宁县黄河古渡休闲度假旅游中心等景区景点9个。有恒辰世纪、新华百货、百隆商厦、红宝商贸中心、时代万象、金岸家园商贸街、农副产品专卖店、早康枸杞有限公司、杞芽食品公司、杞乡生物有限公司、红枸杞经贸有限公司等旅游购物场所。

图 书

【概况】 2016年，中宁图书馆有全额拨款事业人员13人，离退休人员14人。在职专业技术人员12人(副高1名，中级8名，初级3名)，管理人员1名。图书馆党支部有党员14名(在职8名)。馆内设综合借阅室、报刊借阅室、少儿借阅室、电子阅览室、杞乡书吧5个阅读窗口，设采编室、自学室，多功能报告厅、资料室、地方文献室、特藏室、共享支中心、报刊库等10多个功能区域，外设行政中心图书阅览室和青少年活动中心图书阅览室两个分馆。馆藏图书11万余册，其中图书10.5万册、合刊9345册、报纸2021本。建成文化共享基层信息点130个，其中标准化公共电子阅览室25个，2016年新建3个。农家书屋120家，图书流通服务点10个。全面实行各借阅室、阅览室全开架免费借阅、一卡通服务、自动化管理，所有活动场地、设施设备，各种讲座、培训、辅导免费服务；全馆实行免费开放服务，读者零门槛进入。读者流通总人数达4.9万多人次，图书借阅量达7.4万册次，发展新读者1298人，手持一卡通读者7212人。

【基础服务】 建设数字图书馆，在行政中心、政务大厅安装电子书借阅机。开通“中宁图书馆”微信公众平台。全年推送工作动态、培训通知、读者咨询等信息60余篇，被阳光政务网采用8篇。枸杞文献数据库建设工作全面启动，安排专人负责搜集中宁枸杞有关视频、音频文献和实物资料，并与县内县外部门、企业、媒体联系，实地走访拍照。召开2016年新年读者座谈会；承办“同筑中国梦，共度书香年”楹联展活动；举办“元宵节读者有奖猜谜”活动；组织小读者走进敬老院开展“敬老爱亲学雷锋”活动；开展“乡村学生进图书馆”阅读活动；开展首届“4·23阅动杞乡·全民读书节”活动，成功开展免费赠书活动、图书漂流活动、图书展销活动、国学知识有奖竞答比赛、国学经典诵读比赛和“我与书的故事”演讲比赛等系列活动。

【文化惠民工程】 2016年，开展送戏下乡200场，广场文艺60场次，送电影下乡2083场。组织开展农家书屋各项活动，开展“我的书屋我的梦”暑期征文活动，征集作品25篇，选送中卫市文广局20篇。做好农家书屋图书更新工作，对全县12个乡镇120个行政村的120个农家书屋，配送图书150册。配合排摸卫星数字使用情况，对全县127个数字农家书屋进行摸底、检查、上报。对全县数字农家书屋进行整改，确保设备不闲置。加强文化共享工程的建设与服务。做好全县18个乡镇、社区电子阅览室建设和技术服务与指导工作，为电子阅览室安装监控设备。坚持不定期对电子阅览室开放、管理员上班、读者上网情况进行核查，发现问题及时督改。适时对所有乡镇文化站长、公共电子阅览室管理员进行技术培训，电子阅览室安装管理信息系统和VPN授权332个，实现所有乡镇、社区基层信息点全部能登录“全国文化信息资源共享系统”，共享全国文化信息数字资源。组织开展“书香之家”推荐评比活动。2016年中宁中学教师陆斌家庭荣获全国“书香之家”荣誉称号。

电 影

【电影放映】 2016年，全县有电影公司、电影院、影剧院3个单位从事电影放映与管理工作。2014—2016年，在符合条件的行政村建成农村电影室内固定放映点，逐步实现农村电影“由室外看到室内看，由半年看到全年看，由站着看到坐着看，由看得上到看得好”四个转变。为4个农村固定放映点配备投影仪、桌椅等设施，按照“电影随着人群走”的服务理念，组织农村电影放映人员，深入农村、企业、学校等地，为群众放映电影2083场。实施送电视节目进农村工程，重点推进贫困村广播电视直播卫星户户通工程建设，将34个贫困村纳入直播卫星户户通服务区域，优先满足贫困村用户的安装需求。与自治区新闻出版广电局和宁夏广播电视网络有限公司对接，在两个移民区全面实施“宽带乡村”项目。

文物普查与管理

【概况】 中宁县文物管理所为县文化旅游广播电视局下属股级事业单位，主要承担县域内文物保护管理、征集收藏以及国家允许的普通文物交流市场的协调指导等职责。2016年，文管所核定事业编制5人，有工作人员5人。

【文物保护】 完成石空寺石窟崖体加固工程。争取自治区对石空寺石窟崖体坍塌抢险加固工程经费20万元，聘请宁夏地质勘察设计院对双龙山石窟山体进行地质勘察。做好石空寺石窟西侧岩体加固和九间无梁窟前檐恢复，聘请湖北中鲁古建园林设计有限公司对山体进行地质勘察并编制《中宁县石空大佛寺危岩加固工程设计》，分别进行评审论证。完成鸣沙洲塔维修及周边环境整治。公开招标鸣沙塔保护规划项目，由西北大学文化遗产保护规划中心中标维护。聘请自治区文物局组织的专家组对《中宁县鸣沙塔保护规划》进行评审论证，规划方案通过评审。实施明长城抢救性维修工程。聘请辽宁有色勘察研究院对金沙段明长城进行为期1个月的勘察、测绘，辽宁有色勘察研究院编制《明长城宁夏中卫市中宁县余丁乡金沙村段抢险加固工程勘察及设计方案》。实施华严塔倾斜纠偏抢修工程。华严塔是自治区级重点文物保护单位，聘请设计单位对塔基加固维修编制实施方案。做好境内不可移动文物保护管理工作，制作7处、26块文物保护单位标志牌，进行埋设。2016年，全县有县级以上不可移动文物31处，其中国家级文物保护单位2处，区级文物保护单位5处。市级文物保护单位2处。对国家级和区级文物保护单位树立保护标志，埋设文物保护界碑10个，警示牌16个。编修出版《中宁县文物志》。组织开展长城执法巡查工作。成立长城执法专项巡查工作领导小组，根据全县长城资源分布情况制订巡查计划，抽调相关人员组成专项巡查小组，对从胜金关至余丁乡永兴村北侧、黄羊湾明长城直隶墩到余丁乡金沙村、余丁时庄村北山至中宁渠口芨芨沟等长城重点点段进行实地巡查，组织开展长城档案资料查缺补漏和重点点段长城树标立界工作，明确长城保护范围，加大巡查力度、启动长城保护规划编制、建立联动巡查执法机制。

【文物安全】 对全县31处不可移动文物进行安全隐患排查。发现问题及时整改，与文物保护单位责任人签订安全责任书，对全县31处野外文物保护单位常年定期和不定期巡查。编写《中宁县文物保护管理办法》《中宁县长城保护条例》等，明确不可移动文物管理体制、机制、责任管理措施等。与相关部门沟通，落实不可移动文物保障经费，加强田野文物的安全巡查工作。针对石空石窟寺管委会在石窟保护范围内违章建设情况，及时制止并下发责令整改通知书。

【文物基础】 完善文保单位“四有”档案(有保护范围、有标志说明、有记录档案、有管理机构)，完成向国家文物局上报明长城“四有”档案；规范馆藏文物管理，统一管理账目与档案设置，由专人保管。加大法律法规宣传。春节期间，对全县各地面文保单位开展安全大检查，发放宣传资料4000余份；对长城周边工业园区开发者进行文物保护知识教育和法规宣传；对各乡镇文化干部及相关工作人员进行文物法规知识宣传。利用“5·18”国际博物馆日、“文化遗产日”活动节点，印发宣传册页1000册；悬挂、张贴标语和电子标语牌，并在当地网站、报刊、电视台等新闻媒体发表通讯,跟踪报道活动相关内容。

【文物普查】 按照国务院第一次可移动文物普查要求,完成文物信息采集、审核及录入工作,上报国家文物局信息数据库文物信息574件/套,并通过国家文物局审核验收。编制完成第一次全国可移动文物普查档案和普查工作报告。

【文物考古调查】 配合完成中宁县黄河二桥开工前的地勘及工业园区至镇罗园区道路工程的实施中,地面文物的考古、调查工作。

【文物征集】 对中宁县历史文物进行摸底,对全县符合征集标准的革命历史文物向区文物局上报。

(马 玲)

广播电视

【概况】 中宁县广播电视台内设办公室、总编室、新闻部、制作部、专题专栏部、技术播出部、公共服务中心、广播中心8个部室,有工作人员65名,其中在职在编31人,聘用人员34名。开通中宁综合、广播电台(调频96.6)2个频道。有航模1套,摇臂设备1套,数字摄像机14台,非线编6台,数字录像机2台,采集机2台,硬盘播出2套,虚拟演播室1套,数字移动演播室1套。

【新闻宣传】 围绕全县中心工作,重点开展《新年·新起点·新愿望》《寄语两会》《展望“十三五”》等栏目的宣传报道。开办《脱贫攻坚进行时》《从严从实抓落实·大干实干100天》《深入贯彻县十四次党代会精神》《学习贯彻十八届六中全会精神》等专题报道。全年累计播发新闻稿件1820多篇、微视杞乡800多档、对外播发稿件260余篇。与部分单位、部门合作,完成《翘楚杞乡展新姿》《枸杞之乡,红动中国》等40多部专题片的撰稿、拍摄、制作任务。策划拍摄记录社区民警生活工作的《因为我喜欢》和反邪教片《迷途》两部微电影。

【重大活动】 录制播出《中宁问政》三期。举办2016年中宁县房·车生活文化节。承办2016“最美杞乡人”评选颁奖典礼活动,经过前期宣传、推荐上报、综合评审等多个环节,最终评选出10名最美杞乡人。举办“中宁好声音”第二季比赛,参赛选手217名,进入总决赛12名,微信投票达59502人,关注达314117人。

【电视栏目开办】 2016年,电视台开办《中宁新闻》《文化中宁》《杞乡教育》《道德与法制》《安全你我他》《新闻360度》《财富民生》《健康中宁》《科普中宁》等自办专栏节目9个,每天播出自办性电视节目17小时。制作播出栏目《文化中宁》26期,《杞乡教育》24期,《道德与法制》23期,《新闻360度》29期。

【广播电台节目】 开办《生活百科》《魅力杞乡》《汽车地带》《经典相声小品》《96.6游四方》《音乐时间》等6套本土广播节目和《娱乐脱口秀》《评书艺苑》《幽默集装箱》等10套引进节目。

【安全播出】 根据《广播电视安全播出管理规定》,制定《中宁县广播电视台安全播出应急预案》。电视全年安全播出自办新闻836.24小时,自办节目6036.35小时,转播中央一套节目184.37小时,转播宁夏台节目164.42小时;广播安全播出自办节目5703.30小时,转播节目823.30小时。重大节日、重大活动等安全播出重要保障期,加强对播出机房、发射机房等重点工作岗位的管理,安排领导和技术人员轮流值班,确保广播电视节目正常传输。争取项目资金,对演播室设备进行更新。

【农村广播影视公共服务】 做好全县有线、无线广播电视监督管理工作,针对机器设备出现的问题及时维修,对出现故障的设备采用备机或降低功率发射,确保乡村地面数字电视和“村村响”广播信号的正常发射。完成全县“村村响”户外广播第一轮检修维护工作,处理各类零散广播投诉单和县城公园、广场、街道、观光园、蔬菜基地等公共场所太阳能广播维修420余次。

(严桂娟)

有线数字电视

【概况】 宁夏广播电视网络有限公司中宁分公司隶属宁夏广播电视网络有限公司垂直管理的区属国有文化企业。公司主要承担着对全县有线电视网络进行统一规划建设和农村7万多户"户户通"用户运营管理的职责。2016年，完成经营收入1151.2万元，同比增加125.5万元，增长12.2%，完成目标任务112.5%。

【项目建设】 "六盘云智慧家庭云平台"中宁分平台基本搭建成功。联系协调县委、政府分管领导及宣传、工信、政务、广电等部门负责人到区公司展厅、贺兰公司及外省赴浙江安吉、上海金山区实地考察智慧城市、智慧社区、无线城市、政务服务建设的先进经验和做法，多次邀请相关领导到分公司指导分平台页面架构、栏目设置、信息收集、内容填充、手机APP制作等具体工作。与中宁电视台合作，内容填充更新正常运转，手机APP内容填充和完善工作有序推进。分平台与政府新建成的"智慧中宁"运营管理服务平台实现有效对接，互为贯通。无线城市基本建成。在广场公园、社区、公交站点等92个公共场所建设无线Wi-Fi热点429个，实现县城区公众集中活动场所无线Wi-Fi全覆盖。宽带乡村及中小城市基础网络完善工程有序推进。协调区县及时对接，促成中宁县政府与宁夏广电传媒集团签订中宁县"宽带乡村"及中小城市网络基础完善工程战略框架协议。分公司领导逐乡村抓协调，全县11个乡镇123个村中有5个乡镇40个村全面开工建设，建成3个乡镇29个行政村。敷设各类型号光电缆180公里，架设杆路37公里、钢绞线167.3公里。中标殷庄棚户区住房改造项目弱电项目工程，中标金额116.8万元，入网123户。

【网络建设】 完成2个农场光纤改造和数字化平移。完成渠口、长山头2个农场光纤改造任务，新敷设光缆103.7公里，覆盖用户3800户。实施住宅小区光纤改造。结合中小城市基础网络完善工程实施，加快县城住宅小区光纤入户改造力度，改造小区8个3164户，全县光纤用户达2500户。实施亲水街、宁丰路管网建设，建设管道8公里。结合县上实施中宁高速收费站至长山头收费站S109国道绿化带建设、道路拓展工程以及全县秋冬季农田水利基本建设，完成长山头、永兴等4处国省干线迁移、降缆工程，确保干线网的正常运行和安全播出。

【用户发展】 实施长山头、渠口2个农场整体数字化平移，新发展数字用户1338户，其中宽带用户185户。在县城新建成的6个小区实行驻点宣传72场次，现场办理、上门服务。在五一节庆及六盘云睛彩宁夏手机电视上线运营期间，组织人员在广场、集团用户、机关企事业单位、住宅小区设立宣传点、散发宣传彩页、现场下载安装手机APP客户端等形式，宣传六盘云睛彩宁夏手机电视和广电业务，走访机关企事业单位34个、集团用户70多家，广场集中宣传9场次，发放宣传彩页4500份，下载手机APP客户端5000余户。全年新发展数字用户3307户，数字总用户达到32857户。

【新业务拓展】 以六盘云智慧家庭云平台上线运营和广电送宽带新营销策略为营销推广点，采取多种措施，加大市场营销力度。中宁县举办2016年"贺龙杯"中国业余篮球公开赛期间，在杞乡黄河体育中心环球场电子屏滚动播放宣传字幕广告。在为期2个月的"中宁好声音"大赛期间，全程参与、适时播放六盘云智慧家庭云平台宣传片宣传标语30多场次。策划实施元旦、春节"双节"优惠大酬宾，庆四节六盘云智慧家庭云电视真情回馈、"双十一"广电福利大放送等活动。开展办理广电业务送节目、资费打折优惠，送抽纸、米油等生活用品，新办理套餐用户免费配置无线路由器等营销策略，推介高清互动宽带新业务。全年新发展高清用户4015户，宽带用户2776户。

【用户服务】 围绕用户不同需求、针对企业发展瓶颈问题、故障易发多发小区路段、服务关键环节、时效性等，开展故障问题大排查、大整治，服务质量大提升、大改进活动，先后集中解决一批难点热点问题。全年受理用户事故报修8139个，处理率100%，客户回访率98%，客户满意率96%以上。统筹做好户户通运营维护管理工作，全年处理户户通故障报修4099户。

（黄建东）

史志编纂与研究

【概况】 中宁县党史县志办公室成立于1984年，为参照公务员管理事业机构，设人员编制4人，受政府和组织部双重领导。2016年，有在职人员4人，其中主任1人，工作人员3人。

【年鉴编纂】 印刷出版《中宁年鉴2015》。启动《中宁年鉴2016》编辑工作，按照年鉴编纂程序，印发年鉴编纂细则，根据年鉴篇目、内容的要求，将年鉴编写任务分解到各部门、单位，落实年鉴编写人员，责任到人，专人负责收集编写。做好年鉴彩页的征集、编辑、校对、设计制作等工作。至2016年末，《中宁年鉴2016》完成字数68.4万字，征集、编辑彩页200余幅，印刷出版并下发全县各部门、单位。

【史志宣传教育】 利用清明节，与宣传部、团委等部门联合，组织广大党员干部及学生，到革命烈士纪念碑及李吉武烈士纪念亭扫墓缅怀先烈，开展爱国主义教育。以纪念七一、抗战胜利70周年、"三严三实"专题教育等活动为契机，与组织、宣传、党校、教育等有关部门合作，开展"党史大讲堂"。邀请老战士、党史研究人员、老干部讲述抗战故事，让广大青年学生接受爱国主义教育和革命传统教育。组织干部参加中卫市"5·18"宣传日活动，提供文字图片资料制作展板、发放书籍。利用中宁电视台、短信平台等新闻媒体广泛宣传习近平总书记系列重要讲话精神，李克强总理、刘延东副总理对地方志工作的重要批示、重要讲话精神及第五次全国地方志工作会议精神，通过中宁电视台开辟专栏，宣传《地方志工作条例》有关内容，在人民广场、十字路口等人口集聚、县城繁华路段利用大型电子显示屏滚动播放地方志工作成果图片及宣传标语，主要街道路口及行政中心前后大门口悬挂有关地方志工作的宣传横幅，营造浓厚的宣传氛围。

【党史编研】 完成《中国共产党中宁历史大事记（1924—2014）》的印刷出版工作，编撰字数60万字，收集图片100余幅，公开出版发行1000册。完成经贸、科技、文化、旅游、民政等改革开放史五大专题综述的编撰上报工作。征集上报中宁籍老红军战士历史资料，通过走访知情人员，查阅党史、档案资料，整理、编写张子华、李天才、孙殿才、张致和、彭吉仁、王如东、尹朴达、刘志高、唐子明、曹有录、张致光、杨生礼、樊学义等13名老红军战士的历史资料3万余字，图片20余幅，上报区党史研究室。组织开展纪念中国共产党成立95周年和红军长征胜利80周年知识竞赛与理论征文活动。全县参加平面媒体知识竞赛的单位71个，收集试题答题卡3843份。组队参加中卫市"庆祝中国共产党成立95周年暨红军长征胜利80周年"电视知识竞赛，荣获二等奖和优秀组织奖。征集论文42篇，其中荣获中卫市一等奖1篇，三等奖1篇，优秀奖3篇。

【史志资料收集整理】 启动《中宁历史资料》整理编撰工作。本着保留原文，还原历史真相的目的，对图书馆、档案馆、政协等现存的各种历史资料进行摸底筛选，归类整理。收集整理史事卷32篇、人物卷41篇、遗址遗迹卷12处。指导文管所编纂《中宁县文物志》。协助民政局编写地名志，提供相关地名资料10余万字。

【资政服务】 配合县工业商务局，承办中宁智慧城市展示中心建设。提供文字资料约10万字,图片约100幅,涉及《中宁县志》《中宁史话》《中宁碑录》《中国共产党中宁历史大事记(1924—2014)》《中宁农业开发纪事》等相关历史资料。完成《美丽宁夏》中宁资料编辑工作,提供中宁县情文字资料约3万字,相关图片100张。完成2016年区、市年鉴中宁县情资料的编撰上报工作,完成文字1万字,征集图片30余幅。

(史志办)

乡镇 社区 农场

宁安镇

【概况】 宁安镇下辖13个行政村,108个村民小组,8个社区居委会。全镇有人口72152人,其中农业人口39032人,非农业人口33120人。境内交通四通八达,109国道、109复线贯通南北,中鸣、宁舟、宁华公路从本镇通往各乡镇,各行政村硬化道路与公路相通,交通便利。镇机关有在职人员67人,其中行政编制37人,事业编制30人。社区干部51人,村干部65人。镇党委辖26个党支部,其中镇机关党支部1个,村党支部13个、社区党支部8个、离退休干部党支部4个,有党员1401名。全镇实现工农业总产值29.15亿元,农民人均纯收入12343元,同比增长10%。先后荣获全市先进基层党组织、民族团结进步创建活动模范集体、五星级和谐社区创建先进乡镇、"五好"关工委,中宁县先进基层委员联系点、先进代表小组等多项荣誉。

【重点项目建设】 完成亲水街、西街延伸段、中瀛御景、建丰源、东城嘉园二期等12个项目689户的拆迁任务,在殷庄大社区、塞上江南等小区落实安置房844套;完成109国道绿化带、西气东输三期、城际铁路、北河子湿地公园等11个重点建设项目784亩的征地任务。加大违法建房、乱占土地等行为查处力度,与相关部门单位配合,集中拆除违建点8处,面积2300平方米。

【城乡建设】 争取资金470万元,完成南桥美丽村庄建设项目,砌护雨水排水明沟5160米,硬化道路2条1250米,安装路灯70盏。对西环路古城段、富康路及中鸣路等重点路段周边环境进行集中整治,投入机械设备80台次,清理垃圾1000余方;对北河子沟道及沿线环境污染问题进行整治,加强沿线环境管护。鼓励朱营、黄滨、郭庄、洼路等村立足城郊优势,进行房屋出租、酒店经营、物业服务等,增加集体经济收入70万元。

【特色农业发展】 全年完成粮食种植面积3.3万亩,种植小麦2100亩,玉米2.01万亩,落实水稻面积1.1亩,其中水稻高产示范方点1个,面积3000亩,完成测土配方施肥技术全覆盖。完成流转土地13100亩。抓好杞鑫优质枸杞苗木繁育基地、兴杞公司枸杞种植基地、红星枸杞新品种繁育等5个示范方点建设,新增枸杞育苗面积1477亩,新植枸杞491亩。抓好蔬菜产业。全镇落实蔬菜种植面积

10502亩，其中供港蔬菜9000亩，设施蔬菜1000亩，露地蔬菜502亩。抓好南桥、莫嘴、营盘滩、新胜等村5个露地蔬菜示范方点建设。发展休闲农业，加快新胜村功夫驴休闲农庄扩建项目建设，完成采摘体验园等相关基础设施建设。为南桥、莫嘴、新建等村群众安装太阳能热水器843户。

【畜牧业和林业】 扶持畜牧产业，扩大园区养殖规模，全镇生猪饲养量8.2万头、羊饲养量5.3万只、肉牛饲养量8000头、家禽饲养量18.5万羽，新增基础母牛305头。加大禁牧封育巡查力度，落实人工种植牧草2800亩。对109国道、亲水街、黄河路两侧进行高标准绿化；栽植经济林苹果300亩、中宁红枣200亩，完成低产园改造3200亩，完成林网树木涂红刷白20.5万株；对全镇经济林生态林生物病虫害适时严格监测防治。

【农田水利基本建设】 投入资金150.6万元，重点对南大沟、中鸣公路南片、滨河南路以南、朱滩片段进行集中整治。清淤各级沟道185条127公里、渠道224条178公里，砌护渠道32.3公里，硬化道路23条5.24公里，维修及新建各类建筑物135座，畦田建设0.8万亩，残膜回收53吨。改善人饮设施，为黄滨、东华、郭庄等5个村农户安装自来水设施355户。

【社会民生】 加强低保审核管理工作，按照"应保尽保，规范运作，分类施保，动态管理"的要求，层层把关，取消不符合条件低保1361人，打造宁安镇阳光低保工程。为1428名困难群众发放临时生活救助和灾民生活救助资金96.9万元；兑付粮食补贴250余万元，发放社保卡680张，办理新参加城乡居民医疗保险7967人，被征地农民补差趸缴认定750人。宁安镇民政工作位列全县各乡镇年度考核第一名。将27项服务事项纳入民生服务中心，增加窗口服务人员，实行网络申报审批，达到"推开一扇门，办成一篮子事"的目的。接待群众5000余人次。创建便民服务试点2个，推广11个。宁安镇被确为全县唯一进驻市民服务大厅开展为民服务的试点乡镇。

【计划生育】 登记出生人口869人，死亡178人，人口出生率为12.19‰，自然增长率为9.69‰，完成孕前健康检查606对。加大政策宣传，发放宣传材料4.6万余份，制作"全面二孩"宣传展板72块，举办穆斯林群众及社区居民培训班2期，免费体检2次。

【综治维稳】 开展"七五"普法及"法律六进"活动。建立领导包保责任制，采取部门联动、政策扶持、信访听证、三级终结等办法，化解信访问题。接待群众来信来访178件，初次信访化解成功率100%，化解遗留信访积案10件。开展"安全生产月""十大专项整治""百日专项整治行动"等活动，在重大节假日期间及敏感季节开展安全生产大检查，全年开展各项安全检查600余次，在街道、人员集中场所、危险水域悬挂安全宣传条幅60条、设立警示牌66个，开展安全生产培训6期，培训900余人次，发放宣传资料1万余份。

（卜　琛）

石空镇

【概况】 石空镇位于中宁县城以北，东接渠口农场，南临黄河，西靠余丁乡，北与内蒙古接壤，镇域面积341平方公里，东西长26公里，南北宽13.1公里。辖15个行政村，104个村民小组，1个社区居委会，人口30532人，耕地面积4.5万亩。镇党委下设1个党总支，31个基层党支部，有党员976名。辖区有规模以上企业13家，规模以下企业343家，个体工商户709家。2016年，全镇实现工农业总产值245.62亿元，农民人均纯收入达到11903.7元。荣获全区计划生育五星级乡镇、全县"2016年计生卫生工作目标考核一等奖"、全县安全生产先进单位、全县农田水利建设一等奖等多项荣誉称号。

【重点项目建设】 引进今飞公司年产500万件汽

车车毂生产项目和美橙电力有限公司45MWP光伏电站项目，落实到位资金1.6亿元。全力协调解决光伏产业园、京能风力发电、京能2×660MW火力发电、今飞集团汽车车毂、天元锰业四期、华夏特钢铁路专用线、罗家沟绿化治理、黄河北岸城乡供水水源等重点项目建设中征地拆迁、迁坟及矛盾化解工作，征收土地90余亩，完成迁坟410座。完成罗家沟绿化项目征地拆迁工作。完成华夏特钢铁路专用线项目中涉及征地的农户合同签订工作。完成关帝村张艳琴爱心小院、金岸社区日间照料中心等项目建设。

【特色农业】 2016年，完成全镇5.7万亩土地水资源确权前期摸底核查工作。完成王营村1.06万亩、立新村1.0万亩及新桥村1.1万亩高标准农田建设项目。发展京菊、食用菌、早熟土豆、林下"生态鸡"养殖等特色产业。全年落实小麦种植面积1250亩，水稻4037亩，玉米31198亩，瓜果及经济作物4780亩，创建立新、枣一片区，枣二、高山寺、白马湖片区玉米万亩高产种植示范点2个。新增流转土地1930亩建设菊花种植和蔬菜生产基地。联手甘肃天水市天园春农业科技有限公司，在新桥、枣一村连片种植早熟土豆700亩。在新桥、关帝、王营等村落实拱棚西瓜、地膜蔬菜种植1300亩。发展林下"生态鸡"养殖产业，建成养殖基地3个，饲养生态鸡1.2万只。支持瑶兴农业科技发展有限公司扩大鸡腿菇、姬菇、幸福菇等高档次菌菇种植面积，在石空北山新建食用菌生产基地1个，半地下式菇棚12个。通过嫁接、高截落头、新植等形式改良红枣1200亩。

【集镇建设】 结合产城融合项目，开展空十路、通威路、向阳路新建项目勘测、立项、设计、报批等工作，开工建设空十路。申报倪丁村、太平村、机电市场道路硬化及枣一村市场彩钢大棚"一事一议"项目4个。对全镇范围内危旧房进行摸底调查，建档建卡50户。加大土地巡查力度，制止、拆除违法占地5处。加强集镇街道综合管理，拆除违章建筑15处，清理乱设摊点、店外经营、占道经营150余起。多次对G109、S201、滨河大道、集镇街道等主干道路、重要路段的环境卫生进行综合整治。

【社会事业】 深化平安建设，集中开展矛盾纠纷和治安乱点专项整治，对辖区15个村1个社区的信访积案和矛盾纠纷进行专项排查、化解，排查调解各类矛盾纠纷60余起。加强安全生产监督管理。举办安全生产培训5期，发放安全生产宣传彩页1.3万余份，对辖区207家企业安全生产情况开展拉网式大排查、大整治7次。抓好食品药品监督管理，全年开展大型食品安全知识培训2期，印发宣传手册1000余份，完善农村婚宴、庙会等群体性聚餐监管制度，登记检查农村自办家宴32起，庙会9起，对辖区86家农村食品生产经营单位开展无证无照专项整治，查处无证无照经营22家。做好人口和计划生育工作，抓好婚育新风宣传、节育措施落实、生殖健康优质服务及流动人口管理，落实"少生快富"项目2户，孕前优生健康检查221对，举办计生政策法规培训5期，获得"全区卫生计生五星级乡镇"和"全区计划生育优质服务先进单位"荣誉称号。

（高　毓）

新堡镇

【概况】 新堡镇位于县城南郊，东邻恩和镇，南靠工业（物流）园区，西与宁安镇接壤，是客流、物流进入中宁县城的南大门。镇域面积209.97平方公里，耕地面积23632亩；镇政府位于新堡南街，辖肖闸、创业、新堡、宋营、毛营、盖湾、刘庙、刘庄、吴桥、南湾、刘营11个行政村，89个村民小组，1个社区居民委员会，15个党支部、655名党员。全镇总人口23784人（少数民族988人），其中非农业人口10989人、农业人口12795人；镇区有学校、加油站、医院等区、县属企事业单位36家。G109国道、

S101 省道、石中高速公路、中太铁路、城际铁路穿境而过，新水路、团结路、镇西路、南二环、迎宾大道在境内交汇与乡村道路连接，交通便利。2016 年全镇工农业总产值达到 32.4 亿元，同比增长 8%；农民人均可支配收入 11776 元，同比增长 8.4%。

【新型工业】 以工业（物流）园区和新水农副产品加工区为招商引资主平台，搞好项目建设服务工作。开工建设宁夏伟华兴农牧业有限公司 30 万头现代化生猪养殖场项目、70 万吨饲料加工厂项目；吴忠—中卫城际铁路（中宁段）项目，途径本镇 12 公里，涉及 5 个村的集体土地和山荒地 328 亩，红线内农户房屋及构筑物补偿款兑付完毕；开工建设兴宁驾校；开工建设隆基硅年产 1000MW 单晶硅棒生产项目，项目征地 206 亩，拆迁企业 1 家。109 复线拓宽绿化工程完成征地 163 亩，铺垫土方 12 万余方，栽植樟子松、桧柏、新疆杨、刺槐等绿化树木 2.1 万株，种植金叶榆、紫穗槐等绿化灌木林 42 万平方米，完成项目区内绿化。宋营完小迁建项目涉及征地 70 亩，土地补偿款兑付完毕，建教学楼面积 1.06 万平方米，主体封顶。完成市民休闲森林公园供水管网工程。

【现代农业】 按照"一乡一业一村一品"的发展布局，探索土地流转模式，实施特色产业带动战略，引导和鼓励农民继续巩固和发展特色产业，发展黄花、苹果、枸杞、蔬菜等产业。投资 120 万元在吴桥村建设金飞阳黄花菜示范种植基地 600 亩，完成年度任务 300 亩。中宁县鑫祥枸杞专业合作社 200 亩苹果基地套种籽用西葫芦，年收益 28 万元。盖湾顺鑫源公司枸杞苗木繁育基地，以公司 + 农户的形式，繁育枸杞苗木 750 亩，实现种苗销售 329.4 万株，销售收入 1000 余万元，苗木销售期间用工 2890 人次，增加农民收入 26 万元。先后在青海、甘肃等地发展枸杞 3.9 万亩，年收益 1500 万元；带动劳务输出 2772 人，实现劳务收入 1900 余万元。红欣源农庄月均营业额 8 万元以上。新建南湾万伟 2000 平米肉羊养殖场，羊只补栏 1000 只。全镇生猪、肉牛、羊、家禽饲养量分别达 70395 头、7033 头、60234 只、161674 只。全镇发展农民专业合作社 34 家，种养大户 47 户，家庭农场 7 家，辐射带动农户 1700 余户。土地确权颁证率 90%以上，"两权"抵押贷款成功放贷农户 3 户 36 万元，企业 4 家 1.13 亿元。缴纳政策性农业保险 52322.62 元，参保率 100%，利用秋冬季农田水利基本建设，完成机深翻 6500 亩，机普翻 5600 亩，机深松 1600 亩，秸秆还田 4100 亩，残膜回收 24 吨。落实粮食补贴 15569.49 亩、360 万元、4891 户。

【集镇开发建设】 按照县城"一城三区"总体规划，推进"新堡大社区"项目及新农村建设，统筹城乡一体化发展。制订《新堡镇"大环境整治拟拆迁点"建设方案》，分三年对大环境综合整治规划区域内的 5 个村 28 个队的 1409 户农户进行拆迁、安置。观园壹号二期项目建设的 8 栋楼 3.4 万平方米交付使用。改造镇北街人行道 1000 平方米。完成固海小区等住宅楼改造，加装保温板并翻新粉刷墙体。筹措资金，建设 400 平方米安定社区服务站，完成主体建设。投资 47.6 万元，维修改造镇政府办公用房水、暖、电及屋顶防水灯等。

【新农村建设】 协调推进各村基础设施建设。刘庄村美丽村庄整治项目总投资 574.52 万元，2016 年，基本完成沿路棚房、圈舍拆除、土方工程、道路硬化工程；完成部分混凝土预制管、水泥砖铺设及旱台散水工程，完成总工程量的 65%。完成吴桥、南湾、刘庄、刘营村 7.2 公里主干道硬化项目，拆除道路两侧圈舍 80 余处，清理"三堆"300 余方。绿化美化刘庙村巷道，栽植垂柳 240 株、侧柏绿篱 120 平方米。

【环境综合整治】 投入资金 37 万余元，对迎宾大道镇西路、新水路等路段两侧 200 米范围内进行综合整治，安装防护网 320 米，粉刷墙面 380 平方米，砖砌隔离墙 30 米，清理垃圾、煤堆、石材共 430 余方。安装刘营村小康点道路、七星渠坝硬化路路灯 70 盏。配备大垃圾运输车辆 4 辆，电动车 28 辆，圆式铁垃圾桶300个,保洁员及管理员40人,村级道路保洁工作实现镇域全覆盖。

【农田水利基本建设】 刘庙、刘庄村小农水项目总投资404万元,砌护渠道40.1公里,完成任务的118%。创业、肖闸村千亿斤粮食项目总投资480.47万元,砌护渠道31.15公里,完成任务的106%。吴桥、南湾村的土地出让金项目总投资345万元,砌护渠道28.18公里,完成任务的103%。滨河大道中低产田改造项目完成招投标。实施刘营、毛营、宋营、盖湾、新堡5个村国土资源整治项目,完成三个标段36公里渠道砌护。砌护刘庄村6队、吴桥村2队渠道1580米,建成水利配套设施48处。春、秋冬季农田水利建设清淤渠道999条522公里,维修新建各类建筑物82座,整修道路112条78.74公里,铺垫土方3940方,深松耕地1.5万亩、深翻0.8万亩,全镇农田水利建设项目基本实现全覆盖。

【现代物流业】 借助物流园区、汽车城现有平台,利用城际铁路站点、高速路口等优势,打造服务、仓储、机修一体化商贸小区,实现货物受托、通关、配送、查询、管理的全信息化服务。

【社会民生】 落实社会保障卡登记发放工作。城乡居民医疗保险参保19943人,养老保险参保3620人,60岁以上享受待遇1691人。失地农民养老保险参保1266户4070人,享受城乡职工养老保险308人。新增低保40户,取消低保待遇294户,取消高龄津贴34人。实施吴桥、南湾村阳光沐浴工程项目,安装太阳能500台。危房改造建设31户。组织全体干部进村入户10次,完成贫困户家庭基本情况、相片、收入支出情况等信息的采集汇总、上报,划分脱贫年限、制定帮扶措施,建档立卡户脱贫35户。全镇12个基层调委会及司法综治开展矛盾纠纷排查22次,调处矛盾纠纷22起。接处信访件44件,接访147人次,县上重点挂牌督办信访积案2件,化解销号1件,初访办结率97.5%。社区戒毒排查吸毒人员181名,均纳入社区戒毒社会化管控系统。

【人口与计划生育】 加强计生阵地建设,重点打造红寺堡扬水管理处、镇卫生计生办、新堡清真寺等人口文化大院、文化广场。采取以会代培方式举办专题培训班12期1260人次,免费孕前健康检查203对,办理生育服务证417本、独生子女证68本;结扎2例,放环73例,提前奖扶218人,60岁以上奖扶对象28人,独生子女费享受对象30人。完成“少生快富”项目2户。

(王　东)

鸣沙镇

【概况】 鸣沙镇位于中宁县境东部,地处黄河南岸,距县人民政府21公里,东部与白马乡相连,南部与吴忠市红寺堡相连,西接恩和镇,北连黄河,总面积400.8平方公里,耕地面积72300亩。现辖8个行政村,1个居委会,总人口2.6万人,由汉族、回族及极少部分满族等民族构成。鸣沙镇是一个集物资流通、商业贸易、加工为一体的商贸型集镇,全镇土地肥沃、物产丰富,是硒砂瓜的正宗发源地、全区优质水稻主产区。2016年全镇实现工农业总产值11.8亿元,同比增长8%;农民人均可支配收入11700.5元,同比增长10%。

【镇容村貌综合整治】 围绕高速公路、S101省道、中鸣公路、南滨河大道和薛营村整村推进旧村庄改造点等开展环境大整治,清理垃圾、三堆1.8万立方,拆除违章建筑3000多平方米,清理巷道976条。绿化美化S101线、高速公路、滨河大道景观带,栽植各类林木12万株,完成秋季天然林修枝刷白11万株。完成前期投资1000万元的鸣沙镇美丽小城镇建设,对集镇上下水进行改造,对非机动车道进行硬化,铺设人行道以及绿化和广场花园的改造,新建集镇集中供热中心1座,2016年完成工程总量的70%。投资352万元完成建筑面积1900平方米的鸣雁社区（民生服务用房）建设。投资144.8万元完成五道渠村道路等基础设施的“美丽村庄”建设。利用“一事一议”项目，投资167.7万元完成五道渠村养殖场、薛营村新义滩2.71公里道路建设；投资156万元完成红柳沟两座过水桥路面工程及小盐池道路工程（砂石路）。完成危旧房改造15户，安装太阳能热水器1300台。

【特色农业】 落实粮食作物播种面积9.5万亩，结合“世行项目”，以长滩、长鸣为重点建设玉米创高产示范片2个2.5万亩，水稻创高产示范片1个4620亩，发放配方肥料18万公斤。完成农业保险面积2万亩。种植硒砂瓜10.2万亩，建成“二道沟”“地坑子”等3个区域1.5万亩硒砂瓜品质品牌保护核心示范区，建成硒砂瓜品质品牌保护基地5个。2016年，全镇硒砂瓜总产量18万吨，实现总产值2.2亿元。在“鸣沙洲”枸杞基地种植的同时，支持发展“小盐池滩”枸杞种植，枸杞种植达到2.3万亩。实施品牌培养战略，鑫阳公司“玺赞”枸杞获得国家有机枸杞生态原产地认证。全镇苹果种植面积累计达1.1万亩，挂果面积7500亩，完成套袋500万袋。培育生猪养殖大户16户，肉牛养殖大户2户，建设规模养殖园区6个，生猪、家禽、羊只、肉牛防疫密度达到100%。

【土地流转】 培育扶持黄营村成立专业合作社，流转土地1200亩种植“金刚娃娃菜”，尝试开展土地股份制合作模式，在全县首例试点土地经营权抵押贷款，发展种植专业大户7户，流转土地1.3万亩。

【土地确权】 完成全镇8个行政村5892户65181亩承包地确权发证工作。鸣沙村确权土地11204.8亩，涉及户数862户；薛营村确权土地4241亩，涉及户数551户；黄营村确权土地5207亩，涉及户数690户；长滩村确权土地14477亩，涉及户数1215户；长鸣村确权土地11529.8亩，涉及户数680户；二道渠村确权土地5661亩，涉及户数627户；五道渠村确权土地7251.8亩，涉及户数737户；李滩村确权土地5608.7亩，涉及户数530户。完成全镇6325户农村宅基地确权登记摸底工作。

【农田水利基本建设】 投入300万元开展秋冬季农田水利基本建设，清淤各级渠道1156条1062公里，各级沟道499条361.8公里，修整生产路514条381公里，砌护渠道29条。筹资280万元完成长鸣村千亿斤粮食规划项目，争取资金34万元对下滩4队、李滩泵站及部分渠道进行砌护维修。

【社会保障】 全面落实国家粮食直补等强农惠民政策，落实粮食补贴资金84.7万元。规范城乡低保申请办理程序，新增低保户9人，清除不符合条件低保户21人，新增五保户2人。完善社会救助工作，全年发放困难群众救灾救助资金170万元。发放残疾人辅助器材14份，轮椅3辆。发放妇女小额创业贷款资金2222万元339户。新型农村合作医疗参保率97%，养老保险参保率86%，参保绝对人数连续两年全县第二。资助贫困大学生20名，发放资助金额20万元。落实人口与计划生育工作责任制，全年累计完成孕前优生健康检查144例，少生快富1例，特殊奖励扶助1户，发放独生子女费3.02万元。实施“文化惠民工程”，新建60平方米农村电子阅览书屋1个。在黄营村、薛营村、长鸣村设置村淘站点3个。

【信访维稳】 健全矛盾纠纷调处“三调联动”（即人民调解、行政调解、司法调解）机制，2016年调处各类矛盾纠纷106起，化解信访案件82件，答复率100%。重大节假日期间，加强对各村信访维稳情况进行调查摸底，确保不发生越访、非访等事件。配合国土、交通、水务等部门完成城际铁路、红桃高速、鸣红公路、西气东输、中低产田盐碱地改造等重点项目建设，完成征地约4800亩，协调项目推进中的各类矛盾纠纷200余件。

（陈　静）

恩和镇

【概况】 恩和镇位于中宁县城东部，西与新堡镇毗邻、东与鸣沙镇接壤。全镇总面积39.36平方公里，耕地面积4.5万亩，辖9个行政村，93个村民小组，6613户21451人。境内交通便利，S101线、恩红公路穿境而过，石中高速公路从镇区南侧横贯镇域全境，恩红公路纵穿集镇中心。2016年，工农业总产值8.07亿元，同比增长8%，农民人均可支配收入11700元，同比增长8%。荣获自治区文明乡镇称号，中宁县农田水利建设先进单位、信访维稳先进单位、民族团结先进集体、统战、宗教工作先进集体、人大代表建议意见办理先进单位等多个奖项。

【特色农业】 2016年，全镇实有耕地面积6.18万亩(含红梧山、双井子地区)，完成农作物播种面积3.99万亩，其中，小麦0.11万亩，水稻0.033万亩，玉米2.47万亩，其他经济作物1.38万亩。建立各类示范点6个，其中百亩以上露地蔬菜示范点4个1480亩；百亩以上小麦示范方点1个；500亩以上玉米示范方点1个，种植订单玉米8000亩。推广杞泰公司枸杞种植管理模式和先进经验，打造千亩枸杞产业园4个，打造秦庄村1200亩枸杞文化产业园，沙滩村、刘桥村1000亩枸杞园；恩和村安滩片改造提升4400亩枸杞品质；恩和红梧山地区6000亩枸杞示范种植基地；朱台村、华寺村高速公路景观带建设1100亩优质红枣种植基地，采用矮化密植等种植新技术，提高红枣产量，改良红枣品种。S101线秦庄蔬菜基地新建小拱棚43座，总数达到87座；在鞑子沟东侧种植油牡丹300亩。在高干渠以南连片种植红葱700亩。上庄村规划种植大棚枸杞育苗240座。新植苹果630亩，完成苹果低产园改造350亩，完成红枣低产园改造610亩。完成恩和村部硬化路两侧4.5亩绿化，对街道、恩和纺织园区等重点地段进行树木补植，栽植各类树木300余株。全年举办培训班5次，培训人数350人次。

【畜牧产业】 2016年，全镇生猪饲养量5.24万头，家禽饲养量13.23万只，肉牛饲养量0.37万头，羊只饲养量5.51万只，奶牛存栏量1.07万头，新建肉羊标准化养殖场4000平方米，人工种草面积8200亩。重大动物疫病集中免疫密度100%。

【农田水利基本建设】 投入劳力1.1万人次，机械318台次，完成秸秆还田1万亩，完成机深翻2.7万亩，清淤沟道153条165公里，清淤渠道612条336公里，维修新建建筑物246座，整修机耕生产道路177条136公里。

【新农村建设】 争取项目资金，实施污水处理厂设备安装及后续工程，建设污水收集池、格栅池、调节池、A2/O生化池、沉淀池、消毒池及臭气回收等系统工程；夯实镇村公共文化基础，协调规划曹桥村、朱台村、刘桥村、恩和村、河滩村农家书屋建设场地问题，协助做好土地整理、设备安装等工作；硬化华寺村、曹桥村1队道路3公里，协助做好道路清障、拆除残垣断壁、清理树木、调处化解矛盾纠纷等工作；实施徐桥塘堤水坝加高砌护改造工程，配合实施单位做好设计施工、渠道清障、砌护等工作，协调解决实施过程中出现的矛盾纠纷。

【计划生育】 落实“少生快富”项目8户，完成任务的100%，孕前优生检查160对，放环197例。全镇人口出生率、自然增长率分别为6.72‰和3.46‰，各项约束性指标均控制在区、市、县要求范围内。

【社会民生】 落实妇女创业贷款75人415万元，呈报低保户80人，实施临时生活救助325人，发放临时救助资金182030元。发放义务兵家属优待金42618元，慰问极度困难群众30人，发放救助资金35000元。做好低保、优抚、五保审核工作，做到100%入户。办理人大代表提案意见建议，联系交通局落实项目资金，硬化道路3条3.2公里。农村“三资”清理各项工作任务全面完成，全镇9个村全部实行村账镇管，村级财务管理规范、透明。

【综合治理】 贯彻落实中央综治方针，狠抓法制宣传教育，“六五”普法成效显著，“平安恩和”创建扎实推进。不断加强社会管理综合治理，接待群众来信来访150人次，排查矛盾纠纷123件，答复、调处120余件，制止群体性上访1起，实施民风建设五大工程，创新矛盾纠纷“大调解”机制，实行重大矛盾纠纷领导包案制度，实现矛盾“零激化”。

（石嘉鑫）

舟塔乡

【概况】 舟塔乡位于中宁县城西郊，东邻宁安镇，南接清水河，西靠泉眼山，北依黄河，总面积46.5平方公里，耕地面积3.2万亩。全乡辖10个行政村，100个村民小组，有农户6639户29428人，其中回民46户201人。以枸杞、红枣、畜牧为支柱产业，重点发展枸杞传统优势特色产业。2016年底，全乡社会总产值达8.38亿元，其中农业总产值4.8亿元，各类企业总产值3.58亿元；农民人均可支配性收入达11936元，其中枸杞种植收入占68%。

【枸杞产业】 采取土地流转、土地入股等方式，扶持鼓励村集体合作社、企业（大户）扩大枸杞种植面积，新植枸杞2600亩，标准化基地9700亩，全乡枸杞种植2.2万亩。加大新优特品质推广力度，宁杞5号、宁杞7号种植面积逐年加大。提高平田整地、中耕除草、施肥打药机械化程度，标准化生产基地枸杞病虫害实施统防统治。增施有机肥，实行测土配方施肥，增加枸杞品质和抗病能力。建立健全质量追溯、农残检测抽查、农药施药多方监督、农药残留倒查等机制。争取区、县项目资金，新建田滩、潘营2个大型烘干房和40余座小型烘干房，新上2条枸杞清洗、脱蜡、装盘生产设备，解决自然晾晒产生的“二次污染”。

【畜牧业发展】 实施泉眼山生态养殖园区改造，通过资金补助、完善用水用电等优惠鼓励政策，吸引本地和外来养殖大户进入养殖园区，逐步形成生态养殖发展格局。2016年，全乡生猪年存栏量3.2万头，肉牛存栏量0.3万头，羊存栏量2.8万只，家禽存栏量10.1万只，各类畜禽防疫密度达100%。

【林业发展】 新植苹果100亩、核桃200亩、生态防护林29亩。多方筹措资金，实施生态乡村建设绿化工程，全乡植树8925株。加强天景山高效节水滴灌项目1.94万亩枣树的管理，鼓励农户品种改良2600亩。维修抗旱机井4口，修复管网系统主管道4处，蓄水池21个，完成枣树冬灌2万亩。

【农田水利建设】 开展秋季农田水利建设，清淤干沟3条21公里；清淤支沟1条2.9公里；清淤斗沟20条1.4公里；清淤农渠325条97.5公里；整修机耕路、生产路458条142.2公里，机深翻3200亩、普翻6300亩、秋施肥3400亩、秸秆还田3400亩、机械深松1500亩。

【新农村建设】 加大基础设施投入。实施16.3公里乡村道路硬化工程。完成乡垃圾中转站迁移、征地、新建工作。完成中心村建设项目的总体规划、群众意愿征集、居住状况摸底等工作。砌护靳崖村3、4、6、10队斗农渠20条8.3公里，翻建维修下铁渠农渠口10座，加固维修上桥渡槽和生产桥各1座。推进环境综合整治，出工1200人次，大型机械45台次，发动群众2000人次，对辖区高速公路口两侧、109线舟塔段、宁舟路、西二环、富康路、宁卫路沿线进行集中清理整治。整治巷道22条2600多米，清理“三堆”2650方、拆除违章建筑物600多平方米。建立“村保洁+公司承包清运”的村庄环境卫生保洁机制及垃圾清运管理模式。落实惠民工程。全力推动靳崖村、舟塔村、田滩村老饭桌项目试点运营。铺设自来水管道3.5公里，解决肖池塘区域舟塔村33户和潘营村7户饮水问题。完成潘营村巷道生活污水排水管网铺设和农户卫生厕所抽粪车配备。协助完成北河子生态湿地治理、水湾北滩渠加高、轿子山渠道、孔滩村、李滩渠渠道砌护工程。办理人大关于中宁水源地保护的意见建议,完成对康滩村畜牧养殖户的摸排、督促和迁移工作。新建扩建5个枸杞采摘劳务人员集中安置点,引入外来劳动力1.5万人。

【计划生育】 坚持"面向基层,深入乡村,服务上门,方便群众"的方针,加强抓计划生育宣传服务工作。全乡总人口29428人,出生354人,人口出生率11.97‰,死亡105人,人口死亡率3.55‰,计划生育率100%,自然增长率3.45‰。落实"少生快富户"结扎3例;免费孕前检查130例,较好地完成目标任务。

【社会民生】 落实民生保障。申报五保户2人,高龄老人26人,新增低保户65户,其中农村低保62人、城镇低保3人。加强社会保险工作力度,养老保险参保率98%;社会保障卡发放率93%;医疗保险参保率97%。定期对矛盾纠纷进行排查,签订包保责任制综治目标责任书21份,化解信访疑难案件25件,其中市长信箱6件、县长信箱8件、中宁问政1件、县访10件。强化安全监管。开展安全生产百日专项整治、"安全生产月""安全生产万里行"等活动,强化各领域安全管理水平,加大对元旦、春节"两会"等重要节日的安全检查力度。

【换届选举】 完成党委换届工作。根据县委统一安排部署和乡镇党委换届相关文件会议精神,通过做好专题研究、成立工作机构、制订实施方案、召开动员大会、拟定代表名额、划分选举单位、召开村级党员大会等13个环节,选举出14位县党代表,101位乡党代表。召开中共舟塔乡第十二次党员代表大会,选举产生新一届党委委员11名,纪委委员5名。召开新一届党委全体第一次会议和纪委全体第一次会议,选举产生新一届党委书记1名,党委副书记2名,纪委书记1名。完成人大政府换届工作。选举产生14名县人大代表和60名乡人大代表。成功召开舟塔乡第十七届人民代表大会,直接选举产生新一届人大主席1名,政府乡长1名,政府副乡长3名。

（黑 鹏）

余丁乡

【概况】 余丁乡位于中宁县西北部,东邻石空镇,西接中卫市沙坡头区镇罗镇,南临黄河,北接山地,乡域面积306平方公里。余丁乡境内交通便捷,S201省道、滨河大道、太中银、包兰铁路贯穿全境,距京藏高速中宁出口22公里。全乡辖6个行政村、62个村民小组,农户5400户,常住人口16731人。2016年,全乡实施工农业总产值5.79亿元,增长8.2%;农民人均纯收入11718元,增长7.93%;村集体经济纯收入58.6万元。先后荣获全国创建无邪教示范乡镇、自治区级文明乡镇、自治区食品安全先进乡镇、自治区级食品药品示范乡镇、中卫市宣传文化工作先进集体、中卫市平安建设先进集体、中卫市食品安全先进乡镇、全县社会综合治理一等奖、中宁县安全生产先进集体等荣誉称号。

【特色农业】 完成粮食种植面积2.5万亩,其中种植小麦2280亩,水稻4980亩,玉米1.75万亩。完成测土配方施肥3万亩,完成水稻创高产示范方点0.3万亩,完成农业政策性保险投保面积2.3万亩。全乡土地流转面积突破1万亩,农民来自土地流转人均收入达750元。全乡建设200亩以上蔬菜基地8个,金沙、石空、时庄村蔬菜基地被中卫市命名为永久性蔬菜基地。全乡种植蔬菜3690亩,其中建设蔬菜拱棚340个,面积460亩,露天蔬菜种植面积3230亩,亩均蔬菜产量8000斤,年总产量1.6万吨左右,年产值3000万元。引进中宁县鸿瑞源果蔬专业合作社,在时庄村新流转土地1313亩,新建千亩蔬菜基地1个,种植夏季蔬菜680亩,秋季种植黄花菜500亩。金沙村建成大葱、胡萝卜500亩蔬菜基地1个,新建400亩苜蓿种植基地和360亩枸杞种植基地各1个。黄羊村新建标准化菌菇大棚10个。永兴村创新集体经济发展模式,种植胎菊100亩。举办各类技术培训班11期,培训人员5400人次。引导劳动力向园区企业、产业基地转移,全乡累积输出青壮年劳力1960人,其中在本乡辖区蔬菜基地、枸杞基地长期务工人员800多人。全乡务工人员年工资性收入9100万元,占农民人均纯收入的55.7%。

【畜牧产业】 2016年,全乡生猪养殖100头以上的养殖户28户,年生猪贩运16万头,年交易资金1.7亿元。培育山龙肉牛养殖等示范园3个。生猪饲养量达70013头、肉牛4010头、奶牛160头、羊50010只、肉驴600头,梅花鹿200只,家禽24.1万只,防疫密度100%。加大余丁北山生态保护建设力度,围栏管护北山38万亩草原,配合开展德援封育项目,出动车辆210多次,严厉打击偷牧现象。

【新农村建设】 研究出台《余丁乡农村环境卫生保洁及垃圾清运管理办法》和《余丁乡农村环境卫生管理考核办法》,以余丁集市、S201省道、滨河大道、佛光路及乡村主干道为重点地段,全面推进大环境整治。累计投入130万元,对境内30.7公里主干线道路可视范围内的环境进行全面整治,对全乡垃圾箱进行喷漆修复。累计出动劳动力近6000人次,动用铲车、农用四轮车、三轮车近200次,整理巷道62条,清理土堆、杂草、建筑垃圾近7万平方米,清运生活生产垃圾2万余平方米。配合实施永兴村、金沙村2.6万亩高标准农田建设项目,整治、清淤各级沟道219条192公里,清淤各级渠道443条278公里,整修机耕、生产路152条92公里,完成普翻1.2万亩、机深翻1.54万亩、秋施肥0.65万亩、秸秆还田0.55万亩、机深松0.35万亩。累计投工2.56万个,清理土方8.42万方,涂红刷白21万株。实施永兴村、黄羊村、时庄村7.2公里农村公路建设工程。争取98.3万元,完成黄羊村巷道硬化及排水配套工程。投资120余万元,新建余丁村村级阵地和文化广场。完成余丁村5—13队巷道硬化工程、石空村文化广场建设及巷道硬化工程、金沙村文化广场建设及巷道硬化工程、黄羊村新农村生产路及旧庄点巷道硬化工程4个"一事一议"项目申报,申请财政奖补资金373.322万元。改造危旧房12户,其中低保户2户。

【项目建设】 配合实施辖区10.5公里天然气管道铺设工程,做好中卫镇罗工业园区至中宁工业园区10公里道路建设征地及750超高压输电线路工程的协调服务工作。配合做好京能100兆瓦风力发电、兴尔泰化工集团120万吨/年硝基复合肥循环经济产业链、鑫田公司5万吨碳化硅切片等项目的征地、迁坟及通水、通电、通路等协调服务工作,迁坟800余座。深入矿山企业开展拉网式巡查,配合国土、安监等部门严厉打击北山乱挖乱采违法行为。

【文化旅游】 坚持"生态文化余丁·魅力旅游之乡"的发展定位,组织300余人的"黄羊钱鞭"表演队,参加全县正月十五社火展演和乡村社火巡游活动,获得全县春节社火展演特等奖。利用元旦、党员冬季轮训、三八等节日,开展"颂歌献给党、建设新余丁"等群众性文体活动12场次。做好全域旅游发展前期工作,举办文化旅游座谈会、评审会共4次。组织乡村干部参加全县各类比赛,荣获"全民健身日"广播体操比赛第二名、全县第二届全民健身运动会拔河比赛第一名、"庆三八"妇女才艺展演三等奖、全县残联系统法律知识竞赛三等奖。加快以双龙山石窟为核心的文化旅游资源的规划、开发、保护工作,建成大佛寺文物陈列室、旅游接待中心、素食斋房,组织全体乡村干部做好为期三天的大佛寺"四月八"庙会安保工作,接待游客3万多人,实现旅游收入150多万元。

【社会民生】 实施黄羊村新庄点污水处理工程,配合实施余丁村文化广场、余丁村五队人饮工程等6个惠民项目,涉及项目资金745万元。开展春节困难群众慰问和临时性社会救助,救助困难群众2238户，发放物品及现金141.9万元。建成6个村幸福院和金沙等3个老年饭桌，并全部投入使用。开展妇女创业贷款，成功贷款59户441万元。严格审批新增低保户27户，审核上报失地农民养老保险320户。倡议辖区企业老板等爱心人士捐资9.25万元，资助新考录大学生65名，荣获中宁县希望工程圆梦行动筹资先进集体。抽调48名乡村干部，开展农业普查工作。全面落实人口与计划生育工作责任制，完成孕前优生检测132例，通过中卫市计划生育四星级乡镇验收。强化社会管理综合治理工作，摸排各类矛盾纠纷181件，调节成功179件，成功率98%。

（龚俊刚）

白马乡

【概况】 白马乡位于中宁县东北部，牛首山下，东与青铜峡接壤，南与红寺堡毗邻，北靠黄河，西南与鸣沙镇为邻，距离县城32公里，全乡南北长约19公里，东西宽约6公里，行政区划面积191平方公里，耕地面积28347亩。境内交通便利，京藏高速公路、S101省道、滨河路三大路网贯穿全乡，东可通往吴忠、银川等地，西可直达县城。辖5个行政村41个村民小组，有农户2920户9760人。2016年，全乡农民人均可支配收入达11812元，同比增长8.5%。

【特色产业】 推广硒砂瓜条覆膜、增施有机肥、无害化统防技术种植硒砂瓜2万亩，建立硒砂瓜品质品牌保护核心示范区1.5万亩；筹资50万元在彰恩、三道湖、白马3个村建成苹果标准化示范点4个1020亩；在东山坡、滚滚子塘新植核桃1500亩，全乡累计达到6700亩。白马村通过“支部+合作社+农户”的模式连片种植枸杞470亩。建成宜旺园、文博等标准化规模养殖场6个，其中养驴场1个，母驴存栏1000头；养猪场3个，生猪年饲养量7000头；托管化奶牛场1个，奶牛存栏420头；养羊场1个，存栏1500只。

【新农村建设】 实施白路村、三道湖村“美丽村庄”建设工程。争取资金445万元建设白马、白路、三道湖村美丽村庄。三道湖村铺设下水管道2300米，铺设水泥管道200米，铺设面包砖7000平方米，制作散水2000平方米，硬化巷道0.8公里，安装路灯30盏，安装太阳能热水器90套，动用土方9000方。白路村美丽村庄建设完成道路硬化1.1公里，排水管网1.3公里，砌护墙体1350米，围墙涂料喷刷全部完成，制作散水5200平方米，砌护花池3000米，旱台硬化1200平方米，铺设面包砖2300平方米，垫土方8000方，安装路灯31盏，安装太阳能40套，安装卫生厕所124套，完成总量的95%。续建三道湖村危旧房连片改造工程。投资220万元，对三道湖村危旧房进行集中改造，项目涉及群众50户，建筑面积1620平方米。实施“阳光沐浴”工程。安装太阳能热水器1560台。实施朱路村、三道湖村“一事一议”巷道硬化项目。硬化朱路村四、五队巷道800米；硬化三道湖村五、六队巷道950米。

【基础设施建设】 实施千亿斤粮食增产项目基础设施建设。项目涉及彰恩、白马2个村，砌护渠道29公里，硬化巷道2公里。实施彰恩村“一事一议”渠道砌护项目，砌护渠道7公里。实施白路、三道湖村抗旱井维修工程，投资208万元，维修抗旱井16眼。实施高标准农田建设项目。完成渠道砌护31.2公里，开挖沟道35.6公里，新建配套建筑物142座，安装畦田口1580座，硬化混凝土道路2.26公里，铺设砂石道路3.2公里，平田整地720亩。

【农田水利建设】 围绕长鸣渠以南、七星渠以北范围内白马、朱路滨河路南侧、南河子北侧片、农发办1.03万亩项目片区、白路三道湖村片区、白路村长鸣渠北侧片四大主战场，辐射所有沟、渠、路、农田、林网、主干道路进行环境综合整治。清淤各级渠道143条47.8公里；清淤各级沟道117条44.2公里；修整道路183条64公里；维修建筑物

33座；完成普翻1.1万亩，机深翻9000亩，其中机深松7000亩。

【计划生育】 加大宣传力度，制作宣传牌、宣传展板、宣传画等进行宣传，印发宣传手册5000余份，扇子2000余份；举办卫生计生知识培训讲座3次，培训群众700人次；全乡出生93人，其中男孩50人，女孩43人，人口出生率9.29‰，死亡人口37人，死亡率3.69‰，自然增长率5.6‰；结扎任务1例，完成2例；落实"少生快富"项目户任务1例，完成2例；免费孕前优生健康检查任务70例，完成68例，占全年任务97%，通过自治区"五星级乡镇"验收。

【换届工作】 完成党委、人大换届工作。成立党委、人大换届工作领导小组、换届指导组，组织党员干部认真学习《党章》《中国共产党基层组织选举工作条例》等条例和换届有关文件，依法依规选举产生新一届领导班子。

（赵　敏）

大战场镇

【概况】 大战场镇地处中宁县城西南，东经105° 40′，北纬37° 29′；东临石炭沟，西望米钵山，南接天湖，北至清水河。南北长41.7公里，东西宽17.4公里，总面积约220.8平方公里，有耕地面积15.6万亩，灌溉面积22万亩，下辖13个行政村、2个管委会，新接收长山头农场移民6个自然村队(暂未设立行政村)。2016年，全镇有16910户89147人，其中回族人口54497人，占人口总数的62.5%，城镇人口15140人，占人口总数的17.3%。全镇实现地区生产总值14.3亿元，同比增长10%，农民人均可支配收入9278元，同比增长7.78%。实现农业创收1.65亿元，畜牧业创收5.3亿元，林果业创收1.35亿元，劳务创收3亿元，商贸流通创收3亿元。争取国家专项建设基金3300万元，用于大战场镇基础设施建设。

【特色产业】 新植枸杞3713.5亩，累计3.5万亩；新植苹果315亩，累计1.7万亩；新植红枣50亩，累计2.7万亩；元丰村膜下滴灌玉米种植500亩，每亩节水约300方，每亩增收约220元；新建改建养殖小区2个，培植规模养殖户76户，完成人工种草1.9万亩；生猪、肉牛、肉羊饲养量分别达14.2万头、4.3万头、8.6万只，来自畜牧业收入预计占农民人均可支配收入的37%。种植小麦12130亩、玉米99230亩、经济作物10131亩，创收1.65亿元，占地区社会生产总值的11%。

【城镇建设】 建成商贸中心及建材市场；宽口井农贸市场建设完成项目一期工程（包括2座彩钢棚和场地平整）。完成投资约2000万元的美丽小城镇建设工程，改造集镇巷道7条约8公里，铺设给排水管道14公里及绿化、亮化等附属设施；北环路、中心路、兴盛路建设工程完成招投标工作；南环路建设工程完成规划设计。完成东盛村美丽村庄建设项目，完成投资约510万元，硬化道路8000平方米，铺垫沙砾路面590米，砌护渠道650米，粉刷墙面2350平方米，安装路灯72盏；宽口井移民新村建设项目完成场地平整工程。

【环境整治】 累计投入资金200万元，重点整治集镇及109国道、迎大线、长大路、定武高速沿线两侧和宽口井移民区等区域环境卫生，荣获中卫市农村环境综合整治工作二等奖。

【精准扶贫】 组织建档立卡贫困户进行电工、瓦工培训90人，机动车驾驶员培训270人，刺绣、剪纸培训50人，厨师烹饪培训280人，手工编织培训200人，培训致富带头人40人，电焊工培训55人，月嫂培训100人。举办刺绣义卖活动2次，销售刺绣30幅，创收11.9万元；开展公益活动1次，为300户贫困户捐赠米、面、油、医药品等物品，为60名贫困大学生捐资3万元。宽口井移民911户建档立卡户年收入合计2340.3万元（人均年收入5157元），其中470户脱贫户年收入合计1695.6万元，人均年收入7097元。完成470户2008人的脱贫任务，完成脱贫任务的147%。

【文教卫计】 大战场镇中心幼儿园和大战场镇文化广场建成并投入使用；建设高标准农家书屋11个，配备书柜50余架，新进图书1500余册。完成“少生快富”9例，占全年任务的113%，完成孕检640对，占全年任务的102%；完成穆斯林生殖健康教育项目点2个；全年出生1320人，死亡64人，人口出生率16.82‰，死亡率0.82‰，人口自然增长率13.54‰，统计准确率99%。

【农田水利基本建设】 投入人力4.8万人次，使用机械1100多台（次），清淤各级渠道156条342公里，加固培厚砌护渠道263条170.5公里，整修农田道路18条50公里，维修水利建筑物17座。

【社会民生】 发放社会救助48.97万元，受益农户1635户8170人；新增低保158户159人、五保2人、孤儿7人，累计分别为1777户2004人、31人、47人。开展农村低保专项整治活动，核查取消不符合条件的农村低保27户28人；审核上报享受残疾人生活补贴425人、享受护理补贴257人，为13名精神病患者免费发放价值8580元的药品，为29名残疾人免费发放辅助器具。

（范小宁）

喊叫水乡

【概况】 喊叫水乡位于中宁县西南部，东与同心县河西镇、丁塘镇相连，南与海原县兴隆乡、西与徐套乡相邻，北与中卫市城区洪泉乡接壤，距中宁县城70公里。行政区域面积549.5平方公里，管辖19个行政村，61个自然村庄，其中4个移民新村（易地搬迁同心县窑山管委会移民1621户8000人，建移民房1621套）。全乡总人口6873户23860人，其中回族人口占总人口的95%。2016年，实现地区生产总值1.98亿元，同比增长10.6%；农民人均可支配收入7138元，同比增长10%。其中家庭经营性收入1.33亿元，占67.2%；转移性收入1240万元，占6.2%；工资性收入5340万元，占26.8%。

【农业发展】 按照“一乡一业、一村一品”产业发展思路，重点打造硒砂瓜品牌专业乡。落实硒甜瓜种植面积5.6万亩，其中西瓜40775亩，甜瓜15186亩，实现产值4500万元，人均收入1875元；完成以喊叫水村为中心辐射周边老砂地地力提升示范区2万亩。动员种植农户购买硒砂瓜保险14789亩、缴费金额53240.4元。全乡落实杂粮播种面积3.5万亩，完成任务的50%。以移民村贫困户为重点，种植红葱667亩，每亩补助200元；种植马铃薯1350亩，每亩补助100元；实现产值1700万元；组织观摩学习黄花种植技术，在上庄子村示范种植黄花228亩，惠及农户34户，每亩补助300元，每户可增收9700余元。落实上庄子村黄花种植面积500亩。在11个村规划落实枸杞种植面积6000亩，其中节水灌溉4000亩、井灌2000亩。种植膜下玉米6058亩，争取农牧局农膜补助3.02万元。鼓励农户集资78.3万元，购置大型拖拉机及滴灌铺管气吸精量铺膜点播机27台套，落实国家农机补贴34.02万元，争取县政府购机补贴79.52万元。全乡农业总产值6500万元，人均收入2700元。

【畜牧养殖】 加大牛羊标准化规模养殖建设力度，推进规模化、标准化牛羊养殖。扩大标准化圈棚建设补助范围和建设规模，扶持发展标准化养殖圈棚1365座，其中建档立卡贫困户520座，非建档立卡户845座，牛存栏量10500头，新增基础母牛4000头、肉牛2000头；羊存栏量9万只，新增基础母羊1.2万只、肉羊2.1万只。建成马塘、贺口子、高岭、周马庄子、石泉5个肉牛、肉羊繁育示范村。人工种草7600亩（高岭村6500亩、周马庄子村1100亩）。全乡畜牧业实现产值2640万元，人均来自畜牧业纯收入2100元。

【劳务输出】 在县内枸杞种植基地建设枸杞采摘

集中点6个，组织采摘枸杞人员1124人次，其中贫困户319人，采摘枸杞47.5万公斤，实现创收149.18万元，仅建档立卡贫困户劳务收入89.98万元，人均收入1776.32元。以职业技能、农牧技术培训为主导，重点对移民村建档立卡贫困户青壮劳力进行全覆盖培训。开展职业技能培训班5期，培训月嫂400人，培训装机、挖机驾驶员192人；汽车驾驶员B2驾照报名50人，其中领证32人；举办种养殖业技术培训班15批次760人次。对返乡创业人员和农村青年，重点开展“创办你的企业(SYB)”培训，培训22场次1098人，合格831人。召开人才招聘交流会，组织全乡农户尤其是精准扶贫户青壮劳力与用工企业面对面洽谈用工意向34人。组织短期或季节性劳务输出5000人次，实现劳务收入2650万元，全乡人均收入1100元，形成以特色种植、牛羊养殖收入为基础、劳务收入为主的增收格局。

【计划生育】 依法开展计划生育工作，完成结扎任务48例；放环248例；完成孕前优生健康检查对象145对，占任务的103.6%；落实补救措施6例，其中人流4例，引产2例，完成少生快富项目户1户。计划生育率91.6%，人口自增率12.78‰，死亡率2.61‰。

【设施建设】 完成喊叫水乡综合农贸市场规划设计工作，市场占地面积100亩，总建筑面积2.93万平方米，设硒砂瓜交易区、家禽交易区、粮油蔬菜交易区、服装及文化用品交易区。争取资金1376万元建设喊叫水、周马庄子、贺口子“美丽乡村”3个，平整场地1万平方米，挖土9860方；完成残垣断壁整治、墙体粉刷、林带绿化等90%工程量，建成1600平米文化广场1座，安装路灯85盏，主道绿化14公里，种国槐4700株；对下庄子村等4个移民村和2017年7个脱贫销号村进行“美丽乡村”设计规划。争取资金220万元，在喊叫水村建设蓄水池2座；申请“一事一议”财政奖补资金142万元，砌护渠道3处1公里；申请“一事一议”财政奖补资金49万元，完成维修长沙河流域大口井5眼。申请项目资金630万元，完成洪岗子拱北柏油路9.5公里。申请“一事一议”财政奖补资金90万元，完成高岭村3公里村路硬化、喊叫水村3公里生产路硬化，铺设砂石生产路2公里。争取资金15.5万元，建设北沿口村文化广场2000平方米，护栏157米。康湾新村文化广场计划投资14万元，新建硬化场地2000平方米，建设篮球场、健身器材等。

【社会民生】 加大扶贫救灾力度。发放民政临时性救助资金112万元，解决3230余户困难群众生活及疾病救助。完成低保信息录入2878户3156人。完成危房改造208户，验收合格172户。完成退耕还林柠条补种3000亩。兑现惠农补助补贴资金941万元，其中退耕还林补助资金431.1万元，兑付周马庄子村退牧还草补贴资金29.33万元，兑付粮食直补、综合补贴资金480.4万元。发展教育事业，落实“两免一补”政策和中小学营养早、午餐计划，全乡适龄儿童入学率稳定在100%。完成城乡居民医疗保险筹资1257人12万元，养老保险筹资1123人23.74万元。完成民兵整组工作，完成兵役登记235人，其中应征民兵入伍8名。

（马清俊）

徐套乡

【概况】 徐套乡位于中宁县西南部百公里处，辖区面积682.5平方公里，辖13个行政村50个自然村(社)，109国道和青藏高速公路穿境而过。全乡总人口7069户2.54万人，辖两个移民点，有劳力9580人。硒砂瓜、马铃薯、劳动力输出为本乡三大支柱产业。有耕地面积42万亩，种植硒砂瓜13.5万亩，实现年均产值1.53亿元，组织输出劳力4059人次。

【产业调整】 调整产业结构，打造硒砂瓜特色品牌乡，发展品质品牌硒砂瓜示范区6个1.5万亩，辐射带动发展12.5万亩；建设以白圈子、大台子等11个村为主的硒砂瓜基地，组建硒砂瓜销售专业合作社25家；鼓励引导和政策扶持发展新压砂地1.8万亩，全乡压砂面积累计达15.8万亩，配合县农牧局在撒不拉滩主干道两侧新建食用菌大棚50座。采取争取项目投一点、政府帮一点、银行贷一点、群众筹一点等方式扶持移民引进品种羊、肉牛，逐渐淘汰一家一户散养模式，实现由牛羊合作社为主体的舍饲圈养、规模化养殖，源海生态有限开发公司投资千万元在新庄子村新建标准化圈舍5000平米，计划养殖肉牛2000头；完成新建150平方米标准化棚圈580座，发放政策性补贴400万元。

【劳务输出】 协调社保局，将生态移民和全乡建档立卡贫困户中有劳动能力且有转移就业意愿的人员，全部纳入职业技能培训和实用技术培训，加大对企业用工、运输、建筑、餐饮、家庭服务等行业员工培训。配合农牧局完成硒砂瓜种植季节集中培训硒砂瓜科学种植技术2期354人次；在各村培训挖掘机、装载机、驾驶员、电工、焊工、瓦工、砖工等工种13场次769人次；月嫂培训3期156人次；在硒砂瓜种植季节，就地转移劳动力2300人次，区内外输出劳动力2100人次，实现劳务收入1900万元。枸杞采摘高峰期组织打麦水生态移民区移民外出采摘枸杞，累计1683人次，实现劳务收入60.4万元；配合协调县劳动就业局组织各企业现场招聘富余劳力76人。

【精准扶贫】 确定贫困对象1486户4631人，结合贫困户自身发展实际条件，采取贫困户自愿申请的方式，确定发展特色产业脱贫1598人，技能劳务培训脱贫500人，易地搬迁脱贫230人，发展教育脱贫1306人，社会兜底脱贫997人。落实县委精准扶贫贷款政策，与青银村镇银行协调对接，以下流水、白圈子村为试点村，辐射带动全乡13个行政村开展扶贫贷工作。为下流水、白圈子、田家滩等6个行政村发放信用贷款1131余万元，其中下流水村申请扶贫贷款365万元。分批从甘肃武威、中宁县大战场镇购回基础母牛268头，建设标准化圈棚200座，成为本乡基础母牛繁殖示范村。

【惠民工程】 加快改善农业生产条件，争取项目资金，实施以村村通公路为主的交通设施建设，鼓励通过“一事一议”筹资硬化村级公路，推进乡村道路工程向村民小组和居民点集中延伸。白套村硬化16.6公里，田家滩村至张套社硬化8公里，原徐套乡至原套村村级硬化15公里，硬化下徐公路至井儿沟道路。争取项目资金，对打麦水和撒不拉滩移民区人饮管道进行维修，解决1806人的吃水问题。争取项目资金在白套村新建抗旱水池2座。申请项目资金，对白圈子村、小湾村、新庄子村5眼机井进行维修。与兴仁水管所和兴电工程靖安水泵站对接协调，争取储水量20万方。争取项目资金，对田家滩村村庄、下流水村进行村庄改造，完善基础设施建设，实施环境治理。对村级上报的危旧房进行摸底调查，登记造册。调查摸底2015年至2016年危旧房110户，配合县住建局对2014年177户危房改造户进行验收，通过“一卡通”形式将补贴资金发放到农户手中。

【人口与计划生育】 2016年，全乡出生人口348人，其中符合生育政策313人，计生率90%;落实计生奖励扶助对象38人，特别扶助对象4人，落实计生宣传资料3500余份，发放避孕药具6000余份。

【社会民生】 优先发展教育事业，及时督促适龄、辍学儿童入学，全乡有幼儿园1所，小学8所，适龄儿童入学率100%；有初中1所，适龄人口入学率98%，九年义务教育覆盖率100%。开展科技、文化、卫生“三下乡”活动，筹办农家书屋7个，配发图书7000余册。按照“党管武装”的原则，开展国防教育和预备役管理工作，开展应急训练、国防动员、民兵点验、集训和征兵工作，累计征兵报名61人，体检合格9人。抓好退役军人安抚、军属优抚和军民共建活动。及时兑现退耕还林、退牧还草、农资直补惠民补贴；按季度兑现低保户、五保户、80岁高龄津贴、一二级残疾、优抚对象、少生快富等惠民补贴；开展春节慰问316户，发放慰问金15.8万元，为155户困难户发放救灾救助资金18.1万元。

【综治维稳】 总结历年维稳工作经验，创新思路，认真分析，梳理归类，实行包人、包案的化解办法。先后调处土地纠纷、移民土地分配、退耕还林、退牧还草、危房改造、乡村财务等群众反映的热点问题。落实上级转办群众来信来访，全力做好维护社会稳定，完善乡人民调解网络，建立第三方参与等多元化的纠纷解决机制。2016年，排查疑难矛盾纠纷27起，有效调处化解25起，办理信访件34件，县信访局转办15件。全乡年内未发生安全责任事故，治安环境良好。

（杨小花）

宁安镇朱营社区

【概况】 朱营社区成立于2010年8月，辖新南街以西、西环路以东、平安西街以北、西环路以南区域，常住人口3370户10532人，工作人员6人。辖住宅小区21个，居民楼81栋，小康楼56排，辖区内有民营和企事业单位105个，商业网点351家，有志愿者队伍5支41人，低保对象60户110人，社区直管党员75人。社区办公用房600平方米，设便民服务站、电子阅览室、老年人日间照料服务中心、残疾人康复室站等。社区先后被自治区命名为“先进基层党组织”“五好党支部”“环境友好示范社区”“自治区充分就业社区”，中卫市“廉政文化进社区”示范点等荣誉称号。

【重点工作】 开展“问需于民大调研”活动。通过短信、微信、悬挂横幅等方式进行宣传，发放调查问卷50余份。依托“四化一满意”开展“进小区，访万户”活动。探索社区、社会组织、社会工作者“三社联动”工作。完善各项制度设置，建立居民小组长、社区党员、楼院长队伍，对有规范化物业管理的丽景豪城、红宝西花园，协助成立业主委员会，加强对业主委员会的指导，督促其认真履行职责。对没有物业管理的公路小区、县医院小区，在小区内部选举威望高、为人热心的业主负责，引导业主通过居民自治和民主协商的方式，实行自我管理和自我服务。先后为公路小区、南街新村、县医院小区解决下水堵塞、物业无人管理等问题。制定《社区服务管理职责事项清单》等，明确社区工作内容。开展《居民公约》《社区自治章程》修订完善工作。

【综治维稳】 督促物业公司建立小区档案制度，完善监控设施。对物业管理差的开元新居、公路小区、县医院小区，召开业主大会，成立各小区业主委员会。加强矛盾纠纷排查力度，做到早发现、早解决，将不稳定因素化解在萌芽状态。对出租房屋、流动人口、商业网点新增户摸底排查登记造册。对各小区空闲住房和公共场所进行排查登记，做好无传销社区创建工作。开展消防安全工作，组织居民参加消防安全知识培训演练。做好重大节日综治维稳工作。配合社区警务室治安排查可疑人员、吸毒人员，维护社区治安。

【计划生育】 开展计划生育和婚育新风宣传，落实计划生育政策和法规。2016年，出生31人，其中一孩19人，二孩13人，完成放环30例，免费孕前优生健康检查25例。办理生育服务证43个，办理独生子女证61个。对社区所有人口信息进行全面调查登记，信息准确率98%。对辖区流动人口进行普查，登记流动人口114人。完成宁夏籍自发移民人口情况调查25户。结合中医院在职党员到社区报到工作，组织居民40多人为辖区内居民开展医疗保健、健康教育及常见病预防知识培训，开展送医送药服务活动。

【环境整治】 对辖区各小区卫生死角及重点地段进行全面清理整治。对宁舟路、南街新村、南河子等安排专人负责垃圾清扫清运及巡查维护。利用悬挂横幅、张贴通知、微信群等多种形式大力开展环境保护宣传。

【社会民生】 对辖区内申请低保的22户困难家庭经过入户走访审核，将符合条件的5户7人纳入城市低保。取消核减不符合条件低保人员62户。为辖区内52名因大病、特殊原因造成生活贫困的居民申请临时救助。对78名残疾人开展全国残疾人基本服务状况和需求专项调查，并录入基础信息核查管理系统，申报重度残疾人困难补贴22名，申请重度残疾人护理补贴13名。申请领取残疾人康复器具轮椅、坐便椅4名。完成56名16—59岁残疾人就业和职业培训信息管理系统的录入。对8名60岁以上老人进行统筹城乡居民养老保险资格认证。完成被征地农民养老保险缴费245户410人。为4名下岗失业人员安排公益性岗位。登记申请“4050”灵活就业人员养老保险补贴128人；审核下岗失业人员小额贷款申请10户。发放妇女创业贷款13户89万元。登记上报社区内下岗失业人员136人，组织50名社区下岗失业人员参加2016年全县春、秋季人才招聘会，失业人员就业385人。

【社区服务】 为辖区居民出具各类证明300余份，接待来访居民2000余人。继续完善网格内人员基本信息。通过社区公示栏、各小区以及微信群等向社区居民公示工作人员信息，为居民提供全天候、无假日服务。春节慰问贫困家庭、下岗职工85户，每户送去价值500元的慰问品。联合党委与成员单位慰问困难党员5户，庆祝建党95周年慰问困难群众10名，每户发放500元慰问品。做好“四化一满意”信息采集工作。入户采集居民房屋信息、户主信息、人口信息等2000多户8000多人，完成电子版录入。推进社区网格化服务，规范网格员培训管理。利用“社区工作群”微信平台，将微信工作群号码及二维码在社区、网格醒目位置公布。

【工会工作】 与辖区企业工会签订工会三项合同①13家。新增企业工会1家，签订工资集体合同13份。统计农民工基本情况，组织2名职工参加工会两癌筛查。

【统计工作】 对辖区内60个私营企业中的117人进行摸底调查，填写《企业人才资源状况调查表》，完成汇总登记。配合统计部门，完成单位核查摸底30户，完成抽查辖区内居民劳动力调查60户。完成第三次农业普查工作。

【选举工作】 按照选举工作程序步骤，召开朱营社区选区选举中共宁安镇第三次党员代表大会会议，成功选举党代表8名，县人大代表2名，镇人大代表3名。完成村两委换届选举工作。

【农村工作】 完成农村土地承包经营权确权登记577.88亩183户（朱滩353.91亩，宁舟路223.97亩），宅基地确权250户。核实纠正农村粮食直补一卡通信息19户。完成秋冬季农田水利建设工作。完成朱滩353.91亩耕地流转。秋季完成机深翻245亩，整治主干沟2条，支毛渠道4条2600米。投工投劳126人次。收缴水费2905元。配合上级部门做好旧城改造拆迁工作。朱营村拆迁户72户，未评估11户，签订拆迁协议34户，拆除32户。

（王淑花）

小资料

①三项合同：指《集体合同》《工资集体协商专项合同》《女职工权益保护专项集体合同》。

宁安镇振兴社区

【概况】 振兴社区地处县城东街，辖区范围为正大路以西、北大街以东、东大街以北、裕民路以南区域，面积800平方米，有居民住宅楼118栋，辖企事业单位6个，常住户3653户，总人口9837人，在册老年人1185人，80岁以上120人，空巢老人432人。各类残疾人165人,在册党员85人,其中流动党员3人,离退休党员28名,在职报到党员243人。有工作人员7人,志愿者180人,企事业单位6个,学校1个,幼儿园2所,各类商业网点170家。

【综治维稳】 以创建"清廉社区"为契机,开展"廉政文化"进社区活动,利用社区居民学校、宣传橱窗等开展廉政文化宣传教育。做好安全和防范"法轮功"宣传工作。对小区内的出租房屋、流动人员进行清查,对"三证"(暂住证、就业证、流动人口婚育证明)不全者督促尽快办理。调解纠纷20余起。配合安监局开展平安社区创建;加强特殊时期、重要时段的维稳工作,确保重大节庆日、重大活动期间社会政治稳定。

【计划生育】 2016年,社区有已婚育龄妇女1365人,流动人口育龄妇女7人,出生新生儿39人,办理独生子女父母光荣证117例,处理辖区居民身份信息等待办事宜1452条,落实孕前优生健康检查38例。做好计生政策和生殖健康知识宣传,开展生殖保健优质服务工作。

【社会民生】 2016年,为下岗失业人员提供小额担保贷款17人,下岗职工申报公益岗6人。提供用工信息3期,组织下岗失业人员参加招聘会2次。为符合政策的"4050"灵活就业人员申报社会保险惠民补贴153人,为离退休人员进行养老保险资格认证工作2011人。有低保户307户,做到应保尽保。办理大病救助12人,配置肢体残疾人辅助器具9人。申报下岗失业残疾人护理补贴、生活补贴3人。春节慰问贫困户36户、下岗失业人员100名。申请住房困难救助14名。协同社区卫生服务站医务人员为下岗失业人员进行免费健康体检,开展健康教育知识讲座4次,发放宣传资料3000余份。1000多名志愿者提供服务450人次、代办事宜640余件。建立开通"振兴社区工作群"微信群,发放"便民联系卡"1000余张。3名工作人员经考试取得社会工作者资格证。

【环境整治】 以创建文明和谐社区为目标,抓好各楼院卫生清理整治工作,制定每周五下午定期卫生大扫除、大检查。发动网格管理员、网格协管员、党员及部分低保户组成卫生志愿者服务队,清除小区楼院垃圾和卫生死角,全年清运垃圾20多吨,在春秋两季投放鼠药,杜绝鼠害。

【工会工作】 建立健全各类档案,宣传《劳动合同法》《劳动法》《工会法》等政策法规,规范合同。"两节"期间慰问困难职工2名,发放慰问金1000元。实施女职工"建功立业,爱心帮扶,素质提升"工程,加强基层工会组织建设,发展会员11人。

(白永熙)

宁安镇杞苑社区

【概况】 杞苑社区成立于2010年8月,管辖范围为中宁县城正大路以东,宁安东街以北,辖杞乡经典A区、B区、C区、宁华小区、宁华家园、殷庄小康村、石桥小康村、美德花园等8个居民小区,面积1.5平方公里,住宅楼110栋,有居民2244户7047人,机关2个、学校1个、工作人员5人,是集医院、商铺为一体的综合性社区。

【社会民生】 宣传和落实各项惠民政策,做好低保、残疾、双拥等工作,建立社区网格化管理。2016年,新增低保户5户6人,对已领取养老保险的87户103人低保进行调查审核后予以取保。春节期间慰问救助困难户93户,发放慰问金3万多元。对105户困难户进行冬春季临时救助。对领取廉租房补贴的24户分配廉租房,接收公租房申请38户。申请办理残疾人生活津贴27人,申请办理残疾人护理津贴33人,办理燃油补贴4人,发放残疾人辅助器具7人,调查残疾人状况需求43人,与特殊教育学校协调为2名残疾儿童进行送教上门服务。拓展就业渠道,就业率达96%以上,通过区级“充分就业社区”验收。为洼路、东华、南桥、莫咀、营盘滩等5个行政村的2680户非农业户居民提供就业、社保、医保、廉租住房等方面的服务。支持小额担保贷款12人，累计金额120万元。办理“4050”灵活就业人员社保补贴239人，发放补贴60多万元。组织参加电子商务、劳动就业、社区管理等多种职业技能培训。成立工会组织17个，发展会员173人，涵盖28家企业，与各单位签订工资及女职工权益保护专项集体合同。引导失地农民参保，采取多种形式宣传国寿城乡小额意外保险、老年人意外综合保险等。

【卫生计生工作】 做好“爱国卫生日宣传”活动。配合县镇创卫办做好区级卫生县城复验工作，动员居民清洁室内外环境卫生，清除卫生死角科学“灭四害”。配合县镇计生办，做好辖区人口和计划生育服务工作，完成计生全员人口信息、已婚育龄妇女信息采集工作，并登记造册。宣传计生政策法规和生殖健康知识，弘扬晚婚新风尚。

【综治维稳】 建立社区治安群防群治网络，成立由志愿者组成的治安防范服务队。做好信访维稳工作，加强社区人民调解委员会作用。对出租户及外来人员实行分类注册，动态管理。抓好重点人员教育转化工作。由社区戒毒专干对社区戒毒康复人员进行专项管理，加强刑释解教人员矫正工作，设置谈心室，组织志愿者和辖区内热心群众经常与重点人员谈心交流。打击传销，对小区出租房屋进行摸排走访，及时消除不稳定因素。在各小区成立业主委员会，调解业主与物业矛盾，协助监督物业公司做好服务。

【物业管理】 社区有居民小区7个，其中杞乡经典B区、C区由振兴物业公司管理，美德花园由天仁物业公司管理，宁华家园、宁华小区、石桥小康由居民自治自管。杞乡经典A区南片由久隆物业管理；2016年，对没有物业管理的北片安置区重点进行整治。组织人员对社区14号楼、15号楼、27号楼、幼儿园地下室等地进行下水疏通。筹资4万多元在2号楼左侧砌筑二级沉淀池，硬化清污通道。由社区和业委会共同出资，在小广场北侧搭建凉亭，摆设桌椅，提供扑克牌、象棋等供居民娱乐休息。对A区小广场四周长椅、地面进行维修，完善健身娱乐设施。与物业公司配合对南片绿化带进行种树补绿。

【社区建设】 推进社区网格化服务。成立网格化管理工作领导小组，制定《网格管理员工作职责》《社区网格化管理工作制度》等规章制度。根据社区人口数量、分布特点、居住集散程度等，将社区划分为6个网格，每个网格由1名社区干部担任网格管理员，聘请辖区警务室干警、镇司法所工作人员、公益性岗位人员、居民代表、低保户、业委会成员及热心社区活动的群众为网格协管员、公益员。新建办公场所200平方米，服务站场所400平方米，设立棋牌活动室、村警室、多功能厅、电子阅览室、职工书屋、“悄悄话”谈心室（心理健康辅导室）、书法绘画室、手工创作室、微型消防站、爱心超市、洗衣区等便民服务室。统一制作社区服务站标示牌3块、门头牌1块，档案资料整理实现电子化管理报送。

（乔秀红）

宁安镇宁新社区

【概况】 宁新社区成立于2010年8月，区域范围为正大路以东，109复线以西，宁安东街以南、滨河路以北地区。辖卓然怡居东区、供电局家属楼、广场花园、广场佳苑、红宝花园、南河子花园、华城首府、盛世花园、景苑、红宝家园、红宝平安家园、恒达平安家园、雅泰城市花园、石桥新村、石桥小康村等住宅小区15个，辖住户4910户13721人，民营和企事业单位180个，个体工商户226个，学校2所，幼儿园3所。2016年，社区通过中卫市五星级和谐社区验收。

【社会民生】 登记上报低保户60户125人,取消城市低保户18户24人;为肢体残疾人进行家庭无障碍设施改造4人,办理重度残疾人生活补贴17人,办理重度残疾人护理补贴24人,享受廉租住房26户49人,接收公租房申请27户。解决公益性岗位人员6人,办理下岗人员小额担保贷款20名,享受灵活就业补贴100人。督促居民及时缴纳医疗保险,做好城乡居民养老保险宣传动员、审核年检、档案资料收集整理等各项工作,城乡居民养老保险待遇年检11人。

【卫生和计划生育】 组织各住宅小区物业公司、保洁人员和志愿者开展环境卫生整治、除"四害"和保护环境活动,制作宣传展板6块,悬挂宣传横幅12条。通过多种形式宣传计生政策,协同社区卫生服务站为社区居民免费健康体检,开展各种健康教育知识讲座4次,发放宣传资料2000余份,健康教育专刊4期,开展大型宣传活动3场;在各住宅小区内设立健康教育宣传栏11块,在社区服务大厅设立便民医疗服务点、健康自测点和避孕药具免费发放点。社区全年计划内出生92人,其中一孩49人,二孩43人,完成孕前优生健康检查39例。

【综治维稳】 对辖区内常住人口、流动人口、出租房屋进行调查、登记,加强与物业公司和各住宅小区门卫联系。组织志愿者服务队定期到6个没有物业管理的小区进行法制宣传和安全隐患排查。重大节日期间,加强对驻区单位、沿街门店、住宅小区安全检查。建立矛盾纠纷排查机制和维稳信息员制度,全年调解各类矛盾纠纷64起,调解成功率100%。对5名刑释解教人员、7名戒毒人员进行建档登记,开展经常性的帮教工作。

【网格化管理】 将辖区整体划分为6个网格,每个网格配备1名网格管理员、2名协管员,每栋楼选配1名楼长,负责宣传、治安巡查、矛盾纠纷调解、卫生监督等,对所辖网格区域存在的安全隐患、百姓诉求、社情民意、社区建设等问题进行摸底并及时向网格管理员反映。制作发放便民服务联系卡3000余份,将社区服务电话、微信群、二维码、服务QQ号、办公地址、社区网格员的工作岗位、工作职责、走访片区和联系方式等全部公开,为居民提供方便、快捷服务。

(陈晓红)

宁安镇南苑社区

【概况】 南苑社区位于县城新南街与平安街交界向西附近,东西长约4.5里,南北长约6里。辖小区34个,楼宇149栋,常住户4607户,常住人口14010人,个体工商户602个,企事业单位127个,物业公司5家。社区在编干部6人,招聘5人。社区党支部下辖离退休党支部1个,有党员96名,退休党员41名。社区建有便民服务站、党员服务站、居民学校、远程教育站点、居家养老服务站和志愿服务站等。有办公面积90平方米,活动场所420平方米,配套设施基本完善。

【计划生育】 2016年,有已婚育龄妇女1384人,未婚育龄妇女585人。全年出生86人,其中一孩42人,(其中女孩24人,男孩18人)。二孩42人,其中女孩23人,男孩19人。多孩2人,男孩1人,女孩1人。免费孕前健康检查38人,办理一孩、二孩服务证81人,办理独生子女证207人。完成卫生和人口计划生育各项目标任务。

【社会民生】 核实廉租住户49户;为申请公租房的7户建立公租房档案。登记在册低保户225户455人,入户调查核实新申请低保17户;完善新增低保户档案8户;取消95户领取养老金和退休金的低保户;登记上报医疗救助3人,临时困难救助86人。享受孤儿津贴2户3人;上报高龄老人1人;筛查社区内享受低保残疾人32人;义务兵家属领取优待金3户;满16岁青少年兵役登记24名。社区有残疾人175人,办理困难残疾人生活补贴 39 人，办理重度残疾人护理补贴 53 人，办理残疾证 10 人，完成残疾人基本服务状况和需求专项调查并进行信息录入 159 名；完成残疾人证核查 175 名；统计上报重度精神病人救助帮扶 10 名；筛查上报 0—14 岁残疾儿童 3 人。协助社保局做好离退休人员养老金发放工作，办理新退休人员登记手册 105 人，离退休人员领取养老金资格认证 2323 名，办理过世人员丧葬补贴 34 人。重大节日配合有关部门慰问困难群众 120 户，送去米面油 100 份、慰问金 20 户 1 万元。办理临时救助 16 户。为 170 名“4050”灵活就业人员办理社保养老补贴审报，为 18 名自主创业个体工商户办理小额担保贷款审查；审核公示公益岗人员 7 个；配合人事局、人才服务中心举办两次人才就业招聘会，动员社区 66 名失业人员参加招聘会。成功调解民事纠纷 20 起，纠纷调处成功率 95%。

【和谐社区创建】 2016 年，社区通过区、市、县五星级和谐社区验收并受到奖励。继续深化创建三星级服务型党组织。开展节水示范社区创建活动，组织党员居民开展“节约用水，人人有责”活动，制作宣传漫画、橱窗 5 个、制作警示牌 105 个，向小区居民发放倡议书，为下岗失业人员提供就业信息 109 条，打造服务居民的阳光家园。

（张 玉）

宁安镇利民社区

【概况】 利民社区成立于 2003 年 4 月。辖区位于宁安西街以南，新南街以西，109 西环路以东，平安西街以北区域，面积 1.3 平方公里，社区总人口 3012 户 6580 人，下辖居民小区 24 个，住宅楼 30 栋，自然队 5 个。有在编干部 6 人，其中招聘 4 人；党员 171 人，其中直管党员 44 人，党小组 15 个；个体工商户 677 个，企事业单位 7 个。社区建有便民服务站、党员服务站、党代表工作室、远程教育站点、老年人日间照料服务中心、残疾人阳光家园托养服务中心和志愿服务站等组织，志愿者队伍 4 支，注册志愿者 300 人。有办公面积 80 平方米，活动场所 220 平方米，配套设施完善。社区先后荣获“五星级社区”“优秀妇女之家”“家庭教育示范社区”“五好党支部”“全区民族团结示范单位”“三八红旗集体”“五好关工委”等荣誉称号。

【社会维稳】 全年调处矛盾纠纷 27 起。解决旧工商小区、食品开发小区下水堵塞及剧团小区停水问题；解决农技推广小区供水问题。争取城建局老旧小区项目改造资金，对农信联小区的下水管道进行改造清理并对院落进行重新铺设。开展法律法规宣传进社区、进楼院活动。采取以会代培、发放张贴宣传资料等形式，广泛开展法律法规知识宣传，发放宣传资料 320 份，举办法律、消防等安全知识讲座 6 期。做好打击传销工作，与辖区内各宾馆签订目标责任书。加强安全生产责任制，做到人员责任到位，健全社区群防、群治联防网络；发放、张贴安全知识宣传单。全年无上访案件发生。

【阵地建设】 争取民政局、宁安镇资金 189 万元，对社区办公楼重新装修，改造建成社区老年人日间照料中心 800 平方米。配备电梯、走梯、消防水箱等配套设施，设立娱乐室、图书阅览室、电子阅览室、心理疏导室、老年人保健室、休息室、淋浴室、洗衣间、餐厅、厨房、多功能室等。

【计划生育】 2016 年，政策内出生 42 人，其中一孩 15 人、二孩 25 人，死亡 3 人。育龄妇女建档 647 人，其中少数民族 131 人。完成免费孕前优生健康检查 47 例。对产后育龄妇女及时随访。全年登记流动人口 86 人，查验流动人口婚育证明 31 人次，将流动人口与常住人口同管理同服务。计划生育宣传品入户率达 98%以上。对辖区范围内所有育龄妇女进行拉网式排查，确保育龄妇女在产后 42 天全部落实节育措施。做好全员人口信息、已婚育龄妇女信息补录、纠错和代办事宜；做好两孩生育证和独生子女证的发放工作。

【社会民生】 慰问困难居民86人，困难职工18人，特困居民15户。在册城市廉租住房家庭266户,全部享受实物配租;申批享受城市低保待遇13户。上报取消享受低保待遇领取养老金83户121人，享受城市居民最低生活保障212户442人;去保1户;降标18户。为符合条件的32名残疾人登记上报重度残疾人护理补贴;21名残疾人登记上报困难残疾人生活补贴；为2名视力残疾人申请配发盲杖,3名肢体残疾人申请配发手杖凳,1名肢体重度残疾申请配发框式助力器。组织人员参加全县残疾人法律知识竞赛,取得个人第三名。创建四星级和谐社区;为辖区居民出具各类证明286份;办理“就业失业登记证”22人;灵活就业人员申请补贴养老金210人;离退休人员养老保险资格认证2666人。完成企业人才资源状况调查60家;签订女职工合同8份,其中单签5份,区域性3份;签订集体合同6份、工资合同6份;涵盖法人单位25家,覆盖职工181人,其中女职工97人;新组建工会1家。完成60户劳动力和78户1%人口抽样调查的摸底、登记及信息录入工作;核实农业经济普查17家,入户登记11家。举办各类培训班实现再就业援助,帮助下岗失业人员联系就业。协调政府购买公益岗位5个。办理企业职工及失地农民养老金退休待遇320人。办理创业小额担保贷款续贷16家。

（马凤霞）

宁安镇红苑社区

【概况】 宁安镇红苑社区成立于2003年4月,社区管辖范围为县城北街以东,正大路以西,裕民街以北,北边拓展至新区规划中。办公地址位于鸣雁路金岸C区院内。有小区12个,居民住宅楼116栋3732户，居住人口13288人，低保户177户326人,有辖区单位5个,商业网点294个,有志愿者队伍6支280人。社区有直管党员79人，工作人员6名,公益性岗位7个。

【社会民生】 按照低保动态管理要求，成立民主评议工作领导小组,定期召开低保评议会议,及时公开新增低保户名单,设立举报监督电话。取消死亡低保户3户3人;对17户失地农民和30户退休居民及享受城市低保已毕业的19户20名大学生及家庭情况好转的12户20人予以出保。成立红苑社区残疾人协会、助残志愿者服务队、残疾人信访维权服务站等组织机构,建立残疾人信息档案,组织残疾人参加各项培训活动。为贫困残疾人申请医疗救助1600元，为3名贫困精神残疾病人申请免费领取精神药品;为32名残疾人申报办理困难残疾生活津贴,41名残疾人上报办理重度护理补贴。

【综治维稳】 在各网格片建立8人以上综治信息员队伍,坚持抓早、抓小、抓苗头,及时收集、了解各类矛盾纠纷信息,排查治安隐患和不稳定因素。强化社区网格调解工作,做到“小事不出网格片,大事不出社区,矛盾不上交”。全年调解矛盾纠纷25件,调解率98%。设置微型消防站,配置消防器材,成立消防安全隐患排查队,每月定期到各小区进行消防安全排查。与消防大队共同开展消防应急演练活动,发放宣传材料200张。

【物业管理】 加强小区物业管理。老旧小区由居民自治管理，业主出资聘请保洁人员和门房人员服务。加强社区与物业公司及业主委员会沟通。派专人跟踪解决百合家园物业遗留问题，多次与业委会成员座谈,梳理问题,先后3次与物业公司、业主委员、住建局及开发商沟通协调,由开发商拨款10万元,解决百合家园房屋质量问题。

【计划生育】 全年出生117人，其中一孩61人(男30人、女31人)、二孩54人(男31人、女23人)、三孩2人(男1人、女1人)。办理生育服务证45本，再生育服务证31本，办理独生子女证219本,落实孕前优生检查47例,超额完成任务。

【社区服务】 加大宣传力度，发放宣传单，张贴卫生宣传标语10条，每月组织社区工作人员、低保户对老旧小区卫生死角进行清扫，集中清扫死角垃圾6处，公共区域卫生10次。统一购买灭蟑灭蝇剂、鼠板甲、毒饵盒等物品，在重点小区进行喷洒、放置、消杀。对辖区入住率达20%的新建小区采集住户信息，实行网格化管理，发放民情日志25本。发挥微信平台作用，发动辖区党员、群众加入微信平台公众号，参与人数201人，及时在微信平台发布各项惠民政策、社会公德、文明新风等内容。

【婚介服务】 对社区358名离异、丧偶单身中青年，683名法定结婚年龄有征婚需求的大龄青年开展鹊桥婚介便民服务工作。设立会客室，聘用红娘4名，核实征婚者基本信息，建立信息登记台账，利用社区网格化管理平台及微信公众平台开展宣传婚介服务。

（蒋文娟）

宁安镇丰宁社区

【概况】 丰宁社区成立于2010年8月，办公面积980平方米，位于县城西北，东以北大街延伸至宁安苑以西为界，南以西大街以北为界，西以宁丰路以东为界，北以宁安苑安置小区以南为界。系原城关村地界。2016年，有常住人口11125人，其中户籍人口7032人，外来人口4093人，居民住户3867户。有居民楼135栋，居民小区48个，企事业单位98个，个体经营户1238家，学校1所，医院2家，银行及营业网店7个，市场2个，下岗失业人员280余人，低保户192户，残疾人149人。社区先后荣获全县“文明村”“清廉为民”五好村、党员干部远程教育工作先进集体、三星级和谐社区等荣誉，创建并通过四星级工会验收。

【综治维稳】 坚持“打防结合，预防为主”的方针，以“发案少，秩序好，群众满意为目标”，加强综治队伍管理，做好矛盾纠纷排查调处工作，抓好吸毒人员帮教工作，先后成立微型消防站、社区村警室，安排1名专职村警配合丰宁警务室开展工作。辖区登记涉毒人员38名，定期对4名康复涉毒人员进行检查，加强对涉毒人员的管理及康复治疗。全面落实社会治安综合治理各项工作，排查矛盾纠纷43起，调解43起。配合公安机关在中央两会期间，对社区重点上访人员进行定期走访。

【计划生育】 2016年，有已婚育龄妇女960人，其中少数民族148人，已婚少数民族妇女33人。出生36人，其中一孩14人，二孩22人，完成放环任务9例。全年死亡9人，完成免费孕前优生健康检查36例。办理生育服务证38例，其中一胎21例，二胎17例。为辖区独生子女家庭办理独生子女证96个。抓好流动人口的管理，完成11户流动人口调查问卷。

【文化活动】 建立4个晨练队，2个晚练队，抽调部分热爱文化事业的居民到县文化局进行培训。组织文艺爱好者参加县工会组织的健身操健身舞比赛，取得团体优秀奖。组织社区居民与文化大院内文艺爱好者开展联谊活动，编排的《国泰民安》节目参加元旦文艺汇演。组织文艺爱好者43人参加全县2016春节元宵节腰鼓表演。

【廉租房及低保户管理】 安置廉租房困难家庭102户入住，完善廉租住房档案资料。为14户困难家庭申请城市低保救助，对享受城市低保待遇领取养老金、退休金进行调查核实，对不符合条件的取消城市低保待遇。为生活贫困的58名居民申请临时救助。开展全国残疾人基本服务状况和需求专项调查，完成149名残疾人基础信息核查录入，为37名重度残疾人申报困难补贴，为46名常年需要护理的重度残疾人申请护理补贴。完成残疾人就业和职业培训信息录入，为残疾居民提供就业信息及培训平台。

【社区服务】 组织人员深入社区、广泛宣传，利用社区微信工作群，动员居民参加医保，做到应保尽保。办理被征地农民补差趸交职工养老保险73人,不到龄被征地农民养老保险登记390人。新增就业75人,下岗职工实现再就业45人,进行职业技能培训15人。对符合政策的196人申报"4050"社会养老保险补贴,发放补贴金17万余元。报批公益岗4人,为23名符合政策的无业人员办理就业失业登记证,帮助下岗创业人员争取小额贷款12人75万元。为困难家庭大学生申报"金秋助学"救助金。发放妇女创业贷款4户29万元。对辖区58家私营企业进行摸底调查,完成企业人才资源状况调查表。配合统计部门,抽查辖区内60户居民并填写劳动力调查表。配合农普办,顺利完成全国第三次农业普查工作。

【物业管理】 加强住宅小区规范化管理,安排工作人员下小区、进楼院掌握48个居民小区物业管理基本资料,了解居民居住分布情况,协助成立安民物业管理公司,成立业主委员会18个,为16个居民小区安装监控设备16套、监控摄像头65个,成立矛盾纠纷调解室15个,全年接待群众2631人次。将原城关五队11户居民列入棚户区改造项目进行拆迁安置。将原城关六队27户居民饮水问题纳入农村饮水工程进行改造安装。

【农业生产】 丰宁社区是一个村转居社区,有生产队2个,耕地290余亩。2016年,完成大滩项目区机挖沟1200余米,机深翻80亩,秸秆还田40亩,秋施肥40亩,整治历年铺设渠道7条2100米。投劳150人次,投入资金2.4万元,高标准、高质量完成秋季农田水利建设任务,通过县、市验收。至2016年末,土地确权工作全部结束,发放土地确权证132户。

【旧城改造】 配合完成宁安三小、宁丰路和宁安西街建丰苑拆迁改造工作,涉及居民106户,完成宁丰路和西街建丰源拆迁工作评估,签拆迁协议50户,拆迁41户。

【星级和谐社区创建】 实行社区网格化管理,完善社区志愿服务工作机制,逐步形成功能完善的"一社区一品牌"格局。建立丰宁社区微信工作群,把涉及居民服务的政策、法规、办事程序、各项活动通知、节日祝福等信息利用微信平台向居民群众传达,了解居民群众微心愿。建立民情日记本,民情服务热线,民情留言板等,创新服务方式,改进社区管理服务,提高工作效能。实行社区错时上下班和节假日值班制度,确保每天各个时段都有工作人员在岗,方便居民办事。

(邓慧芝)

石空镇丰安社区

【概况】 丰安社区成立于2003年10月,位于石空镇西街石空工业城,占地面积27平方公里。社区居委会下设6个居民小组,9个责任小区。有居民1430户4807人。其中流动人口2907人。有志愿者队伍3支67人。社区下辖企事业单位49个,非公有制经济组织和新型社会组织19个,个体商业网点480个。社区党支部有班子成员3名,离退休党员7名,党员中大专以上文化程度9名。有工作人员5名。2016年,被评为中卫市"六五"普法先进单位。

【联合党委建设】 整合驻社区各方资源,组织引导驻社区单位参与社区建设,健全完善思想工作联做、公益事业联办、生活环境联建、文化活动联谊的共建机制。定期召开驻社区单位座谈会,开展互补性服务活动。驻社区单位和社区居民平等参与社区活动,共议社区大事,共谋社区发展。明确职责分工和权利义务,及时沟通联系,切实解决问题。

【社区管理】 探索建立以信息化服务平台为基础,全域化服务体系为支撑,网格化服务管理为手段,常态化服务机制为保障,居民满意为目标的"四化一满意"工作新机制,不断完善服务体系,建立健全落实社区居民自治组织、工作职责、为民服务等制度,制定工作人员具体考核办法,创建"四点半课堂”“慈善爱心超市”等服务品牌；建立一次性告知、组织协调、分办落实和公开办事制度；完善和规范登记制度，将各项规章制度上墙公示；转变工作作风，提升服务水平。社区制定错时上下班工作制度，实行轮流坐班制；开展便民服务活动，创制便民服务卡，创建便民服务QQ群和微信群，设立公开栏、举报电话；推行居民办事预约制，形成“一条龙服务”机制。

【综治维稳】 坚持人防、物防、技防“三防”结合的工作方法，发挥社区群防群治队伍作用，组织各小区组长、楼栋长和低保人员对小区进行巡逻，对易于发生问题的场所路段加大巡逻力度。抓好消防安全工作。全年向居民、业主派发宣传单500余份，更新宣传栏，普及消防法规和消防知识。成立社区义务消防队，建立健全消防安全制度，定期召开消防安全工作会议。抓好疑难新问题线索摸排，提高信访控制能力，依法调解，化解邻里、家庭矛盾，消除社会隐患。全年接待信访20人次；调解各类矛盾纠纷20余起。开展反邪教警示教育、强化居民防范意识。与居民群众签订家庭拒绝邪教责任承诺卡，做到“发现一起，处理一起”，“发现一个，帮教一个”。

【民生保障】 开展用工推荐服务，组织下岗人员参加再就业培训，全年推荐就业20人次。办理“4050”人员养老保险和医疗保险补贴127人。社保年审2000人（其中上门服务50人）。办理城市居民最低生活保障2户；在春节、端午节等传统节日期间慰问特别困难户。会同社区残疾人康复站做好辖区内18周岁以上残疾人员的康复档案，定期上门服务，定期进行康复训练。做好城镇居民社保、医保缴费的宣传工作。张贴宣传单、派发宣传资料200余份。与社区卫生服务站签订帮扶协议，定期为辖区老人免费体检，上门为高龄和行动不便的老人开展志愿服务。

【人口与计划生育】 发挥计生网络和计生协管员作用，加大宣传力度，加大追踪调查力度，完善建档资料。发放生殖健康服务证80份，流动人口婚育证验证17个，流入已婚育龄妇女先孕和新生儿实名登记16例。

（马秀琴）

新堡镇安定社区

【概况】 新堡安定社区成立于2003年9月，位于新堡镇政府西侧。辖公路小区、中宁中学小区、固海、煜基等15个小区。社区内有单位16个，其中区属单位4个。有企业5家，商业网点374个，中学、小学、派出所、幼儿园、卫生院各1所，社区设物业管委会1个，物业公司2家，有居民楼院97栋、居民2917户8914人，流动人口95户251人，低保户116户196人，60岁以上老年人498人，孤寡老人118人。2016年新增英郡年华、观园壹号等4个小区，建成住宅楼116栋4094户，入住1168户，入住率28%。社区先后被自治区评为四星级和谐社区、全区扶残助残先进集体、自治区科普示范社区、普法依法治理示范社区、家庭教育工作示范社区，被中卫市总工会评为先进职工之家，市级卫生单位、民族团结进步创建活动模范集体、全民健身活动先进集体等荣誉称号。

【阵地建设】 申请自治区城乡社区服务站建设项目，投资70多万元建成420平方米的社区服务站，内设计生服务室、阅览室、棋牌室、多功能室等功能服务室，有500平方米以上的体育健身场地2处，配置健身器材8套30多种。组建秧歌队、健美操队和业余文艺宣传队。搭建社区微信公众平台，开设社区公告、党务宣传、志愿服务、便民服务、居民互动、惠民政策、民生信息、社区活动等栏目。社区微信平台安排专人负责管理，适时更新及时发布，在便民服务联系卡上分享微信平台二维码。

【民生保障】 与县直部门联合开展慰问活动，慰问困难党员5户、低保残疾8户、困难居民74户，累计发放慰问金4.3万元。为下岗失业人员、“4050”人员提供劳动就业及招聘咨询信息、办理社保补贴服务，其中安置就业18人次，办理再就业优惠证90个，办理2015年养老保险补贴137人。审核取消低保47人，申请公租房141户。办理困难残疾人生活补贴15人、重度残疾人护理补贴25人。完成1844人企业退休养老金资格认证，年检率100%。

【网格化管理】 实施管理区域网格化，把小区按300户至500户的规模划分为9个网格，每个网格配备1名网格管理员，2到3名协管员和部分公益员，网格管理员每天定时进行巡查，发现问题随时上报处理。落实矛盾纠纷调处机制。社区矛盾纠纷排查有专职网格管理员负责，实行每周1次例会制度，全年调委会受理民间纠纷9件，调解结案9件，结案率100%。严格落实人口管理机制，采取“摸、查、管”的措施，掌握流动人口底数和动向。登记房屋出租户126户，流动人口251人。

【人口与计划生育】 组织网格管理员入户开展居民住户信息采集登记工作，加强常住人口、流动人口计划生育管理。免费为育龄妇女体检，发放避孕药具，完成孕前优生健康检查14例，出生21人，死亡36人。开展爱国卫生大检查，完成卫生县城复验任务，举办消防食品安全培训讲座、“七五”普法动员会及冬季安全生产培训等。

（王　东）

鸣沙镇鸣雁社区

【概况】 鸣雁社区成立于2002年9月，设党支部、居委会、工会、共青团，妇联和计生协会等组织。2016年新社区建成并投入使用，有办公用房450平方米，工作人员5人，直管党员17人，(其中，在职党员3人，离退休党员8人，其他党员6人)。设置党员服务站、便民服务站、工会维权服务工作站、12315消费维权工作站、社区警务室、居家养老服务站、综治办公室、企业离退休人员社会化管理服务站、图书阅览室和娱乐室等。2016年，辖区内有城镇居民904户1370人，单位21个，各类商业服务网点143个，城市低保户35户65人，企业离退休人员282人。

【社会民生】 做好失业就业人员登记、管理服务工作。及时按月按季度上报失业就业报表。整理完善就业档案资料，建立电子信息档案。登记失业就业人员250人，统计就业率98.4%。对灵活就业申请人相关资料进行初审、登记、上报。失业就业登记证申报办理60人。开展灵活就业和零就业家庭援助工程，组织下岗失业人员、农民工进行职业技能培训。为282名退休人员进行资格认证，对行动不便的6人进行上门认证。及时上报退休人员增、减、死亡统计报表。不定期地走访残疾人家庭，进行心里咨询和健康指导。对辖区内所有残疾人重新核实登记造册，登记上报残疾人19人，其中二级以上11人。做好公租房申请申报工作，对符合条件的无住房困难家庭申报公租房。全面推进医疗保险、养老保险工作。对享受城市低保人员进行网上登记。社区12315维权工作服务站与工商所协商打击假冒伪劣产品，不定期对辖区经营门点进行检查。

【网格化管理】 成立社区网格化管理服务工作领导小组，建立微信工作平台，对村队、村道走向、人口疏密等情况进行网格划分，确定每300~500户划分为一个网格，将社区划分为3个网格，每个网格确定网格管理员1名，网格协管员1名，网格公益员1名。网格员及时采集信息、搜集民情、调节矛盾纠纷，服务居民群众。

【综治维稳】 协调派出所、工商所、各中小学校长对辖区企业、服务网点进行彻底排查。社区与辖区单位、学校签订消防安全责任书。利用黑板报、宣传栏向居民宣传严禁赌博、严禁毒品的宣传。加强街道市政监督管理，根据检查结果和居民反映的问题及时与相关人员沟通,督促及时整改。强化治安管理,通过上门走访、暗访等形式对社区内流动人口、出租房逐院进行梳理,重新登记造册。做好打击传销工作,建立志愿者服务队,组织培训,联合派出所、工商所进行执法大检查。

(杜金存)

宁夏农垦渠口农场有限公司

【概况】 宁夏农垦渠口农场有限公司成立经营性公司5个,职能部门6个,职工104名。2016年,营业总收入10835万元。其中主营业务收入10685万元,其他业务收入12万元,比上年同期7369万元增加3466万元,增加32%;营业总成本10801万元。比上年同期7265万元增加3536万元,增加33%;其中营业成本9741万元,比上年同期6170万元增加3571万元,增加37%;销售费用82万元;管理费用970万元,比上年同期978万元减少8万元,减少1%。营业外收入456万元,比上年同期的441万元增加15万元,增加3%。营业外支出370万元比上年同期的347万元增加23万元,增加6.22%。盈利120万元,比上年同期盈利109万元,增盈11万元,实现职工人均收入33000万元,完成集团公司下达的经济效能指标。

【体制创新】 贯彻落实中央八项规定精神"回头看",清理制度49个,其中保留《国有资产管理办法》等32个,新制定《资金收支管理办法(暂行)》等管理措施及办法20余款项;修订完善《"三费"支出管理办法》《清欠规定及奖惩办法》等9个;废止原农场及渠口农业分公司《"五费"管理办法》等8个。确定领导责任包干联系制度,建立18个联系点,确立责任包干小组目标任务,目标任务与领导年薪直接挂钩,明细权责,细化经济责任目标和综合指标,强化经营职能,实现由管理服务型向经营型转变。加强土地经营管理。调整土地承包费标准,亩均上调费用135元,完成土地类别合并、调整土地费工作,土地租赁费收缴工作完成90%以上。创新"以草压草"除草害方法,收集玉米秸秆对果树树干周边进行铺撒草墩2.5万个,试点铺撒面积426亩。通过一次性压草,解决果树4—5年的果树林间草害问题,年节约资金51万元。进行土地流转试点工作,引导职工实行集约化、规模化种植枸杞。完成土地流转1000亩。成立农资销售站,下设13个分销点,全年完成农资销售199.7365万元,实现利润20余万元。

【现代农业】 落实农作物播种面积42393.21亩,较上年41865亩增加528.21亩,增幅1.26%,其中,秋粮面积42300.66亩(水稻1407.80亩,玉米40892.86亩,其中青贮玉米4093.66亩),蔬菜面积92.55亩。林果种植面积10505亩,其中,苹果5045.90亩,葡萄5073.23亩,红枣147.98亩,小经果林199.24亩,枸杞959.96亩。水稻引种实验推广180亩,品种为稻香3号;落实粮油高产创建项目1.6万亩。举行农业技术、节水灌溉、果树修剪、病虫害防治、农机、葡萄等科技培训10次,邀请林业厅、农科院果树专家现场培训3次,发放各类技术资料2000多份。调整稳定葡萄产业。总产量846吨,较去年790吨增产56吨,增长7%,平均糖度24.9°,最高糖度达到26.8°。2016年自治区葡萄优质园评选中,被评为三级优质园,获得奖金10万元。提质增效发展行间套种西瓜1000亩,生产西瓜1500吨,实现销售收入120万元,实现利润8万元;林下养鹅2000只,养鸡1000只,实现利润5万元;培育枸杞苗86亩,扦插枝条200万株,获利27万元。利用废弃鱼塘引进种植莱藕107亩。

【新技术引用】 同甘肃农垦亚盛亚美特节水有限公司合作组建"宁夏农垦亚美特节水有限公司",投资1100万元。新建两条滴灌管生产线、两台注塑机及生产辅助配套设施,可生产滴灌带5000万米,年销售额3000万元,实现利润300万~400万元,投资净利润率达到10%以上。

【项目建设】 全年项目工程总投资4880.25万元。完成2014年度高效节水项目，建设规模0.96万亩，工程总投资1817万元。新建引水渠0.51公里，新建蓄水池3座、加压泵房3座，铺设地埋管道73.5公里、地面铺管32公里、滴灌带3810公里。完成2015年度小农水项目，建设规模1650亩，工程总投资336.85万元。砌护斗渠0.47公里，砌护农渠13.99公里及配套1075座建筑物。完成2015年度大中型水库移民后期扶持项目经果林建设红崖沟蓄水池工程，工程总投资542.19万元。改造扬水泵站1座，新建2万方蓄水池及加压泵站各1座；铺设各类管道3077条175千米。完成2015年度巩固退耕还林成果建设项目花果山冷库工程，总投资538万元。新建苹果分拣及保鲜冷藏车间1栋，面积1800平方米，购置分选分拣机2台，制冷设备1套，电动叉车1台。开工建设宁夏"十二五"生态移民土地整治项目工程，工程总投资1020.76万元，项目建设规模8620亩，渠道砌护102.2公里，农渠砌护229条92.81公里，建筑物3505座。开工建设2016年度小农水项目，工程总投资183.45万元，斗渠砌护1.81公里，农渠砌护13.22公里，配套建筑物1115座。新建2016年度大中型水库移民后期扶持项目（日处理12吨枸杞烘干房建设项目），总投资442万元，建枸杞烘干房1座。完成2016年苹果生产示范园、2016年新一轮退耕还林项目、引黄灌区盐碱地改良"十三五"规划项目、2017年小农水项目、2016年特色产业发展项目、2016年有机苹果认证、"红崖沟"商标注册、枸杞绿色食品认证等申报工作。

【土地管理】 严格执行"三级"管理办法，同各基层相关单位签订《耕地保护目标责任书》14份，设置基本农田保护碑8个。制止私搭乱建23起，强制拆除1起违法占用基本农田，勒令停建22起，制止乱开乱垦9起。加强对无证开采矿产资源管理。

【小城镇建设】 重新规划滨河新村小区绿化，总绿化面积6500平方米；完成对滨河新村三期基础设施（道路、供电、给排水、彩砖铺设）建设及村东大门一号、二号营业房以及西、南围墙，建筑面积2169.22平方米。通过"一事一议"项目，完成农八队村庄道路硬化工作。

【债务清欠】 完成清欠任务2257万元，完成任务的101%，其中清欠2009年以前欠款75.52万元，2010—2014年欠款401.89万元，2015年欠款1779.59万元，完成率68.5%。

【社会民生】 发放低保费285户609人次191万元，新增低保户22户；慰问、救助困难家庭343户，发放慰问金17.11万元。宣传居民养老保险政策，参加农村养老保险人数720人，享受农村养老保险待遇117人；为13名农场居住户子女争取"金秋助学金"4.85万元。为66户家庭办理妇女创业无息贷款394万元。

【平安创建】 调整安全、信访等工作领导小组；与下属单位签订《2016年安全生产目标责任书》16份，不定期对生产单位进行安全生产检查。全年举办安全生产培训班6次，培训400人次，发放各类材料3500多份。开展"平安渠口"建设活动。查处各类矛盾纠纷5起，办结率100%。接待职工群众来访13起，处理率100%

（王　君）

长山头农场

【概况】 长山头农场成立于1978年，地处中宁县与同心县交界处，属中宁县境内。农场境内有九年制学校、小洪沟完小教学点两处，固海扬水3个泵站，宝中铁路长农火车站，109国道养护中心站、医院、农行长山头营业所。农场辖区有清真寺9个，汉民佛教清泉寺1个。有住户3206户，总人口12616人。土地总面积11.56万亩。长山头天湖是长山头农场得天独厚的旅游资源，总面积1790.8

公顷，湿地面积1649.4公顷，有西北地区规模最大的红柳、白茨灌木林，是宁夏中部干旱带上保存最完整的原始生态自然景观之一，2011年被国家林业局命名为国家湿地公园。2016年，完成营业收入8371.3万元，比上年同期减少2472.7万元，下降23%，营业成本7895.8万元，比上年同期减少2270.2万元，下降23%。经营亏损52.3万元，同比减亏11.7万元。清收各类应收款45万元，完成目标任务的62.5%。职工人均收入2.6万元。

【现代农业】 实施高效节水水肥一体化项目工程。召开农业技术培训及现场观摩会，邀请宁夏农垦农林牧技术推广服务中心、宁夏大学专家教授授课，围绕玉米水肥一体化项目效益分析、滴灌施肥、肥料选配、灌溉技术管理、滴灌设备维护、滴灌系统操作规程及安全常识等方面进行指导，高效节水水肥一体化技术得到广泛应用，在垦区起到引领示范作用。实施集成技术推广，应用玉米规程化生产，激光平地，测土配方施肥等生产技术，结合高效节水水肥一体化技术，实现整场推进高产攻关玉米4万亩，平均单产1076公斤。实施水肥一体化玉米种植1万亩，其中干播湿出实验500亩。通过跟踪对比，干播湿出玉米平均出苗率达90%以上，明显优于传统作业玉米。利用"宁夏农垦易地扶贫搬迁生态移民安置区长山头农场农八队农田改造项目"，开垦1200余亩土地建设生态有机枸杞园，通过开沟、回填玉米秸秆及有机肥技术改良土壤的办法，结合节水滴灌技术种植有机生态枸杞宁杞1号、宁杞7号600亩，12.53万株，成活率达90%以上，当年栽植当年结果，项目总投资97万元。

【项目建设】 全年工程建设总投资1455.2712万元。实施"十一五"巩固退耕还林成果生态移民专项资金建设项目——长山头农场饮水安全水源工程。工程新建机井1眼井深247米，工程总投资47.20万元。实施宁夏农垦2015年度大中型水库移民后期扶持结余资金项目——长山头农场饮水安全水源工程。工程新建D160UPVC输水管道6.6公里，新建300立方蓄水池1座，总投资101.99万元。实施宁夏农垦2015年度大中型水库移民后期扶持项目——长山头农场农六队晒场硬化项目，硬化晒场11180平方米，维修硬化晒场4330平方米，工程总投资168.27万元。实施2015年长山头农场危房改造配套基础设施项目——农九队居民点道路硬化工程，硬化主干道3250平方米，巷道硬化1575平方米，工程总投资51.69万元。实施长山头农场2014年农村环境连片整治项目垃圾收集转运设备采购项目，工程总投资92.89万元。实施长山头农场2016年大中型水库移民后期扶持项目——种子队至农二队道路硬化及农三队晒场硬化，工程总投资122.0712万元。实施青山公司、黑水沟两处水源地保护项目工程，总投资8万元。实施5个农业队，6条斗农渠维修，渠道维修投资2.16万元。天湖旅游区环湖道路项目工程建成通车，设计路面宽度5~7米，环路总长11公里，投资861万元。

【土地房屋管理】 推进土地确权工作。根据自治区人民政府关于切实做好宁夏农垦集团公司部分争议土地确权工作的通知精神，按照集团公司未确权土地确权登记发证工作方案的安排，与涉及确权发证的同心县、中宁县人民政府及两县土地资源局对接协商，开展土地确权发证工作。严格落实土地管理制度，杜绝私自转包或买卖土地、危旧房屋、宅基地等行为，严禁乱开、乱占、乱建。实施危房改造安居工程，开工续建2014年度危房改造24户，改造面积2016平方米，安居工程总投资138万元。

【社会民生】 根据集团公司《生态移民安置区移交地方管理实施方案》，开展前期调研，按照移民安置区移交地方管理所设置的十个方面的内容进行资料整理，完成生态移民移交工作。开展环境整治营建和谐美丽农场。通过"2014年农村环境连片整治——垃圾收集转运设备采购项目"，采购分类式垃圾箱50个，垃圾桶400个，普通垃圾箱45个，挂桶式垃圾提升车1辆，摆臂式垃圾车1辆，电动三轮车12辆，30装载机1辆。定期开展环境卫生集中整治活动，将环境整治工作与秋季农田基本建设、节水灌溉验收等重点工作结合起来，与干部作风建设及年终绩效考核相挂钩，彻底解决场区环境脏、乱、差等问题。抓好综合治理矛盾纠纷排查调处、治安整体联动防范、群防群治等工作，配合农场公司节水灌溉、基础设施建设等项目工程做好矛盾纠纷调解工作。利用文艺演出、微信、展板等形式开展“安全生产月”活动。全年接待群众来访5件次16人次，及时处理职工群众来信来访问题，全年越级上访零事件。开展民族团结进步创建活动，依法加强宗教事务管理，组织宗教人员参加地方宗教局的法律知识培训。加强弱势群体救助工作。将317户543人困难家庭纳入城镇居民最低生活保障，其中农村困难户81户81人，城镇居民236户462人。救助困难职工54人，发放救资金3.47万元。

（乔旭虹）

人　物

中国好人榜见义勇为模范

【李文丰】　男，汉族，山东曹县人，1966年1月出生，1986年参加工作。现任中宁县宁鲁中学职业技能培训中心校长。李文丰是一个助人为乐见义勇为的热心人。2006年，学校一位老师妻子生孩子，家中无人照顾。李文丰让妻子每天到老师家中照顾，为老师解除后顾之忧。负责为学校烧锅炉的70多岁老大爷孤身一人无处住宿，李文丰在学校为老人安排住宿，时常对老人嘘寒问暖，送医送药，五年间从未间断。他还热心帮助邻居。一天深夜邻居冯建才突发疾病，他闻讯后，开车将其送到医院，帮助挂号、找医生，忙前忙后。2015年6月27日早晨，李文丰沿七星渠北侧晨练。忽然听到有人大声疾呼："小孩掉渠里了！"只见一个小孩在水里伸着两只小手，拼命挣扎，情况非常危急。他来不及多想纵身跳到渠里，由于渠深水急，渠坡又滑，他和孩子几次被冲入水中，几乎被卷走，他们几经努力都没能爬上岸，最终在众人帮助下得以脱险。李文丰把孩子交给闻讯而来的家人后默默离开。李文丰不顾个人安危，勇救落水儿童。2016年6月，被中央文明办评选为"中国好人榜""见义勇为"模范。

（新堡镇）

2016年度最美杞乡人

【杨宝玉】　男，汉族，中共党员，1942年5月出生于中宁县白马乡彰恩村，1963年7月毕业于吴忠师范。中师学历，小学高级教师。2003年3月退休后被古城完小聘任为学校少先大队志愿辅导员。担任辅导员以来，杨宝玉不管刮风下雨，按时准点到校，为孩子们辅导讲座，教育下一代时刻不忘老一辈革命家艰苦朴素、甘为他人的优秀品质。他经常到县委宣传部、团县委、关工委、妇联、文联、史志办等单位搜集爱国教育资料并自费复印，到宁安镇8所小学为学生们宣传讲解。他还利用讲座时间给学生讲革命故事，教学生唱革命歌曲，并坚持每学期给学生上1—2课时法制课。每年六一儿童节，他都主动找村党支部、村委会赞助，为孩子们过好六一节，自已还掏钱购买红领巾、奖品等资助残疾儿童。他积极联系企业捐资，为学校整修操场。在古城乡新建小学任教时，古城村没有专人收发报纸、邮件等，杨宝玉主动免费收发报纸，退休后仍然坚持，一干就是40年，群众亲切地称他为“三员”老将（宣传员、邮递员、少先队辅导员）。在2016年度“最美杞乡人”系列评选活动中，被中宁县委、政府授予“最美志愿者”荣誉称号。

【姚静】 女，汉族，中共党员。新堡司法所所长。1997年毕业于宁夏大学法律专业。参加工作20年来，她常年奔走在村民当中宣传法律知识，到基层调解群众纠纷，连续数年被县司法局评为年度先进个人。2014年，因工作需要被调整为新堡司法所所长。任职后，她带领干警创建了区级“五星级司法所”和“窗口建设先进单位”。她一直把誉为社会稳定“第一道防线”的人民调解工作放在首位，在实际工作中，她总结出“防、快、勤”三招：“防”，即通过完善预防机制，加强普法宣传教育，加强排查调处力度，加强信息收集工作，努力把矛盾纠纷化解在萌芽状态；“快”，即针对突发事件，快速反应，快速处理；“勤”，即“口勤”“脑勤”“腿勤”。多年来，她走遍辖区11个村（居）委会98个村民小组和1个社区，与群众打成一片，建立良好的群众基础。每年利用“12·4”等宣传日和集市庙会做好普法宣传工作，为群众送上法律书籍、普法宣传资料。她主动协调镇民政办、镇妇联开展各种形式的法制宣传教育，送法进村，引导群众改变观念、移风易俗，制止了包办婚姻、买卖婚姻和性别歧视等不良现象；针对辍学生、未成年人违法犯罪等不良现象，她配合镇团委、中小学校举办法制宣传教育活动，为学校送去普法漫画读物以及未成年人普法光盘。她履职尽责，协助镇上开展维稳工作，哪里有矛盾，她和司法所干警就出现在哪里，哪里有不安定因素，就奋战在哪里，任职以来受理调解民事矛盾纠纷100余起，调解成功率达96%。她向镇党委、政府提出法律建议20余条，提供法律依据几十次，全部被采纳。所里管理的61个社区矫正对象，在她和所里干警的帮助教育下，严格服从管理，积极参与公益劳动、认真参加集中学习。她还时常帮助刑满释放人员纠正思想、找工作、找出路，先后帮4名特殊人员脱离困境，走上致富道路。在2016年度“最美杞乡人”系列评选活动中，被中宁县委、政府授予“最美干警”荣誉称号。

【杨立军】 男，回族，小学一级教师。喊叫水五丰台小学校长。1997年9月参加工作，杨立军多年扎根山区农村，在艰苦的教学环境中，他一边做校长一边当老师，以校为家，关心教师，关照学生。2006年，因学校极度缺乏教师，全校四个年级面临停课的窘境，他为了不耽误学生们上课，承担了所有课程教学，整整坚持了一个学期。在任校长期间，他想方设法，积极改善办学条件，通过募捐，为学生们更换新课桌和图书。面对辍学学生，他逐户家访，与家长沟通。在他关心下，该校适龄儿童入学率达100%，且无辍学现象。有些家庭困难的学生，连作业本费也交不起，他得知后默默地为这些孩子们垫付。他经常到困难学生家中家访慰问，随时了解掌握这些家庭和孩子的实际情况，帮助他们渡难关。有的学生由于家庭困难或者语言表达能力差，有自卑心理，他经常嘱咐老师，对待学生要一视同仁不能歧视，多付出爱心。对调皮捣蛋的学生，他要求老师采取针对性教育方式，鼓励和帮助学生改进。在他的管理下，同学之间和睦相处，团结友爱，学校成为了一个其乐融融的大家庭。在2016年度“最美杞乡人”系列评选活动中，被中宁县委、政府授予“最美教师”荣誉称号。

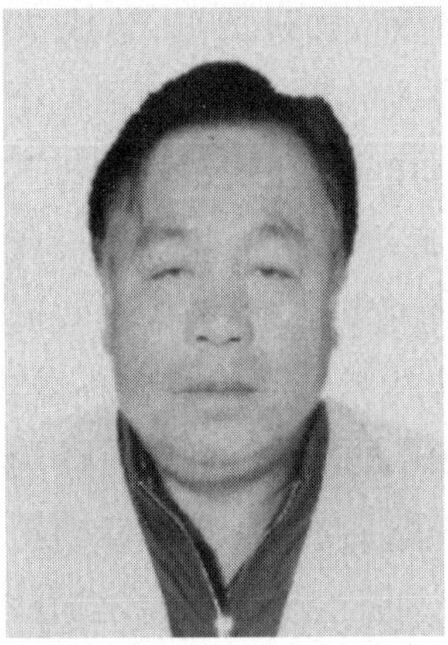

【罗宗喜】 男，汉族，中宁县环卫公司清洁工。2009年从事环卫工作，2013被任命为宁安北街保洁区班组长。罗宗喜所在小组有38名成员，主要负责宁安北街至鸣雁路和北街延伸段清扫保洁工作，面积25万多平方米。保洁区内有7个居民小区没有物业公司，每天产生垃圾超过8吨，被城建局列为重点整治区域。他任组长后召集组员开会，听取意见，将片区科学划分，分片到人，落实责任，制定奖惩措施，奖罚分明。在班组中开展“劳动大竞赛”，三天一大检，两天一小检。从事环卫工作7年，他几乎没睡过一个囫囵觉，每天凌晨四五点就开始带头清洁打扫，晚上下班前仔细检查每个清洁车辆，为第二天工作做好准备。早点是两个馒头，午饭是家人送的盒饭，7年来没休息过一天。工友吴菊萍，丈夫去世多年，家境贫寒，既要拉扯一双儿女上学，又要照顾老人，罗宗喜时常从精神和物质上给予关心照顾。夏天高温，他给工友们买矿泉水；冬天，他会自掏腰包为工友们买手套。遇到环保意识淡薄、随手丢弃垃圾的市民，他总会捡起垃圾，现身说教。他值班期间经常护送老人儿童过马路，耐心为路人指路。2013—2015年，罗宗喜连续三年被住建局、市政管理中心评为先进个人和优秀员工。在2016年度“最美杞乡人”系列评选活动中，被中宁县委、政府授予“最美环卫工”荣誉称号。

【王会兵】 男，汉族，新堡镇毛营村七组农民。他致富不忘乡邻，无私奉献，乐于助人，经常帮助同村肢体残疾、劳动不便、生活困难的黄兴成。在黄兴成没钱买肥料时，他买来一卡车有机肥，帮他渡过生产难关。每年春节期间，他出资1万多万元，购买米面油等物品分发到全组40多户农户家中。平时无论谁家婚丧嫁娶，他都派车帮忙，且分文不取。在2016年度“最美杞乡人”系列评选活动中，被中宁县委、政府授予“最美农民”荣誉称号。

【田丽华】 女，汉族，石空镇中心卫生院防保科主任。1989年参加工作。她同科室工作人员经常深入农村、集镇、厂矿，入户访视孕产妇、新生儿家庭，识别危险因素，针对高危孕妇、高危儿、体弱儿进行家庭护理指导。督促指导村医规范进行妇女儿童健康体检和中医医疗。在她的带领下，石空镇中心卫生院妇幼保健和计划生育工作始终名列全县前茅，她个人及所在单位连续多年被评为先进个人和先进集体。在2016年度“最美杞乡人”系列评选活动中，被中宁县委、政府授予“最美医生”荣誉称号。

【郭志勇】 男，汉族，宁夏天元锰业有限公司发电一厂主任。2012年应聘到天元锰业。郭志勇注重精细化管理，他带领全体员工，先后完成煤气回收综

合利用、废水回收利用、集中供暖改造、大型电机变频改造、降低粉尘排放及低氮燃烧技术等技改工程，为企业发展做出了突出贡献。2014年企业曾一度陷入危机，长时间发不出工资，人员流失严重，他没有选择离开，而是借钱给生活困难的员工，帮助他们和企业一起共渡难关。厂里汽轮发电机组真空降低，机器不能满负荷运转，影响生产效率，为攻克这一难题，郭志勇一星期没有回家，住在厂里，和同事一起研究解决。2015年被评为宁夏天元锰业发电一厂“优秀主任”。在2016年度“最美杞乡人”系列评选活动中，被中宁县委、政府授予“最美职工”荣誉称号。

【马玲】 女，回族，长山头中学初三学生，学习成绩优秀。马玲的姐姐自幼脑瘫，常年瘫痪在床，弟弟幼小，父母为给姐姐治病外出打工，照顾姐弟二人的重担落在了马玲肩上。马玲每天都要早早起床，为姐弟俩做饭，给姐姐喂饭后收拾完家务才能去上学。为了更好的照顾姐姐和弟弟，她放弃在校住宿，每天往返几十里，赶回家照顾姐弟，并承担一切家务，多年来从不抱怨。2016年，在年度“最美杞乡人”系列评选活动中，被中宁县委、政府授予“最美孝心少年”荣誉称号。

【亢学礼】 男，汉族，石空镇民生服务中心主任。1999年被镇党委、政府安排到全镇最难干的民政工作岗位，刚工作的他，对全镇的特困户、残疾户、五保户、低保户、优抚对象、敬老院逐一进行摸底

调查，根据他们的经济、生活、健康状况建立梯级式档案卡册。2001年秋，倪丁村四队残困户王加仁，因连续下雨房屋倒塌，全家4口无栖身之地，他立即向镇党委、政府汇报，第二天就到企业、商会、建筑工地、水泥制板厂组织捐款、捐物，筹捐现金7000余元，还有钢材、水泥、门窗等，并组织村民义务筹劳，利用1个月时间，加班加点，建成70平方米硬顶砖房和18平方米木顶砖房，王加仁全家4口搬进新家。2004年12月，在乡镇机构改革竞聘上岗中，他被镇党委、政府聘任为经济发展所主任。2008年下半年受金融危机影响，石空工业园区企业受到严重挫伤，为优化招商引资投资环境，他耐心做群众工作，至2016年迁坟7000余座，为企业协调通路、水、电60余起，调解各类矛盾纠纷400余起。自己编写新型农村社会养老保险培训材料，对全镇镇、村、队三级干部进行培训，全镇60岁以上老人全部领到养老金，镇上的新型农村社会养老保险工作一直名列全县前茅。他先后荣获全国“敬老爱老先进个人”“全区文化先进工作者”“全区城乡居民社会养老保险工作先进个人”等荣誉称号。他创作编导的《春风送暖》《认干亲》《谁不夸咱中宁好》《小康人》等获奖节目达120余个。在2016年度“最美杞乡人”系列评选活动中，被中宁县委、政府授予“最美基层干部”荣誉称号。

【王彩萍】 女，汉族，大战场镇农民。结婚20多年，生活中夫妻相互照顾、相互信任；工作

中相互理解、相互支持、取长补短，遇到困惑相互开导、相互帮助。丈夫刘建平平时忙于村里工作，家中一切事情无暇顾及，洗衣做饭家里一切家务都是王彩萍一人承担。刘建平的五叔因为精神不正常经常离家出走，她主动承担照看五叔的责任，家里家外操持得有条不紊。在她的影响下，全家人互相体谅，宽容谦让，形成了相互理解、尊重、平等、关爱的文明家风。在2016年度“最美杞乡人”系列评选活动中，被中宁县委、政府授予“最美家庭”荣誉称号。

（中宁广播电视台）

先进名录

2016年度考核为三等功及优秀等次人员名单(共计951人)

一、三等功(26人)

张玉芬　李瑞霞　史天福　苏军平　马　正　闫清正　任振宇　黄晓勇　东志波　田安国　祁立宁
巫永升　薛　军　黄福鹏　秦　明　李瑞涛　张　拓　黄彩霞　姚　静　王红玉　令　薇　曲　波
师清泉　韩少军　孔福霞　王晓燕

二、优秀(925人)

县处级领导(8人)

李满洲　常丁梁　马　金　王金栋　邱　斌　刘辛彧　王月琴　孙凤玲

党群部门(30人)

谢福才　何　文　张淑玲　陆佳宁　陈立斌　梁亚南　刘宁珍　王宁霞　郭平生　崔金儒　薛　国
胡桂兰　白　斌　潘　馗　万永芳　马金虎　李　鸣　沈　玲　杨晓慧　张晓辉　祁少波　郭俊娥
王少庸　童宁慧　王淑芳　罗永平　张光旭　陶盈清　周　泉　陆生发

政府非经济部门(79人)

王　斌　于永祥　黄晓媛　王彦龙　王玉芬　高家瑶　马玉琴　吴进军　周　雯　马林成　陈思羽
徐　彧　李发明　王　军　胡金科　周彦梅　孙钰翔　张春雪　庞　娜　范学芳　马建梅　王　军
刘晓燕　王秀芳　宋海燕　杨冬梅　张月宝　李建荣　王　蕙　潘永华　潘晓燕　王小波　张　科
刘银华　张立波　李丽鸿　徐　杉　靳　佳　刘晓霞　马伟平　蒋永东　胡学银　叶玉森　袁桂平
康国伟　祝永香　郭雄洪　张海波　陆　斌　袁晓龙　行　涛　马迎春　景学杰　方华胜　贺　佳
戴志涛　黄锦霞　何　伟　张文雄　黄滨鹏　刘志坚　陈　萍　李彩霞　严桂娟　梁媛媛　王玉泉
李天军　张富德　王立达　郝建民　张　颖　黄占东　郝兴文　范永跃　王发政　郭永琪　马东升
万宝生　吴族清

政府经济部门(121人)

方　强　范全新　白　烨　冯学忠　潘彦明　刘学娥　闫　萍　陆文涛　鲁海燕　蒋庆湘　吴丽萍
唐晓玲　雅金斌　孔　浩　薛宏燕　靳红霞　朱宁芳　田　斌　光云霁　张建荣　王照中　肖　亮
冯艳萍　董兴华　王秉发　李金平　邹　敏　朱晓彬　孙学有　蒋婷婷　宋学君　王　丹　麦积峰
黄丽娟　张海林　吴　昊　马新文　陈东升　张振桐　马占江　刘燕华　黄　辉　刘　峰　康晓琴
张学兵　梁　杰　孔颜霞　李　勇　王春苗　康作仁　张俊涛　张　锐　张　丽　邢　燕　汪廷宝
哈　莉　董立福　张轩宇　张建军　王春铧　孔　明　陈光清　莫　瑞　尤建村　孟永珍　李银虎
张玉华　李　瑛　陆凤玲　张彦茹　李　伟　陈海峰　张菊霞　麻文安　李建国　和建宁　毛建国
刘向东　吴建辉　俞建中　王晓晖　马文学　王　斌　田应坡　李正荣　马兴忠　孔　祥　范巧红
剡常有　王吉军　李治中　刘希林　郭　洁　井辉隶　张文华　陈清平　刘　娟　王少东　何宝贵
雍　华　高　平　张　斌　杜金宁　刘建宁　石凤兰　李清荣　郭吉华　于振廷　魏　伟　张永智
邱晓林　张　东　麦军安　陈俊生　刘晓辉　范学文　肖光祖　苗　刚　马庭云　黄　河　张　凯

政法部门(67人)

刘凤娟　吴建国　樊　蓉　张玉琴　周　超　李　红　康鹏程　刘　瑞　苗凯凯　杨姗姗　虎金平
朱福军　魏向明　马　钰　张　科　贾利君　王俊艳　田　女　王虎刚　陈霞旻　李　鹏　沈　楠
田　芳　刘　晶　吴学娇　唐秀玲　贺　森　刘　伟　杨　杰　杨　鑫　鲁青峰　魏民贤　肖　斌
徐建华　戴海龙　汪　超　卢　伟　张载宇　丁向明　吴永声　姚吉绪　王建忠　王玉红　孟　炜
刘忠华　王敏香　刘福林　宋来歧　康　凯　孟正军　徐　涛　丁生孝　王维文　杜国安　张建平
肖建东　曹爱国　董明祥　黄立雄　杨　林　陈稳胜　高宁生　段兴宁　张富春　杨　斌　胡　敏
丁　涛

教育事业(422人)

季福生　毕泗景　荣　涛　付文丽　张向华　陈兴军　王　瑛　乔　娜　安立娟　苏　飞　黎建鑫
朱红斌　孙明洋　张　印　李岩峰　马　琴　万颖惠　蒋子奎　高学成　董　浩　王丽萍　杨瑞玲
方增燕　陈富国　陈立志　任艳霞　胡旭东　刘国强　杨艳宁　赵学儒　刘　彦　裴喜华　刘丽丽
王艳玲　田占宁　王清霞　高红花　孙维茹　徐珊珊　刘慧琳　何　辉　黎　青　张　萍　殷　敏
张　鹏　麦文静　董青青　马　莉　张倩华　徐　辉　詹玉瑞　贾宝国　姚　烁　关吉军　麦建华
赵丽霞　孙志明　张少荣　王志军　张东科　张来存　宋占风　王春喜　张艳琴　蒋颖香　平立华
李　贤　刘　瑾　马志龙　任金霞　王　珊　李　达　刘钦兵　张瑞芬　张　莉　王伟娟　田红友
汪殿忠　董　文　张　雪　朱少红　权晓童　张　莉　苏彩霞　尤天冲　陈晓春　高慧琴　宋仲燕
吴　梅　赵永宁　张玉霞　马　烨　潘泽文　李彦武　赵海军　肖　芬　张燕芳　万小霞　党成龙
李丽芬　刘宇凯　李欣然　孟福平　黎　明　柳松林　冯秀玲　王　斌　侯晓艳　倪春华　孙　倩
刘元吉　叶月娥　张　军　李维柱　刘玉梅　陆建国　冯彦宏　范彦君　陈艳清　王志华　尹金兰
刘学琴　胡文娟　王　萌　丁　娟　李兴文　童升霞　张永宏　刘　鹏　刘竹琴　孙彦超　陈月霞
孟俊俊　刘诗睿　李晓梅　曹　源　赵立萍　张　平　宋彩凤　薛慧闻　马建琴　刘宁泉　陈　莉
张爱荣　张海勃　田　徽　杨　慧　孙　娟　梁启迪　万学斌　王宏伟　张　春　王东海　赵　芳
白　洁　王　瑀　马建中　田俊文　李彩霞　孟　萍　宋永会　王娟娟　杨　帆　俟宪军　马　娟

张建宏 尤天雄 康　静 沈媚娇 周　亮 严秀峰 曹　东 贾　富 胡　芳 任书林 李小军
靳欣悦 刘　晶 张晓阳 陈　勇 李晓芸 王耀钢 田星礼 白　军 王玉过 李占全 吕耀丽
余桂香 王秀珍 俞晓春 张　萍 刘仲宝 李宏香 白富有 方　云 代爱宁 焦桂香 杨桂兰
李银霞 雍秀琴 张艳春 朱海霞 侯学莲 谢玉萍 宋晓静 雍小娟 王韶华 徐　佳 孙丽银
李建军 孙　青 李早春 严爱芳 魏学琴 刘丽霞 刘明星 范永红 尚　军 杜会娟 杨绍华
平玉翠 贺玉玲 宋菊霞 徐　媛 张　春 王小春 王学茸 曹会芳 李　莉 温　帆 莫　萍
祁　芳 李秀莲 高小波 邹　芳 贺永慧 陆淑琴 孙学军 邵俊宁 许晓娟 郭　颖 孟献斌
胡　娟 杨　丽 李毓秀 李　霞 康　菲 聂永红 冯学明 张淑芳 王占兴 谢卫军 汪瑞忠
王　岩 宋淑萍 穆月芳 徐月琴 李　琴 王玉娟 袁丽凤 饶　红 张卫坤 黄金霞 严惠芳
陈　勤 吴学娟 王鹏娟 王　倩 魏　芳 时国栋 王艳茹 赵媛媛 陆　军 田　华 张家富
周　颖 范占龙 王春波 孙治强 于学升 黎晓晶 秋慧宁 戴　卉 吴　茜 王　静 詹文惠
王冬侠 代　霞 刘宏刚 何淑芳 杨金华 聂竹琴 黄　静 毛秀荣 尤俊丽 刘　迁 王　薇
康学宁 王存莲 黄建华 王　章 马伟燕 李　静 赵佳佳 刘清贤 王　静 万彩霞 张凤玲
窦仰红 李仁和 马　骥 毛玉霞 曹桂莲 严　斌 康　倩 王明礼 冯大鑫 张俊才 何　骥
张海婷 郭少梅 雷志锋 吕　洁 黄学忠 袁玉华 王天云 王莉娜 王　华 吴汇玲 牛锦萍
剡亚亚 黄　珊 马晓娜 刘晓敏 赫　静 代文会 胡云兰 丁凤英 杨彦军 余小霞 周宪华
魏　平 张东玉 马　萍 张德力 杨春燕 赵宝财 徐　惠 张兆富 苏　慧 霍伟伟 童　珍
肖晶晶 张竹燕 张宏梅 王学丽 魏炳刚 赵　胤 马有俊 张世斌 魏志成 黄鹏飞 程　伟
赵文芳 马晨曦 白　斌 马义明 黄河清 丁克玉 张娟荣 陈　莉 妥兰娱 李莲花 刘晓庆
刘　民 俞翠莲 余盼龙 陆　红 何慧琴 康晓艳 马玉梅 邹　君 马丹鹤 郭彦波 刘丽娟
徐小红 王柳英 周　丽 郭元寿 王晓燕 张　艳 田小娟 白　鸿 杨晓强 马　静 王　斌
田笑兰 贺雯娟 锁成兴 马　勇 田　鹏 马金鹏 马光莲 周建恒 杨富祥 陈　靖 丁雪蓉
金正华 金自珍 马　俊 马汉明 马希亮 勉桂花 马自儒 牛　卿 杨晓晓 马　国 田彦礼
马　芳 马具有 张建军 宋昭君

卫生事业（128人）

李　勇 杨　辉 田丽华 金　宏 周　颖 丁宁辉 白雪松 李　杰 张向国 徐学勤 田淑萍
郝丽峰 吴存兰 赵　艳 时银祥 赵建清 朱红艳 柳全宝 杨国祥 周　燕 王　巍 刘　科
陆永胜 刘自平 张　彦 吴　瑛 张　颖 严　琼 裴改琴 李　月 范　倩 赵忠红 朱俊平
李　辉 杜学银 李　青 谢永健 周永福 田彦贵 马　晶 马宗林 凌小燕 刘彦华 虎维廷
孟凡举 刘　菲 杨彩虹 刘　波 李　学 张玉霞 汪银华 张　翔 王　莉 黄　姣 梁学红
王　峰 刘　杰 雷振环 郭文杰 张俊明 马丽玲 芮　杨 吴海龙 刘芳欣 马　艳 李　炜
张建中 张凤霞 陈凤兰 龚玉琴 耿生贵 王　忠 刘晓波 王　娟 宋　健 吴　昊 杨迎春
何　东 万　芳 刘国伟 郭淑萍 徐月玲 田占国 王　军 吴爱英 郭吉涛 王少红 杨自立
闫建军 张立荣 季艳霞 沈振宁 梁志军 李彦霞 康霁超 曹正川 张国林 张银强 吴　鹏
陈　惠 孟财周 张文娟 姚　斌 刘艳茹 王海菊 高玉珍 何晓娇 蒋正国 刘　华 高　慧
张万昌 李国武 蒋　漪 康玉娟 张　兵 朱玉琴 朱永红 马秀琴 牛立忠 伏亚东 吴秀平

李倩华　黄　青　尤金搁　万慧萍　张红兵　刘桂芳　刘学娟

乡镇(70 人)

崔　涛　杨　梅　田　璐　焦俊山　陈晓红　孙　瑞　秦学芳　王　洁　陆建帮　夏玉华　李怀峰
陶淑华　王学文　张淑华　胡晓玲　王新录　龚俊刚　门　拓　朱　波　赵文泉　马　媛　田娇燕
丁　辉　王海华　张丽娜　吴鸣涛　王　东　蒋学虹　金玉磊　石嘉鑫　杨有孝　韩风霞　严向华
李　灿　张吉会　卜治军　王宾华　陈　静　李晶晶　徐　瑞　于振凯　朱福明　张启明　姜　乐
张维华　王爱玲　刘　娜　赵军斌　刘青督　康亚丽　田维保　杨　岩　郑　茹　刘建平　沈　乾
周立祖　严学武　马尚亮　马清俊　田丰叁　马　波　杨小花　康文宏　周　晓　黄佐卿　胡　斌
卜　琛　王天岐　刘永华　李彦文

2016 年度受国家级、省部级、市厅级表彰奖励的先进集体名单

一、国家级表彰奖励的先进集体

获奖单位	荣誉名称	授奖单位
政法委	全国无邪教示范村	中央防范和处理邪教问题领导小组
中医院	全国精神文明建设工作先进单位	中央精神文明建设指导委员会

二、省部级表彰奖励的先进集体

获奖单位	荣誉名称	授奖单位
政府办	社会扶贫创新协作试点	全国社会扶贫创新协作工程社会扶贫创新协作办公室、中国西部研究与发展促进社会扶贫工作委员会
	中国林业产业突出贡献奖	国家林业局
	国家级农业综合标准化示范县	国家标准化委员会
宣传部	第六届全国服务农民、服务基层文化建设先进集体	中宣部、文化部、广电总局
政法委	2015 年度一级国家安全领导小组办公室	国家安全部
	2011—2015 年全国法治宣传教育先进集体	中宣部、司法部、全国普法办公室
政研室	2015 年度社会主义新农村建设先进集体	自治区党委、政府
公安局 城关派出所	全国一级公安派出所	国家公安部
公安局 交警队	全国公安机关执法示范单位	国家公安部
民政局	自治区双拥模范城(县)	自治区党委、政府,宁夏军区
司法局 司法局	2011—2015 年全国法治宣传教育先进县	中宣部、司法部
司法局 舟塔司法所	全国先进司法所	司法部
财政局	爱国拥军模范单位	自治区党委、政府,宁夏军区
水务局	全区农田水利基本建设“黄河杯”竞赛一等奖	自治区水利基本建设指挥部
农牧局	2015 年度社会主义新农村建设先进集体	自治区党委、政府
	2016 年测土配方施肥标准化试验室	全国农技中心

续表

获奖单位		荣誉名称	授奖单位
卫计局	卫计局	全国计划生育协会工作先进单位	中国计划生育协会
		2015年度卫生计生工作综合目标管理二等奖	自治区人民政府
	卫生监督所	第四届全国“健康卫士杯”先进单位	中国卫生监督协会
枸杞局		中宁枸杞外包装箱外观设计专利	国家知识产权局
		中国林业产业突出贡献奖	国家林业局
市场监管局		国家级农业综合标准化示范县	国家标准化委员会
团委		第三届中国青年志愿服务项目大赛银奖	共青团中央、中央文明办、民政部、水利部、中国残疾人联合会、中国志愿服务联合会
工商联		2015年全国“五好”县级工商联	中华全国工商业联合会
文联		中国重要农业文化遗产	农业部
宁安镇		国家级充分就业社区	人力资源和社会保障部
新堡镇		全区“六五”普法先进单位	自治区依法治区领导小组
恩和镇		自治区文明乡镇	自治区精神文明建设指导委员会
		2014—2017年度自治区文明村镇(曹桥村)	自治区精神文明建设指导委员会
白马乡		国家生态乡镇	环境保护部
		全国无邪教示范村	中央防范和处理邪教工作领导办公室
余丁乡		全国创建无邪教示范乡镇	国务院防范和处理邪教问题办公室
舟塔乡	舟塔乡	中国重要农业文化遗产中宁枸杞种植系统示范区	农业部
		自治区文明乡镇	自治区精神文明建设指导委员会
	舟塔司法所	全国先进司法所	司法部

三、市、厅级表彰奖励的先进集体

获奖单位	荣誉名称	授奖单位
政府办	2015年度全区政务督查工作先进集体	自治区人民政府办公厅
	社会管理综合治理目标责任考核一等奖	中卫市政法委
人大办	《宁夏人大》新闻宣传工作先进单位	《宁夏人大》编辑部
纪检委	2015年全区纪检监察创新工作三等奖	自治区纪委、自治区监察厅
组织部	2015年度优秀会员单位	自治区党建研究会
	《非公企业党务工作者职业化建设研究》被评为2015年度宁夏非公企业党建工作优秀调研成果奖	自治区党委组织部、宁夏非公有制经济组织工作委员会
	《人才工作改革与发展史研究报告》被评为2015年宁夏组织工作二类调研成果奖	自治区党委组织部
	《实施“杞乡英才”工程,激发人才队伍活力》被评为2014–2015年宁夏组织工作三类创新成果奖	自治区党委组织部
老干部局	2015年度全区老干部工作部门宣传信息调研工作先进集体	自治区离退休干部党工委、自治区党委老干部局
	全区离退休干部纪念建党95周年“两学一做”知识竞赛优秀组织奖	自治区离退休干部党工委、自治区党委老干部局

续表

获奖单位		荣誉名称	授奖单位
宣传部		全区文化科技卫生“三下乡”先进集体	自治区党委宣传部
		自治区文明县城	自治区文明委
		新华社客户端先进集体	自治区党委宣传部
		2016年度党报发行工作先进单位	宁夏日报报业集团办公室
		2015年度全区精神文明建设信息工作先进单位	自治区文明办
		“纪念红军长征胜利80周年”征文优秀组织奖	自治区宣传部、直属机关工委、教育厅、区党委党史研究室、宁夏社会科学联合会、宁夏社会科学院
政法委	政法委	2015年度县(市、区)平安建设考评川区县第二名	自治区社会治安综合治理委员会
		2015年全区公众安全感评比川区县第一名	自治区社会治安综合治理委员会
		2015年度自治区级平安铁路示范县	自治区铁路护路联防工作领导小组办公室
		全区“六五”普法先进集体	自治区依法治区协调小组
		2015年度全区铁路护路联防工作先进集体	自治区铁路护路联防工作领导小组
	中宁火车站	2015年度自治区级平安火车站	自治区铁路护路联防工作领导小组办公室
党　校		“以五大发展理念统领四个宁夏”主题征文活动优秀组织奖	自治区党校
发改局		2015年度全区价格举报工作先进集体	自治区物价局
		2014—2015年度全区农产品成本调查工作先进集体	自治区物价局
教体局		2016年宁夏迎新春全民健身季二等奖	自治区体育局
		2015年度铁路护路联防工作先进集体	中卫市铁路护路联防工作领导小组
		2015年全区生源地信用助学贷款工作先进集体	自治区教育厅、国家开发银行宁夏分行
		2016年宁夏迎新春全民健身季“好家庭”杯民族健身操(舞)优秀组织奖	自治区体育局、自治区体育总会
		先进基层党组织	自治区教育工委、教育厅党组
		全市先进基层党组织	中卫市委
		2016年全区青少年跆拳道锦标赛体育道德风尚奖	自治区体育局
		宁夏实施《全民科学素质行动计划纲要》工作先进集体	自治区科协、区党委组织部、区宣传部、发展和改革委、教育厅、科技厅、财政厅、人力资源社会保障厅、农牧厅
		全区“六五”普法先进单位	自治区依法治区协调小组
商务局		中宁县电子商务创业孵化示范园区	中卫市人民政府
宗教局		民族宗教工作调研先进单位	自治区民委、宗教局
		全市民族团结进步创建活动模范集体	中卫市委、市政府
		全市“六五”普法先进集体	中卫市委、市政府
公安局	公安局	全区农民工工作先进集体(城关派出所)	自治区农民工工作领导小组
	交警队	工人先锋号	中卫市委
		全市先进基层党组织	
民政局		星级和谐社区创建先进县	自治区民政厅、财政厅
		2015年度老龄工作先进单位	自治区老龄工作委员会办公室
		五星级和谐社区	中卫市社区建设工作领导小组
		中国社会组织评估等级“AAA”	自治区民政厅
司法局		全市“六五”普法先进县(区)	中卫市委、市政府
		全区“六五”普法先进单位	自治区依法治区协调小组

续表

<table>
<tr><th colspan="2">获奖单位</th><th>荣誉名称</th><th>授奖单位</th></tr>
<tr><td colspan="2" rowspan="5">财政局</td><td>2015 年度全区财政监督工作先进单位二等奖</td><td>自治区财政厅</td></tr>
<tr><td>2014 年度全区部门决算工作先进单位三等奖</td><td>自治区财政厅</td></tr>
<tr><td>2015 年度金融环境创建奖</td><td>自治区金融改革专项小组办公室</td></tr>
<tr><td>全市先进基层党组织</td><td>中卫市委</td></tr>
<tr><td>2011—2015 年全区财政执法宣传教育先进集体</td><td>自治区财政厅</td></tr>
<tr><td colspan="2" rowspan="5">人社局</td><td>2015 年度全区养老失业保险经办工作先进单位</td><td>自治区社保局</td></tr>
<tr><td>全区医疗工伤生育保险经办工作先进单位</td><td>自治区社保局</td></tr>
<tr><td>2015 年度社会保险会计报表先进单位</td><td>自治区社保局</td></tr>
<tr><td>2015 年度社会保险统计报表先进单位</td><td>自治区社保局</td></tr>
<tr><td>2015 年度全区社会保险信息宣传先进单位</td><td>自治区社保局</td></tr>
<tr><td colspan="2">国土局</td><td>依法治理示范单位</td><td>中卫市人民政府</td></tr>
<tr><td colspan="2">环保局</td><td>全区环境保护大检查先进集体</td><td>自治区环境保护厅</td></tr>
<tr><td colspan="2">信访局</td><td>自治区维护妇女儿童权益先进集体</td><td>自治区妇女联合会</td></tr>
<tr><td colspan="2" rowspan="2">安监局</td><td>全市“六五”普法先进单位</td><td>中卫市人民政府</td></tr>
<tr><td>2015 年安全生产先进单位</td><td>自治区安委会</td></tr>
<tr><td colspan="2" rowspan="2">交通局</td><td>全区农村公路建设先进集体</td><td>自治区交通运输厅</td></tr>
<tr><td>2015 年农村公路路政管理先进单位</td><td>自治区公路管理局</td></tr>
<tr><td colspan="2" rowspan="4">农牧局</td><td>全区农业特色优势产业先进县</td><td>自治区农牧厅</td></tr>
<tr><td>2015 年度政策性农业保险先进单位</td><td>中卫市人民政府</td></tr>
<tr><td>全区农业综合执法示范窗口</td><td>自治区农牧厅</td></tr>
<tr><td>中卫市实施《全民科学素质行动计划纲要》“十二五”工作先进集体</td><td>中卫市全民科学素质工作领导小组</td></tr>
<tr><td colspan="2" rowspan="7">文广局</td><td>2016 年新春乐第十二届全区社火大赛优秀组织奖</td><td>自治区文化厅</td></tr>
<tr><td>2017 年新春乐第十二届全区社火大赛社火表演金奖</td><td>自治区文化厅</td></tr>
<tr><td>2017 年新春乐第十二届全区社火大赛社火表演铜奖</td><td>自治区文化厅</td></tr>
<tr><td>小品《帮扶到底》2016“欢乐宁夏”全区文艺汇演表演二等奖</td><td>自治区文化厅</td></tr>
<tr><td>戏曲舞蹈《国色天香》2016“欢乐宁夏”全区文艺汇演表演三等奖</td><td>自治区文化厅</td></tr>
<tr><td>广场舞《国韵大板姑娘》2017“欢乐宁夏”全区文艺汇演创作三等奖</td><td>自治区文化厅</td></tr>
<tr><td>新闻提要获 2015 年度宁夏新闻奖三等奖</td><td>宁夏新闻工作者协会</td></tr>
<tr><td rowspan="7">卫计局</td><td>卫计局</td><td>2015 年度卫生计生工作工作综合目标管理二等奖</td><td>中卫市人民政府</td></tr>
<tr><td>石空镇中心卫生院</td><td>2014—2015 年度群众满意乡镇卫生院</td><td>自治区卫生和计划生育委员会</td></tr>
<tr><td rowspan="3">卫生监督所</td><td>全区卫生计生监督执法优秀案卷二等奖</td><td>自治区卫生和计划生育监督局</td></tr>
<tr><td>全区卫生计生监督协管宣传展板一等奖</td><td>自治区卫生和计划生育监督局</td></tr>
<tr><td>全市“六五”普法先进集体</td><td>中卫市委、市政府</td></tr>
<tr><td>县医院</td><td>健康促进医院</td><td>自治区卫生和计划生育委员会办公室</td></tr>
<tr><td>中医院</td><td>自治区文明单位</td><td>自治区精神文明建设指导委员会</td></tr>
<tr><td colspan="2">审计局</td><td>审计知识百题竞赛活动组织奖</td><td>自治区审计厅</td></tr>
<tr><td colspan="2">林业局</td><td>2015 年度全区林业建设先进集体</td><td>自治区林业厅</td></tr>
<tr><td colspan="2" rowspan="2">市场监管局</td><td>全区“六五”普法先进单位</td><td>自治区依法治区协调小组</td></tr>
<tr><td>自治区食品安全先进县</td><td>自治区食品安全委员会</td></tr>
<tr><td colspan="2" rowspan="2">工　会</td><td>工人先锋号</td><td>自治区总工会</td></tr>
<tr><td>全区工会劳动争议调解员技能大赛三等奖</td><td>自治区总工会</td></tr>
</table>

续表

<table>
<tr><th colspan="2">获奖单位</th><th>荣誉名称</th><th>授奖单位</th></tr>
<tr><td colspan="2" rowspan="5">团　委</td><td>2015 年度全区共青团工作目标考核一等奖</td><td>共青团自治区委员会</td></tr>
<tr><td>2016 年“五四”系列主题活动最佳组织奖</td><td>共青团自治区委员会</td></tr>
<tr><td>2015 年度五四红旗团委</td><td>共青团中卫市委员会</td></tr>
<tr><td>全区志愿服务项目交流大赛三等奖</td><td>共青团自治区委员会、自治区文明办、自治区民政厅</td></tr>
<tr><td>2016 年“五四”系列主题活动最佳创意奖</td><td>共青团自治区委员会</td></tr>
<tr><td colspan="2" rowspan="2">妇　联</td><td>自治区巾帼文明岗</td><td rowspan="2">自治区妇联</td></tr>
<tr><td>纪念建党 95 周年征文优秀组织奖</td></tr>
<tr><td colspan="2" rowspan="4">科　协</td><td>2015 年度市县科协先进集体单位</td><td>宁夏科学技术协会</td></tr>
<tr><td>2016 年宁夏首届青少年科学节优秀组织单位</td><td>宁夏科学技术协会</td></tr>
<tr><td>2016 年度科协工作先进集体</td><td>宁夏科学技术协会</td></tr>
<tr><td>中卫市实施《全民科学素质行动计划纲要》“十二五”工作先进集体</td><td>中卫市全民科学素质工作领导小组</td></tr>
<tr><td colspan="2" rowspan="2">文　联</td><td>全区文联系统先进集体</td><td>自治区文联</td></tr>
<tr><td>文明单位</td><td>中卫市精神文明建设指导委员会</td></tr>
<tr><td rowspan="5">宁安镇</td><td rowspan="2">宁安镇</td><td>民族团结进步创建活动模范集体</td><td>中卫市委、市政府</td></tr>
<tr><td>全市先进基层党组织</td><td>中卫市人民政府</td></tr>
<tr><td>洼路村</td><td>民族团结进步创建活动模范集体</td><td>中卫市委、市政府</td></tr>
<tr><td>南苑社区</td><td>五星级和谐社区</td><td>中卫市社区建设工作领导小组</td></tr>
<tr><td>朱营社区</td><td>2015 年度政协委员基层联系点工作先进单位</td><td>政协中卫市委员会</td></tr>
<tr><td rowspan="2">石空镇</td><td>石空镇</td><td>全区计划生育五星级乡镇</td><td>自治区卫生计生委</td></tr>
<tr><td>丰安社区</td><td>中卫市“六五”普法先进集体</td><td>中卫市委、市政府</td></tr>
<tr><td rowspan="5">新堡镇</td><td rowspan="4">新堡镇</td><td>依法治理示范单位</td><td>中卫市委、市政府</td></tr>
<tr><td>2015 年度全市农村环境综合整治工作三等奖</td><td>中卫市委、市政府</td></tr>
<tr><td>全市民族团结进步创新活动模范团体</td><td>中卫市委、市政府</td></tr>
<tr><td>市政协委员基层联系点工作先进单位</td><td>政协中卫市委员会</td></tr>
<tr><td>新堡司法所</td><td>服务型窗口建设先进单位</td><td>自治区政法委</td></tr>
<tr><td colspan="2">恩和镇</td><td>全区“五好”离退休干部党支部</td><td>自治区党委组织部、离退休干部党工委、自治区老干部局</td></tr>
<tr><td colspan="2" rowspan="3">鸣沙镇</td><td>全市“六五”普法先进单位</td><td>中卫市委、市政府</td></tr>
<tr><td>2015 年度全市农村环境整治工作三等奖</td><td>中卫市委、市政府</td></tr>
<tr><td>中卫市食品安全先进乡镇</td><td>中卫市食品安全委员会</td></tr>
<tr><td colspan="2">白马乡</td><td>全区计划生育五星级乡镇</td><td>自治区卫生计生委</td></tr>
<tr><td colspan="2" rowspan="3">余丁乡</td><td>全区铁路护路先进单位</td><td>自治区铁路护路联防工作领导小组</td></tr>
<tr><td>全区食品安全先进乡镇</td><td>自治区食品安全委员会</td></tr>
<tr><td>全市食品安全先进乡镇</td><td>中卫市食品安全委员会</td></tr>
<tr><td colspan="2" rowspan="2">舟塔乡</td><td>自治区生态乡镇</td><td>自治区环境保护厅</td></tr>
<tr><td>基层建设先进单位</td><td>中卫市军区</td></tr>
<tr><td colspan="2">大战场镇</td><td>2015 年度全市农村环境综合整治工作二等奖</td><td>中卫市委、市政府</td></tr>
</table>

2016 年度受国家级、省部级、市厅级表彰奖励的先进个人名单

一、国家级表彰奖励的先进个人

无。

二、省部级表彰奖励的先进个人

姓　名	荣誉称号	所在单位	授奖单位
马占江	全国人民防空先进工作者	住房和城乡建设局	国家人防办
杨荣华	宁夏设施蔬菜秸秆反应堆技术示范推广先进个人	农牧局	农业部
张玉华	2014—2016 年度全国农牧渔业丰收奖	农牧局	农业部
张学科	宁夏玉米增产增效综合技术集成与示范推广先进个人	农牧局	农业部
陆　斌	全国“书香之家”	文广局	国家新闻出版广电总局
孙学军	中国林业产业突出贡献奖	枸杞局	国家林业局
	中国优质农产品开发服务协会优秀工作者	枸杞局	中国优质农产品开发服务协会
陈清平	自治区科学技术进步一等奖	枸杞局	自治区人民政府
刘　娟	自治区科学技术进步一等奖	枸杞局	自治区人民政府

三、市厅级表彰奖励的先进个人

姓　名	荣誉称号	所在单位	授奖单位
张建兵	全区“六五”普法先进个人	县委办	自治区依法治区协调小组
万宝生	督查工作先进个人	政府办	自治区政府办公厅
胡学梅	最美信访干部	政府办	自治区信访局
王彦龙	信访工作先进个人	政府办	自治区信访局
王月琴	“六五”普法先进个人	人大办	中卫市委、市政府
刘晓燕	全区“六五”普法先进个人	组织部	自治区依法治区协调小组
	优秀组工干部	组织部	中卫市委组织部
丁雪梅	优秀信息员	组织部	中卫市委组织部
赵建国	平安建设工作先进个人	组织部	中卫市政法委
李海英	优秀离退休干部党务工作者	老干部局	中卫市离退休干部党工委、市委老干部局
傅月珍	优秀离退休干部党务工作者	老干部局	中卫市离退休干部党工委、市委老干部局
宋朝勇	政法工作先进个人	政法委	中卫市政法委
贺奋兵	政法工作先进个人	公安局	中卫市政法委
徐永春	平安建设工作先进个人	公安局	中卫市政法委
李玉梅	民事行政检察业务能手	检察院	最高人民检察院民事行政检察厅
	个人三等功	检察院	中卫市人民检察院
李文霞	个人三等功	检察院	中卫市人民检察院
秦　红	个人三等功	检察院	中卫市人民检察院
谭艳玲	全市检察系统先进个人	检察院	中卫市人民检察院
马　钰	全市检察系统先进个人	检察院	中卫市人民检察院

续表

姓　名	荣誉称号	所在单位	授奖单位
孙丽琴	政法工作先进个人	法　院	中卫市政法委
李华锋	优秀党务工作者	纪检委	中卫市委
张彦珍	平安建设工作先进个人	信访局	中卫市政法委
李　鸣	全区“六五”普法先进个人	宣传部	自治区依法治区协调小组
杜跃华	全区文化科技卫生“三下乡”先进个人	宣传部	自治区党委宣传部
沈　玲	宣传思想文化工作先进个人	宣传部	中卫市委宣传部
凤启敏	全区精神文明建设信息工作优秀信息员	宣传部	自治区文明办
杨晓慧	统战工作先进个人	统战部	中卫市委、市政府
刘世军	统战工作先进个人	宗教局	中卫市委、市政府
祁熙涛	最美党校人	党　校	自治区党校
曾　凯	作家协会优秀工作者	中宁中学	中卫市文联
党　静	全区“六五”普法先进个人	中宁二中	自治区依法治区协调小组
张文忠	中卫市科普工作先进个人	科　协	中卫市科学技术协会
陈俊明	平安建设工作先进个人	民政局	中卫市政法委
郭红卫	五一劳动奖章	民政局	自治区总工会
黄彩霞	“六五”普法先进个人	司法局	中卫市委、市政府
周　超	统战工作先进个人	司法局	中卫市委、市政府
马　娟	“六五”普法先进个人	司法局	中卫市委、市政府
张奋才	政法工作先进个人	司法局	中卫市政法委
李青梅	“六五”普法先进个人	司法局	中卫市委、市政府
刘月珍	全区“六五”普法先进个人	财政局	自治区依法治区协调小组
方　强	“十二五”工作先进个人	财政局	中卫市全民科学素质领导小组
吴丽萍	全区财政系统"六五"普法先进个人	财政局	自治区财政厅
王　铁	五一劳动奖章	财政局	中卫市总工会
王　军	五一劳动奖章	人社局	中卫市总工会
田维荣	国土资源系统先进个人	国土资源局	中卫市国土资源局
周兴安	国土资源系统先进个人	国土资源局	中卫市国土资源局
陈志宁	国土资源系统先进个人	国土资源局	中卫市国土资源局
姚吉庆	全区环境保护监察执法先进个人	环保局	自治区环境保护厅
	全区环境保护大练兵先进个人	环保局	自治区环境保护厅
孟跃军	全区住房和城乡建设工作先进个人	住房和城乡建设局	自治区住房和城乡建设厅
杨月凤	宣传思想文化工作先进个人	文化馆	中卫市委宣传部
张建平	爱国卫生工作先进个人	卫生和计划生育局	自治区爱卫办
柳全宝	综治工作先进个人	卫生和计划生育局	中卫市社会治安综合治理委员会
张　波	计划生育工作先进个人	卫生和计划生育局	中卫市人民政府
杨冬梅	全区审计系统审计标兵	审计局	自治区审计厅
张战军	全市审计系统先进工作者	审计局	中卫市审计局
蒋　峰	全市审计系统先进工作者	审计局	中卫市审计局
赵映书	林木种苗工作先进个人	林业局	自治区林业厅
李宗林	平安建设工作先进个人	安监局	中卫市政法委
刘　娟	科技成果登记奖	枸杞局	自治区科学技术厅

续表

姓　名	荣誉称号	所在单位	授奖单位
王少东	科技成果登记奖	枸杞局	自治区科学技术厅
陈清平	科技成果登记奖	枸杞局	自治区科学技术厅
石媛芳	优秀职业化工会工作者	工　会	自治区总工会
贾学红	优秀职业化工会工作者	工　会	自治区总工会
刘尚林	优秀会员录入员	工　会	自治区总工会
王淑芳	全区“巾帼建功标兵”	妇　联	自治区妇联
李文选	书法家协会优秀工作者	文　联	中卫市文联
张英玲	自治区“三八”红旗手	宁安镇	自治区妇联
纪淑梅	自治区维护妇女儿童权益先进个人	宁安镇	自治区妇联
孙正惠	综治工作先进个人	白马乡	中卫市社会治安综合治理委员会
胡　斌	卫生和计划生育先进个人	白马乡	中卫市卫生和计划生育委员会

2016年度市、厅级以上获奖文艺作品

所属协会（单位）	姓　名	获奖作品	授奖单位
书法家协会	吕振宏	诗歌《阳光下等着》获深圳市“前海潮”杯诗歌二等奖	深圳市作家协会
	朱　敏	文学作品《移动的书房》获得2016“书香银川·银川书香”“晒晒我的书房——书房故事”征集大赛“最美书房”奖	银川市委宣传部、银川日报社
		微剧本《徐开吉当村官》获得首届“国土杯”全国微电影文学剧本创作大赛三等奖	中国国土资源作家协会、中国国土资源报社
		电影剧本《枣园素事》获得2016年夏衍杯创意剧本奖	国家新闻出版广电总局
		电影剧本《枣园素事》获得北京电影学院文学系第13届金子奖电影长片剧本单元提名奖	北京电影学院
	邓轶翀	作品《天堂的恩赐》荣获“珠湖清风杯”全国清廉家风故事征文大赛优秀奖	中国散文学会、江苏省作家协会散文工作委员会、《文学报》报社、《雨花》杂志社、中共高邮市纪律检查委员会
	陶　毅	行书作品《书论》荣获宁夏“2016迎新春全区第二届群众书法绘画摄影大赛”书法类优秀奖	自治区文化厅
	刘　钧	行书作品《唐诗三首》获宁夏“2016迎新春全区第二届群众书法绘画摄影大赛”书法类优秀奖	自治区文化厅
	李文选	楷书作品《心经》获中卫市“中华民族一家亲、同心共筑中国梦”书画摄影大赛书法类三等奖	中卫市民族工作领导小组办公室、中卫市文联
美术家协会	雷枝强	国画作品《山水》获宁夏回族自治区文化厅“2016迎新春全区第二届群众书法绘画摄影大赛”美术三等奖	自治区文化厅
	熊阿琳	版画作品《梦回黄羊湾》获宁夏“2016迎新春全区第二届群众书法绘画摄影大赛”美术类三等奖	自治区文化厅
	施立祥	国画作品《觅》获宁夏“2016迎新春全区第二届群众书法绘画摄影大赛”美术类三等奖	自治区文化厅
		国画作品《盛世福娃》获中卫市“中华民族一家亲　同心共筑中国梦”书画摄影大赛美术类一等奖	中卫市民族工作领导小组办公室、中卫市文联

2016年度在市级以上刊物发表的文学作品

所属协会（单位）	作者姓名	发表作品	发表刊物	发表时间
中宁县作家协会	吕振宏	组诗《在阳光下燃烧》	《沙坡头》第6期	2016年
		报告文学《宁夏革命先烈张子华——有限人生 丹心一片》	《中国纪检监察报》	2016年9月
			《宁夏日报》	2016年10月
	白小山	小说《归位》	《沙坡头》第2期	2016年
		小说《老房子》	《沙坡头》第5期	2016年
	秦中全	小说《情殇》	《沙坡头》第3期	2016年
	陆　岩	散文《中卫赋》	《沙坡头》第1期	2016年
	朱　敏	散文《老街》	《银川日报》	2016年1月
		短篇小说《喊城》	《沙坡头》第1期	2016年
		微剧本《徐村官》	《朔方》第3期	2016年
		组诗《大雨滂沱的城市》	《黄河文学》2、3期合刊	2016年
		散文《让一让，你挡着我的人生了》	《辽宁青年》第5期	2016年5月
		散文《恓惶》	《银川日报》	2016年7月
		诗歌《青铜铸造》	《朔方》第9期	2016年
		短篇小说《爆竹声声》	《黄河文学》	2016年11月
		小说《亲兄热弟》《无处隐藏》，散文《风去的地方》等	《沙坡头》第6期	2016年12月
	郭　荣	诗词《如梦令·高考》	《现代作家文学》第7期	2016年
		散文《兵沟汉墓怀古》《游红山湖》《大峡谷探游》	《夏风》第1期	2016年
		快板《中卫赞》	《中卫日报》	2016年4月
		诗歌《金秋记闲》（组诗）	《沙坡头》第2期	2016年
	王菊梅	散文《风雪去看妈》	《新消息报》	2016年1月
		微小说《叔嫂婚姻》	《宁夏法治网》	2016年3月
		微小说《对决》	《宁夏法治报》	2016年3月
		诗歌《恋洁》	《宁夏法治网》	2016年4月
		散文《天使蓓蓓》《留恋童年》	《宁夏法治报》	2016年6月
		散文《恋花》	《宁夏法治报》	2016年11月
	曾　凯	小说《乡村轶事》	《沙坡头》第4期	2016年
	李俊英	散文《在世界的尽头等你》	《黄河文学》	2016年10月
		诗歌《守候在醒来的一刻》	《沙坡头》第1期	2016年
		散文《被春意叫醒》	《沙坡头》第3期	2016年
		散文《如果你是》	《灵州文苑》	2016年1月
		散文《那一刻我躲进了诗里》	《灵州文苑》	2016年3月
		诗歌《乡间》	《朔方》第9期	2016年9月
	杨永成	诗歌《不老情怀》（组诗）	《沙坡头》第2期	2016年
	张永祥	诗歌《题花》（组诗）	《沙坡头》第1期	2016年
	曹发智	诗歌《故乡最美》（组诗）	《沙坡头》第2期	2016年
	骆少卿	小说《生活中另一个我们》	《沙坡头》第3期	2016年
	吴大志	小说《闪光的珠子》	《沙坡头》第1期	2016年

文　献

文献选录

中宁县城市道路车辆运输防渗防撒防漏监管规定

（2016-01-14）

为确保城市道路干净整洁，防止城市道路车辆运输渗撒漏行为，根据《国务院城市市容和环境卫生管理条例》《宁夏回族自治区市容环境卫生管理条例》和《城市道路管理条例》等法律法规，结合我县实际，制定本规定。

第一条　县住房和城乡建设局是城市道路车辆运输防渗防撒防漏监管的行政主管部门，所属城市建设监察大队具体负责监管查处城市道路车辆渗撒漏行为，县公安局在其职责范围内做好城市道路防渗防撒防漏监管的相关工作。

第二条　城市道路防渗防撒防漏监管包括：在城市道路上行驶的各类运输车辆的渗撒漏行为和造成道路污染的行为。

第三条　运输渣土、沙砾、石子、矿料、粉尘、垃圾、土方、灰浆、酒糟、焦炭、粪便（以下简称渗撒漏物）等流体、散装货物的单位和个人不得污染城市道路，履行维护城市道路卫生义务，实行渣土准运证管理，接受行政主管部门监管与行政处罚。

第四条　运输单位必须对运输车辆采取本规定要求的防渗撒漏措施，确保运输中不渗不撒不漏，并根据施工工程量的大小交纳5000~10000元的防渗撒漏保证金，待施工结束后3个工作日内予以退还；设专人负责运输车辆的管理，制定运输车辆管理责任制度并组织实施，加强对驾驶人员的教育和管理。

第五条　运输车辆驶出装载现场前,必须将车辆槽帮和车轮冲洗干净,不得车轮带泥行驶;建筑施工工地要在车辆出口处,铺设长度不小于30米,宽度不小于5米的混凝土洗车槽,并在出口处设置冲洗车轮的设备及相应的排水和泥浆沉淀设施。

第六条　城区内实行密闭运输。运输车辆四周槽帮牢固可靠,无破损,挡板严密,篷布包裹遮盖捆扎严密;车辆装载适量(不超过车厢),覆盖严密,不抛洒、不遗漏、不飞扬、不超速(小于40公里/小时)。

第七条　运输渗撒漏物的车辆(含农用车)装载应低于车厢马槽10厘米,采取覆盖包裹车辆箱体30厘米拉运。

第八条　运输渗撒漏物的车辆必须采取在车帮两侧及后侧设置护兜(规格:长度、宽度与车帮外侧尺寸相一致,兜口宽为15厘米,深为20厘米,采用帆布或结实的布料制作),用扁铁条固定;混凝土灌装车在漏口处设置护兜,确保不渗不撒不漏。

第九条　凡没有牌照、运营证的车辆,一律不得上路运营。

第十条　县城市建设监察大队对运输渗撒漏物的车辆违反本规定有下列行为的给予处罚:

(一)车辆驾驶人员不采取防护措施,一月内被处罚超过2次的,中止运营执照半年。对造成路面污染的驾驶人员给予罚款处理,发现第二次者,处以罚款并责令清扫污染路面3天。

(二)运输车辆车轮带泥上路行驶的,责令改正,并对车辆驾驶人员处200以上1000元以下罚款。

(三)车辆装载未低于马槽10厘米覆盖不严的,责令改正,并处1000元以上2000元以下罚款。

(四)车辆未覆盖的,责令改正,并处2000元以上3000元以下罚款。

(五)车辆不铺垫防渗布、不使用防渗漏的容器装载的及不设护兜的,责令改正,并处200元以上1000元以下的罚款。

第十一条　县城市建设监察大队依法对建筑施工企业工地出口处不按规定铺设洗车槽、不安装洗车设备或安装不使用的,处5000元以上10000元以下罚款;建筑施工企业工地出入口未采取硬化措施和没有专人负责管理造成路面污染的,处500元以上1000元以下的罚款。

公安部门对违反交通法规的行为依法查处。

第十二条　任何单位和个人对运输车辆渗漏、撒漏的行为有权举报。经查证属实的,县住房和城乡建设局报县政府同意后,对举报单位和个人给予表扬和奖励。

第十三条　县住房和城乡建设局应建立长效督查考核机制,对“三防”工作站工作人员不在岗1次者,通报批评;2次不在岗的,给予行政处分;3次以上不在岗的,限期调离,期间领取65%月工资;3个月不能调离的,停发工资,解除劳动合同。

第十四条　对不履行工作职责、玩忽职守的工作人员有下列行为之一的,依法给予行政处分;构成犯罪的,依法追究刑事责任:

(一)利用职务上的便利收受他人财物或者谋取其他利益的;

(二)违法扣留管理相对人物品的;

(三)收取罚款不开具罚款收据或者不如实填写罚款数额的;

(四)徇私舞弊,不公正处理违法违章企业或人员的;

(五)故意刁难管理相对人的。

第十五条　本规定从2015年5月15日起实施。

中宁县政府投资项目招标投标管理办法

（2016-01-14）

第一章　总　则

第一条　为保证招标项目的质量，提高经济效益，保护国家利益、社会公共利益和招标投标活动当事人的合法权益，根据《中华人民共和国招标投标法》（以下简称《招标投标法》）、《中华人民共和国招标投标法实施条例》和《宁夏回族自治区招标投标管理办法》等有关法律、行政法规的规定，结合本县实际，制定本办法。

第二条　在本县行政区域内进行的政府投资项目招标投标活动，对招标投标活动实施监督，应当遵守本办法。

第三条　招标投标活动应当遵循公开、公平、公正和诚实信用的原则。

第四条　中宁县政府投资项目招标投标活动行政监督部门为县发展和改革局、监察局、财政局、审计局、住房和城乡建设局（招投标管理办公室）。

第二章　组织管理

第五条　中宁县工程招标投标活动行政监督部门按照下列职责分工：

（一）县发展和改革局指导、协调全县的招标投标工作；负责交易现场全场监督；负责和招标人、住房和城乡建设局（招投标管理办公室）人员现场抽取评标专家；负责监督招标项目是否已办理工程建设项目批复；负责核准项目的招标方式(委托招标或自行招标) 以及国家出资项目的招标范围（发包初步方案），项目审批后，及时向有关行政监督部门通报所确定的招标方式和范围等情况；负责参与对招标代理机构的考核，根据其在中宁执业考核扣分情况确定其是否继续执业或清退。

（二）县财政局负责交易现场全场监督；负责和招标人、住房和城乡建设局（招投标管理办公室）人员现场抽取评标专家；负责对使用财政性资金项目的单位落实政府相关规定情况的监督；负责参与对招标代理机构的考核，根据其在中宁执业考核扣分情况确定其是否继续执业或清退。

（三）县审计局负责委托有相应资质的中介机构审核由造价咨询企业编制的需公开招标的政府投资项目预算；负责交易现场全场监督；负责和招标人、住房和城乡建设局（招投标管理办公室）人员现场抽取评标专家；负责参与对招标代理机构的考核，根据其在中宁执业考核扣分情况确定其是否继续执业或清退。

（四）县住房和城乡建设局（招投标管理办公室）负责工程项目的报建登记、核查工程项目招标公告、工程备案；负责工程项目交易现场全场监督；负责和招标人、行政监督人员现场抽取评标专家；负责监督招标人是否认真执行告知制度，招标方式是否履行有关审批手续；负责检查开标时间与接收文件的截止时间是否在同一时间，开标地点是否是招标文件中预先确定的地点；负责检查是否按规定的投标截止时间终止投标文件的接收，是否当场检查投标单位投标文件的密封情况；负责检查是否公开唱标，所有应公开的内容是否全部公开；负责检查是否允许投标人当场提出异议，对提出的异议是否当场给予合法解释，仍有争议的是否提交评委会研究决定；负责对开标现场标书密封情况、资质审查情况、唱标情况、开标规范情况监督；负责对评标委员会组建和人员构成是否合法、评标程序是否合法、与招标文件是否一致，评委是否客观公正地评标监督；负责检查评委等工作人员是否遵守评标纪律，评标过程是否严格保密；负责受理投标人现场质疑、咨询，协调有关人员答复；负责工程项目交易后期资料的存档；负责参与对招标代理机构的考核，根据其在中宁执业考核扣分情况确定其是否继续执业或清退出中宁。

第六条　县监察局负责对招标投标活动进行监督。

第七条　中宁县政府投资项目必须填写中宁县建设工程招标监督管理登记备案表，由招标单位负责人签字经县住房和城乡建设局（招投标管理办公室）审核后，报项目县分管领导审签并报招投标县主管领导批示后，方可进行招标投标活动。

第八条　县住房和城乡建设局（招投标管理办公室）应当公开招标事项核准、招标公告、中标候选人、中标结果、招标代理机构代理活动等信息，并及时对违法违规招标投标行为的处理结果、招标投标活动当事人不良行为记录等相关信息予以公告。

第九条　县住房和城乡建设局（招投标管理办公室）应当将发现的问题及时通知项目审批部门，项目审批部门可以依法暂停项目的执行或者暂停项目资金的拨付。

第十条　招标投标当事人、招标代理机构和县发改、财政、审计、监察、住建等行政监督部门应当遵守公共资源交易中心的管理制度。

第三章　招标范围和标准

第十一条　中宁县行政区域内下列工程建设项目达到本办法规定标准之一的，必须在中卫市公共资源交易中心进行招标投标活动，禁止任何形式的场外交易。

（一）大型基础设施、公用事业等关系社会公共利益、公众安全的项目；

（二）全部或者部分使用国有资金投资或者国家融资的项目；

（三）使用国际组织或者外国政府贷款、援助资金的项目。

第十二条　必须进行招标的工程建设项目的标准为：

（一）施工单项合同估算价在 50 万元人民币以上（含 50 万）的；

（二）勘察、设计、监理等服务单位的选用，单项合同估算在 20 万元人民币以上（含 20 万）的；

（三）单项合同估算价低于本条第一、二项规定标准，但项目总投资额在 500 万元人民币以上的。

第十三条　必须进行招标的工程建设项目应按照批准的设计文件进行施工。确需变更设计或增加项目的，应当经原设计单位同意。因设计变更或其它原因引起项目总投资增加，并有下列情形之一的，建设单位报原批准机关重新审批。

（一）累计金额超过项目总概算 10% 的；

（二）重大设计变更的。

第四章　招标、投标

第十四条　招标人应依照项目审批部门核准的事项进行招标。

第十五条　依法进行公开招标的项目，招标人应当在宁夏建设工程招标投标信息网和中卫市公共资源交易网等国家或者自治区指定的媒介发布招标公告。

任何单位和个人不得违法指定或者限制招标公告的发布地点和发布范围。

第十六条　招标公告应当载明下列事项：

（一）招标人及其代理机构的名称、地址、联系方式；

（二）招标项目的性质、内容、数量、实施地点和时间；

（三）投标人应当具备的资格条件；

（四）报名时需要携带的证件或者相关资料；

（五）报名期限；

（六）开标的时间、地点；

（七）其他须知事项。

前款第五项规定的报名期限不得少于5天。

第十七条　施工单项合同估算价在50万元人民币以下的，由招标人邀请3家具有相应资质的单位直接协商、谈判。

第十八条　项目建设单位按照工程建设项目审批管理规定报送项目审批部门审批的项目，在报送项目可行性研究报告时，应当同时报送项目的招标范围和拟采用的招标方式。

第十九条　工程建设项目招标应当具备下列条件：

（一）按照国家和自治区有关规定需要履行项目审批手续的，已履行了审批手续，并获得批准；

（二）招标人应当有实施招标项目的相应资金或者资金来源已经落实；

（三）有能够满足招标需要的施工图纸、设备清单及技术资料等；

（四）招标人提供经单位党委（党组）集体研究并经主要负责人签字确认的政府投资项目廉洁招标承诺书。

第二十条　招标代理机构办理招标事宜，应当遵守下列规定：

（一）与招标人签订书面委托代理合同，并在招标人委托的范围内办理招标事宜；

（二）未经招标人同意，不得向他人转让招标代理业务；

（三）不得从事同一招标项目的投标咨询服务；

（四）不得向他人透露与招标投标活动有关的情况和资料；

（五）不得与招标人、投标人串通损害国家利益、社会利益和他人的合法权益；

（六）招标投标法规定的有关招标人的其他规定。

第二十一条　招标项目设有标底的，招标人或者招标代理机构应当按照国家和自治区有关规定，并结合市场供求状况进行编制。标底由县审计局委托中介机构进行审核，审核通过后由招标代理公司统一制发标底。

一个招标项目只能编制一个标底。

第二十二条　招标人应当根据招标项目的特点和需要，依法编制、澄清或者修改招标文件，并遵守下列规定：

（一）不得泄露保密资料，串通招标；

（二）不得以获得本地区、本系统奖项等不合理的条件限制或者排斥潜在投标人；

（三）不得向他人透露已获得招标文件的潜在投标人的名称、数量等情况；

（四）不得强制投标人组成联合体共同投标，不得限制投标人之间的竞争；

（五）不得要挟或者暗示投标人中标后分包部分工程给本地区、本系统的的承包商、供货商；

（六）在确定中标人之前，不得与投标人就投标价格、投标方案等实质性内容进行谈判；

（七）法律、法规、规章有关招标投标的其他规定。

第二十三条　投标人应当具备下列条件：

（一）依法注册，具有独立法人资格；

（二）经营范围和资质等级与招标项目相适应；

（三）具有承担招标项目的技术、专业人员和机械设备、财务能力；

（四）具有良好的信誉和业绩；

（五）投标人应提供由投标单位领导班子集体研究、主要负责人签字、单位盖章的廉洁投标告知书。

国家对投标人资格条件另有规定的，从其规定。

第二十四条　投标人应当按照招标文件的要求编制投标文件，并遵守下列规定：

（一）不得挂靠有资质或者高资质单位并以其

名义投标，不得租借他人资质证书投标；

（二）不得相互串通投标报价，不得排挤其他投标人的公平竞争；

（三）不得与招标人串通投标；

（四）不得以低于成本的报价竞标，或者弄虚作假，骗取中标；

（五）不得在中标后违法转包或者分包工程建设项目。

禁止投标人以向招标人或者评标委员会成员行贿的手段谋取中标。

第二十五条 全部使用国有资金或者国有资金占控股或者主导地位的招标项目，投标人必须缴纳投标保证金。

投标保证金按招标控制价的2%由投标企业的对公账户以转账或银行电汇方式提交。投标保证金缴纳时间以保证金到帐时间为准。

投标保证金未按招标文件要求提交，按无效投标处理。

第五章 开标、评标和定标

第二十六条 开标必须采用公开方式，由招标代理机构主持，招标人邀请所有投标人和相关行政监督部门参加，按照法定程序进行。

第二十七条 评标专家由招标人在行政监督部门的监督下，从公共资源交易中心评标专家库中随机抽取。

行政监督部门的工作人员，不得作为专家和评标委员会成员参与评标。

第二十八条 评标委员会应当按照法定程序进行评标，客观、公正履行法定职责，并对所提出的评标意见承担法律责任。

评标应当在严格保密的情况下进行，与评标无关的人员不得进入评标现场。

任何单位和个人不得非法干预、影响评标过程和结果。

第二十九条 评标委员会完成评标后，应当向招标人提出书面评标报告，推荐合格的中标候选人。评标报告应当由评标委员会全体成员签字。

第三十条 评标结束后，预中标信息应在中卫市公共资源交易中心网和中宁政务网同时发布，公示期不少于3个工作日。

第三十一条 招标人应当自中标通知书发出之日起30日内，与中标人依法订立书面合同，并应当自确定中标人之日起15日内，向住房和城乡建设局（招投标管理办公室）提交有关招标投标情况的书面报告。

书面报告应当包括：发改委立项文件、代理合同、业主招标（采购）承诺书、报建表、招标文件、招标备案表、评标报告(包括打分表等附表)、招标控制价、预中标公示、中标通知书、中标单位投标书。

第三十二条 中标人必须在中标公示结束后10日内领取中标通知书，领取中标通知书时必须出示县人事劳动监察部门出具的农民工工资准备金（中标价的10%）和农民工工资支付保证金（中标价的2%）收据，否则不予发放。中标人未按规定时限缴纳农民工工资准备金和农民工工资支付保证金的，视为放弃中标项目，并依法承担违约责任。

第三十三条 招标文件要求中标人提交履约保证金的，履约保证金数额不得超过中标合同价的10%。中标人应当在订立书面合同前提交。中标人拒绝缴纳履约保证金的，视为放弃中标项目，并依法承担违约责任。

第六章 罚 则

第三十四条 招标人有下列情形之一的，招标无效：

（一）不按规定进入公共资源交易中心招标投标的；

（二）对应当进行招标的项目不进行招标、虚假招标或者肢解项目规避招标的；

（三）与投标人串通投标的；

（四）泄露依法不得透露的有关资料、信息的；

（五）在招标投标活动中，索贿、受贿或者接受其他好处的；

（六）明知投标人有违法违规行为，仍确定其为中标人的；

（七）其他法律、法规禁止的行为。

第三十五条　投标人有下列情形之一的，处其在6个月至36个月内不得参与中宁县政府投资项目的招标投标活动：

（一）以受让、借用、涂改、盗用、伪造资质证书、图章、签名以及其他弄虚作假的方式参与投标的；

（二）投标人相互串通投标或者与招标人串通投标的；

（三）行贿、索贿、受贿或者接受其他好处的；

（四）在规定时限内拒不缴纳农民工工资准备金和农民工工资支付保证金、不签订合同、不按照约定交纳履约保证金或者不按照合同约定履行义务的；

（五）将中标项目进行转包或者违法分包的；

（六）无故放弃中标的；

（七）不履行投标文件承诺的；

（八）恶意拖欠农民工工资有记录的或以拖欠农民工工资为由，组织或暗示人员违法集体上访的；

（九）不按照规定建立农民工工资一卡通的。

第三十六条　招标代理机构有下列情形之一的，处其在6个月至36个月内不得参与中宁县国有投资项目的招标投标代理活动：

（一）代理不具备招标条件项目的；

（二）与招标人、投标人或者评标专家串通的；

（三）在招标中弄虚作假的；

（四）泄露依法不得透露的有关资料、信息的；

（五）允许他人以自己的名义承接招标代理业务或者转让招标代理业务的；

（六）有行贿、索贿、受贿行为的；

（七）采用不正当竞争手段获取招标代理业务的；

（八）编制的招标文件、招标控制价严重失实的；

（九）在同一项目中同时为招标人、投标人或者不同投标人提供咨询服务的；

（十）对招标投标监督部门依法责令改正的招标文件内容拒不改正的；

（十一）与其代理招标项目的投标人有隶属关系或者其他利害关系不回避的。

第三十七条　评标专家有下列情形之一的，由行政监督部门依法给予警告；情节严重的，取消其评标委员会成员资格；构成犯罪的，依法追究刑事责任：

（一）无正当理由不参加评标活动的；

（二）与自己有利害关系而不主动申请回避的；

（三）不认真履行职责和义务，迟到早退、擅离职守的；

（四）同投标人、利害关系人或者评标专家之间互相串通，违背公平、公正原则，影响和干预评标结果的；

（五）违规收受招标人、投标人或者其他利害关系人财物及其他好处的；

（六）评标过程中徇私舞弊、弄虚作假、谋取私利或者玩忽职守的；

（七）对评标过程中发现的违法违规行为或者不正当现象不向监督管理部门报告的；

（八）违反规定向外透露有关评标情况及相关信息的；

（九）受到刑事处罚的。

第三十八条　对招标投标活动依法负有行政监督职责的国家机关工作人员有下列行为之一的，由行政监察机关或者任免机关依法给予处分；构成犯罪的，依法追究刑事责任：

（一）不依法履行招标投标监管职责的；

（二）对不符合法定条件的招标代理机构给予资格认定的；

（三）索贿受贿的；

（四）违法参与评标活动或者非法干预、影响评标过程和结果的；

（五）有其他徇私舞弊、玩忽职守、滥用职权行为的。

第七章　投　诉

第三十九条　参与政府投资项目招标投标活动的各方主体存在违法违规行为的，任何单位和个人都有权利和义务向纪检监察机关和行政监督部门举报。

第四十条　为保护招标投标活动当事人的合法权益，提高工程建设项目招标投标活动投诉处理效率，对本县行政区域内利用国有或者集体资金投资进行的工程建设项目招标投标活动的投诉，当事人应当在下列时限内提出：

（一）对招标公告的投诉，在招标公告发布期内提出；

（二）对招标文件的投诉，在招标文件发出后3个工作日内或者补遗、答疑文件发出之日起1个工作日内提出；

（三）对资格审查结果的投诉，在资格审查结果公示期内提出；

（四）对开标结果的投诉，在开标会议结束前提出；

（五）对评标结果的投诉，在中标结果公示期3日内提出；

（六）对违反招标文件和中标人投标文件签订的合同的投诉，在合同签订前提出。

第四十一条　县行政监督部门应当自受理投诉后3日内作出投诉处理决定，并书面告知投诉人，重大项目应当在15个工作日内作出投诉处理决定。

第八章　附　则

第四十二条　本办法自2015年7月17日起施行。

中宁县困难残疾人生活补贴和重度残疾人护理补贴办法

（2016-04-26）

第一章　总　则

第一条　为进一步改善全县困难残疾人和重度残疾人的生活质量，根据《国务院关于全面建立困难残疾人生活补贴和重度残疾人护理补贴制度的意见》（国发〔2015〕52号）和《自治区人民政府办公厅关于印发〈宁夏回族自治区困难残疾人生活补贴办法〉和〈宁夏回族自治区重度残疾人护理补贴办法〉的通知》（宁政办发〔2015〕180号）文件精神，结合我县实际，特制定本办法。

第二条　困难残疾人生活补贴和重度残疾人护理补贴，应遵循公开、公正、公平，保障残疾人基本生活需求的原则，坚持特别救助与最低生活保障相结合，实行逐人审核，实名制发放的机制。

第二章　补贴对象和标准

第三条　困难残疾人生活补贴对象：

具有宁夏中宁县户籍、持有第二代“中华人民共和国残疾人证”(以下简称“第二代残疾人证”),月固定收入低于当地最低工资标准、残疾等级为一级、二级的生活困难残疾人。

第四条 困难残疾人生活补贴标准:

每人每月给予100元的生活补贴。困难残疾人生活补贴标准根据经济社会发展水平和残疾人生活保障需求适时调整。困难残疾人生活补贴不计入城乡最低生活保障家庭的收入。

有下列情况之一的人员不能享受生活补贴:

(一)享受孤儿基本生活保障政策的残疾儿童;

(二)已领取工伤保险生活护理费的;

(三)已纳入特困人员集中供养保障的;

(四)受到刑事处罚的残疾人;

(五)迁移到外县(市、区)的或死亡的;

(六)参与政府明令禁止的非法组织,从事影响社会稳定活动的人员;

(七)经审核不能享受困难生活补贴的其他情况。

第五条 重度残疾人护理补贴对象:具有宁夏中宁县户籍、持有“第二代残疾人证”,需要长期照护的下列残疾人,享受本办法规定的护理补贴:

(一)智力和精神残疾人;

(二)一级、二级视力、肢体及听力、言语的残疾人;

(三)伴有智力残疾、精神残疾及一级、二级视力、肢体和听力及言语残疾的多重残疾人。

第六条 重度残疾人护理补贴标准:

每人每月给予80元的护理补贴。重度残疾人生活补贴标准根据经济社会发展水平和残疾人生活保障需求适时调整。重度残疾人护理补贴不计入残疾人家庭总收入,不得冲抵低保和困难残疾人生活补贴。

有下列情况之一的人员不能享受护理补贴:

(一)已领取工伤保险生活护理费的;

(二)已纳入特困人员集中供养保障的;

(三)受到刑法处罚的的残疾人;

(四)迁移到外县(市、区)的或死亡的;

(五)参与政府明令禁止的非法组织,从事影响社会稳定活动的人员。

对同时符合生活补贴和护理补贴条件的重度残疾人,两项补贴可以兼得。

第三章 申请、审核、审批程序

第七条 符合条件的困难残疾人和重度残疾人,应当由本人或法定监护人向户籍所在地乡镇(场)、村(居)民委员会提交书面申请,填写宁夏困难残疾人生活补贴申请审批表或宁夏重度残疾人护理补贴申请审批表(以下简称审批表),并提供居民户口本、居民身份证、中华人民共和国残疾人证(第二代)、信用社折子账号原件和复印件(一式二份)。

第八条 村(居)民委员会自收到书面申请之日起5个工作日内完成对申请人实际情况的核实和公示。公示后无异议的,由村(居)委会在《审批表》(一式二份)上签署意见,连同申请人的户口本复印件(一式二份)、残疾人证复印件(一式二份)、信用社折子账号复印件(一式二份),报乡镇(场)人民政府审核。

第九条 乡镇(场)人民政府收到村(居)民委员会报送的申报审批材料后,应在10个工作日内完成审核,将审核结果在村(居)公示5个工作日,公示无异议后,对符合条件的在审批表上签署意见,同时将相关证件复印件和证明材料报县残联审批。经审核不符合条件的,要及时将书面通知通过村(居)民委员会送达申请人。

第十条 县残联在收到乡镇(场)人民政府报送的申报材料后,应在10个工作日内完成对申报材料的调查、审核和审批工作。经审核对符合条件的在审批表上签署意见,报请县财政局自递交申请当月计发补贴资金。经审不符合条件的,要书面通知乡镇(场)人民政府,并通过村(居)民委员会送达申请人。

第四章 资金筹集与发放

第十一条 困难残疾人生活补贴和重度残疾人护理补贴所需资金实行分级负担。自治区和县级财政各负担50%。县财政对困难残疾人生活补贴和重度残疾人护理补贴资金实行专户管理,确保专款专用,并将此项工作所需的经费纳入年度财政预算。

第十二条 困难残疾人生活补贴和重度残疾人护理补贴由县残联负责发放,按月通过“一卡通”将资金直接打入受助对象账户,账户原则上要求为本人账户,特殊情况使用监护人账户,并注明“残补”。困难残疾人生活补贴和重度残疾人护理补贴作为困难残疾人和重度残疾人专项补助,不计入家庭收入。

第十三条 县残联应按照预算编制要求,根据困难残疾人生活补贴对象人数、补贴标准、补助水平和滚存结余等有关数据,于每年的8月31日前提出下一年度补贴资金预算计划,报县财政局。县财政局审核后,列入预算草案报本级人民代表大会批准。

第五章 补贴对象管理

第十四条 自2016年起,乡镇(场)人民政府应于每月20日前将新增发放对象报县残联审批。

第十五条 困难残疾人生活补贴和重度残疾人护理补贴工作采取实名制动态管理办法,补贴对象按月审批,补贴资金按月发放。新办证申请补贴的对象,生活补贴资金自下一月起计算并开始发放,护理补贴资金从办证起6个月以后计算并开始发放。县残联每年8月25前完成对困难残疾人生活补贴对象和重度残疾人护理补贴对象的重新审核。

补贴对象户籍迁入本县的,县、乡残联根据迁出县(市、区)残联出具的书面证明,在迁入地指定医院重新进行残疾等级鉴定,对符合条件的将其纳入当地困难生活补贴和重度护理补贴发放对象,并从迁入下月起计发。

补贴对象出现下列情况之一的,从次月起停止发放困难残疾人生活补贴和重度残疾人护理补贴:

(一)户籍迁出本县的;

(二)亡故的;

(三)因医学治疗或康复训练后残疾程度减轻,达不到重度残疾人标准的;

(四)受到刑事处罚的;

(五)申报材料弄虚作假的;

(六)人证不符的。

第十六条 享受补贴的对象实行县、乡两级档案管理,做到一人一档。县残联建立基础信息数据库,明确专人负责数据库的管理和日常维护工作。每年12月底前完成信息录入,并上报区、市残联。

第六章 监督与管理

第十七条 县残联、财政局负责制定生活补贴和护理补贴政策,检查指导运行规程以及资金的测算、分配和管理。县残联做好重度残疾人的认定及困难残疾人生活补贴和重度残疾人护理补贴的审批和监督管理工作。

第十八条 县民政局配合县残联对保障对象进行核实、审定,并及时向县残联、财政局提供发放名册。各乡镇(场)残联负责困难残疾人生活补贴和重度残疾人护理补贴对象的调查、初审、审核和日常监督管理工作。

第十九条 县卫生和计划生育局要做好残疾人的鉴定工作,确保残疾等级鉴定工作准确无误。对弄虚作假鉴定等级的工作人员追究其法律责任。

第二十条 县财政局负责困难残疾人生活补贴和重度残疾人护理补贴资金的筹集、管理和划拨工作,并为开展此项工作提供必要的工作经费。

第二十一条 县公安局负责提供残疾人迁出、迁入和死亡名单。

第二十二条 县审计局、监察局加强对补贴资金管理使用情况的监督检查工作，严禁挤占、挪用，确保补贴资金及时准确发放到位。各级残联应当向社会公布监督电话，自觉接受群众监督。

第二十三条　对弄虚作假骗取困难残疾人生活补贴和重度残疾人护理补贴资金的，乡镇（场）人民政府应及时提请县残联、财政局及时停发，情节较轻的由县残联给予批评教育，并追回已领取的补贴资金，情节严重构成犯罪的，移交司法机关依法处理。

第二十四条　困难残疾人生活补贴和重度残疾人护理补贴发放监管等相关部门及其工作人员，不得无故对符合条件的申请人拒不审批或拖延，不得违反规定为不符合条件的申请人办理补贴手续，不得贪污、挪用、扣押、拖欠补贴资金。对玩忽职守、徇私舞弊、滥用职权的行为，视情节给予批评教育或行政处分；构成犯罪的，依法追究其刑事责任。

第七章　附　则

第二十五条　本实施办法自2016年6月1日实行。同时，《中宁县重度残疾人生活津贴发放（暂行）办法》（中宁政发〔2012〕12号）废止。

中宁县政府采购管理办法

（2016-04-26）

第一条　为加强政府采购活动的管理和监督，提高财政性资金的使用效益，保障政府采购质量，根据《政府采购法》《政府采购法实施条例》《宁夏回族自治区政府采购管理办法》等有关法律法规，结合实际，特制定本办法。

第二条　本办法所称政府采购，是指纳入县财政预算管理的行政、事业单位和团体组织（以下统称采购人）为开展日常政务活动或者为社会公众提供公共服务的需要，以购买、租赁、委托等方式取得货物、工程或服务的行为。

第三条　政府采购应当遵循公开、公平、公正的原则，维护公共利益，保证行政效率，最大限度地提高财政资金的使用效益。

第四条　县财政局、发展和改革局、审计局负责对全县政府采购活动进行监督管理。

县财政局负责政府采购的日常工作，其主要职责是：

（一）执行政府采购政策；

（二）拟定政府采购目录；

（三）统一组织行政、事业单位、社会团体的集中采购和政府采购的大型项目；

（四）组织相关单位对采购项目进行验收；

（五）对政府采购工作进行业务指导和人员培训；

（六）受理就政府采购提出的质疑或投诉。

第五条　政府采购依据《中宁县政府采购目录及标准》进行。

第六条　政府采购采用公开招标、邀请招标、竞争性谈判、询价、单一来源等采购方式。采用上述采购方式的，必须有县财政局、发展和改革局和审计局参与。

第七条　政府采购的范围主要包括：

（一）设备购置单价在2万元以上或单项价格

虽在2万元以下,但一次批量采购在5万元以上;

(二)其他纳入政府采购目录的项目。

第八条 采购人可以委托经自治区人民政府有关部门认定资格的采购代理机构，在委托的范围内办理政府采购事宜。

第九条 达到30万元以上的单项或批量采购,应当实行公开招标或邀请招标采购。

实行公开招标或邀请招标的政府采购项目,必须经采购人或采购代理机构、采购人主管部门、采购项目分管领导签字后，方可按照政府采购程序进行采购。

县内所有行政、事业单位、社会团体必须严格按照以上程序办理政府采购手续。

第十条 达到规定限额标准以上的单项或批量采购,有下列情形之一的,经县财政局批准,可以采取竞争性谈判采购:

(一)招标后,没有供应商投标或无合格标的;

(二)出现了不可预见的急需采购,无法按招标方式得到的;

(三)招标文件的准备需较长时间才能完成的;

(四)县财政局认定的其他情形。

第十一条 达到本办法规定限额标准以上的单项或批量采购的现货，属于标准规格且价格弹性不大的,经县财政局批准,可以采用询价采购。

第十二条 达到本办法规定限额标准以上的单项或批量采购,有下列情形之一的,经县财政局批准,可以采取单一来源采购:

(一)只能从特定供应商处采购,或供应商拥有专有权,且无其他合适替代标的的;

(二)原采购的后续维修、零配件供应、更换或扩充,必须向原供应商采购的;

(三)在原招标货物范围内补充合同的价值不超过原合同价值10%的货物，必须与原供应商签约的;

(四)预先声明需对原有采购进行后续扩充的;

(五)有充足理由认为只有从特定供应商处进行采购,才能促进实现相关政策目标的;

(六)从残疾人、慈善等机构采购的;

(七)县财政局认定的其他情形。

第十三条 采用公开招标方式的政府采购,由采购人通过中国政府采购网、宁夏回族自治区政府采购网、中卫市政府采购网或者其他媒介发布招标公告。

招标公告应当载明采购人的名称、地址和招标项目的性质、金额、实施地点以及获取招标文件的办法等事项。

采用邀请招标采购的,应当向3个以上特定供应商发出投标邀请书。投标邀请书的主要内容依照前款规定。

第十四条 采用公开招标方式的政府采购,采购人应当根据招标项目的特点和需要编制招标文件,并对招标文件的合法性、真实性负责。

第十五条 采用公开招标方式的政府采购,采购人对已发生的招标文件进行必要的澄清或者修改的，应当在招标文件要求提交投标文件截止时间15日前,以书面形式通知所有招标文件收受人。该澄清或者修改的内容为招标文件的组成部分。

采购人确定投标人编制投标文件所需的时间,应当自招标文件发出之日起计算，到投标人提交投标文件截止之日,不得少于20日。

第十六条 采购人或采购代理机构应当按照招标文件的要求编制投标文件，并在招标文件要求的截止时间前,将投标文件送达投标地点。采购人或采购代理机构在招标文件要求的截止时间前,可以补充、修改或撤回已提交的投标文件,并书面通知投标人。补充、修改的内容为投标文件的组成部分。

第十七条 开标应当按照招标文件规定的时间、地点和程序,由采购人或采购代理机构以公开方式进行。开标时应当众验明所有招标文件密封未遭损坏,宣读所有招标文件的内容并作记录存档。

第十八条　评标应当由评标委员会负责。评标委员会由采购人代表和有关经济、技术、法律等方面的专家组成，成员人数为5人以上单数，其中经济、技术等方面的专家不得少于成员总数的三分之二。

评标委员会完成评标后，确定中标人，采购人或代理机构应当向县财政局提供书面评标报告。

第十九条　中标人确定后，采购人或采购代理机构应当向中标人发出《中标通知书》，并在中国政府采购网、宁夏回族自治区政府采购网、中卫市政府采购网或者其他媒介上公告。《中标通知书》一经发出即发生法律效力。采购人与中标人应当在《中标通知书》发出之日起15日内签订书面合同，并向县政府采购办公室报送备案。

第二十条　集中采购的货物和服务，由财政局组织相关单位及评审专家进行验收；对货物和服务有特殊要求的，县财政局可会同采购人聘请自治区的评审专家进行验收，验收人员应当在验收报告书上签署意见，报县财政局备案。

第二十一条　县财政局应当加强对政府采购的监督检查。监督检查的内容包括：

（一）有关政府采购法律、法规、规章和政策的执行情况；

（二）政府采购项目预算的执行情况；

（三）政府采购的采购标准、方式和程序的执行情况；

（四）政府采购合同的履行情况；

（五）其他应当监督检查的内容。

第二十二条　县财政局对违反政府采购规定，可能给国家、社会公众和当事人利益造成损害的行为，应当责令停止采购，并及时做出处理。

第二十三条　在政府采购活动中，采购人、供应商认为自己的合法权益受到损害，可以向县财政局提出质疑或投诉。县财政局应当自收到质疑或投诉书之日起30日内做出处理。

第二十四条　采购人违反本办法规定，自行采购属于政府采购范围内的采购项目，县财政局应当依据政府采购法相关规定进行处罚。

第二十五条　供应商违反规定，给采购人造成损失的，应当赔偿损失，并在3年内不得参加政府采购活动；情节严重的，禁止参加政府采购活动。

第二十六条　政府采购代理机构违反规定，给采购人、供应商造成损失的，应当赔偿损失，并禁止其3年内参加政府采购活动；情节严重的，取消其政府采购业务代理资格。

第二十七条　县财政局和其工作人员，徇私舞弊，玩忽职守的，由主管机关予以行政处分；构成犯罪的，依法追究刑事责任。

第二十八条　县财政局、采购人用国际组织、外国政府或者外国法人、其他组织及个人的贷款或者赠款进行采购的，贷款人或者赠款人对采购方式有约定的，从其约定。

第二十九条　本办法规定未尽事宜，按照国家政府采购法律、法规及政策有关规定执行。

第三十条　本办法自2016年5月15日起施行。

中宁县政府投资项目招标投标管理办法实施细则

（2016-04-28）

第一章 总 则

第一条 为进一步规范政府投资项目招标投标活动，促进廉政建设，根据《中华人民共和国招标投标法》（以下简称《招标投标法》）、《中华人民共和国招标投标法实施条例》和《宁夏回族自治区招标投标管理办法》等相关法律法规，结合我县实际，制定本实施细则。

第二条 本实施细则适用于中宁县行政区域内必须进行招投标的工程建设项目的勘察、设计、施工、监理以及与工程建设有关的重要设备、材料等的采购，达到管理办法规定的规模标准的招标投标活动。

第三条 中宁县政府投资项目招标工作由县发展和改革局负责监督，县招标管理办公室具体实施。

第四条 所有招投标交易活动必须进入中卫市公共资源交易中心公开交易。

第二章 招标、投标

第五条 招标方式分为公开招标和邀请招标。

政府投资项目达到《中宁县招投标管理办法》第十四条、第十五条规定的规模标准的应当实行公开招标。

实行邀请招标必须符合《招标投标法》、《条例》及相关法律法规的规定。

招标规模及范围一经审批，不得随意调整；因客观原因确需调整的，项目业主须按原审批渠道报批。

第六条 施工单项合同估算价在4万元以上50万元人民币以下或勘察、设计、监理等单项合同估算在20万元人民币以下的，招标人填写中宁县建设工程议标登记表，经项目分管领导审签后，方可进行议标，招标人可采用竞争性比选的方式确定承包单位。

前款所称竞争性比选的方式是指招标人公开通过对多家承包单位的资信、业绩、报价、合同执行力等进行综合比较，以选择最优秀的承包单位的方法。合同价为招标人委托中介机构算出预算价，审计部门在委托中介机构审核后的价格由行政监督部门下浮一定比例后经招标人和承包单位同意后的价格。

第七条 总投资额在1000万元（含）以下的工程项目，招标人采用公开随机摇号的方法选择招标代理机构。

总投资额在1000万元以上的工程项目，招标人采用综合评估法或公开随机摇号的方法选择招标代理机构。

第八条 建立中宁县招标代理机构信用评价制度，由县发展和改革局会同相关行政监督部门负责管理及考评工作，每年组织对招标代理机构进行一次信用评价，对信用等级评为不合格的招标代理机构从中宁县清除。

考评采用扣分制，对累计扣分不超过10分的代理机构将予以警告；对累计扣分超过10分以上，20分以下的代理机构，本年内不得承接政府投资的工程项目；对累计扣分超过20分或因严重违规受到行政处罚的代理机构，二年内不得承接政府投资的工程项目(考评表见附件)。

第九条 不采用网上报名的招标项目需由招标代理机构在投标报名截止时将投标报名表送县住房和城乡建设局备案。

第十条 资格审查方式分为资格后审和资格预审。除技术比较复杂(大型场馆、有专业技术要求的公用建筑或设施、特大桥等工程)的项目外，均采用资格后审。实行资格预审方式的由招标人按程序送县住房和城乡建设局备案。

第十一条 招标代理机构将招标文件提交县住房和城乡建设局备案后，方可对潜在投标人予以发售。

第十二条 招标文件中对潜在投标人资质等级、能力、主要技术人员、业绩要求和财务状况等条件,需根据项目类别、性质、建设规模来确定,不得以任何不合理条件限制或者排斥潜在投标人。

第十三条 招标文件的收费不得以营利为目的。除此之外招标人或招标代理机构不得再向投标人收取报名费、图纸费、资料费等其他费用。

第十四条 政府投资项目施工单项合同500万元以下采用合理造价区间随机抽取中标人的评标办法;500万元以上采用合理造价区间随机抽取中标人，或者合理低价法，也可采用综合评估法(技术标为暗标)的评标办法。勘察、设计、监理等服务性招标项目可采用综合评估法进行评标。

第三章 开标、评标和定标

第十五条 招标人应该依法组建资格预审委员会或评标委员会。技术特别复杂、专业要求高或国家有特殊要求的招标项目，采取随机抽取方式确定的专家难以胜任的项目，由招标人提出建议后报行政监督部门审定同意后可以直接确定。

第十六条 根据国务院《关于促进市场公平竞争维护市场正常秩序的若干意见》(国发〔2014〕20号)和最高人民法院《关于公布失信被执行人名单信息的若干规定》(法释〔2013〕17号)等文件规定,凡被列入人民法院失信被执行人名单库或有行贿犯罪记录的企业禁止投标。

第十七条 在中宁县政府投资项目中标后,住房和城乡建设局负责暂时保管中标企业项目部关键岗位人员证件:建造师注册证、项目技术负责人职称证、施工员证、安全员证、质检员证、总监理工程师注册证。

工程项目完工后,经建设单位和监理单位签字同意后，施工单位到县住房和城乡建设局办理退证事宜。

第十八条 违法分包是指施工单位承包工程后违反法律法规规定或者施工合同关于工程分包的约定，把单位工程或分部分项工程分包给其他单位或个人施工的行为。存在下列情形之一的,属于违法分包:

(一)施工单位将工程分包给个人的;

(二)施工单位将工程分包给不具备相应资质或安全生产许可的单位的;

(三)施工合同中没有约定,又未经建设单位认可，施工单位将其承包的部分工程交由其他单位施工的;

(四)施工总承包单位将房屋建筑工程的主体结构的施工分包给其他单位的,钢结构工程除外;

(五)专业分包单位将其承包的专业工程中非劳务作业部分再分包的;

(六)劳务分包单位将其承包的劳务再分包的;

(七)劳务分包单位除计取劳务作业费用外,还计取主要建筑材料款、周转材料款和大中型施工机械设备费用的;

(八)法律法规规定的其他违法分包行为。

对认定有违法分包违法行为的施工单位,依据《建筑法》第六十七条和《建设工程质量管理条例》第六十二条相关规定，责令其改正，没收违法所得,并处工程合同价款0.5%以上1%以下的罚款;

可以责令停业整顿，降低资质等级；情节严重的，吊销资质证书。

第十九条　挂靠是指单位或个人以其他有资质的施工单位的名义，承揽工程的行为。存在下列情形之一的，属于挂靠：

（一）没有资质的单位或个人借用其他施工单位的资质承揽工程的；

（二）有资质的施工单位相互借用资质承揽工程的，包括资质等级低的借用资质等级高的，资质等级高的借用资质等级低的，相同资质等级相互借用的；

（三）专业分包的发包单位不是该工程的施工总承包或专业承包单位的，但建设单位依约作为发包单位的除外；

（四）劳务分包的发包单位不是该工程的施工总承包、专业承包单位或专业分包单位的；

（五）施工单位在施工现场派驻的项目负责人、技术负责人、质量管理负责人、安全管理负责人中一人以上与施工单位没有订立劳动合同，或没有建立劳动工资或社会养老保险关系的；

（六）实际施工总承包单位或专业承包单位与建设单位之间没有工程款收付关系，或者工程款支付凭证上载明的单位与施工合同中载明的承包单位不一致，又不能进行合理解释并提供材料证明的；

（七）合同约定由施工总承包单位或专业承包单位负责采购或租赁的主要建筑材料、构配件及工程设备或租赁的施工机械设备，由其他单位或个人采购、租赁，或者施工单位不能提供有关采购、租赁合同及发票等证明，又不能进行合理解释并提供材料证明的；

（八）法律法规规定的其他挂靠行为。

对认定有挂靠行为的施工单位或个人，依据《建筑法》第六十五条和《建设工程质量管理条例》第六十条相关规定，对超越本单位资质等级承揽工程的施工单位，责令停止违法行为，并处工程合同价款2%以上4%以下的罚款；可以责令停业整顿，降低资质等级；情节严重的，吊销资质证书；有违法所得的，予以没收。对未取得资质证书承揽工程的单位和个人，予以取缔，并处工程合同价款2%以上4%以下的罚款；有违法所得的，予以没收。对其他借用资质承揽工程的施工单位，按照超越本单位资质等级承揽工程予以处罚。

第四章　标后履约管理

第二十条　加强对合同签订及变更的监督管理。建设、施工单位必须签订建设工程施工合同示范文本。合同签订后，不得签订与招标文件、中标的投标文件实质性内容不一致的补充合同。施工合同、补充合同及变更合同应当在订立合同后7个工作日内到县住房和城乡建设局办理合同备案手续。县住房和城乡建设局应对备案合同内容进行严格审核把关，主要对以下内容进行核查：

（一）是否按规定采用合同示范文本，合同条款是否完备，内容是否完整准确，正、副本的内容是否完全一致；

（二）合同双方是否具备相应资质；

（三）依法必须招标的工程是否招标，招标工程合同价与中标价是否相符，合同约定的工程承包范围与招标范围是否一致，合同约定的施工工期、工程质量、工程价款的调整等实质性条款与招标文件和投标承诺是否一致；

（四）专业承包和劳务分包合同的范围是否超出分包工程发包人的承包范围；

（五）承包方派驻工地代表及主要项目管理人员是否具备规定的资格条件，是否与投标时承诺的人员一致；

（六）是否有违反法律、法规和违反合同签订原则的条款。

第二十一条　加强对项目经理和关键岗位人员履职情况的监督管理。施工企业在工地现场工作的人员应与中标人员一致。

中标通知书发出并签订合同后，中标人投标书、合同中确定的派驻现场施工、监理有关人员应当全面履行合同约定的义务，不得随意更换。发生下列情形之一的，由施工单位、监理单位申请，经建设单位同意、县住房和城乡建设局批准，方可变更：

（一）因身体原因（应有市级及以上医院的住院证明）不能胜任项目管理工作的；

（二）项目经理及关键岗位人员长期缺岗和缺位建设单位提出更换的；

（三）劳动合同到期不再续签、劳动合同解除或中止的；

因本条第（一）、（二）项情形被更换的项目经理及关键岗位人员，自更换之日起6个月内不能参加中宁县建筑市场活动。

变更人员的执业资格等级和管理经历应符合投标文件要求，且不得低于变更前标准，人员变更的比例不得超过施工项目部和现场监理部关键岗位总人数的30%。

建设单位发现项目施工、监理管理人员不到岗或擅自更换的，除依据合同约定扣罚违约金外还应督促改正，拒不整改的，及时上报县住房和城乡建设局。

监理单位发现施工管理人员不到岗或擅自更换，技术管理人员在重要施工资料上代签字的，应督促改正，拒不整改的，不得同意下道工序施工，并上报县住房和城乡建设局。

县住房和城乡建设局在检查中发现投标承诺的施工、监理管理人员不到岗或擅自更换的，不认真履行职责的，要当场下达人员未到岗履职处罚决定书并责令限期整改，拒不整改或整改不到位的，依法立案查处并记入不良行为记录，列为建筑市场监管重点对象。

第五章　附　则

第二十二条　本实施细则与《中宁县政府投资项目招标投标管理办法》配套使用，本办法自2016年6月1日起施行。

中宁县征用农村集体土地补偿标准

（2016-05-23）

中宁县征用农村集体土地补偿标准

片区编号	地　类	补偿标准（元/亩）	片区范围	备注
一	耕　地	38400	北二环以南、南二环以北、西二环以东、东二环以西	
二	耕　地	34600	滨河北路以北、包兰铁路以南、西至张台子田庄子路、东至史营路、高干渠以北、南二环以南、东二环以西、西二环以东	
三	耕　地	31400	县城规划区以外的老灌区	
四	耕　地	26600	扬黄新灌区（大战场镇）	
五	旱耕地	6240	喊叫水乡、徐套乡	
	水浇地	26600	喊叫水乡、徐套乡	参照扬黄新灌区（大战场镇）补偿标准执行。

续表

<table>
<tr><th>片区编号</th><th>地　类</th><th>补偿标准（元/亩）</th><th>片区范围</th><th>备注</th></tr>
<tr><td rowspan="2">六</td><td rowspan="2">新开水浇地</td><td>18840</td><td>川区（3年以内）</td><td>参照县城规划区以外的老灌区耕地补偿标准31400元/亩的60%计算</td></tr>
<tr><td>15960</td><td>大战场镇、喊叫水乡、徐套乡</td><td>参照扬黄新灌区（大战场镇）补偿标准26600元/亩的60%计算</td></tr>
<tr><td>七</td><td>人工牧草地</td><td>6240</td><td>根据《关于公布宁夏回族自治区征地补偿标准的通知》（宁政发〔2015〕101号）精神，参照（喊叫水乡、徐套乡）旱耕地补偿标准6240元/亩执行</td><td></td></tr>
<tr><td>八</td><td>天然草地、灌木林地</td><td>3744</td><td>根据《关于公布宁夏回族自治区征地补偿标准的通知》（宁政发〔2015〕101号）精神，参照（喊叫水乡、徐套乡）旱耕地补偿标准6240元/亩的60%计算</td><td></td></tr>
<tr><td>九</td><td>未利用地</td><td>1248</td><td>根据《关于公布宁夏回族自治区征地补偿标准的通知》（宁政发〔2015〕101号）精神，参照（喊叫水乡、徐套乡）旱耕地补偿标准6240元/亩的20%计算</td><td></td></tr>
<tr><td>十</td><td>压砂地</td><td>6240</td><td>根据《关于公布宁夏回族自治区征地补偿标准的通知》（宁政发〔2015〕101号）精神，参照（喊叫水乡、徐套乡）旱耕地补偿标准6240元/亩执行</td><td></td></tr>
<tr><td rowspan="5">十一</td><td rowspan="5">临时用地</td><td>3700</td><td>川区水浇地</td><td rowspan="5">参照《中卫至贵阳输气管道工程用地补偿标准》（宁国土资发〔2011〕213号）执行</td></tr>
<tr><td>2400</td><td>山区水浇</td></tr>
<tr><td>1100</td><td>旱耕地</td></tr>
<tr><td>600</td><td>天然牧草地</td></tr>
<tr><td>2900</td><td>压砂地</td></tr>
<tr><td>十二</td><td colspan="3">使用国有农（林、牧）场土地，参照相邻集体土地征地补偿标准执行，除国有农（林、牧）场土地以外的国有土地（天然牧草地、灌木林地、未利用地等）根据投入情况给予适当补偿</td><td></td></tr>
<tr><td colspan="5">注：地上附着物补偿标准参照《中宁县城市规划区征用农村集体土地及地上附着物补偿标准》（中宁政发〔2010〕110号）执行</td></tr>
</table>

中宁县电子商务进农村综合示范项目专项资金管理办法

（2016-06-02）

第一章　总　则

第一条　为了加强电子商务进农村综合示范项目建设专项资金（以下简称专项资金）的管理，充分发挥专项资金的使用效益，根据《中宁县人民政府关于推进电子商务进农村综合示范项目的实施方案》（新政发〔2015〕90号）精神和财政预算管理的有关规定，制定本办法。

第二条　专项资金管理原则：

（一）市场主导、政府引导。尊重市场经济客观规律，充分发挥市场配置资源的决定性作用，对于符合条件的市场主体，政府适当给予扶持和引导。

（二）科学安排，突出重点。围绕促进农村电子商务发展的重点领域和关键环节使用财政扶持资金，集中财力办大事，避免财政资金使用碎片化。

（三）统一管理，部门协同。专项资金由县财政局会同县农村电子商务工作领导小组办公室共同管理，其他各成员单位根据部门年度工作任务，各司其职、各负其责，协同推进我县农村电子商务发展，避免多头补助，重复支持。

（四）公开、公平、公正，讲求实效。专项资金管理遵循公平、公正、规范运作和注重效益原则，资金分配和使用情况，接受有关部门和社会监督。

第二章　专项资金使用范围

第三条　专项资金使用范围：

（一）支持电子商务进农村综合示范领导小组的建设、日常运营；

（二）支持项目启动仪式的举办；

（三）支持项目宣传推广；

（四）支持村级服务点运营活动的开展；

（五）支持村级服务点人员的培训、差旅等活动；

（六）支持村级固定服务点租金、网络等费用补助；

（七）支持电子商务进农村综合示范工作考核奖励；

（八）县农村电子商务工作领导小组办公室确定的其他农村电子商务发展事项。

第三章　具体政策内容

第四条　专项资金分 3 年统筹安排 1000 万元，其中 2015 年安排 200 万元、2016 年安排 590 万元、2017 年安排 210 万元。

第五条　电子商务进农村综合示范县级运营中心建设、运营等经费按实结算（装修费、硬件设施费、启动仪式举办费等）。主要实施内容：（一）电子商务进农村综合示范县级运营中心装修、户外广告标牌等费用；（二）电脑、音响、投影仪、功放、显示屏等硬件配套设施建设；（三）水电、通信、网络、劳务等日常运营费用；（四）运营中心启动仪式举办用于会场布置、设施安装、氛围营造、车辆租用、媒体邀请等费用；（五）人员培训。

第六条　电子商务进农村综合示范项目宣传、推广等经费按实结算，主要用于横幅、路灯广告、墙体广告、刀旗广告、农村便捷巴士广告、公交车广告等宣传推广费用。

第七条　村级服务点运营活动等经费按实结算，每个村点最高不超过 2000 元（2015 年 25 个村点，2016 年开支 55 个村点，2017 年开支 40 个村点）。主要用于开展电子商务进农村综合示范村级服务点促销活动、运营推广等费用。

第八条　发展村级固定服务点等费用按实结算，每个村点最高不超过 7000 元（2015 年开支 25 个村点，2016 年开支 55 个村点，2017 年开支 40 个村点）。主要用于村级固定服务点租金、网络等费用。

第九条　村级服务点的培训、差旅等费用均按实结算，每个村站每年最高不超过 3000 元（2015 年开支 25 个村点，2016 年开支 55 个村点，2017 年开支 40 个村点）。主要用于服务点人员的培训、外出考察及食宿、交通等费用。

第十条　工作考核的奖励费用按服务点建成率和服务点运营分综合排名情况奖励，平均每村每年不超过 2000 元（2015 年开支 25 个村点，2016 年开支 55 个村点，2017 年开支 40 个村点）。具体奖励标准为：（一）对年度村级服务点平均运营分排名前 10 位的乡镇（社区）（未完成服务点年度建设任务的不予以奖励，上年度未完成服务点任务数累加至下一年度任务数），分别奖励 1.5 万元；（二）对开业 3 日内表现突出的村级服务点，按实际业绩给予奖励（标准为代买销售额2万~3万元奖励500元、3万~5万元奖励700元、5万~10万元奖励1000元、10万元以上奖励2000元）；（三）对年度表现突出的村级服务点，根据年终评比结果和本地农副产品代卖销售情况给予奖励（运营分在全县排名前10%的奖励3000元、排名11%~20%的奖励2000元、排名21%~30%的奖励1000元）（运营分由电子商务进农村综合示范领导小组考核确定）。

第四章 资金分配和拨付

第十一条 资金申报、审核、验收及拨付按以下程序执行：

（一）电子商务进农村综合示范县级运营中心装修，广告标牌等建设，运营中心启动仪式举办，刀旗广告、农村便捷巴士广告、公交车广告、海报等，经县府办、财政局、审计局、监察局、商务局等部门形成会议纪要，由县农村电子商务工作领导小组办公室分别委托第三方服务企业承担。

电子商务进农村综合示范县级运营中心装修费用，由第三方服务企业填写"中宁县电子商务进农村综合示范项目建设专项资金申报表"经电子商务进农村综合示范领导小组负责人签字后，按合同支付进度款，在各项工作落实验收，并经第三方审计后，按实际报销。

广告标牌等建设，运营中心启动仪式举办，刀旗广告、农村便捷巴士广告、公交车广告、海报等由第三方服务企业填写"中宁县电子商务进农村综合示范项目建设专项资金申报表"经电子商务进农村综合示范领导小组负责人签字后，连同申报材料（项目实施内容、开支明细、发票等）按实际报销。

（二）场地租赁费由县农村电子商务工作领导小组办公室填写"中宁县电子商务进农村综合示范项目建设专项资金申报表"，连同租赁协议，直接拨付至业主单位。

（三）电脑、音响、投影仪、功放等硬件配套设施由运营企业自行采购，按实际报销。

（四）水电、通信、网络、劳务等日常运营费用，由电子商务进农村综合示范县级运营中心填写"中宁县电子商务进农村综合示范项目建设专项资金申报表"经电子商务进农村综合示范领导小组负责人签字后，连同申报材料（项目实施内容、开支明细、发票等）按实际报销。

（五）电子商务进农村综合示范项目宣传、推广等经费。横幅、路灯广告、墙体广告等工作由各乡镇（社区）负责实施，各项工作落实并验收后，乡镇（社区）填写"中宁县电子商务进农村综合示范项目建设专项资金申报表"，经县电子商务进农村综合示范领导小组负责人签字后，连同申报材料（租赁协议、开支明细、发票等）按实际报销。

（六）村级服务点的开展运营推广活动、外出培训等经费。需提前报县农村电子商务工作领导小组办公室同意，运营推广活动、外出培训实施后填写"中宁县电子商务进农村综合示范项目建设专项资金申报表"，经县电子商务进农村综合示范领导小组负责人签字后，连同申报材料（开支明细、发票、工作记录、补贴明细等）按实际补助。

（七）工作考核奖励费用。考核由电子商务进农村综合示范领导小组办公室负责实施，根据考核结果填写"中宁县电子商务进农村综合示范项目建设专项资金申报表"经县电子商务进农村综合示范领导小组负责人签字后，连同申报材料（相关表彰文件、业绩排名、奖励明细等）按实际奖励。

（八）发展村级固定服务点租金、网络等费用。由各服务点填写"中宁县电子商务进农村综合示范项目建设专项资金申报表"，连同申报材料（租赁协议、开支明细、发票等），由各乡镇（社区）汇总审核并盖章，报县农村电子商务工作领导小组办公室按实际补助至各服务点。

（九）各项目费用按电子商务进农村综合示范项目实际运营情况，在总预算不变的情况下可以调剂使用。

（十）县农村电子商务工作领导小组办公室负责对相关资料进行审核，根据上述标准核定资金额度。

第五章 监督检查

第十二条 县农村电子商务工作领导小组办公室会同财政部门要切实加强专项资金管理，严格按本办法规定的范围使用专项资金。

第十三条 专项资金的使用应接受社会和各有关部门的监督，并经第三方审计。

第十四条 专项资金应当专款专用，任何单位和个人不得截留、挪用、骗取或擅自改变资金用途。对违反上述规定的单位和个人，将依法追究责任。

第十五条 县财政局会同相关部门对专项资金安排使用情况进行监督检查。专项资金使用情况和项目实施情况的监督检查，并作为下一年度专项资金安排的重要依据。

第六章 附 则

第十六条 本办法由县财政局、县农村电子商务工作领导小组办公室负责解释。

第十七条 本办法自发布之日起施行，与其他相关政策不一致的，以本办法为准。

中宁县2015—2017年农村危房改造实施方案

（2016-08-12）

为了认真做好2015—2017年村镇建设项目工作，根据《宁夏农村危窑危房改造实施方案（2014—2017年）》（宁政发〔2014〕48号）文件精神和自治区住房和城乡建设厅要求，结合我县实际，制定本方案。

一、指导思想

以党的十八大和十八届三中、四中全会精神为指导，深入贯彻落实科学发展观，坚持以人为本、为民解困，充分发动和紧紧依靠群众，通过政府适当补助、政策扶持等措施，大力实施农村危旧房改造工程，努力改善农民的居住条件，消除安全隐患，提高群众生活质量。

二、基本原则

农村危旧房改造是一项重大的民心工程、民生工程，是建设社会主义新农村、缩小城乡差距、促进城乡协调发展的重要举措。按照“政府统建、适度集中、产权属于政府”的原则，以消除困难群众住房安全隐患为目的，以农村危旧房改造为重点，推行集中连片改造，确保改造一片，提升一片，完善一片。

三、目标任务

根据2015年我县摸排的危旧房总数情况，2015—2017年全县11个乡镇计划共完成危旧房改造3500户。其中，2015年度完成危旧房改造900户，2016年度完成危旧房改造1300户，2017年度完成危旧房改造1300户。

四、总体要求

（一）农村危旧房及极度贫困户认定。

1. 农村危旧房认定。农村危旧房是指依据《农村危险房屋鉴定技术导则（试行）》鉴定属于整栋危旧房（D级）的住房。

2. 农村极度贫困户认定。农村极度贫困户是指居住在危旧房中的农村分散供养五保户和低保户、贫困残疾人家庭、因灾因病返贫的住房困难户和不宜集中供养、享受国家定期抚恤补助的农村重点优抚对象。

认定为农村极度贫困危旧房改造对象户,必须同时具备以下条件:居住在危旧房中的分散供养五保户、农村低保户、贫困残疾人家庭户。

(二)危旧房改造方式。对危旧房(D级住房),采取新建、改建的方式进行改造。

(三)危旧房改造要求。

1. 鉴于全县地域经济差异和建房风格的不同,不确定统一的建设模式,参照自治区住房和城乡建设厅下发的《新农村住宅设计图集》《宁夏特色农宅设计图集》《抗震示范农居设计图集》和《宁夏农村住宅抗震技术要点图解手册》,进行结构设计和工程施工。

2. 严格执行危旧房改造建设标准,极度贫困户,原则上1人户建筑面积不小于20平方米,2人及2人以上户建筑面积不大于40平方米。新建房屋基础部分的处理必须符合当地地质条件,结构为砖木或砖混结构的必须设置上下圈梁、构造柱、“三七”墙、砌筑砂浆达到标号、塑钢窗、窗墙比合理;优先采用空心黏土砖、粉煤灰砖、新型墙板等节能建筑材料,以及太阳能等清洁能源。要重点抓门窗建设质量标准,门外宽度不大于1.5米,采用木门或保温门;外窗采用双玻璃,窗户宽度大于2米,在窗户两边设边挺。改造建设的房屋要坚固牢靠、经济实用、方便节约、美观大方,建房质量和标准要达到抗震8级设防标准。凡达不到以上标准的,一律不予验收。

3. 改造建设要坚持因地制宜,方便群众生产生活,按照村庄建设总体规划,统筹布局,采取相对集中选点、整体建设改造的方式进行危旧房改造。集中统一建设的农房要由有资质的施工单位承建,尽可能整合农业设施、能源、人畜饮水、农村电网、乡村道路、村庄绿化等项目及资金,达到既改造危旧房,又促进生产发展和美化村容村貌的效果。

4. 县新型城镇化建设工作领导小组办公室要对农村危旧房改造的规划设计、建材工艺、施工质量和竣工验收等各个环节从严把关,对不按设计施工、偷工减料等违规行为造成质量隐患的,责令施工企业限期整改,情节严重的按有关规定进行处罚。

(四)申请审批程序。

1. 申请。符合危旧房改造条件的家庭向村委会提出书面申请,提供相关身份证明以及属于低保户、五保户、独生子女领证户、二女结扎户、残疾人家庭的相关证书复印件,以及危旧房原貌正、侧面照片,申请资料一式三份。

2. 评议。村委会主持召开村民代表会议,对申请危旧房改造户进行评议,根据群众意见评定危旧房改造户,并张榜公布7天,接受群众监督。如无异议,由村委会上报乡镇人民政府。

3. 审查。乡镇人民政府对村委会上报的危旧房改造户申请材料进行初步审查,并组织人员入户调查,审定危旧房改造户,经公示7天后无异议的,及时将改造花名册一式三份报送县民政局进行审查,审查后报县新农村建设工作领导小组办公室进行审核。

4. 审批。坚持“一申二评三核四批”(农民自愿申请、村民会议民主评议、乡镇审核、县住房和城乡建设局审批)的程序确定农村危旧房改造对象,县住房和城乡建设局对各乡镇上报的危旧房改造户进行汇总复核抽查,经核实对象确定准确的,予以审批,不符合条件的,将材料退回,并说明原因。审查结果应在乡镇人民政府政务公开栏进行公示。各乡镇要按照新农村建设工作领导小组办公室统一印制的花名册,统一填报,建立完善相关资料。

5. 实施。县推进新型城镇化建设工作领导小组办公室根据区、市下达的年度农村危旧房改造任务和补助资金，对各乡镇上报的危改对象户统一复核审批，向社会公示后由各乡镇人民政府具体负责建设。对集中建设点和零星翻建极度贫困户乡镇人民政府要通过公开招标的方式，选择有资质的施工企业或具备相应施工技能的建筑工匠，集中组织实施；在施工过程中，要经常进行督促检查，确保工程质量。

6. 验收。危旧房改造项目竣工后，施工企业或零星翻建户应向乡镇人民政府提出验收申请，经危旧房户户主、村、乡镇人民政府初验后，报请县新型城镇化建设工作领导小组组织县住建、发改、民政、财政、审计等部门组成考核验收组，逐户进行检查验收。凡验收不合格的，限期整改，通报批评，追究责任。

7. 档案管理。县乡两级人民政府要建立健全农村危旧房改造档案，做到一户一档。档案内容包括：户主申请书、危旧房改造申请审批表、住房情况调查表、改造前(必须有户主的正面肖像)、改造中、改造后的住房照片、家庭成员身份证复印件或户口本复印件、农村低保证复印件、五保户供养证复印件、残疾证复印件和贫困户证明等有关材料。

（五）扶持政策。实施危旧房改造的农户，按照自治区补助政策给予补助。对极度贫困户的建设管理工作，根据本县实际逐步探索，原宅基地由乡村负责收回的，每个宅基地县财政补助1万元，安排建设2-3户小于40平方米的住房，再配套一定的补助资金，新建房屋所有权属集体所有，部分住房超出财政补助建设的，由住房户出资补缴建房款，超出部分的房屋面积产权为住户所有，等该住户退出时由乡镇或者下一个住户协商购买超出部分产权。由乡镇负责统筹安排本辖区极度贫困户居住，卫生厕所由县卫生和计划生育局按政策负责实施，饮水工程由县水务局负责实施。年内完成建设任务，并通过验收后，由县财政按照招投标文件支付资金。

（六）资金管理。农村危旧房改造资金全部纳入县财政专户，农村危旧房改造资金的发放，由县财政部门根据县推进新型城镇化建设工作领导小组办公室提供的危旧房改造花名册，将确定的补助金额，通过县国库集中支付，对零星自行翻建的农户，直接转入农村危旧房户在银行开设的“一卡通”账户；对由乡镇统一组织施工的农户，经农户确认后，将补助资金转入施工企业账户。农村危旧房改造资金的使用、补助对象、补助金额要及时在各地政府网站上公开，接受社会监督。县财政部门要加强资金监督管理，加大监督检查力度，发现问题及时纠正，确保资金及时、准确发放到危旧房改造农户手中。

五、工作措施

（一）加强组织领导。为确保危旧房改造的顺利进行，根据《宁夏农村危窑危房改造实施方案（2014—2017年）》（宁政发〔2014〕48号）文件精神，由县推进美丽乡村建设工作领导小组全面负责协调、指导旧村庄整治和危旧房改造工作。各乡镇及有关部门、单位也要成立相应的组织机构，由主要负责人亲自抓、负总责，制定具体方案，抽调专人负责资金筹措、组织施工、质量监督等工作，确保全面完成建设任务。

（二）明确工作责任。各乡镇作为具体组织实施农村危旧房改造的责任主体，在工程建设中，要把农村特困群众危旧房改造工程与美丽乡村建设项目有机结合起来，科学规划，分类指导；要实行乡镇领导包片包村、一般干部包对象责任制，把任务落实到户，把责任靠实到人，层层建立危旧房改造工作目标管理责任，明确工作任务、质量、进度及时限要求，确保建房质量，按期完工。县住建、规划部门要加大指导检查力度，总结经验，以点带面，稳步推进农村危旧房改造工程建设。县财政部门要设立农村特困群众危旧房改造资金专户，实行封闭运行，确保专款专用。县住建、国土等部门要落实相关扶持政策，积极做好规划设计、土地审批、质量监督等跟踪服务工作。其他各相关部门要从各自职责出发，各司其职，各负其责，密切配合，简化相关手续，减免相关收费，确保农村特困群众危旧房改造工程顺利实施。

（三）严把质量标准。农村危旧房改造工程事关党和政府形象，事关困难群众切身利益，在工程实施过程中，必须坚持公正、公开的原则，确定对象要准确，工程质量要合格，资金管理要严格，办事程序要透明，实施过程要公开。充分考虑农民意愿、经济状况和承受能力和各村庄实际、特色，广泛征求群众意见，注重总体布局、建筑模式和内部结构，做到样式新颖、美观大方，突出地方特色和乡村特点，方便群众生产生活。要牢固树立“百年大计、质量第一”的思想，坚持高起点规划、高标准建设，明确专人，落实责任，加强材料选购、施工建设、工程验收等各个环节的监督管理，严把质量关口，切实做到设计标准不降低、工程质量不走样，确保把危旧房改造这项事关民生的好事落到实处。

（四）严格督查考核。县人民政府将采取定期和不定期督查相结合的方式，对各乡镇和有关部门、单位的任务完成情况进行跟踪督查，并将督查结果纳入年终目标管理考核，对工作有力、成效明显的给予表彰奖励；对整治效果不明显、工作措施不力的，进行通报批评，并限期进行整改；整改不力的，将按照有关规定，严肃追究相关责任人的责任，决不姑息迁就。

中宁县 2016 年美丽乡村建设实施方案

（2016-08-12）

为加快新农村建设步伐，做好 2016 年美丽小城镇和美丽村庄建设工作，切实改善全县人民群众的生产生活环境，结合我县实际，特制定本方案。

一、指导思想

深入贯彻落实党的十八大和十八届三中、四中全会以及第 12 个中共中央一号文件和中央城镇化工作会议精神，以科学发展观为指导，把城乡发展一体化作为美丽村庄建设的根本出发点和落脚点，将“四化同步”贯穿全过程，以环境优美、农民富裕、民风和顺为目标，大力实施规划引领、农房改造、农民收入倍增、基础设施建设、环境综合整治、生态绿化美化、公共服务设施提升、文明村镇创建“八大工程”，构建充满活力、富有特色、宜居宜业的美丽村庄。

二、目标任务

（一）2016 年农村危房改造。

计划改造 1300 户，其中极度困难户 168 户，低保户、五保户为 328 户，其他贫困户为 804 户。

（二）美丽小城镇建设。

1. 鸣沙镇美丽小城镇建设项目。该项目建设铺设人行道 21200 平方米，树池更换道牙 8100 米，门前及非机动车道硬化 12000 平方米，粉刷墙面 1120 平方米，渠道砌护 230 米，砌筑围墙 320 米，新开宽 24 米、长 1.1 千米沥青路，征地 40 亩，铺设上水管道 3500 米、下水管道 2600 米，栽种垂柳、刺槐 2100 棵，安装太阳能路灯 80 盏，砌筑、维修检查井 110 座、雨水井 240 座，改造旧公园一座。投资概算2420.5万元。其中，申请自治区补助资金726.15万元占30%，县财政补助资金726.15万元占30%，自筹资金968.2万元占40%。

2. 恩和镇美丽小城镇建设项目。改造镇区给水系统，新居民点铺设管网，改扩建和新建自来水管道6000米；改造镇区排水系统，铺设排水管道9183米；沿集镇主要道路安装路灯，采用单叉路灯单排布置在路测，杆距均为35米，所有配线电缆均采用VLV22型电缆埋地敷设，设1台箱式变压器，路灯采用PLC微机分时分相自动控制，集镇区共安装路灯120盏；改扩建恩红公路镇区路段和S101两侧路段，改造道路1.2千米，铺装人行道22000平方米；维修花栏1200米，补栽绿化树木500棵，计划投资2600万元。其中，申请自治区补助资金780万元占30%，县财政补助资金780万元占30%，自筹资金1040万元占40%。

（三）美丽村庄建设。

1. 白马乡三道湖村美丽村庄整治项目。该项目拟定沿新白新公路沿线包括三道湖村1、2、3、4队，涉及农户340户。硬化巷道1490米，制作花池7520米，制作旱台3760平米，制作水泥砖铺装2400平方米，墙体粉刷5600平方米，制作防护围墙1230米，更换大门48套，安装太阳能100套，栽植松柏420棵，建造卫生厕所48座，建设垃圾收集点，垃圾箱底座硬化80平方米。配制健身器材2套，配备文体活动器材5种以上，配备有石桌、石凳，健身广场配套有体育健身器材，供群众休闲娱乐和锻炼，安装路灯105盏。制作下水管道1150米，检查井30座，建设污水终端1套，计划总投资435.54万元。其中，申请自治区补助资金130.66万元占30%，县财政补助资金130.66万元占30%，自筹资金174.22万元占40%。

2. 白马乡白路村美丽村庄建设。该项目拟定沿新白新公路沿线，包括白路村4、5、9队涉及农户200户。硬化巷道4600米，文化广场2500平方米。制作花池3520米，墙体粉刷2000平方米，制作水泥砖铺装4300平方米，制作旱台2760平方米，制作防护围墙1650米，栽植树木400棵，建设垃圾收集点，垃圾箱地作硬化80平方米。配制健身器材2套，配备文体活动器材5种以上，配备有石桌、石凳，健身广场配套有体育健身器材，供群众休闲娱乐和锻炼，文化活动室、农民工培训、电脑室共计240平方米，安装路灯120盏，安装太阳能100套，铺设下水管道1500米，制作检查井35个，建造公厕2座。计划总投资451.16万元。其中，申请自治区补助资金135.35万元占30%，县财政补助资金135.35万元占30%，自筹资金180.46万元占40%。

3. 大战场镇东盛村美丽村庄整治项目。该项目涉及农户290户，1300人，计划整治巷道5条3.7公里，实施道路、给排水、绿化、亮化、环卫等工程。硬化道路12360 平方米，铺设面包砖17720平方米，改建渠道1310平方米，铺设平侧石8760米，混凝土道牙8970米，栽植行道树1230株，绿化绿化带10520平方米，铺设给水管道2225米，铺设排水管道3560米，安装太阳能路灯72盏，改建涵洞3座，改造危房8户，砌护围墙500米，粉刷墙面5000平方米。计划总投资1226.89万元，其中，申请自治区补助资金368.07万元占30%，县财政补助资金368.07万元占30%，自筹资金490.75万元占40%。

4. 新堡镇刘庄村美丽村庄建设项目。该项目涉及农户267户，包括硬化主干道2条，总长2300米，面积为13800平方米，硬化村内巷道17条，长2356米，面积为9424平方米，硬化散水5578平方米，铺设面包砖9500平方米，建设健身广场1处，面积为2000平方米，建设公共卫生间6座，每座36平米，总面积218平方米，安装路灯54盏，建设中老年活动中心1座，面积100平方米，因拓宽主干道，需李家渠渠面加盖板，面积3000平方米。计划总投资560万元。其中，申请自治区补助资金168万元占30%，县财政补助资金

168 万元占 30%，自筹资金 224 万元占 40%。

5. 宁安镇东华村美丽村庄整治项目。该项目拟定沿宁华公路沿线，包括东华村 6、7、8、9 队，涉及农户 276 户。铺设宁华路宁华段道牙 2600 米 7800 平方米，硬化巷道 8 条 2500 平方米，粉刷墙面 6300 平方米，安装太阳能路灯 36 盏，危旧房改造 5 户。计划总投资 282.1 万元。其中，申请自治区补助资金 84.63 万元占 30%，县财政补助资金 84.63 万元占 30%，自筹资金 112.84 万元占 40%。

6. 宁安镇南桥村美丽村庄建设。该项目拟定沿宁华公路沿线，包括南桥村 1—7 队，涉及农户 330 户。铺设宁华路南桥段道牙 2000 米 6000 平方米，硬化巷道 21 条 12500 平方米，粉刷墙面 10200 平方米，安装太阳能路灯 20 盏，危旧房改造 6 户。计划总投资 297.9 万元。其中，申请自治区补助资金 89.37 万元占 30%，县财政补助资金 89.37 万元占 30%，自筹资金 119.16 万元占 40%。

7. 鸣沙镇五道渠村美丽村庄建设。该项目涉及农户 264 户。铺设碎石 2391 平方米，铺设人行道 4782 平方米，栽树池道牙 5021 米，门前及巷道硬化 10355 平方米，墙面粉刷 5870 平方米，垫土方 709 立方米，安装太阳能路灯 80 盏，栽种刺槐、垂柳 1194 棵，砌筑围墙 337 米，砌筑渠道 709 米。计划总投资 430 万元。其中，申请自治区补助资金 129 万元占 30%，县财政补助资金 129 万元占 30%，自筹资金 172 万元占 40%。

8. 喊叫水乡喊叫水村美丽村庄建设。该项目涉及农户 340 户。土地平整面积 110 亩，总挖方土方量 122942 立方米，用于搬迁安置零星农户；安装路灯 194 盏；栽植各种树木 5599 株（新疆杨 1231 株、沙枣树 2184 株、榆树 2084 株）。该项目计划总投资 220.69 万元。其中，申请自治区补助资金 66.21 万元占 30%，县财政补助资金 66.21 万元占 30%，自筹资金 88.27 万元占 40%。

9. 2016 年农村污水处理项目。根据自治区农村污水处理要求，中宁县计划在已整治和计划整治的村庄实施分散式农村污水处理 400 户，每户投资 7000 元，共计 280 万元。其中，申请自治区补助资金 200 万元占 70%，县财政补助资金 50 万元占 18%，自筹资金 30 万元占 12%。

三、扶持政策

1. 在美丽村庄建设点内按规划设计要求新建、翻建房屋的农户，建成验收合格后每户按照自治区危旧房改造补助政策进行补助；危旧房改造农户暂按照自治区 2015 年补助标准进行补助，待 2016 年自治区补助标准出台后再进行调整；极度困难户县财政再每户配套补助 2 万元。

2. 对在美丽村庄建设点内实施巷道硬化、改水、改厕、改厨、绿化等基础设施建设的，由各相关部门按照自治区《美丽乡村建设实施方案》要求给予资金或实物支持。

3. 对在美丽村庄建设点内建设幸福大院、老年人饭桌等项目的，按照自治区相关政策给予资金或实物支持。

4. 对保质保量如期完成美丽村庄建设任务的乡镇、部门，待区、市、县验收合格后，按照签订的目标责任书给予相应的以奖代补资金。

5. 由县委宣传部文明办负责协调，按照区、市文明村申报考核细则要求，优先将 8 个美丽村庄逐级申报文明村，积极争取区、市相应的补助资金支持。

四、实施步骤

2016 年美丽乡村建设工作从 1 月 1 日开始，到 11 月 20 日结束，分三个阶段进行：

（一）前期准备阶段（1 月 1 日—2 月 28 日）。在深入调查研究和广泛征求意见的基础上，科学制定本年度美丽村庄建设规划设计及实施方案，明确目标，落实责任，广泛动员群众筹资投劳，完成土地置换等前期准备工作。

（二）组织实施阶段（3 月 1 日—10 月 20 日）。按照“统一规划设计、统一标高、统一验收”的要求，采取集中建设和分户建设相结合的方式，因地制宜,突出特色,保质保量地完成建设整治任务。

(三)检查验收阶段(10月21日—11月20日)。由各乡镇组织自查验收后,由县新型城镇化建设工作领导小组办公室组织相关部门进行检查验收。对没有如期完成任务的乡镇、部门、单位,将在全县范围内予以通报批评,并责令限期完成。

五、工作措施

(一)加强组织领导。为确保新农村建设的顺利进行,县政府成立由县长任组长,县委、人大、政府、政协分管领导任副组长,组织、宣传、发改、民政、财政、国土、环保、住建、交通、水务、农牧、文化旅游广电、卫生、林业、供电、电信等部门、单位及各乡镇主要负责人为成员的县新型城镇化建设工作领导小组,办公室设在县住房和城乡建设局,全面负责协调、指导美丽乡村建设工作。各乡镇和有关部门、单位也要成立相应的组织机构,结合本单位实际,制定具体工作方案,抽调专人包抓,切实做好资金筹措、组织施工、质量监督等工作,确保各项建设任务顺利完成。

(二)明确职责分工。县住房和城乡建设局负责美丽乡村建设规划设计方案的上报审核,并派技术人员予以指导,对极度困难户住房进行统一建设,协调相关部门进行检查验收;县发展和改革局负责相关项目的立项审批工作;县国土资源局负责美丽村庄新建场所的土地审批工作;县环境保护局负责美丽村庄水源地保护,垃圾池、垃圾中转站建设、垃圾清运管理工作;县交通运输局负责美丽村庄道路和巷道硬化的建设及技术指导工作;县水务局负责美丽村庄内人饮工程的建设及水利设施建设和技术指导工作;县林业局负责美丽村庄建设点绿化苗木的提供及技术指导工作;县农牧局负责美丽村庄内太阳能的架设及技术指导;县民政局负责危旧房改造对象的认定工作,并提供极度困难户名单;县委组织部负责美丽村庄村部及院落内活动场所建设及验收工作;县卫生和计划生育局负责双瓮厕所建设工作;县文化旅游广电局负责美丽村庄文化活动中心建设,健全完善基层文化服务网络;县委宣传部负责宣传各项扶持政策,及时报道工作中涌现出的先进典型,做好舆论引导工作;供电局负责架设供电线路的架设、迁移工作,保障建设工程用电需求;电信局负责村庄电信线路的架设、迁移工作,确保线路畅通。各乡镇要切实发挥好主体作用,建立健全美丽乡村建设及危旧房改造档案资料,加强对补助资金及建设物资的分配管理,使之合理使用,发挥最大效益。各有关部门、单位要发挥职能优势,全力抓好各项工作落实,并做好美丽乡村建设工作的资料收集归档工作。

(三)严把质量标准。各乡镇、有关部门、单位要严格按照"规划先行、科学指导、因地制宜、注重实效"的原则,充分考虑各村庄农民意愿、经济状况、承受能力等实际情况,注重从总体布局、建筑模式和内部结构等方面下手,严把工程设计关,力求新居样式新颖、美观大方,突出地方特色和村庄特点,方便群众生产生活。要牢固树立"百年大计,质量第一"的思想,明确专人,落实责任,加强材料选购、施工建设、工程验收等各个环节的监督管理,严格做到设计标准不降低、工程质量不走样,切实把美丽村庄建设这项事关民生的好事办好、办出成效。

(四)认真执行政策。各乡镇和有关部门、单位要认真执行区、市、县各项惠民政策,确保各项扶持措施及时落实,形成资源整合、要素汇集的综合效应。各乡镇要建立健全美丽村庄建设及危旧房改造档案资料,加强对补助资金及建设物资的分配管理,使之合理使用,发挥最大效益。

(五)严格督查考核。美丽乡村建设工作是今年县委、政府确定的百项重点工作之一,县新型城镇化建设工作领导小组要采取定期检查和不定期抽查相结合的方式,对各项工作进展情况进行跟踪督查,并将督查结果纳入全县各乡镇、部门年度目标管理考核范围,认真兑现奖罚。对于工作进展快、成绩好的，要给予表彰奖励；对于工作成绩差、未能如期完成目标任务的，要进行通报批评，限期整改，并按有关规定追究相关责任人的责任。

附件：

2016年农村危旧房改造计划汇总表

2016年农村危旧房改造计划汇总表

单位：户

序号	乡镇	极度困难户	低保户	其他贫困户	合　计	备　注
1	宁安镇	3	8	29	40	
2	石空镇	5	15	43	63	
3	新堡镇	12	22	48	82	
4	恩和镇	10	26	24	60	
5	鸣沙镇	41	43	39	123	
6	舟塔乡	3	17	61	81	
7	白马乡	9	6	37	52	
8	余丁乡	9	15	31	55	
9	大战场镇	76	62	167	305	
10	喊叫水乡		73	185	258	
11	徐套乡		41	140	181	
12	合　计	168	328	804	1300	

文献目录

2016 年中共中宁县委发文目录

序号	文件名称	发文号
1	关于成立县第十六届人民代表大会第四次会议临时党委党支部的通知	中宁党发〔2016〕01 号
2	关于印发《中共中宁县委 2016 年工作要点》的通知	中宁党发〔2016〕02 号
3	关于呈报《中共中宁县委落实党风廉政建设主体责任报告》的报告	中宁党发〔2016〕03 号
4	关于表彰 2015 年度全县支持地方经济发展贡献奖的决定	中宁党发〔2016〕04 号
5	关于 2015 年度全县效能目标管理考核情况的通报	中宁党发〔2016〕05 号
6	关于呈报《风正好扬帆》电视问政节目反映问题整改方案的报告	中宁党发〔2016〕06 号
7	关于印发《关于加快推进“开放中宁”建设的实施方案》的通知	中宁党发〔2016〕07 号
8	关于表彰“最美杞乡人”的决定	中宁党发〔2016〕08 号
9	关于表彰奖励 2015 年度政法维稳综治信访禁毒暨平安建设工作先进集体和先进个人的决定	中宁党发〔2016〕09 号
10	关于表彰奖励 2015 年度全县宣传思想文化工作先进集体和先进个人的决定	中宁党发〔2016〕10 号
11	中共中宁县委关于加强新形势下统战工作的实施意见	中宁党发〔2016〕11 号
12	关于表彰奖励 2015 年度优秀村党支部书记的决定	中宁党发〔2016〕12 号
13	关于 2014 年“三述三评”反馈问题整改落实情况的通知	中宁党发〔2016〕13 号
14	关于做好 2016 年农业农村工作的意见	中宁党发〔2016〕14 号
15	关于表彰 2015 年度农业农村工作先进集体和先进个人的决定	中宁党发〔2016〕15 号
16	关于加强和改进党的群团工作的实施意见	中宁党发〔2016〕16 号
17	关于表彰 2015 年度优秀公务员和优秀工作者的决定	中宁党发〔2016〕17 号
18	印发《关于从严治党挺纪在前进一步加强党风廉政建设的意见》的通知	中宁党发〔2016〕18 号
19	关于表彰 2015 年度安全生产集体和先进个人的决定	中宁党发〔2016〕19 号
20	关于自治区党委第一巡视组回访中宁反馈意见整改情况的报告	中宁党发〔2016〕20 号
21	关于兑现《2015 年度全县卫生和计划生育工作目标管理责任书》的决定	中宁党发〔2016〕21 号
22	关于表彰奖励 2015 年度卫生和计划生育工作先进集体和先进个人的决定	中宁党发〔2016〕22 号
23	关于印发《中共中宁县委员会“三重一大”事项集体决策实施细则(试行)》的通知	中宁党发〔2016〕23 号
24	关于全县一季度干部实绩考核情况的通报	中宁党发〔2016〕24 号
25	关于印发《2016 年中宁县县乡领导班子换届工作实施方案》的通知	中宁党发〔2016〕25 号
26	关于印发《中宁县“十三五”脱贫攻坚实施方案》的通知	中宁党发〔2016〕26 号
27	关于印发《中宁县 2016 年脱贫攻坚工作方案》的通知	中宁党发〔2016〕27 号
28	关于孙艳琳等同志职务任免征求意见的请示	中宁党发〔2016〕28 号
29	关于印发《中宁县政府投资项目管理和责任追究办法》和《中宁县政府投资项目设计变更实施细则》的通知	中宁党发〔2016〕29 号
30	关于印发《中宁县乡镇党委换届工作实施方案》的通知	中宁党发〔2016〕30 号
31	关于成立乡镇领导班子换届工作指导组的通知	中宁党发〔2016〕31 号
32	关于印发《中宁县落实党风廉政建设党委主体责任和纪委监督责任清单》的通知	中宁党发〔2016〕32 号
33	关于反馈审计报告(征求意见稿)的意见	中宁党发〔2016〕33 号
34	关于同意召开中国共产党中宁县宁安镇第三次代表大会的批复	中宁党发〔2016〕34 号

续表

序号	文件名称	发文号
35	关于同意召开中国共产党中宁县新堡镇第三次代表大会的批复	中宁党发〔2016〕35 号
36	关于同意召开中国共产党中宁县石空镇第十三次代表大会的批复	中宁党发〔2016〕36 号
37	关于同意召开中国共产党中宁县鸣沙镇第十三次代表大会的批复	中宁党发〔2016〕37 号
38	关于同意召开中国共产党中宁县恩和镇第三次代表大会的批复	中宁党发〔2016〕38 号
39	关于同意召开中国共产党中宁县大战场镇第一次代表大会的批复	中宁党发〔2016〕39 号
40	关于同意召开中国共产党中宁县白马乡第十三次代表大会的批复	中宁党发〔2016〕40 号
41	关于同意召开中国共产党中宁县余丁乡第十二次代表大会的批复	中宁党发〔2016〕41 号
42	关于同意召开中国共产党中宁县舟塔乡第十二次代表大会的批复	中宁党发〔2016〕42 号
43	关于同意召开中国共产党中宁县喊叫水乡第十三次代表大会的批复	中宁党发〔2016〕43 号
44	关于同意召开中国共产党中宁县徐套乡第十三次代表大会的批复	中宁党发〔2016〕44 号
45	关于呈报《贯彻落实张柱书记调研中宁工作指示精神方案》的报告	中宁党发〔2016〕45 号
46	关于表彰全县先进基层党组织优秀共产党员和优秀党务工作者的决定	中宁党发〔2016〕46 号
47	关于召开中国共产党中宁县第十四次代表大会的请示	中宁党发〔2016〕47 号
48	关于印发《中宁县县乡人大政府和县政协领导班子换届工作实施方案》的通知	中宁党发〔2016〕48 号
49	关于转发《中共中宁县人大常委会党组关于做好全县县乡（镇）两级人民代表大会换届选举工作的意见》的通知	中宁党发〔2016〕49 号
50	关于《中宁县选举委员会组成人员建议名单》的批复	中宁党发〔2016〕50 号
51	关于县委会议纪要 2015 年第 8 次和第 12 次中有关决策的说明	中宁党发〔2016〕51 号
52	关于成立县乡换届工作指导组的补充通知	中宁党发〔2016〕52 号
53	关于中国共产党中宁县第十四次代表会代表选举工作的通知	中宁党发〔2016〕53 号
54	关于印发《党委（党组）意识形态工作责任制实施细则（试行）》的通知	中宁党发〔2016〕54 号
55	关于印发《2016 年度全县效能考核方案》的通知	中宁党发〔2016〕55 号
56	关于中央第八环境保护督查组转办事项的整改落实方案	中宁党发〔2016〕56 号
57	关于提请研究《中宁县空间规划（多规合一）改革试点工作实施方案》的请示	中宁党发〔2016〕57 号
58	关于停止执行何慧敏等四人中国共产党中宁县第十三次代表大会代表职务的决定	中宁党发〔2016〕58 号
59	关于提请研究《中宁县空间规划（多规合一）改革试点工作实施方案》的请示	中宁党发〔2016〕59 号
60	关于 2016 年上半年干部工作实绩考核结果的通报	中宁党发〔2016〕60 号
61	关于对全县高考中考小学质量测查暨全国全区竞赛先进集体和个人进行表彰奖励的决定	中宁党发〔2016〕61 号
62	关于表彰优秀校长、模范班主任、优秀教师、先进教育工作者的决定	中宁党发〔2016〕62 号
63	关于确定中宁县出席中国共产党中卫市第四次代表大会代表候选人预备人选的情况报告	中宁党发〔2016〕63 号
64	关于选举产生中宁县出席中国共产党中卫市第四次代表大会代表的情况报告	中宁党发〔2016〕64 号
65	关于印发《中宁县深化供销合作社综合改革实施方案》的通知	中宁党发〔2016〕65 号
66	关于印发《中宁县深化改革保障水安全实施方案》的通知	中宁党发〔2016〕66 号
67	关于贯彻落实《关于深入贯彻落实习近平总书记来宁视察重要讲话精神的决定》的通知	中宁党发〔2016〕67 号
68	关于呈报《中宁县关于进一步做好相对集中行政许可权改革试点方案》的请示	中宁党发〔2016〕68 号
69	关于认真学习《胡锦涛文选》的通知	中宁党发〔2016〕69 号
70	关于中宁县枸杞农残有关问题落实情况的报告	中宁党发〔2016〕70 号
71	关于表彰全县“六五”普法先进单位和先进个人的决定	中宁党发〔2016〕71 号
72	关于印发《县级领导干部联系县基层“两代表一委员”工作办法（试行）》的通知	中宁党发〔2016〕72 号
73	关于印发《关于进一步加强全县农村基层党建工作的实施意见》的通知	中宁党发〔2016〕73 号
74	关于印发《中宁县法治政府建设工作方案（2016—2020）》的通知	中宁党发〔2016〕74 号

续表

序号	文件名称	发文号
75	印发《关于在全县公民中开展第七个五年法治宣传教育深入推进依法治县进程的实施意见》的通知	中宁党发〔2016〕75号
76	关于《2016年中共中宁县委落实党风廉政建设主体责任的报告》的报告	中宁党发〔2016〕76号
77	关于同意中国共产党中宁县发展和改革局委员会组成人员候选人预备人选的批复	中宁党发〔2016〕77号
78	关于同意中国共产党中宁县林业局委员会组成人员候选人预备人选的批复	中宁党发〔2016〕78号
79	关于同意中国共产党中宁县卫生和计划生育局委员会组成人员候选人预备人选的批复	中宁党发〔2016〕79号
80	关于同意中国共产党中宁县国税局委员会组成人员候选人预备人选的批复	中宁党发〔2016〕80号
81	关于同意中国共产党中宁县市场监督管理局委员会组成人员候选人预备人选的批复	中宁党发〔2016〕81号
82	关于同意中国共产党中宁县文化旅游广电局委员会组成人员候选人预备人选的批复	中宁党发〔2016〕82号
83	关于同意中国共产党中宁县商务和经济技术合作局委员会组成人员候选人预备人选的批复	中宁党发〔2016〕83号
84	关于同意中国共产党中宁县教育体育局委员会组成人员候选人预备人选的批复	中宁党发〔2016〕84号
85	关于同意中国共产党中宁县交通运输局委员会组成人员候选人预备人选的批复	中宁党发〔2016〕85号
86	关于同意中国共产党中宁县公安局委员会组成人员候选人预备人选的批复	中宁党发〔2016〕86号
87	关于同意中国共产党中宁县住房和城乡建设局局委员会组成人员候选人预备人选的批复	中宁党发〔2016〕87号
88	关于同意中国共产党中宁县水务局委员会组成人员候选人预备人选的批复	中宁党发〔2016〕88号
89	关于同意中国共产党中宁县农牧局委员会组成人员候选人预备人选的批复	中宁党发〔2016〕89号
90	关于加强和改进新形势下党校工作的实施意见	中宁党发〔2016〕90号

2016年中共中宁县委办公室发文目录

序号	文件名称	发文文号
1	关于做好近期安全维稳相关工作的紧急通知	中宁党办发〔2016〕01号
2	关于集中开展矛盾问题排查化解专项工作的紧急通知	中宁党办发〔2016〕02号
3	关于召开中共中宁县委第十三届九次全体(扩大)会议的通知	中宁党办发〔2016〕03号
4	关于印发《2016年元旦春节期间广泛开展群众性文化活动实施方案》的通知	中宁党办发〔2016〕04号
5	关于印发《2016年春节“送温暖”慰问活动实施方案》的通知	中宁党办发〔2016〕05号
6	关于印发县委书记赵建新同志在《县委第十三届九次全体(扩大)会议上的工作报告》的通知	中宁党办发〔2016〕06号
7	关于做好《中宁年鉴2016》资料征集工作的通知	中宁党办发〔2016〕07号
8	关于报送2015年度密码电报销毁清册的通知	中宁党办发〔2016〕08号
9	关于印发《县政协2016年协商工作计划》的通知	中宁党办发〔2016〕09号
10	关于印发《关于健全完善社会治安防控体系进一步优化平安中宁建设的实施意见》的通知	中宁党办发〔2016〕10号
11	关于印发《全县矛盾问题排查化解专项行动方案》的通知	中宁党办发〔2016〕11号
12	关于印发《2016年信访工作方案》的通知	中宁党办发〔2016〕12号
13	关于深入学习贯彻区、市“两会”精神的通知	中宁党办发〔2016〕13号
14	关于印发《2016中阿博览会中宁县合作成果跟踪落实“五定”方案》的通知	中宁党办发〔2016〕14号
15	关于印发《县委常委联系县各民主党派、工商联制度》等三项制度的通知	中宁党办发〔2016〕15号
16	关于全县领导干部学习班学习情况的通报	中宁党办发〔2016〕16号
17	关于启用OA网络办公自动化系统的通知	中宁党办发〔2016〕17号
18	关于进一步精简会议严明请假纪律和规范客情通报的通知	中宁党办发〔2016〕18号

续表

序号	文件名称	发文文号
19	关于印发《中宁县干部工作实绩考核办法(试行)》的通知	中宁党办发〔2016〕19号
20	关于进一步做好近期安全生产工作的通知	中宁党办发〔2016〕20号
21	关于全面治理拖欠农民工工资问题的意见	中宁党办发〔2016〕21号
22	关于成立中宁县工业园区电力体制改革工作领导小组的通知	中宁党办发〔2016〕22号
23	关于成立中宁县金融工作领导小组的通知	中宁党办发〔2016〕23号
24	印发《关于开展惠农政策及涉农工程和农村“三资”管理大排查活动工作方案》的通知	中宁党办发〔2016〕24号
25	关于参加全县春季义务植树的通知	中宁党办发〔2016〕25号
26	关于印发《中宁县科级后备干部选拔培养管理使用办法(试行)》的通知	中宁党办发〔2016〕26号
27	关于坚决整治和查处侵害群众利益的不正之风和腐败问题的通知	中宁党办发〔2016〕27号
28	关于2016年党委(党组)中心组及全县干部理论学习的安排意见	中宁党办发〔2016〕28号
29	关于印发《中宁县2016年机关干部下农村送政策促发展活动实施方案》的通知	中宁党办发〔2016〕29号
30	关于印发《中宁脱贫攻坚社会帮扶行动计划》的通知	中宁党办发〔2016〕30号
31	关于印发《关于落实自治区党委第一巡视组回访中宁反馈意见整改“五定”方案》的通知	中宁党办发〔2016〕31号
32	关于印发《自治区党委第一巡视组反馈“行文不够严谨规范”问题整改方案》的通知	中宁党办发〔2016〕32号
33	关于印发《中宁县2016年党风廉政建设暨“清廉中宁”主要任务分工》的通知	中宁党办发〔2016〕33号
34	关于做好2016年第一期“中宁问政”问题整改的通知	中宁党办发〔2016〕34号
35	关于启用中宁总工会新印章的通知	中宁党办发〔2016〕35号
36	关于全县领导干部培训班有关情况的通报	中宁党办发〔2016〕36号
37	关于印发《宁夏今飞轮毂有限公司年产500万只汽车铝合金轮毂项目重点工作“五定”方案》的通知	中宁党办发〔2016〕37号
38	关于印发《宁夏隆基硅材料有限公司年产1000MW单晶硅棒生产项目重点工作“五定”方案》的通知	中宁党办发〔2016〕38号
39	关于印发《中宁县2016年重点项目重点工作分工“五定”方案》的通知	中宁党办发〔2016〕39号
40	关于印发宁夏中宁工业园区能源管理服务中心项目重点工作"五定"方案的通知	中宁党办发〔2016〕40号
41	关于2016年"杞红天下"广场文化活动的安排意见	中宁党办发〔2016〕41号
42	关于印发《中宁县扶贫开发驻村工作队干部管理办法(试行)》的通知	中宁党办发〔2016〕42号
43	关于印发《2016年中卫市重点项目重点工作和重点改革任务“五定”方案》的通知	中宁党办发〔2016〕43号
44	关于建立县级领导同志牵头推进重大项目工作“6+5”机制的意见	中宁党办发〔2016〕44号
45	关于印发《关于在全体党员中开展“学党章党规”等系列讲话,“做合格党员”学习教育实施方案》的通知	中宁党办发〔2016〕45号
46	关于学习贯彻习近平总书记、李建华书记重要讲话批示精神加强党委(党组)领导班子建设的通知	中宁党办发〔2016〕46号
47	关于成立中宁县脱贫攻坚领导小组的通知	中宁党办发〔2016〕47号
48	关于印发《重点信访案件包保化解“五定”方案》的通知	中宁党办发〔2016〕48号
49	关于印发《在“两学一做”学习教育中开展信访积案化解攻坚实施方案》的通知	中宁党办发〔2016〕49号
50	关于印发《中宁县行业协会商会行政机关脱钩实施方案》的通知	中宁党办发〔2016〕50号
51	关于申请购买公务车辆的报告	中宁党办发〔2016〕51号
52	关于印发《关于推行“四化一满意”服务群众工作机制的实施方案》的通知	中宁党办发〔2016〕52号
53	关于印发《中宁县“四化一满意”综合信息服务平台建设实施方案》的通知	中宁党办发〔2016〕53号
54	关于印发《中宁县民族团结进步“一争三创五推进”三年(2016—2018年)行动计划》的通知	中宁党办发〔2016〕54号
55	关于印发《关于加强政党协商促进民主建设的实施意见》的通知	中宁党办发〔2016〕55号
56	关于印发《中宁县2016年城乡社区治理全面提升年工作方案》的通知	中宁党办发〔2016〕56号

续表

序号	文件名称	发文文号
57	关于印发《中宁县阿里巴巴农村淘宝项目建设实施方案》的通知	中宁党办发〔2016〕57号
58	关于印发《中宁县电子商务及村淘项目宣传工作实施方案》的通知	中宁党办发〔2016〕58号
59	关于印发《中宁县"农村电子商务筑梦计划"实施方案》的通知	中宁党办发〔2016〕59号
60	关于《调整县深化医药卫生体系改革工作领导小组组成人员》的通知	中宁党办发〔2016〕60号
61	关于县委政府决策部署落实情况的督查通报	中宁党办发〔2016〕61号
62	关于开展巡察视点工作的通知	中宁党办发〔2016〕62号
63	关于印发《中宁县深化"红顶中介"专项整治实施方案》的通知	中宁党办发〔2016〕63号
64	关于印发《中宁县党政领导干部保密工作责任制实施办法》的通知	中宁党办发〔2016〕64号
65	关于印发《中宁县县级党员领导干部开展"两学一做"学习教育实施方案》的通知	中宁党办发〔2016〕65号
66	关于县委政府领导班子成员联手包抓基层党风廉政建设暨侵害群众利益不正之风和腐败问题专项整治工作的通知	中宁党办发〔2016〕66号
67	关于下发2016年第二季度固定资产投资任务的通知	中宁党办发〔2016〕67号
68	关于印发《中宁县2016年群众评议作风活动实施方案》的通知	中宁党办发〔2016〕68号
69	关于印发《中宁县精准扶贫"扶贫贷"实施方案》的通知	中宁党办发〔2016〕69号
70	关于印发《中宁县发展教育脱贫工作实施方案》的通知	中宁党办发〔2016〕70号
71	关于印发《中宁县特色产业脱贫攻坚实施方案》的通知	中宁党办发〔2016〕71号
72	关于认真学习贯彻《中卫市党员干部改革创新干事创业容错免责办法(试行)的通知》	中宁党办发〔2016〕72号
73	关于印发《中宁县脱贫攻坚劳务培训及就业创业工作方案》的通知	中宁党办发〔2016〕73号
74	关于开展纪念中国共产党成立95周年活动的安排意见	中宁党办发〔2016〕74号
75	关于印发《中宁县2016年"四项赛事"承办工作方案》的通知	中宁党办发〔2016〕75号
76	关于印发《中宁县脱贫攻坚工作督查办法(试行)》的通知	中宁党办发〔2016〕76号
77	关于印发《中宁县脱贫攻坚工作问责办法(试行)》的通知	中宁党办发〔2016〕77号
78	关于印发《中宁县脱贫攻坚结队帮扶制度》的通知	中宁党办发〔2016〕78号
79	关于印发《中宁县脱贫攻坚工作联席会议制度》的通知	中宁党办发〔2016〕79号
80	关于调整信息调研考核有关事宜的通知	中宁党办发〔2016〕80号
81	关于召开中宁县委第十三届十次全体会议的通知	中宁党办发〔2016〕81号
82	关于印发《中宁县支持中小微企业发展融资担保引导资金实施方案》的通知	中宁党办发〔2016〕82号
83	关于在全县开展贯彻落实中央八项规定精神"回头看"的通知	中宁党办发〔2016〕83号
84	关于印发《贯彻落实张柱书记调研中宁工作指示精神"五定"方案》的通知	中宁党办发〔2016〕84号
85	关于全县脱贫攻坚精准扶贫工作进展情况的通报	中宁党办发〔2016〕85号
86	关于印发《中宁县第十四次党代会报告起草工作实施方案》的通知	中宁党办发〔2016〕86号
87	关于做好2016年硒砂瓜市场营销工作的通知	中宁党办发〔2016〕87号
88	关于印发《中宁县迎接中央环境保护督察组环境保护督查工作实施方案》的通知	中宁党办发〔2016〕88号
89	关于召开中卫市督查中宁县党风廉政建设暨"清廉中宁"建设工作汇报会的通知	中宁党办发〔2016〕89号
90	关于调整《中宁县精准扶贫"扶贫贷"实施方案》中风险补偿比例的通知	中宁党办发〔2016〕90号
91	关于做好中央第八环境保护督察组督查相关工作的通知	中宁党办发〔2016〕91号
92	关于印发《中宁县各级党委、政府及有关部门环境保护责任》的通知	中宁党办发〔2016〕92号
93	关于学习贯彻《习近平总书记在庆祝中国共产党成立95周年大会上的讲话》的通知	中宁党办发〔2016〕93号
94	关于印发《中宁县网络化环境监管体系建设实施方案》的通知	中宁党办发〔2016〕94号
95	关于调整中宁县中央第八环境保护督察组转办事项查处整改工作领导小组的通知	中宁党办发〔2016〕95号
96	关于印发《中宁县城乡环境综合整治实施方案》的通知	中宁党办发〔2016〕96号

续表

序号	文件名称	发文文号
97	关于印发《中宁县国家级农村产业融合试点示范工作领导小组》的通知	中宁党办发〔2016〕97号
98	关于《贯彻实施自治区党委十一届七次全会(建议)重点任务重要举措分工方案》任务分工的通知	中宁党办发〔2016〕98号
99	关于认真做好2016年度自治区考核中宁县效能目标考核管理任务相关工作的通知	中宁党办发〔2016〕99号
100	关于参加第九期"中宁问政"节目录制有关事宜的通知	中宁党办发〔2016〕100号
101	关于印发《中宁县县级领导同志和各乡镇部门(单位)在"两学一做"中率先改进会议文件调研工作的承诺》的通知	中宁党办发〔2016〕101号
102	关于中央第八环境保护督察组交办群众举报环境污染问题查处情况的通报	中宁党办发〔2016〕102号
103	关于进一步落实全面从严治党主体责任的通知	中宁党办发〔2016〕103号
104	关于对县委纪委牵头负责的有关工作进行移交的通知	中宁党办发〔2016〕104号
105	关于印发《中宁县国有林场改革领导小组成员单位任务分工方案》的通知	中宁党办发〔2016〕105号
106	关于做好第九期"中宁问政"现场曝光问题整改的通知	中宁党办发〔2016〕106号
107	关于学习贯彻习近平总书记来宁视察重要讲话精神的通知	中宁党办发〔2016〕107号
108	关于使用印章的通知	中宁党办发〔2016〕108号
109	关于在全县开展"廉洁自律 廉洁从政"自查自纠工作的通知	中宁党办发〔2016〕109号
110	关于开展红军长征胜利80周年纪念活动的通知	中宁党办发〔2016〕110号
111	关于印发《中宁县农村环境卫生保护长效机制建设实施方案》的通知	中宁党办发〔2016〕111号
112	关于印发《关于中卫市开展贯彻落实中央八项规定精神"回头看"对财务管理情况进行专项检查》的通知	中宁党办发〔2016〕112号
113	关于印发《关于中卫市开展贯彻落实中央八项规定精神"回头看"督查反馈问题的整改方案》的通知	中宁党办发〔2016〕113号
114	关于《张柱书记调研中宁工作指示精神"五定"方案》《中宁县2016年精神脱贫攻坚重点工作"五定"方案》《中宁县2016年整村推进脱贫销号村实施方案》有关工作任务落实情况的督查通报	中宁党办发〔2016〕114号
115	关于《中宁县脱贫攻坚社会帮扶行动计划》落实情况的督查通报	中宁党办发〔2016〕115号
116	关于印发《中宁县推进领导干部能上能下实施办法(试行)》的通知	中宁党办发〔2016〕116号
117	关于调整中宁县县内公立医院管理委员会成员单位及医院工作相关配套文件的通知	中宁党办发〔2016〕117号
118	关于印发《中宁县2016年"大干实干100天"重点项目推进计划》的通知	中宁党办发〔2016〕118号
119	关于下达《2016年8至12月份固定资产投资任务》的通知	中宁党办发〔2016〕119号
120	关于认真学习贯彻《中国共产党问责条例》的通知	中宁党办发〔2016〕120号
121	关于重申严格贯彻落实中央八项规定精神的通知	中宁党办发〔2016〕121号
122	关于成立县委巡察工作领导小组的通知	中宁党办发〔2016〕122号
123	关于印发《中宁县全面推进政务公开工作实施意见》的通知	中宁党办发〔2016〕123号
124	关于印发《中宁县公务用车制度改革实施方案》的通知	中宁党办发〔2016〕124号
125	关于印发《中共中宁县纪律检查委员会(监察局)主要职责内设机构和人员编制规定》的通知	中宁党办发〔2016〕125号
126	关于印发《中宁县进一步推进户籍制度改革的实施意见》的通知	中宁党办发〔2016〕126号
127	关于印发《中国中药协会枸杞专业委员会成立大会暨枸杞论坛筹备方案》的通知	中宁党办发〔2016〕127号
128	关于印发《2016年秋冬季农田水利基本建设安排意见》的通知	中宁党办发〔2016〕128号
129	关于印发《中宁县拥军优属工作规定》的通知	中宁党办发〔2016〕129号
131	关于召开中国共产党中宁县第十四次党代会的通知	中宁党办发〔2016〕131号
132	关于召开中国共产党第十四届委员会第一次全体会议的通知	中宁党办发〔2016〕132号
133	关于呈报《中宁县开展贯彻落实中央八项规定精神"回头看"工作总结》的报告	中宁党办发〔2016〕133号

续表

序号	文件名称	发文文号
134	关于印发《中宁县2016年度影响长远发展突出问题"五定"方案》的通知	中宁党办发〔2016〕134号
135	关于做好"国庆节"期间信息报送工作的通知	中宁党办发〔2016〕135号
136	关于选派党建工作"三员"的通知	中宁党办发〔2016〕136号
137	关于印发《中宁县第二届健身运动会方案》的通知	中宁党办发〔2016〕137号
138	关于印发《全县信访案件包保化解"五定"方案》的通知	中宁党办发〔2016〕138号
139	关于参加2016年秋季农田水利基本建设义务劳动的通知	中宁党办发〔2016〕139号
140	关于印发《中宁县电子政务内网视频会议系统使用管理办法》的通知	中宁党办发〔2016〕140号
141	关于印发《中宁县精准脱贫纪律执行情况专项巡察反馈意见的整改方案》的通知	中宁党办发〔2016〕141号
142	关于印发《中宁县生态连城项目建设"五定"方案》的通知	中宁党办发〔2016〕142号
143	关于呈送《市委巡查组巡察中宁县换届选举执行情况反馈意见整改方案》的通知	中宁党办发〔2016〕143号
144	关于印发《中宁县2017年重点生态功能区县域生态环境质量考核工作实施方案》的通知	中宁党办发〔2016〕144号
145	印发《关于进一步加强招商引资工作实施方案》的通知	中宁党办发〔2016〕145号
146	关于印发《中宁县集中整治涉农资金使用管理突出问题活动实施方案》的通知	中宁党办发〔2016〕146号
147	关于印发《中宁县空间规划(多规合一)改革试点工作实施方案》的通知	中宁党办发〔2016〕147号
148	关于认真学习宣传党的十八届六中全会精神的通知	中宁党办发〔2016〕148号
149	关于印发《中宁县落实〈中卫市贫困群众"离土"脱贫扶持政策(试行)〉责任分工方案》的通知	中宁党办发〔2016〕149号
150	关于印发《关于协调解决天元锰业后续项目推进存在问题和重点项目"五定"方案》的通知	中宁党办发〔2016〕150号
151	关于调整县委书记副书记和常委工作分工的通知	中宁党办发〔2016〕151号
152	关于印发县委书记赵建新同志在《中国共产党中宁县第十四次代表大会上的报告》的通知	中宁党办发〔2016〕152号
153	关于印发《中宁县综合医改试点工作实施方案》的通知	中宁党办发〔2016〕153号
154	关于印发《中宁县公立医院综合改革实施方案(试行)》的通知	中宁党办发〔2016〕154号
155	关于做好2017年度党报党刊订阅工作的通知	中宁党办发〔2016〕155号
156	关于深入学习宣传贯彻市委三届七次全体会议及县第十七届人大一次会议和政协十二届一次会议精神的通知	中宁党办发〔2016〕156号
157	关于转发《宁夏回族自治区档案馆收集档案范围实施细则》的通知	中宁党办发〔2016〕157号
158	关于印发《中宁县双拥工作领导小组组成人员及成员单位工作职责》的通知	中宁党办发〔2016〕158号
159	关于印发《全县农业农村工作考核办法》的通知	中宁党办发〔2016〕159号
160	关于做好2016年效能目标管理考核工作的通知	中宁党办发〔2016〕160号
161	关于做好全县村党组织第十届村民委员会换届选举工作的通知	中宁党办发〔2016〕161号
162	关于印发《中宁县关于贯彻落实张柱同志在市委三届七次全体会议上讲话精神的分工方案》的通知	中宁党办发〔2016〕162号
163	关于成立中宁县城乡规划管理委员会的通知	中宁党办发〔2016〕163号
164	关于深入学习宣传贯彻市第四次党代会精神的通知	中宁党办发〔2016〕164号
165	关于张学明信访批示件办理情况的报告	中宁党办发〔2016〕165号
166	关于印发《咸辉主席来卫调研讲话精神贯彻落实方案》的通知	中宁党办发〔2016〕166号
167	关于印发《2017年元旦春节期间广泛开展群众性文化活动实施方案》的通知	中宁党办发〔2016〕167号
168	印发《关于进一步加强和改进离退休干部工作的实施意见》的通知	中宁党办发〔2016〕168号
169	关于印发《中央第八环境保护督查组转办事项"回头看"存在问题整改方案》的通知	中宁党办发〔2016〕169号
170	印发《关于加强社会组织党的建设工作的实施意见》的通知	中宁党办发〔2016〕170号
171	关于启用中宁县网络安全和信息化办公室印章的通知	中宁党办发〔2016〕171号
172	关于印发《关于调整2008—2015年度结余扶贫资金使用计划的意见》的通知	中宁党办发〔2016〕172号

续表

序号	文件名称	发文文号
173	关于印发《中宁县2016年财政扶贫资金及整合资金使用意见》的通知	中宁党办发〔2016〕173号
174	印发《关于开展2016年度“三述三评公开”活动方案》的通知	中宁党办发〔2016〕174号
175	关于印发《关于贯彻落实〈关于加强和改进新形势下党校工作的实施意见〉责任分工方案》的通知	中宁党办发〔2016〕175号
176	关于进一步做好县委文件运转审核管理等工作的通知	中宁党办发〔2016〕176号
177	关于印发《中宁县精准脱贫工作考核办法》的通知	中宁党办发〔2016〕177号
178	关于做好2017年元旦春节期间有关工作的通知	中宁党办发〔2016〕178号
179	关于印发《关于贯彻落实绿色发展理念加快美丽中宁建设的实施方案》的通知	中宁党办发〔2016〕179号

2016年中宁县政府发文目录

序号	文件名称	发文号
1	关于批准吴忠至中卫铁路项目(中宁县境内)先行用地的请示	中宁政发〔2016〕01号
2	关于印发《中宁县水资源使用权确权登记工作实施方案》的通知	中宁政发〔2016〕02号
3	关于呈报成立中国枸杞电子交易中心的报告	中宁政发〔2016〕03号
4	关于印发《中宁县深化小型水利工程管理体制改革实施方案》的通知	中宁政发〔2016〕04号
5	关于恳请拨付中宁县锦宁铝镁新材料有限公司电价补贴资金的请示	中宁政发〔2016〕05号
6	关于呈报《中宁县义务教育均衡发展督导检查整改方案》的报告	中宁政发〔2016〕06号
7	关于恳请给予石空新材料园区污水处理厂项目资金支持的请示	中宁政发〔2016〕07号
8	关于恳请给予中宁县稀土废渣近地表安全处置项目资金支持的请示	中宁政发〔2016〕08号
9	关于恳请将中宁县南河子生态湿地治理等项目列入自治区2016年水环境整治重点项目的请示	中宁政发〔2016〕09号
10	关于恳请给予中宁工业园区一般工业固废处理厂项目资金的请求	中宁政发〔2016〕10号
11	关于恳请给予中宁县排污许可试点工作资金支持的请示	中宁政发〔2016〕11号
12	关于办理国道109线桃山口至郝家集(宁甘界中宁县境内)段公路工程建设用地审批手续的请示	中宁政发〔2016〕12号
13	关于重新建立中宁县城市坐标系的请示	中宁政发〔2016〕13号
14	关于县安全生产监督管理局2016年安全监管行政执法工作计划的批复	中宁政发〔2016〕14号
15	关于成立中国枸杞电子交易中心的请示	中宁政发〔2016〕15号
16	关于呈报中宁县“十三五”易地移民安置人员户籍信息的报告	中宁政发〔2016〕16号
17	关于办理新建吴忠至中卫铁路(中宁县段)项目建设用地审批手续的请示	中宁政发〔2016〕17号
18	关于成立宁夏瀛海天祥建材有限公司“1·26”一般高处坠落事故调查组的批复	中宁政发〔2016〕18号
19	关于批准京藏高速公路石嘴山(蒙宁界)至中宁段改扩建工程先行用地的请示	中宁政发〔2016〕19号
20	关于中宁县煤矿企业化解过剩产能的意见	中宁政发〔2016〕20号
21	关于加快宁夏京能中宁2×660MW火电项目核准的请示	中宁政发〔2016〕21号
22	关于印发《中宁县社会保险“五险合一”经办体制改革方案》的通知	中宁政发〔2016〕22号
23	关于恳请协调加快宁夏京能2×660MW火电项目核准的请示	中宁政发〔2016〕23号
24	关于印发《2016民兵整组工作实施方案》的通知	中宁政发〔2016〕24号
25	关于印发《政府工作报告》的通知	中宁政发〔2016〕25号
26	关于调整石空镇土地利用总体规划的请示	中宁政发〔2016〕26号

续表

序号	文件名称	发文号
27	关于印发《中宁县2016年民生计划实施方案》的通知	中宁政发〔2016〕27号
28	关于印发《〈关于改造中宁县部分盐碱低洼地〉的议案实施方案》的通知	中宁政发〔2016〕28号
29	关于呈报中宁县与红寺堡区遗留地界纠纷办理情况的报告	中宁政发〔2016〕29号
30	关于印发《中宁县2016年农牧业生产安排意见》的通知	中宁政发〔2016〕30号
31	关于印发《中宁县2016年水利工作安排意见》的通知	中宁政发〔2016〕31号
32	关于印发《中宁县2016年林业生产安排意见》的通知	中宁政发〔2016〕32号
33	关于印发《中宁县2016年枸杞产业转型升级安排意见》的通知	中宁政发〔2016〕33号
34	关于印发《2016年动物防疫工作安排意见》的通知	中宁政发〔2016〕34号
35	关于印发《中宁县2016年政策性农业保险安排意见》的通知	中宁政发〔2016〕35号
36	关于2016年第一批次城镇建设用地的请示	中宁政发〔2016〕36号
37	关于恳请同意中宁黄河公路大桥暨引道工程立项并采取PPP模式建设的请示	中宁政发〔2016〕37号
38	关于调整县政府领导班子成员分工的通知	中宁政发〔2016〕38号
39	关于恳请同意中宁黄河公路大桥暨引道工程立项并采取PPP模式建设的请示	中宁政发〔2016〕39号
40	关于印发《关于引导规范农村土地承包经营权流转指导基准价格的意见》的通知	中宁政发〔2016〕40号
41	关于2016年第一批次工业项目建设用地的请示	中宁政发〔2016〕41号
42	关于调整石空镇土地利用总体规划的请示	中宁政发〔2016〕42号
43	关于恳请利用自治区工业企业发展风险补偿基金支持宏岩矿业发展的请示	中宁政发〔2016〕43号
44	关于印发《中宁县政府采购管理办法》的通知	中宁政发〔2016〕45号
45	关于恳请变更中宁工业园区跃进渠跨张裕沟桥梁设计方案的请示	中宁政发〔2016〕46号
46	关于对宁夏瀛海天祥建材有限公司"1·26"一般高处坠落事故调查报告的批复	中宁政发〔2016〕47号
47	关于国网宁夏电力公司沙坡头750千伏输变电工程等2项工程项目建设用地的请示	中宁政发〔2016〕48号
48	关于审批中宁县公务用车制度改革实施方案及配套文件的请示	中宁政发〔2016〕49号
49	关于申报开展村集体经济发展试点的请示	中宁政发〔2016〕50号
50	关于2016年第二批次城镇建设用地的请示	中宁政发〔2016〕51号
51	关于2016年第二批次工业项目建设用地的请示	中宁政发〔2016〕52号
52	关于恳请在非灌溉期为中宁县泉眼山电站提前放水延期停水及增加供水量的请示	中宁政发〔2016〕53号
53	关于恳请自治区人民政府协调银行等金融机构支持宏岩矿业发展的请示	中宁政发〔2016〕54号
54	关于印发《中宁县政府投资项目招标投标管理办法实施细则》的通知	中宁政发〔2016〕55号
55	关于呈报新一轮退耕还林工程建设任务的报告	中宁政发〔2016〕56号
56	关于印发《中宁县教育信息化"三通两平台"建设方案》的通知	中宁政发〔2016〕57号
57	关于呈报《2015年财政总决算报表》的报告	中宁政发〔2016〕58号
58	关于将宁夏京能宁东发电有限责任公司跨区交易电量转入中宁工业园区的请示	中宁政发〔2016〕59号
59	关于2016年第三批次城镇建设用地的请示	中宁政发〔2016〕60号
60	关于表彰2015年度人民武装工作先进单位和个人的决定	中宁政发〔2016〕61号
61	关于陈宏县长赴甘肃定西市安定区、陇西县考察扶贫工作的请示	中宁政发〔2016〕62号
62	关于邀请出席中宁"中阿号"国际班列首发仪式的请示	中宁政发〔2016〕63号
63	关于印发《中宁县乡村教师支持计划(2016—2020年)实施细则》的通知	中宁政发〔2016〕64号
64	关于诚邀自治区政府领导参加宁夏枸杞电子交易所开业仪式的请示	中宁政发〔2016〕65号
65	关于呈报"十三五"易地扶贫搬迁需同步搬迁人口花名册的报告	中宁政发〔2016〕66号
66	关于印发《中宁县开展电子商务进农村工作实施方案》的通知	中宁政发〔2016〕67号
67	关于将中宁县列为电子商务进农村综合示范县的请示	中宁政发〔2016〕68号

续表

序号	文件名称	发文号
68	关于呈报《中宁县市民休闲森林公园总体规划》的报告	中宁政发〔2016〕69号
69	关于调整中宁县开发区(工业区)面积的请示	中宁政发〔2016〕70号
70	关于中宁县工业(物流)园区等道路工程项目采取PPP模式建设的批复	中宁政发〔2016〕71号
71	关于实施国道109线中宁高速出口至新水路段拓宽改造工程的请示	中宁政发〔2016〕72号
72	关于实施国道109线石空过境段非机动车道人行道给排水及路灯工程的请示	中宁政发〔2016〕73号
73	关于2016年第五批次城镇建设用地的请示	中宁政发〔2016〕74号
74	关于2016年第六批次城镇建设用地的请示	中宁政发〔2016〕75号
75	关于印发《吴忠至中卫城际铁路建设项目(中宁段)用地土地征收附着物补偿标准》的通知	中宁政发〔2016〕76号
76	关于印发《中宁县征用农村集体土地补偿标准》的通知	中宁政发〔2016〕77号
77	关于反馈审计报告(征求意见稿)的意见	中宁政发〔2016〕78号
78	关于贯彻落实粮食安全省长责任制的实施意见	中宁政发〔2016〕79号
79	关于印发《中宁县农村土地承包经营权和流转经营权抵押贷款工作实施方案》的通知	中宁政发〔2016〕80号
80	关于2016年第七批次城镇建设用地的请示	中宁政发〔2016〕81号
81	关于中宁县2016年第七批次城镇建设用地的请示	中宁政发〔2016〕81号
82	关于西安隆基硅材料股份有限公司建设200MW光伏电站项目的请示	中宁政发〔2016〕82号
83	关于承办贺龙杯中国业余篮球公开赛男子俱乐部联赛第一阶段决赛等2016年四项国际国内体育赛事的报告	中宁政发〔2016〕83号
84	关于2016年第四批次工业项目建设用地的请示	中宁政发〔2016〕84号
85	关于采用政府购买服务方式实施中宁县2016年棚户区(城中村)改造项目的批复	中宁政发〔2016〕85号
86	关于中宁县2016年第九批次城镇建设用地的请示	中宁政发〔2016〕86号
87	关于调整公共租赁住房保障准入条件及租金标准的通知	中宁政发〔2016〕87号
88	关于印发《中宁县国民经济和社会发展第十三个五年规划纲要》的通知	中宁政发〔2016〕88号
89	关于给予中宁县县域农垦系统生态移民安置区资金支持的请示	中宁政发〔2016〕89号
90	关于印发《关于进一步做好劳动模范先进工作者困难帮扶和社会保障工作方案》的通知	中宁政发〔2016〕90号
91	关于成立宁夏金土木建筑安装工程有限公司“6·18”一般物体打击事故调查组的批复	中宁政发〔2016〕91号
92	关于举办中宁县“六月红”枸杞采摘节的报告	中宁政发〔2016〕92号
93	关于恳请解决中宁县锦宁铝镁新材料有限公司跨省开展大用户供电直接交易相关事宜的请示	中宁政发〔2016〕93号
94	关于印发《中宁县2016年城市房屋及附属物征收补偿指导价和相关补助补偿标准》的通知	中宁政发〔2016〕94号
95	关于改造加宽S101线白马至新堡段道路工程的请示	中宁政发〔2016〕95号
96	关于印发《中宁县加快发展高效节水灌溉工作指导意见》的通知	中宁政发〔2016〕96号
97	关于将中宁县移民安置区及配套设施建设项目同自治区“十三五”易地扶贫搬迁规划一并实施的请示	中宁政发〔2016〕97号
98	关于成立宁夏杞鑫苗木合作社“6·23”一般事故调查组的批复	中宁政发〔2016〕98号
99	关于恳请协调解决中宁工业园区供电体制改革相关问题的请示	中宁政发〔2016〕99号
100	关于报送《〈关于公共卫生体系建设工作情况报告的审议意见〉研究处理情况的报告》的报告	中宁政发〔2016〕100号
101	关于报请对《中宁县枸杞种苗产业发展规划(2016—2020年)》给予批复的请示	中宁政发〔2016〕101号
102	关于设立中宁县太阳梁乡的请示	中宁政发〔2016〕102号
103	关于恳请对中宁县文化事业发展给予经费支持的请示	中宁政发〔2016〕103号
104	关于宁夏回族自治区石嘴山(蒙宁界)至中宁公路改扩建工程(中宁县段)项目建设用地的请示	中宁政发〔2016〕104号
105	关于喊叫水乡洪岗子拱北举行大型“尔麦里”活动的请示	中宁政发〔2016〕105号
106	关于协调解决宁夏枸杞电子交易所运营牌照有关事宜的请示	中宁政发〔2016〕106号
107	关于恳请红寺堡灌区中宁县增加农业灌溉用水指标的请示	中宁政发〔2016〕107号

续表

序号	文件名称	发文号
108	关于协调解决宁夏源林生物发电有限公司资金周转困难的请示	中宁政发〔2016〕108号
109	关于对宁夏佳盛远达铝镁新材料有限公司年产62万吨铝合金板带箔及型材加工项目节能评估报告进行审查的请示	中宁政发〔2016〕109号
110	关于对中宁县杞鑫苗木专业合作社“6·23”一般事故调查报告的批复	中宁政发〔2016〕110号
111	关于对宁夏金土木建筑安装工程有限公司“6·18”一般物体打击事故调查报告的批复	中宁政发〔2016〕111号
112	关于2016年上半年耕地保护目标责任履行情况的自查报告	中宁政发〔2016〕112号
113	关于邀请出席中国(中宁)国际轮滑公开赛开幕式的请示	中宁政发〔2016〕113号
114	关于调整县政府领导班子成员分工的通知	中宁政发〔2016〕114号
115	关于调拨公务用车的请示	中宁政发〔2016〕115号
116	关于邀请出席中国中药协会枸杞专业委员会成立大会暨枸杞论坛的请示	中宁政发〔2016〕116号
117	关于支持核准中国天元锰业集团有限公司名称的请示	中宁政发〔2016〕117号
118	关于落实县人大常委会对2016年以来全县国民经济和社会发展计划执行情况的审议意见研究处理情况的报告	中宁政发〔2016〕118号
119	关于宁夏天元锰业有限公司配套建设500MWP太阳能光伏电站项目的请示	中宁政发〔2016〕119号
120	关于恳请协调解决宁夏天元锰业集团车辆通行问题的请示	中宁政发〔2016〕120号
121	关于中国石化宁夏石油分公司在京藏高速滚泉坡服务区建设加油站的请求	中宁政发〔2016〕121号
122	关于落实县人大常委会对县第十六届人大四次会议议案及2016年十五项民生实事办理进展情况审议意见研究处理情况的报告	中宁政发〔2016〕122号
123	关于自治区农民工工作领导小组办公室督办函核查情况的报告	中宁政发〔2016〕123号
124	关于报送县第十六届人大常委会第二十五次会议对生态林业及城市绿化工作审议意见研究处理情况的报告	中宁政发〔2016〕124号
125	关于申请成立宁夏枸杞电子交易中心的请示	中宁政发〔2016〕125号
126	关于呈报《2016年中宁县土地例行督察发现问题整改工作方案》的报告	中宁政发〔2016〕126号
127	关于恳请解决中宁县锦宁铝镁新材料有限公司120万吨铝镁合金项目相关事宜的请示	中宁政发〔2016〕127号
128	关于中宁县2016年第五批次工业项目建设用地的请示	中宁政发〔2016〕128号
129	关于陈宏县长赴成都参加全国食品安全示范城市创建和农产品质量安全县创建工作现场会的请示	中宁政发〔2016〕129号
130	关于县第十六届人大常委会第二十五次会议《关于城市管理工作情况调查报告的审议意见》研究处理情况的报告	中宁政发〔2016〕130号
131	关于在第十四届中国国际农产品交易会期间举办中宁枸杞推荐会及冷餐会的报告	中宁政发〔2016〕131号
132	关于呈报中宁县“十三五”易地扶贫移民资金帐号的报告	中宁政发〔2016〕132号
133	关于恳请将中宁县“十三五”易地移民任务调整到2017年完成的请示	中宁政发〔2016〕133号
134	关于邀请自治区政府领导出席第十四届中国国际农产品交易会中宁枸杞推介会及冷餐会的请示	中宁政发〔2016〕134号
135	关于自治区第五督查组督查中宁县开展治理拖欠职工(农民工)工资突出问题专项整治工作反馈问题整改情况的报告	中宁政发〔2016〕135号
136	关于陈宏县长外出商谈招商引资相关事宜并参加宁夏与环渤海片区知名工商企业招商推介会的请示	中宁政发〔2016〕136号
137	关于中宁县2016年第八批次城镇建设用地的请示	中宁政发〔2016〕137号
138	关于呈报中宁县国家重点生态功能区县域生态环境质量考核自查情况的报告	中宁政发〔2016〕138号
139	关于审批中宁县土地利用总体规划(2006—2020年)的请示	中宁政发〔2016〕139号
140	关于增加固海灌区中宁县大战场镇冬灌农业灌溉用水指标的请示	中宁政发〔2016〕140号

续表

序号	文件名称	发文号
141	关于审核《中宁县永久基本农田划定方案》的请示	中宁政发〔2016〕141 号
142	关于印发《政府工作报告》的通知	中宁政发〔2016〕142 号
143	关于申请创建国家级农业可持续发展试验示范区的报告	中宁政发〔2016〕143 号
144	关于自治区 2017 年民生实事征集情况的报告	中宁政发〔2016〕144 号
145	关于呈报中宁县 2017 年美丽乡村建设项目计划的报告	中宁政发〔2016〕145 号
146	关于同意采用政府购买服务方式实施中宁县滨河路以南盐碱低洼地改造项目的批复	中宁政发〔2016〕146 号
147	关于对中宁县滨河路以南盐碱低洼地改造项目有关事项的通知	中宁政发〔2016〕147 号
148	关于申请成立宁夏枸杞电子交易中心的请示	中宁政发〔2016〕148 号
149	关于中杞集团建设“互联网 + 枸杞”项目的请示	中宁政发〔2016〕149 号
150	关于印发原公路工程局中宁农场移交中宁县管理工作方案的通知	中宁政发〔2016〕151 号
151	关于陈宏县长赴北京商谈招商引资相关事宜的请示	中宁政发〔2016〕152 号
152	关于中宁县 2016 年第六批次工业项目建设用地的请求	中宁政发〔2016〕153 号
153	关于中宁县 2016 年第四批次城镇建设用地的请示	中宁政发〔2016〕154 号
154	关于中宁县 2016 年第十批次城镇建设用地的请示	中宁政发〔2016〕155 号
155	关于对县内 60 万吨 / 年以下煤矿进行分类整合重组的请示	中宁政发〔2016〕156 号
156	关于中宁县归还借用青铜峡市 30 公顷耕地占补平衡指标的请示	中宁政发〔2016〕158 号
157	关于对叶文孝等人信访诉求给予支持解决的请示	中宁政发〔2016〕159 号
158	关于举办宁夏中部干旱带贫困片区西线供水中宁县喊叫水扬水工程开工仪式的请示	中宁政发〔2016〕160 号
159	关于举办宁夏中部干旱带贫困片区西线供水中宁县喊叫水扬水工程开工仪式的请示	中宁政发〔2016〕161 号
160	关于验收中宁县国有林场改革试点工作的请示	中宁政发〔2016〕162 号
161	关于 2016 年度耕地保护目标责任履行情况的自查报告	中宁政发〔2016〕163 号
162	关于印发中宁县建设国家企业信用信息公示系统（宁夏）实施方案的通知	中宁政发〔2016〕164 号
163	关于印发中宁县加强财政资金管理办法的通知	中宁政发〔2016〕165 号
164	关于中宁县 2016 年第十二批次城镇建设用地的请示	中宁政发〔2016〕166 号
165	关于中宁县 2016 年第十一批次城镇建设用地的请示	中宁政发〔2016〕167 号
166	关于中宁黄河公路二桥及引道工程项目建设用地的请示	中宁政发〔2016〕168 号
167	关于中宁县占用债券置换资金整改情况的报告	中宁政发〔2016〕169 号
168	关于《中宁县工业园区环境保护规划（2015—2020）》的报告	中宁政发〔2016〕170 号
169	关于《中宁县石空工业园区污水处理规划及现状评估和建议》的批复	中宁政发〔2016〕171 号
170	关于成立宁夏天元建材有限公司“12·23”一般事故调查组的批复	中宁政发〔2016〕172 号

2016 年中宁县政府办公室发文目录

序号	文件名称	发文号
1	关于调整中宁县农民工工资清欠工作领导小组的通知	中宁政办发〔2016〕01 号
2	关于印发《落实县长办公会议重点工作“五定”方案》的通知	中宁政办发〔2016〕02 号
3	关于印发《中宁县关于行政许可和行政处罚等信用信息公示工作的实施方案》的通知	中宁政办发〔2016〕03 号
4	关于在天景山高效节水灌溉项目区打深水井的报告	中宁政办发〔2016〕04 号
5	关于分解下达中宁县 2016 年第一季度固定资产投资目标任务的通知	中宁政办发〔2016〕05 号

续表

序号	文件名称	发文号
6	关于宁夏华润景观产业发展集团公司拖欠农民工工资化解情况的报告	中宁政办发〔2016〕06号
7	关于认真贯彻执行《宁夏回族自治区个体经营场所消防安全管理办法》的通知	中宁政办发〔2016〕07号
8	关于落实自治区人民政府2016年民生计划为民办30件实事任务的通知	中宁政办发〔2016〕08号
9	关于举办依法行政暨行政征收培训会议的通知	中宁政办发〔2016〕09号
10	关于下达2016年审计项目计划的通知	中宁政办发〔2016〕10号
11	关于转发《宁夏回族自治区医疗救助办法》的通知	中宁政办发〔2016〕11号
12	关于调整中宁县"两法衔接"工作领导小组成员的通知	中宁政办发〔2016〕12号
13	关于印发自治区人民政府督查室2016年督查重点工作的通知	中宁政办发〔2016〕13号
14	关于印发《中宁县城市公共交通运营管理考核办法(试行)》的通知	中宁政办发〔2016〕14号
15	关于认真落实自治区人民政府2016年民生计划为民办30件实事任务的通知	中宁政办发〔2016〕15号
16	关于认真梳理政务服务事项简化优化办事流程及核报相关信息的通知	中宁政办发〔2016〕16号
17	关于认真做好县第十六届人大四次会议代表建议和县政协第十一届四次会议提案办理工作的通知	中宁政办发〔2016〕17号
18	关于召开县第十六届人大四次会议代表建议和县政协第十一届四次会议提案交办工作会议的通知	中宁政办发〔2016〕18号
19	关于建立防范和处置非法集资工作领导小组和工作机制的通知	中宁政办发〔2016〕19号
20	关于开展拆除违法建筑占用耕地及基本农田专项行动的通知	中宁政办发〔2016〕20号
21	关于印发《关于成立中宁县县级公立医院管理委员会的方案》的通知	中宁政办发〔2016〕21号
22	关于印发《2016年就业创业工作目标任务及考核细则》的通知	中宁政办发〔2016〕22号
23	关于印发《中宁县入黄排水沟污染综合整治方案》的通知	中宁政办发〔2016〕23号
24	关于做好2016年应急预案演练工作的通知	中宁政办发〔2016〕24号
25	关于印发《中宁县2016年度主要污染物总量减排计划实施方案》的通知	中宁政办发〔2016〕25号
26	关于印发《中宁县2016年水污染防治实施方案》的通知	中宁政办发〔2016〕26号
27	关于印发《中宁县2016年度大气污染防治行动实施方案》的通知	中宁政办发〔2016〕27号
28	关于认真做好市第三届人大五次会议代表意见建议和市政协第三届四次会议提案办理工作的通知	中宁政办发〔2016〕29号
29	关于认真做好自治区第十一届人大五次会议代表建议办理工作的通知	中宁政办发〔2016〕30号
30	关于印发《中宁县北河子水环境综合整治方案》的通知	中宁政办发〔2016〕31号
31	关于认真落实自治区人民政府2016年《政府工作报告》任务责任分工的通知	中宁政办发〔2016〕32号
32	关于印发《中宁县处置森林火灾应急预案》的通知	中宁政办发〔2016〕33号
33	关于印发中宁县落实中卫市政府领导班子"三严三实"专题民主生活会梳理意见建议整改清单的通知	中宁政办发〔2016〕35号
34	关于认真落实自治区重要经济社会发展指标重点项目重大节会和主要改革创新任务责任"分工"方案的通知	中宁政办发〔2016〕36号
35	关于开展深化安全生产责任落实年活动的通知	中宁政办发〔2016〕37号
36	关于印发《2016年中宁县持续深化行政审批制度改革工作方案》的通知	中宁政办发〔2016〕38号
37	关于印发《中宁县开展地震应急防范准备和风险隐患排查及地震应急工作检查实施方案》的通知	中宁政办发〔2016〕40号
38	关于印发《中宁县2016年防震减灾宣传工作方案》的通知	中宁政办发〔2016〕41号
39	关于调整2016年部分区、市、县政协提案办理单位的通知	中宁政办发〔2016〕42号
40	关于印发《中宁县2016年地震应急演练工作方案》的通知	中宁政办发〔2016〕43号
41	关于对全县党政机关使用正版软件工作进行检查的通知	中宁政办发〔2016〕44号

续表

序号	文件名称	发文号
42	关于印发《中宁县2016年美丽乡村建设实施方案》的通知	中宁政办发〔2016〕45号
43	关于印发《中宁县困难残疾人生活补贴和重度残疾人护理补贴办法》的通知	中宁政办发〔2016〕47号
44	关于成立吴忠至中卫城际铁路建设项目中宁段土地和房屋征收补偿安置工作领导小组的通知	中宁政办发〔2016〕49号
45	关于印发《中宁县加快推进医疗卫生与养老服务相结合的实施方案》的通知	中宁政办发〔2016〕50号
46	关于印发《中宁县2016年生态移民迁出区生态修复工程实施方案》的通知	中宁政办发〔2016〕51号
47	关于印发《2016年全县农村食品市场专项整治工作方案》的通知	中宁政办发〔2016〕52号
48	关于印发《中宁县工业园区创建生态园区暨开展环境整治活动实施方案》的通知	中宁政办发〔2016〕53号
49	关于推进政务服务下沉有关事项的通知	中宁政办发〔2016〕54号
50	关于进一步完善权力清单和责任清单的通知	中宁政办发〔2016〕55号
51	关于成立宁夏宏岩矿业有限公司解困工作领导小组的通知	中宁政办发〔2016〕56号
52	关于进一步做好行政机关负责人出庭应诉工作的通知	中宁政办发〔2016〕57号
53	关于申请购买公务车辆的报告	中宁政办发〔2016〕58号
54	关于印发《中宁县深化标准化工作改革暨强制性地方标准整合精简工作实施方案》的通知	中宁政办发〔2016〕59号
55	关于召开申报2016年第三批国家专项建设基金工作推进会的通知	中宁政办发〔2016〕60号
56	关于开展促进民间投资专项督查的通知	中宁政办发〔2016〕61号
57	关于认真做好宗教活动场所安全隐患限期整改工作的通知	中宁政办发〔2016〕62号
58	关于举办党政机关公文处理及政务信息培训班的通知	中宁政办发〔2016〕63号
59	关于印发《中宁县地质灾害防治方案》的通知	中宁政办发〔2016〕64号
60	关于印发《中宁县突发地质灾害应急预案》的通知	中宁政办发〔2016〕65号
61	关于印发《中宁县打击“黑车”等非法从事客运经营活动专项整治实施方案》的通知	中宁政办发〔2016〕66号
62	关于印发《中宁县骨干教师津贴补助办法》的通知	中宁政办发〔2016〕67号
63	关于成立中宁县“阿里巴巴农村淘宝”项目推进工作领导小组的通知	中宁政办发〔2016〕68号
64	关于调整中宁县电子商务工作领导小组成员的通知	中宁政办发〔2016〕69号
65	关于开展行政执法专项监督检查的通知	中宁政办发〔2016〕70号
66	关于印发《中宁县安全生产委员会成员单位工作职责分工细化方案》的通知	中宁政办发〔2016〕71号
67	关于印发《中宁县城乡低保专项整治活动实施方案》的通知	中宁政办发〔2016〕72号
68	关于补充上报《中宁年鉴2016》相关资料的通知	中宁政办发〔2016〕73号
69	关于成立中宁县重大林业有害生物和野生动物疫源疫病灾害应急防控指挥部的通知	中宁政办发〔2016〕74号
70	关于印发《中宁县重大林业有害生物灾害应急预案》的通知	中宁政办发〔2016〕75号
71	关于印发《中卫市2016年媒体问政曝光问题整改“五定”方案》的通知	中宁政办发〔2016〕76号
72	关于印发中宁县贯彻落实粮食安全省长责任制考核办法的通知	中宁政办发〔2016〕77号
73	关于开展全县行政执法主体和行政执法人员专项清理工作的通知	中宁政办发〔2016〕78号
74	转发市人民政府办公室关于印发中卫市城镇公共消防设施建设维护管理办法的通知	中宁政办发〔2016〕79号
75	关于印发中宁县粮食应急预案的通知	中宁政办发〔2016〕80号
76	关于印发《中宁县防范和打击非法集资专项排查整治年行动方案》的通知	中宁政办发〔2016〕81号
77	关于印发《中宁黄河二桥及北二环市政道路建设项目前期工作方案》的通知	中宁政办发〔2016〕82号
78	关于印发《中宁县2016年度消防工作重点任务暨夏季消防检查工作方案》的通知	中宁政办发〔2016〕83号
79	关于印发《中宁县招投标市场专项整治工作方案》的通知	中宁政办发〔2016〕84号
80	关于2015年电子商务进农村综合示范项目建设存在问题整改情况的报告	中宁政办发〔2016〕85号
81	关于印发《2016年枸杞采摘期农用车违法载人专项整治工作方案》的通知	中宁政办发〔2016〕86号

续表

序号	文件名称	发文号
82	关于印发2016年政务公开工作要点的通知	中宁政办发〔2016〕87号
83	关于调整县安全生产委员会组成人员的通知	中宁政办发〔2016〕88号
84	关于印发《"中宁枸杞"品牌保护及市场整治专项行动方案》的通知	中宁政办发〔2016〕89号
85	关于印发《中宁县山洪灾害防御预案》的通知	中宁政办发〔2016〕90号
86	关于印发《中宁县防汛抢险应急预案》的通知	中宁政办发〔2016〕91号
87	关于印发《中宁县城市防洪应急预案》的通知	中宁政办发〔2016〕92号
88	关于印发《中宁县水库防汛抢险应急预案》的通知	中宁政办发〔2016〕93号
89	关于印发《中宁县黄河防凌应急预案》的通知	中宁政办发〔2016〕94号
90	关于印发《中宁县抗旱应急预案》的通知	中宁政办发〔2016〕95号
91	关于做好中宁行政审批与公共服务系统及网上办事大厅上线运行的通知	中宁政办发〔2016〕96号
92	关于转发《宁夏回族自治区减灾委员会办公室关于转发〈国家减灾委员会关于贯彻落实李克强总理等国务院领导重要批示精神扎实做好强降雨天气过程减灾救灾工作的紧急通知〉的通知》的通知	中宁政办发〔2016〕97号
93	关于调整县社会救助暨居民家庭经济状况核对工作领导小组组成人员的通知	中宁政办发〔2016〕98号
94	关于印发《中宁县食品安全突发事件应急预案》的通知	中宁政办发〔2016〕99号
95	关于调整中宁县农民工工资清欠领导小组组成人员的通知	中宁政办发〔2016〕100号
96	关于转发《中卫市公共资源交易管理办法(试行)》的通知	中宁政办发〔2016〕101号
97	关于印发《中宁县"六月红"枸杞采摘节工作》的通知	中宁政办发〔2016〕102号
98	关于印发《2016年全县信息化重点工作实施方案》的通知	中宁政办发〔2016〕103号
99	关于印发《全县安全生产百日专项整治行动实施方案》的通知	中宁政办发〔2016〕104号
100	关于调整中宁县食品安全委员会组成人员的通知	中宁政办发〔2016〕105号
101	关于2016年行政执法专项监督检查情况的通报	中宁政办发〔2016〕106号
102	关于成立中卫-靖边西气东输三线中宁段项目建设指挥部的通知	中宁政办发〔2016〕107号
103	关于印发《中宁县南、北河子环境综合整治第二阶段实施方案》的通知	中宁政办发〔2016〕108号
104	关于收集整理环境保护相关档案资料的紧急通知	中宁政办发〔2016〕110号
105	关于市政协第三届四次会议第104号提案办理情况的报告	中宁政办发〔2016〕111号
106	关于转发《中卫市人民政府办公室关于印发中卫市农民工工资管理办法》的通知	中宁政办发〔2016〕112号
107	关于申请设立中宁县人民政府公职律师办公室的请示	中宁政办发〔2016〕113号
108	关于进一步加强城乡集中式饮用水水源地保护工作的紧急通知	中宁政办发〔2016〕115号
109	关于加强雷电灾害防御工作的通知	中宁政办发〔2016〕116号
110	关于转发自治区发展改革委等部门关于进一步规范全区光伏电站建设管理意见的通知	中宁政办发〔2016〕117号
111	关于印发吴忠至中卫城际铁路(中宁段)建设项目前期工作"五定"方案的通知	中宁政办发〔2016〕118号
112	关于开展2016年秸秆有效利用和焚烧污染防控工作的通知	中宁政办发〔2016〕119号
113	关于进一步完善和规范进驻市民服务大厅政务服务事项及核报相关信息的通知	中宁政办发〔2016〕120号
114	关于成立中宁县电信普遍服务试点项目建设工作领导小组的通知	中宁政办发〔2016〕121号
115	关于宁夏宇光公司在喊叫水乡石泉村存在违法行为问题核查情况的通报	中宁政办发〔2016〕122号
116	关于印发《中宁县乡镇工作补贴考核发放细则的通知》	中宁政办发〔2016〕123号
117	关于市政协第三届四次会议第48号提案的答复	中宁政办发〔2016〕124号
118	关于市政协第三届四次会议第67号提案的答复	中宁政办发〔2016〕125号
119	关于市政协第三届四次会议第104号提案的答复	中宁政办发〔2016〕126号
120	关于印发2016年全县推进简政放权放管结合优化服务改革工作要点的通知	中宁政办发〔2016〕127号
121	关于印发《中宁县贯彻落实质量发展纲要2016年行动计划工作实施方案》的通知	中宁政办发〔2016〕128号

续表

序号	文件名称	发文号
122	关于转发中卫市招商引资扶持激励政策的通知	中宁政办发〔2016〕129号
123	关于成立宁夏枸杞全产业科技园项目推进协调小组的通知	中宁政办发〔2016〕130号
124	关于中卫市政协第三届四次会议第40号提案的答复	中宁政办发〔2016〕131号
125	关于转发宁夏回族自治区政府投资项目咨询论证办法和投资项目公示办法的通知	中宁政办发〔2016〕132号
126	关于进一步做好行政许可和行政处罚等信用信息公示工作的通知	中宁政办发〔2016〕133号
127	关于印发推进县级公立医院综合改革相关配套文件的通知	中宁政办发〔2016〕134号
128	关于成立中宁县贯彻落实粮食安全省长责任制考核工作领导小组的通知	中宁政办发〔2016〕135号
129	关于征集2017年民生实事及改革创新工作的通知	中宁政办发〔2016〕136号
130	关于启用印章的通知	中宁政办发〔2016〕137号
131	关于印发《中宁县2016年城市饮用水水源地保护整改“五定”方案》《中宁县2016年大气污染防治整改“五定”方案》《中宁县2016年水污染防治整改“五定”方案》和《中宁县2016年污染减排项目整改“五定”方案》的通知	中宁政办发〔2016〕138号
132	关于涉及妨碍全国统一市场和公平竞争规范性文件清理结果的报告	中宁政办发〔2016〕139号
133	关于印发《中宁县加快推进残疾人小康进程的实施方案》的通知	中宁政办发〔2016〕140号
134	关于印发《中宁县2016年度耕地保护目标责任考核办法》的通知	中宁政办发〔2016〕141号
135	关于印发《中宁县工程建设领域突出问题整改“五定”方案》的通知	中宁政办发〔2016〕142号
136	关于印发《2016年中国(中宁)国际轮滑公开赛筹备工作方案》的通知	中宁政办发〔2016〕143号
137	关于印发《国务院督查组大督查自查整改工作“五定”方案》的通知	中宁政办发〔2016〕144号
138	关于做好乡镇“政务云”公共便民系统上线运行工作的通知	中宁政办发〔2016〕145号
139	关于转发《自治区人民政府办公厅关于全面做好政策项目资金争取工作的通知》的通知	中宁政办发〔2016〕146号
140	关于认真做好2017年度城乡居民基本医疗保险参保缴费工作的通知	中宁政办发〔2016〕147号
141	关于转发自治区人民政府办公厅加强2016年古尔邦节中秋节国庆节节日期间安全生产工作的通知	中宁政办发〔2016〕148号
142	关于贯彻落实粮食安全省长责任制工作自查情况的报告	中宁政办发〔2016〕150号
143	关于印发《中宁县落实水污染防治重点工作实施方案》的通知	中宁政办发〔2016〕151号
144	关于印发《中宁县瓶装液化石油气经营市场专项整治方案》的通知	中宁政办发〔2016〕152号
145	关于转发《宁夏回族自治区推进“五证合一、一照一码”登记制度改革实施方案》的通知	中宁政办发〔2016〕153号
146	关于印发《中宁县权力清单和责任清单动态管理办法》的通知	中宁政办发〔2016〕154号
147	关于启用中宁县国土资源局不动产登记专用章和中宁县不动产登记事务中心两枚印章的通知	中宁政办发〔2016〕155号
148	关于启用中宁县太阳梁移民安置区管理办公室印章的通知	中宁政办发〔2016〕156号
149	关于印发《中宁县消费纠纷“大调解”工作方案》的通知	中宁政办发〔2016〕157号
150	关于对行政中心机关餐厅及原政务服务中心改造立项的请示	中宁政办发〔2016〕157号
151	关于进一步加强和改进行政执法工作的通知	中宁政办发〔2016〕158号
152	关于认真组织参加法治政府建设知识竞赛答题活动的通知	中宁政办发〔2016〕159号
153	关于印发《中宁县推进“四好农村路”建设实施方案》的通知	中宁政办发〔2016〕160号
154	关于转发《中卫市政府投资项目审计分类管理暂行办法(试行)》的通知	中宁政办发〔2016〕161号
155	关于转发《宁夏回族自治区无户口人员登记户口管理办法》的通知	中宁政办发〔2016〕162号
156	关于转发《宁夏检察机关介入行政监管领域重大违法事件同步调查工作暂行办法》的通知	中宁政办发〔2016〕163号
157	关于转发《自治区人民政府办公厅关于加强和改进行政应诉工作的实施意见》的通知	中宁政办发〔2016〕164号
158	关于转发《关于做好第三批节约型公共机构示范单位创建工作的通知》的通知	中宁政办发〔2016〕165号
159	关于印发《中宁县全面推行“两随机,一公开”工作机制实施方案》的通知	中宁政办发〔2016〕166号
160	关于印发《中宁县2016年今冬明春火灾防控工作方案》的通知	中宁政办发〔2016〕167号

续表

序号	文件名称	发文号
161	关于建立中宁县突发事件应急处置工作联络员报告制度的通知	中宁政办发〔2016〕168 号
162	关于转发《自治区人民政府办公厅关于印发自治区人民政府民生实事办理办法(暂行)的通知》的通知	中宁政办发〔2016〕169 号
163	关于印发《2016 年中宁县土地例行督察发现问题整改工作方案》的通知	中宁政办发〔2016〕170 号
164	关于启用中宁县粮食安全省长责任制考核工作领导小组办公室印章的通知	中宁政办发〔2016〕171 号
165	关于开展 2016 年度粮食安全省长责任制考核工作的通知	中宁政办发〔2016〕172 号
166	关于进一步加强固定资产投资统计工作的通知	中宁政办发〔2016〕173 号
167	关于印发《中宁县高效节水灌溉工程建设管理工作整改方案》的通知	中宁政办发〔2016〕174 号
168	关于印发《中宁县行政审批制度改革加强事中事后监管的意见》的通知	中宁政办发〔2016〕175 号
169	关于报送中宁县全面改善贫困地区义务教育薄弱学校基本办学条件自查情况的报告	中宁政办发〔2016〕176 号
170	关于调整农民工工资清欠领导小组组成人员的通知	中宁政办发〔2016〕177 号
172	关于转发《自治区人民政府关于印发中国制造 2025 宁夏行动纲要的通知》的通知	中宁政办发〔2016〕178 号
173	关于转发《自治区人民政府办公厅关于在政务公开工作中进一步做好政务舆情回应的通知》的通知	中宁政办发〔2016〕179 号
174	关于做好电信普遍服务试点项目建设工作的通知	中宁政办发〔2016〕180 号
175	关于做好 2016 年中宁县行政复议、行政应诉案件统计工作的通知	中宁政办发〔2016〕181 号
176	关于转发《中卫市规范公务接待有关事项补充通知》的通知	中宁政办发〔2016〕182 号
177	关于切实做好第四季度投资和项目工作确保完成全年投资目标任务的通知	中宁政办发〔2016〕183 号
178	关于转发自治区通报中宁县各部门“双公示”情况的通知	中宁政办发〔2016〕184 号
179	关于开展警企联合打击窃电专项行动的通知	中宁政办发〔2016〕185 号
180	关于成立实施住房补贴制度工作领导小组的通知	中宁政办发〔2016〕186 号
181	关于印发《隆基硅年产 1000MW 单晶硅棒项目重点工作“五定”方案》的通知	中宁政办发〔2016〕187 号
182	关于成立中宁枸杞产业社会化服务试点工作领导小组的通知	中宁政办发〔2016〕188 号
183	关于印发《中宁县重大气象灾害预警应急预案》的通知	中宁政办发〔2016〕189 号
184	关于做好县级专项应急预案修订工作的通知	中宁政办发〔2016〕190 号
185	关于印发《中宁县入河入湖入沟排污口排查整治工作方案》的通知	中宁政办发〔2016〕191 号
186	关于印发《国务院第三次大督查反馈意见整改方案》的通知	中宁政办发〔2016〕192 号
187	关于印发《中宁县 2016—2017 年冬春季大气污染防治工作方案》的通知	中宁政办发〔2016〕193 号
188	关于中宁县农民工工资清欠工作情况的报告	中宁政办发〔2016〕194 号
189	转发自治区人民政府办公厅《关于印发消费品工业“三品”专项行动实施方案》的通知	中宁政办发〔2016〕195 号
190	关于印发中宁县黄河水资源使用权确权结果的通知	中宁政办发〔2016〕196 号
191	关于成立中宁县新一轮草原生态保护补助奖励机制工作领导小组的通知	中宁政办发〔2016〕197 号
192	关于印发《中宁县健康扶贫工程实施方案》的通知	中宁政办发〔2016〕198 号
193	关于印发《中宁县放心粮油工程实施意见》的通知	中宁政办发〔2016〕199 号
194	关于转发《自治区人民政府办公厅转发〈中国气象局等 11 部委关于贯彻落实国务院优化建设工程防雷许可决定〉的通知》的通知	中宁政办发〔2016〕200 号
195	关于印发《“两会”“两节”期间安全生产大检查实施方案》的通知	中宁政办发〔2016〕201 号
196	关于印发《中宁县全民健身实施计划(2016—2020 年)》的通知	中宁政办发〔2016〕202 号
197	关于转发《中卫市网上商事登记办法(试行)的通知》	中宁政办发〔2016〕203 号
198	关于成立中宁县国家级农业可持续发展试验示范县建设工作领导小组的通知	中宁政办发〔2016〕204 号

中宁县工业(物流)园区管委会

县委书记赵建新(中)、县长陈宏(左四)带领各部门负责人调研兴尔泰产业链

召开工业(物流)园区党工委非公企业党建工作培训及促进会

中宁县工业(物流)园区管理委员会,属中宁县人民政府直属处级事业单位,核定编制20人,负责实施园区发展规划和管理服务。园区规划面积219.2平方米,工业用地面积161.2平方米。2016年,园区管委会以打造千亿元产值园区为目标,以今飞500万件汽车轮毂项目、兴尔泰120万吨硝基复合肥配套项目等重点项目建设为载体,以园区道路、绿化、供电、能源服务等基础设施建设为重点,积极组织并协调配合相关部门,全力以赴抓项目,集中精力抓服务,强力推进园区快速发展,电力体制改革等创新亮点工作进展顺利,园区基础设施、重点项目建设、产业转型升级、循环经济发展等方面稳步推进。至2016年底,入园企业86家,规模以上企业47家,完成总产值211亿元。

宁夏中宁工业园区能源管理服务有限公司揭牌仪式

工业(物流)园区能源管理服务中心项目施工现场

工业(物流)园区最美员工巡讲会

中宁县财政局

国家农科院教授调研村集体经济发展

举办全县财政支农政策培训班

财政政策法规进社区

2016年，中宁县财政局严格按照县委十三届九次全体(扩大)会议和县十六届四次人代会确定的目标任务，坚持“保运转，保民生，保稳定，促发展”的总体思路，狠抓收入征管，强化支出管理，深化财政改革，加强财政监督，财政运行总体平稳。全年地方财政收入完成150634万元，完成年初预算数的114.4%，同比增长1.3%，财政总支出完成495988万元，为变动预算数的110.1%，同比增长31.97%。地方一般公共预算收入完成101718万元，完成年初预算数的100.1%，同比增长8.1%，一般公共预算支出完成378495万元，为变动预算数的96.9%，同比增长18.42%。

参加全县建党95周年知识竞赛

慰问退休老干部

中宁县扶贫办

中卫市副市长黄河(左三)到喊叫水乡督查脱贫攻坚工作

自治区地矿局帮扶喊叫水村助学助残资金发放仪式

2016年,中宁县扶贫办按照《中宁县“十三五”精准脱贫实施方案》及区、市、县脱贫攻坚誓师大会部署,以增加贫困群众收入为核心,以提高贫困人口素质为重点,以贫困户精准识别为基础,以“五个一批”精准脱贫为抓手,以脱贫销号整村推进为重点,制订完善顶层设计,立足实际挂图作战,建立数据互通平台,扎实推进专项扶贫、行业扶贫、社会扶贫等工作,脱贫攻坚工作取得了明显成效。脱贫人口由12774人减少到7947人,减少4827人,下降38%,贫困村由31个减少到29个,脱贫销号2个行政村,下降6.45%。贫困地区农民人均可支配收入由2015年的6950元增长到7800元,增加850元,增长12%。贫困发生率由2015年的12.3%下降到7.6%。

举行全国“扶贫日”活动启动仪式

在大战场镇举行企业吸纳建档立卡劳动力就业对接洽谈会

在喊叫水乡举办农村劳动力精准扶贫技能培训班

中宁县老干部局

自治区老干部局领导调研中宁县老干部工作

2016年，中宁县委老干部局围绕让县委放心、让老干部满意的工作目标，认真落实老干部生活待遇和政治待遇，扎实开展离退休干部“两学一做”学习教育活动，进一步健全完善老干部活动中心阵地建设，不断提升老年大学办学水平；全年新组建离退休干部党支部31个、村级关工委68个。以“捐资助学”为抓手，扎实开展关心下一代工作；积极搭建“听”“讲”“看”“访”四个平台，确保老干部“老有所依，老有所为，老有所乐”，开创了老干部工作新局面。2016年，老干部局被评为“全区老干部工作先进集体”“全区老干部工作宣传信息调研先进单位”“中卫市关心下一代工作先进单位”。

全县离退休干部“两学一做”学习教育工作会

纪念建党95周年暨宣传“两学一做”教育文艺演出

全县离退休干部元宵节茶话会

组织离退休老干部参加中宁县第2届全民健身运动会

中宁县环境保护局

人大代表调研源林生物秸秆发电技术

环境保护宣传月"走进环保"观摩座谈会

2016 年，环境保护局围绕县委、政府确定的重点工作，认真贯彻环境保护方针政策、法律法规，全年消减化学需氧量、氨氮、二氧化硫、氮氧化物分别为 2264.38 吨、664.22 吨、624.53 吨、1268.95 吨，分别完成年度减排目标任务的 100.8%、109.1%、123.9%、120.6%；淘汰黄标车 772 辆，督促 6 家企业开展清洁生产审核，完成技改 42 项，重点实施脱硝技改项目 4 个，脱硫除尘项目 16 个，油气回收项目 13 个；关停燃煤锅炉 36 台。全县空气、地表水、噪声等环境空气质量总体趋好，全年优良天数达到 285 天，占有效监测天数的 78.1%；立案查处违规企事业单位 17 家，办结行政处罚案件 14 起；接待处理"12369"环境信访投诉案件 143 件，收缴排污费 915.5 万元；淘汰关停违规企业 9 家；争取国家农村环保专项资金 266 万元，提升农村环保基础设施水平。投资 3000 万元建设北河子沟人工湿地项目，获得 2016 年全区环境保护监察执法工作先进集体荣誉称号。

环保志愿者签名仪式

"六·五"环境日暨环境保护宣教月活动文艺晚会

检查环保设施运行情况

环境监测人员在北河子沟水体采样

中宁县交通运输局

G109 石空过境段拓宽改造工程

施工单位技术员检测水稳层质量

2016 年，县交通运输局以开展“两学一做”学习教育，创建“四好农村公路建设”为载体，抢抓发展新机遇，加快推进交通基础设施建设步伐，扎实抓好交通运输行业管理。全年完成固定资产投资 6 亿元，完成任务的 200%；完成招商引资 2 亿元，完成任务的 100%；完成农村公路建设 27 条 164 公里，分别完成任务的 337%和 157%；全县县、乡、村道路优良率分别达到 69%、46%、34.8%，专用公路优良路率达到 86.95%。全县车辆超限超载率控制在 3%以内。年内办理人大代表建议 10 件，政协提案 3 件。

石碱公路公铁立交桥

石空工业园区道路建设

枸杞基地道路施工

中宁县科学技术协会

开展青少年科普知识竞赛

2016年，县科协加大科普宣传力度，扩大农村专业技术协会覆盖面，累积发展农村专业技术协会33个，新成立4个，有会员6000余人；有各类学术团体11个，县级学会5个；企业科协5个，新成立1个；新成立乡镇科协组织11个，新建升级版乡镇科普惠农服务站、科普中国乡村e站14个；有科普示范基地22个，新建4个；创建科普示范学校10所，其中区级2所、市级4所、县级4所。2016年，县科协被自治区科协综合考核评为县级科协工作先进单位；被自治区科协、自治区教育厅、自治区文明办授予宁夏首届青少年科学节优秀组织单位；被中卫市委宣传部、中卫市科协、中卫市教育局授予科普剧竞赛活动优秀组织单位。

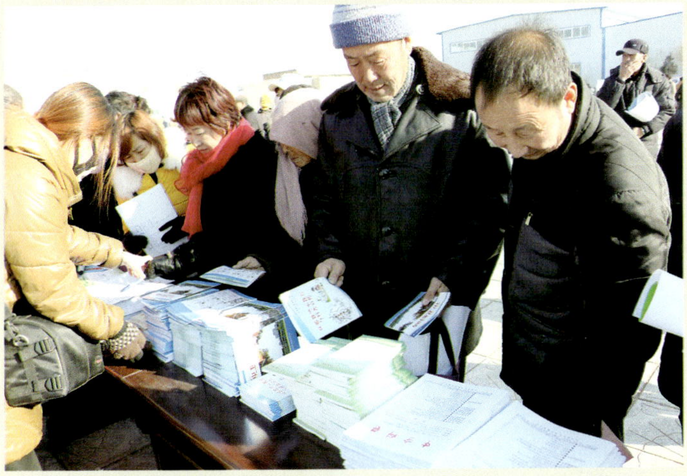

在恩和镇开展“三下乡”活动

“中国流动科技馆”进校园

在徐套乡发放扶贫慰问品

参加元宵节花灯展

中宁县安全生产监督管理局

自治区安委办领导视察企业风险防控体系建设工作

召开全县安委会第四次全体(扩大)会议暨环境保护工作会议

2016年,县安全生产监督管理局认真贯彻落实国家和自治区,中卫市、中宁县委、政府关于安全生产的一系列重要指示精神,扎实开展“深化安全生产责任落实年”“百日专项整治”“十大专项整治”等活动,推进企业安全风险控制和隐患治理信息系统建设工作。全县共发生生产安全事故15起,同比减少83.5%;死亡5人,同比减少50%;受伤10人,同比减少88.23%;直接经济损失182.55万元,同比减少45.66%,安全生产四项控制性指标呈现“四下降”趋势,全县安全生产形势总体稳定好转。县人民政府被自治区、中卫市授予“2016年度安全生产先进集体”荣誉称号。

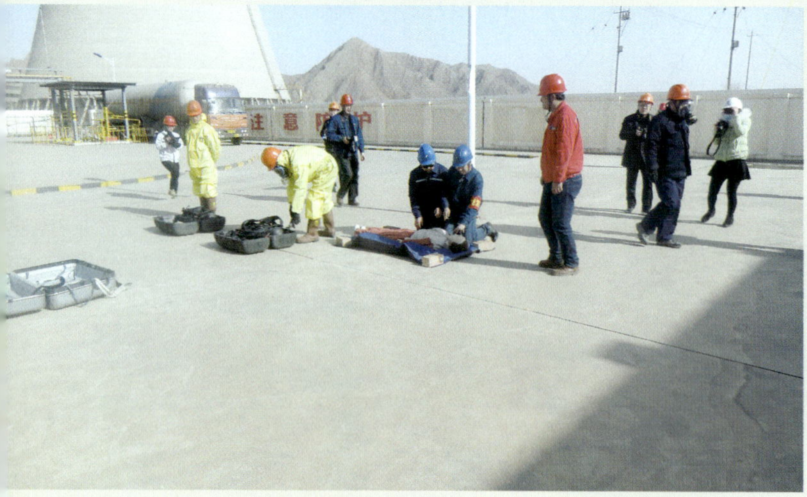
企业开展应急演练

安全生产月宣传活动

中宁县市场监督管理局

县领导督查食品安全工作

中卫市食品安全委员会考核验收食品安全示范乡镇创建工作

2016年，中宁县市场监督管理局立足服务全县经济社会发展大局，全面深化“先照后证”“证照合一”等商事登记制度改革，积极推进企业诚信体系建设，大力实施商标品牌和标准化战略，扎实开展食品、药品和特种设备安全监管。全县发展各类企业5354家，8家企业获得国家级“守合同重信用”企业称号，培育宁夏著名商标26件、宁夏名牌产品6件。2016年，中宁县被自治区食品安全委员会命名为全区首批“食品安全先进县”，高标准通过了国家级农业综合（枸杞）标准化示范县考核验收。

检查食品加工小作坊

开展食品快速检测

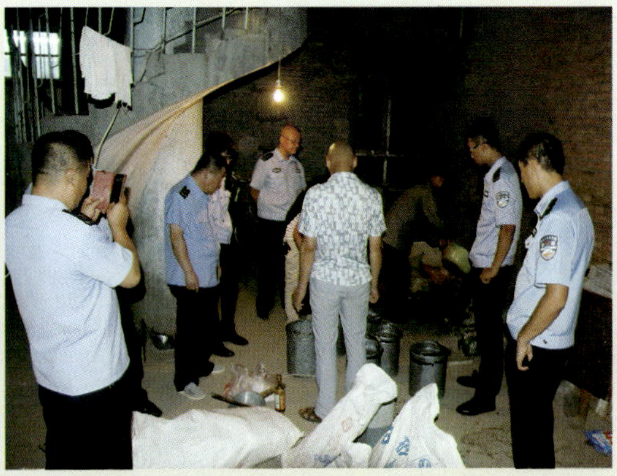

联合取缔食品“黑作坊”

中宁县科学技术局

自治区科技厅领导检查贫困地区科技人才与科技服务工作

自治区政协调研中宁县提升企业科技创新工作情况

举办防震减灾专题培训班

2016年，中宁县科技局进一步提高研究与试验发展经费(R&D)统计质量，年内申报专利66件，授权35件，其中发明专利6件、实用新型专利11件、外观设计18件，有效发明专利35件，培养企业专利专员11个。申报自治区级科技项目56项，获批27项，获批项目资金430万元。2家企业被认定为自治区知识产权示范企业或知识产权试点企业，3家企业被认定为自治区科技型中小企业。与华东理工大学生物工程学院等科研院所签订科技合作协议6份，促进了全县特色优势产业发展。2016年底，全县拥有高新技术企业2家，自治区科技型中小企业9家，工程技术研究中心2家，技术创新中心5家。

大战场中心小学开展5·12地震应急演练

组织干部下基层开展科技扶贫

中宁县新堡镇

县委组织部和农牧局联合调研吴桥村黄花种植基地

2016年，新堡镇围绕“开放新堡、富裕新堡、美丽新堡、和谐新堡”的发展定位，抓招商，促经济，保民生，促和谐，年内全镇实现工农业总产值32.4亿元，同比增长8%；农民人均可支配收入11776元，同比增长8.4%。年内落实开工项目13个，完成8个，建成观园壹号二期住宅楼8栋、3.4万平方米。积极争取项目资金1300余万元，砌护维修各级渠道146公里，清淤沟渠522公里，硬化道路、巷道11公里。投资574.52万元，大力实施刘庄美丽村庄建设，美化、亮化农村环境；扶持建设黄花基地120亩，籽用西葫芦基地200亩，新建红欣源农庄综合性农家乐1处。

“两学一做”学习教育动员大会

妇女联合会成立选举大会

禁毒知识宣传进校园

刘营村现役军人刘洪亮在部队立功喜报传回家

中宁县喊叫水乡

2016年，喊叫水乡干部群众攻坚克难、奋力拼搏，各项工作迈上了新台阶。全乡实现总产值1.98亿元，同比增长10.6%；农民人均可支配收入7138元，同比增长10%。落实硒甜瓜种植面积5.6万亩，实现产值4500万元，人均收入1875元；落实杂粮播种面积3.5万亩。种植红葱667亩，马铃薯1350亩，示范种植黄花228亩。全乡实现农业总产值6500万元，人均收入2700元。牛存栏量10500头，羊存栏量9万只，建成马塘、贺口子、高岭、周马庄子、石泉5个肉牛、肉羊繁育示范村。畜牧业实现产值2640万元，人均来自畜牧业纯收入2100元。加大马塘灌区改造力度，实施节水灌溉29560亩，新建蓄水池及加压泵站各7座，铺设各类管道1.15万公里，铺设滴灌带6214.29公里，节水滴灌玉米初见成效。争取资金1376万元，建设喊叫水、周马庄子、贺口子三个“美丽乡村”。精准识别贫困户954户、3605人，建立“扶贫云”信息数据库。年内全乡实现脱贫人口531户1923人。

县委书记赵建新（前排右二）调研喊叫水乡精准扶贫工作

召开“两学一做”动员大会

召开企业吸纳建档立卡劳动力就业对接洽谈会

开展宗教工作专项调研座谈会

开展2016年文化下乡活动

中宁县国税局

局领导指导窗口业务

市委书记张柱(前排中)带领各部门参加全区国地税合作观摩会

开展预防职务犯罪警示教育讲座

2016年,中宁县国税局按照“稳基础、抓落实、促提升”的工作思路,稳步推进“营改增”试点工作,组织收入持续增长,各类执法风险隐患得到有效控制,重大负面舆情、安全责任事故、干部违法违纪案件保持零发生,绩效考核成绩位居全市国税系统第一。2016年,实现组织税收收入12.77亿元,同比增收2.00亿元,增长18.59%,完成全年税收计划任务12.32亿元的103.69%。年度内为各类企业减免退税4.24亿元,占入库税收的33.2%;“营改增”入库1.60亿元,高效率完成全年税收目标任务。

“营改增”宣传进入“微时代”

“八一”建军节慰问基层官兵

荣誉奖牌

红寺堡扬水管理处

水利部党组成员、副部长周学文(左三)到红寺堡扬水管理处红二泵站调研

2016年，红寺堡扬水管理处充分发挥扬水工程在中部干旱带引水抗旱作用，实现工程上水159天，上水量26467.54万立方米，黄河泵站补水9424.44万立方米；灌溉面积74.56万亩，其中节水灌溉18.66万亩；灌区生产粮油2.99亿公斤、经济作物1.27亿公斤。

开展电器火灾事故应急演练

举行师带徒拜师会

开展水法宣传进清真寺活动

举办中国梦扬水情诗文朗诵会

七星渠管理处

自治区水利厅领导到基层水利单位调研

举办十八届六中全会精神培训班

水法宣传日活动

2016年，深入学习贯彻党的十八届五中、六中全会和习近平总书记系列重要讲话精神，以美丽渠道建设“八大工程”为总揽，以“两学一做”学习教育为动力，紧扣中心抓重点，细化措施夯基础，强化责任讲担当，凝心聚力，攻坚克难，务实创新，圆满完成年度目标任务，为灌区经济社会发展提供强有力的水源支撑。2016年获全区水利系统“六五”普法先进集体，被水利厅授予水利安全生产标准化二级单位，并获全区水利安全生产先进单位。

职工技能竞赛

与驻地部队开展学雷锋活动

中国人寿保险股份有限公司中宁支公司

开展“两学一做”专题教育

实施中国人寿“创业有位”扶持计划

“6·16”中国人寿客户服务节宣传活动

2016年，公司秉持“重价值，强队伍，尊制度，提效益，增收入”的经营思路，注重发挥保险防灾减损、经济补偿和经济助推功能，致力于支持和服务地方经济发展。全年实现总保费收入1.3亿元，累计承保长险新单5806件，短期险保单6627件。受理各类理赔案件2359件，累计支付保险金415.17万元。

走访“建档立卡”贫困户

群众赠送锦旗